Edition KWV

Thomas Urigshardt

Forstliches Controlling

Gründe für ein branchenspezifisches
Controlling, typenbezogene
Anforderungen und Lösungsansätze
für ausgewählte Problemfelder

Thomas Urigshardt
Wiesbaden, Deutschland

Bis 2018 erschien der Titel im Kölner Wissenschaftsverlag, Köln
Dissertation Universität Siegen, 2010

Edition KWV
ISBN 978-3-658-24669-3   ISBN 978-3-658-24670-9   (eBook)
https://doi.org/10.1007/978-3-658-24670-9

Die Deutsche Nationalbibliothek verzeichnet diese Publikation in der Deutschen Nationalbibliografie; detaillierte bibliografische Daten sind im Internet über http://dnb.d-nb.de abrufbar.

Springer Gabler
© Springer Fachmedien Wiesbaden GmbH, ein Teil von Springer Nature 2010, Nachdruck 2019
Ursprünglich erschienen bei Kölner Wissenschaftsverlag, Köln, 2010

Springer Gabler ist ein Imprint der eingetragenen Gesellschaft Springer Fachmedien Wiesbaden GmbH und ist
ein Teil von Springer Nature
Die Anschrift der Gesellschaft ist: Abraham-Lincoln-Str. 46, 65189 Wiesbaden, Germany

Geleitwort

Die Forstwirtschaft erfüllt wie kaum ein anderer Wirtschaftsbereich gleich mehrere Funktionen. Aus rein wirtschaftlicher Sicht produziert sie Hölzer verschiedener Arten und Qualitäten als Rohstoff für andere Industriezweige. Gleichzeitig stellt sie durch die Schaffung geeigneter Waldinfrastrukturen (zum Beispiel Wegenetz und Baumartenstruktur) wichtige Erholungsfunktionen für die heimische Bevölkerung zur Verfügung. Darüber hinaus sind die Wälder Aufnahmemedium für Emissionen, führen zu einer Klima verbessernden Wirkung und nehmen die Habitatfunktion für zahlreiche Tier- und Pflanzenarten wahr. Obwohl, gemessen am Anteil des Bruttosozialproduktes, von geringer Bedeutung, handelt es sich bei der Forstwirtschaft um einen wichtigen Wirtschaftssektor, der vielfältige Auswirkungen auf die Gesellschaft und die Umwelt hat. Ein großer Teil der zur Verfügung gestellten Waldleistungen wird in Form von öffentlichen Gütern bereitgestellt, ohne dass die Waldeigentümer hierfür eine Kompensation erhalten. Beschränkt man die Sicht auf die marktlich verwertbaren Leistungen, so gibt es bezogen auf die Leistungserstellung auch hier erhebliche Besonderheiten. Bei der Holzproduktion handelt es sich um eine biologische Produktion, bei der zwischen der Produktionsentscheidung (Pflanzung von Bäumen) und der Ernte des fertigen Produktes viele Jahrzehnte vergehen können. Waldbesitzer müssen deshalb in ganz anderen Zeiträumen denken als dies in anderen Wirtschaftsbereichen üblich ist und sind in ihren Entscheidungen einer hohen Unsicherheit ausgesetzt. Zudem sind sie durch rechtliche Vorgaben verpflichtet, soziale (zum Beispiel Waldbetretungsrecht) und ökologische (zum Beispiel Artenschutzfunktionen) Aspekte in ihre Entscheidungen mit einzubeziehen.

Herr Dr. Thomas Urigshardt entwickelt eine auf die Forstwirtschaft zugeschnittene Controllingkonzeption, wobei er sich nicht auf die traditionellen Controllinginstrumente beschränkt, sondern Aspekte des Nachhaltigkeitscontrollings einbezieht. So stellt er ein ökologisches Monitoring vor, das sich aus den Teilbereichen der initialen Observation, des laufenden Monitorings sowie des Aufbaus eines systematischen Informationssystems zusammensetzt. Das ökologische Monitoring ist geeignet, die notwendigen Naturaldaten zu erheben und systematisch miteinander zu verknüpfen. Möglich wird dies auch durch geeignete Kennzahlen, wobei im ersten Schritt Kennzahlen auszuwählen und zu erheben sind, um diese anschließend für Planungs-, Kontroll- und Steuerungszwecke zu nutzen. Eine weitere instrumentelle Ergänzung stellen die so genannten geografischen Informationssysteme dar, mit denen unter Zugrundelegung verschiedener Daten beispielsweise integrierte Auswertungen über Arten, Artengruppen und die Artenvielfalt möglich sind. Dabei werden thematische Layer (zum Beispiel gefährdete Arten, Biotopflächen, Baumartenverteilung etc.) verwendet und mit topografischen Grunddaten und sonstigen Datenbeständen verknüpft, um so problembezogene Auswertungen durchführen zu können. Er berücksichtigt dabei, dass bei Forstbetrieben keineswegs eine einheitliche erwerbswirtschaftliche Zielstruktur angenommen werden kann, sondern dass, je nach Präferenzen der Waldbesitzer, den rechtlichen Vorgaben (zum Beispiel Naturschutzgebiete) und den natürlichen Gegebenheiten wirtschaftliche, soziale oder ökologische Zielsetzungen dominieren können. Die auch empirisch fundierten Ergebnisse werden für den Praktiker nachvollziehbar dargestellt und die von Herrn Urigshardt begleitend zu dieser Arbeit erstellte Internetplattform www.forstliche-betriebssteuerung.de richtet sich unmittelbar an den forstwirtschaftlichen Praktiker und stellt insbesondere für kleinere Forstbetriebe Einstiegsinformationen und Instrumente des forstwirtschaftlichen Controllings bereit. Das gesamte Forschungsvorhaben sowie die Entstehung der Internetplattform wurden dabei von der WestLB-Stiftung Zukunft NRW in hervorragender Weise inhaltlich und finanziell unterstützt. Der besondere Dank gilt insbesondere Frau Dr. Heike Koch und Herrn Dr. Joachim Minnemann, die nicht nur offen für diese oft nur wenig beachtete Thematik waren und sind, sondern die sich auch mit großem Engagement in jeder Phase der Entstehung der Arbeit eingebracht haben.

Insgesamt liefert Herr Dr. Urigshardt einen ausgezeichneten und umfassenden Überblick zu Fragen des forstwirtschaftlichen Controllings und die Arbeit ist damit sowohl für Wissenschaftler als auch für Praktiker interessant. Die präzise herausgearbeiteten Ergebnisse und schließlich die vorgestellten Methoden liefern eine sehr gute Grundlage für weitere Forschungsarbeiten und können der betrieblichen Praxis als Handlungsleitlinie zur Verbesserung des Kostenmanagements und zur Erzielung von nachhaltigkeitsbezogenen Wettbewerbsvorteilen dienen.

Siegen / Boulder im Juli 2010

Peter Letmathe

Vorwort

Aus meinem bisherigen Werdegang heraus – auf das Studium der Forstwirtschaft folgten drei Jahre im Forstdienst und ein betriebswirtschaftliches Studium – hat es sich nahezu aufgedrängt, dass ich mich im Rahmen meiner wissenschaftlichen Arbeit mit betriebswirtschaftlichen Fragen innerhalb der Forstwirtschaft befasse. Dass hier noch zahlreiche offene Fragen bestehen, zeigt der Blick in die wissenschaftliche Literatur sowie in den forstlichen Betriebsalltag gleichermaßen. Anknüpfungspunkte für Forschungsfragen ergeben sich zum einen aus dem stetig wachsenden Erkenntnisstand in den Wirtschaftswissenschaften und den Anpassungsnotwendigkeiten bei der Übertragung in den forstlichen Kontext sowie zum anderen aus ganz eigenen forst*wirtschaftlichen* Problemstellungen. Durch mein besonderes Interesse an umweltökonomischen Themen und auf Grund der Verwurzelung der Nachhaltigkeit in der Forstwirtschaft war recht bald klar, dass derartige Fragestellungen in der Arbeit zumindest angerissen werden würden. Nach einigen grundsätzlichen Überlegungen zu betriebswirtschaftlichen Methoden und Aufgaben, die für die Forstwirtschaft allgemein sowie für die Zielsetzung einer nachhaltigen Bewirtschaftung im Speziellen von besonderer Bedeutung sein könnten, stellte sich das Controlling, verstanden als Führungsunterstützungssystem zur Verbesserung der Erreichung betrieblicher Ziele, rasch als hierfür höchst relevantestes betriebswirtschaftliches Teilgebiet heraus. Die eingehende Auseinandersetzung mit dem „forstlichen Controlling" bestätigte dann dessen grundsätzliche Eignung für die verbesserte Einbindung ökologischer Nachhaltigkeitsziele in die Betriebsführung. Zugleich zeigte sich jedoch, dass noch grundsätzlicher Forschungsbedarf besteht, der sich aus den Heterogenität der Controllingtheorie und den Eigenheiten des Wirtschaftens im Wald ergibt. Aus diesem Grund nähert sich die Arbeit dem Themenkomplex „Controlling in forstwirtschaftlichen Betrieben" zunächst eher allgemein und breit. Erst später folgt eine Verengung auf zwei Fragestellungen: Die Einbeziehung ökologischer Informationen in den Controllingprozess sowie das Controlling in kleinen Forstbetrieben.

Die Arbeit wurde im Dezember 2009 als Dissertation am Fachbereich Wirtschaftswissenschaften, Wirtschafsinformatik und Wirtschaftsrecht der Universität Siegen angenommen, das abschließende Rigorosum folgte im Januar 2010. Entstanden ist die Dissertation während meiner Zeit als wissenschaftlicher Mitarbeiter am Lehrstuhl für Betriebswirtschaftslehre mit dem Schwerpunkt Wertschöpfungsmanagement, insbesondere in kleinen und mittleren Unternehmen der Universität Siegen und am Siegener Mittelstandsinstitut (SMI). Zwei Jahre lang bearbeitet ich während dieser Zeit ein Drittmittelprojekt, welches sich der Suche nach Möglichkeiten zur Absicherung der (ökologischen) Nachhaltigkeit in kleinen Forstbetrieben widmete. Mein besonderer Dank gilt hier der WestLB-Stiftung „Zukunft NRW", die dieses Projekt durch ihre großzügige Förderung ermöglicht hat.

Damit bin ich zugleich bei denjenigen angelangt, denen ich mich zu besonderem Dank verpflichtet fühle, da sie unmittelbar und mittelbar zum Gelingen meines „Projekts Promotion" beigetragen haben. Ich wüsste nicht, wie ich die Arbeit ohne dieses geduldige, hilfsbereite und wo nötig auch kritische Umfeld hätte anfertigen können. An erster Stelle stehen hier meine Eltern, die mir über die Schul- und Hochschulausbildung erst die Möglichkeit zum wissenschaftlichen Arbeiten gegeben haben und mir auch danach die notwendigen Freiräume eröffneten. Aus wissenschaftlicher Sicht danke ich zunächst drei Hochschullehrern der Universität Siegen: Herrn Prof. Dr. Peter Letmathe für die Betreuung der Arbeit einschließlich des Erstgutachtens, Herrn Prof. Dr. Arnd Wiedemann für die Übernahme des Zweitgutachtens sowie Herrn Prof. Dr. Joachim Eigler als Vorsitzendem der Promotionskommission. In meinem umweltökonomischen Denken hat mich ein weiterer Siegener Hochschullehrer besonders geprägt. Herrn Prof. em. Dr. Dr. h.c. Eberhard Seidel möchte ich daher auf keinen Fall unerwähnt lassen. Auch aus dem Kollegenkreis habe ich stets wertvolle Unterstützung erfahren dürfen. Für die Diskussionsbereitschaft zu umweltwirtschaftlichen Fragestellungen in der gemeinsamen Zeit am Lehrstuhl, am Institut und darüber hinaus danke ich Herrn Prof. Dr. Thomas Heupel. Als Counterpart in Controllingfragen stand Herr Dr. Jens Jacobs immer und in ausgezeichneter Weise bereit. Im Rahmen der notwendigen Korrekturen durfte ich auf meine Familie, zahlreiche Freunde, Kolleginnen und Kollegen zurückgreifen. Ihnen allen gilt mein abschließender Dank!

Widmen möchte ich die Arbeit einem unendlich lieben Menschen, welcher den erfreulichen Abschluss der Promotion leider nicht mehr miterlebt hat.

Brachbach, im Juli 2010

Thomas Urigshardt

Inhaltsverzeichnis

Abbildungsverzeichnis

Tabellenverzeichnis

Abkürzungsverzeichnis

Abb.	Abbildung
AFZ	Allgemeine Forstzeitschrift
AID	aid infodienst Ernährung, Landwirtschaft, Verbraucherschutz e. V.
ATP	Adenosintriphosphat
AWW	Arbeitsgemeinschaft Wirtschaftswissenschaften und Wirtschaftspraxis im Controlling und Rechnungswesen der Fachhochschule Köln
BMfUNR (BMUNR)	Bundesministerium für Umwelt, Naturschutz und Reaktorsicherheit
BHD	Brusthöhendurchmesser, siehe auch $d_{1,3}$
BMfELV (BMELV)	Bundesministerium für Ernährung, Landwirtschaft und Verbraucherschutz
BNatSchG	Bundesnaturschutzgesetz (Gesetz über Naturschutz und Landschaftspflege)
BP	Biologische Produktion
BSC	Balanced-Scorecard
BWaldG	Bundeswaldgesetz (Gesetz zur Erhaltung des Waldes und zur Förderung der Forstwirtschaft)
BWI²	Bundeswaldinventur 2
BWL	Betriebswirtschaftslehre
C/N Verhältnis	Kohlenstoff-Stickstoff-Verhältnis
cm	Längeneinheit Zentimeter
CO_2	Kohlendioxid
CV	Contingent-Valuation
$d_{1,3}$	Baumdurchmesser in 1,3 m Höhe über dem Boden
DB	Deckungsbeitrag
dbh	diameter at breast height, englisch für BHD
DCF	Discounted Cashflow
DFWR	Deutscher Forstwirtschaftsrat
dGz	Durchschnittlicher Gesamtzuwachs
dGz_{100}	Durchschnittlicher Gesamtzuwachs der ersten 100 Jahre
DIN	Deutsches Institut für Normung e. V.
ebd.	ebenda
Efm	Erntefestmeter
EG	Europäische Gemeinschaft
EMAS	Eco-Management and Audit Scheme

entspr.	entsprechend
et al.	et alii, et aliae, et alia ; lateinisch für 'und andere'
EU	Europäische Union
F&E	Forschung & Entwicklung
f.	folgende [Seite]
ff.	fortfolgende [Seiten]
FFH	Fauna-Flora-Habitate laut Richtlinie 92/43/EWG
FiBu	Finanzbuchhaltung
FN	Fußnote
Forst-KMU	Kleine und mittlere Forstunternehmen bzw. Forstbetriebe
FSC	Forest-Stewardship-Council
FVA-BW	Forstliche Versuchs- und Forschungsanstalt Baden-Württemberg
GIS	Geographische Informationssysteme
H/D Wert	Verhältnis Baumhöhe zu Baumdurchmesser (als $d_{1,3}$)
ha	Hektar
i. d. R.	in der Regel
i. e. S.	im engeren Sinne
i. w. S.	im weiteren Sinne
ICP	International Co-operative Programme on Assessment and Monitoring of Air Pollution
IfM(-Bonn)	Institut für Mittelstandsforschung (Bonn)
insbes.	insbesondere
IÖW	Institut für ökologische Wirtschaftsforschung
ISO	International Organization for Standardization
IT	Informationstechnologie
IuK	Informations- und Kommunikationstechnologie
KMU	Kleine und mittlere Unternehmen
LDS NRW	Landesamt für Datenverarbeitung und Statistik Nordrhein-Westfalen
lfm	laufende Meter
LLNS-Diversity Index	Strukturdiversitätsindex; LLNS steht für die Autoren Lähde, Laiho, Norokorpi und Saksa
LÖWE	Langfristige ökologische Waldentwicklung
LSG	Landschaftsschutzgebiet
LWF Bayern	Bayerische Landesanstalt für Wald und Forstwirtschaft
m	Längeneinheit Meter
m^3	Volumeneinheit Kubikmeter
MCPFE	Ministerial Conference of the Protection of Forests in Europe

Mio.	Millionen
NatSchutzG	Bundesnaturschutzgesetz (Gesetz über Naturschutz und Landschaftspflege)
NH	Nadelholz
NLF	Niedersächsische Landesforsten
NOAA	National Oceanic and Atmospheric Administration
NRW	Nordrhein-Westfalen
NSG	Naturschutzgebiet
NW-FVA	Nordwestdeutsche Forstliche Versuchsanstalt
o. J.	ohne Jahr
o. V.	Ohne Verlag
ÖP	Ökopunkte
PEFC	Programme for the Endorsement of Forest Certification Schemes (ursprünglich: Pan European Forest Certification)
pH-Wert	Pondus Hydrogenii, Maß für die saure oder basische Wirkung einer wässrigen Lösung
RLP	Rheinland-Pfalz
RP	Renditepunkte
S.	Seite
sic!	lateinisch: so, wirklich so
SLH	Sonstiges Laubholz hoher Umtriebszeit
SLN	Sonstiges Laubholz niedriger Umtriebszeit
SMI	Siegener Mittelstandsinstitut der Universität Siegen
SP	Sozialpunkte
Sp.	Spalte
SWOT-Analyse	Analyse von Stärken (strengths), Schwächen (weaknesses), Chancen (opportunities) und Gefahren (threats); Stärken-Schwächen-Analyse
Tab.	Tabelle
to	Gewichtseinheit Tonne
TP	Technische Produktion
TQM	Total Quality Management
u.	und
u. a.	und andere
UBA	Umweltbundesamt
UIS	Umweltinformationssystem(e)
UN	United Nations (Vereinte Nationen)
UNECE	United Nations Economic Commission for Europe
USA	United Stats of America
Vfm	Vorratsfestmeter

WestLB	Westdeutsche Landesbank, Düsseldorf
ZIS	Zentrum für Insolvenz und Sanierung an der Universität Mannheim

1 Einleitung: Die Verbindung von Controlling und Forstwirtschaft

Die vorliegende Abhandlung ist von der Idee getragen, die Einbindung der betriebswirtschaftlichen Funktion Controlling innerhalb der Branche Forstwirtschaft grundlegend zu betrachten und zu analysieren. Dementsprechend sind die daraus hervorgegangenen Überlegungen einerseits von der Intention und den Möglichkeiten des Controllings und andererseits von den Eigenheiten des Wirkens und Wirtschaftens im Wald geprägt. Vorrangig handelt es sich um einen Beitrag zur betriebswirtschaftlichen und umweltwirtschaftlichen Forschung. Allerdings wurde eine interdisziplinäre Herangehensweise gewählt, die der Aufarbeitung der branchenspezifischen und ökologischen Bezüge breiten Raum gewährt. Dem forstlichen Controlling kann man sich aus zwei Richtungen nähern: entweder von Seiten der Forstwissenschaften, mit einer auf die forstliche Betätigung ausgerichteten direkt anwendungsbezogenen Sicht des Controllings, oder von Seiten der Betriebswirtschaftslehre und des Controllings, mit anschließender Verengung auf die Branche.

Die Forstwissenschaft ist eine abgeleitete praktisch-technische Wissenschaft, die sich einer Reihe von Grund- und Hilfsdisziplinen bedient, zu denen unter anderem die Betriebswirtschaftslehre gehört (Zundel 1990, S. 18ff.; Bauer 1962, S. 39ff.). Die Betriebswirtschaftslehre selbst wird wissenschaftstheoretisch den Realwissenschaften, genauer den Gesellschaftswissenschaften zugeordnet (z. B. Kornmeier 2007, S. 13ff.). Wählt man als Ausgangspunkt das Controlling, ist eine Unterscheidung in den Kernbereich sowie in mögliche Spezialisierungsbereiche sinnvoll. Abbildung 1 zeigt eine Auswahl denkbarer Spezialisierungsrichtungen. Ein möglicher Forschungsbedarf kann sich unmittelbar im Kernbereich ergeben, zu dem neben den konzeptionellen Inhalten auch das bereits stärker praktisch ausgerichtete Instrumentarium gehört. Alternativ, und das ist hier der Fall, sind die Forschungsfragen aus dem Anwendungskontext und den Controllingobjekten abzuleiten. Immer wieder stellt sich in der Umsetzung die Frage, ob sich aus einer der beispielhaft aufgezeigten Spezialisierungsrichtungen derart hoher Anpassungsbedarf ergibt, dass Erweiterungen oder gar eigene Ansätze gerechtfertigt sind. Als Kontextfaktoren, die einen hohen Einfluss auf die Ausgestaltung des Controllings haben, werden allgemein die Betriebsgröße und die Branche genannt (Peemöller 2005, S. 114 u. 458ff.; Denk/Kunesch 1996, S. 529; Amshoff 1993, S. 372ff.).

© Springer Fachmedien Wiesbaden GmbH, ein Teil von Springer Nature 2010
T. Urigshardt, *Forstliches Controlling*, Edition KWV,
https://doi.org/10.1007/978-3-658-24670-9_1

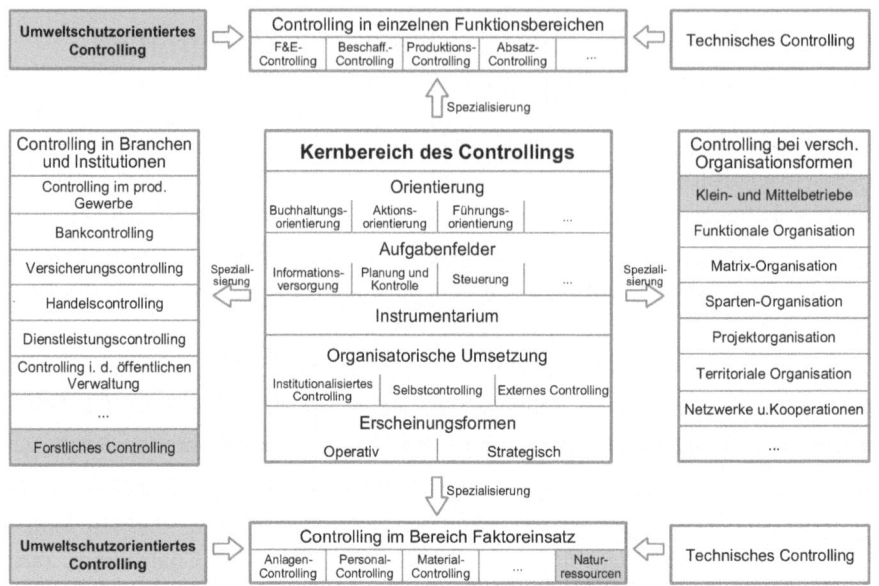

Abb. 1: Kernbereich und Spezialisierungsrichtungen des Controllings
(Quelle: Peemöller 2005, S. 114, abgewandelt)

Während der Branchenbezug in der Abbildung als eigene Spezialisierungsrichtung enthalten ist, wird die Betriebs- oder Unternehmensgröße der übergeordneten Kategorie der Organisationsformen, in denen die Controllingfunktion ausgeübt wird, zugeordnet. Weitere Spezialisierungen können im Hinblick auf die Funktionsbereiche oder die eingesetzten Faktoren erfolgen. Technisches Controlling hat die Abstimmung der technischen und der betriebswirtschaftlich-kaufmännischen Unternehmensbereiche zur Aufgabe, wogegen das umweltschutzorientierte Controlling die Öffnung gegenüber Problemfeldern vorantreibt, die sich aus der Einbettung des Wirtschaftssystems in die natürliche Umwelt ergeben.

Die in der Grafik hervorgehobenen Kontextfaktoren erweisen sich als besonders bedeutsam für das forstliche Controlling. Aus dem Branchenbezug erwachsen in unterschiedlichem Maße Anforderungen. Die Besonderheiten beschränken sich nicht auf die ‚technischen' Aspekte der Leistungserstellung und -verwertung. Der traditionelle und zudem gesetzlich verankerte Nachhaltigkeits- und Umweltbezug[1] der Forstwirtschaft verstärkt und erweitert den Anpassungsbedarf zusätz-

---

[1] Auf eine Diskussion der Nachhaltigkeit, ihrer konzeptionellen Grundlagen und Umsetzungsstrategien wird vollständig verzichtet. Siehe hierzu z. B. DÖRING/OTT (2001), durchaus kritisch DETTEN (2003), mit stärkerem Fokus auf der Forstwirtschaft DEEGEN (2004b) und HÖLTERMANN/OESTEN (2001).

lich.[2] Der Umweltbezug und die Einbeziehung natürlicher Ressourcen in die betrachteten Einsatzfaktoren sind zwangsläufige Folgen aus der Bewirtschaftung eines Nutzökosystems. Die Bedeutung der Betriebsgröße ergibt sich aus der vorzufindenden Betriebsgrößenstruktur. Die deutsche Forstwirtschaft ist von kleinen und kleinsten Betrieben geprägt (Wiersum/Elands/Hoogstra 2005, S. 9).[3] Auch dieser Aspekt ist innerhalb des forstlichen Controllings in geeigneter Weise zu berücksichtigen.

Wählt man demgegenüber den zweiten Weg der Annäherung und geht von der Forstwirtschaft aus, stellt sich zuallererst die Frage der Notwendigkeit einer betrieblichen Funktion Controlling. Da die Controllingfunktion in Forschung und Lehre nicht unstrittig ist, bedarf es auch hier zunächst einer Konsensfindung über die Intention. Unstrittig ist die Bedeutung der Ziele und dass das Controlling zu deren Erreichung beitragen soll. Gerade die Vielfalt der in der Forstwirtschaft zu verfolgenden Ziele lässt die Controllingfunktion daher nicht nur sinnvoll, sondern gar notwendig erscheinen.[4] Die Controllingkonzepte unterscheiden sich allerdings selbst hinsichtlich der berücksichtigten Ziele. Zur Klärung der Notwendigkeitsfrage ist eine Auseinandersetzung mit den Auffassungen zum Controlling daher für beide Wege der Annäherung unumgänglich.

Letztlich werden zwei Forschungsfragen aufgegriffen und bearbeitet:

- Was kennzeichnet den Branchenkontext der Forstwirtschaft und erfordert dieser eine umfangreiche Anpassung oder gar ein eigenständiges Konzept für das Controlling?

- Wie sind die angebotenen Lösungen zum Controlling in Forstbetrieben zu beurteilen? Bestehen Lücken gegenüber den Erfordernissen aus dem Branchenkontext?

Vorab zu klären ist noch die Ausrichtung der zu erarbeitenden Problemlösung und damit der Zuschnitt der Arbeit auf einen bestimmten Leserkreis. Praktiker und Wissenschaftler stellen unterschiedliche Anforderungen hieran. Der Lösungsansatz kann sich an drei Zielen ausrichten, die, in den Eckpunkten eines

---

[2]   Das Nachhaltigkeitskonzept war zunächst nur auf die Gewährleistung einer dauerhaften Ressourcennutzung ausgelegt (Deegen 2004b, S. 15; Schanz H. 2001, S. 25ff.). Die begrifflichen Ursprünge gehen mindestens bis ins 18. Jahrhundert zurück (Judeich 1871; Hartig 1795; Carlowitz 1713). Die grundlegende Idee ist deutlich älter (Speidel 1984, S. 43). Der Grundsatz, nur den Zuwachs abzuschöpfen und die Substanz zu erhalten, diente der Entwicklung des Leitbildes der Nachhaltigen Entwicklung (sustainable development) als Vorbild (Höltermann/Oesten 2001, S. 39). Der enge Ressourcenbezug wurde allerdings aufgegeben und es entstand ein gesamtgesellschaftliches Entwicklungskonzept. Dieses über den ursprünglichen Nachhaltigkeitsgedanken hinaus gehende Konzept wirkt nun auf die Forstwirtschaft zurück und führt zu neuen Ansprüchen (Deegen 2004b, S. 15; Detten 2003, S. 4; Pretzsch 2002, S. 232f.; Bergen 2001; Merker/Spellmann 2000, S. 52f.).

[3]   Die Größenverteilung der Forstbetriebe geben die amtlichen Statistiken (Statistische Jahrbücher) und die Bundeswaldinventur wieder (z. B. Statistisches Bundesamt 2008; BMfELV 2003). Zur Situation der Forst-KMU in Europa und darüber hinaus vgl. WIERSUM/ELANDS/HOOGSTRA (2005) oder HARRISON/HERBOHN/NISKANEN (2002).

[4]   Selbst wenn der Controllingbegriff nicht auftaucht, verdeutlicht der Beitrag von SPELLMANN zumindest die Zielorientierungs- und Steuerungsnotwendigkeit (2003, insbes. S. 252).

Dreiecks liegend, nicht gleichzeitig verfolgt werden können (siehe hierzu Abbildung 2).[5] Im Falle der Allgemeingültigkeit steht die Übertragbarkeit der Lösung im Vordergrund. Diese Eigenschaft spielt für den Praktiker eine maßgebliche Rolle.

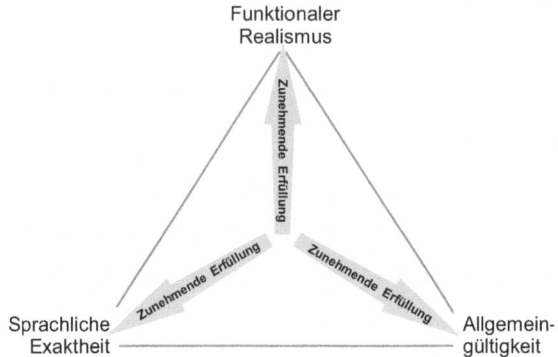

Abb. 2: Triade aus Exaktheit, Gültigkeit/Übertragbarkeit und Funktionalem Realismus (Quelle: in Anlehnung an Bunnell/Huggard 1999, S. 123)

Sprachliche/begriffliche Exaktheit, der zweite denkbare Schwerpunkt, ist hingegen vor allem eine Forderung der Wissenschaftler. Als letzte Option steht der funktionale Realismus zur Verfügung, in dem ein Ausgleich zwischen dem Ziel der exakten Wiedergabe und der für die Übertragbarkeit und Verständlichkeit notwendigen Abstraktion und Vereinfachung gesucht wird. Das Ziel der Arbeit besteht vorrangig in der wissenschaftlichen Aufarbeitung des forstlichen Controllings. Da sich sowohl die Betriebswirtschaftslehre als auch die Forstwissenschaft mit realen Phänomenen auseinandersetzen, ist ein hoher Anwendungsbezug dennoch zwangsläufig gegeben.[6] Die praktische Umsetzbarkeit steht jedoch nicht im Vordergrund. Für das auszuarbeitende forstliche Controlling gilt es, ganz im Sinne eines funktionalen Realismus, einen Kompromiss zu finden, der, neben der Exaktheit, in ausreichendem Maße die praktische Anwendung berücksichtigt.

Einer einleitenden Klärung bedarf schließlich noch der Begriff des Forstbetriebs, der in der Arbeit häufig Verwendung findet. Forstbetriebe, wie sie hier verstanden werden, führen eine planmäßige Bewirtschaftung von Wald durch, der im eigenen Besitz oder Eigentum steht. Ziel der Bewirtschaftung ist die Erstellung

---

[5] Der dargestellte Ansatz findet sich in Grundzügen bei LEVINS und bezieht sich dort auf den Einsatz mathematischer Modelle in der Populationsbiologie und dem ‚richtigen' Verhältnis zwischen allgemeinen und speziellen Modellen, um die Natur zu verstehen (1966, S. 430f.). Zur Einordnung der Ansprüche von Praktikern und Forschern vgl. BUNNELL/HUGGARD (1999, S. 123).

[6] Dies gilt grundsätzlich, auch wenn bspw. in der Betriebswirtschaftslehre bisweilen eine nicht unerhebliche Diskrepanz zwischen der theoretischen Betrachtung und der betrieblichen Praxis attestiert wird (z. B. Kieser/Nicolai 2003).

wirtschaftlich verwertbarer Leistungen.[7] ,Forstbetriebe ohne Waldbesitz', wie sie z. B. DUFFNER skizziert (1994, S. 73f.; ähnlich Schmithüsen et al. 2009, S. 112), fallen demnach nicht hierunter. Solche Unternehmen stellen für sich genommen reine Dienstleistungsunternehmen dar. Controllingspezifika ergeben sich in erster Linie aus den Eigenheiten von Dienstleistungen (z. B. Einbeziehung der externen Produktionsfaktoren) und weniger aus der Waldbewirtschaftung. Knapp gefasst, ist als Gegenstand der Arbeit somit das Controlling im Branchenkontext Wald bewirtschaftender Forstbetriebe zu sehen.

Die Arbeit setzt sich, wie Abbildung 3 zeigt, aus zwei unabhängigen grundlegenden Kapiteln sowie zwei Kapiteln der Problembeschreibung und -lösung zusammen. Ergänzend kommen die Einleitung und das Fazit samt Ausblick auf weiteren Forschungsbedarf hinzu.

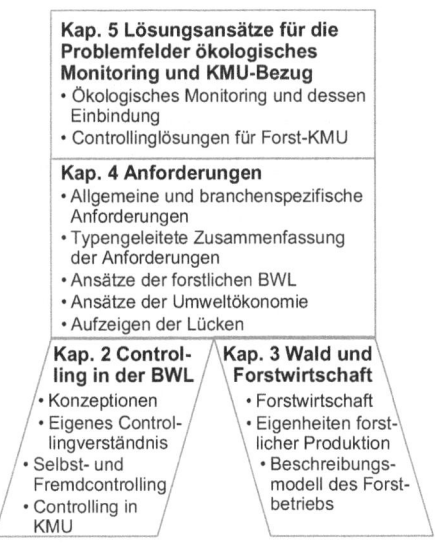

Abb. 3: Aufbau der Arbeit

Controlling wird des öfteren als schillernd, schwer fassbar und bisweilen als beliebig angesehen. Ein wesentlicher Grund dürfte das fehlende einheitliche Begriffsverständnis sein (z. B. Schneider 2005).[8] In Kapitel 2 wird aus diesem Grund und zur späteren Ableitung grundsätzlicher Anforderungen das unterlegte Controllingverständnis erarbeitet. Darüber hinaus wird mit der Betriebsgröße auf einen internen Kontextfaktor eingegangen, der sich grundlegend auf das Control-

---

[7] Nach SCHMITHÜSEN ET AL. handelt es sich um „... organisatorische Einheiten mit spezifischen betrieblichen Zielsetzungen, in denen Güter und Dienstleistungen durch die Kombination der Produktionsfaktoren Waldboden und Waldbestand, Arbeit und Betriebsmittel sowie Kapital produziert werden." (2009, S. 111f.)

[8] Darüber hinaus: MÖLLER/STOI (2002, S. 561), IRREK (2002, S. 46), ZENZ (1998, S. 28), SCHNEIDER (1997, S. 460), DELLMANN (1992, S. 113f.) oder SCHILDBACH (1992, S. 25f.).

ling auswirkt. Controlling in kleinen und mittleren Unternehmen (KMU) unterscheidet sich deutlich vom Controlling in Großunternehmen und Konzernen. Mit dem externen Controlling wird eine angemessene Controllinglösung für Klein- und Kleinstunternehmen ausgearbeitet.

In Kapitel 3 wird der Branchenbezug hergestellt. Ein wesentliches Augenmerk liegt auf der für die Waldbewirtschaftung charakteristischen engen Verflechtung von Holzproduktion, Ökologie und sozialen Belangen. Zur Veranschaulichung dient das Beschreibungsmodell eines Forstbetriebs, in dem die Entscheidungsvariablen, der Transformationsprozess und die bewerteten Ergebnisgrößen herausgearbeitet werden. Aus einer Verbindung von ökonomischer, ökologischer und sozialer Bewertung mit den Entscheidungsvariablen und betrieblichen Zielen entstehen daraus die branchenspezifischen Vorgaben des forstlichen Controllings. Die aus dieser Vorarbeit möglich werdende Präzisierung der Anforderungen sowie die derzeit verfügbaren Lösungsvorschläge, außerhalb der in Kapitel 2 dargestellten generellen Ansätze, sind Inhalte des vierten Kapitels. Der Vergleich von theoretischen Überlegungen und Praxiskonzepten mit den Anforderungen zeigt Lücken auf, von denen zwei als besonders wichtig anzusehen sind und herausgegriffen werden. Ökologische und gesellschaftlich-soziale Betriebsziele werden nur unzureichend berücksichtigt. Dabei sollte das Gebot der Nachhaltigkeit eigentlich Anlass genug sein, die interdependenten Zielgrößen allesamt in das Controlling einzubeziehen. Das zweite Problemfeld ergibt sich aus der fehlenden Einbeziehung der Eigenheiten kleiner und kleinster Forstbetriebe.

Im abschließenden Kapitel des Hauptteils (Kapitel 5) werden Lösungsvorschläge für beide Lücken aufgezeigt. Die Berücksichtigung von Zielen außerhalb der Wirtschaftsziele wird stellvertretend an der Erweiterung um ökologische Belange erarbeitet. Zur Stärkung des Ökologiebezugs wird das ökologische Monitoring zu einem Controllinginstrument ausgebaut. Es folgt der als unzureichend erachtete KMU-Bezug. Über eine empirische Untersuchung[9] wird der Stand des Controllings in den kleinen Forstbetrieben abgefragt. Gleichzeitig dient die Befragung der Suche nach Ansatzpunkten für Verbesserungen. Die anschließenden Empfehlungen einer KMU-gerechten Ausgestaltung des forstlichen Controllings werden aus den allgemeinen Ansätzen für die kleinen und kleinsten Unternehmen abgeleitet. Die grundsätzliche Eignung des gewählten Ansatzes kann sogar anhand der Befragung belegt werden. Die Arbeit schließt mit einer knappen Zusammenfassung der wichtigsten Erkenntnisse und einem Ausblick auf Möglichkeiten zur Weiterentwicklung und Vervollständigung der gefundenen Ansätze.

---

[9] Die Befragung wurde durch eine Projektförderung der WestLB-Stiftung Zukunft NRW ermöglicht.

2 Controlling in der Betriebswirtschaftslehre

2.1 Controllingtheorie und Controllingpraxis

2.1.1 Alternative sozialwissenschaftliche Herangehensweisen

Da es sich beim Controlling einerseits um ein reales Phänomen handelt, welches andererseits in der Zwischenzeit bereits zum Gegenstand zahlreicher theoretischer Erwägungen geworden ist, sind zwei Richtungen nahe liegend, aus denen man sich dem zu betrachtenden ‚Objekt' nähern kann (Küpper 2008, S. 9; Zenz 1998, S. 30). Dem entsprechen zwei Forschungsrichtungen: der empirisch fundierte induktive und der theoriegeleitete deduktive Forschungsansatz.[10] Beide Wege können Anlass zur Kritik geben. So zweifelt KÜPPER daran, ob aus den Aufgaben, die eine mit Controlling bezeichnete Organisationseinheit wahrnimmt, Controlling tatsächlich vollständig und verallgemeinerbar abgegrenzt werden kann (2008, S. 8 u. 11). Andererseits wird es einer Realwissenschaft niemals gelingen, reale Phänomene vollständig aus grundsätzlichen Überlegungen heraus zu erfassen (Weber/Schäffer 2006, S. 2f.). Beide Ansätze kommen daher in Kombination zum Zuge.

In dieser Zweiteilung liegt das weitere Vorgehen begründet. Der praxisgeleiteten Darstellung der historischen Entwicklung (Abschnitt 2.1.2) folgen die bereits stärker konzeptionell geprägte Begründung für die Entstehung von Controllingbedarf (Abschnitt 2.1.3) und die Darstellung der Controllingperspektiven (2.1.4). In einem eigenen Unterkapitel (2.2) werden die wichtigsten theoriegebundenen Konzeptionen der deutschsprachigen betriebswirtschaftlichen Literatur aufgegriffen. In einer Synopse (2.2.5) wird schließlich das Controllingverständnis für die vorliegende Arbeit herausgearbeitet.

2.1.2 Aus der Praxis entstanden

Wie viele sozialwissenschaftliche ‚Praxisphänomene' wurde das Controlling erst zeitverzögert von der Wissenschaft aufgegriffen (Weber/Schäffer 2006, S. 3; Scherm/Pietsch 2004, S. 9; Horváth 1978, S. 204). Dies ist für eine Realwissenschaft, wie sie die Betriebswirtschaftslehre darstellt (Kornmeier 2007, S. 14), nicht außergewöhnlich. Allerdings ergibt sich nicht zuletzt aus diesem Verzug die Schwierigkeit der schlüssigen Einordnung in das bestehende Theoriegebäude. Es gibt entsprechend kritische Stimmen, die der theoretischen Betriebswirtschaftslehre vorwerfen, sich mit ihrer Forschung zu weit von den akuten Proble-

---

[10] Bei der induktiven Vorgehensweise wird vom Besonderen auf das Allgemeine geschlossen. Dies ist typisch für empirische Untersuchungen (Kornmeier 2007, S. 36; auch Andersson 1989). Bei der Deduktion wird umgekehrt, vom Allgemeinen ausgehend, auf das Besondere geschlossen. Hier werden grundsätzliche (eher theoretische) Überlegungen auf dann weiter eingeschränkte Anwendungsbereiche übertragen (Kornmeier 2007, S. 35; auch Seiffert/Andersson 1989).

© Springer Fachmedien Wiesbaden GmbH, ein Teil von Springer Nature 2010
T. Urigshardt, *Forstliches Controlling*, Edition KWV,
https://doi.org/10.1007/978-3-658-24670-9_2

men der Praxis entfernt zu haben und sich nicht rechtzeitig mit ihnen zu befassen (Kieser/Nicolai 2003; Müller 2002, S. 17). Die Dringlichkeit empirischer Beobachtungen zum Controlling ist daher weitgehend anerkannt.[11] Inwieweit aus solchen Untersuchungen Schlüsse abgeleitet werden können, die letztlich zu einer Vereinheitlichung des Controllingverständnisses führen, wird sehr unterschiedlich bewertet.[12]

Einen Überblick über die Controllingentwicklung in Deutschland, aufgeteilt nach Wirtschaftszweigen, gibt eine Längsschnittuntersuchung von BRAMSEMANN. Hierzu hat er zunächst Unternehmen erhoben, die in den Zeiträumen 1974-1976, 1976-1978, 1982 und 1988 Controlling einführten, und diese anschließend nach Branchen aufgeschlüsselt. Daraus leitet er ab, dass sich die Idee des Controllings abhängig von der Innovationsfähigkeit und parallel zu Innovationsschüben der jeweiligen Branche zeitlich versetzt etabliert hat (1993, S. 59). Bemerkenswert ist, dass für die Land- und Forstwirtschaft keinerlei Zahlenwerte vorliegen. Leider geht BRAMSEMANN selber hierauf nicht ein, auch nicht in den Einzelstudien. In der Vergleichsstudie von LANDSBERG/MAYER findet sich ebenfalls keine direkte Antwort (1988, S. 57ff.).[13] Entweder wurden Land- und Forstwirtschaft in den Erhebungen nicht wirklich untersucht oder dort wurde tatsächlich bis 1988 keinerlei Controlling durchgeführt. In der Literatur zur forstlichen Betriebswirtschaftslehre finden sich Hinweise, die die zweite Annahme stützen.[14]

---

[11] So widmeten KÜPPER/WEBER/ZÜND eine ihrer 12 ‚Thesen zur Konsensbildung' explizit dem Praxisbezug (1990, S. 289). HORVÁTH hebt bereits im Vorwort zur ersten Auflage seiner Monografie zum Controlling die Praxisrelevanz hervor. Selbst ZENZ, der einer induktiven Ableitung des Controlling sehr kritisch gegenübersteht, verleugnet keinesfalls dessen Ursprung in der Unternehmenspraxis und betont zudem die Bedeutung der praktischen Anwendbarkeit (neben der wissenschaftstheoretischen Betrachtung) als Kriterium der Eignungsprüfung einer Controllingkonzeption (Zenz 1998, insbesondere S. 28 und S. 55).

[12] Der ablehnenden Haltung von ZENZ steht bspw. eine wie die von HORVÁTH gegenüber, der die Generierung von Wissen durch die Beschreibung realer Phänomene als Ausgangspunkt wählt. Über eine Systematisierung des gesammelten Wissens und die Wahl eines geeigneten organisatorischen Ansatzes (er sieht Controllingprobleme in erster Linie als organisatorische Probleme an) versucht er zu einem geeigneten Controllingansatz zu gelangen (Horváth 2002, S. 96ff.). Dennoch nennt HORVÁTH seine Ableitung "deduktiv", da er eine Einordnung in die systemtheoretische Führungslehre vornimmt (ebd. S. 83 und 113 ff.). Ein ähnliches geteiltes Vorgehen wählt auch AMSHOFF, der ein ausschließlich deskriptives Vorgehen genauso ablehnt wie die reine theoretisch deduktive Methode. Mit der Typenbildung beschreitet er dementsprechend einen Mittelweg (1993, S. 3f.). BAUER spricht gar von einem fürs Controlling geltenden ‚Primat der Praxis' (2002, S. 4).

[13] Allerdings wurden die Fragebögen – es handelte sich um eine schriftliche Befragung zum Berufsbild des Controllers – an die Mitglieder der AWW Köln 1971 (Arbeitsgemeinschaft Wirtschaftswissenschaft und Wirtschaftspraxis im Controlling und Rechnungswesen der Fachhochschule Köln im Fachbereich Wirtschaft) und an die Mitglieder des Controller Vereins e.V. direkt verschickt. Zudem wurden weitere Firmen über das Institut der deutschen Wirtschaft kontaktiert (Landsberg/Mayer 1988, S. 54). Ob auf diese Weise ein repräsentativer Branchenmix erreichbar ist, bleibt offen.

[14] So ist im Standardwerk zur forstlichen Betriebswirtschaftslehre von SPEIDEL aus dem Jahr 1984 noch kein Hinweis auf das Controlling enthalten.

Im weiteren Verlauf der Arbeit wird sich immer wieder zeigen, dass der Praxisbezug ein wichtiger Bestandteil des Umgangs mit Controlling und der Gestaltung eines branchen- oder unternehmensspezifischen Controllings ist.[15]

2.1.3 Anmerkungen zur Entstehung eines Controllingbedarfs

Um abschätzen zu können, welchen Beitrag forstliches Controlling für die Problemlösung[16] der Forstbetriebe leisten kann, wird zunächst geprüft, wodurch Controllingbedarf ausgelöst wird. In der Entstehungsgeschichte des Controllings waren es zunächst veränderte und hinzu kommende Aufgaben in den etablierten Führungsbereichen, vor allem im internen und externen Rechnungswesen, die den Bedarf für ein neues Aufgabenfeld entstehen ließen.[17] Allerdings veränderte sich der Aufgabenzuschnitt des Controllings (Controllership) im Laufe der Zeit und er tut es heute noch (vgl. z. B. Weber/Schäffer 1998, S. 229). Betrachtet man die verschiedenen Controllingkonzepte und Ansätze, so lassen sich vier Ursachen abgrenzen, die für die Entstehung des Controllingbedarfs verantwortlich sind.

(1) *Arbeitsteilung* und *organisatorische Ausdifferenzierung* verursachen Kommunikations- und Abstimmungsbedarf (Welge 1988, S. 37ff.). Sieht man die Abstimmung und das optimale Zusammenwirken innerhalb einer Organisation als wesentliche Funktion an, bezieht sich Controlling in erster Linie auf die organisatorischen Abläufe (Horváth 2009, S. 75).

(2) Dependenzen und *Interdependenzen*,[18] die *sachlich oder zeitlich begründet* sein können, führen ebenfalls zu Abstimmungs- oder Koordinationsbedarf (Laux

---

[15] Bisweilen wird der theoriegeleitete Versuch unter Hinzuziehung der Controllingpraxis eine Abgrenzung gegenüber sonstigen Führungs- oder Managementfunktionen vorzunehmen sogar als zweitrangig angesehen. Controlling lässt sich „... als Set von Praktiken der Steuerung von Organisationen, die auf bewertende und quantifizierende Techniken zurückgreifen, ... [beschreiben]. Ob Controllinginstrumente faktisch eher zur Informationsversorgung oder Koordination von Managementaktivitäten dienen, ist eine empirische Frage. So verstandene Controllingtheorie zielt mithin zunächst einmal auf die Beschreibung und Erklärung der empirisch beobachtbaren Praxis des Controlling." (Becker A. 2004, S. 770f.)

[16] Zur Vielfalt der denkbaren Controllingfunktionen, die einen Beitrag zur Lösung von Problemen der Unternehmensführung leisten sollen, vgl. beispielhaft die Übersicht bei AMSHOFF (1993, S. 176f.)

[17] Mit Bezug auf die USA stellte etwa JACKSON (1949, S. 5ff.) fest, dass die Zunahme der Accounting-Aufgaben es notwendig machte, diesen als eigenständigen Aufgabenbereich zu etablieren. Für den deutschsprachigen Raum fand die institutionalisierte Einführung des Controllings erst mit einiger Verzögerung statt. Lange Zeit herrschte sogar Skepsis gegenüber diesem ,amerikanischen Konzept' (z. B. Goosens 1959, S. 75f.) und dessen starker Finanzorientierung (Weber/Schäffer 2006, S. 11). Der Ursprung des deutschen Controllings ist abweichend in der Planung und im internen Rechnungswesen zu finden (Hahn 1978, S. 109; Welge 1988, S. 419ff.).

[18] Bei dependenten Beziehungen erfolgt die Beeinflussung lediglich in einer Richtung. Interdependente Beziehungen liegen vor, wenn sich zwei oder mehr Tatbestände gegenseitig beeinflussen (Cordes 1976, S. 18ff.). Interdependenzen (Abhängigkeiten, Beziehungen usw.) werden in vielen Teilbereichen der Betriebswirtschaftslehre thematisiert (z. B. Produktionslehre, Organisationslehre, Planungslehre usw.). Entsprechend vielfältig sind die zu findenden Unterteilungen in Beziehungsarten. Auf die Vielfalt der Organisationslehre weist KÜPPER hin (1980, S. 26f.). In der Entscheidungstheorie werden Interdependenzen, abweichend von obiger Einteilung, unter Bezug auf das Grundmodell der Entscheidung betrachtet. Unterschieden werden: Restriktionenverbund, Erfolgsverbund, Risikoverbund und Bewertungsverbund (Laux 2003, S. 6).

1993, Sp. 2309f.; Poensgen 1980, Sp. 1131).[19] Während unter dem vorangegangenen Punkt (1) die Unternehmensorganisation[20] im Vordergrund stand, sind die ein- und wechselseitigen Abhängigkeiten objekt- oder handlungsbezogen und beziehen sich vor allem auf Ziele, Pläne und Maßnahmen (Mittel). Controlling unterstützt den notwendigen Abgleich über eine interne Harmonisierung (Niedermayr 1994, S. 45f.). KÜPPER greift das Verhalten der Organisationsmitglieder als weiteren Interdependenzbezug auf (2008, S. 81ff.; 1988, S. 173f.).[21]

(3) Steigende *Komplexität*[22] *und Umweltdynamik* erschweren die Managementaufgaben (z. B. Küpper/Weber/Zünd 1990, S. 286f.; Gushurst 1990, S. 66).[23] Zudem führen sie zu verändertem Informationsbedarf seitens der Führung.[24] Auf diese Weise entsteht (erweiterter) Informationsbedarf, systemintern sowie über die Umsysteme. Diese Informationen können zunächst auch statisch sein. Die Dynamik führt allerdings dazu, dass die Informationen im Zeitverlauf an Aussagekraft verlieren und immer wieder aktualisiert werden müssen. Zudem kann es erforderlich sein, die Dynamik selbst zu erfassen und Entwicklungsvorhersagen zu treffen. Der umfeldinduzierte Controllingbedarf ist letztlich eine Konsequenz der Offenheit des Systems gegenüber der Umwelt (Niedermayr 1994, S. 43f.).

(4) *Prozesssicht und systemisches Denken* führen zu einem geänderten Verständnis der Unternehmensabläufe. Zur Erreichung der Ziele sind steuernde und lenkende Eingriffe,[25] etwa über einen kybernetischen Regelkreis, notwendig. Derartiges kybernetisches ‚control' verbindet die Managementfunktionen Planung,

---

[19] Koordinationsnotwendigkeit besteht in nahezu allen betriebswirtschaftlichen Bereichen (Laux 1993, Sp. 2308). Speziell in der Organisationslehre wird die Koordination als ergänzender Gegenpart der Differenzierung angesehen. Koordinationsbedarf entsteht demnach, wenn interdependente Systemelemente „... in ihrer potentiell dysfunktionalen Wirkung eingegrenzt und auf das übergeordnete Ziel des Gesamtsystems ausgerichtet werden müssen." (Rühli 1992, Sp. 1165)

[20] Der aus der Arbeitsteilung entstehende Koordinationsbedarf betrifft sowohl die Aufbau- als auch die Ablauforganisation (Frese 1998, S. 7; Rühli 1992, Sp. 1170). Controlling zeigt an dieser Stelle Überschneidungen mit dem funktionalen Organisationsbegriff der Organisationstheorie (Pohle 1993, Sp. 662) und muss gegenüber diesem eindeutig abgegrenzt werden.

[21] Verhaltensinterdependenzen stehen wiederum in einem engen Bezug zur Führungs- und zur Organisationslehre. Ein Hinweis auf die Bedeutung von Interdependenzen und dadurch ausgelösten Koordinationsbedarf findet sich zudem im Ansatz der entscheidungsorientierten Betriebswirtschaftslehre (Heinen 1971, S. 435 u. 437).

[22] Komplexität ist wiederum ein unscharfer Begriff. Die Komplexität von Problemen sozialer Organisationen kann sich auf soziale, sachliche und zeitliche Probleme beziehen (Müller K. 1996, S. 146). Ein einheitlicher Maßstab und ein Grenzwert, der aussagt, ab wann Komplexität vorliegt, existiert nicht. Neben einer Mehrzahl beteiligter Systemelemente ist das Beziehungsgefüge als Ursache für Komplexität zu sehen. Im Operations Research, dessen Bestimmung die Lösung komplexer Probleme ist, finden sich Techniken, die zumindest die Rechenkomplexität einer Problemstellung bestimmen helfen (Müller K. 1996, S. 145ff.).

[23] Es reicht weniger denn je aus, sich Problemen erst dann zuzuwenden, wenn sie akut werden (Ossadnik 1998, S. 1).

[24] Ähnlich SERFLING (1992, S. 12ff.); frühe Andeutungen zur Informationsorientierung des Controlling finden sich bei MÜLLER (Müller 1974, S. 683).

[25] In der Kybernetik werden Regelung und Steuerung klar voneinander abgegrenzt und zusammenfassend als Lenkung bezeichnet (Lattwein 2002, S. 75f.). Im allgemeinen Sprachgebrauch und im Wirtschaftsleben werden beide Begriffe hingegen synonym verwendet (Hahn/Hungenburg 2001, S. 50). Auf die genaue Unterscheidung wird später noch näher eingegangen.

Durchsetzung[26] und Kontrolle miteinander (Ulrich 1985, S. 21). Ein Seitenblick zur Umweltdynamik zeigt, dass Umweltveränderungen neben dem Informations-ebenfalls Lenkungsbedarf auslösen (Müller 2002, S. 60ff.).

2.1.4 Die Controllingperspektiven – Funktion, Organisation und Instrumente

Immer wieder kommt es bei der wissenschaftlichen Auseinandersetzung zu Missverständnissen, die auf die Vermischung der Betrachtungsperspektiven zu-rückzuführen ist (Zünd 1985, S. 28f.; Siegwart 1982, 97f.). Großer Wert wird vor allem auf die Unterscheidung der Controllingfunktion und der Controllinginstitu-tion gelegt. Allerdings sind die Grenzen bisweilen schwer festzulegen (Wall 2000, S. 295). Auf die Unterschiede zwischen Controllership und Controlling wurde bei der Ableitung der Controllingaufgaben aus der Praxis schon hingewie-sen. Die perspektivische Unterscheidung in eine funktionale, institutionale und instrumentelle Betrachtung ist in der Literatur zur Organisation (Schulte-Zurhausen 2002, S. 1; Schreyögg 1999, S. 4ff.) und zur Unternehmensführung[27] (Macharzina/Wolf 2008, S. 201ff. und mit Bezug zur Organisationslehre S. 467f.) gleichermaßen zu finden. Funktion und Organisation beeinflussen ein-ander sehr stark und erschweren die Abgrenzung.[28] Alle drei Perspektiven wer-den in den Controlling-Thesen von KÜPPER/WEBER/ZÜND thematisiert (1990; ebenso Ossadnik 1998, S. 4). Diese sehen die Differenzierung vor allem als ‚Ord-nungsraster' zur Strukturierung der theoretischen Fundierung (Küpper/Weber/ Zünd 1990, S. 283). Darauf und auf die Abgrenzung, wie sie in der Organisa-tionslehre vorgenommen wird, stützt sich die folgende Unterscheidung.

---

[26] Bei der Durchsetzung und Überwachung der Ausführung, der so genannten Primärorganisation (Wall 2000, S. 295), handelt es sich um eine ureigenste Führungsaufgabe. An dieser Stelle kommt es daher wieder zu einer starken Überschneidung mit den direkten Führungsaufgaben. Controlling ist in dieser Hinsicht dann selbst Führungsaufgabe (hierzu auch Siegwart 1984, S. 274).

[27] Dass auch in der Führungslehre keine eindeutige Trennung von Funktion, Institution und Instrumen-ten vorliegt, zeigt ein Vergleich der Führungsliteratur. Während z. B. MACHARZINA/WOLF in ihrer Monografie unter *Funktionen der Unternehmensführung* die Zieldefinition, die Strategieformulierung, Controlling, Organisation und Personalführung aufführen (2008, S. 201ff.), beschreibt BEA in Band 2: Führung der Allgemeinen Betriebswirtschaftslehre von BEA/DICHTL/SCHWEITZER Planung und Steu-erung, Organisation, Controlling und Information als *Instrumente der Führung* (Bea 2000a, S. 13ff.).

[28] KOSIOL leitet die Funktion als Summe oder Synthese von auf verschiedene Personen verteilte Einzel-bzw. Teilaufgaben ab (1962, S. 45f.). Organisationsanalyse sieht er in diesem Zusammenhang vor allem als Aufgabenanalyse an (ebd. S. 41). Bei der Funktionalorganisation richtet sich die gesamte Organisationsstruktur des Unternehmens nach den zusammengehörigen (homogenen) Handlungen der Funktionalbereiche (z. B. Personal, Einkauf, Produktion usw.) (Frese 1998, S. 381). ‚Organisation' kann als Instrument zur Erreichung der Unternehmensziele angesehen werden (Picot/Dietl/Franck 2005, S. 24) oder es steht begrifflich synonym für eine abgrenzbare Organisationseinheit, etwa ein einzelnes Unternehmen (ebd. S. 25; Schulte-Zurhausen 2002, S. 1f.). Diese zweite Sichtweise wird mit dem verhaltensorientierten Ansatz der Führung in Verbindung gebracht (Macharzina/Wolf 2008, S. 469).

- **Funktion**: Im Mittelpunkt steht die Frage: *Was soll Controlling leisten*? Die Funktion steht in einem engen Zusammenhang mit den Anforderungen an das Gesamtsystem ‚Controlling', ein großer Teil der Anforderungen ergibt sich sogar unmittelbar daraus. Im Einzelbetrieb führt die Funktion gemeinsam mit den betriebsindividuellen Anforderungen zu den direkten Controllingzielen.[29] Diese direkten oder unmittelbaren Controllingziele sind Ausgangspunkt der deduktiven Ableitung der Controllingaufgaben (Eschenbach/Niedermayr 1996a, S. 51; Schweitzer/Friedl 1992, S. 147ff.).[30]

- **Organisation/Institution**: Hintergrund ist die Frage: *Wer übt die Controllingfunktion(en) aus*? Die Controllingaufgaben können von Controllern ausgeübt werden, müssen es jedoch nicht. Nach DEYHLE beispielsweise führt in erster Linie der Manager die Controllingaufgaben aus, lediglich unterstützt durch den Controller (1986, S. 176; 1991, S. 2). Verfügt das Unternehmen über eigene, spezialisierte Controller, liegt ein institutionalisiertes Controlling vor. Die Aufgabenzuordnung (Aufgabensynthese) ist grundsätzlich ein Problem der Organisationslehre (Picot/Dietl/Frank 2005, S. 228; Schulte-Zurhausen 2002, S. 41f.; Schreyögg 1999, S. 123ff.; Frese 1998, S. 379ff.; Koontz/O'Donnell 1976, S. 326), für das Controllingsystem ist sie dennoch relevant.

- **Instrumente**: Im Mittelpunkt steht die Frage: *Wie, mit welchen Hilfsmitteln, werden die Controllingaufgaben ausgeübt*? Die Funktions- und Aufgabenerfüllung wird über Verfahrensweisen und letztlich vor allem über angemessene Instrumente erreicht.[31] Im Ursprung handelt es sich oftmals um Instrumente aus anderen betriebswirtschaftliche Aufgabebereichen. Beispielsweise greift das Controlling auf Informations-, Planungs-, Kontroll-, Organisations- und Personalführungsinstrumente zurück.[32] Wichtiger als ihr Ursprung ist die controllinggerechte Gestaltung der Instrumente. Ein oft angeführtes Beispiel ist das interne Rechnungswesen (Horváth 2009, S. 61 u. 295; Weber/Schäffer 2006, S. 128ff.; Küpper 2008, S. 154). Als Controllinginstrument muss es zeitnah entscheidungsrelevante Daten liefern können.

---

[29] Die Einteilung in direkte und indirekte Controllingziele ist bspw. bei SCHWEITZER/FRIEDL zu finden, die darauf aufbauend eine Systematisierung verschiedener Controllingkonzeptionen vornehmen (1992, S. 143; ähnlich Welge 1988, S. 10). Direkte Controllingziele geben Auskunft über den Umfang der Controllingaufgaben, d. h. sie konkretisieren die Führungsunterstützung. Die indirekten Controllingziele oder allgemeinen Unternehmungsziele sollen durch das Controlling befördert werden (Welge 1988, S. 20ff.).

[30] Im Gegensatz dazu sind die mittelbaren Ziele „… jene Ziele der Organisation, deren Erreichung Controlling fördern soll." Zur Erreichung dieser Ziele kann das Controlling „… nur einen indirekten Beitrag leisten, deshalb werden diese Ziele auch als indirekte Ziele bezeichnet." (Eschenbach/ Niedermayr 1996a, S. 52)

[31] Nach HORVÁTH umfassen die Controllinginstrumente alle ideellen und realen (technischen) Hilfsmittel zur Erfüllung der Controllingaufgaben. Ideelle Instrumente sind Methoden (Techniken und Verfahren) sowie Modelle. Reales Hilfsmittel ist die Informationsverarbeitung (2009, S. 125).

[32] Einen Überblick über Instrumente zur Lösung betrieblicher Probleme geben bspw. HENSELER/JONEN/ LINGNAU (2004, S.12).

KÜPPER stellt die Controllingfunktion(en) über die daraus abgeleiteten Aufgaben und Merkmale sowie deren organisatorische Gestaltung dar (2008, S. 8f.). In der unzulässigen Vermischung vermutet er die Ursache von Missverständnissen. Einschränkend sei dennoch darauf hingewiesen, dass trotz der Bedeutsamkeit der Differenzierung eine Überschreitung der Perspektivengrenzen nicht immer zu vermeiden ist. Im Zweifelsfall ist daher auf die genaue Betrachtungsweise hinzuweisen, um Fehlinterpretationen zu vermeiden.

2.2 Darstellung wichtiger Controllingkonzeptionen

2.2.1 Die Rolle der Konzeptionen

Konzepte oder Konzeptionen widmen sich eigenständigen praktischen Problemen der Unternehmensführung und müssen einen Beitrag zur Lösung dieser Probleme leisten (Küpper 2008, S. 7). Gefordert werden Aussagen über die funktionale Abgrenzung, zur institutionellen Ausgestaltung sowie zum Instrumenteneinsatz vor dem Hintergrund controllingrelevanter Unternehmungsziele (Pietsch/Scherm 2000, S. 396). Die Konzeptionen befassen sich also sehr umfassend mit dem Phänomen Controlling.[33]

Durch ihre Bemühungen um eine theoretische Fundierung kommt den Konzeptionen eine Art Mittlerrolle zwischen betriebswirtschaftlicher Theorie und den wesentlich stärker operationalisierten und praxisbezogenen Controllingansätzen zu.[34] In dieser Form gehören die Konzepte zu den Konstruktionsmodellen.[35] In ihrer Gesamtheit sind die Controllingkonzeptionen wiederum als Konkretisierung einer – derzeit noch nicht greifbaren – allgemein akzeptierten Controllingtheorie zu sehen.

2.2.2 Gliederung durch Typenbildung

Unterschiede zwischen den zahlreichen Konzeptionen bestehen oftmals nur in einer abweichenden Schwerpunktsetzung der Aufgaben oder einer uneinheitlichen Begriffswahl. Aus diesem Grund ist es sinnvoll, anhand aussagefähiger Merkmale eine Gruppierung vorzunehmen. Hierzu wird auf die Typenbildung zurückgegriffen. Die Typenbildung ist, wie die Klassenbildung, ein Mittel zur Strukturierung und Komplexitätsreduktion (Schweitzer 2004, S. 67f.; Knoblich

---

[33] Vergleichbare Aussagen finden sich auch bei anderen Autoren, so z. B. SCHWEITZER/FRIEDL (1992, S. 142), HAHN (1997, S. 16), GRAUMANN (2008, S. 24ff.) u. a.

[34] Vgl. zu dieser Mittlerfunktion auch SCHERM/PIETSCH (2004, S. 8). Ganz anders verfährt hingegen AMSHOFF bei seiner ‚perspektivischen Analyse des Controlling'. Während er sich ansonsten durch sehr präzises Vorgehen auszeichnet, subsumiert er zur „... Vereinfachung der Nomenklatur ..." die auf Controlling bezogenen „... unterschiedlichen Theorien, Ansätze, Paradigmen und Disziplinen ..." schlicht unter Ansätze. (Amshoff 1993, S. 52f. und S. 53 FN 1.)

[35] Dies in Abgrenzung zu den auf realen Beobachtungen basierenden Reduktionsmodellen (Amshoff 1993, S. 77). Zur Modellbildung allgemein siehe auch HEINRICH (2007, S. 9ff.).

1972, S. 142). Die betrachteten Objekte oder Tatbestände werden auf charakteristische Eigenschaften oder Regelmäßigkeiten hin untersucht, welche sich in ihrer Ausprägung möglichst klar voneinander abgrenzen lassen. Von diesem Vorgehen wird im weiteren Verlauf der Arbeit noch mehrfach Gebrauch gemacht. Daher ist es angebracht, vorab einige Begriffe und Zusammenhänge zu klären, allerdings, ohne die Grundlagen der Logik und Typologik vollständig aufzuarbeiten.[36]

Die Typologie ist das Resultat des Gruppierungsprozesses im Rahmen der Typenbildung (Kluge 1999, S. 26). Typen sollen nach KLUGE zwei wesentlichen Anforderungen genügen.[37] Die Forderung nach interner Homogenität besagt, dass sich die Elemente innerhalb eines Typus möglichst ähnlich sein sollen. Hingegen sollen sich die abgegrenzten Typen möglichst stark voneinander unterscheiden (externe Heterogenität) (1999, S. 27).[38] Bei TIETZ findet sich eine anschauliche Unterteilung der Typen[39] – letztlich eine Typologie der Typen oder Metatypologie. So entstehen die folgenden paarweisen Typen anhand formaler bzw. materialer Unterscheidungskriterien[40] (Tietz 1960, S. 25ff.; ähnlich Kosiol 1966, S. 24):

- *reale* und *irreale* Typen, wobei unter irrealen Typen gedanklich oder rechnerisch abgeleitete (fiktive) Typen zu verstehen sind;[41]

- *partielle* und *totale* Typen, je nach Anteil der erfassten Merkmale des Erkenntnisobjekts;[42]

---

[36] Weiter gehende Ausführung macht bspw. TIETZ (1960), der sich intensiv mit den Wurzeln der Typologie und deren fachwissenschaftlicher Anwendung in der Betriebswirtschaftslehre auseinandergesetzt hat.

[37] Bei TIETZ finden sich sogar sechs Kriterien zur Abgrenzung des Typus gegenüber dem „starren Begriff" der Logik (1960, S. 25). Die Anforderungen von Kluge werden hier jedoch als ausreichend angesehen, um den Typus zu charakterisieren.

[38] Die gleiche Aussage findet sich bei BAILEY im Hinblick auf Klassen: „This means that we arrange a set of entities into groups, so that each group is as different as possible from all other groups, but each group is internally as homogenous as possible." (1994, S. 1) Die Klassifizierung ist bei ihm eine Art Oberbegriff. „Already defined, classification is the general process of grouping entities by similarity." (ebd. S. 4)

[39] Diese Unterteilung dient, ähnlich wie obige Darstellung des typologischen Verfahrens, letztlich der qualifizierten ‚fachwissenschaftlichen' Anwendung der Typologik in der Betriebswirtschaftslehre (Tietz 1960, S. 1). Nicht ohne Grund bezeichnet CASTAN die Arbeit von TIETZ als methodologisch ausgesprochen gründlich (Castan 1963, S. 22). Zu weiteren Möglichkeiten der Unterteilung von Typen und Typologien vgl. auch KLUGE (1999, S. 51ff.).

[40] Das Begriffspaar material-formal bezeichnet allgemein zwei sich ergänzende Sichtweisen . Die materiale Sicht betrachtet das Inhaltliche oder Stoffliche, die Form ist auf das Äußere beschränkt, auf das, was nicht Inhalt ist. Beide Sichtweisen schließen einander somit kontradiktatorisch aus (Jacobs 1973, S. 457f.)

[41] Jede Verarbeitung statistischer Daten zur Typenbildung führt damit bereits weg von den realen und hin zu den irrealen Typen.

[42] Die partielle Betrachtung beschränkt sich im Extrem auf ein einziges Merkmal, stellt im Allgemeinen jedoch eine Auswahl als wichtig erachteter Merkmale dar. Von Totalität wird bereits dann gesprochen, wenn das Erkenntnisobjekt aus fachwissenschaftlicher Sicht „… ‚vollständig' durchleuchtet wird." (Tietz 1960, S. 29) Die Verwendung aller verfügbaren Merkmale ist wegen einer zu hohen Komplexität häufig gar nicht praktikabel (Knoblich 1972, S. 144). Die Beschränkung auf eine begründete Auswahl von Merkmalen oder eine Klassifizierung der Merkmalsausprägungen ist daher i.d.R. unumgänglich.

- *qualitative* und *quantitative* Typen, je nach Messbarkeit;

- *ein-* und *mehrdimensionale* Typen, in Abhängigkeit von der Zahl der zugrunde gelegten Merkmale;[43]

- *Häufungstypen* und *Vereinzelungstypen*, bezogen auf das Auftreten einzelner Merkmalsausprägungen;

- *Schwerpunkttypen* und *Streuungstypen*, ebenfalls auf einer Betrachtung der statistischen Verteilung beruhend.

Die formalen Kriterien haben also enge Bezüge zu den Merkmalen, anhand derer die Typen voneinander abgegrenzt werden, sowie zur statistischen Auswertung empirisch abgeleiteter oder überprüfter Typen. Sie werden hier nicht weiter betrachtet. Die so genannte materiale Unterteilung ist stärker anwendungsbezogen. Unterscheidbar sind:

- *Individualtypen*[44] und *Allgemein- oder Gattungstypen*, je nach der Zahl der in einem Typus enthaltenen Untersuchungsobjekte (Tietz 1960, S. 26) sowie

- nach der Verifizierbarkeit der Typen *Realtypen* und *Idealtypen.*[45]

Die zuletzt beschriebene Einteilung an Hand der Verifizierbarkeit bedarf einer eingehenderen Betrachtung. Die Diskussion von Real- und Idealtypus ist bei nahezu allen Autoren zu finden, die sich intensiver mit der typologischen Methode auseinandersetzen (z. B. Kosiol 1966, S. 24; Amshoff 1993, S. 95ff.). Für den Realtypus wird synonym die Bezeichnung „empirischer Typus" verwendet (z. B. Kluge 1999, S. 58ff.; Tietz 1960, S. 27). Der Idealtypus wird vornehmlich auf die Arbeiten von WEBER zurückgeführt (1972, S. 1ff.).[46] Als rein gedankliches Konstrukt entzieht sich der Idealtypus der empirischen Verifizierbarkeit.[47] WEBER gibt sogar vor, dass der Idealtypus in der Realität vermutlich nie zu finden sei (1972, S. 10). Erkenntnisse sind demnach alleine aus der theoretischen Analyse oder den empirischen Abweichungen gegenüber den Idealtypen zu ziehen (Bailey 1994, S. 17). Andere Autoren gehen nicht so weit und lassen das empirische Auftreten des Idealtypus zu (z. B. Parsons 1949, S. 60). BAILEY sieht den

---

[43] KNOBLICH stellt hingegen heraus, dass sich die Typenbildung gerade durch die gleichzeitige Anwendung von mehr als einem Merkmal von der Klassifikation unterscheidet (1972, S. 142f.; ähnlich Corsten 2001, S. 31)

[44] Jedes betrachtete Individuum führt zu einem (eigenen) Typus. Dieser Arbeit liegt das Ziel zugrunde, verallgemeinerbare Aussagen abzuleiten. Hierfür sind Individualtypen jedoch ungeeignet.

[45] TIETZ nennt noch eine weitere materiale Typenart, die normativen Typen. Diese siedelt er so nah am Idealtypus an, dass eine Abgrenzung nicht mehr nachvollziehbar erscheint: „Vielfach sind in Idealtypen auch normative Gesichtspunkte enthalten." (1960, S. 27)

[46] So z. B. bei BAILEY (1994, S. 17) oder KLUGE (1999, S. 58) zu finden. Demgegenüber hebt EUCKEN hervor, dass in der Wissenschaft bereits lange vor WEBER mit Idealtypen und Realtypen gearbeitet wurde. Zugleich beklagt er, dass WEBERs mängelbehaftete Aussagen mehr zur Verwirrung als zur Schärfung des Begriffsverständnisses beigetragen haben (Eucken 1965, S. 123, FN 66). Insbesondere in der späteren Zuordnung von Beispielen zum Idealtypus treten Widersprüche auf (ebd.).

[47] Ganz klar ist die ursprüngliche Abgrenzung des Idealtypus dennoch nicht (Kempski 1972, S. 121). „The confusion stems from the fact that WEBER actually had different subtypes or versions of the ideal type." (Bailey 1994, S. 17)

Idealtypus als Vergrößerungsglas, welches bestimmte Eigenschaften der Untersuchungsgegenstände heraushebt, ohne deren empirisches Auftreten festzulegen.[48] Dieser Ansicht wird in dieser Arbeit gefolgt. So wird die Trennung von Idealtyp und Realtyp zwar aufrecht erhalten,[49] beide sind jedoch nicht als unüberbrückbare Gegensätze zu sehen. Idealtypen im Sinne der constructed types von BECKER und MCKINNEY entstehen als akzentuierter idealisierter Typen, abgeleitet aus zu beobachtenden realen Phänomenen (Bailey 1994, S. 22ff.; Kluge 1999, S. 70).

Durch die mannigfaltige Controllingpraxis in den Unternehmen und aufgrund des bisher noch nicht abgeschlossenen Prozesses der Theoriebildung steht nach wie vor eine Vielzahl von Controllingansätzen und -konzeptionen nebeneinander. Beispiele für die Gewinnung von Controllingtypen liefern etwa die Untersuchungen von ZÜND (1979) und AMSHOFF (1993). Beide leiten ihre Controlling- bzw. Controllertypen über eine Kombination aus theoretischen Überlegungen und empirischen Untersuchungen ab. Eine rein theoriegeleitete Typologie baut hingegen ZENZ auf. Er unterscheidet die Konzeptionen anhand der drei Merkmalskategorien Unternehmenszielbezug, Funktionsbreite und Funktionstiefe (1998, S. 34). Über die Funktionstiefe[50] gelangt er zu zwei Gruppen. In der ersten Gruppe substituiert Controlling Führungsaufgaben (ebd. S. 38). Als wichtigsten Vertreter benennt er den ‚informationsversorgungsorientierten' Controllingtyp. Beim ‚regelungsorientierten' Typ wird die Verbindung von Planung und Kontrolle betont. Das Controlling übernimmt beide Funktionen, so dass es im Sinne des kybernetischen Reglers agiert. Die zweite Gruppe ist in der Funktionstiefe auf die Einwirkung im Sinne einer Führungsunterstützung beschränkt (ebd. S. 39). ZENZ ordnet dieser Gruppe den ‚begrenzt führungsgestaltenden Koordinationsansatz', den ‚umfassenden Koordinationsansatz' sowie den ‚Metaführungsansatz' zu.

Weitere Systematisierungen finden sich etwa bei SCHWEITZER/FRIEDL, die eine Unterteilung über die direkten und indirekten Controllingziele vornehmen (1992, S. 147ff.),[51] oder bei WEBER/SCHÄFFER, die eine Einteilung nach funktionalen Gesichtspunkten durchführen (2006, S. 17ff.). In vielen Grundlagenwerken zum Controlling wird die eigene Konzeption ebenfalls mit anderen verglichen und eingeordnet (z. B. Horváth 2009, S. 127ff., Küpper 2008, S. 15ff.).

---

[48] Ähnliche Argumente finden sich schon bei EUCKEN, der eine Kombination deduktiven und induktiven Vorgehens als zielführend ansieht (1965, S. 123f.).

[49] Diese Trennung wird bspw. von EUCKEN nachdrücklich gefordert (1965, S. 41f.).

[50] In der Funktionstiefe untersucht ZENZ insbesondere, ob die Konzeptionen einen Betrieb der Führungsteilsysteme vorsehen oder nicht und ob sich der Systembetrieb auf alle Teilsysteme bezieht (1998, S. 34).

[51] Eine vergleichbare Einteilung über dieses Kriterium nehmen ESCHENBACH/NIEDERMAYR vor (1996a, S. 51ff.).

Unter Bezug vor allem auf ZENZ und in Anlehnung an die Auslöser des Controllingbedarfs werden Konzeptionen und Ansätze[52] des Controllings nach folgenden funktionalen Schwerpunkten unterschieden:

- Informationsversorgung (Informationsversorgungsorientierte Ansätze),
- Steuerung (Regelungs-/steuerungsorientierte Ansätze),
- Koordination der Führungsteilsysteme (Koordinationsorientierte Ansätze) und
- Sicherung der Führungseffizienz (Metaführungsorientierte Ansätze).

2.2.3 Controllingansätze im deutschsprachigen Raum[53]

2.2.3.1 Informationsversorgungsorientierte Ansätze

Die Bedeutung der Informationsversorgung für die Führungsfunktionen und die enge Verbindung zum Controlling wurde bereits angeschnitten. Der Informationsbegriff ist dabei weit auszulegen.[54]

Als Ausgangspunkt des Controllings wird vielfach das Rechnungswesen in verschiedenen Formen angesehen (z. B. Müller 1974, S. 683). In Deutschland gilt vor allem das interne Rechnungswesen als tragende Controllingsäule (Reichmann/Richter/Palloks-Kahlen 2006, S. 11). Ausgehend von der mengen- und wertmäßigen Erfassung der Bestände und Bewegungen von Gütern und Zahlungsmitteln erfolgte eine funktionale Ausweitung und materielle Veränderung, etwa in Form einer stärker zukunftsbezogenen Ausrichtung (Welge/ Amshoff 1997; Weber 1995a, S. 24; Schmidt 1986, S. 6).[55] Ein früher Vertreter

---

[52] Aus Vereinfachungsgründen wird im weiteren Verlauf nicht mehr zwischen Konzepten, Konzeptionen und Ansätzen unterschieden. Überwiegend wird der weniger umfassende Begriff ‚Ansatz' verwendet.

[53] Die Beschränkung auf den deutschsprachigen Raum ist auf die immer wieder betonten Unterschiede, etwa gegenüber den US-amerikanischen Accounting-Ansätzen oder auch anderen europäischen Ländern, z. B. Frankreich (Bouquin 1999; Stoffel 1995), zurück zu führen. Eine derartige Trennung nehmen bspw. WEBER/SCHÄFFER (2006, S. 16), HORVÁTH (2009, S. 42ff.) und SCHWARZ (2002, S. 52ff.) vor.

[54] Sowohl Daten als auch Informationen dienen der interpersonellen Übertragung von Wissen (Weber 1995a, S. 170). Der Unterschied liegt in der Bedeutung für das Handeln von Akteuren und somit im Zweckbezug. Der Zweckbezug ist das Kennzeichen von Informationen (Berthel 1975, Sp. 1866; Beling/Wersig 1973, S. 16). Eine noch umfassendere Abgrenzung von Zeichen über Daten und Informationen bis hin zum Wissen und deren Beziehungen zueinander enthält das Modell von REHÄUSER/KRCMAR (1996, S. 3ff.). Eine Reihe verschiedener Definitionen zu beiden Begriffen liefern BELING/WERSIG (1973, S. 13ff.). Aufgrund der bestehenden Abgrenzungsschwierigkeiten wird bisweilen von einem Kontinuum Daten - Informationen - Wissen ausgegangen (Romhardt 1998, S. 40).

[55] Ähnlich bei SCHNEIDER, der schon die Planungsaufgaben einbezieht: „Rechnungswesen heißt der Inbegriff zahlenmäßiger Abbildungen von Geschehenem, Vorhandenem oder Beabsichtigtem." (1997, S. 3)

des informationsversorgungsorientierten Ansatzes war MÜLLER.[56] Die Hauptaufgabe des Controllings sah er in der Abstimmung von Informationsbeschaffung und Informationsbedarf, jedoch beschränkt auf innerbetriebliche Informationen (Müller W. 1974, S. 686). Eine zu weitgehende Einschränkung der Informationsbasis und des Aufgabenpotenzials nehmen hingegen Autoren vor, die das Controlling mit dem Rechnungswesen gleichsetzen (Schmidt 1986, S. 8).[57]

Nach WEBER kann Controlling in der praktischen Umsetzung, trotz abweichenden funktionalen Umfangs, schwerpunktmäßig auf die Informationsversorgung reduziert sein (1995a, S. 27).[58] HORVÁTH lässt den MÜLLERschen Ansatz als Teilbereich in seinem eigenen aufgehen (2009, S. 128). LINK sieht in der bewussten Reduzierung auf die Informationsversorgung eine Möglichkeit, dem Omnipotenzanschein des Controllings und damit einem wichtigen Kritikpunkt aus dem Wege zu gehen (1982, S. 261).[59] Ähnlich argumentieren SCHAEFER/LANGE, die in der Informationsversorgung den gemeinsamen Kern verschiedener Controllingkonzepte erkennen (2004). Auch neuere Beiträge zur Controllingforschung, die etwa die Performance-Messung in den Vordergrund stellen oder die Informationsökonomie als theoretische Basis wählen, beziehen sich stark auf die Informationsversorgung. Ein Autor, der gegenwärtig die Informationsversorgung in den Mittelpunkt seiner Controllingkonzeption stellt, ist REICHMANN. Controlling dient seiner Ansicht nach letztlich der Bereitstellung entscheidungsrelevanter Informationen (Reichmann/Richter/Palloks-Kahlen 2006, S. 7 u. 13). Im Gegensatz zu MÜLLER nimmt er ausdrücklich Bezug auf eine betriebsinterne und eine externe Informationsbasis (Reichmann/Richter/Palloks-Kahlen 2006, S. 11).

---

[56] MÜLLER bezieht sich in seiner Darlegung im Wesentlichen auf die Ergebnisse einer empirischen Untersuchung von HENNING und MOSELEY. Diese hatten in einer 1970 veröffentlichten Studie bei 25 mittleren Unternehmungen in den USA die Problemlösungskompetenz von Controllern abgefragt und in einer Skala bewertet (Müller 1974, S. 684).

[57] Dieser Standpunkt ist in der aktuellen Literatur allerdings ohnehin nicht mehr zu finden. Einen Überblick zu den rechnungswesenorientierten Ansätzen gibt SCHMIDT (1986, S. 6). Die genannten Werke sind ausschließlich englischsprachig, vor allem von US-amerikanischen Autoren.

[58] Inzwischen bestreitet WEBER die Zulässigkeit eines derart reduzierten Controllings allerdings (Weber/Schäffer 2006, S. 19).

[59] Mit dem gelegentlichen Anschein eines Omnipotenzanspruchs des Controllings setzte sich insbesondere SCHNEIDER kritisch auseinander (1997, 458ff.; 1991, S. 765). Er sieht hier eine Grenze überschritten, da der Controller entweder mit dem Unternehmer gleichgesetzt oder gar mit den „... Eigenschaften eines vorzüglichen Aufsichtsratsvorsitzenden und Unternehmensberaters ..." ausgestattet gesehen wird (1991, S. 765). Ähnliche Kritik äußerte bereits GOOSENS (1959).

2.2.3.2 Regelungs-/steuerungsorientierte Ansätze

Kennzeichen der regelungs- und steuerungsorientierten Ansätze[60] ist, dass die Steuerungsfunktion als erschöpfende Aufgabenbeschreibung angesehen wird (Irrek 2002, S. 49). ZENZ nennt u. a. COENENBERG/BAUM (1987) als Vertreter dieser Auffassung (Zenz 1998, S. 38). Im Vordergrund steht die Verknüpfung der Planungs- und der Kontrollfunktion mit dem Ziel, einen Regelkreis aufzubauen (Baum/Coenenberg/Günther 2007, S. 4; Ziegenbein 2007, S. 24).[61] Ein solcher Regelkreis dient der Sicherstellung der Einhaltung der Planvorgaben und damit letztlich der Erreichung der Unternehmensziele. Eine vergleichbare Aufgabenabgrenzung des Controllings nehmen SCHWEITZER/FRIEDL vor (1992, S. 154f.; ähnlich Dellmann 1992, S. 116f.).[62] Sie beschränken das Controlling aber auf eine Prozessunterstützung, die Planungs- und Steuerungsaufgaben verbleiben bei der Unternehmensführung. Auch FRANZ weist ausdrücklich auf die Notwendigkeit zur Trennung der Managementaufgabe ‚Steuerung des Unternehmens' und deren Unterstützung als Kern seiner Controllingauffassung hin (2004, S. 281; ähnlich Horváth 2009, S. 126).

HAHN (1991) bzw. HAHN/HUNGENBURG sehen das mehrstufig gegliederte Unternehmen durch vertikal und horizontal ‚vermaschte Führungsprozesse' repräsentiert, denen ein System ineinander greifender Regelkreise zuzuordnen ist (Hahn/Hungenburg 2001, S. 52). In der Optimierung der ‚traditionellen' Regelkreismodelle sieht MÜLLER die notwendige grundlegende Problemstellung des Controllings (Müller 2002, S. 26).[63] Der Regelkreis wird durch eine Vorwärtskopplung

---

[60] Regelung und Steuerung sind als Lenkungsarten voneinander zu unterscheiden. Bei der Regelung wird die Regelgröße fortlaufend erfasst und mit einem Sollwert (Führungsgröße) verglichen. Ergeben sich daraus Abweichungen, wird durch den Regler eine Korrektur ausgelöst, um eine Angleichung an den Sollwert zu erreichen. Dieser Ablauf ist weitgehend geschlossen als Regelkreis aufgebaut (Flechtner 1972, S. 34ff.). Demgegenüber geht das Steuern in der so genannten Steuerkette von einem offenen Wirkungsablauf aus. Zudem kann eine oder können mehrere Eingangsgrößen eine bis mehrere Ausgangsgrößen beeinflussen (Flechtner 1972, S. 33). Die Zusammenhänge sind also weniger deutlich. Eine Ermittlung von Abweichungen gibt es beim Steuern nicht. Über die Wirkzusammenhänge sollen diese über eine Vorwärtskopplung vorweg genommen werden. Als Grundlage der Abgrenzung kann die DIN-Norm 19226 herangezogen werden.

[61] Einschränkend ist anzumerken, dass BAUM/COENENBERG/GÜNTHER diese Betrachtungsweise auf eine prozessuale Sicht des Controllings beschränken. In funktionaler Ausprägung gehen sie darüber hinaus und benennen drei Aufgaben außerhalb der Regelung und Steuerung: Informationsversorgung, Koordination der Planungs- und Steuerungseinheiten und Sicherung der Rationalität der Unternehmensführung (2007, S. 4).

[62] Sie ordnen ihren Ansatz in der eigenen Systematik anders, nämlich bei den führungssystemorientierten Konzeptionen, ein. Diese charakterisieren sie durch das Vorhandensein des direkten Controllingziels der führungssystemorientierten Koordination. Planungs- und steuerungsorientierte Konzeptionen sind hingegen auf die direkten Controllingziele der Informationsversorgung und der planungs- und steuerungsorientierten Koordination ‚beschränkt'. Da SCHWEITZER/FRIEDL die Koordinationsaufgabe des Controllings stark auf die Führungsteilsysteme Planung, Kontrolle und die prozessuale Steuerung beziehen, ist die Einordnung bei den steuerungsorientierten Ansätzen gerechtfertigt.

[63] Diese Problemstellung des Controllings beschränkt MÜLLER auf die Unterstützung der Führung (des Managements) bei dessen Aufgabe, das soziale System „Unternehmung" unter Kontrolle zu bringen und unter Kontrolle zu halten (Müller 2002, S. 25 und 29f.).

im Sinne einer Steuerung ergänzt. Steuerung ist das Bemühen, Störfaktoren frühest möglich zu erkennen und so Abweichungen zu antizipieren (Flechtner 1972, S. 33). Auf diese Weise kann der Regler des Regelkreises eingreifen bevor im Soll-Ist-Vergleich Abweichungen aufzeigt werden (Müller 2002, S. 34). Die Einrichtung der notwendigen Frühaufklärungssysteme ist allerdings keine triviale (Controlling-)Aufgabe (Mann 1983, S. 469f.). Einen weiteren Aspekt betont SCHWARZ, wenn er Controlling auf die Steuerung und Kommunikation in sozioökonomischen Systemen bezieht (2002, S. 3). Sozioökonomische und soziotechnische Systeme unterscheiden sich durch die darin agierenden Menschen deutlich von den rein technischen Systemen der ursprünglichen Regelungstheorie.[64]

2.2.3.3 Koordinationsorientierte Ansätze

An dieser Stelle erscheint als erstes eine Klärung des Koordinationsbegriffs ratsam. Koordination ist ein umfassendes Phänomen, welches in vielen Bereichen der Betriebswirtschaftslehre Anwendung findet (Frese 1975, Sp. 2263). Primär geht es um die Abstimmung unterschiedlicher Aktivitäten auf ein gemeinsames Ziel hin (Laux 1993, Sp. 2308; Frese 1975, Sp. 2263). Der Koordinationsbegriff ist eng mit der Organisations- und Führungslehre verknüpft (Rühli 1992, Sp. 1165).[65] Die Koordination der ausführenden Tätigkeiten im Leistungsbereich der Unternehmung, die so genannte Primärkoordination, wird als ureigene Führungsaufgabe angesehen (z. B. Schweitzer/Friedl 1992, S. 145 und S. 150.). Für das Controlling verbleibt daher – anders als bei den Metaführungsansätzen – alleine die (Sekundär-)Koordination der Führungsteilaufgaben (Horváth 2009, S. 104).[66]

Der koordinationsorientierte Controllingansatz besitzt im deutschsprachigen Raum wohl die größte Akzeptanz (Ahn 1999). Die Abgrenzung steuerungs- und koordinationsorientierter Ansätze fällt bisweilen schwer. Auch HORVÁTH misst der Verknüpfung von Planung und Kontrolle große Bedeutung bei (2009, S. 146ff.). Er geht aber weniger stark auf die Steuerung als vielmehr auf die da-

---

[64] Er unterstützt dabei die ablehnende Haltung WIENERs gegenüber einer undifferenzierten Übertragung des kybernetischen Konzepts von technischen auf sozio-ökonomische Systeme. Statt dessen ist eine synthetische Herangehensweise notwendig, die die Besonderheiten menschlichen Verhaltens und zwischenmenschlicher Kommunikation ebenso einbezieht wie den Regelkreis (Schwarz 2004, S. 52; 2002, S. 3f.).

[65] Dies wird bspw. bei LAUX deutlich, wenn er die Grundformen der Koordination in der Unternehmung darstellt (1993, Sp. 2313ff.).

[66] Dennoch kann man nicht davon ausgehen, dass Controlling mit der Primärkoordination keinerlei Berührungspunkte besitzt (Küpper 1988, S. 172). Zweifel an der Eindeutigkeit dieser Abgrenzung äußert auch WALL (2000, S. 302). Insgesamt sieht WALL die große Nähe des koordinationsorientierten Controllings zur Organisationslehre kritisch, da wesentliche Problemfelder umgewidmet und dem Controlling zugeordnet werden (2000, S. 302; ähnlich Müller 2002, S. 25). Diese Kritik bezieht sich vor allem auf die systembildende Komponente, wie sie vor allem von HORVÁTH aber bspw. auch von SCHWEITZER/FRIEDL (1992) vertreten wird.

durch verfolgte Koordination ein.[67] Koordinationsbedarf entsteht demnach durch die Notwendigkeit ergebniszielorientierter Abstimmung von Planung, Kontrolle und Informationsversorgung (ebd. S. 91). Da es sich lediglich um eine unterstützende Funktion handelt, steht die wechselseitige Abstimmung der zugehörigen Teilsysteme im Vordergrund und nicht deren Betrieb (Horváth 1978, S. 202).

Ein Aufsatz dreier prominenter Vertreter des koordinationsorientierten Ansatzes, KÜPPER, der ‚frühe' WEBER[68] und ZÜND, wurde im Rahmen der Perspektivengliederung bereits aufgegriffen. Das grundlegende Thesenpapier enthält gemeinsame Vorstellungen zu Koordinationsorientierung und zur Vereinheitlichung des Controllingverständnisses (Küpper/Weber/Zünd 1990). Die Koordinationsaufgabe wird auf das gesamte Führungssystem bezogen, mit Schwerpunkten bei der Informationsversorgung, der Planung und der Kontrolle (ebd. S. 283f.). Zugleich sehen sie in der Sicherstellung einer zielbezogenen Lenkung ebenfalls eine wichtige Controllingaufgabe (ebd. S. 282). Einen wichtigen Beitrag zur Klärung der Notwendigkeit der Koordination hat KÜPPER geleistet. Koordinationsbedarf entsteht, unabhängig von organisatorischer Differenzierung und Arbeitsteilung, durch interdependente Beziehungen von Zielen, Maßnahmen und Akteuren (1988, S. 173ff.).

2.2.3.4 Metaführungsorientierte Ansätze

Im Gegensatz zu den bisherigen Ansätzen, die sich stets der Führung unterordneten, nehmen die metaführungsorientierten Ansätze die abgeleitete Aufgabe der Qualitätssicherung der (primären) Unternehmensführung für sich in Anspruch (Zenz 1998, S. 44).[69] Nach WEBER ist die Kernaufgabe des Controllings in der Sicherung der Rationalität der Führung zu sehen (1998, S. 32ff.).[70] Die Sicherung rationaler Entscheidungen hat schon KÜPPER als einen Zweck der Controllingfunktion aufgeführt, lehnte sie als eigenständige Problemstellung dagegen ab (1988, S. 164f.; 2008, S. 19). AHN/DYCKHOFF präzisieren den anzulegenden

---

[67] Zusammenfassend definiert er Controlling funktional als „... dasjenige Subsystem der Führung, das Planung und Kontrolle sowie Informationsversorgung systembildend und systemkoppelnd ergebniszielorientiert koordiniert und so die Adaption und Koordination des Gesamtsystems unterstützt. Controlling stellt damit eine Unterstützung der Führung dar: es ermöglicht ihr, das Gesamtsystem ergebniszielorientiert an Umweltveränderungen anzupassen und die Koordinationsaufgaben hinsichtlich des operativen Systems wahrzunehmen." (Horváth 2009, S. 125)

[68] Mit Erscheinen der 7. Auflage seiner Monografie ‚Einführung in das Controlling' im Jahr 1998 brach WEBER mit der Einschätzung, in der Koordination das Kernanliegen des Controllings zu sehen, und sieht dessen Hauptaufgabe seitdem in der Sicherung der Führungsrationalität.

[69] Die von WEBER bzw. WEBER/SCHÄFFER angeführten Qualitätsmerkmale sind verschieden. Controlling dient zum einen der Sicherung der Rationalität der Führung (Weber/Schäffer 1999b, S. 734). Konkretisiert auf die Phase der Willensbildung wird der Intuition die Reflexion gegenübergestellt (ebd. S. 736). Darüber hinaus bemisst sich der auf Zweckrationalität zurück geführte Rationalitätsbegriff auf die effiziente Mittelverwendung bei gegebenem Zweck (ebd. S. 734).

[70] Eine ähnliche Abgrenzung des Controllings nimmt SCHILDBACH vor (1992, S. 23). Im nächsten Abschnitt tritt der Rationalitätsbezug vor allem bei der Entscheidungstheorie als Einflussbereich des Controllings nochmals in Erscheinung (z. B. Simon 1997, S. 72ff. u. 93f.).

Qualitätsmaßstab in Richtung einer Effektivitäts- und Effizienzbetrachtung (2004, S. 517ff.). Auch ZENZ sieht für die Metaführung, im Anschluss an die Bewertung der von ihm abgegrenzten Controllingtypen, das größte Potenzial als eigenständige Problemstellung des Controllings (1998, S. 45f). Weitere Befürworter der Auffassung, dem Controlling eine Metaführungsfunktion einzuräumen, sind ESCHENBACH/NIEDERMAYR. Dies zeigt sich, wenn sie dem Controlling zugestehen, zur Verfolgung der Controllingziele gestaltend auf die Kultur und die Struktur des Unternehmens einzuwirken (1996b, S. 67).[71]

Hohe Bedeutung wird der Ausübung von Kontrolle beigemessen. Es wird angenommen, dass sich Defizite in der Führungsrationalität bei entsprechender Kontrolle weniger stark auswirken (Schäffer 2004, S. 492). Eine Begründung hierfür liefert die Agency-Theorie (z. B. Schildbach 1992, S. 31). Kontrolle wird zudem als Lernprozess dargestellt, der sich auch auf das zukünftige Verhalten der kontrollierten Führungskraft erstreckt (Schäffer 2004, S. 492). Den Kern des Controllings in Kontrollaufgaben zu sehen, wird allgemein als nicht ausreichend angesehen (Küpper 2008, S. 25; Schäffer 2004, S. 489). Zudem ist zu beachten, dass gerade die Kontrolle beim Management geringes Ansehen genießt (Weber 1998, S. 139).

Kritische Anmerkungen kommen nicht nur von Seiten der Gegner eines metaführungsorientierten Controllings. WEBER/SCHÄFFER werfen selbst die berechtigte Frage auf, wer denn die Rationalität des Controllers sichert (Weber/Schäffer 2006, S. 414ff.). Die Abgrenzung gegen die koordinationsorientierten Ansätze ist wiederum nicht mit der wünschenswerten Trennschärfe möglich (Zenz 1998, S. 44). So lässt HORVÁTH mit seiner systembildenden Koordination Tendenzen zur Metaführung erkennen. Führungsaufgaben werden hier klar an das Controlling übertragen (1978, S. 202; hierzu Zenz 1998, S. 43; Wall 2000, S. 298f.).

Eines zeigt ein erster Vergleich der aufgeführten Ansätze: es gibt mehr Verbindendes als Trennendes. Besondere Bedeutung hat die Informationsversorgung bzw. deren Sicherstellung. Beide Punkte sind später wichtige Anknüpfungspunkte für die Ableitung des Controllingverständnisses.

---

[71] An anderer Stelle gehen die beiden Autoren noch weiter. Durch Führungsleistung sollen Controller das Management ergänzen (Eschenbach/Niedermayr 1996b, S. 70). Gerade an solchen Aussagen entzündet sich die Kritik, die dem metaführungsorientierten Controlling entgegengebracht wird (Schneider 1991, S. 770). Durch die Anmaßung der Bearbeitung einer allzu umfassenden Problemstellung läuft das Controlling Gefahr, zu einer Leerformel zu werden (Zenz 1998, S. 44).

2.2.4   Einflussbereiche und Entwicklungstendenzen

2.2.4.1   Bedeutung für das Controllingverständnis

Auf dem verbleibenden Weg der Annäherung werden Einflussbereiche beschrieben, die das Controlling und dessen Entwicklung beeinflusst haben und weiterhin beeinflussen. Controlling wird dabei nicht starr auf eines der vorgestellten Konzepte beschränkt. Es steht vielmehr für die Vielfalt denkbarer Controllingsysteme (Schwarz 2002, S. 419). Zu nennen sind fünf Einflussbereiche, von denen einige bereits Erwähnung gefunden haben: Managementlehre, Kybernetik, Rechnungswesen, Sozialwissenschaft und Entscheidungstheorie (Schwarz 2002, S. 22ff.).

Immer wieder wagen Autoren einen Blick in die Zukunft, um die weitere Entwicklung des Controllings, entweder aus Blickrichtung der eigenen Konzeption oder unabhängig davon, abzuschätzen. Daher werden anschließend einige Entwicklungstendenzen aufgezeigt.

2.2.4.2   Prägende Einflussbereiche

Bei den Klassikern der *Managementlehre* wird der Kontrollfunktion eine herausragende Bedeutung beigemessen.[72] Bei FAYOL etwa in erster Linie im Sinne von Überwachen der Planmäßigkeit und der Übereinstimmung des Maßnahmenvollzugs mit sonstigen Anweisungen (Fayol 1988, S. 57).[73] Dieser Ansatz wurde im deutschsprachigen Raum später von der St. Gallener Schule um ULRICH aufgegriffen und zu einem Gesamtkonzept ausgebaut (z. B. 1985). Auch die Leistungsmessung wird dem Controlling bisweilen bereits als Teilaufgabe zugewiesen (Schwarz 2002, S. 23f.). Eine wesentliche Erkenntnis aus der Verbindung zur Managementlehre ist, dass die Kontrolle von Dingen durch die Kontrolle von Menschen erfolgt (Koontz/O'Donell 1976, S. 73).

Der zweite Einflussbereich ist die *Kybernetik*,[74] die Lehre von der Regelung und Steuerung (Lang 1968, S. 12).[75] Nachdem zunächst technische Systeme Gegen-

---

[72]   Im Hinblick auf das Controlling äußert sich ULRICH ganz ähnlich: „Bei Rückgriff auf .. [den] funktionalen Ansatz [der Managementlehre] ist es nahe liegend, zur Lokalisierung des Controlling bei der Funktion «Kontrolle» einzusetzen." (1985, S. 17) Zur Kontrollproblematik im Rahmen des Controllings vgl. ausführlich SCHÄFFER (2001), SJURTS (1995).

[73]   So definiert FAYOL die Managementfunktion control wie folgt: „To control: monitor and correct; see that everything occurs in conformity with established rules and expressed command." (1988, S. 13) Bemerkenswert ist, dass FAYOL bereits auf Konfliktpotenziale zwischen Kontrolle und Unternehmensleitung hinweist. Die Einmischung in Leitungsaufgaben hat demnach eine ‚dualistische' Unternehmensführung zur Folge (Perridon 1986, S. 42).

[74]   Der aus dem Griechischen (kybernetes = ich steuere; Lang 1968, S. 14) abgeleitete Begriff wurde 1949 von WIENER in seiner Schrift ‚Cybernetics, or the Control and Communication in the Animal and the Machine' eingeführt (Wiener 1966, S. 20; Lang 1968, S. 13; Deutsch 1970, S. 126).

[75]   Auf die Unterscheidung vorwärts- (Steuerung) und rückwärtsgekoppelter Lenkung (Regelung) wird an dieser Stelle noch nicht eingegangen (zur Notwendigkeit dieser Unterscheidung vgl. Müller 2002, S. 31f. u. 248f.). Alle drei Begriffe werden zunächst weitgehend synonym verwendet.

stand der Kybernetik waren (Lang 1968, S. 12; Deutsch 1970, S. 126), wurden die Denkansätze später auf lebende Organismen, den Menschen (Wiener 1966, S. 20ff.) und schließlich auf soziale Organisationen übertragen. Informations- und Informationsverarbeitungsprozesse sowie die Informationsübermittlung machen den Hauptanteil der Vorgänge der Regelung und Steuerung aus[76] – eine Parallele sowohl zum Controlling (z. B. Wall 1999, S. 4f.) als auch zur Führungslehre (Ulrich 1985, S. 25).

Die Kybernetik ist eng mit der systemischen Betrachtungsweise verflochten (z. B. Ulrich 1985; Grochla 1974; Flechtner 1972, S. 10; Deutsch 1970, S. 131ff.).[77] Systemtheoretisch-kybernetische Modelle und modellgestützte Simulationen sind für das zukunftsorientierte Controlling entsprechend nutzbringend einsetzbar.[78]

Während im deutschsprachigen Controlling eine starke Beschränkung auf das interne *Rechnungswesen* besteht (z. B. Müller 2002, S. 26ff.), ist diese ‚Einengung' im amerikanisch geprägten Controlling nicht zu finden (z. B. Hahn 1978, S. 102).[79] Das amerikanische Management Accounting dient vor allem der Entscheidungsunterstützung und -vorbereitung. Demgegenüber steht das Behavioral Accounting in einem engen Zusammenhang zur Verhaltenssteuerung (Bruns/ DeCoster 1969). Im Vordergrund stehen Entscheidungsprozesse von Führungskräften, die auf dem Informationsangebot aus dem Rechnungswesen basieren (Libby/Lewis 1977; March/Simon 1958, S. 161f.). Zentrale Elemente des Methodenwissens zum Rechnungswesen finden in vielen (Controlling-)Instrumenten eine Anwendung.[80] Kritische Stimmen warnen vor einem zu großen Gewicht des Rechnungswesens. Die notwendige Zukunftsorientierung und eine strategische Komponente fehlen (Müller 2002, S. 29). Zudem ist das Hauptinstrument, die Kostenrechnung nach Kostenarten, -stellen und -trägern, mit immanenten Fehlern behaftet (Schneider 1991).

---

[76] „Regelung beruht wesentlich auf der Weitergabe von Nachrichten ..., die den Zustand des Systems ändern." (Wiener 1966, S. 20)

[77] Diese Verbindung liegt nahe, da sowohl Systemtheorie als auch Kybernetik die Relationen der Systemelemente (Kopplungen, Wirkungen und Wechselwirkungen) zu beachten haben (ausführlich Beer 1966; ähnlich Grochla 1974, S. 13 u. 15).

[78] Ausgehend von explorativen Untersuchungen, können erste Hypothesen über die Systemelemente und deren Beziehungen gewonnen werden (Grochla 1974, S. 16). So wird in der Faktorenanalyse der Versuch unternommen, aus den beobachtbaren auf die zugrunde liegenden Variablen, in diesem Fall die Systembeziehungen, zu schließen (Geider/Rogge/Schaaf 1982, S. 87ff.).

[79] Die Ableitung des Controllings aus den Ursprüngen des Rechnungswesens findet sich bei zahlreichen Autoren, so bei HORVÁTH (2009, S.18ff. u. 1978, S. 201), WEBER/SCHÄFFER (2006, S. 18), KÜPPER (2008, S. 1/2 u. 1988, S. 165), SCHWARZ (2002, S. 29), MÜLLER (2002, S. 17), ULRICH (1985, S. 15f.) oder MATSCHKE/KOLF (1980, S. 601).

[80] SCHWARZ nennt Verrechnungspreise, Planung und Budgetierung sowie Kennzahlensysteme (Schwarz 2002, S. 27f.).

Einflüsse aus den *Sozialwissenschaften* sind eng mit dem Namen Max WEBER verknüpft.[81] ‚Control' steht im WEBERschen Sinne für die Ausübung bürokratischer Herrschaft (Weber 1972, S. 128f.). In der Soziologie wird unter Kontrolle die Steuerung von Einzelpersonen oder Gruppen(teilen) gefasst (Singelnstein/ Stolle 2008, S. 11f.).[82] Von gesellschaftlichen Konventionen abweichendes Verhalten soll weitgehend unterbunden werden (Kasper 1995, Sp. 1359). In der ökonomischen Theorie hat der sozialwissenschaftliche Einfluss zu ganz eigenen Erklärungsansätzen geführt, die in der Institutionenökonomie zusammengeführt werden.[83] In engerer Abgrenzung ist es der Bereich der Verhaltenswissenschaften, der besonders relevante Erkenntnisse liefert (Pohle 1993, Sp. 668).[84] Die Leistungsmessung (Performance Measurement)[85] ist zu einem wichtigen Instrument an der Schnittstelle von Personalführung und Controlling geworden.

Ursprünglich wurde die *Entscheidungstheorie* als eine Art ‚Supradisziplin' begründet (Heinen 1976, S. 395f.). SIMON, von Hause aus Politikwissenschaftler, untersuchte in den 1940er Jahren den Ablauf von Entscheidungsprozessen innerhalb von Organisationen auf die darin steckende Logik und Psychologie (Simon 1997, S. 7ff.). In dem zusammen mit MARCH veröffentlichten Organisations-Lehrbuch verbinden die Autoren dann die Entscheidungs- und die Organisationstheorie (March/Simon 1958).

---

[81] PARSONS/SMELSER gehen sogar so weit, die ökonomische Theorie auf die allgemeine Theorie sozialer Systeme zurückzuführen und sie lediglich als besonderen Teilbereich anzusehen (1966, S. 8ff.).

[82] Wobei die interpersonelle Beeinflussung von Einzelpersonen eigentlich gesondert betrachtet wird (Merton 1952, S. 361).

[83] In einem verhaltenswissenschaftlichen Regelkreis (control cycle) werden modellhaft die Abläufe in einem Abhängigkeitsverhältnis zwischen einer beauftragten Person B und einem Auftraggeber A wiedergegeben (Tannenbaum 1968; Machin 1992, S. 19). Von besonderem Interesse ist der Interpretations- und Handlungsspielraum der ausführenden Person B. Aus Sicht der Organisationstheorie schreiben MARCH/SIMON: „As social scientists we are interested in explaining human behaviour. Taking the viewpoint of the social psychologist, we are interested in what influences impinge upon the individual human being from his environment and how he responds to these influences." (1958, S. 2)

[84] Ohne die Verhaltensmuster, sowohl der Führungskräfte als auch der ausführenden Mitarbeiter, zu berücksichtigen, wird das Controlling seine Aufgaben niemals erfüllen können. EIGLER benennt als Anknüpfungspunkte an die Verhaltensforschung Verhaltenswirkungen, die sich unmittelbar aus der zahlenmäßigen Erfassung des Unternehmensgeschehens ergeben, sowie die Gestaltung von Anreizsystemen (2004, S. 667).

[85] Performance-Measurement-Systeme sind Hilfsmittel zur Unternehmenssteuerung. Zur Bedeutung für das Controlling vgl. auch WEBER/SCHÄFFER (2006, S. 27). Grundlage ist die Erkenntnis, dass die betriebliche Zielerreichung vom Verhalten der menschlichen Akteure abhängt. Bspw. gibt es keine direkte Kostensteuerung, da Kosten nur indirekt über das Verhalten von Menschen zu beeinflussen sind (Schwarz 2002, S. 94; Koontz/O'Donell 1955). Bisweilen wird das Performance Measurement auch weiter gefasst als Managementsystem gesehen und geht in diesem Fall über das Controlling hinaus (Neely/Gregory/Platts 2005, S. 1243ff.). Ein bekanntes Beispiel hierfür ist der Einsatz der Balanced-Scorecard, wie sie bspw. BISCHOF beschreibt (2002, S. 97ff.).

Die Entscheidungstheorie ist als Kernbereich der (entscheidungsorientierten) Betriebswirtschaftslehre anzusehen (Albach 1971).[86] Der Akt des Auswählens und Entscheidens gehört zu all ihren Gegenstandsbereichen (Schanz 2000, S. 110; Heinen 1982, S. 22 u. 1971). Da die Ziele nicht etwa für alle Unternehmen gleichartig sind, müssen sie in einem eigenen Wahlakt erst noch bestimmt werden (Heinen 1982, S. 22). Ziele der Organisation sind zudem um die Individualziele der Akteure zu ergänzen (Kirsch 1971, S. 132).[87] Unter dem Gesichtspunkt einer Öffnung der Entscheidungstheorie gegenüber den Sozialwissenschaften (Schanz 2000, S. 110) ist die Sicherstellung der Entscheidungsrationalität eine wichtige Begleitaufgabe des Entscheidungsprozesses mit Controllingbezug.[88] Unabhängig davon dient das Controlling der Informationsversorgung und Entscheidungsvorbereitung. Nur der eigentliche Wahlakt liegt außerhalb des Zuständigkeitsbereichs (Schildbach 1992, S. 23; Amshoff 1993, S. 131f.).[89]

2.2.4.3 Tendenzen der weiteren Entwicklung

Von Interesse sind vor allem solche Entwicklungen, die in einem erkennbaren Zusammenhang mit dem Gegenstand dieser Arbeit, dem forstlichen Controlling, stehen.

Der Ursprung des Controllings in Großunternehmen, überwiegend der industriellen Produktion, prägte lange Zeit die Entwicklung. Inzwischen erfolgt eine *Öffnung in mehrfacher Hinsicht*: **(1)** Controlling wird nicht länger als Domäne der Großunternehmen gesehen. Bei abweichender Gewichtung der Aufgaben findet es zusehends Eingang in kleinere Unternehmen (Horváth/ Weber 1997, S. 337f.). **(2)** Nachdem sich zunächst der Branchenfokus nach und nach erweiterte und der Dienstleistungsbereich zu einem anerkannten Betätigungsfeld wurde, dient Controlling inzwischen ebenso der Führung und Steuerung von Non-profit-Organi-

---

[86] Geprägt wurde die entscheidungsorientierte Betriebswirtschaftslehre von Edmund HEINEN (im Detail Heinen 1971 und 1976). SCHANZ überschreibt den Abschnitt, den er dem Wissenschaftsprogramme HEINENs widmet, mit: „Edmund Heinen: Sozialwissenschaftliche Öffnung der Betriebswirtschaftslehre". HEINENs Verdienste sieht er in den realtheoretischen Ansätzen, die das tatsächliche Entscheidungsverhalten zum Gegenstand haben (Schanz 2000, S. 110; hierzu Heinen 1982, S. 46ff.; 1971, S. 433). HEINEN selbst bezieht sich auf den Beitrag, den SIMON und dessen Schüler mit ihrer Theorie des beschränkten Rationalverhaltens zur Zusammenführung von Entscheidungslogik einerseits sowie Wahrnehmungs-, Lern- und Denkpsychologie andererseits geleistet haben (Heinen 1971, S. 433).

[87] Wobei letztere nur selten offen erkennbar sind. Wenn möglich, d. h. wenn die notwendige Macht vorhanden ist, versuchen Individuen die Ziele der Organisation in ihrem Sinne zu beeinflussen (Kirsch 1971, S. 132; Schanz 2000, S. 113). Andernfalls werden die (versteckten) Individualziele unabhängig von denen der Organisation verfolgt. Zum Problem der Annahmen über die Loyalität der Mitarbeiter vgl. SCHILDBACH (1992, S. 30ff.)

[88] Zur Sicherung der Entscheidungsrationalität vgl. ausführlich z. B. WEBER/SCHÄFFER (1999b, S. 734ff.).

[89] Es besteht allerdings ein Trend hin zu einer verstärkten Entscheidungsbeteiligung des Controllers (Horváth 2009, S. 61f.). Als Grund nennt HORVÁTH die durch die Informations- und Methodenkompetenz des Controllers ohnehin bestehende Nähe zum direkten Entscheidungsprozess. Hier greift die Kritik, die sich an einer unklaren Abgrenzung entzündet, wenn Controlling nicht (mehr) von Unternehmensführung unterscheidbar ist (Ulrich 1985, S. 17).

sationen (Peemöller 2005, S. 468f.; Weber/ Tylkowski 1990, S. VII ff.). **(3)** Der Umweltfokus wird zunehmend wichtiger. Dies resultiert zunächst aus der allgemeinen Bedeutungszunahme des strategischen Managements. Die Öffnung der Betriebswirtschaftslehre für Belange der natürlichen Unternehmensumwelt erfordert zudem ein ökologisch ausgerichtetes Controlling (Peemöller 2005, S. 49f.; Seidel/Menn 1988, S. 114ff.).

Der *Informationsfokus hat sich verändert*, worunter erneut mehrere Trends zusammengefasst sind: **(1)** Wertorientierte Unternehmensführung und die Einbeziehung von Intangibles (immaterielle Vermögensgegenstände) erfordern eine Anpassung des Controllinginstrumentariums (Hahn/Hungenburg 2001, S. 115; Weber/Schäffer 2006, S. 171ff.). **(2)** Die Bedeutung nichtmonetärer Informationen steigt, wenn das Controlling die Verantwortung für die gesamte betriebliche Informationsversorgung übernimmt (Weber/Schäffer 2006, S. 425) oder umfassende Führungskonzepte wie die BSC unterstützt (Schwarz 2002, S. 261ff.; Weber/Schäffer 1999a, S. 111). **(3)** Die Sicherung des betriebsrelevanten Wissens, weitgehend unabhängig von einzelnen Mitarbeitern, gewinnt als Beitrag zur Sicherung des Unternehmenserfolgs zusehends an Bedeutung (Bleicher 2002, S. 58; Weber 1999, S. 472ff.). **(4)** Die Performance-Messung benötigt Performance-Maße, die die Verantwortlichkeiten und Einflussbereiche in geeigneter Weise abbilden und zugleich weitgehend geschützt gegenüber Manipulationen sind (Hofmann/Daugart 2004, S. 194ff.).

In engem Zusammenhang zur Performance-Messung stehen *mikroökonomische Ansätze einer theoretischen Fundierung*. Basis ist die neue Institutionenökonomie, insbesondere die Prinzipal-Agent-Theorie (Küpper 2008, S. 91f.; Pfaff 2004, S. 170; Schwarz 2002, S. 95ff.).[90] In der darauf basierenden Accounting-Theorie dient das Controlling der Unterbindung opportunistischen Verhaltens (Weber/Schäffer 2006, S. 25). Die theoretische Analyse unter der Prämisse asymmetrischer Informationsverteilung und eigennützigen Verhaltens des Agenten gibt Anregungen für die Ausgestaltung von Zielvorgaben und Anreizsystemen (Ewert 1992, S. 281f.).[91]

---

[90] Demgegenüber hat die Transaktionskostentheorie für das Controlling eher instrumentellen Charakter im Rahmen kostenrechnerischer Betrachtungen (Schwarz 2002, S. 98f.). Zur Bedeutung der Prinzipal-Agent-Theorie siehe z. B. PFAFF (2004, S. 169)

[91] Hier besteht eine enge Verbindung zur Informationsökonomie, die EWERT als theoretische Fundierung vor allem einer koordinationsorientierten Controllingkonzeption heranzieht (1992, S. 277).

2.2.5   Synopse zur Ableitung eines geeigneten Controlling-verständnisses

Aus der vorangegangenen theoretischen Betrachtung, dem Praxishintergrund des Controllings und den dargestellten wesentlichen Einflussbereichen des Controllings wird nun ein Arbeitsbegriff[92] abgeleitet.[93] Hierzu werden Gemeinsamkeiten in den dargestellten Auffassungen – etwa in Bezug auf die Controllingkonzepte – betont und inhärente Gegensätze vernachlässigt. Gleichzeitig soll eine weitgehende Übereinstimmung mit der geübten Controllingpraxis erreicht werden. Ein Arbeitsbegriff stellt keine eigenständige Definition dar. Er dient lediglich als Ausgangspunkt der weiteren Überlegungen.

Als ,Arbeitsinhalt' des Controllings soll zunächst folgendes Kernanliegen genü-gen:[94] *Controlling bietet der Führung einer (sozialen) Organisation entschei-dungsbezogene Regelungs- und Steuerungsunterstützung. Es leistet einen Beitrag zur Erreichung der Ziele dieser Organisation. Der Umfang der dem Controlling im Einzelnen zuzuschreibenden Aufgaben ist kontextabhängig und kann inhalt-lich und im Zeitablauf variieren.*

Nachdem der Arbeitsbegriff bereits vorweggenommen wurde, wird sein Ur-sprung in den vier Ebenen der Controllingbedarfe, Controllingperspektiven, Controllingkonzepte bzw. -ansätze und Controllingeinflüsse nun nachgereicht.

Controllingbedarfe

Für das forstliche Controlling sind vor allem ,Interdependenzen', ,Komplexität und Umweltdynamik' sowie ,Zielorientierung' wesentliche Bedarfsauslöser. Immer wieder geht es bei den genannten Bedarfsgründen um Informationen, Kommunikation und die Abstimmung miteinander verzahnter Teilsysteme. Im letztgenannten Bedarfsgrund wird zudem die Notwendigkeit der Steuerung und Lenkung zur Erreichung betrieblicher Ziele angeschnitten. Aufgrund der Mehr-zielorientierung und der Wechselwirkungen mit der natürlichen und der sozialen Umwelt ist das ,Management' interdependenter Beziehungen eine zentrale Füh-

---

[92] Vergleichbares findet sich bspw. in Form von drei einleitenden ,Arbeitsdefinitionen' für *Controller, Controllership* und *Controlling* bei WEBER/SCHÄFFER (2006, S. 1). Andere Beispiele sind die Ar-beitsdefinition des praktischen Controllerarbeit nach JEHLE/BLAZEK/DEYHLE (1986, S. 5) oder die Arbeitsdefinition des Mittelstandsbegriffs bei FLACKE (2007, S. 14ff.)

[93] Notwendig wurde dies, da sich bisher weder ein einheitliches Begriffsbild des Controllings noch ein kongruentes Controllingverständnis herausgebildet haben (Horváth 2009, S. 127; Preißler 2007, S. 13; Weber/Schäffer 2006, S. 1; Küpper 2008, S. 6; Peemöller 2005, S. 32; Eschenbach/Niedermayr 1996a, S. 49).

[94] An dieser Stelle wird ausdrücklich nicht der Versuch unternommen, eine weitere Controllingdefini-tion vorzuschlagen. Für das weitere Vorgehen und im Hinblick auf das eigentliche Anliegen des Tex-tes schien es jedoch unumgänglich wenigstens diesen Arbeitsbegriff voranzustellen. Den Begriff stüt-zende Aussagen finden sich vielerorts in der Controllingliteratur, so bei HORVÁTH (2009, z. B. S. 123ff. u. 750ff.), KÜPPER (2008, S. 28ff.), WEBER (2004, S. 38ff.), FRIEDL (2001, S. 218), REICHMANN/RICHTER/PALLOKS-KAHLEN (2006, S. 8 u. 39f.), HAHN (1996), WELGE (1988, S. 24 und 32ff.), so dass ihm als Grundlage ausreichende Akzeptanz zuzubilligen ist.

rungsaufgabe. Die Dynamik der marktlichen und der natürlichen Umwelt bringt zusammen mit der Zielbezogenheit der Entscheidungen permanenten Steuerungs- und Entwicklungsbedarf[95] hervor.

Controllingperspektiven

Die Behandlung der Controllingperspektiven dient vor allem der sprachlichen und fachlichen Präzisierung. Im Einklang mit zahlreichen Controllingvertretern geht es zunächst darum, die Controllingfunktion zu klären, bevor die institutionelle (organisatorische) Umsetzung und die einzusetzenden Instrumente thematisiert werden (Preißler 2007, S. 13; Weber/Schäffer 2006, S. 1; Küpper 2008, S. 8; Peemöller 2005, S. 33f. u. 37f.). Der Arbeitsbegriff beschränkt sich auf die Funktion. Und selbst hier lässt er noch Spielraum für die Anpassung an situative Faktoren, da ein möglichst hohes Maß an Gültigkeit und Übertragbarkeit angestrebt wird. Controllingorganisation und -instrumente sind vollends Gestaltungsvariablen der individuellen Umsetzung und Anpassung.

Controllingkonzeptionen

Im Mittelpunkt der Beschreibung und Abgrenzung steht wiederum der funktionale Aspekt. Die Vorgabe, in einer Konzeption alle drei Perspektiven des Controllings zu beachten (Pietsch/Scherm 2000, S. 396), wird dabei bewusst ignoriert und die Konzeptionen zu Ansätzen ,abgewertet'. Wichtiger als bestehende Unterschiede sind die zahlreich vorhandenen Gemeinsamkeiten. Die Ansätze bauen zum Teil aufeinander auf (Weber/Schäffer 2006, S. 24). Bisweilen werden andere Ansätze sogar als Entwicklungsschritte oder als Sonderform in die eigenen Ausführungen aufgenommen.[96]

Als Kern des Controllings ist die Informationsversorgung zu sehen, da sie allen Ansätzen bzw. Konzeptionen gemein ist (Schaefer/Lange 2004, S. 402; Zenz 1998, S. 42; Pohle 1993, Sp. 664; Link 1982, S. 261).[97] Darüber, ob es zu den Aufgaben des Controllings gehört, diese Informationen selbst zu erheben und an die Führung weiter zu leiten, bestehen unterschiedliche Einschätzungen (Zenz 1998, S. 38). Im Arbeitsbegriff wird die Informationsversorgung nicht eigens angeschnitten, da ohne Informationen und die eng damit verbundene Kommunikation weder Controlling noch die Führung sozialer Organisationen überhaupt

---

[95] Hier hat die bei ULRICH und BLEICHER zu findende Forderung, in Anbetracht der notwendigen flexiblen Anpassungsfähigkeit an sich verändernde Umweltbedingungen die Managementfunktion ,Lenkung' weniger stark zu betonen und statt dessen die ,Entwicklung' in den Vordergrund zu stellen, ihre Entsprechung (Ulrich 1984a, S. 15; Bleicher 1999, S. 54f.).

[96] So schließt ZENZ die koordinationsorientierten Ansätze als eine besondere Form in die Metaführungsansätze mit ein (1998, S. 44f.).

[97] WALL sieht in der Informationsorientierung eine noch weiter gehende Gemeinsamkeit, die die betrieblichen Bereiche des Controllings, der Organisationslehre und der Wirtschaftsinformatik zusammen führt (2000, S. 3ff.).

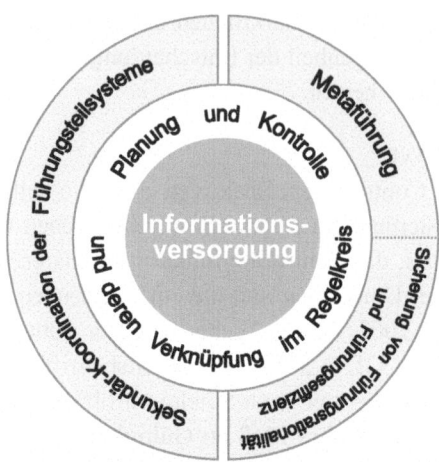

Abb. 4: Kernaufgabe und Erweiterungsschritte

möglich sind.[98] Als alleinige Aufgabenstellung des Controllings reicht die Informationsversorgung jedoch nicht aus (Zenz 1998, S. 41). Den ersten Erweiterungsschritt (siehe obige Abbildung 4) stellt die Verknüpfung von Planung und Kontrolle in einem Regelkreis dar. Dieser Schritt ist so essenziell, dass er vollständig Eingang in den Arbeitsbegriff gefunden hat. Controlling wird in seiner funktionalen Abgrenzung sehr stark an ,control' im Sinne von Regelung/Steuerung angelehnt. Der Zielbezug wird als weitere Voraussetzung für regelnde und steuernde Eingriffe nochmals bewusst betont.[99]

Im nächsten Erweiterungsschritt trennen sich die Ansätze, wobei diese Trennung nicht so klar ist, wie es die Abbildung vermuten lässt. Weder die Koordinationsaufgabe noch die Metaführung fanden direkten Eingang in den Arbeitsbegriff. Auf diese Weise konnte der bestehenden konzeptionellen Diskussion ausgewichen werden. Für das forstliche Controlling wird, bis auf die extrem engen und weiten Auffassungen, keiner der in der Literatur diskutierten Konzepte und Ansätze ausgeschlossen. Der eigentliche Grund liegt jedoch in der inhaltlichen und zeitlichen Variabilität der Controllingaufgaben. Der Kontextbezug erfordert unterschiedliche Aufgabenschwerpunkte genauso wie unterschiedliche Formen der organisatorisch-institutionellen Aufgabenzuordnung.[100] Zum anderen ist die Controllingfunktion dynamisch zu sehen: d. h. Controlling muss sich den wechselnden Erfordernissen anpassen (können).

---

[98] Noch einen Schritt weiter geht ULRICH, wenn er darauf verweist, dass für die Abläufe in belebten Systemen der Informationsfluss der entscheidende Faktor ist, aus dem sich die materiellen Transformationsprozesse erst als Konsequenz ergeben (1984a, S. 26).

[99] Vgl. zur Bedeutung von Zielen für die Steuerung z. B. BERTHEL (1974, insbes. S. 390ff.).

[100] Vgl. zum Controllingkontext im Zusammenhang mit der Contingency-Orientierung ausführlich WELGE (1988, S. 59ff.).

Einflussbereiche

Im Arbeitsbegriff wird die steuernde zielbezogene Führung als wesentlicher Bezugspunkt des Controllings benannt. Hierin werden der Einfluss der Management- und Führungslehre sowie der Kybernetik deutlich. Der Entscheidungsbezug wird ebenfalls unmittelbar angesprochen und steht damit stellvertretend für den Einfluss der Entscheidungstheorie. Der Einfluss des Rechnungswesens ist hingegen nicht ohne weiteres ersichtlich. Führt man sich vor Augen, welche Zwecke die Unternehmensrechnung verfolgt, nämlich die Entscheidungsfundierung und die Verhaltenssteuerung (Ewert/Wagenhofer 2005, S. 7), wird ersichtlich, welchen Einfluss das Rechnungswesen ausübt. Die Unterstellung, das Rechnungswesen beschränke sich inhaltlich auf monetäre Größen, erfolgt zu Unrecht. Neben dem Wertgerüst wird gleichrangig auch ein Mengengerüst erfasst. Dieses Mengengerüst bildet eine geeignete Grundlage für nichtmonetäre Controllinginhalte (z. B. Riebel 1979).

Aus der weit gefassten Bezugsgröße des Controllings[101], der ‚sozialen Organisation', wird die Bedeutung der Sozialwissenschaften greifbar. Der Erkenntnisgegenstand der Betriebswirtschaftslehre ist hauptsächlich auf eine spezielle Form sozialer Systeme begrenzt: die privatwirtschaftlichen Unternehmen (Schanz 2000, S. 117f.; Stein 1993, Sp. 471f.). Bezieht man Controlling darüber hinaus – wie Ulrich dies für den Objektbereich des Managements tut (Ulrich 1984a, S. 1) – auf andere Formen abgrenzbarer sozialer Einheiten, ist eine Öffnung gegenüber den Erkenntnissen der Sozialwissenschaften nahezu unausweichlich.

Die im Anschluss an die Einflussbereiche beispielhaft aufgeführten Entwicklungstendenzen finden in verschiedenen Teilen dieser Arbeit ihren Niederschlag, allerdings kaum in der Ableitung des Arbeitsbegriffs. Für die Öffnung des Controllings gegenüber neuen Anwendungsfeldern (Controllingobjekten) ist die Arbeit selbst beispielgebend. Die Bedeutung von Unternehmenskooperationen wird im späteren Verlauf noch als Lösungsansatz für die Etablierung des Controllings thematisiert. Die Bedeutung der Informationsversorgung und deren Wandel war bereits und wird noch mehrfach Inhalt weiterer Überlegungen sein.

Die institutionelle Verankerung des Controllings ist in den bisherigen Darstellungen immer wieder angeklungen, das Hauptaugenmerk lag aber bei der Controllingfunktion. So wurde auch im Arbeitsbegriff die Frage der organisatorischen Umsetzung auf die situative Anpassung übertragen. Im nächsten Abschnitt werden nun einige grundsätzliche Fragen der Übertragung der Controllingaufgabe geklärt.

---

[101] So beschränken bspw. WEBER/SCHÄFFER Controlling ausdrücklich auf Institutionen, die durch Pläne koordiniert sind (2006, S. 41). Öffentliche Verwaltungen oder und sogar KMU nehmen sie als Bezugspunkte der Controllingfunktion ausdrücklich aus. Sie berufen sich dabei vor allem auf die ausgeübte Praxis: „... [Im] stark personenzentriert geführten Mittelstand oder in der durch Gesetze und Verordnungen koordinierten öffentlichen Verwaltung – trifft man nicht auf Controller." (ebd. S. 41) Einer solchen Beschränkung widerspricht bspw. HORVÁTH ausdrücklich (2003b, S. 1116).

2.3 Selbst- und Fremdcontrolling

2.3.1 Grundlagen der Unterscheidung

Die Unterscheidung in Selbst- und Fremdcontrolling bezieht sich auf die Übertragung der Controllingfunktion in den organisatorischen Zusammenhang, losgelöst von den Inhalten. Beschrieben werden die grundsätzlichen Möglichkeiten der Eingliederung. Das institutionalisierte Controlling ist als ‚Standard‘ der organisatorischen Umsetzung anzusehen. Auf diese Form der organisatorischen Zuordnung der Controllingaufgabe wird hier nicht näher eingegangen. Fundierte Vorschläge zur zentralen oder dezentralen Einbindung und praktische Beispiele finden sich in zahlreichen Controllinglehrbüchern (z. B. Horváth 2009, S. 743ff.; Küpper 2008, S. 545ff.; Peemöller 2005, S. 82ff.) und allgemein in der Organisationsliteratur. Die weiteren Ausführungen in diesem Abschnitt beschränken sich auf die deutlich weniger aufgearbeiteten Organisationsformen des Selbstcontrollings und des externen (Fremd-)Controllings. Neben den Gründen, die für eine dieser beiden Formen sprechen, werden zudem die jeweiligen Grenzen aufgezeigt. Im Fall des externen Controllings werden zudem eine Aufgabenabgrenzung innerhalb des Controllings vorgenommen und die Integration in die Unternehmensabläufe angesprochen.[102]

2.3.2 Selbstcontrolling, institutionalisiertes Controlling und externes Controlling – Unterscheidungsmerkmale

Zur Umsetzung bzw. Durchführung der Controllingaufgaben bestehen grundsätzlich drei Möglichkeiten. Neben dem Controlling durch einen unternehmensinternen Controller sind dies das so genannte Selbstcontrolling und die Wahrnehmung von Controllingaufgaben durch externe Dritte (Peemöller 2005, S. 104ff.; Amshoff 1993, S. 247). Die Abgrenzung von Selbstcontrolling und Fremdcontrolling lässt sich, wie in Abbildung 5 zu erkennen, anhand der Unterscheidung in Controllingobjekte (Controllinggegenstände) und Controllingsubjekte (organisatorische Zuweisung von Controllingaufgaben, Träger des Controllings)[103] nachvollziehen. Im Falle des *Selbstcontrollings* fallen Controllingobjekt und -subjekt bei organisatorischer Betrachtung zusammen, d. h. der Aufgabenträger des Controllings und der Verantwortliche für die dem Controlling unterliegenden Funktionen oder Bereiche sind ein und dieselbe Person (Gruber 1995, S. 103).

---

[102] An Stelle der gewählten Einteilung in Selbst- und Fremdcontrolling im ersten Schritt mit anschließender Unterscheidung in eine interne bzw. externe Trägerschaft ist die umgekehrte Reihenfolge genauso denkbar und vom Ergebnis und der Aussagekraft her identisch.

[103] Für seine empirische Untersuchung zur Ableitung einer Controllingtypologie wählt AMSHOFF das Merkmal des Controllingträgers als ein beschreibendes Merkmal. Er definiert Controllingträger dabei „… als Personen und/oder organisatorische Einheiten, die mit der Wahrnehmung von Controllingaufgaben betraut sind.“ (1993, S. 286) Vom Begriffsinhalt stimmt das Controllingsubjekt mit dem Controllingträger AMSHOFFs überein.

Ein Beispiel hierfür wäre der Geschäftsführer, der in Personalunion sein eigener Controller ist.[104] Andernfalls, wenn Objekt und Subjekt klar voneinander abgrenzbar sind, handelt es sich um Fremdcontrolling (anders Friedl 2001, S. 306).

Abb. 5: Controllingobjekt und -subjekt
(Quelle: Urigshardt/Jacobs/Letmathe 2008, S. 9)

Fremdcontrolling lässt sich noch weiter untergliedern. Je nachdem, ob sich das Controllingsubjekt innerhalb oder außerhalb der Unternehmensorganisation befindet, können ein internes und ein externes Fremdcontrolling unterschieden werden. Zur klaren begrifflichen Abgrenzung wird das interne Fremdcontrolling im weiteren Verlauf als *institutionalisiertes Controlling* bezeichnet,[105] während das externe Fremdcontrolling kurz mit dem Begriff *externes Controlling* belegt wird. Als Synonym für das institutionalisierte Controlling wird bisweilen der im deutschen Sprachraum allerdings kaum gebräuchliche Begriff ,Controllership' angeführt (Krystek 1995, S. 26).

Reines Selbstcontrolling würde bedeuten, dass alle Aufgabenträger die Controllingfunktion in ihrem Verantwortungsbereich selbst wahrnehmen. Bestimmend ist dabei alleine die Wahrnehmung der Funktion (Amshoff 1993, S. 247 u. 289). Welcher organisatorische Lösungsansatz in welcher Situation zielführend ist, ist im Verlauf der Arbeit noch zu klären.

---

[104] In diesem Zusammenhang ist auch die Bezeichnung Self-Controlling zu finden (z. B. Peemöller 2005, S. 104ff.; Gruber 1995, S. 102ff.). Allerdings gibt es im englischsprachigen Raum keinen direkt vergleichbaren Ansatz. Der Begriff ,Self-Control' findet in verschiedenen ökonomischen Zusammenhängen Verwendung, bspw. im Zusammenhang mit Managementansätzen (Management by Objectives, Management by Integration and Self-Control) (Raia 1965, S. 34) oder in einem mikroökonomischen Zusammenhang als Wahl eines verzögert verfügbaren größeren Einkommens, z. B. durch Sparen, gegenüber einem kleineren, direkt verfügbaren Einkommen (Logue 1996, S. 68; Rachlin/ Green 1972, S. 15f.). Die größten Überschneidungsbereiche finden sich noch bei der ,Self-Regulation'. Self-Regulation hat Bezüge sowohl zur kybernetischen Kontrolltheorie als auch zur Social Cognitive Theory (Williams/Donovan/Dodge 2000, S. 160) und betrachtet damit Teilaspekte des Selbstcontrollings mit Schwerpunkt Selbststeuerung.

[105] Die Art der Institutionalisierung kann unterschiedlich sein. Bisweilen wird eine eigenständige, spezialisierte Controllingeinheit unterstellt (Amshoff 1993, S. 247). Dem wird hier nicht gefolgt (ähnlich Horváth 2009, S. 123ff. u. 781ff.), da in den KMU die Controllingaufgabe organisatorisch sehr häufig mit anderen Aufgaben kombiniert wird (Horváth/Weber 1997, S. 357; Kosmider 1994, S. 83f.). Zur Notwendigkeit der getrennten Betrachtung der Controllingaufgabe/-funktion und der organisatorischen Umsetzung vgl. KÜPPER (2008, S. 8).

2.3.3 Selbstcontrolling

2.3.3.1 Selbstcontrolling als internes Controlling

Selbstcontrolling ist neben dem institutionalisierten Controlling die zweite Möglichkeit der unternehmensinternen Ausübung der Controllingfunktion. Im Gegensatz zum institutionalisierten Controlling bedarf es keiner eigenständigen spezialisierten Organisationseinheit Controlling. Statt dessen werden diese Aufgaben auf sonstige Teile der Gesamtorganisation übertragen (Amshoff 1993, S. 247; Serfling 1992, S. 16f.). Selbstcontrolling liegt also bereits vor, wenn eine Organisationseinheit oder deren Leitung die diese Einheit betreffenden Controllingaufgaben auch nur in Teilen selbst wahrnimmt. Die Ansichten, welche Form der Aufgabenwahrnehmung und -übertragung die geeignetere ist, gehen dabei auseinander. Häufig wird davon ausgegangen, dass allein die Institutionalisierung den Anforderungen des Controllings gerecht wird (Weber/Schäffer 2006, S. 40f.; ähnlich Gleich/Hofmann 2006, S. 332). Dem steht die Auffassung gegenüber, dass die Aufteilung auf verschiedene Aufgabenträger und die Kombination mit anderen Aufgaben dem funktionalen Zusammenhang nicht schaden (Serfling 1992, S. 18; Heigl 1981, S. 429; Matschke/Kolf 1980, S. 607).[106] Für das Fremdcontrolling, egal ob intern oder extern, gilt hingegen: ohne Controller kein Controlling.

Vor allem in kleineren Unternehmungen besteht aus unterschiedlichen Gründen kaum die Möglichkeit, ein institutionalisiertes Controlling einzurichten. Beispielsweise rechtfertigt der zeitliche und sachliche Umfang der Controllingaufgabe eine solche Spezialisierung nicht. Controllingaufgaben werden daher als Zusatzaufgabe wahrgenommen (Horváth 2009, S. 763.). Es gibt noch weitere Gründe, die dafür sprechen, nicht in jedem Fall eigenständige Aufgabenträger zu installieren. Allerdings existieren auch maßgebliche Grenzen, welche die Möglichkeiten des Selbstcontrollings einschränken. Beides wird in den nächsten zwei Abschnitten eingehender betrachtet.

2.3.3.2 Gründe für ein Selbstcontrolling

Für das Selbstcontrolling als Alternative zum institutionalisierten Controlling sprechen vor allem Kosten- und Effizienzgesichtspunkte. Die Gründe lassen sich im Wesentlichen in zwei Gruppen unterteilen. Die erste Gruppe hat ihre Ursache in der starken Ausdifferenzierung der Controllingorganisation, wie sie vor allem

---

[106] Dieser Ansicht, die zudem in Übereinstimmung mit der Controllingpraxis liegt, wird in dieser Arbeit gefolgt. Die Trennung in die funktionale und die institutionale Perspektive wurde für die theoretische Betrachtung auch aus diesem Grund eingeführt (vgl. Abschnitt 2.1.4). IRREK merkt hierzu an, man könne „... Controllingaktivitäten letztlich [als] verteilte Führungs-, insbesondere Lenkungsaktivitäten .. [ansehen], die von unterschiedlichsten Aufgabenträgern im und außerhalb des Unternehmens wahrgenommen werden." (2002, S. 50)

Großunternehmen zu eigen ist. Die zweite Gruppe greift generelle Nachteile auf, wie sie sich allgemein aus der organisatorischen Abtrennung ergeben.

Beim institutionalisierten Controlling besteht die Gefahr, dass mit einer zunehmenden organisatorischen Verselbstständigung eine Parallel-Organisation entsteht, welche einer effizienten Aufgabenerfüllung eher entgegensteht (Horváth 1995, S. 257). Ähnlich wie andere organisatorische Einheiten neigt auch das Controlling in solchen Fällen dazu, ein Eigenleben zu entwickeln und neue fragwürdige Aufgaben zu suchen (Küpper 2008, S. 549; Horváth 2003a, S. 269). Die (zusätzlichen) Koordinierungsstellen erhöhen zudem die Binnenkomplexität der Unternehmung und schaffen darüber sogar noch erweiterten Primärkoordinationsbedarf (Müller A. 1996, S. 141). Hier setzt das Lean Management[107] an, dessen Idee sich auf das Controlling übertragen lässt, indem Controllingaufgaben in die Primärorganisation zurückverlagert werden (Biel 1996; Horváth 1995, S. 262 u. 264).[108] Weitere Ineffizienzen entstehen in solch komplexen Controllingsystemen beispielsweise durch die weit verzweigten Zuständigkeiten, inkongruente Befugnisse, lange Kommunikationswege oder gar gestörte Informationsflüsse und fehlenden Informationszugang. Selbstcontrolling stellt demgegenüber die Selbststeuerung und die Selbstabstimmung in den Vordergrund (Müller 2002, S. 247ff.; Horváth 1995, S. 258ff.; allgemein zur Selbstorganisation z. B. Schreyögg 2006, S. 172f.).

Unabhängig davon, wie die Controllingorganisation ausgestaltet ist, erfordert die organisatorische und personelle Trennung zwangsläufig einen erweiterten Abstimmungsbedarf. Oftmals geht das Selbstcontrolling daher mit einer stärker dezentralen organisatorischen Ausgestaltung einher. Für das zumindest teilweise Belassen von Controllingaufgaben in den Führungs- und Funktionsbereichen sprechen bisweilen schlichte Zweckmäßigkeitserwägungen (Küpper 2008, S. 549). Derart wird das Controlling zudem in den Wertschöpfungsprozess integriert (Peemöller 2005, S. 107; Gollos/Widmaier 1999, S. 74). Aus dieser Nähe ergeben sich Vorteile im Hinblick auf die zu erwartende Effektivität und Effizienz in den operativen Bereichen. So zeichnet sich das Selbstcontrolling gegenüber dem institutionalisierten Controlling z. B. durch eine deutlich verminderte Reaktionszeit (Horváth 2003a, S. 270) und größere Flexibilität (Horváth 2009, S. 783) aus. Zudem ergeben sich Anpassungsvorteile bei einer prozessorientier-

---

[107] Die Grundidee des Lean Management besteht darin, durch strukturelle Vereinfachungen eine effektivere und vor allem effizientere Führung zu ermöglichen (Rommel et al. 1993), Verschwendungsbereiche aufzudecken und die Wertschöpfung zu verbessern (Womack/Jones 2003, S. 15). Als Maßnahmen werden z. B. eine Zurückführung der Regelungsdichte und der Bürokratie oder Maßnahmen, die die Selbstregulierung fördern, genannt (Mugler 1999, S. 117).

[108] Die angesprochene Rückführung kann unterschiedlich weit gehen: Selbstcontrolling kann sich auf die reine Reintegration ins Management beschränken oder eine Verlagerung der Steuerungs- und Koordinationsaufgaben in niedrigere Hierarchieebenen bis zur untersten Leitungsebene umfassen (Schimank 1995, S. 65; Uthmann/Gentner/Gemmingen 1995, S. 65).

ten Organisation (Horváth 2003b, S. 1115ff.; Biel 1996, S. 51; Uthmann/
Gentner/Schimank 1995, S. 65).

Selbstcontrolling stellt das Controlling und dessen Zielsetzung auf eine wesentlich breitere Basis. Controlling findet nicht mehr nur bei den Aufgabenträgern und den Objekten des Controllings statt, sondern im Idealfall in den Köpfen aller Mitarbeiter (Horváth 2009, S. 783; Wildemann 2002, S. 47). Controllingfreie Bereiche werden so vermieden (Peemöller 2005, S. 106). Unterstützt wird diese Aussage durch Erfahrungen aus dem Qualitätsmanagement, wonach Eigenkontrollen Fremdkontrollen überlegen sein können (Weber 1995a, S. 404; Gruber 1995, S. 103). Vorteile der Eigenkontrolle sind beispielsweise unmittelbare Lerneffekte beim Aufgabenträger und die Vermeidung demotivierender Aspekte der Fremdkontrolle (Herzog 1998, S. 228). Zudem werden Lernprozesse in Gang gesetzt (organisationales Lernen),[109] die eine stetige Anpassung an sich verändernde Umweltbedingungen und Problemstellungen ermöglichen (Müller 2002, S. 37). Nicht zuletzt sind die ins Controlling eingebundenen Mitarbeiter insgesamt besser informiert. Sowohl im Hinblick auf die eigenen Aufgaben als auch, sofern diese in geeigneter Weise kommuniziert werden, über deren Zusammenhang mit den Unternehmenszielen (Horváth 2009, S. 783f.). Ein Blick über die deutschen Grenzen hinaus zeigt: Selbstcontrolling ist zugleich Ausdruck einer bestimmten Unternehmens- und Mitarbeiterkultur. In Japan etwa ist kaum ein institutionalisiertes Controlling zu finden. Statt dessen herrscht, dem Selbstverständnis der Mitarbeiter entsprechend, das Selbstcontrolling vor (Horváth/ Seidenschwarz/Sommerfeldt 1993, S. 16).

Selbstverständlich sind die erwarteten Kosteneinsparungen ein wichtiger Motivationsgrund des Selbstcontrollings. Erreichbar werden diese, da durch die Aufgabenübertragung auf vorhandene Organisationseinheiten zumindest Teile einer eigenständigen Controllinginstitution eingespart werden.

In wenig ausdifferenzierten sozialen Organisationen bietet sich Selbstcontrolling als Controllinglösung an, da organisationsbezogene Koordinierungs- und Steuerungsaufgaben abnehmen, während die Informationsversorgung in den Vordergrund rückt. Durch den zu vermutenden besseren Zugang durch die Entscheidungsträger und wegen des geringeren Umfangs wird die Informationsbeschaffung im Selbstcontrolling noch vereinfacht (Peemöller 2005, S. 107). Dementsprechend wird das funktionale Controlling als nahe liegende Lösung zur Deckung des Controllingbedarfs im Kleinbetrieb, der sich keinen eigenen Controller leisten kann, angesehen (Serfling 1992, S. 18).

---

[109] Zur lernenden Organisation bzw. zur Charakterisierung des organisationalen Lernens vgl. z. B. MCADAM/LEITCH/HARRISON (1998, S. 47f.). Wichtig scheint vor allem eine Betrachtung des organisationalen Lernens im Vergleich zum individuellen Lernen. Dabei bildet das individuelle Lernen jedoch die Voraussetzung für das Lernen auf höheren organisatorischen Ebenen (Prange 2002, S. 29f.).

2.3.3.3 Grenzen des Selbstcontrollings

Wesentliche Einschränkungen, denen das Selbstcontrolling unterliegt, sind auf die Zusatzbelastung und somit letztlich auf die Aufgabenhäufung zurückzuführen. Selbstcontrolling führt zu neuen Anforderungen auf Seiten der Mitarbeiter, die jetzt zusätzlich Controllingaufgaben übernehmen sollen. Zweifelhaft ist, ob das Methodenwissen bezogen auf das Controlling in ausreichendem Maße vorhanden ist. Eigentlich bedarf es einer Verbreiterung der aufgabenbezogenen, oftmals interdisziplinären Wissensbasis. Um diese Frage zu klären, sollen die methodischen Anforderungen an den Selbst-Controller kurz präzisiert werden. In der Literatur finden sich zwar immer wieder Hinweise auf die Anforderungen an (institutionalisierte) Controller.[110] Ein spezielles Anforderungsprofil für den Selbst-Controller fehlt hingegen.

In punkto der Befähigung ist zwischen den fachlichen und den persönlichen Anforderungen an die Controller zu trennen (Küpper 1990, S. 335f.). Im Bereich der fachlichen Anforderungen bestehen keine grundsätzlichen Unterschiede zwischen Selbstcontrolling und Fremdcontrolling. In einer Untersuchung von ZETTELMEYER/PFOHL wurde ein der Literatur entnommenes Soll-Anforderungsprofil mit einem Ist-Anforderungsprofil aus Stellenanzeigen verglichen und beide schließlich zu einem eigenen Profil zusammengeführt (1986). KÜPPER nimmt hingegen eine rein theoretische Ableitung vor (1990, S. 329). Beide Kataloge werden hier in Auszügen genutzt. Schwerpunkte der erforderlichen fachlichen Kenntnisse sind nach ZETTELMEYER/PFOHL die (operative) Unternehmensplanung, die Plankontrolle, das Rechnungswesen inklusive Sonderrechnungen, das Berichtswesen, der Instrumenteneinsatz und, als generelle Basis, gute betriebswirtschaftliche Grundkenntnisse (1986, S. 125f. u. 136).[111] Im instrumentellmethodischen Bereich gehören zudem Kreativitätstechniken, Verhaltenssteuerungs- und Motivationsinstrumente zum erforderlichen Repertoire (Küpper 1990, S. 337). Allein im Umfang dieses Kenntnis- und Methodensets zeigt sich schon die Schwierigkeit, die zur Begrenzung des Selbstcontrollings führt: Werden bezüglich der fachlichen Qualifikation gleich hohe Anforderungen wie an den reinen Controller gestellt, kann eine ‚normale' Führungskraft oder ein ‚normaler' Mitarbeiter diese nicht erfüllen (Horváth 2003a, S. 264f.).[112] Die tatsächlich vor-

---

[110] Vgl. hierzu ausführlich die Aussagen und Kataloge zu den Anforderungen in den Controllinglehrbüchern z. B. bei HORVÁTH (2009, S. 801ff.), KÜPPER (2008, S. 568ff.), PEEMÖLLER (2005, S. 77ff.) und in den speziellen Veröffentlichungen, die sich mit dieser Thematik beschäftigen, z. B. WEBER/SCHÄFFER (1998), STEINLE/BRUCH/MICHELS (1998), KÜPPER (1990), LANDSBERG/MAYER (1988, S. 87ff.), ZETTELMEYER/PFOHL (1986).

[111] Unter der Annahme, dass sich das notwendige Wissen zudem noch wandelt, ist zusätzlich noch eine ‚Kultur lebenslangen Lernens' notwendig (Wildemann 2002, S. 47).

[112] Bei der Personalauswahl ist die stellenbezogene fachliche Qualifikation ausschlaggebend und nicht die Qualifizierung zum Selbstcontrolling (Peemöller 2005, S. 107f.). Selbst betriebswirtschaftliche Grundkenntnisse sind dabei, vor allem in technisch geprägten Branchen, nicht zu erwarten.

handenen Methodenkenntnisse sind sehr unterschiedlich ausgeprägt. Die zu erwartende heterogene Qualität des Selbstcontrollings ist problematisch.

Die erforderliche persönliche Qualifikation lässt sich nicht ohne weiteres durch Analogieschluss aus den persönlichen Anforderungen an den institutionalisierten Controller ableiten. Kommunikative Fähigkeiten und soziale Kompetenz liegen an der Schnittstelle zwischen fachlichen und persönlichen Anforderungen. Derartige Ansprüche an das Sozialverhalten finden sich in vielen täglichen Aufgaben wieder (Landsberg/Mayer 1988, S. 87f.), noch unabhängig von der Unterscheidung in institutionalisiertes Controlling und Selbstcontrolling. Sie sind daher im Anforderungsprofil hervorzuheben. Speziell für das Selbstcontrolling ist die Fähigkeit zur Selbstkritik und zur Selbststeuerung ein weiteres wichtiges Merkmal.

Wird das Selbstcontrolling als ,add-on' an die Mitarbeiter übertragen, ohne die notwendigen zeitlichen Freiräume durch die Entbindung von anderen Aufgaben zu schaffen, führt die zeitliche Zusatzbelastung zu Akzeptanzproblemen (Grote 1991, S. 192). Das Selbstcontrolling ist überdies mit einem hohen Maß an Eigeninitiative verbunden. Daraus kann sich eine persönliche Überforderung ergeben (Wunderer/Schlagenhaufer 1994, S. 92).

Darüber hinaus bestehen noch weitere begrenzende Faktoren, die in einem mehr oder minder engen Zusammenhang zu den vorgenannten Punkten stehen. Sie werden hier kurz angesprochen und nicht mehr in der bisherigen Ausführlichkeit behandelt.[113]

- Abweichende individuelle Beurteilungskriterien der Mitarbeiter gefährden die Objektivität und Neutralität des Controllings (Peemöller 2005, S. 107; Gruber 1995, S. 103).

- Der Blick für übergeordnete Zusammenhänge fehlt, wenn der „Selbst-Controller" allein auf die vor Ort zur Verfügung stehenden Informationen beschränkt ist. Derartige Beschränkungen führen dazu, dass das Konfliktpotenzial steigt und die Abstimmung zwischen den Subsystemen erschwert wird. Wenn zudem die Bereichsziele durch falsche Anreizgestaltung Vorrang vor dem Gesamtziel haben und eine Instanz zur Zusammenführung der verteilten Controllinginformationen fehlt, ist die Gesamtsteuerung und -koordination akut gefährdet.

- Dysfunktionales, opportunistisches Verhalten, wozu auch die mögliche Manipulation von Informationen gehört, kann kaum unterbunden werden (Weber/Schäffer 1999b, S. 733; Herzog 1998, S. 229).[114] Anreizsysteme und Performance Measurement-Systeme bedürfen in der Regel einer Fremdkontrolle.

---

[113] Vgl. hierzu auch URIGSHARDT/JACOBS/LETMATHE (2008, S. 9f.).

[114] Eine erweiterte Serviceleistung des Controllings besteht darin, den Verantwortlichen die notwendigen Kontrollinformationen zur Selbstkontrolle zu liefern (Serfling 1992, S. 17).

- Bestehende Strukturen[115] werden kaum in Frage gestellt, da sich selbst organisierende und steuernde Systeme zur Verharrung oder gar zur Selbstverstärkung neigen (Krystek 1995, S. 29).

- Obwohl die Unterscheidung in Selbst- und Fremdcontrolling ihren Ursprung in der organisatorischen Betrachtung hat,[116] wirkt sie sich ebenso auf den Instrumentenbereich aus. Die eingesetzten Controllinginstrumente müssen an die Möglichkeiten, d. h. an das Methodenwissen und den verfügbaren Zeitrahmen der Aufgabeträger, angepasst werden (Horváth 1995, S. 265).

Um die Einschränkungen, die sich aus dem Selbstcontrolling ergeben, zu verringern oder aufzuheben, wird immer wieder die Notwendigkeit eines flankierenden Fremdcontrollings betont (Peemöller 2005, S. 108). In dem so abgesteckten Rahmen kann Selbstcontrolling dann im Sinne der erwähnten Selbstorganisation erfolgen (Krystek 1995, S. 29; Kirsch 1990, S. 57ff.). So sieht beispielsweise Horváth die Übernahme aller Controllingfunktionen durch Manager oder Mitarbeiter weder als wünschenswert noch als möglich an (2003a, S. 270). „Die Arbeitsteilung zwischen Controller und Manager muss neu formuliert werden: Soviel Selbstcontrolling wir (sic!) möglich, soviel Fremdcontrolling wie nötig." (Horváth 2003b, S. 1120)

2.3.4 Externes Controlling

2.3.4.1 Externes Controlling als Sonderform eines institutionalisierten Funktional-Controllings

Eingangs des Abschnitts 2.3 wurden die drei prinzipiell möglichen Formen der organisatorischen Umsetzung des Controllings vorgestellt und über die Beziehungen zu Controllingsubjekt und -objekt gegeneinander abgegrenzt. Fremdcontrolling kann, wie dargestellt, durch unternehmensinterne oder durch externe Controllinginstanzen erfolgen. Üblicherweise wird nur das Controlling durch unternehmenseigene Controller und Controllingabteilungen als institutionalisiertes Controlling bezeichnet (Barth/Barth 2008, S. 45ff.). Externes Controlling trägt dennoch sowohl Züge eines institutionalen Controllings als auch solche eines funktionalen Controllings. Das funktionale Controlling stellt die Controllingfunktion und die Wahrnehmung der damit verbundenen Aufgaben in den Vordergrund. Die ausführenden Personen und Institutionen sind zunächst nicht maß-

---

[115] Gemeint sind aufbauorganisatorische, vor allem aber die ablauforganisatorischen Strukturen.

[116] Selbstcontrolling steht dabei in einer engen Verbindung zur Selbstorganisation. Selbstorganisation findet dabei entweder in Form von Selbstkoordination oder in Form von Selbststrukturierung statt (Kieser 1994, S. 218ff.).

geblich.[117] Institutionalisiertes Controlling sieht den Schlüssel zum Controlling-erfolg in der Kompetenz der ausführenden Instanz. Der ideale Controller verfügt über ausgewiesene Fertigkeiten und Fähigkeiten, die ihn für die Controllingauf-gaben prädestinieren.[118] Beides lässt sich auf den externen Controller übertragen. Die eigentlich als wichtig erachtete Funktion kann intern nicht in dem erforderli-chen Maße erfüllt werden. Der externe Controller ist Spezialist in diesem Bereich und füllt die funktionale Lücke aus.

In der Literatur wird die Übernahme der gesamten Controllingfunktion oder von Teilen davon durch Dritte bisher wenig behandelt. Und das, obwohl die dahinter stehende Grundsatzfrage zum Outsourcing und zu unternehmensbezogenen Kernkompetenzen durchaus breit angelegt ist (Wildemann 2002, S. 419). Als Grund für die geübte Zurückhaltung wird angemerkt, dass es sich beim Control-ling um eine sehr sensible Funktion mit weit reichender Bedeutung und direktem Bezug zur Unternehmensführung handelt. Andere Bereiche, für die Vergleich-bares gilt, werden seit langem von Externen wahrgenommen. Hier ist insbeson-dere an die externe Rechnungslegung zu denken, welche zu weiten Teilen über eigenständige Steuerberater erfolgt. Ein zweites Beispiel ist die juristische Bera-tung und Vertretung durch Anwaltskanzleien. Das Outsourcing der Controlling-aufgabe kann somit durchaus als sinnvoll und möglich erachtet werden. Zur ge-naueren Prüfung dieser Alternative zum institutionalisierten Controlling und zum Selbstcontrolling werden zunächst Gründe gesammelt, die für diese Variante sprechen. Gleichzeitig wird auf einige Voraussetzungen und Besonderheiten im Aufbau und der Ausgestaltung eingegangen. Abschließend werden Grenzen auf-gezeigt und mögliche Risiken beschrieben.

2.3.4.2 Gründe für ein externes Controlling

Die Gründe für ein externes Controlling leiten sich unmittelbar aus den Grenzen sowohl des institutionalisierten Controllings als auch des Selbstcontrollings ab. Betrachtet man alleine die Effektivität der Wahrnehmung der Controllingaufga-be, sind die spezialisierten Controller und Controllingabteilungen nicht in Frage zu stellen. Entsprechende Methodenkompetenz, Erfahrung, Unternehmens- und Kontextkenntnisse sowie persönliche Eignung vorausgesetzt, liefern sie gute Er-

---

[117] Sieht man funktionales und institutionales Controlling als sich ergänzendes Begriffspaar an und be-schränkt die zulässigen Institutionen des institutionalen Controllings auf das Unternehmen als abge-grenzte Organisation, so handelt es sich beim externen Controlling um funktionales Controlling. Die Controllingfunktion wird wahrgenommen, ohne dass im Unternehmen eine eigenständige Organi-sationseinheit ‚Controlling' existiert. Hebt man diese Betrachtungsgrenze auf und sieht das Unter-nehmen als offenes System an, lässt sich eine spezialisierte Controllingeinheit ausmachen, die über Austauschbeziehungen eine interne Controllinginstitution ersetzt oder ergänzt. In diesem Sinne ist der externe Controller ebenfalls, wenn auch mit dem Zusatz extern, aber eben doch als Controllingin-stitution zu sehen.

[118] Vgl. hierzu die immer wieder zu findenden umfangreichen Anforderungskataloge an den Controller (z. B. Weber/Schäffer 2006, S. 428ff.).

gebnisse. Ohne dem folgenden Abschnitt allzu sehr vorzugreifen, gibt es aber insbesondere in den kleinen und kleinsten Unternehmen Gründe, die gegen eine solche Lösung sprechen (Urigshardt/Jacobs/Letmathe 2008, S. 6). Sie leiten sich aus den KMU-Besonderheiten ab und betreffen das Controlling wie auch andere betriebliche Funktionen. Im Abschnitt zum Selbstcontrolling wurde bereits auf den Umfang der Controllingaufgabe eingegangen, der in kleineren Unternehmen oftmals keine eigene Controllingstelle rechtfertigt. Folglich ist das externe Controlling in kleineren Unternehmen häufiger zu finden (Hummel 1995, S. 43). Auch auf die Verschiebung im Aufgabenzuschnitt, hin zu einem Schwerpunkt Informationsversorgung, wodurch die Vorteile der Institutionalisierung abnehmen, wurde hingewiesen. Während u. a. diese Einschränkungen der Institutionalisierbarkeit zunächst als Begründung für das Selbstcontrolling angeführt wurden, lassen sie sich uneingeschränkt als Motive für das externe Controlling als organisatorischer Alternative umdeuten. Das Selbstcontrolling unterliegt nämlich eigenen Beschränkungen, die nicht unwesentlich sind. Nahezu alle in Abschnitt 2.3.3.3 aufgeführten Grenzen lassen sich in Gründe für ein externes Controlling umdeuten. Schwerpunkte sind die beim Selbstcontrolling fragliche fachliche und persönliche Eignung sowie die fehlende Neutralität und Objektivität. All dies kann dem externen Controller vom Grundsatz her zugebilligt werden. Spezifisches Know-how, kommunikative Fähigkeiten und soziale Kompetenz für die Interaktion in wechselnden sozialen Umfeldern stellen sogar wesentliche Auswahlkriterien für den externen Controller dar und sollten daher vorausgesetzt werden.[119] Als gegenüber dem Unternehmen organisatorisch unabhängiger Instanz dürften Objektivität und Neutralität ebenfalls außer Frage stehen (Matschke/Kolf 1980, S. 606; Legenhausen 1998, S. 171f.). Die persönliche Eignung vorausgesetzt, kann der externe Controller seine weitgehende Unabhängigkeit zudem nutzen, um zusätzlich zu innerbetrieblichen Leistungsanreizen motivierend aufzutreten.[120]

Wenn nun sowohl ein institutionalisiertes Controlling als auch ein Selbstcontrolling problematisch sind, ist es sinnvoll, externes Controlling entweder als Alternative oder als Ergänzung in Betracht zu ziehen. Um diese Controllingform tatsächlich etablieren zu können, muss ein Angebot geschaffen werden, das zwei grundlegende Anforderungen erfüllt. Zum einen muss die notwendige Vertrauensbasis geschaffen werden. Gegenstand des Controllings sind häufig vertrauliche Informationen, die den Kern des Unternehmens betreffen. Kaum jemand erhält einen derart umfassenden Einblick in das Unternehmen wie der Controller.

---

[119] Der Zugang zu einem spezifischen Know-how, wie es beim externen Controller vorliegt, würde dem Unternehmen sonst oftmals verwährt bleiben (Hummel 1995, S. 34).

[120] Mit Blick auf die Kontrolle können Vorgesetzte zu stark in die Gruppe eingebunden sein der sie vorstehen, so dass opportunistisches Verhalten unter Umständen sogar bewusst angestrebt wird (Herzog 1998, S. 228). Kontrolle wird von Vorgesetzten oft als vertrauensstörend angesehen und daher gerne vernachlässigt oder delegiert. Unter diesen Umständen kann nur eine institutionalisierte Fremdkontrolle, ggf. unter Einbeziehung einer externen Instanz, Abhilfe schaffen.

Die zweite Anforderung betrifft die Kostensicht. Das externe Controlling muss unter Berücksichtigung aller relevanten Kosten[121] in jedem Fall mit dem institutionalisierten Controlling und mit Abstrichen auch mit dem Selbstcontrolling konkurrieren können. Eine Möglichkeit, beiden Anforderungen gerecht zu werden, ist eine darauf ausgerichtete Vertragsgestaltung. Die erforderliche Vertraulichkeit im Umgang mit den Unternehmensdaten und den sonstigen Informationen muss vertraglich zugesichert werden. Leistungsbeschreibung und Preisgestaltung der erbrachten Controllingleistung sind ebenfalls Bestandteile des Vertragswerks. Ein externer Dienstleister ist in der Lage, durch Spezialisierung, die Umlegung fixer Aufwendungen auf mehrere Kunden und eine bessere Auslastung Vorteile zu erlangen, die er zumindest teilweise weitergeben kann (Urigshardt/Jacobs/Letmathe 2008, S. 15f.). Die Position außerhalb des Unternehmens bringt noch einen ganz eigenen Vorteil mit sich: der externe Controller verfügt schon per Definition über einen Blick, der über das Kunden-Unternehmen hinaus geht (Legenhausen 1998, S. 171; Krystek 1995, S. 28).

Bei KRYSTEK sind noch weitere der hier dargelegten Argumente als für das externe Controlling sprechende Gründe aufgeführt (1995, S. 27f.). Er stellt insbesondere das „Können" des externen Controllers in den Vordergrund. Im Umgang mit den Methoden können es die externen Controller oftmals besser, sie können es günstiger (ebd. S. 27) oder sie können es gar überhaupt (ebd. S. 28). Mit dem externen Controller erschließt sich das Unternehmen eine zusätzliche Quelle der Kreativität und Innovation in diesem speziellen Bereich (Gushurst 1990, S. 100).

2.3.4.3   Aufbau des externen Controllings

Der Aufbau des externen Controllings hängt zuallererst vom Umfang der Aufgaben ab, die ausgelagert werden sollen. Eine Art Vorstufe stellt die Übernahme einzelner Aufgaben mit Controllingbezug durch Arbeitsgemeinschaften, Verbände und Brachenvereinigungen dar (Wildemann 2002, S. 420). Deren Leistungen bestehen beispielsweise in der Ausarbeitung von abgestimmten Kontenrahmen, Kennzahlensystemen oder Produktkatalogen (z. B. DFWR 1998). Die Leistungen des externen Controllers gehen weit darüber hinaus. Zunächst sind Einmalaufgaben von der längerfristig angelegten Übernahme von Controllingaufgaben zu unterscheiden. Einmalaufgaben können aus der Unterstützung bei der Einführung oder Anpassung des Controllings resultieren (Weber 1995b, S. 15) oder sie beziehen sich auf abgegrenzte Aufgaben der Zuarbeit im laufenden Controllingsystem. Beispiele für letzteres sind Sonderauswertungen, Umfeldanalysen und ähnliches mehr. Die Einmalaufgaben können als Projekte aufgefasst werden. Sie sind entsprechend zu organisieren und umzusetzen. Von größerem Interesse ist

---

[121]   Den ökonomischen Hintergrund für diese Betrachtungsweise liefert die Transaktionskostentheorie. Zu deren Ursprüngen vgl. WILLIAMSON (1975 und 1998).

die dauerhafte Übernahme von Controllingaufgaben. Der schematische Aufbau eines derartigen Controllingsystems ist in Abbildung 6 dargestellt.

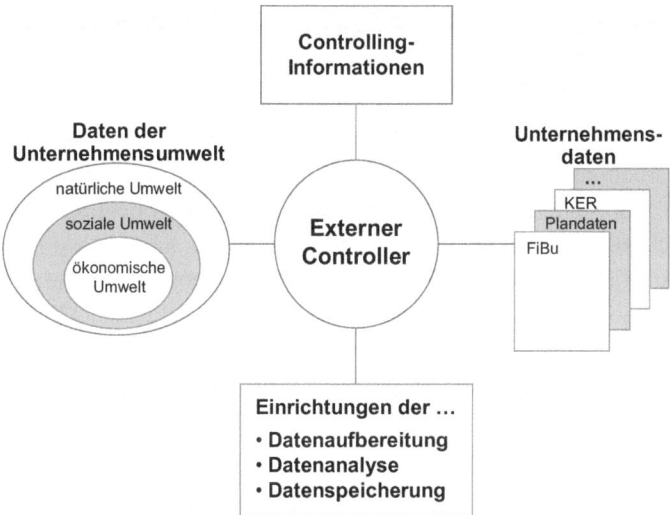

Abb. 6: Aufbau eines Controllingsystems mit externem Controller

Der externe Controller liefert im Ergebnis Controllinginformationen an den vorgegebenen Adressaten, in erster Linie die Unternehmensführung. Worin die Informationen im Detail bestehen und welchem Zweck sie dienen, ist eine Frage der individuellen Ausgestaltung. Die Informationsversorgung wird in der Grundform des externen Controllings als Hauptaufgabe angesehen, da dies der in allen gängigen Konzepten enthaltenen Kernaufgabe des Controllings entspricht (z. B. Schaefer/Lange 2004, S. 402). In der Synopse zu den Controllingkonzepten wurde dies ausführlich herausgearbeitet. Der Reihe nach sammelt und sichtet der externe Controller zunächst einmal die vorhandenen Daten und Informationen.

Als interne Datenquellen stehen beispielsweise Plandaten, die Finanzbuchführung, die Betriebsdatenerfassung oder die Kostenrechnung zur Verfügung. Außerhalb des Unternehmens können sich Daten und Informationen auf den Bereich der (marktlichen) Austauschbeziehungen beschränken oder darüber hinaus die soziale Umwelt und letztlich die natürliche Umwelt einbeziehen. Fehlende Daten werden im Bedarfsfall durch den externen Controller beschafft. Im Anschluss an ihre Erfassung müssen die Daten aufbereitet und analysiert werden. Die Daten werden zu Informationen im eigentlichen Sinne. Diese Aufgabe ist ein unentbehrlicher Kompetenzbereich des externen Controllers. Je nach Ausgestaltung der Leistungsbeziehungen bilden die gewonnenen und aufbereiteten Daten den Input von Auswertungen, Interpretationen und Handlungsvorschlägen durch den externen Controller, die dann über die reine Informationsversorgung hinausgehen. Entsprechend aufbereitet werden die Controllinginformationen an die vorgesehen Empfänger weitergeleitet. Von besonderer Bedeutung ist in diesem Zusammenhang die Beachtung der Adressatengerechtigkeit (Jacobs et al. 2009, S. 38f.). Adressatengerecht sind Informationen dann, wenn Sie inhaltlich und formal auf die Bedürfnisse und Fähigkeiten der Empfänger ausgerichtet sind. Hierzu zählen letztlich auch die Form der Speicherung und die Informationsübermittlung.

Nicht nur aus dem skizzierten Aufbau ergeben sich Anknüpfungen zur Informationsverarbeitung (IV) und zur Informations- und Kommunikationstechnologie (IuK). Ein Schlüssel zur Senkung der Gesamtkosten liegt aus Sicht der organisatorisch-instrumentellen Ausgestaltung ebenfalls in der weit reichenden Nutzung der Informationstechnologien (Urigshardt/Jacobs/Letmathe 2008, S. 11) ergänzt um eine Standardisierung der angebotenen Leistungen. Allerdings ist es schwierig, einen Ausgleich zwischen der Berücksichtigung individueller Kundenwünsche einerseits und der angestrebten Standardisierung andererseits zu finden (Wunderer/Schlagenhaufer 1994, S. 92).

2.3.4.4 Grenzen und Risiken des externen Controllings

Zur Beurteilung einer vollständigen oder eingeschränkten externen Trägerschaft des Controllings ist erneut der Rückgriff auf die funktionale, instrumentelle und institutionale Betrachtung hilfreich. Während die Vorteile einer derartigen Lösung in allen drei Betrachtungsebenen liegen,[122] weisen die Grenzen und Risiken in erster Linie Bezüge zur organisatorischen Einbindung, auch der Instrumente, auf. Intensiver Informationsaustausch und hohe Spezifität wirken begrenzend auf die Eignung zur Auslagerung. Unterbrechungen im Informationsfluss (durch die Außenvergabe) können zu zusätzlichen Kosten- und Zeitproblemen führen (Wildemann 2002, S. 420). Die räumliche Distanz führt in ungünstigen Fällen zu einer Unterversorgung mit Informationen. Generell kann eine unzureichende Kommunikation zu Akzeptanzproblemen führen (Klett/Pivernetz/Hauke 1996, S. 29). Außerhalb des Unternehmens stehend, verfügt der externe Controller kaum über Kenntnisse der betriebsinternen Machtkonstellationen und informellen Strukturen (Gushurst 1990, S. 103). Verzerrungen in der Informationsweitergabe und die fehlende Einbeziehung wichtiger Promotoren können daher unwissentlich zu ‚Reibungsverlusten' führen. Darauf ist zu achten.

Beschränkt man die Betrachtung auf den Kontrollaspekt, ist die Fremdkontrolle durch den externen Controller differenziert zu bewerten. Dessen Unabhängigkeit gewährt einerseits ein Gegengewicht zur drohenden Rationalitätsbegrenzung und zur Gefahr opportunistischen Verhaltens (Herzog 1998, S. 228). Andererseits reagieren Unternehmensleitung und Kreativbereiche, etwa die Forschung und Entwicklung, auf Fremdkontrolle generell sensibel. Durch ein falsch verstande-

---

[122] Vgl. die zuvor dargestellten Potenziale.

nes und einengendes (externes) Fremdcontrolling werden notwendige Freiräume unter Umständen zu stark beschnitten. Hier ist Einfühlungsvermögen seitens des Controllers gefragt.

Primär unter Kostengesichtspunkten wird die intensivierte dauerhafte Wahrnehmung der Controllingaufgaben durch Externe als zu teuer und damit unwirtschaftlich angesehen (Klett/Pivernetz/Hauke 1996, S. 29).[123] Selten nachgefragte Controllingaufgaben sind nach dieser kritischen Einschätzung besser für eine Außenvergabe geeignet als Daueraufgaben (Wildemann 2002, S. 420). Maßgeblicher Bezugspunkt zur Beurteilung aus ökonomischer Sicht ist die Transaktionskostentheorie (Wildemann 2002, S. 419f.).[124] Ein Kostenvergleich zwischen interner Leistungserstellung und Fremdbezug muss dementsprechend die gesamten anfallenden Kosten beachten. Neben den Kosten der Leistungserstellung bzw. des Fremdbezugs sind die Kosten der Anbahnung, der vertraglichen Vereinbarung, der Abwicklung, der Kontrolle und der laufenden Anpassung ebenso relevant (Picot 1991, S. 344; Williamson 1985, S. 18ff.).[125] Voraussetzung eines Kostenvergleichs ist die Gleichartigkeit der erbrachten Leistung. Schwierigkeiten entstehen daher bei Vergleichen zwischen Selbst- und Fremdcontrolling. Wie die Beurteilung des Selbstcontrollings zeigte, sind hier Unterschiede in der Ergebnisqualität zu erwarten. Eine reiner Kostenvergleich ist in diesen Fällen daher nicht angebracht.

Die Frage, ob und wie für die strategisch relevanten Bereiche der notwendige Know-how-Schutz gewährleistet werden kann, beschreibt einen weiteren Problembereich (Wildemann 2002, S. 420). Hier setzt auch PEEMÖLLER an. Er sieht generell eingeschränkte Möglichkeiten zur Übertragung von Controllingaufgaben und begründet dies mit der Spezifität und Sensibilität der Controllingdaten (2005, S. 110f.). Allgemein wird vornehmlich der notwendige Schutz des betriebsrelevanten Know-hows als begrenzender Faktor für die Vergabe von Controllingaufgaben an Externe angesehen (Wildemann 2002, S. 420; Reiß/Höge 1994, S. 220). Die generelle Skepsis gegenüber der Außenvergabe ist jedoch unbegründet. In anderen, ebenso sensiblen Unternehmensbereichen gehört die Einbeziehung externer Experten bis hin zum vollständigen Outsourcing zum Unternehmensalltag. Im Hinblick auf den Vertrauensaspekt nennt und vergleicht LEGENHAUSEN Unternehmensberater, Kreditinstitute, Wirtschaftsprüfer und Steuerberater als mögliche Träger des externen Controllings (1998, S. 172ff.).[126] Unternehmensberater arbeiten oft direkt mit der Unternehmensleitung zusammen. Die notwendige Ver-

---

[123] Einen Beleg für diese Annahme bleiben die Autoren schuldig.

[124] Zu den Grundlagen der Transaktionskostentheorie vgl. ausführlich WILLIAMSON (1998).

[125] Neuerdings werden nicht mehr nur rein monetär zu erfassende Kosten, sondern alle in Kauf zu nehmenden Nachteile oder Opfer, bspw. auch die im Rahmen der Transaktion eingesetzte Mühe und Zeit, als Transaktionskosten betrachtet (Picot/Dietl/Franck 2005, S. 57).

[126] Bei GUSHURST werden ebenfalls Kreditinstitute (1990, S. 107ff.), Wirtschaftsprüfungsgesellschaften (zusammen mit Steuerberatern; ebd. S. 140ff.) und Unternehmensberater (ebd. S. 158ff.) als mögliche Träger genannt und auf ihre Eignung hin untersucht.

trauensbasis kann daher unterstellt werden. Mitarbeiter von Kreditinstituten stehen hingegen in einem steten Interessenskonflikt zwischen dem Vertrauensschutz, den sie dem Kundenunternehmen schulden, und den Interessen des eigenen Arbeitgebers. Sowohl Wirtschaftsprüfern als auch Steuerberatern kann aufgrund ihrer Kerntätigkeit hingegen eine vertrauensvolle Basis für die Übernahmen von Controllingaufgaben zugebilligt werden (ebd. S. 175).[127] Das Vertrauensproblem ist also grundsätzlich lösbar. KOSMIDER führt zudem noch Kammern und Verbände sowie Hochschulen und Universitäten als externe Controllinganbieter auf (1994, S. 209ff.), wobei letztere eher als Impulsgeber denn als Ausführende zu sehen sind (ebd. S. 210f.). Denkbar sind zudem zentrale Organisationseinheiten, die aus zwischenbetrieblichen Kooperationen hervorgegangen sind oder öffentliche Dienstleister.

2.4 Controlling in KMU

2.4.1 KMU: Kleine und mittlere Unternehmen

Kleine und mittlere Unternehmen (KMU) unterscheiden sich durch die geringere Betriebsgröße in wesentlichen Belangen von den Großunternehmen. Dies hat unter anderem Auswirkungen auf das Controlling. Eingeschränkte Möglichkeiten der Institutionalisierung wurden bereits als Grund für das externe Controlling und das Selbstcontrolling angeführt. Andererseits führten weder Selbstcontrolling noch externes Controlling für sich genommen zu zufrieden stellenden Lösungen. So betont beispielsweise HORVÁTH, dass es letztlich darum geht, die richtige Mischung von Selbstcontrolling und Fremdcontrolling zu finden (2009, S. 783). Wie sich dies auf die speziellen Anforderungen der KMU und des Controllings in KMU übertragen lässt, wird nun im Einzelnen geklärt.

2.4.2 Kriterien für die Abgrenzung von KMU

Darüber, dass die Betriebsgröße in zahlreichen betriebswirtschaftlichen Belangen eine angepasste Herangehensweise erfordert, herrscht weitgehende Einigkeit. Unklar ist, auf welcher Grundlage eine Abgrenzung zu erfolgen hat (Letmathe 2002, S. 8).[128] Die Fragestellung nach den korrekten Kriterien ist nicht trivial und hängt ganz wesentlich vom eigentlichen Untersuchungszweck ab. Grundsätzlich

---

[127] Die Einschätzungen LEGENHAUSENs beruhen augenscheinlich auf der Annahme, dass zumindest im Fall der Banken, Wirtschaftsprüfer und Steuerberater in deren Kernaufgabenbereichen bereits geschäftliche Beziehungen bestehen.

[128] Einen Hinweis auf die Vielzahl der KMU- und Mittelstandsabgrenzungen gibt ZEITEL, der bereits 1980 auf über 200 nachgewiesene Definitionen hinweist, zu welchen in der Zwischenzeit sicherlich weitere hinzugekommen sind (Zeitel 1980 zitiert in Nieschlag 1981, S. 2). Eine Unterscheidung zwischen dem KMU- und dem Mittelstands-Begriff unterbleibt hier. Aus diesem Grund werden auch Beiträge herangezogen, die sich mit dem Mittelstand bzw. mittelständischen Unternehmen auseinandersetzen (z. B. Wossidlo 1993; Nieschlag 1981, S. 2f.).

können quantitative und qualitative Merkmale[129] herangezogen werden. Allerdings sind es in erster Linie nicht messbare Eigenheiten, die die Unterschiede in der Herangehens- und Arbeitsweise der Unternehmensführung ausmachen (Welter 2003, S. 28; Mugler 1998, S. 19). Stehen derartige Fragestellungen im Vordergrund, wäre folgerichtig qualitativen Merkmalen der Vorzug zu gegeben (Legenhausen 1998, S. 17). Auf der anderen Seite ist die Möglichkeit einer eindeutigen Abgrenzung über qualitative Merkmale zweifelhaft (Mugler 1998, S. 19). Gerade hierin liegt die Stärke der quantitativen Merkmale (Letmathe 2002, S. 9).

Quantitative Merkmale lassen eine Überprüfung mit vergleichsweise geringem Aufwand zu. Sie sind ‚empirisch operationalisierbar' (Reinemann 1999, S. 661). Vor allem für amtliche und rechtliche Zwecke wird daher auf quantitative Kriterien zurückgegriffen (Mugler 1998, S. 19). Bereits 1996 hat die EU-Kommission eine vereinheitlichende Empfehlung zur Abgrenzung kleiner und mittlerer Unternehmen herausgegeben, die zuletzt 2005 angepasst wurde (Nr. 2003/361/EG; vgl. auch Förster 2005; Loecher 2000, S. 58; Reinemann 1999, S. 661). Ähnliche Merkmale und Merkmalsausprägungen nutzt das Institut für Mittelstandsforschung (IfM) dessen Abgrenzung in Deutschland ebenfalls oft herangezogen wird. Beide werden in der nachfolgenden Tabelle 1 einander gegenübergestellt.

Kategorie		Merkmal		
		Mitarbeiterzahl	Umsatz	Bilanzsumme
EU-Kommission	Kleinst-Unternehmen	bis 9 Mitarbeiter	bis 2 Mio. €/Jahr	bis 2 Mio. €
EU-Kommission	Klein-Unternehmen	10 bis 49 Mitarb.	bis 10 Mio. €/Jahr	bis 10 Mio. €.
EU-Kommission	Mittel-Unternehmen	50 bis 249 Mitarb.	bis 50 Mio. €/Jahr	bis 43 Mio. €
IfM (Bonn)	Klein-Unternehmen	bis 9 Mitarbeiter	bis 1 Mio. €/Jahr	entfällt
IfM (Bonn)	Mittel-Unternehmen	10 bis 499 Mitarb.	1 bis 50 Mio. €/Jahr	entfällt

Tab. 1: KMU-Abgrenzung der EU-Kommission und des IfM

Die EU-Abgrenzung betrachtet die Merkmale kombiniert konjunktiv und disjunktiv.[130] Die Grenzen der Mitarbeiterzahl sind verbindlich zu berücksichtigen. Hinzu kommt mindestens eines der beiden weiteren Kriterien. Die EU-Abgren-

---

[129] Quantitative Merkmale sind Merkmale, die auf einer kardinalen Skala gemessen werden können. Die qualitativen Merkmale sind lediglich nominal messbar (Wossidlo 1993, Sp. 2889). Ordinal messbare Merkmale haben sowohl quantitative als auch qualitative Eigenschaften. Beachtenswert ist, dass beide als Größenmerkmale nicht zu einer typologischen, sondern zu einer klassifikatorischen Ordnung führen (Knoblich 1972, S. 172).

[130] Bei der konjunktiven Kombination müssen die Merkmale gemeinsam erfüllt sein (Und-Verknüpfung der Bedingungen; strenges Kriterium), bei der disjunktiven Kombination reicht es aus, wenn ein Merkmal erfüllt ist (Oder-Verknüpfung; schwaches Kriterium).

zung enthält mit der wirtschaftlichen Selbständigkeit noch ein qualitatives Kriterium. Die Konzernunabhängigkeit ist Bedingung für die Eingruppierung als KMU (z. B. Förster 2005, S. 6f.; Reimann 1999, S. 661).[131]

Aus Vereinfachungsgründen wird die quantitative Abgrenzung bisweilen auf ein einziges Merkmal beschränkt (Lücke 1967, S. 21). Als besonders gut zu recherchieren gilt die Mitarbeiterzahl (Letmathe 2002, S. 9; Wossidlo 1993, Sp. 2893). Eine derartige Vereinfachung ist nicht immer möglich.[132] Je nach Art der abzuleitenden Aussagen ist eine Rückführung der Systematisierung auf eine Kombination von Merkmalen oder zumindest eine spätere Ergänzung um weitere Aspekte notwendig (Legenhausen 1998, S. 20).

Häufig ist eine relative Größenbetrachtung angebracht, beispielsweise für unterschiedliche Branchen (Pfohl 2006a, S. 10; Loecher 2000, S. 58, Castan 1963, S. 29). Beim Umsatz etwa bestehen entscheidende Unterschiede darin, welchen Wertschöpfungsanteil das Unternehmen hat. Ähnliche Abweichungen treten branchenbedingt bei der Zahl der Mitarbeiter auf. So sind – bei vergleichbarem Umsatz – in der industriellen Großserien- und Massenfertigung aufgrund ihres höheren Automatisierungsgrades weit weniger Mitarbeiter zu finden als in der Einzel- und Kleinserienfertigung (Jacobs et al. 2009, S. 36). Innerhalb einer Branche wird, abweichend von den bisher aufgeführten Maßgrößen, oft die Ausbringungsmenge als Vergleichsmaßstab für die Betriebsgröße herangezogen (Lücke 1967, S. 22).

Für die qualitative Abgrenzung steht erneut eine ganze Reihe von Kriterien zur Verfügung. Ein umfangreicher Merkmalskatalog geht auf PFOHL/KELLERWESEL zurück (1982, S. 28ff.). Die dort aufgeführten Einzelmerkmale ordnen die Autoren den folgenden Bereichen zu:

- Unternehmensführung,
- Organisation,
- Personal,
- Finanzierung,
- Forschung und Entwicklung,

- Beschaffung,
- Produktion,
- Absatz,
- Entsorgung und
- Logistik.

Je Merkmal stellen sie typische Ausprägungen der kleinen und mittleren Unternehmen sowie der Großunternehmen einander gegenüber. Im Bereich der Unternehmensführung beispielsweise die Unternehmensleitung durch ‚Eigentümerun-

---

[131] Als Indikator dient der von einem Großunternehmen gehaltene Kapitalanteil; er muss unter 25 % liegen.

[132] MUGLER sieht bei Beschränkung auf nur ein Merkmal eine stark eingeschränkte Aussagekraft (1998, S. 19). Zur Überprüfung der Zulässigkeit der Vereinfachung kann der statistisch nachweisbare Zusammenhang zwischen Mitarbeiterzahl und weiteren (quantitativen und qualitativen) Merkmalen herangezogen werden (z. B. Child 1975, S. 119ff.). Allerdings wird in dieser Arbeit angemerkt, dass in den zugrunde liegenden Studien ein valider linearer Zusammenhang erst nach logarithmischer Transformation der Mitarbeiteranzahl erkennbar war (ebd. S. 120).

ternehmer' (KMU) und ,Manager' (Großunternehmen) oder beim Informationswesen ein ,unzureichendes Informationswesen zur Nutzung vorhandener Flexibilitätsvorteile' (KMU) bzw. ein ,ausgebautes formalisiertes Informationswesen' (Großunternehmen) (ebd. S. 29).

Eine gänzlich andere qualitative Abgrenzung zieht die interne Kommunikation und die unmittelbare Überschaubarkeit des Unternehmensgeschehens durch die Unternehmensführung heran.[133] Die Beschränkung auf diese zwei Kriterien bleibt dabei unklar, zudem erschließen sich die Ausprägungen dem außenstehenden Beobachter nicht.

Insbesondere im Übergangsbereich fehlt es den qualitativen Abgrenzungen oftmals an der notwendigen Trennschärfe. Zudem stellt die Erfassung der Merkmalsausprägungen generell ein kaum zu lösendes Problem dar (Wossidlo 1993, Sp. 2890). Sowohl die quantitative als auch die qualitative Abgrenzung haben aber letztlich ihre Berechtigung. Zudem können sie im Rahmen einer Typenbildung ohne weiteres miteinander kombiniert werden.

2.4.3   Besonderheiten des Controllings in KMU

Inzwischen ist die Ansicht, dass der Bedarf zur Wahrnehmung der Controllingaufgaben unabhängig von der Unternehmensgröße besteht, weitgehend anerkannt (z. B. Horváth 2003a, S. 264).[134] Führungs- und Steuerungsdefizite, die nicht zuletzt auf ein unzureichendes Controlling zurückzuführen sind, werden für die KMU sogar häufig als Insolvenzursache genannt (Euler Hermes/ZIS 2006; Wegmann 2006, S. 340; Heigl 1981, S. 427).[135] Gleichzeitig haben zahlreiche Untersuchungen gezeigt, dass zwischen Unternehmensgröße und verschiedenen Controllingaspekten ein direkter Zusammenhang besteht.[136] Bisweilen wird sogar die Frage aufgeworfen, ob es nicht sogar ein spezielles Controllingerfordernis mittelständischer Unternehmen gibt (Legenhausen 1998, S. 24). Ein Controllingsystem sollte generell passgenau und adressatengerecht sein (Jacobs et al. 2009). KMU-Controlling ist daher sowohl am Bedarf als auch an den größenspezifischen Möglichkeiten auszurichten (Kunesch 1996, S. 630).

---

[133] In den KMU ist die geforderte Übersicht über das Ausführungssystem noch ohne den Einsatz aufwändiger organisatorischer Maßnahmen und Führungsinstrumente gewährleistet. In Kleinunternehmen wird auch eine rein informale Kommunikation noch als ausreichend angesehen (Legenhausen 1998, S. 20f.; Gaulhofer 1988, S. 11ff.). Ein wesentlicher Grund liegt in der mit der Unternehmensgröße steigenden Leitungsintensität (bei gleichzeitig sinkender Leitungsspanne der einzelnen Leitungsstellen) (Kieser/Walgenbach 2003, S. 314).

[134] Siehe hierzu ebenfalls HORVÁTH/WEBER (1997, S. 347), GROTE (1991, S. 192), PREIßLER (1991, S. 7f.), HEIGL (1981, S. 429) und MANN (o. J., S. 12).

[135] Bestätigt wird diese Einschätzung durch Untersuchungen zu Insolvenzursachen. Einen Überblick über solche Untersuchungen und eine Ableitung des Controllingbedarfs daraus findet sich bei LEGENHAUSEN (1998, S. 32ff.).

[136] Einen Überblick über Studien bis Ende der 1980er Jahre gibt WELGE (1988, S. 61ff.). Vielfach zitiert ist die Untersuchung von KOSMIDER (1991). Die Untersuchung von AMSHOFF (1993, S. 372ff.) bestätigt die Unternehmensgröße ebenfalls als bedeutenden Kontextbezug.

An dieser Stelle treten ‚typische' Eigenschaften in den Vordergrund, wie sie im vorigen Abschnitt als qualitative KMU-Merkmale angeschnitten wurden.[137] Da nicht alle Spezifika gleichsam relevant sind, wird eine Auswahl getroffen:[138] Wesentliche Beschränkungen ergeben sich aus begrenztem oder fehlendem Know-how, aus Ressourcenknappheiten, aus dem begrenzten Aufgabenumfang und gegebenenfalls aus der besonderen Stellung eines Eigentümerunternehmers.

Im Vergleich zu Großbetrieben werden den KMU nicht unerhebliche betriebs-wirtschaftliche *Know-how-Defizite*[139] unterstellt (z. B. Wegmann 2006, S. 58).[140] Gerade in kleinen und kleinsten Unternehmen fehlt das erforderliche Methoden- und Instrumentenwissen (Dethlefs 1997, S. 19f.). Ursächlich ist, dass (Control-ling-)Aufgaben als Zusatzaufgabe häufig von Personen wahrgenommen werden, die eigentlich nicht dafür ausgebildet sind (Klett/Pivernetz/Hauke 1996, S. 21 ff.; Kosmider 1994, S. 135; Mann o. J., S. 167). Bei der Personalauswahl und auch in der Ausbildung der Unternehmer selbst wird mehr Wert auf die technische Quali-fizierung gelegt und kaum auf die Vermittlung spezieller Controllingkenntnisse.

Die begrenzte Ausstattung mit Ressourcen[141] – der unterstellte Ressourcenbegriff wird weit gefasst und schließt personelle, technische und finanzielle Ressourcen ein (z. B. Mugler 1999, S. 80ff.) – ist eines der wichtigsten Kennzeichen von KMU überhaupt (z. B. Pfohl 2006a, S. 18ff., Mugler 1999, S. 77). *Personelle Ressourcen* sind sowohl zahlenmäßig als auch in ihrer qualitativen ‚Beschaffen-heit' (aufgabenbezogene Qualifikationen, Fähigkeiten und Fertigkeiten) be-schränkt. Führungsaufgaben fallen größenabhängig zwar in unterschiedlichem Umfang und in unterschiedlicher ‚Intensität' an, sie müssen jedoch selbst im Kleinstunternehmen wahrgenommen werden. Als Folge kommt es zur Häufung

---

[137] Die Behandlung der KMU als geschlossene Gruppe darf jedoch keinesfalls darüber hinweg täuschen, dass es innerhalb dieser Unternehmen beträchtliche Unterschiede gibt (Mugler 2005, S. 31). Das Kri-terium der Unternehmensgröße ist schließlich nur eines von vielen, an Hand derer die Unternehmen unterteilt werden können (Castan 1963, S. 28ff.; Nowak 1954). Die als typisch beschriebenen Merk-malsausprägungen sind daher im Einzelfall nicht zwangsläufig anzutreffen.

[138] Einen Überblick geben bspw. KLETT/PIVERNETZ/HAUKE (1996), mit Blick aufs Controlling KUNESCH (1996). Aus den Katalogen qualitativer Merkmale (z. B. Pfohl 2006a, S. 19ff.; Mugler 1998, S. 20) lassen sich weitere, die Controllinganforderungen beeinflussende Eigenschaften ableiten.

[139] ‚Know-how' wird hier stellvertretend für alle Wissensarten und damit als Oberbegriff verwendet. Eigentlich bezieht es sich in erster Linie auf das implizite Wissen und dort speziell auf die technische Dimension (Rehäuser/Krcmar 1996, S. 6). Auf eine detaillierte Unterscheidung der Wissensarten wird verzichtet, da sich die Defizite sowohl auf implizites (embodied/tacit knowledge) als auch auf explizi-tes Wissen (disembodied/explicit knowledge) beziehen. Zur Unterscheidung impliziten und expliziten Wissens vgl. ausführlich POLANYI (1983, S. 3ff. insbes. S. 19f. u. 24). Wichtig ist, dass das personen-gebundene implizite Wissen nur schwer systematisiert oder übertragen werden kann.

[140] Dies kann an den ‚Competence-based View of the Firm' angelehnt werden. Dabei wird der wirt-schaftliche Erfolg des Unternehmens mit dem vorhandenen Know-how in Verbindung gebracht (z. B. Sanchez/Heene/Thomas 1996; Freiling/Gersch/Goeke 2006, S. 37 ff.).

[141] Hierin spiegelt sich der ‚Resource-based View of the Firm' wieder (Wernerfeldt 1984. S. 171ff.). Das Unternehmen wird als ein Bündel von Ressourcen gesehen. Der Unternehmenserfolg wird auf die Zu-sammensetzung dieses Ressourcenbündels zurückgeführt. Vgl. auch BARNEY (1991, S. 99ff.) sowie MAHONEY/PANDIAN (1992); mit Blick auf das strategische Controlling STEINHÜBEL (2006, S. 206).

von Funktionen, was zur Überlastung der betroffenen Führungskräfte führen kann (Pfohl 2006a, S. 19; Kunesch 1996, S. 631).

Die *technische Ausstattung* setzt dem Controlling ebenfalls enge Grenzen. Der hohen Bedeutung der Informationsversorgung steht häufig ein unzureichendes Informationswesen in den KMU gegenüber (Pfohl 2006a, S. 18). Aus technischer Sicht spielt die IT- bzw. IuK-Ausstattung[142] hierbei eine mitentscheidende Rolle (Legenhausen 1998, S. 48). Nur durch angepasste Hardwarekomponenten und Softwareanwendungen kann eine redundanzfreie, zeitnahe und zielgerichtete Versorgung mit Controllinginformationen erreicht werden (Ruchhöft/Krey 2006, S. 231). In diesem Bereich haben die Kleinunternehmen oft erheblichen Nachholbedarf (Klett/Pivernetz/ Hauke 1996, S. 21ff.). Bei weit gefasster Auslegung können zu den technischen Ressourcen außerdem die betriebswirtschaftlichen ‚Techniken' der Informationsverarbeitung, etwa die Verfahren der Kostenrechnung, hinzugezählt werden (Urigshardt/Jacobs/Letmathe 2008, S. 7f.).

Die Begrenztheit der *finanziellen Ressourcen*[143] verhindert, dass die sonstigen Beschränkungen durch Einbringen des Know-hows von außen, durch Einstellung entsprechend ausgebildeten Personals und durch Schaffung einer abgestimmten IT/IuK-Ausstattung aufgehoben werden können. Damit verbundene Ausgaben stehen immer in Konkurrenz zu anderen, ebenfalls notwendig erscheinenden betrieblichen Investitionen (Heigl 1981, S. 428).

Der *begrenzte Aufgabenumfang* des innerbetrieblichen Controllings führt schließlich dazu, dass sich die Einrichtung einer Controllerstelle in der Regel wirtschaftlich nicht rechtfertigen lässt (Matschke/Kolf 1980, S. 606; Horváth/Weber 1997, S. 340). Der Aufgabenumfang nimmt unter sonst gleichen Bedingungen mit sinkender Unternehmensgröße ab. Vor allem der Koordinationsbedarf geht stark zurück (Ossadnik/Barklage/van Lengerich 2004, S. 629). Andere Felder, wie der Informationsbedarf oder der Umfang der Planungs- und Kontrollaufgaben, nehmen ebenfalls ab.

Oftmals wird der *Eigentümerunternehmer* als charakteristisches Merkmal mittelständischer Unternehmen angesehen.[144] Der herausgehobenen Stellung des Unternehmers entsprechend, muss das adressatengerechte Controlling dessen persönliche Eigenschaften berücksichtigen. Durch die stark eigentümerzentrierte Unternehmensführung besteht in Kleinbetrieben sogar die Gefahr, dass das Con-

---

[142] Die Informations- und Kommunikationstechnik (IuK) bezieht die interne und externe Kommunikation über die inzwischen verfügbaren Kommunikationsmittel stärker ein als die reine Informationstechnik (IT). Zu möglichen Konsequenzen der IuK-Technologien für die innerbetrieblichen Strukturen der KMU siehe z. B. WELTER/LAGEMAN (2005, S. 19ff.).

[143] Die begrenzten finanziellen Ressourcen sind die Folge der vielfach geringen Eigenkapitalausstattung einerseits sowie des beschränkten Zugangs zum Kapitalmarkt andererseits (Wegmann 2006, S. 49ff.; Mugler 1999, S. 173).

[144] Vgl. zu dessen herausragender Stellung z. B. PFOHL (2006a, S. 18, 2006b), MUGLER (1998, S. 20 u. 24ff.), KAHLE (1989, S. 89) oder GANTZEL (1962, S. 280).

trolling kontraproduktiv wirkt. Wenn das bisher maßgebliche unternehmerische Gespür in Frage gestellt wird, ohne eine adäquate Hilfestellung zu bieten, kann der Unternehmer in seiner Entscheidungsfindung stark verunsichert werden (Weber 1995b, S. 12; ähnlich Dethlefs 1997, S. 20). Empirische Überprüfungen des realen Entscheidungsverhaltens haben gezeigt, dass in KMU die Orientierung an einer rationalen Entscheidungslogik keinesfalls gewährleistet ist (Welter 2003, S. 34ff.). Unter diesem Aspekt dient die Adressatengerechtigkeit der Sicherung der individuellen Entscheidungsrationalität (Weber/Schäffer 2006, S. 39ff.).

Sofern die Controllingfunktion überhaupt wahrgenommen wird, ergibt sich aus den genannten Einschränkungen eine Reihe von Mängeln. Die genutzte Datenbasis ist stark eingeschränkt und aus Instrumentensicht dominiert das Rechnungswesen. Das operative Controlling wird zu Ungunsten strategischer Gesichtspunkte überbetont. Im Ergebnis wissen die Mittelständler zwar um ihre Probleme, wenn auch nicht im Detail, ignorieren aber den Veränderungsbedarf und nehmen kaum Schritte zur Veränderung in Angriff (Witt/Witt 1996, S. 56f.).

2.4.4 Ansätze für das Controlling in KMU

2.4.4.1 Anforderungsrahmen für das Controlling in KMU

Im letzten Abschnitt wurde die Forderung, dass das Controlling sich an den KMU-typischen Besonderheiten zu orientieren hat, aufgestellt und begründet. Obwohl erneut kein Anspruch auf eine vollständig ausgearbeitete Konzeption erhoben wird, werden nach Ableitung einiger KMU-bezogener Anforderungen die drei in einer Konzeption zu bearbeitenden Bereiche Funktion, Instrumente und Institution behandelt.[145]

Die betrieblichen Besonderheiten der KMU geben Rahmenbedingungen vor, denen sich das Controlling in KMU zwangsläufig beugen muss.

• Controllingdarstellungen sind überwiegend auf die Gegebenheiten der Großunternehmen abgestimmt. Als solche sind sie für viele mittelständische Unternehmen zu komplex, zu kompliziert, nicht auf deren personelle und organisatorische Möglichkeiten angepasst und zu teuer (Dethlefs 1997, S. 21). Um diese Problematik aufzulösen, muss das angepasste KMU-Controlling die Ressourcenbeschränkungen beachten. Hierzu muss es auf den vorhandenen Mitteln und Kapazitäten aufbauen, sich im Wesentlichen sogar darauf beschränken.

• Eine ohnehin bestehende Anforderung ist im Licht der begrenzten finanziellen Ressourcen besonders relevant. Nach Möglichkeit sollten allenfalls geringe pagatorische Zusatzbelastungen entstehen. Zweck-Mittel-Relationen als

---

[145] Zu den geforderten Inhalten einer Controllingkonzeption vgl. OSSADNIK/BARKLAGE/LENGERICH (2004, S. 622), PIETSCH/SCHERM (2000, S. 396).

Maßstab zur Effizienzbeurteilung sind auch auf das Controlling anzuwenden. Aus Sicht der Entscheidungstheorie sind im Controlling vielfach Informationsbeschaffungsentscheidungen zu treffen.[146] Eine Verbreiterung der Informationsbasis ist vorteilhaft, wenn sich die Entscheidungsqualität dadurch verbessert und die erreichte Verbesserung den zusätzlichen Aufwand übersteigt.[147] In Klein- und Kleinstunternehmen lohnt sich bei dem gegenüber mittelgroßen und großen Unternehmen deutlich geringeren Umfang der Geschäftstätigkeit somit nur ein ebenfalls geringerer Aufwand (Legenhausen 1998, S. 178).[148]

In die betriebliche Praxis übertragen bedeutet dies, dass beispielsweise Daten, die ohne weiteres ersichtlich sind, nicht explizit erhoben, aufbereitet und erneut kommuniziert werden. Zudem ist es sinnvoll, im Unternehmen umgesetzte Managementansätze (z. B. Total Quality Management (TQM)), auf mögliche Synergien hin zu untersuchen und diese zu nutzen.[149]

- Ein wichtiges Stichwort für die angemessene Ausgestaltung ist die Adressatengerechtigkeit. Die Informationsaufbereitung und -darstellung müssen sowohl die Informationsbedürfnisse als auch die kognitiven Möglichkeiten der Informationsempfänger berücksichtigen (Jacobs et al. 2009, S. 39f.; Wegmann 2006, S. 341, Weber/Schäffer 2006, S. 89). Die Überschaubarkeit und Handhabbarkeit der gebotenen Hilfestellung sind Voraussetzung für die Akzeptanz des Controllings durch die Unternehmensleitung (Urigshardt/Jacobs/Letmathe 2008, S. 11; Horváth/Weber 1997, S. 348). Methoden, die für den Anwender nicht nachvollziehbar sind, werden im Zweifel nicht angewendet (Legenhausen 1998, S. 45). Zudem dürfen die Adressaten nicht mit einer Informations- und Datenflut überschwemmt werden (Dethlefs 1997, S. 21).

---

[146] Auf die zentrale Bedeutung der Informationen wurde allgemein bereits hingewiesen (vgl. Abschnitte 2.1.2, 2.2.3.1 u. 2.2.4). Dies gilt auch im Hinblick auf die Controllingfunktionen in KMU (Wegmann 2006, S. 341).

[147] Als Kriterium dient dabei der Nutzenerwartungswert des Entscheidungsproblems mit bzw. ohne die zusätzliche Informationsbeschaffung (z. B. Bamberg/Coenenberg 2004, S. 151ff und 155ff.; Laux 2003, S. 10f.; Potthoff 1998).

[148] Allgemein kann der Nutzen, den (,gutes') Controlling schafft, nicht direkt und nicht in konkreten Einsparungen oder Zusatzeinnahmen ausgedrückt werden (Witt 1997, S. 6; Witt/Witt 1990). Speziell aus Sicht des Mittelstandes sind dennoch drei Vorteilsbereiche auszumachen (Witt/Witt 1996, S. 53): Bereich 1: Rechnungswesen (z. B. Preisfindung und Kalkulation, Kostenstellenrechnung, Erfolgscontrolling oder Budgetierung); Bereich 2: Wirtschaftlichkeit (z. B. Make-or-buy-Hilfe, Abschreibung/Instandhaltung/Wartung, Investitionsentscheidungshilfe oder verbesserte Information über Kassenstand/Liquidität); Bereich 3: Controllingperspektive (eher weiche Faktoren, z. B. Managerzufriedenheit mit der Controllerarbeit, Betriebswirtschaftliches Up to date-Sein oder Personalcontrolling). Nicht zu unterschätzen ist daneben eine Verringerung der Insolvenzgefahr, wie sie dem Controlling ebenfalls zugebilligt wird (Krey/Lorson 2007, S. 1718).

[149] Oftmals besteht eine direkte Verknüpfung zu Controllinginstrumenten, beim Qualitätsmanagement bspw. zum Berichtswesen. Außerdem ist es fragwürdig inwiefern derartige Parallelsysteme zielführend sein können. Mit zunehmender Bedeutung ist es angebracht, die Aufgaben in die Gesamtorganisation zu integrieren (Schreyögg 2006, S. 155).

- Informelle Strukturen haben eine große Bedeutung. Ein stark formalisiertes Controlling wird daher auf Akzeptanzprobleme und sich erhaltende informelle Strukturen treffen. Dies zeigt sich am Beispiel der Probleme der Einbindung moderner IuK-Technologien in die Organisationsstruktur der KMU (Welter/Lagemann 2005, S. 20). Um eine ineffiziente Parallelorganisation zu vermeiden, sind bestehende Strukturen controllinggerecht zu nutzen und nur behutsam zu ergänzen. So können etwa die Vorteile einer direkten Kommunikation erhalten bleiben (Ossadnik/Barklage/van Lengerich 2003, S. 23).

- Gegenüber den Großunternehmen besteht eine wesentlich engere Verflechtung zwischen wirtschaftlichen und technischen Inhalten. Dies wirkt sich direkt auf die Informationsversorgung, die Planung und die Kontrolle aus. Neben der betriebswirtschaftlichen Methodenkenntnis sollte der Controller daher ebenso über branchenspezifische und technische Kenntnisse verfügen (Urigshardt/Jacobs/Letmathe 2008, S. 11).[150]

2.4.4.2 Funktionale Anpassung

Der Unterstützungsbedarf der Unternehmensführung weicht deutlich von dem der Großunternehmen ab. Im Mittelpunkt steht zunächst die Informationsversorgung (Wegmann 2006, S. 341; Horváth/Weber 1997, S. 337f.). Sie bildet die Grundlage aller weiteren Controllingfunktionen, deren Ziel die verbesserte Erreichung der Unternehmensziele ist (Urigshardt/Jacobs/Letmathe 2008, S. 10). Auch die Ausübung von Planungs- und Kontrollaufgaben ist ohne die Versorgung mit bedarfsgerechten Informationen nicht durchführbar. Um der Bedeutung, die die Steuerung für die Zielerreichung hat, zu entsprechen, sollten auf der Kontrolle aufbauende Abweichungsanalysen und Korrekturmaßnahmen im Vordergrund stehen. In der Controllingpraxis dominiert dennoch allzu oft die bloße Kontrolle (Kosmider 1994, S. 96).[151] Die Koordination der aufgeteilten Führungsaufgaben, die im Großunternehmen breiten Raum einnimmt, beschränkt sich in den KMU in erster Linie auf das Informationssystem (Horváth/Weber 1997, S. 338).

Die Heterogenität der Gruppe der KMU führt dazu, dass sich sowohl in der Konkretisierung der Informationsversorgung als auch durch abweichende Controllingbedarfe verschiedene Aufgabenschwerpunkte ergeben. Umfang und Inhalt nehmen mit steigender interner und externer Komplexität zu.[152] Abrupte Über-

---

[150] KUNESCH bezieht seine dahin gehende Aussage zwar auf das strategische Controlling (1996, S. 634). Die Forderung ist für das operative Controlling jedoch ähnlich relevant, da in den nicht monetären (technischen) Daten oftmals frühe Signale für (Fehl-)Entwicklungen enthalten sind.

[151] Vor allem gegenüber der Kontrolle besteht eine verbreitete Aversion seitens der Controllingobjekte (Heigl 1981, S. 429).

[152] Das Controllingsystem selbst ist nur ein Einflussbereich. Daneben sind weitere innere (Unternehmenswachstum, Produkt- und Leistungsprogramm, Führungskräfte usw.) und äußere Bestimmungsgrößen (marktliches und sonstiges Umfeld) ausschlaggebend (Legenhausen 1998, S. 24ff.).

gänge gibt es eigentlich nicht. Um dem Rechnung zu tragen, bietet sich ein modularer Aufbau an (Witt 1997, S. 6). Ein modulares Controlling kann an den Entwicklungsstand des Unternehmens angepasst werden. Die Gefahr einer Überforderung der Unternehmensleitung besteht in weit geringerem Maße. Eine Weiterentwicklung nach Maßgabe sich wandelnder betrieblicher Erfordernisse und Möglichkeiten ist deutlich vereinfacht (Grote 1991, S. 193f.). In engem Zusammenhang dazu steht ein stufenweiser Auf- und Ausbau des Controllings (z. B. Witt/Witt 1996, S. 63f.; Schuster 1991, S. 172, Preißler 1991, S. 23; Horváth 1981, S. 10 u. 28; Mann o. J., S. 224f.). Die Alternative der vollständigen System-Einführung (Total-Systems-Approach) innerhalb kürzester Zeit ist ohnehin skeptisch zu sehen (Corsten/Corsten/Gössinger 2008, S. 9; Mann o. J., S. 222; ähnlich Preißler 1991, S. 25).

Ein Beispiel zum sukzessiven Vorgehen gibt HORVÁTH mit seinem Modell der Einführung in acht Stufen (siehe Abbildung 7).[153] Erkennbar stehen die Informa-

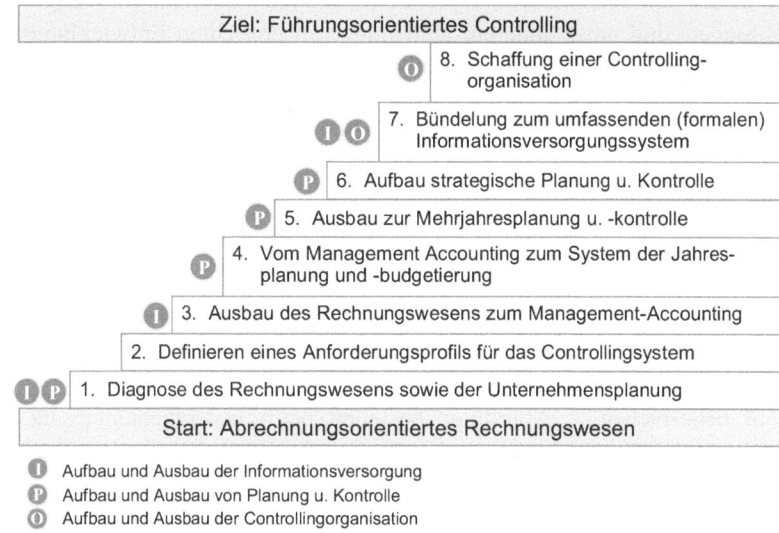

Abb. 7: Acht Schritte zu einem wirkungsvollen Controllingsystem
(Quelle: Horváth 2003a, S. 2, verändert)

tionsversorgung sowie Planung und Kontrolle im Vordergrund. Die Schritte sind im Detail situationsgerecht anzupassen. Die Reihenfolge kann variieren, einzelne Schritte können simultan vollzogen werden, wieder andere werden möglicherweise mehrfach durchlaufen (Horváth 2003a, S. 2). Das Modell zeigt auf, wie

---

[153] Bei OSSADNIK/BARKLAGE/LENGERICH (2003, S. 22), LEGENHAUSEN (1998, S. 157) KOSMIDER (1991, S. 176) und IHRING (1986, S. 115) wird hingegen ein dreiphasiges Vorgehen im Anhalt an LEWIN vorgeschlagen. Auf die Einführungsphase folgen eine Ausbau- und eine abschließende Stabilisierungsphase. LEWIN spricht bei Veränderungsprozessen in Gruppen ursprünglich von ‚unfreezing', ‚moving' und ‚refreezing' (1947, S. 34f.).

eine Anpassung an den internen und externen Kontext grundsätzlich vorgenommen werden kann, ohne eine verbindliche Festlegung zu treffen (Horváth/Weber 1997, S. 348).

Bereits zu Anfang ist der Blick auf das interne Rechnungswesen zu richten (ebd. S. 23; Horváth 1981, S. 10). Durch dessen Neuausrichtung (Entscheidungs- und Zukunftsorientierung) wird eine tragfähige Ausgangsbasis für die Informationsversorgung geschaffen (Weber/Schäffer 2006, S. 401). Der zweite Bereich, dem bereits zu Beginn größere Aufmerksamkeit geschenkt werden sollte, ist die Planung. Im weiteren Verlauf ist diese zu einem Planungs- und Kontrollsystem auszubauen (ebd. S. 403ff.). Während das Controlling die genannten Funktionen in Großunternehmen mehr initiiert und begleitet, führt die Funktionenhäufung dazu, dass diese Aufgabentrennung im KMU nicht aufrechterhalten werden kann. Der Träger der Controllingaufgabe ist oftmals direkt in die Prozesse eingebunden.[154]

Ein klarer Mindestumfang des Controllings lässt sich nicht festlegen. Die Vorschläge in der betriebswirtschaftlichen Literatur sind hier nicht eindeutig.[155] Die Empfehlungen sind unter anderem abhängig vom erreichten Entwicklungsstand im Unternehmen oder der sonstigen Organisation (Ossadnik/Barklage/Lengerich 2003, S. 22).

2.4.4.3 Instrumentelle Ausgestaltung

Für die Wahl und Ausgestaltung der Controllinginstrumente ließen sich einige klare Vorgaben aus den Anforderungen und den KMU-Besonderheiten ableiten. Zusammengefasst ist die wichtigste Erkenntnis sicherlich, dass die Komplexität an den Erfordernissen auszurichten ist (Link 1988, S. 21). Dies geht mit der Forderung einher, den Aufgabenträgern keine Instrumente an die Hand zu geben, die sie nicht beherrschen.[156] Allerdings bestehen beim Instrumenteneinsatz noch deutlichere Unterschiede innerhalb der Gruppe der KMU als zuvor beim Funktionenumfang. Im Selbstcontrolling sind andere Maßstäbe anzusetzen als im Fremdcontrolling (z. B. Horváth 2003a, S. 264f.). Beim Selbstcontrolling sind die Mitarbeiter schneller überfordert als es die Controllingspezialisten wären. Für das Selbstcontrolling sind vor allem einfache, wiederkehrende und standardisierbare Aufgaben geeignet. In der Kombination aus Selbst- und Fremdcontrolling gibt der flankierende Controller den Rahmen vor, bietet erläuternde Hilfestellungen und steht für tiefer gehende Analysen bereit (Witt 1997, S. 5).

---

[154] Vgl. die Studienergebnisse von OSSADNIK/BARKLAGE/LENGERICH (2004, S. 624).

[155] Vgl. hierzu OSSADNIK/BARKLAGE/LENGERICH (2003, S. 22ff.), WITT/WITT (1996, S. 63) oder HORVÁTH (1981, S. 10).

[156] Spezielle Anforderungen an die Instrumente sind nach LEGENHAUSEN bspw. Verständlichkeit, Praxisnähe und Transparenz (1998, S. 178). KUNESCH fordert eine einfache Handhabbarkeit, Instrumente, die ohne größeres Vorwissen auskommen und keinen hohen Informationsbedarf haben und eine Beschränkung auf wenige Instrumente (1996, S. 633).

Tendenziell stehen größeren KMU weit mehr und weitaus differenziertere Methoden und Verfahren der Informationsbeschaffung und -analyse, der Planung und Kontrolle, der Kommunikation usw. zur Verfügung, da regelmäßig ein institutionalisiertes Controlling vorliegt. Zudem sind die sonstigen Ressourcenbeschränkungen weniger ausgeprägt. Auf Seiten der Empfänger der Controllinginformationen kann in vielen mittelgroßen Unternehmen ebenfalls von einem höheren Maß an controllingbezogenem Know-how ausgegangen werden.

Instrumenten- und Methodenempfehlungen können nicht pauschal abgegeben werden. Kontext und Adressatengerechtigkeit sind ebenso zu beachten wie die Entwicklungsstufe des Controllings. Der empfohlene stufenweise Auf- und Ausbau des Funktionenumfangs findet hier unmittelbaren Niederschlag.[157] Folgender Überblick zeigt beispielhaft eine grobe stufenweise Zuordnung, ohne Nennung konkreter Instrumente.[158]

Einführungs- stufe
- Analyse der vorhandenen Instrumente und Methoden.
- Aufbau eines operativen betriebswirtschaftlichen Basisinstrumentariums mit Schwerpunkt Informationsversorgung (abgeleitete Controllinginstrumente).
- Aufbau der notwendigen technischen IuK-Struktur.
- Unterstützung durch externe Know-how-Träger.

Erste Aus- baustufe
- Erweiterung des abgeleiteten operativen Instrumentariums um spezielle Controllingerfordernisse.
- Verknüpfung der interdependenten Einzelinstrumente zu einem System.
- Anpassung der organisatorischen und technischen IuK-Struktur an die neuen Erfordernisse.

Zweite Aus- baustufe
- Auf- und Ausbau operativer controllingtypischer Instrumente.
- Auf- und Ausbau eines strategischen Instrumentariums.
- Überprüfung von Integrität und Zweckmäßigkeit des IuK-Systems.

---

[157] In der Untersuchung von OSSADNIK/BARKLAGE/LENGERICH konnte nachgewiesen werden, dass Controllinginstrumente, die ein größeres Maß an betriebswirtschaftlichem Grund- und Methodenwissen voraussetzen, in großen mittelständischen Unternehmen häufiger eingesetzt werden als in kleinen. Dies wiederum spricht für einen höheren Entwicklungsgrad des Instrumentariums in diesen Unternehmen (2003, S. 627f.)

[158] Vgl. hierzu LEGENHAUSEN (1998, S. 178ff.). Eine detaillierte Darstellung der Verbreitung und der Einsatzhäufigkeit von 50 Einzelinstrumenten ist bei OSSADNIK/BARKLAGE/LENGERICH zu finden (2003, S. 60ff.). In der Untersuchung von BERENS/PÜTHE/SIEMES werden ebenfalls Einzelinstrumente auf ihre Einsatzhäufigkeit untersucht (2005, S. 190).

Weitere Aus-
baustufen
- Überprüfung des Controllingsystems auf neuen Anpassungsbedarf.

- Anpassung bestehender und Einführung neuer Instrumente.

Liquiditäts- und rentabilitätsorientierte Instrumente sind in allen Stufen zu integrieren (Dethlefs 1997, S. 123ff.; ähnlich Krey/Lorson 2007, S. 1719; Legenhausen 1998, S. 178). Eine Entscheidungshilfe für die Instrumentenauswahl gibt ein Kosten-Nutzen-Vergleich. Ein Kriterium zur Beurteilung des Nutzens unter Liquiditäts- und Rentabilitätsgesichtspunkten ist der zu erwartende Beitrag zur Existenzsicherung des Unternehmens. Zentrale Instrumente der Informationsversorgung sind zudem die Systeme der Kosten- und Erlösrechnung.

Die Anwendung der Informations- (IT) bzw. Informations- und Kommunikationstechnologie (IuK) ist ein zentraler Bereich eines jeden Controllingsystems, auch in den KMU (Urigshardt/Jacobs/Letmathe 2008, S. 13; Witt 1997, S. 7ff.). Für deren Einsatz gelten die formulierten Anforderungen in besonderem Maße, da sie zum einen besonders ressourcenintensiv sind und zum anderen oftmals Kompatibilitätsprobleme aufwerfen. Darauf ist in der Analyse und Konzeptionierung besonders zu achten.

2.4.4.4   Organisatorische Umsetzung

Grundsätzlich steht ein Kontinuum zwischen rein interner Wahrnehmung – institutionalisiert oder in Form des Selbstcontrollings – und der vollständigen Auslagerung der Controllingaufgabe zur Verfügung. In Reinform sind institutionalisiertes Controlling und Selbstcontrolling selten und das externe Controlling nie zu finden. Es dominieren Kombinationen aus Selbstcontrolling und Fremdcontrolling. Die Übergänge sind fließend (Horváth/Weber 1997, S. 341). Obwohl die Zuordnung der Controllingaufgaben zu einem spezialisierten Controller in den KMU oft nicht möglich ist,[159] wird dennoch häufig von einer solchen Stelle ausgegangen. Als Grund werden die sonst drohenden Mängel in der Aufgabenerfüllung genannt (Gaulhofer 1988, S. 301ff.).[160] Zwischen der Qualifikation des Aufgabenträgers und der Ausgestaltung sowie dem Einsatz angemessener Methoden und Instrumente besteht nachweislich ein direkter Zusammenhang (Legenhausen 1998, S. 165).

Die vollständige Übernahme der Controllingfunktion durch die Geschäftsleitung wird kritisch gesehen. Neben fehlender fachlicher Qualifikation ist anzuführen,

---

[159] Dies bestätigt bspw. die Untersuchung von OSSADNIK/BARKLAGE/LENGERICH (2004, S. 628).

[160] Hier werden oftmals völlig unbegründet Organisationsstrukturen und eine personelle Ausstattung unterstellt, die sich kaum von derjenigen der Großunternehmen unterscheidet (z. B. Ziegenbein 2007). Nicht selten verfügen die KMU allerdings über kein strenges Organisationsprinzip. Solange die KMU stark inhaberzentriert geführt werden und die Bereitschaft zur Aufgabendelegation fehlt, ist die institutionelle Verankerung kaum möglich (Legenhausen 1998, S. 170f.).

dass das Controlling zu einer Unterstützung der Führung und daher in gewissem Sinne auch zu deren Entlastung beitragen soll (Krey/Lorson 2007, S. 1719; Kosmider 1991, S. 82). Zudem drohen Interessenskonflikte, da die Trennung von Ergebnisverantwortung und Ergebnistransparenz durchbrochen wird (Berens/ Püthe/Siemes 2005, S. 187). Wird lediglich eine Stelle im Finanz- oder Rechnungswesen umgewidmet, ohne eine Weiterbildung und organisatorische Einbindung zu veranlassen, leidet die erzielbare Controllingeffizienz (Preißler 2007, S. 46; Witt 1997, S. 6). Ein weiterer Vorschlag sieht die weitgehende Aufspaltung der Controllingaufgabe und die Verteilung der Einzelaufgaben auf mehrere Mitarbeiter vor. Die Gesamtkoordination und -verantwortung verbleibt bei der Geschäftsleitung (Horváth 1981, S. 25f.). Ein solches stark zersplittertes System erfordert jedoch einen derart hohen Abstimmungsaufwand, dass erneut die Frage der erwünschten Entlastung aufgeworfen wird. Zudem besteht die Gefahr, dass lediglich Suboptima in den Teilgebieten erreicht werden. Das Know-how-Problem bleibt ebenfalls ungelöst.

Aus den vorangegangenen Ausführungen ist zu schließen, dass sowohl das Selbstcontrolling als auch das institutionalisierte Controlling für sich genommen noch keine angemessene Lösung für das Problem der organisatorischen Umsetzung bieten. Umso wichtiger ist es, Unternehmen, denen die Möglichkeit des institutionalisierten Controllings verwährt ist, den notwendigen Know-how-Zugang zu ermöglichen. Der Zukauf von Leistungen, die selbst nicht erbracht werden können oder sollen, ist in den ausführenden Unternehmensbereichen gängige Praxis,[161] selbst in führungsnahen Bereichen.[162] Für das Controlling ist eine solche Konstellation zur Überbrückung der bestehenden Wissenslücke ebenfalls denkbar. Dabei darf die bestehende Aufbau- und Ablauforganisation des Unternehmens nicht außer Acht bleiben. Exzellentes Controllingwissen verpufft, wenn es nicht an die entscheidenden Stellen der Organisation gelangt. Die Unternehmensleitung und weitere wichtige Entscheidungsträger sind direkt einzubinden (Legenhausen 1998, S. 166). Der Verbleib von Controllingaufgaben im Unternehmen in Form des Selbstcontrollings unterstützt zudem die schnelle und flexible Anpassung.[163] Da die Aufgaben nur in Teilen von der Unternehmensleitung übernommen werden, entsteht kein Widerspruch zur geforderten Unabhängigkeit und Führungsunterstützungsaufgabe (und damit Entlastung der Führung).

Ein Kritikpunkt, der dem Outsourcing von Controllingaufgaben immer wieder entgegengebracht wird, sind Zweifel an der Vertrauenswürdigkeit externer Dienstleister. Die Notwendigkeit, das Vertrauensproblem anzugehen, zeigt beispielsweise die Studie von OSSADNIK/BARKLAGE/VAN LENGERICH (2004,

---

[161] Hier handelt es sich um die Grundsatzfrage der Wahl zwischen Selbsterstellung oder Fremdbezug von Gütern und Leistungen (zur Produktion z. B. Corsten 2001, S. 98ff.).

[162] So kann die Wirtschaftsprüfung nur durch unabhängige Dritte erfolgen (Corsten 2001, S. 98)

[163] Vgl. zur vermuteten höheren Flexibilität des Selbstcontrollings z. B. HORVÁTH (2009, S. 783).

S. 625). Das Problem sollte dabei weder über- noch unterschätzt werden. Es ist grundsätzlich lösbar, da in anderen Austauschbeziehungen offensichtlich Vertrauen vorliegt.[164] Der von LEGENHAUSEN angestellte Vergleich potenzieller Anbieter des externen Controllings zeigt einige Anknüpfungspunkte (1998, S. 171ff.). Der notwendige Schutz sensibler Daten und Informationen lässt sich zudem vertraglich absichern.[165] Schließlich werden für das externe Controlling zu hohe Kosten vermutet (ähnlich Eichhorn H. 1982, S. 315f.). Zu den Kosten der abgerechneten Leistungen kommen nicht direkt zuzuordnende Kosten hinzu, beispielsweise durch den intensiven Informationsaustausch.[166] Extensiv genutztes externes Controlling schneidet in der Kostenbetrachtung gut ab.[167] Um attraktive Konditionen anbieten zu können, müssen die Anbieter Kostensenkungspotenziale durch Spezialisierung und Standardisierung aufspüren und ausschöpfen (Urigshardt/Jacobs/Letmathe 2008, S. 12 u. 16).

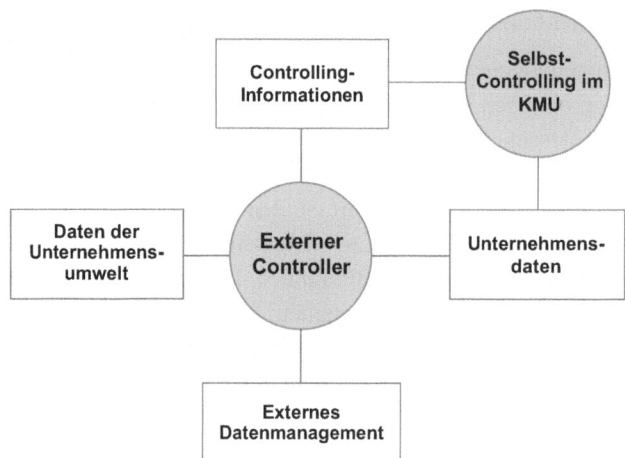

Abb. 8: Grundriss eines kombinierten Controllingsystems

Dies alles zeigt, dass die Kombination aus externem Controlling und Selbstcontrolling einen gangbaren Weg für die (kleinen) KMU darstellt. In Abbildung 8 ist, unmittelbar aufbauend auf dem Grundmodell (vgl. Abbildung 6), ein solches Controllingsystem dargestellt. Um Redundanzen zu vermeiden, ist eine klare Aufgabentrennung zwischen Selbstcontrolling und externem Controlling auszu-

---

[164] Ein noch viel weiter gehendes Konzept des ‚Teilzeit-Managements' durch externe Berater beschreibt EICHHORN (1982). Darin werden sogar konkrete Führungsaufgaben vorübergehend oder dauerhaft von einem besonders qualifizierten Spezialisten wahrgenommen (ebd. S. 307f.).

[165] Am Beispiel des Teilzeit-Managements bezieht sich EICHHORN vor allem auf die Vertragslaufzeit (Eichhorn 1982, S. 316). Mit Blick auf die Datenaufbereitung und -speicherung beim Controlling-Dienstleister vgl. KREY/LORSON (2007, S. 1722).

[166] Im Sinne der Kostenunterscheidung nach der Zurechenbarkeit handelt es sich um Gemeinkosten (z. B. Schweitzer/Küpper 2008, S. 78f.). Bezugsobjekt ist die Controllingleistung.

[167] Ein (dauerhaft) intensiv genutztes externes Controllingangebot wirft ohnehin die Frage auf, warum nicht eine eigene Controllerstelle geschaffen wird.

arbeiten (Krey/Lorson 2007, S. 1722). Das ergänzende Angebot des externen Controllers kann unterschiedlich weit gehen. In einer fünffachen Abstufung werden, ausgehend von der reinen Datengenerierung (erste Stufe), in einer zweiten Stufe die Daten analysiert und interpretiert (Urigshardt/Jacobs/Letmathe 2008, S. 15). In der dritten Stufe wirkt der externe Controller unterstützend bei der Planung mit. Dabei ist in erster Linie an eine methodische Unterstützung zu denken. In der vierten Stufe werden neben der methodischen Hilfestellung die Ergebnisse der Datenaufbereitung und -analyse ‚weiterverarbeitet'. Der Controlling-Dienstleister bringt sein Wissen und Können in die Ableitung und Planung operativer Maßnahmen ein. Die fünfte Stufe stellt die intensivste Form der Zusammenarbeit zwischen externem Controller und Unternehmen dar. Der externe Experte bringt sich nun zusätzlich in die strategische Planung und Maßnahmenableitung ein.

Die Ergebnisse der Tätigkeit des externen Controllers fließen in Form von Informationen an das Unternehmen zurück. Die Unternehmensleitung ist als Empfänger und ‚Matchingpartner' durchgängig in das System eingebunden. Die im Unternehmen verbleibenden Controllingaufgaben werden in Form des Selbstcontrollings wahrgenommen.

3 Forstwirtschaft und forstliche Betriebswirtschaftslehre

3.1 Notwendigkeit einer differenzierten Herangehensweise

Im Mittelpunkt der Arbeit steht, wie beschrieben, die Verknüpfung eines speziellen Bereichs der Betriebswirtschaftlehre, des Controllings, mit einem speziellen Wirtschaftsbereich, der Forstwirtschaft. Das vorige Kapitel war vollständig dem Controlling gewidmet. So wurde geklärt, was Controlling als Funktion auszeichnet, wie es sich entwickelt hat und wie es im Unternehmen umgesetzt werden kann. Nun steht die Aufarbeitung des Branchenbezugs an.

Forstwirtschaft ist unlösbar mit der Vegetationsform Wald verbunden. Den Ausgangspunkt bildet daher die Beschreibung dessen, was Wald kennzeichnet. Um den Weg vom Wald zur Forstwirtschaft nachzuvollziehen, wird zudem der Forstbegriff eingeführt. Während beim Waldbegriff die ökologischen Zusammenhänge im Vordergrund stehen, wird im Wirtschaftswald das gesamte gesellschaftliche Umfeld einbezogen. Die Stellung der Forstwirtschaft führt dazu, dass sich mit der Forstökonomie und der forstlichen Wirtschaftslehre zwei eigenständige Teilbereiche ökonomischer Forschung und Lehre etabliert haben. Diese werden mit Augenmerk auf die Rechtfertigung eines solchen Sonderweges vorgestellt und kritisch hinterfragt. Im letzten Abschnitt dieses Kapitels wird ein Modell der Forstwirtschaft vorgestellt, welches, die zuvor herausgearbeiteten Besonderheiten aufgreifend, den Weg für einen Controllingansatz ebnet, der den spezifischen Anforderungen eines forstlichen Controllings gerecht wird.

3.2 Wald und Forstwirtschaft

3.2.1 Der Waldbegriff

Der Waldbegriff[168] beinhaltet mehr als eine Ansammlung von Bäumen (Thomasius/Schmidt 1996, S. 6).[169] Trotzdem sind es die Bäume, die den Waldcharakter ausmachen. Bäume (Makrophanerophyten)[170] sind langlebige Pflanzen

---

[168] Eine ausführliche Begriffsableitung mit Verweisen auf nichtforstliche Bereiche und auf Klassiker der Forstliteratur ist bei BAUER zu finden (1962, S. 78f.).

[169] Die gesetzliche Walddefinition in Deutschland ist jedoch wenig anspruchsvoll. Laut Bundeswaldgesetz ist „(1) Wald ... jede mit Forstpflanzen bestockte Grundfläche. Als Wald gelten auch kahlgeschlagene oder verlichtete Grundflächen, Waldwege, Waldeinteilungs- und Sicherungsstreifen, Waldblößen und Lichtungen, Waldwiesen, Wildäsungsplätze, Holzlagerplätze sowie weitere mit dem Wald verbundene und ihm dienende Flächen. (2) In der Flur oder im bebauten Gebiet gelegene Flächen, die mit einzelnen Baumgruppen, Baumreihen oder mit Hecken bestockt sind oder als Baumschulen verwendet werden, sind nicht Wald im Sinne dieses Gesetzes." (BWaldG 2005, § 2)

[170] Phanerophyten sind Pflanzen, deren Knospen deutlich über Bodenniveau liegen und zudem oftmals durch Knospenhüllen geschützt sind (Röhrig/Bartsch 1992, S. 11). Wichtigste Vertreter sind Bäume (Makrophanerophyten) und Sträucher (Nanophanerophyten) (Thomasius/Schmidt 1996, S. 64).

© Springer Fachmedien Wiesbaden GmbH, ein Teil von Springer Nature 2010
T. Urigshardt, *Forstliches Controlling*, Edition KWV,
https://doi.org/10.1007/978-3-658-24670-9_3

mit einem verholzenden Spross, die eine Höhe von mindestens 5 m erreichen (Windhorst 1978, S. 2).[171] Kennzeichnend für Wälder ist das spezifische Waldinnenklima (Burschel/Huss 1997, S. 1; Röhrig/Bartsch 1992, S. 13; Leibundgut 1991, S. 33). Damit sich das Waldinnenklima tatsächlich ausbilden kann, muss der strukturelle Aufbau drei Bedingungen genügen (Thomasius/Schmidt 1996, S. 4ff.). Neben die Mindesthöhe der Phanerophyten tritt als zweites eine Mindestfläche, damit sich das Waldklima auch in der Horizontalen entwickeln und halten kann. Die geforderte Fläche A richtet sich nach der Baumhöhe H. Sie beträgt $A = \frac{\pi \bullet H^2}{S}$. In die Berechnung geht neben der Höhe und der Konstanten π (zur Berechnung der kreisförmigen Fläche) als weitere Größe der Grad der Überschirmung S ein. Dieser ist zugleich die Maßgröße der dritten Bedingung. Damit sich zwischen den Bäumen die waldtypischen (entwicklungsphysiologischen) Wechselwirkungen ausbilden können, dürfen die Abstände zwischen den Individuen nicht zu groß sein. Insbesondere dürfen keine großen nicht von Baumkronen überschirmten Flächen auftreten. Aus diesem Grund wird ein Überschirmungsgrad S>0,3 gefordert, d. h. mehr als 30% der Fläche sind von Baumkronen überschirmt (Thomasius/Schmidt 1996, S. 6).[172]

Der Baumbestand ist zwar das prägende Merkmal des Waldes,[173] zum Wirkungsgefüge (vgl. Abbildung 9) gehören jedoch noch weitere biotische und abiotische, d. h. belebte und unbelebte Elemente[174] (Thomasius/Schmidt 1996, S. 6 u. 56). Da es sich um ein offenes System handelt, sind zudem die Austauschbeziehungen zu berücksichtigen. Aus Sicht der Systembeziehungen sind sowohl die Elementeigenschaften als auch die Art der Anordnung (Struktur) und die Beziehungen[175] prägend (Thomasius/Schmidt 1996, S. 6).

---

[171] Auf eine detailliertere Beschreibung der Kennzeichen und eine weiter gehende Unterteilung wird hier verzichtet. Derartige Informationen sind bspw. bei THOMASIUS/SCHMIDT (1996, S. 64ff.) oder STEINBERG (1993, S. 176ff.) zu finden.

[172] Qualitativ wird für den Schlussgrad zudem gefordert, dass ein Baum den Nachbarbaum im Luft- und Bodenraum noch eindeutig ökologisch beeinflussen kann (Blüthgen/Windhorst 1978, S. 272).

[173] Die Lebensbedingungen innerhalb des Waldes (Energieumsatz, Stoffkreislauf, Wasserkreislauf, Arten- und Individuenzahl) werden in erster Linie vom Baumbestand geprägt (Leibundgut 1991, S. 71).

[174] Die Gemeinschaft der belebten Elemente innerhalb eines abgegrenzten Lebensraums ist die Biozönose. Der Begriff geht auf MÖBIUS (1877) zurück. Pflanzengesellschaft und Tiergesellschaft können ggf. getrennt betrachtet werden. Die Betrachtung von Lebensgemeinschaften entspricht der synökologischen Sicht. Zusammen mit ihrem Biotop bildet die Biozönose ein Ökosystem (Wittig 1993b, S. 89f.). Biotop ist dementsprechend der charakteristische Lebensraum einer Art oder Lebensgemeinschaft. Für eine einzelne Art sind die anderen Arten Teile des Biotops, für eine Lebensgemeinschaft besteht das Biotop hingegen ausschließlich aus abiotischen Faktoren (Wittig 1993a, S. 87).

[175] Aus der Unterscheidung in abiotische und biotische Elemente ergeben sich vier Relationen: Die Wechselwirkungen innerhalb der beiden Elementgruppen, die Wirkung der abiotischen Elemente auf die Organismen sowie die Rückwirkungen der Organismen auf ihre abiotische Umwelt (Thomasius/Schmidt 1996, S. 56f.). Innerhalb der Beziehungen werden neben den Stoff- und Energieströmen auch Informationsbeziehungen betrachtet (Remmert 1984, S. 249; ähnlich Wiener 1971).

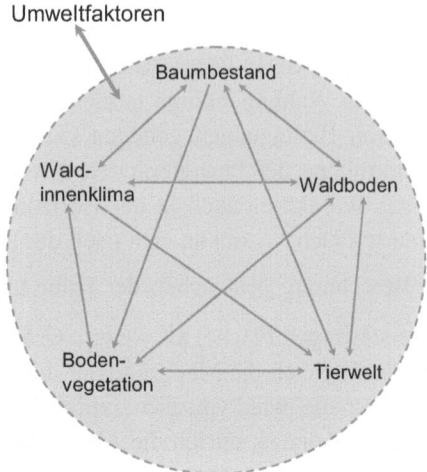

Abb. 9: Wirkungsgefüge des Waldes (Quelle: Leibundgut 1991, S. 72)

Die Beziehungen der Lebewesen liegen auf unterschiedlichen Intensitätsniveaus. Auf dem geringsten Niveau teilen sie sich lediglich vorübergehend den Lebensraum, dauerhafte Abhängigkeiten bestehen nicht.[176] Auf höchstem Niveau ist das Vorkommen einer Art fest an das Vorhandensein einer oder mehrerer anderer Arten geknüpft[177] (Leibundgut 1991, S. 71). Art und Intensität der ökologischen Bindung sind im Zeitverlauf veränderlich (ebd. S. 9). Die Lebensbedingungen innerhalb des Waldes sind ebenfalls einer Dynamik unterworfen. Durch ihre Immobilität[178] und ihr potenziell hohes Lebensalter weisen die Bäume eine vergleichsweise geringe Dynamik auf. Sie sind die Konstante und die charakterbildende Lebensform des Waldes zugleich (Röhrig/Bartsch 1992, S. 12f.). Das gegenüber dem Freiland und anderen Vegetationsformen abweichende Wald-/Waldinnenklima wurde bereits herausgestellt. Unterschiede ergeben sich in der Sonneneinstrahlung, dem Wärmehaushalt, den ineinander greifenden Bereichen Niederschläge, Verdunstung, Luftfeuchte, Wasserhaushalt und der Windbewegung.[179] Der Wald wirkt vielfach ausgleichend, indem Ausschläge nach oben und unten gedämpft werden (Strahlung, Wärme und Wasserhaushalt), mindernd (Wind und Niederschläge) und auch verzögernd (Wasserabfluss) (Thomasius/

---

[176] Solche Arten ohne feste Bindung an Lebensgemeinschaften werden als acoene (azöne) Arten bezeichnet (Wittig 1993b, S. 91; Leibundgut 1991, S. 71).

[177] Die eucoenen (euzönen) Arten sind fest an eine bestimmte Art oder an eine Lebensgemeinschaft gebunden (Wittig 1993b, S. 90; Leibundgut 1991, S. 71).

[178] Viele Tierarten sind dagegen beweglich. Pflanzen mit kurzem Lebenszyklus können generationenübergreifend vergleichsweise rasch neue Lebensräume erschließen.

[179] Genau genommen wäre eine weitere Unterteilung in die Bereiche Kronendach (und direkt darüber liegende Bereiche), Kronenraum, Stammraum, bodennaher Raum und Boden notwendig, da sich strukturbedingt Unterschiede zwischen diesen Bereichen ergeben, die einer gemeinsame Betrachtung eigentlich entgegen stehen (Thomasius/Schmidt 1996, S. 174). Dies führt dazu, dass die hier getroffenen Aussagen grob bleiben müssen und nicht auf alle Bereiche zutreffen.

Schmidt 1996, S. 174ff.; Leibundgut 1991, S. 33ff.). Der Einfluss großer Waldgebiete auf das Kleinklima reicht teilweise sogar über die eigentliche Waldfläche hinaus (ebd. S. 184).[180]

3.2.2   Die Forstwirtschaft

Über eine mögliche Verflechtung mit den menschlichen Interessen ist bisher nichts ausgesagt worden. Der Waldbegriff kann hier als vergleichsweise neutral angesehen werden. Anders ist es mit dem Forstbegriff. Mit ‚Forst' wird immer ein bewirtschafteter Wald in Verbindung gebracht, der durch die Bewirtschaftungsziele geprägt ist (Burschel 1993, S. 124; Röhrig/Bartsch 1992, S. 11). Es handelt sich, im Unterschied zum natürlichen Wald, also um Kulturwald (Blüthgen/Windhorst 1978, S. 272). Unter Forstwirtschaft wird allgemein die geregelte Form der Waldnutzung verstanden (ebd. S. 273). Dem steht die lange Zeit vorherrschende ungeregelte Ausbeutung (Exploitation) gegenüber, die zur Übernutzung des Baumbestandes und des Waldbodens (Devastierung) führte (Burschel/Huss 1997, S. 17). Ein modernes Verständnis der Forstwirtschaft geht allerdings deutlich über die Holznutzung hinaus. Die Waldnutzung dient der Deckung des gesamten Güterbedarfs, d. h. sämtlicher Nutzenkategorien (Oesten/ Roeder 2002, S. 16).[181] Der Forstbegriff ist gegenüber dem Waldbegriff deutlich negativ belegt, selbst wenn man die Nachhaltigkeit der Bewirtschaftung unterstellt (Blüthgen/Windhorst 1978, S. 273). In Mitteleuropa ist das heutige Erscheinungsbild des Waldes das Ergebnis Jahrtausende während menschlicher Einwirkungen (Thomasius/Schmidt 1996, S. 50ff.). Unbeeinflusste, ‚natürliche' Waldgesellschaften sind praktisch nicht mehr zu finden (Burschel/Huss 1997, S. 19). Form und Intensität der Nutzung haben sich im Zeitverlauf gewandelt. Spuren der verschiedenen Nutzungsperioden sind mehr oder weniger deutlich zu erkennen. Neben der Holzgewinnung wurden Waldflächen lange Zeit für landwirtschaftliche Zwecke genutzt und in weitaus größerem Maße gerodet, als dies die heutige Waldverteilung erahnen lässt (Burschel/Huss 1997, S. 16). Die herbeigeführten tendierten und intendierten Veränderungen betreffen die Pflanzengesellschaft (Baumbestand und Bodenvegetation), die Tierwelt und den Waldboden. Insbesondere die Baumartenzusammensetzung wurde den Bedürfnissen angepasst. Einige Baumarten sind daher in großem Umfang außerhalb ihrer ursprünglichen Verbreitungsgebiete zu finden (Burschel 1993, S. 126). Das Abweichen der potenziellen natürlichen Vegetation von der tatsächlichen Zusammensetzung der Wirtschaftswälder wird unter dem Begriff der Naturnähe gefasst.

---

[180] Die Einflüsse sehr großer Waldgebiete auf das Klimaregime der Erde haben abweichende Ursachen und bleiben in der Betrachtung außen vor.

[181] OESTEN/ROEDER unterscheiden ökonomische, ökologische, soziale und kulturelle Kategorien (2002, S. 15f.). Vgl. ausführlich Abschnitt 3.3.1.

Als Maßstab gilt die Energiezufuhr, die über die Sonnensyntropie[182] hinaus notwendig war (ist), um die Veränderungen herbeizuführen und zu halten (Burschel/ Huss 1997, S. 39ff.).[183]

Zum besseren Verständnis der Auswirkungen forstwirtschaftlichen Handelns auf das Waldwirkungsgefüge ist eine Unterteilung der forstlichen Produktion sinnvoll. Die produktiven Tätigkeiten teilen sich in eine biologische und eine technische Produktion auf.[184]

Biologische (oder organische) Produktion: Den Kern der biologischen Produktion bildet die Primärproduktion (z. B. Lieth/Stegmann 1993, S. 362). Autotrophe Organismen[185] sind in der Lage, mittels Photosynthese das Kohlendioxid der Luft zu reduzieren und dadurch für neue Kohlenstoffverbindungen verfügbar zu machen. Neben dem Energieträger ATP (Adenosintriphosphat)[186] entstehen in weiteren Umwandlungsschritten Bausteine für den Aufbau von Biomasse (Jensen/ Feige 1993).[187]

Trotz der zentralen Bedeutung der Primärproduktion ist die biologische Produktion von den lenkenden Eingriffen im Sinne der betrieblichen Zwecke geprägt. Aufgrund der engen Bezüge zum Waldbau ist die Waldbauliteratur eine wichtige Erkenntnisquelle.[188] Die waldbauliche Leistung entsteht aus der zweckbezogenen

---

[182] Der Syntropiebegriff wurde von DÜRR als Gegenbegriff zur Entropie eingebracht (1990, S. 12). Die Entropie ist eng mit dem zweiten Hauptsatz der Thermodynamik verknüpft. Sie ist ein Maß für den Ordnungsgrad eines Systems. Ein hoher Ordnungsgrad entspricht einer geringen Entropie (Göllinger 2001, S. 43ff.).

[183] Eine solche Energiezufuhr erfolgt in unterschiedlicher Weise durch Einbringung erwünschter Baumarten (Pflanzung und Saat), durch selektive Pflegeeingriffe und durch Ernte vor Erreichen der Altersphase (Burschel 1993, S. 125).

[184] Diese Einteilung findet sich z. B. bei OESTEN/ROEDER (2002, S. 142), SCHMITHÜSEN ET AL. (2009, S. 61), ähnlich SPEIDEL (1984, S. 14), der abweichend das Begriffspaar mechanische und biologische Produktion verwendet. Ebenfalls vergleichbar ist die Einteilung von BERGEN/LÖWENSTEIN/ OLSCHEWSKI: Sie unterscheiden organische und mechanische Produktionsprozesse der Forstwirtschaft, führen aber zudem noch einen natürlichen Produktionsprozess ein (2002, S. 149). Dessen Leistungen sind direkt, d. h. ohne Ernte, verfügbar.

[185] Nach der Art der genutzten Kohlenstoff- und Energiequelle werden autotrophe und heterotrophe Organismen unterschieden. Heterotrophe Organismen, zu denen alle Tiere und der Mensch zählen, sind auf vorhandene organische Substanz angewiesen. Einzig autotrophe Organismen, überwiegend Pflanzen, sind in der Lage, die Energie des Sonnenlichts (Sonnensyntropie) zu nutzen und als organische Substanz speicherbar zu machen (Grundlage: Zweiter Hauptsatz der Thermodynamik) (Bährmann 1993, S. 105; Steinecke 1993, S. 111f.; zur Thermodynamik z. B. Baehr/Kabelac 2006, S. 97ff.).

[186] ATP ist der universelle Energieträger, der von allen Lebewesen für die energie-‚verbrauchenden' Prozesse eingesetzt wird. Zur Speicherung kann ATP ohne größere Umwandlungsverluste in Zuckermoleküle umgewandelt und später wieder zerlegt werden (Jensen/Feige 1993, S. 348).

[187] Zur (biologischen) Primärproduktion aus forstlicher Sicht vgl. ausführlich BURSCHEL/HUSS (1997, S. 29ff.), THOMASIUS/SCHMIDT (1996, S. 127ff.), RÖHRIG/BARTSCH (1992, S. 48ff. u. 59 ff.); zur Unterteilung des Primärproduzenten vgl. THOMASIUS/SCHMIDT (1996, S. 64ff.). Wichtig ist die Erkenntnis, dass einzig der Aufbau der Biomasse einer Zunahme von Ordnungsstrukturen im Waldsystem entspricht. Alle anderen Prozesse der forstlichen Produktion bedingen entweder vor Ort oder an anderer Stelle eine Zunahme der Entropie.

[188] Als weiteres Synonym kann daher die ‚waldbauliche Produktion' angesehen werden (Bauer 1962, S. 52f.). Waldbau ist die zielgerichtete Gestaltung und Veränderung des Waldökosystems (Burschel 1993, S. 125).

Waldbautätigkeit. Als Zwecke oder Ziele kommen alle forstbetrieblichen Produkt- und Leistungsziele in Betracht. Die ‚leistenden Mittel' des Waldbaus können in aktive und passive Mittel unterteilt werden.[189] Aktive Mittel sind die Waldbauplanung als disponierende sowie die Waldbautechnik als ausführende Tätigkeit. Die passiven Mittel unterstützen die eigentliche waldbauliche Tätigkeit. Ein solches passives Mittel ist die biologische Primärproduktion unter Einbezug der standörtlichen Restriktionen. Als weitere unterstützende Faktoren kommen das eingesetzte Kapital und gegebenenfalls Vorleistungen hinzu.[190] Die biologische Produktion im Sinne der forstlichen Produktion geht also deutlich über die biologische Primärproduktion des Waldökosystems hinaus.[191] Das eher abstrakte Ergebnis der biologischen Produktion ist ‚der Wald' oder, bei detaillierter Betrachtung, sind es die einzelnen Bestandteile dieses Nutzökosystems. Um ein eigenständiges Produkt oder eine direkt verwertbare Leistung handelt es sich dabei noch nicht. Erst in weiteren Schritten entstehen durch die technische Produktion die Nutzen stiftenden Güter und Leistungen (Bergen/Löwenstein/ Olschewski 2002, S. 149). Die biologische Produktion generiert als erste Stufe eines mehrstufigen Produktions- und Wirtschaftsprozesses das notwendige Potenzial bzw. die Vorleistung der Folgestufen. Sie ist eine Produktion ‚auf Vorrat'.

Technische (oder mechanische) Produktion: Die technische Produktion setzt nach der Ernteentscheidung ein, sie ist letztlich deren Vollzug. Sie wird daher oft mit der Holzernte gleichgesetzt (Schmithüsen et al. 2009, S. 60f.). Die Ernte forstlicher Nebenerzeugnisse zeigt weitgehende Übereinstimmung mit der Holzernte und wird aus diesem Grund ebenfalls zur technischen Produktion gerechnet. Neben der Ernte ist die innerbetriebliche Logistik zweiter Hauptbestandteil der technischen Produktion. Nicht einzubeziehen sind dagegen Vorgänge, die mit dem Übergang der Produkte an die Abnehmer einhergehen. Diese sind funktional dem Absatzbereich zuzurechnen. Im Gegensatz zur biologischen Produktion liegt bei der technischen Produktion eine direkte Bedarfsorientierung vor; sie orientiert sich an der konkreten marktlichen Nachfrage.[192] Während sich die biologische Produktion auf alle forstlichen Produkte und Leistungen bezieht, sind die Produktionsziele der technischen Produktion beschränkt, allen voran auf die Holzerzeugung. Darüber hinaus wirkt sie sich allenfalls mittelbar auf Produkte und Leistungen aus.

---

[189] Vgl. zu dieser Unterteilung BAUER (1962, S. 47f.).

[190] Zur Bedeutung des gebundenen Kapitals vgl. auch die Anmerkungen zur Grundproblematik der forstlichen Betriebe in Abschnitt 3.4.

[191] Eine ähnliche Sichtweise, bezogen auf die synonyme organische Produktion, findet sich bei BERGEN/ LÖWENSTEIN/OLSCHEWSKI (2002, S. 149).

[192] Ausnahmen sind zwangsweise Nutzungen ausgelöst durch exogene Schocks oder sonstige außerbetriebliche Ursachen (z. B. Rodungen vor Baumaßnahmen). Von waldbaulich notwendigen Maßnahmen geht hingegen nur bedingter Zwang aus. Mit fortschreitendem Verzug wird die waldbauliche Zielsetzung jedoch zusehends gefährdet und das Risiko von Schadereignissen steigt an.

Die Effekte sind für das Wirkungsgefüge von hoher Bedeutung. Dies verdeutlicht Abbildung 10. Im Unterschied zur vorhergehenden Abbildung, die das unbeeinflusste Wirkungsgefüge zeigt, stehen nicht mehr die Wechselwirkungen zwischen den fünf Systemelementen (Baumbestand, Waldboden, Tierwelt, Bodenvegetation und Waldinnenklima) im Vordergrund, sondern die Auswirkungen der biologischen und der technischen Produktion hierauf.

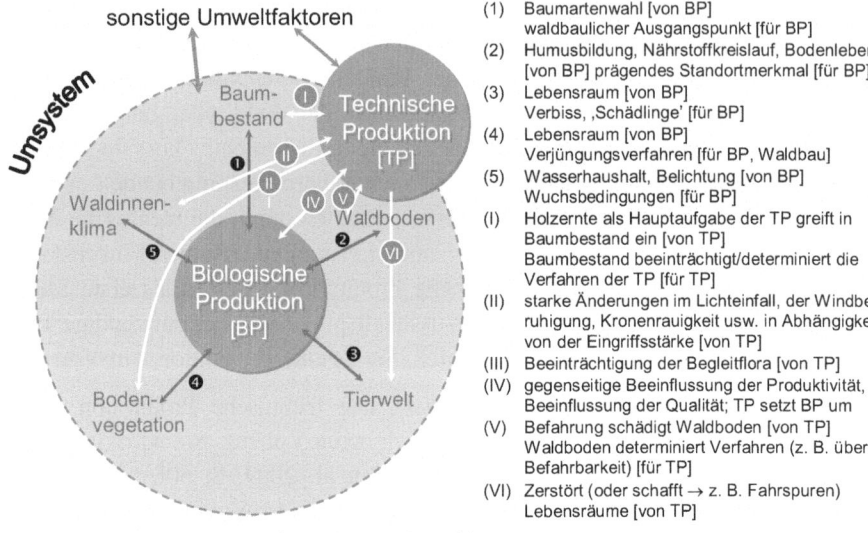

Abb. 10: Wirkungsgefüge des Wirtschaftswaldes

Baumbestand: Der Baumbestand wird seitens der biologischen Produktion durch Baumartenwahl und Pflegeeingriffe sowie in Kombination mit der technischen Produktion durch die frühzeitige Ernte der Bäume vor Erreichen der Altersphase[193] in hohem Maße beeinflusst. Umgekehrt ist der Baumbestand die Ausgangsbasis für jegliche waldbauliche Tätigkeit. Zugleich wirkt sich der Baumbestand auf die Auswahl der Verfahren der technischen Produktion aus.

Waldboden: Direkt über die Waldbauverfahren und indirekt über Baumbestand und Bodenvegetation beeinflusst die biologische Produktion die Humusbildung, den Nährstoffkreislauf und die Bodenvegetation. Die Fähigkeit der Nährstoff- und Wasserversorgung ist wiederum ein prägendes Standortmerkmal (Biotopmerkmal). Mit Blick auf die technische Produktion ist die Beschaffenheit des Waldbodens, beispielsweise über dessen Tragfähigkeit und Befahrbarkeit,[194] ein

---

[193] Während die natürliche Entwicklung neben der Verjüngungsphase (Embryonalität und Juvenilität; bei Pionierwäldern auf waldfreien Flächen Initialphase statt Verjüngungsphase) und der Optimalphase (Auxiliarität) auch die Alters- (Maturität) und Zerfallsphase (Seneszenz) der Bäume einschließt, werden die Altersphase im Wirtschaftswald verkürzt und die Zerfallsphase vollständig abgeschnitten (Röhrig/Bartsch/Lüpke 2006, S. 392; Thomasius/Schmidt 1996, S. 82ff.).

[194] Die Befahrbarkeit richtet sich nach den Faktoren Hangneigung, Korngrößenzusammensetzung, Anteil des Bodenwassers, Temperatur, Bodenbewuchs und -auflage usw. (Grammel 1988, S. 163ff.).

weiterer Baustein, der die Verfahrenswahl determiniert. Andererseits ist gerade die anhaltende Schädigung des Waldbodens durch Befahrung ein ernstes Problem (z. B. Grammel 1988, S. 163f.).

Tierwelt: Die biologische Produktion wirkt gestaltend auf den Lebensraum aller im Wald vorkommenden Arten. Für die biologische Produktion selbst gehen unter den fünf internen Elementen von der Tierwelt die größten potenziellen Bedrohungen aus. Vor allem zur Massenvermehrung neigende Insekten können zu Zuwachseinbußen und zum Absterben von Bäumen führen. Von der technischen Produktion gehen allenfalls geringe Wirkungen aus. So können gegebenenfalls durch die Bodenverdichtung Sonderbiotope entstehen.

Bodenvegetation: Die Bodenvegetation konkurriert mit dem Baumbestand um Nährstoffe, Wasser und Licht. Aus dieser Konkurrenz ergeben sich Auswirkungen auf die Verjüngungsverfahren der biologischen Produktion. Die langfristigen Waldbaustrategien und die kurzfristigen Maßnahmen der biologischen Produktion beeinflussen den Lebensraum und die Entwicklungsmöglichkeiten der Bodenvegetation ganz entscheidend.

Waldinnenklima: Da sich die Besonderheiten des Wald(innen)klimas vor allem aus dem Gefüge der Waldbäume ergeben, wirken sich stärkere Eingriffe in den Baumbestand unmittelbar aus. So nimmt die auf den Boden gelangende Wassermenge zu, wenn das Kronendach aufgelichtet wird. Ähnlich verhält es sich mit der Sonneneinstrahlung. Insgesamt geht die klimaausgleichende Wirkung mit dem Grad der Überschirmung zurück. Von der technischen Produktion gehen nahezu keine eigenen Wirkungen aus. Veränderungen im Überschirmungsgrad und der Kronenrauigkeit durch die Baumentnahme sind letztlich von der Ernteentscheidung und damit der biologischen Produktion initiiert. Umgekehrt ist das Innenklima Teil der Wuchsbedingungen und des waldbaulichen Standorts.[195]

Sonstige Umweltfaktoren: Faktoren wie das Großklima, die topografischen Gegebenheiten usw. determinieren und beeinflussen das gesamte Waldökosystem und die darin eingebettete biologische Produktion. Die technische Produktion wurde in der Grafik bewusst an den Übergang zu den angrenzenden Systemen gelegt. Sie ist weitaus stärker in die Soziosphäre eingebettet als die biologische Produktion. Wirtschaftliche und gesellschaftliche Faktoren, als Teile des Umsystems, sind bedeutsame Einflussfaktoren der technischen Produktion.

Darüber hinaus beeinflussen sich technische und biologische Produktion wechselseitig in ihrer Produktivität und (Ergebnis-)Qualität. Die technische Produktion dient durch diese enge Verknüpfung teilweise der Umsetzung der biologischen Produktion.

---

[195] Standort wird in der Forstökologie oftmals an Stelle des Biotopbegriffs verwendet (Wittig 1993a, S. 87). Die den forstlichen Standort festlegenden Faktoren sind alle längerfristig wirkenden abiotischen Elemente (Röhrig/Bartsch/Lüpke 2006, S. 54).

3.2.3   Nutzungsformen und Waldbautypen

Menschen nutzen den Wald in vielfältiger Weise. Forstwirtschaft wurde vereinfacht als die geregelte Form der Waldnutzung eingeführt. Betrachtet man weiterhin die Rohstoffversorgung als zentrale Aufgabe, lassen sich unterschiedliche Waldbau- und Produktionsstrategien ausmachen.

Eine Unterteilung kann an unterschiedlichen Merkmalen und Merkmalskatalogen ansetzen. Entsprechend viele Typologien sind zu finden (z. B. Röhrig/Bartsch/ Lüpke 2006, S. 337ff.; Thomasius/Schmidt 1996, S. 302; Burschel/Huss 1997, S. 104ff.). Die gängige Form der Unterscheidung in die drei Betriebsarten Nieder-, Mittel- und Hochwald ist aktuell nicht mehr von sehr großer Bedeutung (Oesten/Roeder 2002, S. 159). Nieder- und Mittelwald sind mit historischen Nutzungsformen verknüpft.[196] Die heutigen Bewirtschaftungstypen sind Formen des Hochwaldes. Hochwald kann schlagweise oder schlagfrei bewirtschaftet werden.[197] Bei der schlagweisen Bewirtschaftung sind die Entwicklungsphasen des Waldes (in sog. Schlägen) räumlich voneinander getrennt (Bauer 1962, S. 64).

Merkmal	Ausprägung			
Betriebsart	Niederwald	Mittelwald	Hochwald	
Betriebsform			schlagweiser Hochw.	Plenterwald
Verjüngungsarten	Stockausschlag Wurzelbrut	Stockausschlag Naturverjüngung Pflanzung	Naturverjüngung Pflanzung Saat	Naturverjüngung
Verjüngungsform	Kahlschlag	Schirmschlag	Kahlschlag Schirmschlag Femelschlag Saumschlag kombinierte Formen	

Tab. 2:   Merkmale einer an der Verjüngung orientierten Waldbautypologie
(Quelle: Röhrig/Bartsch/Lüpke 2006, S. 339)

In obiger Tabelle sind neben der Betriebsart die Betriebsform, die Verjüngungsart und die Verjüngungsform als weitere Merkmale aufgeführt. Eine besondere Stellung nimmt der Plenterwald ein.[198] Die flächige Trennung der Entwicklungs-

---

[196] Niederwald diente der Deckung des Bedarfs an geringwertigen und geringdimensionierten Holzsortimenten, z. B. Brennholz, Holz für die Köhlerei usw. Voraussetzung war, dass die beteiligten Baumarten die Fähigkeit besitzen, aus dem Wurzelstock wieder auszuschlagen. Die Zeitspanne zwischen den Ernten war mit 25 bis 40 Jahren vergleichsweise kurz (Burschel/Huss 1997, S. 181f.). Im Mittelwald werden zusätzlich Kernwüchse über mehrere Niederwaldgenerationen beibehalten, um weitere Bedarfe zu decken (ebd. S. 182f.).

[197] Die Einteilung kann auch umgekehrt erfolgen. THOMASIUS/SCHMIDT teilen die Waldbausysteme zunächst in schlagfreie und schlagweise Systeme ein. Innerhalb der schlagweisen Systeme beschreiben sie anschließend Hoch-, Nieder- und Mittelwald (1996, S. 302).

[198] Das Plentergleichgewicht ist sehr instabil und nur durch laufende Pflege- und Ernteeingriffe zu erhalten (Röhrig/Bartsch/Lüpke 2006, S. 394f.). Die Plenterstruktur ist daher in hohem Maße künstlich (ebd. S. 400). Der Mangel an Stabilität bezieht sich ausdrücklich auf die Entwicklungsstruktur und nicht auf die Bestandesstabilität gegenüber äußeren Einflüssen und der Ökologie (Röhrig/Bartsch/ Lüpke 2006, S. 402f.). HAUSRATH ordnet den Plenterwald dem Femelwald unter (1982, S. 40). Eine genaue Abgrenzung ist während der Verjüngungsphase tatsächlich schwierig.

stufen fehlt. Stattdessen sind alle Alters- und Entwicklungsstufen selbst auf kleiner Fläche noch gemischt (z. B. Leibundgut 1985, S. 159). Plenterwälder sind somit besonders strukturreiche Wälder.

Eine aussagekräftige Waldbautypologie kann sich nicht allein auf die Art der Verjüngung beschränken. Weitere qualitative (Baumarten, angestrebte Sortimente usw.) und quantitative Produktionsziele (Umtriebszeit, Wertleistung usw.) müssen ebenfalls berücksichtigt und in passende Merkmale überführt werden. Bei BAUER ist beispielsweise als zusätzliches Kriterium die Unterscheidung in Reinbestands- und Mischbestandswirtschaft zu finden (1962, S. 153ff). Durch die enge Verzahnung mit der technischen Produktion gehen von dieser Seite gegebenenfalls weitere Vorgaben für das waldbauliche Vorgehen aus. Die Arbeitsverfahren der technischen Produktion unterliegen engen ökonomischen Restriktionen, die sich so indirekt auch auf die biologische Produktion auswirken.

3.3 Forstwirtschaft, Umwelt und Gesellschaft

3.3.1 Waldfunktionen für Umwelt und Gesellschaft

Wälder stellen neben dem Rohstoff Holz eine ganze Reihe weiterer materieller und immaterieller Umweltressourcen zur Verfügung. Deren bestmögliche Bereitstellung ist problembehaftet. Umweltressourcen sind zwar knappe Güter, das Allokations- und Distributionsproblem[199] wird jedoch nicht über Märkte geregelt, da Umweltgüter überwiegend öffentliche Güter sind.

Die Einteilung der öffentlichen und privaten Güter[200] in vier Gruppen erfolgt anhand der beiden Merkmale Ausschließbarkeit und Rivalität (siehe Abbildung 11). Eine Vermarktung kann nur stattfinden, wenn andere Subjekte grundsätzlich vom Zugriff auf das Gut ausgeschlossen werden können (Ausschließbarkeit oder rechtliche Exklusion). In der Mikroökonomik ist die marktliche Verwertbarkeit ein wichtiges Gütermerkmal. Sie kann bei privaten Gütern prinzipiell unterstellt werden. Bei öffentlichen Gütern, in Form so genannter Clubkollektivgüter, besteht diese Möglichkeit prinzipiell ebenfalls. Die Ausschließbarkeit anderer von der Nutzung wird für beide bejaht. Bei den privaten Gütern kommt die Rivalität in der Nutzung bzw. im Konsum verbindlich hinzu: Das Gut kann also zu einem bestimmten Zeitpunkt nur von einem Nutzer beansprucht werden. Hingegen tritt eine gegenseitige Behinderung oder eine Beschränkung in den Nutzungsmöglichkeiten bei den Clubkollektivgütern erst bei Überschreiten bestimmter Kapazi-

---

[199] Die Aufteilung der Umweltgüter ist erschwert, weil individuelle Präferenzen nicht abgebildet werden, z. B. über die Zahlungsbereitschaft, und weil ihre Bereitstellung nicht auf unterschiedlichen Niveaus erfolgen kann. Zudem sind mit dem Güterverbrauch keinerlei Opportunitätskosten verbunden (Varian 1993, S. 578ff).

[200] Eine wesentlich detailliertere Unterteilung in zehn Stufen vom rein öffentlichen Gut über Mischformen und Unterschiede in den Rahmenbedingungen bis zum rein privaten Gut nehmen MOCKSCHEIDT/ STEINHAUS (1976) vor.

tätsgrenzen auf. Nur bei den öffentlichen Gütern in Reinform (prototypische Kollektivgüter)[201] werden sowohl die Ausschließbarkeit[201] als auch die Rivalität verneint.[202]

		Ausprägungsgrad von Rivalität	
		liegt nicht vor	liegt vor
Ausprägungsgrad von Ausschließbarkeit	**liegt nicht vor**	**Öffentliche Güter** *Prototypische Kollektivgüter*, z. B. Klimaschutz durch CO_2-Bindung	**Öffentliche Güter** *Quasikollektivgüter*, z. B. zugangsbeschränkte Tourismusziele im Wald[(1)]
	liegt vor	**Öffentliche Güter** *Clubkollektivgüter*, z. B. Trinkwasserschutz	**Private Güter** *Individualgüter*, z. B. Rohholz

[(1)] Unter Beachtung des freien Waldbetretungsrechtes

Abb. 11: Öffentliche und private Güter

Für den letzten noch offenen Quadranten mit den ebenfalls zu den öffentlichen Gütern zählenden Quasikollektivgütern wird die Ausschließbarkeit verneint, die Rivalität jedoch grundsätzlich bejaht. Die Rivalität ergibt sich aus dem Vorhandensein von Kapazitätsbeschränkungen und der Problematik der Übernutzung. Es bestehen enge Beziehungen zur Allmendeproblematik. Erholungsaktivitäten im Wald sind ein Beispiel solcher Quasikollektivgüter.[203]

Private Güter, die der Wald bzw. die Forstwirtschaft zur Verfügung stellen, sind Rohholz, Jagd, Früchte und Erholung. Hingegen sind Landschafts-, Luft-, Wasser- und Bodenschutz öffentliche Güter mit allenfalls eingeschränkter Ausschließbarkeit und unterschiedlichen Graden der Rivalität (Bergen/Löwenstein/Olschewski 2002, S. 147). Mit Bezug auf die von DIETERICH eingeführte Funktionenlehre[204] werden diese Güter drei bzw. vier Funktionsbereichen zugeordnet. Meist wird zwischen der Nutzfunktion, der Schutzfunktion und der Erholungsfunktion differenziert (z. B. Kuusela 1994, S. 142ff.; Zundel 1990, S. 69ff.; Nießlein 1985, S. 40). Statt Nutzfunktion wird auch von der Produktionsfunktion, an Stelle der Erholungsfunktion von der Rekreationsfunktion gesprochen und die Schutzfunktion wird alternativ als Protektionsfunktion bezeichnet (Thomasius/Schmidt 1996, S. 300f.). Schutz- und Erholungsfunktion werden

---

[201] Der Ausschluss kann entweder faktisch unmöglich oder nur unter sehr großem Aufwand durchführbar sein.

[202] Derartige Kollektivgüter sind bspw. die Atemluft oder, stärker auf den Wald bezogen, der Klimaschutz durch CO_2-Bindung in der Biomasse.

[203] In diesem Fall bezieht sich die fehlende Möglichkeit zum Ausschluss auf die gesetzliche Verankerung des freien Betretungsrechts im Wald (Bergen/Löwenstein/Olschewski 2002, S. 148).

[204] DIETERICH verlangt eine nachhaltige Bewirtschaftung, die es ermöglicht, verschiedenartige Funktionen, deren Dringlichkeit mal mehr, mal weniger im Vordergrund steht, zu garantieren (1954, S. 16).

bisweilen zu Infrastrukturleistungen (Zundel 1990, S. 197; Nießlein 1985, S. 40ff.), Wohlfahrtswirkungen (Dieterich 1954, S. 12; Bauer 1962, S. 46), Komitativwirkungen (Thomasius 1973, S. 39) oder schlicht zu Dienstleistungen (Speidel 1984, S. 11) zusammengefasst. Bei der Einteilung in vier Funktionsbereiche wird eine der drei genannten Funktionen weiter unterteilt. So wird etwa die Erholungsfunktion in eine Sozialfunktion und eine kulturelle Funktion unterteilt (Röhrig/Bartsch/Lüpke 2006, S. 28). Unter der Nutzfunktion wird allem voran die Holzerzeugung verstanden. Weiterhin gehören die Nutzung von sonstigen Baumbestandteilen, einschließlich der Früchte, sowie die Nutzung sonstiger Waldtiere und -pflanzen und die Jagd hierher. Bei den von BASTIAN (1991) vorgeschlagenen Funktionen der Nutzung von Naturräumen wird die ökologische Funktion in die (abiotische) Regulation von Stoff- und Energiekreisläufen und die (biotische) Regulation von Populationen und Biozönosen aufgespalten (Mannsfeld 1999, S. 38ff.).[205]

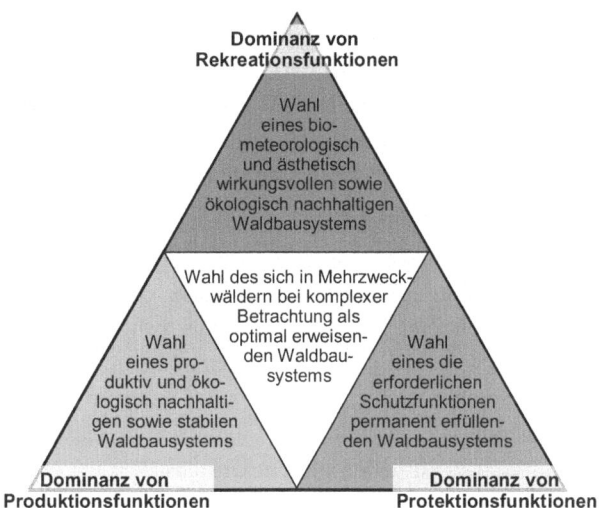

Abb. 12: Waldfunktionen und deren Realisierung durch die Waldbewirtschaftung (Quelle: Thomasius/Schmidt 1996, S. 300)

Insgesamt werden die vielfältigen und in ihrer Schwerpunktbildung variablen Ansprüche an den Wald unter dem Begriff der Multifunktionalität des Waldes (multiple-use-silviculture) gesammelt (Schmithüsen et al. 2009, S. 57ff.; Kohm/ Franklin 1997; Windhorst 1978, S. 103). Wie Abbildung 12 verdeutlicht, wirkt die Schwerpunktbildung auf die funktionale Gestaltung eines angemessenen

---

[205] Die ökosystemare Regelungsfunktion ist nicht vollkommen deckungsgleich mit der Schutzfunktion. Von ihrem (Regelungs-)Ansatz her ist sie jedoch moderner als die rein statische Schutzbetrachtung.

Waldbausystems.[206] Zu einem ähnlichen Schluss gelangt man bei einer anderen Herangehensweise. Wirtschaftliches Handeln wirkt in drei Dimensionen: einer wirtschaftlichen und einer sozialen Dimension sowie einer Dimension der ökologischen Folgen (Oesten/Roeder 2002, S. 59ff, 70ff. u. 85ff.). Nachhaltigkeit ist der zentrale Grundsatz der Forstwirtschaft (z. B. Deegen 2004b, S. 15). In englischsprachigen Veröffentlichungen entspricht dieser Anspruch dem ‚sustained yield forest management' (z. B. McDonald 2006; Nälsund 1977).

Die Forderungen der Nachhaltigkeit erstrecken sich auf die Bereiche Ökonomie, Ökologie und Soziales.[207] Aus den Bereichen der Nachhaltigkeit ergeben sich wiederum die Zielgrößen nachhaltiger Bewirtschaftung. Die Zielgrößeninhalte können sowohl qualitativ als auch quantitativ sein. Zudem können sie statisch auf die Erhaltung eines Zustandes oder dynamisch auf die permanente Erbringung einer Leistung oder die Gewährleistung eines Prozesses ausgerichtet sein (Röhrig/Bartsch/Lüpke 2006, S. 27). Ökonomische Ziele richten sich am allgemeinen Wirtschaftlichkeitsprinzip[208] aus. Für ein auf Gewinnerzielung ausgerichtetes Unternehmen ist nur die langfristige Gewinnerzielung tatsächlich nachhaltig. Ökologische Ziele mit Bezug zum wirtschaftenden Menschen dienen der Erhaltung und Förderung der natürlichen Wirtschaftsgrundlagen (Müller-Christ 2003, S. 113f.; abweichend McDonald 2006, S. 395f.). Soziale Ziele stellen den gesellschaftlichen Nutzen abseits der wirtschaftlichen Interessen der Unternehmenseigentümer in den Vordergrund.

Ein an Nachhaltigkeit bzw. nachhaltiger Entwicklung (sustainable development) ausgerichtetes betriebliches Zielsystem ist somit sehr vielfältig. Probleme entstehen, da die verschiedenen Ziele häufig nicht widerspruchsfrei sind (vgl. Abbildung 13). Widersprüche ergeben sich aus der mangelnden Vereinbarkeit der drei Dimensionen, teilweise aber auch innerhalb einer Dimension, etwa durch unterschiedliche Zeithorizonte (z. B. kurz- und langfristige Gewinne; Diefenbach 2003, S. 124f.). Unpräzise Vorgaben tun ein Übriges. Die unzureichende Operationalität ist u. a. Ausdruck der Messproblematik der Nachhaltigkeitsvorgaben (z. B. Radtke 2001).

---

[206] Grundsätzlich gibt es zwei (forstpolitische) Strategien für die flächenbezogene Funktionenerfüllung. Die erste ist der Versuch, alle Funktionen gleichzeitig auf ganzer Fläche zu erfüllen, ein Ansatz, der vor allem in der mitteleuropäischen Forstwirtschaft verfolgt wird (s. o.). Dies führt allerdings zu permanenten Konflikten, da vielfach eine gegenseitige Beeinträchtigung vorliegt. Die zweite Möglichkeit ist die Bildung von Zonen mit unterschiedlichen Schwerpunkten (abgestufte Nutzungsintensitäten, Sondernutzungen, Totalschutz usw.). Der Erfolg eines solchen Ansatzes hängt von der Abgrenzung der Zonen und der Umsetzung der Nutzungsformen ab (Grafton et al. 2004, S. 150).

[207] SCHANZ nennt als weitere Dimensionen der Nachhaltigkeit die zeitliche und die räumliche Dimension. Nach seiner Ansicht werden sie alle zugleich angesprochen und sind daher grundsätzlich untrennbar (Schanz 2001, S. 21). Eine ausführliche Begründung der Notwendigkeit zur Berücksichtigung der zeitlichen Dimension gibt DIETERICH (1954).

[208] Das Wirtschaftlichkeitsprinzip (ökonomisches Prinzip oder Rationalprinzip) ist eine Formalvorgabe für wirtschaftliche Handlungs- und Entscheidungsprobleme. Es bezieht sich auf die Relation von Mitteleinsatz und Ergebniserzielung und kann als Maximumprinzip bei gegebenem Einsatz oder Minimumprinzip bei festliegendem Ergebnis angewendet werden (Corsten 2000, S. 754).

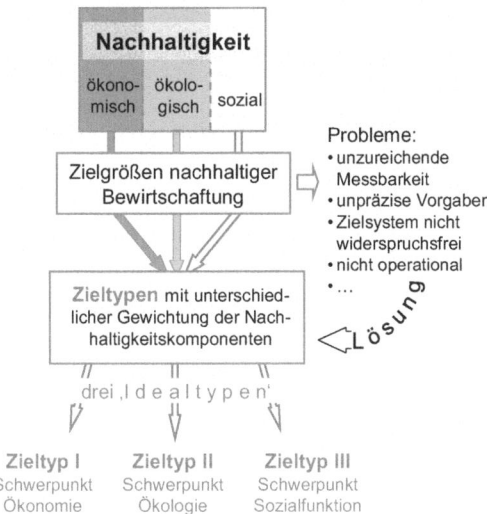

Abb. 13: Zieltypen der Bewirtschaftung

Zur Lösung des ersten Problems bietet sich die Schwerpunktbildung in Kombination mit einer Präferenzreihung der Ziele an. Als Hilfsmittel kommt wiederum die Typenbildung zum Tragen. In Form von Idealtypen werden drei Zieltypen forstlicher Bewirtschaftung ausgearbeitet, die jeweils eine der Nachhaltigkeitskomponenten betonen.

- *Zieltyp I, Schwerpunkt Ökonomie*: Ein solcher Wald entspricht dem Prototyp des Wirtschaftswaldes. Die forstliche Nutzung ist intensiv bis extensiv, je nach naturräumlicher Ausstattung und Ansprüchen der Nutzungsberechtigten. Maßgebliche Entscheidungsgrundlagen sind die ökonomischen Ziele und Wirtschaftlichkeitsüberlegungen. In der Realität gehen auch im Wirtschaftswald bereits ökologische und gesellschaftlich-soziale Überlegungen als Restriktionen ein.[209] Als Auffangkategorie werden Waldgebiete, die nicht den Zieltypen II und III zugehörig sind, ebenfalls hier eingeordnet.

- *Zieltyp II, Schwerpunkt Ökologie*: Der Wald dient nahezu ausschließlich den Interessen des Naturschutzes. Andere Nutzungen sind nur insoweit zulässig, wie sie die natürlichen Abläufe nicht beeinträchtigen. Bei strengstem Schutz besteht sogar ein Betretensverbot.[210] Beispiele für Flächen, die dem weitgehend entsprechen, sind naturschutzrechtliche (Flächen-)Schutzgebiete und deren Pufferzonen (Naturschutzgebiete, Nationalparks usw.), Sonderstandorte

---

[209] Vgl. hierzu die generellen Anmerkungen zum Vorgehen bei simultanen Entscheidungssituationen, die eine Dekomposition der Entscheidungsfelder notwendig macht (z. B. Adam 1996, S. 358ff.). Daneben ist eine Überführung in Nebenbedingungen möglich (zu Restriktionen siehe Laux 2003, S. 10; Sieben/ Schildbach 1994, S. 37f.).

[210] In § 23 Abs. 2 BNatSchG wird bspw. in Naturschutzgebieten die Einschränkung des Betretensrechts als Regelfall angesehen. Naturschutzgebiete können demnach „... der Allgemeinheit zugänglich gemacht werden", sofern es der Schutzzweck erlaubt (BNatSchG 2002).

unter dem Schutz des Naturschutzgesetzes oder der Wald- und Forstgesetze (Feuchtgebiete, Trockenstandorte, Felsgebilde usw.), Habitate seltener Arten oder Biotopverbundflächen.[211]

- *Zieltyp III, Schwerpunkt Sozialfunktion*: Hier sind Wälder zugeordnet, die vorrangig der Bereitstellung öffentlicher Güter dienen. Entsprechende Flächen können gesondert als Schutzgebiete mit besonderer Funktion oder als Erholungswald ausgewiesen sein, oder sie werden durch ihre faktische Bedeutung vergleichbar behandelt. So ist in siedlungsnahen Waldgebieten oder Fremdenverkehrsregionen mit hohen Besucherströmen die Erholungsfunktion generell zu berücksichtigen. Wälder, die der Veranschaulichung historischer Nutzungsformen dienen, gehören ebenfalls zum Zieltyp III.

Die grobe Einteilung in drei Idealtypen kann die reale Vielfalt der Ausrichtung der Forstbetriebe nur bedingt repräsentieren. Dies ist ohnehin nicht das Anliegen einer idealtypischen Unterteilung (Bailey 1994, S. 17). Allenfalls ausnahmsweise wird ein ganzer Betrieb einem solchen Zieltyp zuzuordnen sein. Statt dessen sind einzelne Teilbereiche räumlich abzugrenzen und den Zieltypen zuzuordnen. Für die so gebildeten Zonen können dann über eine angepasste Waldbaustrategie hinausgehende, angemessene Behandlungskonzepte erarbeitet werden. Auswirkungen ergeben sich sowohl für die strategische als auch für die operative Betriebsführung. Der Effekt der Zieltypenbildung auf die Führungsfunktionen – und damit auch auf das Controlling als Funktion zur Führungsunterstützung – hängt von einer möglichen Konzentration bei einem der Zieltypen ab. Eine daraus hervorgehende Spezialisierung betrifft dann vor allem die Instrumentenauswahl und die Informationsschwerpunkte.

3.3.2   Forst-KMU

Eine exakte Größenbeschreibung müsste – als Größenvektor – Merkmalsausprägungen in allen relevanten Dimensionen einschließen. Dies gilt für den Forstbetrieb in gleicher Weise wie für andere Unternehmen. Eine praktikable Größenmessung beschränkt sich dennoch auf wenige, als prägnant angesehene Dimensionen, für deren Auswahl der zu untersuchende Problembereich ausschlaggebend ist (Pfohl 2006a, S. 7). Die Betriebsgröße wird nach BUSSE VON KOLBE entweder durch das Ausmaß der effektiven oder der potenziellen wirtschaftlichen Tätigkeit bestimmt (1974, Sp. 567).[212] Die verwendeten Maßgrößen lassen sich dementsprechend in Potenzial- und (effektive) Stromgrößen unterteilen (Bloech

---

[211] Biotopverbundflächen setzen sich aus Kernflächen (Flächen anderer naturschutzrechtlicher Schutzkategorien), Verbindungsflächen und Verbindungselementen zusammen (BNatSchG 2002, § 3). Durch den Verbund soll der Austausch zwischen den sonst isolierten Populationen gewährleistet werden.

[212] Vgl. zur Unternehmens- und Betriebsgröße auch BETGE (1993).

1988, S. 558).[213] Gängige Abgrenzungskriterien sind der (Jahres-)Umsatz als Stromgröße und die Mitarbeiterzahl als Potenzialgröße. Gerade bei den land- und forstwirtschaftlichen Betrieben wird häufig eine andere Potenzialgröße zur Größenabgrenzung herangezogen: die Betriebsfläche (Oesten/Roeder 2002, S. 147). Als Alternative oder als ergänzende Stromgröße wird vielfach die dem Produktausstoß von Industrieunternehmen vergleichbare, genutzte Holzmenge[214] angegeben (Schmithüsen et al. 2009, S. 121). Beide Merkmalsdimensionen sind allerdings mit einem häufig auftretenden Problem behaftet. Die Maßgrößen sind in sich sehr heterogen und damit im Vergleich mit Unschärfen versehen (Lücke 1967, S. 21). Schließlich bestehen sowohl flächenbezogen als auch produktbezogen beträchtliche qualitative Unterschiede.[215] Diese Problematik darf beim Vergleich von Betrieben auf Grundlage derartiger Größenmaßstäbe nicht in Vergessenheit geraten. Für eine grobe Abgrenzung ist das Vorgehen zulässig. Zur Beschreibung der Betriebsgröße wird somit zunächst das vergleichsweise leicht zugängliche quantitative Merkmal der Betriebsfläche gewählt.[216]

| | BWI² | | | | | Statistisches Jahrbuch 2008 | | | |
| | Körperschaftswald | | Privatwald | | | Körperschaftsforsten | | Privatforsten | |
Klasse [ha]	Fläche [ha]	Anteil	Fläche [ha]	Anteil	Klasse [ha]	Fläche [ha]	Anteil	Fläche [ha]	Anteil
bis 20	63.104	2,9%	2.759.825	57,2%	—	—	—	—	—
über 20 bis 50	60.258	2,8%	391.322	8,1%	10 bis 50	76.200	3,3%	294.400	17,6%
ü. 50 bis 100	95.255	4,4%	272.647	5,7%	50 bis 200	286.800	12,4%	261.100	15,6%
ü. 100 bis 200	168.860	7,8%	241.872	5,0%					
über 200 bis 500	422.229	19,5%	327.211	6,8%	200 bis 500	416.300	17,9%	257.300	15,4%
über 500 bis 1.000	408.007	18,9%	256.150	5,3%	500 bis 1.000	422.500	18,2%	221.300	13,3%
über 1.000	942.475	43,6%	574.696	11,9%	1.000 und mehr	1.118.500	48,2%	635.600	38,1%
Gesamt	2.160.188	100%	4.823.723	100%	Gesamt	2.320.300	100%	1.669.700	100%

Tab. 3: Waldfläche und Flächenanteile in Größenklassen im Körperschafts- und Privatwald (Daten: BMfELV 2003; Statistisches Bundesamt 2008, S. 336)

Tabelle 3 gibt einen Überblick über die Größenklassen der Betriebsfläche im Körperschafts- oder Kommunalwald sowie im Privatwald. Die zwischen den Daten der Bundeswaldinventur 2 (BWI²) von 2003 und des Statistischen Jahrbuchs

---

[213] Stromgrößen sind etwa der Absatz von Produkten oder der Umsatz als dessen monetäre Entsprechung. Stromgrößen müssen, um überhaupt Aussagekraft zu erlangen, auf eine Zeiteinheit bezogen werden. Beispiele für Potenzialgrößen sind die Beschäftigtenzahl oder die Bilanzsumme. Sie sind zeitpunktbezogen.

[214] Bezieht man die technische Produktion, so wie es üblicherweise geschieht, ausschließlich auf das Hauptprodukt Holz und werden die Sorten vollständig durch eigene Arbeitskräfte aufgearbeitet, handelt es sich bei der genutzten Holzmenge tatsächlich um den Ausstoß der technischen Produktion des Forstbetriebs.

[215] Steilhänge sind schwerlich mit der Ebene und Böden aus Muschelkalk nicht mit Kiesen und Sanden vergleichbar. Beim Rohholz hat ein Kubikmeter Fichten-Sägeholz keine direkte Entsprechung in einem Kubikmeter Fichten-Klangholz oder Eichenholz in Furnierqualität.

[216] Zur Begründung der Auswahl eines solchen Merkmals vgl. LETMATHE (2002, S. 9).

auftretenden erheblichen Differenzen haben ihre Ursache in erster Linie in den Erfassungsgrenzen und der Zuordnung der Betriebe im Statistischen Jahrbuch.[217] Reine Forstbetriebe werden dort erst ab einer Fläche von 10 ha erfasst.[218] Aus der methodisch besseren BWI² ist für den Privatwald ein eindeutiger Schwerpunkt[219] bei den kleinsten Betrieben bis 20 ha Betriebsfläche[220] zu ersehen. Beim Körperschaftswald ist die Situation anders. Der Modus (43,6%) liegt bei den Betrieben über 1.000 ha Betriebsfläche, der Median in der Klasse 500 bis 1.000 ha. Durch die höhere Gesamtfläche des Privatwaldes gilt für Privat- und Körperschaftswald zusammengenommen, dass 40,4% (zugleich Modus) der Betriebe unter 20 ha bewirtschaften, der Median liegt bei 50 bis 100 ha (52,2%). Würden statt der Betriebsfläche die Beschäftigtenzahl oder der Umsatz als Größenmaßstab herangezogen und mit den EU-Kriterien abgeglichen, läge der Schwerpunkt vermutlich noch eindeutiger bei den kleinen und kleinsten Betrieben. Allerdings fehlt hier offizielles Datenmaterial. Setzt man als Hilfsgröße einen flächenbezogenen Durchschnittsertrag von 300 € pro Jahr[221] und Hektar an, kommt selbst ein Betrieb mit 1.000 ha Betriebsfläche nur auf einen Jahresumsatz von 300.000 € und liegt damit deutlich unterhalb der Grenze für Kleinstunternehmen.[222] Die Forstbetriebe des Körperschafts- und Privatwaldes können daher ausnahmslos als Forst-KMU bezeichnet werden. Selbst die größten Privat- und Kommunalforstbetriebe wären nach Umsatz und Beschäftigtenzahl hier einzuordnen.

Bisher fehlt eine klare und verbindliche Klassifizierung oder Typologie der forstlichen Betriebsgrößen. Die KMU-Abgrenzungen der EU-Kommission oder des IfM Bonn werden den strukturellen Besonderheiten der Forstwirtschaft nur bedingt gerecht. Eine ergänzende branchenspezifische Abgrenzung ist notwendig.[223] Selbst konkrete Vorschläge sind außerhalb der statistischen Klassenein-

---

[217] Diese systematischen Fehler der Erfassung haben ein unvollständiges und verzerrtes Bild zur Folge (Oesten/Roeder 2002, S. 149). Ein Umstand, der die Handhabung und Vergleichbarkeit zusätzlich erschwert, sind die abweichenden Klassengrenzen. Das Ausmaß der unzureichenden Erfassung wird beim Vergleich der aufsummierten Privatwaldflächen deutlich. Den 4,8 Mio. ha der BWI² stehen im Statistischen Jahrbuch 2008 lediglich knapp 1,7 Mio. ha gegenüber.

[218] Hingegen wird in einer anderen Aufstellung der gleichen Quelle – allerdings beschränkt auf landwirtschaftliche Betriebe deren Waldfläche unter 10 ha liegt – eine Fläche von 457.400 ha ausgewiesen. Forstbetriebe ohne landwirtschaftliche Fläche, deren Betriebsfläche unter 10 ha liegt, bleiben hier erneut unberücksichtigt (Statistisches Bundesamt 2008, S. 336). Dies entspricht, auf die dort angegebenen 2.127.100 ha Gesamtfläche bezogen, einem Anteil von 21,5%.

[219] Sowohl der Modus (häufigste Einzelnennung) als auch der Median (bis zu diesem Wert sind mindestens 50% der Nennungen abgedeckt) liegen bei dem genannten Wert. Zu Beidem siehe z. B. Quatember 2005, S. 45ff.

[220] Erfasst wurde die Waldfläche einschließlich Lücken und dem nicht begehbaren Wald (BMfELV 2003, Tabelle 2.01.7).

[221] Die Erträge aus den Produktbereichen Holz und andere Erzeugnisse, Schutz und Sanierung sowie Erholung und Umweltbildung lagen im Jahr 2005 zwischen 297 €/ha im Staatswald und 304 €/ha im Privatwald (AID 2007, S. 16) und damit in der Größenordnung von 300 €/(ha • Jahr).

[222] Die Schwelle liegt bei einem Jahresumsatz von 2 Mio. € (z. B. Förster 2005).

[223] Hinweise auf die Notwendigkeit zur Beachtung der Branchenzugehörigkeit finden sich bspw. bei Pfohl (2006a, S. 10), Welter (2003, S. 30), Loecher (2000, S. 58) oder Mugler (1998, S. 35).

teilungen kaum zu finden.[224] Um diese Lücke zu schließen, werden folgende qualitativen und quantitativen Merkmale vorgeschlagen:

- Abgrenzung der mittelgroßen gegenüber den kleinen Forstbetrieben:
  - Mittelgroße Forstbetriebe verfügen über eine unabhängige Betriebsleitung und forstlich ausgebildetes Fachpersonal.
  - Die Vermarktung des Rohholzes erfolgt eigenständig.
  - Die Betriebsfläche beträgt mindestens 5.000 ha, der jährliche Umsatz liegt bei über 1,5 Mio. €.

- Abgrenzung der großen gegenüber den mittelgroßen Forstbetrieben:
  - Für Sonderfunktionen steht eigenes Personal zur Verfügung.
  - Ein erweitertes Angebot entlang der Wertschöpfungskette kann sinnvoll umgesetzt werden.
  - Die Betriebsfläche beträgt mindestens 50.000 ha,[225] der jährliche Umsatz beträgt mehr als 15 Mio. €.

Die Merkmale sind konjunktiv zu erfüllen. Das heißt, ein Forstbetrieb, der zwar über eine Betriebsfläche größer 5.000 ha und einen Jahresumsatz über 1,5 Mio. € sowie eine eigenständige Betriebsleitung verfügt, sein Rohholz aber fremd vermarkten lässt, gilt als kleiner Forstbetrieb. Die qualitativen Merkmale des nächstgrößeren Typs schließen zudem die vorhergehenden mit ein.

Obwohl die Betriebsgröße in vielen forstlichen Betriebstypologien als Merkmal genannt wird (z. B. Oesten/Roeder 2002, S. 146f. Speidel 1984, S. 116; Köstler 1943, S. 339ff.; Dieterich 1931), werden daraus kaum Konsequenzen gezogen (Schmithüsen et al. 2009 S. 113ff.). Dass aus geringen Betriebsgrößen Probleme in der Bewirtschaftung entstehen, wird noch weitestgehend anerkannt (Schwennsen 1994). Eine Untersuchung der Auswirkungen und die Ableitung von Handlungsempfehlungen unterbleiben jedoch. Maßgeblich für Forschung und Lehre sind die großen Forstbetriebe, allen voran die Landesbetriebe und

---

[224] MERTENS nimmt eine Einteilung in drei Größenklassen vor, die er im Zusammenhang mit einer Typologie von Vermarktungslösungen für forstliche Umwelt- und Erholungsprodukte aufstellt (2000, S. 34f.). Zur Begründung der Klassengrenzen zieht er die Möglichkeiten zur Bildung eigener „... Verwaltungsstrukturen für die Bewirtschaftung ..." heran (ebd. S. 34). Kleine Forstbetriebe bewirtschaften eine Waldfläche von 0,1 bis 1.000 ha. Diese Betriebe können „... nur unter bestimmten Voraussetzungen eine eigene Verwaltungsstruktur ... aufbauen ...". Mittelgroße Betriebe liegen zwischen 1.001 und 5.000 ha und verfügen über fachlich ausgebildete Revierleiter. Betriebe über 5.000 ha rechnet Mertens allesamt zu den großen Forstbetrieben und führt an, dass hier durchgängig eine zweifache hierarchische Untergliederung der Verwaltungsstruktur vorliegt. Diese Einteilung geht in erster Linie von den in Deutschland üblichen Größenverhältnissen, insbesondere im Privatwald, aus (ebd. S. 34) und richtet sich kaum nach Unterschieden in den betrieblichen Aufgaben und Möglichkeiten. Als generelle Größentypologie ist sie daher nicht geeignet.

[225] Die Grenze von 50.000 ha, ab der von großen forstbetrieblichen Zusammenschlüssen ausgegangen werden kann, findet sich auch bei HILLMANN (2005, S. 1241). Ab dieser Größenordnung sieht er die Möglichkeit für den Forstbetrieb (respektive Zusammenschluss) aufwändige Aufarbeitungs- und Logistikkonzepte in Eigenregie aufzubauen.

Landesverwaltungen. Und das, obwohl sich aus der Betriebsgrößenverteilung eigentlich das Erfordernis eines Schwerpunkts bei den kleinen Forstbetrieben ergibt.

In der allgemeinen Betriebswirtschaftslehre hat sich die KMU-Forschung etabliert, nachdem deren Bedeutung erkannt und zudem klar wurde, dass Methoden, die für Großunternehmen entwickelt wurden, nicht ohne weiteres auf die kleinen und mittleren Unternehmen zu übertragen sind (Pfohl 2006a, S. V; Mugler 1998, S. 46f. und 73; Lachnit 1989, S. 14). Erkenntnisse aus der KMU-Forschung lassen sich in vielen Bereichen auf die Forstwirtschaft übertragen. Zu denken ist vor allem an Konsequenzen, die sich aus der Ressourcenausstattung und aus dem Aufgabenumfang ergeben. Hervorzuheben sind (z. B. Urigshardt/Jacobs/Letmathe 2008, S. 6ff.):

- Know-how-Defizite,

- beschränkte personelle Ressourcen,

- Beschränkungen in der technischen Ausstattung,

- begrenzte finanzielle Ressourcen und

- ein vergleichsweise geringer Umfang zahlreicher betrieblicher Aufgaben, auch des Controllings.

Verstärkt wird die Notwendigkeit der Auseinandersetzung mit den kleinen Forstbetrieben durch tief greifende Veränderungen in deren Eigentümerstruktur. So nimmt der Anteil von Waldeigentümern mit geringem Bezug zur Forstwirtschaft und zum ländlichen Raum zu (Hogl/Pregernig/Weiss 2005, S. 340).

3.4 Forstökonomie und forstliche Betriebswirtschaftslehre

3.4.1 Stellung der forstlichen Wirtschaftslehre

Seit jeher sind Forstökonomie und forstliche Betriebswirtschaftslehre eng mit den allgemeinen Wirtschaftswissenschaften verbunden, sowohl im Bereich der Theorie als auch in der praktischen Umsetzung. Folgerichtig werden sie auch als angewandte Wirtschaftswissenschaft (Bergen/Löwenstein/Olschewski 2002, S. V) bzw. als angewandte Realwissenschaft zur Lösung praxisrelevanter Probleme (Oesten 1986, S. 1) umschrieben.[226] Zur Lösung spezifischer Probleme ist mindestens eine Erweiterung der vorhandenen Ansätze notwendig, bei sehr schlechter Übertragbarkeit auch deren komplette Neuausrichtung.

Eine Frage, die in diesem Zusammenhang immer wieder aufgeworfen wird, ist, ob die begründete Notwendigkeit eines Sonderwegs der Forstökonomie und der

---

[226] Auf die Erläuterung OESTENS, warum die forstliche Betriebswirtschaftslehre als Realwissenschaft und angewandte Wissenschaft zu verstehen ist, wird hier verzichtet (ausführlich 1986, S. 5f.). Vergleichbare Aussagen zum Praxisbezug von Betriebswirtschaftslehre und Controlling sind in Abschnitt 2.1.2 zu finden.

forstlichen Betriebswirtschaftslehre besteht. Dafür sprechende Gründe finden sich in der forstwissenschaftlichen Literatur sowohl aus volkswirtschaftlicher als auch aus betriebswirtschaftlicher Perspektive. Dabei wird hauptsächlich auf die Besonderheiten der forstlichen Produktion, allen voran der Holzproduktion, verwiesen.[227] Haupthandlungsfelder der Forstbetriebe sind die biologische und die technische Produktion. In dieser Zweiteilung liegt bereits die erste Eigenart der Forstwirtschaft. Eine geteilte Produktion an sich ist nicht bemerkenswert. Mehrstufige Produktionsprozesse sind in vielen Bereichen der Güterproduktion zu finden.[228] Auf der Suche nach den Eigenarten sind die Produktionsabschnitte daher eingehender zu analysieren. Während sich die technische Produktion nicht allzu sehr von der Produktion in anderen Wirtschaftsbereichen unterscheidet, lehnt sich die biologische Produktion sehr stark an die biologische Primärproduktion an und hängt so von deren Gesetzmäßigkeiten ab. Zur möglichen Abgrenzung gegenüber den allgemeinen Wirtschaftswissenschaften ist daher in erster Linie die biologische Produktion heranzuziehen.

Eigenarten der Forstbetriebe (nach Speidel)	Besonderheiten der Holzproduktion (nach Oesten)
Abhängigkeit von den natürlichen Bedingungen	Abhängigkeit vom natürlichen Standort
Lange Produktionsdauer	Zeitliche Entkopplung von biologischer Produktion und marktorientierter Nutzung
Schwierigkeiten bei der Ertragsbestimmung durch: (a) Identität von Produktionsmittel und Produkt sowie (b) Problem der nicht eindeutigen Produktreife	Identität von Produkt und Produktionsmittel
	Problematische Bestimmung der Produktreife
Bewertungsprobleme	Diffiziles Mengen- bzw. Wertverhältnis von Vorrat und Zuwachs
Geringer Kapitalumschlag	
	Hoher Eigenfinanzierungsanteil
Gekoppelte Produktion von Sachgütern und Dienstleistungen	Kuppelproduktion
Große Flächenausdehnung	
	Produkt Holz als Werkstoff mit besonderen Eigenschaften

Tab. 4: Gegenüberstellung der Charakteristika forstwirtschaftlicher Betätigung (Quellen: Speidel 1984, S. 26f. und Oesten/Roeder 2002, S. 141ff.)

Anhand von sieben charakteristischen Eigenheiten grenzt SPEIDEL die Forstbetriebe gegenüber anderen Wirtschaftszweigen ab (1984, S. 26f.). Dem werden in Tabelle 4 ‚Besonderheiten der betrieblichen Holzproduktion' gegenübergestellt,

---

[227] OESTEN nennt diese Begründung aus diesem Grund die ‚traditionelle Begründung' (2002, S. 37).

[228] Bezogen auf die Anzahl der durchlaufenen Produktionsstellen wird zwischen ein- und mehrstufiger Produktion unterschieden. (z. B. Corsten 2004, S. 28).

wie sie OESTEN/ROEDER als maßgeblich ansehen.[229] Dieser Vergleich ist Ausgangspunkt der weiteren Überlegungen. Er zeigt, dass die Ausführungen von SPEIDEL, zumindest aus Sicht der Holzproduktion und -nutzung, bis heute nichts von ihrer Aussagekraft eingebüßt haben.[230] Es sind weniger die Einzelaspekte, die eine Sonderstellung begründen, als vielmehr deren Verknüpfung und Zusammenwirken (Oesten 2002, S. 37). Darüber hinausgehend können noch weitere charakterisierende Merkmale herausgearbeitet werden. Sie sind in erster Linie auf diejenigen Leistungen zurückzuführen, die als öffentliche Güter nicht auf Märkten abgesetzt werden, letztlich also keinem erwerbswirtschaftlichen Zweck dienen und daher nicht zum engeren Gegenstand der Betriebswirtschaftslehre zählen.[231] Trotzdem beeinflussen auch sie die Einnahmen und Ausgaben des Forstbetriebs und sind daher aus wirtschaftlicher Sicht erfolgswirksam und in jedem Falle controllingrelevant.[232]

Im Folgenden werden zunächst einige ‚Besonderheiten der Holzproduktion' aus der Tabelle aufgegriffen, um ein Grundverständnis für die forstbetrieblichen Gegebenheiten zu vermitteln. Danach werden Problemfelder vorgestellt, die aus Controllingsicht besonders relevant sind und aus denen sich später unmittelbare Anforderungen an ein forstliches Controlling ableiten lassen. Besonderheiten nach OESTEN/ROEDER (bzw. Eigenarten nach SPEIDEL) finden sich darin ebenso wie darüber hinaus gehende Überlegungen.

3.4.2   Besonderheiten der Holzproduktion

Für den wirtschaftenden Forstbetrieb ist die Holzproduktion das maßgebliche (operative) betriebliche Arbeitsfeld. Gleichzeitig treten gerade bei der Gewinnung und Vermarktung des Rohstoffs Holz eine ganze Reihe branchenspezifischer Merkmale zu Tage.

---

[229] Dieses Vorgehen erscheint auf den ersten Blick unzulässig, da eine organisatorische Einheit (Forstbetrieb) mit einer betrieblichen Funktion (Produktion) verglichen wird. Die zeilenweise gegenübergestellten Einzelpunkte zeigen jedoch etliche inhaltliche Parallelen und rechtfertigen somit das Vorgehen.

[230] Selbst wenn die hier gegenübergestellten Schlagworte Abweichungen in den Formulierungen aufweisen, zeigt sich bei Betrachtung der zugehörigen näheren Ausführungen, dass die in der Tabelle einander zugeordneten Punkte vergleichbare Inhalte wiedergeben. Lediglich die jeweils letzten Punkte, die Flächenausdehnung bei SPEIDEL und die Produkteigenschaften bei OESTEN/ROEDER, haben kein Pendant.

[231] Solche nicht auf Märkten gehandelten Leistungen sind allerdings nur teilweise den Forstbetrieben zurechenbar. Häufig sind sie auf die Vegetationsform Wald zurückzuführen und werden von der Bewirtschaftung lediglich positiv oder negativ beeinflusst (Oesten/Roeder 2002, S. 291ff.).

[232] Aus Sicht des Erfolgsziels handelt es sich um Restriktionen, die den Handlungsraum einschränken. Somit ließe sich bedingter Controllingbedarf selbst bei einer Beschränkung auf das indirekte Controllingziel ‚Sicherung des Unternehmenserfolgs' ableiten. Allerdings wäre in diesem Fall die Unterstützung einer darüber hinausgehenden Zielsetzung, bspw. den Biotopschutz betreffend, keine (eigenständige) Controllingaufgabe.

Abhängigkeit vom natürlichen Standort

- Die geografische Lage, die Bodenbeschaffenheit, das Klima usw. begrenzen die wirtschaftlichen und technischen Möglichkeiten des Forstbetriebs (Oesten/Roeder 2002, S. 142).[233] Im Gegensatz zu landwirtschaftlichen Betrieben, die grundsätzlich eine ähnliche Abhängigkeit aufweisen, haben Forstbetriebe nur wenig Spielraum, um die Gegebenheiten zu ihren Gunsten zu beeinflussen (Speidel 1984, S. 26).[234]

- Die Abhängigkeit von der Naturausstattung bezieht sich auch auf die technische Produktion. Die Naturausstattung begrenzt zudem das Potenzial der Waldwirkungen und sonstigen Funktionen. Aus der Naturausstattung leiten sich gegebenenfalls unmittelbare Schutzkategorien ab.

- Eine Erweiterung der rein statischen Betrachtung der Naturausstattung ergibt sich aus der in gleicher Weise gegebenen Abhängigkeit von natürlichen Abläufen und Prozessen (Dieterich 1959, S. 73).[235] Diese sind nur ansatzweise durch den Bewirtschafter steuerbar. Vielmehr besteht dessen (waldbauliche) Aufgabe darin, sich ohnehin ablaufende Prozesse zu Nutze zu machen.[236]

Zeitliche Entkopplung von biologischer Produktion und marktorientierter Nutzung

- Eine wesentliche Eigenart der Holzproduktion ist ihre Dauer (z. B. Zundel 1990, S. 17). Diese führt zu einer weitgehenden Entkopplung von der Nachfrage (Schmithüsen et al. 2009, S. 216f.).[237] Die technische Produktion kann auf Nachfrageänderungen reagieren. Voraussetzung dafür ist die Verfügbarkeit von Baumarten, Dimensionen und Qualitäten, die dieser Nachfrage entsprechen (Oesten/Roeder 2002, S. 142). Die zugehörigen Entscheidungen der biologischen Produktion liegen weit in der Vergangenheit. Gezielte Einflussnahmen wirken nur mit einer beträchtlichen Zeitverzögerung (Speidel 1984, S. 26).

---

[233] Im Hinblick auf die Holzernte vgl. GRAMMEL (1988, S. 39ff.)

[234] Während der Landwirtschaft Maßnahmen wie die jährliche Bodenbearbeitung, die Düngung oder Fruchtwechsel usw. zur Verfügung stehen, sind der Forstwirtschaft solche Möglichkeiten teils aus faktischen (technischen und ökonomischen), teils aus rechtlichen Gründen verwehrt (Oesten/Roeder 2002, S. 42).

[235] Auf die Bedeutung der ‚vierten Dimension', der Zeit, für die Forstwirtschaft und insbesondere für die forstwirtschaftliche Planung weist DIETERICH daher explizit hin (1954).

[236] Zu den konträren Standpunkten der Naturbeherrschung und der Naturkraft-Nutzung und den sich daraus ergebenden Waldbauformen vgl. THOMASIUS/SCHMIDT (1996, S. 303). Ein Ansatz, der sich an der Ausnutzung solcher natürlichen Prozesse orientiert, wird von STEINLIN beschrieben (1967, S. 465).

[237] Veränderungen in der Nachfrage wirken, verglichen mit den Zeiträumen der biologischen Produktion, immer kurzfristig. Bestimmt wird die Nachfrage von der allgemeinen Konjunktur, Trends und Moden sowie technischen Innovationen (Schmithüsen et al. 2009, S. 216).

- Zu ‚Beginn' der biologischen Produktion[238] können noch keine konkreten Produktziele benannt werden, da die Unsicherheit zuverlässige Aussagen nicht zulässt (Merker 1997, S. 52). Eine durchgängig marktorientierte biologische Produktion ist ausgeschlossen, da die derzeitige Marktsituation und deren gerade noch überschaubare Entwicklung keine relevanten Hinweise über die Situation in 100 Jahren oder später geben können.[239] Der sachbezogene Zusammenhang der dependenten Entscheidungssituationen ist aufgrund der zeitlichen Barrieren nicht mehr darstellbar. Tiefgreifende Entscheidungen von hoher zeitlicher Reichweite sind somit immer angreifbar und rational nicht vollständig zu begründen (Oesten 2002, S. 38).

- Der Erntezeitpunkt kann über einen langen Zeitraum verschoben werden, sofern keine zwangsweise Nutzung erforderlich ist.[240] Kurzfristig besteht demgegenüber eine hohe Abhängigkeit von den naturräumlichen Gegebenheiten und Witterungsbedingungen (Grammel 1988, S. 50). Möglicherweise kann eine Nachfrage daher trotz potenziell vorhandenem Angebot nicht befriedigt werden. Eine technische Produktion auf Vorrat ist kaum möglich, da die Lagerfähigkeit geernteter Produkte begrenzt ist. Durch biotische und abiotische Einflüsse tritt schnell eine Entwertung ein (Grammel 1988, S. 51).

Problematische Bestimmung der Produktreife

- Im Regelfall besteht eine Wahlmöglichkeit zwischen ‚Ernte jetzt' und ‚Ernte später'. Einen eindeutigen, universellen Maßstab zur Bestimmung des optimalen bzw. ‚richtigen' Erntezeitpunkts gibt es nicht (Oesten/Roeder 2002, S. 144; Röhrig/Gussone 1982, S. 182). Dem als sicher anzusehenden, in seiner Höhe unterbestimmten Zuwachs am lebenden Baum[241] stehen die Risiken einsetzender oder fortschreitender Entwertung, unsicherer Marktentwicklung und allgemeiner Bestandesrisiken gegenüber (Ebert 1991, S. 3). Eine Entwertung kann ohne weiteres unentdeckt bleiben, da Fäule, Insektenbefall, Ringschäle, Kernbildung usw. teilweise ohne offensichtliche äußere Symptome ablaufen.

---

[238] Mit Ausnahme der künstlichen Bestandesbegründung durch Pflanzung lässt sich der Startpunkt des Produktionsprozesses nur näherungsweise bestimmen. Vor allem in dauerhaft bestockten Wäldern (Dauerwald) mit einzelstammweiser Nutzung ist die Festlegung schwierig.

[239] Der zu berücksichtigende Zeitraum hängt von der betrachteten Baumart ab. Schnell wachsende Baumarten wie die meisten Pappelarten sind bereits nach etwa 60 Jahren erntereif, wogegen langsamwachsende Baumarten wie die Eiche über 200 Jahre bis zum Erreichen der angestrebten Dimension benötigen.

[240] Ein Zwang zur vorzeitigen Nutzung kann durch biotische (z. B. Insektenfraß, akuter Pilzbefall usw.) und abiotische (z. B. Sturm, Nassschnee, Sonnenbrand usw.) Schadereignisse oder bei vorgegebener Nutzung aus sonstigen Gründen (z. B. Rodungen für Baumaßnahmen) entstehen. Von waldbaulich notwendigen Maßnahmen geht hingegen nur bedingter Zwang aus. Mit fortschreitendem Verzug wird die waldbauliche Zielsetzung zusehends gefährdet und das Risiko von Schadereignissen steigt an.

[241] Aus vorliegenden Kenntnissen über den Standort, die Baumart, die Wuchsverhältnisse, das waldbauliche Vorgehen usw. lassen sich zwar Prognosen zum Zuwachs ableiten, deren Zuverlässigkeit nimmt allerdings mit zunehmender zeitlicher Reichweite stark ab.

- Über die Wertleistung hinaus wird die Hiebsreife des betrachteten Baumes durch die Konkurrenzsituation gegenüber benachbarten Bäumen und die natürliche oder künstliche Verjüngung bestimmt (Leibundgut 1985, S. 160).

- Betrachtungen zur Bestimmung der Produktreife beziehen sich gemeinhin auf die Holznutzung und die Maximierung des zu erzielenden Deckungsbeitrags.[242] Waldwirkungen und sonstige Leistungen des Forstbetriebs stehen gleichwohl in engstem Zusammenhang zu Waldbeständen und Einzelbäumen. Die Berücksichtigung weiterer Funktionen neben der Nutzfunktion wirft daher zusätzliche Schwierigkeiten bei der Bestimmung einer relativen Produktreife auf.[243]

Produkt Holz als Werkstoff mit besonderen Eigenschaften

- Rohhölzer zur stofflichen Verwertung zeichnen sich durch ihre große Vielfalt aus. Diese Vielfalt ermöglicht den Einsatz in den verschiedensten Verwendungsbereichen (Oesten/Roeder 2002, S. 145; Schmithüsen et al. 2009, S. 161). Allerdings dominieren wenige industrielle Verwendungen und Massensortimente den Holzabsatz (Mellinghoff/Becker 1998).

- Die Inhomogenität des Naturprodukts Holz und Ermessenspielräume bei der Anwendung von Qualitätskriterien erhöhen den Sortieraufwand und erschweren die Vermarktung (Berger 1997, S. 46). Da die Produktqualität nur näherungsweise anhand äußerer Kriterien eingeschätzt werden kann, lässt sich der erzielbare Erlös vorab nur schwer bestimmen. Die Messung und Einschätzung der Menge und (insbesondere) der Qualität ‚vor Ort' im Wald limitieren den Einsatz von Methoden und Instrumenten.

- Das Ansinnen, den Einsatz fossiler Energieträger zu begrenzen, hat dazu geführt, dass Holz als Energieträger zuletzt wieder an Bedeutung gewonnen hat (Göllinger/Urigshardt 2002; Oersten/Roeder 2002, S. 145). Dieser Markt ist zunächst als Ergänzung zum bisherigen Produktportfolio zu sehen (ebd. S. 146). Steigende Nachfrage führt aber zur Konkurrenz mit der stofflichen Verwendung (z. B. Kaltschmitt/Hartmann 2001, S. 95ff.).

---

[242] Dies gilt zumindest für die statische Kosten- und Erlösbetrachtung. Nachfragemenge und Preis sind zentrale Faktoren zur Bestimmung des aus betriebswirtschaftlicher Sicht optimalen Erntezeitpunkts. Hier wirkt sich erneut die Unsicherheit bezüglich der zukünftigen Absatzsituation negativ aus.

[243] Die Berücksichtigung weiterer Funktionen unterscheidet die relative Produktreife von einer absoluten Produktreife, die sich ausschließlich an den Mengen- und Wertgrößen der marktlichen Verwertung orientiert. Eine solche relative Betrachtung findet bisher nur im Einzelfall statt.

3.4.3 Besonderheiten jenseits der Holzproduktion

Löst man sich davon, die Sonderstellung nur auf Basis der Produktion begründen zu wollen, finden sich in anderen betrieblichen Bereichen weitere charakteristische Unterschiede zwischen Industrie- und Forstbetrieben (siehe Tabelle 5).[244]

	Industriebetriebe	Forstbetriebe
Allgemeines	Flexible Standortentscheidung(en) auf Grundlage der betrieblichen und überbetrieblichen Rahmenbedingungen	BP: Forstbetrieb lässt sich über den geografischen Standort identifizieren
		TP: Hohe Bindung an den Standort, abnehmend mit jeder weiteren Wertschöpfungsstufe
Produktion und Produkte	Kapital und Arbeit als zentrale Produktionsfaktoren; Stellung der Natur als (freie) Ressourcenquelle und Schadstoffsenke sowie Teil der betrieblichen Umwelt	BP: Natur als zentraler Produktionsfaktor, Einsatz von Kapital und Arbeit nur punktuell
		TP: Hohe Bedeutung der Faktoren Kapital und Arbeit; Natur als bestimmende Rahmenbedingung
	Hohe Beeinflussbarkeit der eingesetzten Produktionsfaktoren, dadurch Steuerbarkeit der Produktivität	BP: Kaum beeinflussbare Naturproduktivität als begrenzender Faktor
		TP: Beeinflussbarkeit der Produktionsfaktoren auf Niveau der industriellen Produktion
	Überschaubare Produktionsdauer von Sekunden bis max. wenigen Jahren (bspw. im Baugewerbe oder Anlagenbau)	BP: Produktionsdauer zwischen rund 60 bis über 200 Jahren
		TP: der Industrieproduktion vergleichbare Produktionsdauer (Ernte des Rohholzes)
	Variabilität in der Intensität der Nutzung der Produktionsmittel	BP: Intensität der Nutzung der Produktionsmittel endogen / exogen festgelegt
		TP: Nutzungsintensität variabel
	Standardisierbarkeit der Produkte überwiegend gegeben; gut oder exakt messbare Produkteigenschaften / Produktqualität	BP: gekoppelte Produktion der Produkte und Leistungen; generell hohe Variabilität; eingeschränkte Messbarkeit von Eigenschaften und Produktqualität
		TP: Überwindung der Variabilität durch Auswahl und Sortierung; verbesserte Messbarkeit
F & E	Erhebliche Bedeutung der F&E-Tätigkeit sowohl im Bereich Produkte als auch im Bereich Verfahren, abhängig von der Einzelbranche	BP: F&E allenfalls im Bereich der Verfahren, Produktinnovationen allenfalls von der Nutzer-/ Verwenderseite
		TP: F&E hauptsächlich auf Verfahren beschränkt, Produktinnovation ggf. durch Sortierung oder Produktveredelung
Finanzierung	Vergleichsweise kurze Kapitalumschlagsdauer	BP: Beschränkung auf Eigenfinanzierung durch Höhe und Dauer der Kapitalbindung und Länge der Kapitalumschlagsdauer
	Unterschiede in den Möglichkeiten der Finanzierung über Fremdkapital, je nach Rechtsform	
		TP: Übertragung der Finanzierungsproblematik aus der BP; bei isolierter Betrachtung deutlich höhere Wertschöpfung

BP: Biologische Produktion
TP: Technische Produktion

Tab. 5: Vergleich von Industrie- und Forstbetrieben in ausgewählten Bereichen

---

[244] Ein sehr unvollständiger Vergleich zwischen Industrie- und Forstbetrieben, der bspw. keine Unterscheidung von biologischer und technischer Produktion vornimmt, ist bei SCHWENNSEN zu finden (1994, S. 164).

Die Zweiteilung von biologischer und technischer Produktion wirkt sich erneut aus. Abweichungen sind in erster Linie auf die Eigenarten der biologischen Produktion zurückzuführen. Der Vergleich bezieht sich auf funktionale Bereiche (Produktion, F&E, Finanzierung), auf den Output (Produkte und Leistungen) und allgemein auf die Bedeutung des Standorts. Die Standortgebundenheit des Forstbetriebs sowie der große Einfluss, den der Standort (als Geotop) auf die biologische Produktion hat, wurde schon weitgehend beschrieben. Die Unterschiede im Bereich Produktion und Produkte hängen eng mit der Bedeutung der Natur als Produktionsfaktor[245] und der eingeschränkten Beeinflussbarkeit der Naturprozesse zusammen. Die Leistungserstellung erfolgt überwiegend in gekoppelten Prozessen. Forschungs- und Entwicklungstätigkeiten finden nur in sehr geringem Umfang statt. Änderungen im Produktbereich werden in erster Linie von Verwender-/Nutzerseite initiiert (Market Pull).[246] Eigene Bemühungen setzen in erster Linie im Bereich der Prozesse an (Thieme 2002). Der Eigenfinanzierungsvorbehalt hat seine Ursache in der Länge der Produktionsdauer, da dieser die Rentabilität erheblich einschränkt. Auch wenn zuvor der Variantenreichtum forstwirtschaftlicher Betriebe betont wurde, lassen sich doch Gemeinsamkeiten in ausreichender Zahl ausmachen, die als Grundlage eines forstbetrieblichen Managements dienen. Als produktive soziale Systeme sind Forstbetriebe in ein ökologisch-soziales Umsystem eingebettet (Oesten/Roeder 2002, S. 46f.). Aus dieser Situation ergeben sich zahlreiche Ansprüche, die sich zum einen in der geforderten Multifunktionalität, zum anderen in der erforderlichen Anpassungsfähigkeit an sich ändernde Umfeldbedingungen äußern (ebd. S. 47; Oesten 2002, S. 39). Versuche, die Berechtigung einer eigenen forstlichen Betriebswirtschaftslehre ausschließlich mit den Eigenheiten der Holzproduktion zu begründen, greifen daher zu kurz. Ohnehin haben wesentliche Charakteristika der Forstwirtschaft für alle Bereiche der Forstbetriebe Geltung. OESTEN nennt fünf Dimensionen, die sich im Wesentlichen mit den Nachhaltigkeitsbereichen decken, zum Teil jedoch darüber hinaus gehen (2002, S. 39):

- Die ökologische Dimension der Naturnutzung: Naturvermögen (Naturkapital) und Naturproduktivität von Waldökosystemen.[247]

---

[245] Zur generellen Eingliederung der Natur als Produktionsfaktor in die allgemeine Produktionstheorie vgl. STEVEN (1991).

[246] Innovationen können entweder von Nachfragerseite gefordert werden (Market Pull) oder sie werden von technologischen Neuerungen auf der ‚Suche nach Anwendungen' getrieben (Technology Push) (Gerpott 2005, S. 41).

[247] Im Vordergrund steht der Verbrauch von Naturvermögen, der mit jedem Eingriff, sei es als Ressourcenentnahme oder als Eintrag, und jedem Konsum vor Ort verbunden ist (Oesten 2002, S. 39). Geht dieser Verbrauch über die Regenerationsfähigkeit des Systems (= Naturproduktivität) hinaus, nimmt das verfügbare Naturvermögen dauerhaft ab (Held/Nutzinger 2001, S. 19ff.).

- Die ökonomische Dimension: Besondere Gutseigenschaften der Wirkungen des Waldes und der Leistungen der Forstbetriebe sowie deren Verflechtung.[248]

- Die Zeitdimension von Forstwirtschaft: Langfristigkeit der Prozesse und Zukunftsorientierung jeglichen Handelns.

- Die Raumdimension: Standortgebundenheit und Flächenausdehnung der Wirkungen/Leistungen sowie der Betriebe.

- Normative Dimension: Notwendigkeit und gesellschaftliche Wertschätzung der Wirkungen/Leistungen.

Ob die genannten Punkte als Begründungen für eine eigenständige forstliche Betriebswirtschaftslehre ausreichen, soll hier nicht abschließend bewertet werden. Die Berechtigung eines Sonderweges wird in der neueren Literatur durchaus kritisch hinterfragt (Schmithüsen et al. 2009, S. 214; Oesten/Roeder 2002, S. 137; Oesten 2002, S. 37). Nach der hier vertretenen Auffassung muss den genannten Besonderheiten Rechnung getragen werden. Die Übertragung von Erkenntnissen hat mit Augenmaß zu erfolgen. Dies steht im Einklang mit der Wertung zahlreicher Vertreter der Forstökonomie und der forstlichen Betriebswirtschaftslehre (z. B. Schwennsen 1994, S. 164; Oesten/Roeder 2002, S. 141ff.; Schmithüsen et al. 2009, S. 214f.; Zundel 1990, S. 17f.).

3.5 Modell eines Forstbetriebs

3.5.1 Abstraktion auf betrieblicher Ebene

Die Forstwirtschaft zeichnet sich folglich durch eine Reihe von Besonderheiten aus. Zum Teil sind in anderen Wirtschaftszweigen vergleichbare Herausforderungen zu finden. Dortige Lösungsansätze können gegebenenfalls übertragen werden. Andere Eigenheiten gelten hingegen nur für die Forstwirtschaft. Die Konsequenzen und Schlussfolgerungen für das forstliche Controlling sind Inhalte des fünften Kapitels. Deshalb wird vorab ein Modell eingeführt, welches den einzelnen Forstbetrieb als Input-Output-Modell zeigt. Im Vordergrund stehen jedoch nicht etwa Stoffflüsse und andere Stromgrößen, sondern Entscheidungsvariablen und Zielgrößen. Die Tragweite der Entscheidungsvariablen ist durchweg hoch, der Geltungsbereich der Zielgrößen ist der gesamte Betrieb, die zeitliche Reichweite ist überwiegend groß. Das Modell ist daher auf der strategischen Ebene anzusiedeln. Die vorangegangene Darstellung des Wirkungsgefüges im Wirtschaftswald wird durch das Modell erweitert. Allerdings geschieht dies nicht aus einer ökosystemaren, sondern aus einer einzelbetrieblichen Perspektive.

---

[248] Eine solche Eigenschaft, die Bereitstellung der Waldleistungen als öffentliche Güter, wurde bereits ausführlich dargelegt.

3.5.2 Detaillierte Modellkonzeption

Um Controlling in der Forstwirtschaft betreiben zu können, müssen zunächst die (allgemeingültigen) wertschöpfenden Zusammenhänge analysiert werden.[249] In Abbildung 14 betrachten wir den bewirtschafteten Wald als produktives System mit strategischen Inputfaktoren als Entscheidungsgrößen, einem Transformationsprozess sowie den Zielgrößen in Form eines bewerteten Outputs.[250]

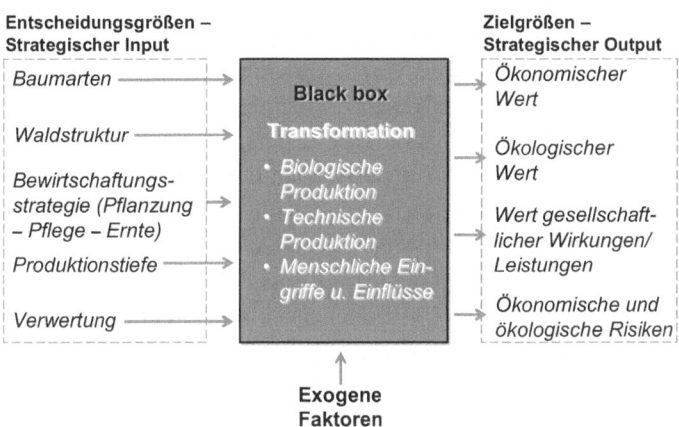

Abb. 14: Beschreibungsmodell eines Forstbetriebs

Outputseitig soll es also nicht bei einer reinen Mengenerfassung (Stromgrößen) und Beschreibung (Bestandsgrößen sowie die nicht messbaren Stromgrößen) bleiben. Zur Beurteilung der betrieblichen Leistung hat, soweit möglich, eine Bestimmung der Wertschöpfung oder die Erfassung von Wertveränderungen zu erfolgen – vorrangig im Zusammenhang mit den Zielen des Betriebs. Zu beachten sind alle Nachhaltigkeitsdimensionen. Im skizzierten Beschreibungsmodell bleiben die Rückwirkungen scheinbar unberücksichtigt. Sie sind jedoch Teil des Bewertungsansatzes und der betrachteten Risiken auf der Outputseite. Positive Rückwirkungen erhöhen, negative Rückwirkungen mindern den jeweiligen Wert oder tragen in umgekehrtem Verhältnis (mindernd bzw. erhöhend) zu den ökonomischen respektive ökologischen Risiken bei.

---

[249] Die Wertschöpfung bezieht sich in erster Linie auf den innerbetrieblichen Transformationsprozess, also die Leistungserstellung (z. B. Eisele 2001, S. 430). Sie entspricht dem erzielten Wertzuwachs und berechnet sich entstehungsseitig aus der Differenz von Leistungsabgabe und Vorleistungen, also operativen Größen (z. B. Schierenbeck 2000, S. 608; Lehmann 1954, S. 13). Eine Übertragung in die strategische Perspektive hat in erster Linie die Analyse der wertschöpfenden Prozesse (z. B. Wertschöpfungskette nach PORTER (1985, S. 34ff.) und letztlich die Optimierung der (operativen) Wertschöpfung zur Aufgabe (Weber/Schäffer 2006, S. 378). Darüber hinaus kann die Differenz sämtlicher werthaltiger Input- und Outputfaktoren übergeordnet als strategische Wertschöpfung des Transformationsprozesses angesehen werden.

[250] Auf die Unterscheidung in Produkte und Leistungen wurde in der Darstellung der Grundproblematik bereits eingegangen.

Die Transformation ist in der Abbildung mit ‚Black-box' überschrieben. Streng genommen herrscht kein vollständiges Unwissen, da die Transformation die operativen betrieblichen Tätigkeiten umfasst. Allerdings können die Systemstruktur und die inneren Zusammenhänge der Transformation bisher nur unzureichend wiedergegeben werden. Bei unzureichender Kenntnis des betrachteten Systems bildet die ‚Black-box'-Betrachtung die angemessene Ausgangsdarstellung, aus der die Struktur und Parameter des Systems dann durch geeignete Identifikationsmethoden zu ermitteln sind (Grochla 1974, S. 16; Ashby 1960, S. 86ff.).[251]

Ein erster Schritt wurde bei der Beschreibung der Wirkungszusammenhänge des Wirtschaftswaldes (Abschnitt 3.2.2) unternommen. Unter Bezug auf die Holzproduktion wurden die biologische und die technische Produktion gegeneinander abgegrenzt. Bei der Transformation tritt ergänzend der Bereich ‚menschliche Eingriffe' hinzu. Der Begriff ist bewusst offen gehalten und enthält sowohl gezielte Handlungen des Forstbetriebs im Zusammenhang mit der betrieblichen Leistungserstellung und Sicherung der sonstigen Waldleistungen als auch konsumtive Handlungen,[252] die sich aus der Nutzung vor Ort ergeben. Beispiele für konsumtive Eingriffe sind etwa die Jagdausübung, Waldbesucher beim Sport oder Schulklassen, die an einer Waldführung teilnehmen. Hinzu kommen Eingriffe ohne direkten Bezug zur Waldbewirtschaftung oder den Waldwirkungen. Eingriffe, die sich aus anderen Nutzungen ergeben, sind beispielsweise Deponie- oder Tagebauflächen (z. B. Steinbruch) innerhalb eines Waldgebiets. Ein typisches Beispiel äußerer Einwirkungen sind Immissionen, ein weiteres ist die Beeinflussung des Grundwasserspiegels.

3.5.3 Die Inputseite

3.5.3.1 Gestaltbarkeit der Inputfaktoren

Inputseitig wird vorab eine Zweiteilung vorgenommen, da nicht alle Faktoren durch die Betriebsleitung gezielt beeinflussbar sind. Jene Faktoren, die nach derzeitiger Einschätzung als exogen vorgegeben einzustufen sind, werden separat zusammengefasst und nur kurz betrachtet. Im Sinne einer entscheidungsorientier-

---

[251] Oftmals ist eine solche Identifikation nur sukzessive und durch iteratives Herantasten möglich. Zum denkbaren Vorgehen vgl. GROCHLA (1974, S. 15ff.). Der Versuch einer befriedigenden Identifikation ist nicht die Intention dieser Arbeit. Für den Zweck der reinen Beschreibung, wie sie in diesem Modell vorgenommen wird, ist dies auch nicht erforderlich. Für die Steuerung im Rahmen des Controllings können sich daraus Probleme ergeben. Dies wird später noch deutlich werden.

[252] Die Betrachtung konsumtiver Eingriffe im Rahmen der Transformation weicht von der rein produktionswirtschaftlichen Betrachtung (z. B. Dyckhoff 2003, S. 3) ab und wird hier aus Gründen der Modellvereinfachung gewählt. Da eine Aufspaltung schwer fällt, weil sowohl die räumliche als auch die zeitliche Trennung (Bsp. Erholungsfunktion) zwischen Leistungserstellung und Konsum kaum möglich ist, ist dies gerechtfertigt.

ten Betrachtung sind sie selbst nicht disponibel.[253] Eine solche Abgrenzung ist nicht immer eindeutig und kann je nach unterstelltem Zeithorizont, Machtverhältnissen (z. B. Marktmacht beim Absatzpreis) usw. unterschiedlich ausfallen. Als zu beeinflussende Inputfaktoren werden im Modell die Baumarten, die Waldstruktur, die Bewirtschaftungsstrategie(n), die Produktionstiefe und das angestrebte Produkt- und Leistungsportfolio angesehen.

3.5.3.2   Baumarten und Baumartenwahl

Baumarten können zum einen einzeln betrachtet werden. Diese Perspektive ist unter dem Aspekt der ,Holzproduktion' besonders relevant. Bäume und Baumarten sind zum anderen in ihrem Zusammenwirken, ihrer Vielfalt (Diversität) (z. B. Burschel 1993, S. 123) und ihrer Verteilung zu beurteilen und somit unter dem Aspekt der Waldstruktur. Die Waldstruktur wird anschließend als eigener Inputfaktor des Beschreibungsmodells detaillierter ausgeführt. Für den Waldbau und damit für die gesamte biologische Produktion hat die Baumartenwahl elementare Bedeutung (Röhrig/Bartsch/Lüpke 2006, S. 49; Leibundgut 1991, S. 92; Leibundgut 1985, S. 149ff.). Im Hinblick auf die isolierte Betrachtung sind die folgenden Zusammenhänge zu beachten:

- *Wachstum und Wachstumsverlauf*: Das Höhenwachstum der meisten Arten zeigt einen charakteristischen Wachstumsverlauf.[254] Die Unterschiede führen zu Konkurrenzsituationen zwischen benachbarten Einzelbäumen, die nicht immer erwünscht sind.[255] Das Dickenwachstum hingegen korreliert stark mit der waldbaulichen Behandlung.[256]

- *Eignung für den Standort*: Der waldbauliche Standort[257] wirkt begrenzend auf den erreichbaren Biomassezuwachs, die Gesundheit und die Stabilität der Einzelbäume bzw. Baumbestände (Röhrig/Bartsch 1992, S. 112). Die Baumartenwahl muss sich an den standörtlichen Gegebenheiten ausrichten (z. B. Burschel/Huss 1997, S. 190ff.; Zundel 1990, S. 102).

- *Holzmenge*: Die tatsächlich verwertbare Holzmenge bzw. Holzmasse ist als Mengenkomponente ein wichtiges Kriterium zur Bestimmung der ökonomischen Wertleistung. Je nach Stamm- und Kronenform variiert sie bei gleicher

---

[253] Zur entscheidungsorientierten Betriebswirtschaftslehre allgemein vgl. HEINEN (1971). Es handelt sich letztlich um die Umweltzustände des klassischen Entscheidungsmodells; vgl. z. B. BEA (2000b, S. 303).

[254] Dies gilt insbesondere im Hinblick auf die Einteilung in die so genannten Licht- und Schattbaumarten; vgl. z. B. RÖHRIG/BARTSCH (1992, S. 31).

[255] Unterschiede im Höhenwachstum treten ebenfalls innerartlich auf (z. B. Burschel/Huss 1997, S. 67). Inner- und zwischenartliche Konkurrenz sind dabei unterschiedlich zu bewerten (ebd. S. 34).

[256] Durch Entnahme einzelner Bäume vermindert sich die Konkurrenz um Wasser, Nährstoffe und Licht. Die verbleibenden Bäume können den vergrößerten Standraum und die verbesserte Versorgung durch höheren Zuwachs nutzen; vgl. z. B. RÖHRIG/BARTSCH (1992, S. 56).

[257] Die Standortfaktoren werden im Einzelnen bei den exogenen Faktoren aufgegriffen. Zur Bedeutung des Standorts siehe ausführlich RÖHRIG/BARTSCH/LÜPKE (2006, S. 53ff.).

Baumhöhe und gleichem Brusthöhendurchmesser (BHD).[258] Bei Nadelholz ist der Stammholzanteil durchweg größer als bei Laubholz. Die Arten unterscheiden sich zudem in der maximal erreichbaren Baumhöhe.[259]

- *Holzqualität*: Die Verwertungsmöglichkeiten[260] werden auf der Rohstoffseite von den generellen Holzeigenschaften,[261] der Dimension und den speziellen Qualitätseigenschaften[262] bestimmt. Die Qualität ist zum einen genetisch festgelegt, zum anderen hängt sie von äußeren (Standort-)Einflüssen ab und ist nicht zuletzt von der Transformation, also den forstlichen Produktionsabläufen, geprägt (Röhrig/Gussone 1982, S. 181f.).

- *Holzpreise und -nachfrage*: Die erzielbaren Preise sind an und für sich den exogenen Faktoren zuzuordnen, da es sich bei den Rohholzmärkten, zumindest derzeit, um Käufermärkte handelt.[263] Die Preiserwartungen sind, mittelbar über die erwartete Wertleistung, aus ökonomischer Sicht allerdings einer der wichtigsten Bestimmungsgründe der Baumartenwahl. Die Preiserwartungen leiten sich über die grundsätzlichen Verwertungsmöglichkeiten, Dimensionen und Qualitäten ab; saisonale Nachfrageschwankungen und modisch-ästhetische Aspekte[264] überlagern diese Faktoren der käuferseitigen Zahlungsbereitschaft. Eigentlich wäre die Prognose der zukünftigen Nachfrage eine der wichtigsten Entscheidungsgrundlagen der Baumartenwahl. Eine weit in die Zukunft reichende Vorhersage ist jedoch unmöglich (Leibundgut 1984, S. 149f.).

Die bisherigen Betrachtungen zur Baumartenwahl erstreckten sich eher einseitig auf die Holzproduktion und damit die ökonomische Wertleistung. Im Folgenden wird der Fokus, noch einzelbaumbezogen, dennoch bereits erweitert.

---

[258] Zur Durchmesserermittlung am stehenden Baum wird der BHD auf einer Höhe von 1,3 m über dem Boden ($d_{1,3}$) gemessen. Über Formzahlen und Baumhöhe kann dann das Volumen berechnet werden. Zum Vorgehen vgl. z. B. ZUNDEL (1990, S. 184).

[259] Bei RÖHRIG/BARTSCH finden sich hierzu einige Angaben. Unter den einheimischen (europäischen) Waldbäumen werden Weißtannen in Südosteuropa angeführt, die Höhen bis knapp über 60 m und einen BHD von bis zu 190 cm erreichen. Über eine Fichte vergleichbarer Dimension in Bosnien wird ebenfalls berichtet (1992, S. 12).

[260] Die potenzielle Verwertung wird zum einen von den Rohstoffeigenschaften und zum anderen von den technologischen Möglichkeiten des Verwenders bestimmt.

[261] Diese Eigenschaften sind durch die Baumart bedingt. Zu nennen sind etwa Aufbau und Länge der Holzfasern, Jahrringaufbau, Kernbildung, die natürliche Fäuleresistenz usw. Vgl. zu den Holzeigenschaften der wichtigsten einheimischen Waldbäume z. B. ZUNDEL (1990, S. 210ff.).

[262] Qualitative Mängel, welche die Verwendung einschränken, so genannte Holzfehler, sind z. B. (starke) Äste, Drehwuchs, Krümmung, Rissbildung, Farbfehler, Fäule, Fraßgänge von Insekten usw.

[263] Vgl. zu dieser Einschätzung SCHMITHÜSEN ET AL. (2009, S. 163). Die Rohholzmärkte reagieren durch vergleichsweise starke Preisreaktionen auf geänderte Angebotsmengen (geringe Preiselastizität), bspw. in Folge von Kalamitäten; vgl. BERGEN/LÖWENSTEIN/OLSCHEWSKI (2002, S. 274ff.); allgemein VARIAN (1993, S. 267f.). Zu den Einflussfaktoren der Preissensibilität seitens der Kunden vgl. KOTLER/BLIEMEL (2001, S. 825).

[264] Zur Problematik der Unsicherheit im Hinblick auf den zukünftigen Bedarf und die zukünftige Wertschätzung der Holzarten und -sortimente und deren Auswirkungen auf die Baumartenwahl vgl. RÖHRIG/GUSSONE (1982, S. 24).

- *Anfälligkeiten für Krankheiten und klimatische Ereignisse*: Die Resistenz gegen biotische Schädigungen, Wetterextreme sowie inzwischen auch die Fähigkeit, Klimaänderungen standzuhalten, insgesamt also die ökologische Stabilität (z. B. Zundel 1990, S. 164), sind sowohl für die Holzproduktion als auch für die Kontinuität sonstiger Waldleistungen wichtige Voraussetzungen.[265]

- *Seltenheit*: Seltenheit kann sich wiederum auf die Holzverwertung beziehen, sie kann weitere Funktionen, etwa als Habitat, betreffen oder sie kann einen eigenen Wert haben. Das natürliche Vorkommen einer Baumart hängt zum einen von ihren Standortansprüchen im Vergleich zu den standörtlichen Gegebenheiten und zum anderen von ihrer Konkurrenzkraft ab (Burschel/Huss 1997, S. 41).[266] Im Wirtschaftswald ist der potenzielle ökonomische Wert maßgeblich.

- *Ästhetische Qualität*: Vollkommen losgelöst von der ökonomischen Betrachtung ist der ästhetische Wert einer Baumart. Ästhetik[267] entzieht sich dabei einem einheitlichen intersubjektiv überprüfbaren Maßstab (Wöbse 2002, S. 77ff.). Zudem kann die Bewertung zu unterschiedlichen Zeitpunkten verschieden ausfallen.[268] Im Hinblick auf den Erholungswert erhält dieser Maßstab dennoch Relevanz.[269]

- *Erhöhung der Artenvielfalt*:[270] Obwohl die Artenvielfalt keinen unmittelbaren Bezug zur Holzproduktion hat, wirkt sie sich als Maßnahme des vorbeugenden Waldschutzes[271] und über die Förderung der Bestandessicherheit

---

[265] Die ökologische Stabilität wird als Wertmaßstab outputseitig noch genauer betrachtet. Heruntergebrochen auf den Einzelbaum entspricht das Stabilitätsziel der Forderung nach (weitgehender) Resistenz gegenüber biotischen und abiotischen Störungen oder zumindest einem hohen Maß an Regenerationsfähigkeit (Guderian/Braun 1993, S. 57). Zur Stabilität der Pflegeeinheiten (Bestände) vgl. BURSCHEL/HUSS (1997, S. 321ff.). Zur Stabilität verschiedener Baumarten in Wirtschaftswäldern, entweder als Einzelbaum oder im Bestand, vgl. BURSCHEL/HUSS (1997, S. 90ff.).

[266] Zu den Faktoren, die die Konkurrenzkraft der Arten bestimmen, vgl. ausführlich BURSCHEL/HUSS (1997, S. 35ff., insbes. S. 38).

[267] Ästhetik war in ihrem Ursprung die Lehre von den sinnlichen Wahrnehmungen. Heute ist sie in erster Linie die Lehre vom Schönen, von den Gesetzmäßigkeiten und der Harmonie in Natur und Kunst (Wöbse 2002, S. 15 und 18ff.).

[268] Eine Baumart (z. B. die Douglasie), die im dichten Jungbestand und ohne Beimischung wenig reizvoll erscheint, kann im Altbestand durchaus Grundlage schöner Waldbilder sein. Reine Laubholzbestände, denen während der Vegetationsperiode sicherlich ein hoher ästhetischer Wert beigemessen wird, wirken unbelaubt kahl und trist. Darüber hinaus unterliegt das ästhetische Empfinden Veränderungen im Zeitablauf (Moden); vgl. zur Dynamik der Ästhetik WÖBSE (2002, S. 72ff.).

[269] Wobei der Abwechslungsreichtum des Waldbildes oft wichtiger erscheint als die Ästhetik des Einzelbaums; vgl. RÖHRIG/GUSSONE (1982, S. 39).

[270] Die Artenvielfalt oder Biodiversität bezieht sich im Gegensatz zur oben beschrieben Seltenheit auf alle Tier- und Pflanzenarten höherer und niederer Ordnung und nicht nur auf die den Wald prägenden Bäume. Als grundlegendes Anliegen ist die Förderung der genetischen Vielfalt anzusehen (Lähde et al. 1999, S. 213).

[271] Aufgaben des Waldschutzes sind das Erkennen und die Abwehr von biotischen (Krankheiten, Schäden durch Insekten und andere Tiere usw.) und abiotischen (Sturm, Schnee, Frost, Feuer usw.) Gefährdungen des Waldes. Synonym findet sich die (ältere) Bezeichnung ‚Forstschutz'. Zum Waldschutz allgemein und auch zum vorbeugenden Waldschutz vgl. ZUNDEL (1990, S. 290ff.).

(Burschel/Huss 1997, S. 92f) zumindest indirekt darauf aus. Unter ästhetischen Gesichtspunkten und im Zusammenhang mit der Erholungswirkung wird die Vielfalt dagegen weitaus häufiger als relevantes Merkmal angesehen (Röhrig/Bartsch/Lüpke 2006, S. 72).

3.5.3.3 Waldstruktur

Gerade bei der Waldstruktur wird das Abgrenzungsproblem gegenüber den exogenen Faktoren deutlich. Kurzfristig sind die meisten Strukturmerkmale nicht veränderbar. Ein struktureller Auf- oder Umbau ist nur über einen längeren Zeitraum zu erreichen.[272] Die Strukturmerkmale haben allesamt einen Flächenbezug, der bei einer wertenden Betrachtung zu beachten ist. Strukturelle Differenziertheit ist über große Flächeneinheiten nahezu immer zu finden. Weit wichtiger ist deren Vorhandensein schon bei kleinräumiger Betrachtung.[273] Folgende Strukturmerkmale können unterschieden werden:[274]

- *Horizontale Struktur*: Betrachtet werden die flächige Verteilung/Trennung der verschiedenen Baumarten einerseits sowie die unterschiedlichen Entwicklungsstadien (ohne Berücksichtigung der Arten) andererseits. Die Mischungsformen reichen von der Einzelmischung über gruppenweise Beimischungen bis zu Mischungsgrößen, die von einer flächigen Trennung kaum mehr zu unterscheiden sind (z. B. Röhrig/Bartsch 1992, S. 25ff.). Die altersabhängigen Entwicklungsstadien sind ebenfalls entweder klar getrennt[275] oder sie gehen fließend ineinander über. Flächige Trennung führt zu Strukturarmut. Ein eindeutiger Zusammenhang zur Natürlichkeit oder Naturnähe besteht trotzdem nicht (Röhrig/Bartsch/Lüpke 2006, S. 40ff.).

- *Vertikale Struktur*: Vertikale und horizontale Struktur bilden gemeinsam die räumliche Gliederung des Bestandes ab (Röhrig/Bartsch 1992, S. 25; Bauer

---

[272] Es kann allerdings auch zu Strukturbrüchen kommen, die einen raschen Wandel einleiten. Der anschließende Neuaufbau nimmt jedoch lange Zeit in Anspruch (aus Sicht der Nettoprimärproduktion BURSCHEL/HUSS (1997, S. 31)). Brüche können über die reguläre Bewirtschaftung herbeigeführt werden (insbes. Kahlschlagwirtschaft) oder ungeplant durch große Schadensereignisse (Witterungseinflüsse, Insektenfraß o. ä.) entstehen.

[273] Dies gilt vor allem aus Sicht der ökologischen Wertigkeit (Lähde et al., S. 214).

[274] Ein deutlich weiter gehendes Strukturverständnis zeigen SCHMITHÜSEN ET AL., wenn sie die betriebliche Struktur der Forstbetriebe beschreiben (2009, S. 114). In etwa vergleichbar mit der Waldstruktur unseres Modells ist hier lediglich der Punkt ‚Betriebliche Struktur der Waldbestände' mit den Merkmalen ‚Waldaufbau und Baumarten', ‚Altersgliederung und räumliche Ordnung', ‚mittel- und langfristiges Produktionspotenzial', ‚Biodiversität und ökologische Stabilität'. Zur Beschreibung der Waldbestände können noch weitere Strukturmerkmale herangezogen werden. So können Durchmesserverteilungen ermittelt und Kronenabmessungen und -formen beschrieben werden (Röhrig/ Bartsch/Lüpke 2006, S. 51). Diese Merkmale weisen aber so enge Bezüge zu den behandelten Strukturmerkmalen auf, dass sie letztlich darin abgehandelt werden können (die Durchmesserverteilung bspw. im Rahmen der horizontalen Struktur).

[275] Derartige Waldbilder, die derzeit noch häufig zu finden sind, gehen auf die ‚schlagweise Bewirtschaftung' zurück; vgl. z. B. BURSCHEL/HUSS (1997, S. 104f.), BAUER (1962, S. 64ff.).

1962, S. 72). Sträucher und Bodenvegetation sind am Aufriss[276] deutlich klarer beteiligt als am Grundriss. Die vertikale Struktur ist auf die unterschiedlichen Wuchshöhen, Wachstumsverläufe und -formen der beteiligten Arten zurückzuführen. In der vertikalen Struktur kann folglich eine ganze Folge von Schichten, so genannten Straten, ausgeschieden werden.[277] Abbildung 15 gibt einen Eindruck des umfangreichen Schichtaufbaus, wie er bereits ohne konkrete Artendifferenzierung vorliegt.

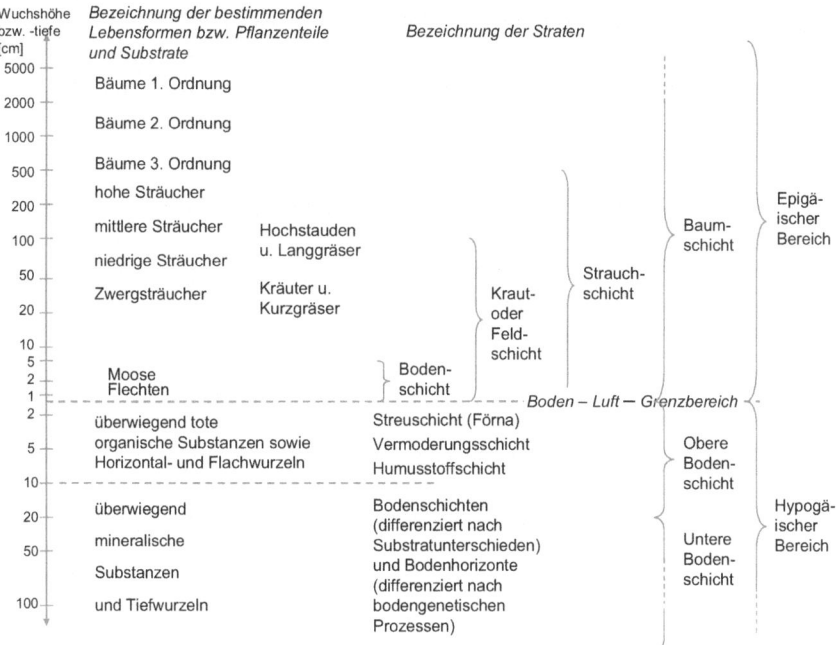

Abb. 15: Schichtung eines Waldökosystems
(Quelle: Thomasius/Schmidt 1996, S. 93)

Bei vollständiger ökosystemarer Betrachtung schließt das Schichtmodell den Bodenraum (hypogäischer Bereich) ein. Nimmt man die Artendifferenzierung hinzu, wird der enge Zusammenhang mit den zuvor behandelten Aspekten Vielfalt und horizontale Struktur deutlich. Beachtenswert ist, dass Bäume im Laufe der Zeit alle diese Schichten durchlaufen und sie ausgewachsen mit ihren Organen besetzen und prägen (Kronenraum, Stammraum, Boden-Luft-Grenzbereich, Wurzelraum) (Röhrig/ Bartsch/Lüpke 2006, S. 54).

- *Alterstruktur*: Die Altersstruktur wirkt sich nicht nur unmittelbar auf die Physiognomie des Waldes aus, sie hat auch wirtschaftlich hohe Bedeutung. Die

---

[276] Die vertikale Struktur kann, vergleichbar dem Aufriss in der geometrischen Darstellung, recht gut durch einen vertikalen Schnitt durch das betrachtete Objekt veranschaulicht werden.

[277] Vgl. hierzu auch RÖHRIG/BARTSCH (1992, S. 24 und aus stärker waldbaulicher Sicht S. 36f.)

Nutzungsmöglichkeiten sind direkt vom Altersaufbau der Bestände abhängig (Schmithüsen et al. 2009, S. 53). Zu unterscheiden sind die Verjüngungs-, Jugend-, Optimal-, Alters- und gegebenenfalls die Zerfallsphase (Thomasius/ Schmidt 1996, S. 82ff.; mit Abweichungen Röhrig/Bartsch/Lüpke 2006, S. 392). Verlauf und Dauer der Phasen variieren je nach Baumart (Thomasius/ Schmidt 1996, S. 144ff.). In den ersten beiden Phasen fallen kaum verwertbare Sortimente an. Die Zerfallsphase wird durch die forstwirtschaftliche Ernteentscheidung nahezu vollständig unterbunden.[278] Hierdurch entsteht Konfliktpotenzial, da diese Phase aus ökologischer Sicht sehr bedeutsam ist.[279]

- *Ökotone*: Während die bisherigen Strukturmerkmale einer auf den Wald beschränkten Betrachtung entstammen, beziehen sich Ökotone auf Grenz- bzw. Übergangsbereiche,[280] etwa zwischen verschiedenen Landschaftstypen oder als Saumbiotope zwischen benachbarten Ökosystemen (Scherfose 2000, S. 251). Ökotone bieten in der Regel angemessene Lebensräume für alle in den aufeinander treffenden Landschaftseinheiten normalerweise vorkommenden Arten. Hinzu kommen oftmals Arten, die diese charakteristischen Grenzbereiche besiedeln (Bornkamm 1993, S. 295). Ökotone sind dadurch artenreicher als die homogenen Einzelbereiche.

- *Biotopverbund*: Ebenfalls zum Bereich der Strukturmerkmale gehört die Verbindung oder Vernetzung von Einzelbiotopen. Um einen Austausch mit anderen Populationen zu ermöglichen, müssen Verbindungen erhalten oder geschaffen werden (Wittig 1993a, S. 89). Die Fragmentierung und Isolierung wertvoller Biotope in Form natürlicher Waldgebiete wird als Problem angesehen (Noss 1999, S. 140).

3.5.3.4 Bewirtschaftungsstrategien

Strategien der Bewirtschaftung können unter verschiedenen Gesichtspunkten betrachtet werden (vgl. Abbildung 16). Die Art der Umsetzung einer Strategie nachhaltiger Bewirtschaftung ist das erste Kriterium, die beiden weiteren sind die Strategien der biologischen sowie der technischen Produktion.[281]

---

[278] So schreibt bereits FEUCHT zu den Möglichkeiten einer ‚naturgemäßen' Bewirtschaftung: „Naturgemäß wäre es, das gefällte Holz liegen zu lassen, es dem Kreislauf des natürlichen Vergehens und Werdens nicht zu entziehen." (1928, S. 24)

[279] Zahlreiche holzzersetzende Insekten (Xylobionten) sind auf zerfallendes Holz als Lebensraum angewiesen (z. B. Thomasius/Schmidt 1996, S. 353).

[280] Vgl. BORNKAMM (1993). Zur Hierarchie von Landschaft, Habitat (Biotop), Population und Genetik (Individuum) vgl. NOSS (1990) und HECKL ET AL. (2003, S. 70ff.).

[281] Darüber hinaus gibt es noch weitere strategische Anknüpfungspunkte. Dies gilt bspw. für alle weiteren Inputfaktoren, die einerseits strategischen Charakter haben und sich andererseits direkt auf die Bewirtschaftungsform auswirken. Unter Bewirtschaftungsstrategien werden hier einschränkend die biologischen und technischen Verfahren sowie die Umsetzung der Nachhaltigkeit gefasst. Eine noch engere Begriffsfassung, die sich lediglich auf den Waldbau bezieht, ist bei THOMASIUS/SCHMIDT zu finden (1996, S. 303).

Bewirtschaftungsstrategien

Abb. 16: Strategische Ansätze der Bewirtschaftung

- Nach Maßgabe der *Anwendung des Nachhaltigkeitsprinzips* werden Exploitationsbetriebe, Nachhaltsbetriebe und aussetzende Betriebe unterschieden.[282] Exploitations- oder Ausbeutungsbetriebe beziehen sich ausschließlich auf bisher nicht genutzte Wälder, wobei die exploitative Nutzung auch über eine nachhaltige Nutzung hinaus gehen kann (Oesten/Roeder 2002, S. 159). ‚Echte' Nachhaltsbetriebe sind auf eine dauerhaft gleichbleibende Leistungserbringung angelegt. Im aussetzenden Betrieb ist die Leistungserbringung diskontinuierlich. Die Unterbrechungen können entweder auf die Betriebsausstattung zurückzuführen sein oder es handelt sich um willentlichen Verzicht (Oesten/Roeder 2002, S. 161). Beide zuletzt genannten Betriebsformen sind definitionsgemäß am Prinzip der Nachhaltigkeit auszurichten.

- Die *Strategien der biologischen Produktion* beziehen sich auf die Ernte (Ernteentscheidung am Einzelbaum oder am Bestand, räumliche Hiebsführung, Eingriffsstärke usw.), die Pflege (Wuchsraumregulierung, Artenzusammensetzung, Nutzung der natürlichen Dynamik usw.) und die Verjüngung (Naturverjüngung, Saat oder Pflanzung; Zeitpunkt und Zeitraum der Verjüngung). Es besteht eine weitgehende Übereinstimmung mit den Waldbausystemen.[283] In den schlagweisen Systemen ist die Eingriffs- und Lenkungsintensität vergleichsweise hoch. In schlagfreien Systemen steht demgegenüber das Bemühen im Vordergrund, sich natürliche Prozesse zu Nutze zu machen. Eingriffe erfolgen auf eine größere Fläche verteilt. Bei den schlagfreien Waldbausystemen handelt es sich um verschiedene Dauerwaldformen, die sich durch Kontinuität der Waldleistungen auf ganzer Fläche auszeichnen (z. B. Leibundgut 1991, S. 90). Negative Wirkungen – für das Waldökosystem und darüber hinaus – werden vor allem mit der Kahlschlagswirtschaft verbunden.[284]

---

[282] Vgl. hierzu OESTEN/ROEDER (2002, S. 158ff.) ähnlich SPEIDEL (1984, S. 28ff.).

[283] Vgl. die einführenden Darstellungen einer Waldbautypologie in Abschnitt 3.2.3. Ausführlich zur Beschreibung der Waldbausysteme BURSCHEL/HUSS (1997, S. 104ff.), THOMASIUS/SCHMIDT (1996, S. 303ff.), RÖHRIG/GUSSONE (1982, S. 233ff.). Hier kann lediglich ein knapper Einblick in diese Systematik gegeben werden.

[284] Vgl. ausführlich THOMASIUS/SCHMIDT (1996, S. 320f.).

- Die *Strategien der technischen Produktion*[285] beziehen sich vor allem auf die (Teil-)Prozesse Holzernte und Holztransport.[286] Die angewendeten Arbeitsverfahren zeigen einen engen Zusammenhang zu Art und Umfang der eingesetzten Technologie (Holzerntesysteme) (Grammel 1988, S. 211ff.). Die standörtlichen Rahmenbedingungen, einschließlich der betrieblichen Infrastruktur, sind zwar ebenfalls relevant (ebd. S. 37ff.), aber insgesamt gelten die Besonderheiten der forstlichen Produktion in abgeschwächter Form. Dessen ungeachtet bestehen wichtige Wechselwirkungen.

Die letzte Aussage trifft im Grunde auf den gesamten Transformationsprozess zu. Wechselwirkungen treten allenthalben auf, da die Transformation eng mit den dargestellten Strategieansätzen verknüpft ist. Aus Sicht der Waldleistungen und des Ökosystems wiederum sind unterstützende oder fördernde Effekte der Bewirtschaftung ebenso möglich wie Beeinträchtigungen.[287]

3.5.3.5 Produktionstiefe

Vorab zu treffende Grundsatzentscheidungen sind Entscheidungen darüber, welche materiellen und immateriellen Güter der Betrieb überhaupt erstellen will.[288] Wirtschaftliche Bedeutung hat in erster Linie die Holzproduktion.[289] Die darauf aufbauenden Entscheidungen über die Produktionstiefe[290] können sich generell auf vor- oder nachgelagerte Stufen beziehen. Da die forstliche Produktion dem Bereich der Urproduktionen zuzuordnen ist,[291] ist eine nennenswerte Rückwärtsintegration nicht möglich. Die Domäne der Forstbetriebe ist die biologische Produktion. Ohne diese handelt es sich nicht um Forstbetriebe im hier verstandenen Sinne. Überlegungen zur Produktionstiefe beziehen sich dennoch nahezu ausschließlich auf die technische Produktion in Form der Holzernte (einschließlich

---

[285] Zur Abgrenzung der biologischen und der technischen Produktion vgl. die folgenden Ausführungen zum Transformationsprozess. Die Ernteentscheidung ist neben der Baumartenwahl die wohl wichtigste waldbauliche Entscheidung; vgl. hierzu z. B. EBERT (1993, S. 6ff. und 62ff.; 1991)

[286] Wobei Holzernte i. w. S. auch den Holztransport zumindest teilweise einschließt. In diesem Sinne: „Holzernte lässt sich als rationale Nutzung und marktgerechte Bereitstellung eines natürlichen Rohstoffes für eine Vielzahl von Verbrauchern definieren." (Grammel 1988, S. 11) Die Forstbenutzung bezieht sich im Gegensatz dazu mehr auf die Produktperspektive der Nutzung, in erster Linie die Produkteigenschaften (Zundel 1990, S. 261ff.).

[287] „Human activities that represent novel disturbances to the species are likely to have the most deleterious effects; human activities that effectively mimic natural disturbance-recovery processes may have little effect; and human activities that help restore forests abused by past management may have positive effects on native biodiversity." (Noss 1999, S. 140)

[288] Zu den forstlichen Produktzielen vgl. z. B. SPEIDEL (1984, S. 32f.)

[289] Einnahmen werden nach wie vor fast ausschließlich aus der Verwertung von Rohholz und Holzprodukten erzielt (z. B. Röhrig/Bartsch/Lüpke 2006, S. 15; Schmithüsen et al. 2009, S. 160f.).

[290] In der Betriebswirtschaftslehre wird die Produktionstiefe gleichfalls unter den Stichwörtern Leistungstiefe oder vertikale Integration angesprochen (Bacher 2000, S. 33).

[291] Abweichend bei WEBER, der die Land- und Forstwirtschaft nicht mehr der Urproduktion zuordnet, da hier gesät, gepflanzt wird usw., es sich somit also um keine reine Stoffentnahme mehr handelt (Weber H. K. 1999, S. 14).

der Sortimentsbildung) und des Holztransports (Grammel 1988, S. 54). Hinzu kommen erste Veredelungsschritte des Rohstoffs Holz und weitere logistische Tätigkeiten wie Fraktionierung, Sortierung und Mengenbündelung.[292] Bezogen auf den Gesamtprozess Holzernte-Holzbringung-Holztransport sind folgende Tiefen denkbar (hierzu z. B. Hillmann 2005, S. 1241):

1. Produktion bis zur Ernte: Beschränkung auf die biologische Produktion und Holzverkauf ‚auf dem Stock'.

2. Produktion bis zur Übergabe des Holzes im Wald: Holzeinschlag und -rücken in Eigenregie, gegebenenfalls auch durch beauftragte Dienstleister.

3. Produktion bis zur Holzanlieferung: Übernahme weiterer logistischer Tätigkeiten (evtl. auch Feinsortierung der Dimensionen und Qualitäten sowie Mengenbündelung für Dritte) bis zum Kunden.

4. Integration weiterverarbeitender Schritte (bspw. Betrieb eines eigenen Sägewerks).

Bis Punkt 2 handelt es sich noch um gewöhnliche Make-or-buy-Entscheidungen. Erst die Punkte 3 und 4 stellen eine Erweiterung des in Deutschland üblichen Tätigkeitsspektrums der Forstbetriebe dar.

3.5.3.6 Verwertung

Die Betrachtung der Verwertung als Input in einem produktiven System, so wie es unser Modell darstellt, verwundert zunächst. Produktbezogene Entscheidungen (Produktziele, Produktionstiefe und Verwertung) stehen augenscheinlich mit den Produkten, also dem Output, im Zusammenhang. Zugleich handelt es sich um grundsätzliche Entscheidungen der Leistungserstellung, die der eigentlichen Verwertung vorausgehen. Aus strategischer Perspektive sind es letztlich Inputfaktoren der Leistungserstellung.

Bei der Produktionstiefe wurden Entscheidungen über Produktziele in Teilen schon vorweggenommen. Neben den angestrebten Holzsortimenten oder deren Veredlungsstufen gehören zu den Produktzielen:

• Überlegungen zum *Angebot von ‚holzbegleitenden' Leistungen*, wobei eine Abgrenzung gegenüber den unter dem Punkt Produktionstiefe abgehandelten Inhalten schwierig ist, und das Angebot weiterer Dienstleistungen[293] sowie

---

[292] Zu den Funktionen der betrieblichen Logistik siehe z. B. TROßMANN (2006, S. 118f.).

[293] Denkbar sind bspw. die Übernahme der Betriebsführung für andere Waldeigentümer oder die Durchführung praktischer Betriebsarbeiten, ebenfalls für andere Forstbetriebe oder vergleichbare Bereiche. Siehe hierzu auch den Produktbereich ‚Leistungen für Dritte' im Produktplan des Deutschen Forstwirtschaftsrats (DFWR 1998).

- Ansätze zur *Vermarktung der Infrastrukturleistungen* (Schmithüsen et al. 2009, S. 167ff.)[294] und der sonstigen (Wald-)Leistungen (z. B. Wasserschutz, Erholungsleistungen, Lawinenschutz).

Weitere Inputfaktoren aus dem Verwertungs- bzw. Absatzbereich sind (strategische) Entscheidungen zum Vertrieb, zu Marktsegmenten und zum Kundenmanagement.

- *Alternative Vertriebsorganisation*: Im Rohholzmarkt dominiert der Direktverkauf/Direktvertrieb.[295] Der direkte Kundenkontakt hat hohe Bedeutung.[296] Bei Massensortimenten erfolgt teilweise schon eine Mengenbündelung. Angesichts der auf Abnehmerseite benötigten Rohholzmengen wird dies inzwischen als wichtige Voraussetzung für den Absatz gesehen.[297] Eine dominierende Rolle als Absatzmittler nehmen die Landesforstverwaltungen und Landesforstbetriebe ein, die im Rahmen ihres Dienstleistungsangebots auch den Holzabsatz für den privaten und kommunalen Waldbesitz durchführen.[298]

- *Marktsegmente*: Durch die Kuppelproduktion fallen zwangsläufig und zeitgleich mehrere Sortimente an (Schmithüsen et al. 2009, S. 215f.). Zudem bestimmen die vorhandenen Baumarten und Qualitäten das Angebotsspektrum (ebd. S. 166). Die Möglichkeiten zur Spezialisierung auf einzelne Rohholz- oder Produktsegmente bzw. zur Ausweitung des Angebots sind entsprechend beschränkt. Es gilt daher, Gelegenheiten rechtzeitig zu erkennen und zu nutzen. Eine weitere Form der Marktsegmentierung ist die geografische Unterteilung (Homburg/Krohmer 2006, S. 509). Ursprünglich wurden vor allem lokale Abnehmer bedient (Mantel 1990, S. 202).[299] Durch Konzentrationsprozesse auf der Abnehmerseite ist inzwischen die überregionale Vermarktung in den Vordergrund getreten. Größtes Problem sind die Transportkosten, die den Transport des sperrigen und schweren Gutes Rohholz schnell unrentabel machen (Schmithüsen et al. 2009, S. 525).

---

[294] Bisherige Versuche haben sich allerdings als schwierig erwiesen, da es sich zumeist um öffentliche Güter handelt (vgl. zur theoretischen Betrachtung Bergen/Löwenstein/Olschewski 2002, S. 146ff.).

[295] Vgl. zum Direktmarketing KOTLER ET AL. (2007, S. 971ff.).

[296] Die Heterogenität des Naturproduktes Holz ist ein ausschlaggebender Faktor, der zumindest im Bereich der höherwertigen Sortimente einen engen Kundenkontakt benötigt (Schmithüsen et al. 2009, S. 161). Bei Massensortimenten dominiert hingegen der Aspekt der kontinuierlichen Versorgung. Zu Vertriebskooperationen vgl. HOMBURG/KROHMER (2006, S. 885).

[297] Zu den Größenverhältnissen in der Sägeindustrie vgl. z. B. SCHMITHÜSEN ET AL. (2009, S. 163f.), SCHWARZBAUER (2005). Einschnittkapazitäten von über 1 Mio. Kubikmeter pro Jahr sind keine Seltenheit mehr. Zur Problematik der Massensortimente vgl. HILLMANN (2002, S. 305).

[298] Fraglich ist, ob es sich dabei um losgelöste, d. h. unternehmensexterne Vertriebsorgane handelt; vgl. hierzu HOMBURG/KROHMER (2006, S. 866ff.)

[299] Allerdings gab es schon in der frühen Neuzeit Holz-Fernhandel über nationale Grenzen hinweg, bspw. für den Schiffsbau und den Bau von Hafenanlagen in den Niederlanden und England (Mantel 1990, S. 197 u. S. 277ff.). Allgemein zum lokalen Marketing vgl. KOTLER ET AL. (2007, S. 560).

- Der *Erfassung, Prognose* und gegebenenfalls *Beeinflussung des Abnehmer-verhaltens* wird bisher nicht die zu wünschende Bedeutung beigemessen.[300] Die Marktmacht der Käufer macht eine Ausrichtung an den Kundenbedürfnissen aber unausweichlich (z. B. Schwarzbauer 2005). Neben den direkten Abnehmern müssen zudem die Endverbraucher und deren Konsumverhalten Berücksichtigung finden.[301] Die Anpassung an sich verändernde Kundenwünsche ist eine permanente Aufgabe (Schmithüsen et al. 2009, S. 163). Das Bemühen um die Erfassung aktueller bzw. die Prognostizierung zukünftiger (End-)Kundenwünsche ist als reaktive Strategie zu sehen, wogegen Versuche der gezielten Beeinflussung über absatzfördernde Maßnahmen eine proaktive Strategie darstellen.[302]

Mit den bisher implizit und explizit genannten Zielen wurde das betriebliche Zielsystem nur unvollständig wiedergegeben. Die ökonomischen Formalziele (Gewinn, Liquidität usw.) sind für den Fortbestand des Forstbetriebs ebenso grundlegend wie für alle Wirtschaftsbetriebe. Outputseitig treten sie als Grundlage zur Bemessung des ökonomischen Werts in Erscheinung. Den Kern des Unternehmens in Form des Kompetenzprofils[303] berühren sie jedoch nicht und werden für das hier zu vermittelnde Verständnis eines Forstbetriebs nicht gesondert aufgegriffen.

3.5.4 Exogene Faktoren

Die exogenen Faktoren wurden aufgrund ihrer fehlenden Beeinflussbarkeit durch die Betriebsleitung abgegrenzt. Sie zählen zu den Rahmenbedingungen des Beschreibungsmodells (Kornmeier 2007, S. 95). Die Kenntnis dieser Faktoren ist für das Modellverständnis dennoch wichtig. Es bestehen wechselseitige, direkte und indirekte Wirkmechanismen gegenüber den strategischen Inputfaktoren und den Transformationsprozessen. Outputseitig bezieht sich die Betrachtung und Bewertung bisweilen direkt auf Veränderungen exogener Faktoren. Ohnehin ist die Veränderlichkeit im Zeitablauf eine Eigenschaft, die den Umgang mit den exogenen Faktoren erschwert.

---

[300] Vgl. hierzu auch die Zusammenfassung der Befragungsergebnisse in Abschnitt 5.2.2.

[301] Insbesondere, da Veränderungen im Verbrauchsverhalten sich dort wesentlich früher und schneller vollziehen als auf Seiten der Kunden der Forstbetriebe (Schmithüsen et al. 2009, S. 163).

[302] Vgl. zur Analyse des Käuferverhaltens im Bereich Konsumgüter ausführlich KOTLER/BLIEMEL (2001, S. 321ff.) und zur Generierung marketingbezogener Daten derselbe (S. 191ff.). Allerdings ist die Analyse zugleich Voraussetzung für die Entwicklung einer Marketingstrategie und den gezielten Einsatz weiterer Marketinginstrumente (Homburg/Krohmer 2006, S. 460ff.). Vgl. zu den möglichen Wirkungszielen entsprechender Kommunikationsmaßnahmen (Bekanntheit, Wissen, Empfinden, Präferenz usw.) KOTLER/BLIEMEL (2001, S. 891ff.).

[303] Die Kernkompetenzen haben den Aufbau und die Absicherung dauerhafter Wettbewerbsvorteile zum Inhalt (Staehle 1999, S. 87). Das Konzept der Kernkompetenzen greift die ressourcen- und die marktbasierte Sichtweise gleichermaßen auf und verbindet beide miteinander (Hinterhuber 2004, S. 120).

Bei der Darstellung der Besonderheiten der Holzproduktion wurde bereits auf die Standortabhängigkeit hingewiesen. Die exogenen Faktoren weisen enge Bezüge zu Gesichtspunkten des Standortproblems und zur Standorttheorie auf.[304] Daran wird hier angeknüpft. Im Laufe der Entwicklung der Standorttheorie haben sich die Betrachtungsschwerpunkte und damit zugleich die Bedeutung naturbezogener Faktoren verschoben. Ausgehend von der landwirtschaftlichen Produktionstheorie rückten in der industriellen Standorttheorie die mit der industriellen Produktion korrespondierenden Gesichtspunkte in den Vordergrund.[305] Grundlegend für die Standortentscheidung sind Faktoren, die den Gütereinsatz sowie den Absatz der Leistung beeinflussen (Drexl 1993, Sp. 3964; Behrens 1971, S. 48; Behrens 1965, S. XI). Im Rahmen des internen Gütereinsatzes[306] werden natürliche Gegebenheiten nur aufgegriffen, wenn sie unabdingbare Voraussetzung und nicht transportierbar sind. Zudem darf es sich nicht um Ubiquitäten handeln. Somit kommt dem Boden und den darauf wachsenden Waldbeständen eindeutig ökonomische Standortrelevanz zu. Eine gemeinsame Betrachtung der exogenen Faktoren wäre daher unter ökonomischen Gesichtspunkten möglich. Dennoch wird hier einer getrennten Darstellung von natürlichen und betrieb(swirtschaft)lichen Standortfaktoren der Vorzug gegeben.[307]

Betriebswirtschaftlicher Standort

Nach BLOECH enthält die deskriptive Standorttheorie Feststellungen zu Produktionsbedingungen, Faktornachschub, Wachstumsmöglichkeiten, Wettbewerbsbedingungen sowie Absatz- und Transportbedingungen (1976).[308] Der Nachschub von Werk-, Hilfs- und Betriebsstoffen ist für die Forstbetriebe von geringer Bedeutung. Der Materialbeschaffung kann daher eine vergleichsweise

---

[304] Einen guten Überblick über Probleme der Standortwahl und die sie behandelnde Standorttheorie bieten DREXL (1993), BLOECH (1976) und insbesondere BEHRENS (1971). Hier wird ausschließlich auf die deskriptive (betriebliche) Standorttheorie eingegangen, die präskriptive oder normative (betriebliche) Standorttheorie und die daraus abgeleiteten Modelle zur Entscheidungsunterstützung werden nicht betrachtet (zu dieser Einteilung Drexl 1993, Sp. 3962f.).

[305] THÜNEN erklärt die produktbezogene Verteilung der landwirtschaftlichen Produktionsstandorte über die natürliche Bodenbeschaffenheit und die Entfernung zum Konsumort. So gelangt er zu einer kreisförmigen Anordnung der Betriebe um das Zentrum des Konsums herum; vgl. die Erläuterungen bei BEHRENS (1971, S. 3ff.). Für die industrielle Produktion sind vor allem Material-, Transport- und Arbeitskosten relevant. Hinzu kommen räumlich wirkende Faktoren, z. B. Agglomerationsfaktoren, natürlich-technische und gesellschaftlich-kulturelle Standortfaktoren. Agglomerativfaktoren bewirken eine Ballung von Industriebetrieben in bestimmten Regionen (Weber 1909, S. 16ff.).

[306] BEHRENS unterteilt den Gütereinsatz nochmals in einen externen (Beschaffung) und einen internen (Transformation) (1971, S. 49ff. und S. 65ff.).

[307] Die Trennung erfolgt zum einen aufgrund der besonderen Relevanz des natürlichen/waldbaulichen Standorts für den Forstbetrieb. Zum anderen muss der Bedeutung der exogenen Faktoren für die sonstigen Waldleistungen, die außerhalb der rein ökonomischen Betrachtung liegen, entsprochen werden.

[308] Hinzu kommen (damit verbundene) Kosten und Gewinne sowie weitere ‚wirtschaftliche Maßgrößen' (Bloech 1976, Sp. 3662). Einen ausführlicheren Katalog von Standortfaktoren gibt DREXL vor (1993, Sp. 3965f.). Er orientiert sich an den betrieblichen Funktionen (Beschaffung und Entsorgung, Produktion, Absatz, Investition und Finanzierung), klassischen Inputfaktoren (Grund und Boden, Arbeitskräfte), Infrastrukturmerkmalen (Verkehr und Transport, allgemeine Infrastruktur) sowie an der ‚öffentlichen Hand' und den ‚persönlichen Präferenzen'.

geringe Beachtung entgegengebracht werden. Demgegenüber nimmt die Bedeutung fremdbezogener Dienstleistungen zu.

Ergänzende Gesichtspunkte ergeben sich aus einer erweiterten Perspektive und der Einbeziehung des Branchenbezugs. Zu nennen sind:

- Gesamtstruktur der Abnehmer- und Beschaffungsmärkte (Akteure, Absatzkanäle usw.),
- der rechtliche Rahmen,
- die forst- und wirtschaftspolitischen Rahmenbedingungen[309] und
- die gesellschaftlich-sozialen Rahmenbedingungen.

Der erste Punkt geht weitgehend in den oben genannten Wettbewerbsbedingungen bzw. den Absatz- und Transportbedingungen auf (Bloech 1976, Sp. 3662f.). Die drei verbleibenden Rahmenbedingungen lassen sich in die Produktionsbedingungen, Wachstumsmöglichkeiten und erneut die Wettbewerbsbedingungen integrieren.

Betriebe der Urproduktion sind durch die starke Bindung an Rohstoffvorkommen oder die Produktionsfläche in ihrer Standortentscheidung stark eingeschränkt.[310] Eine Standortanalyse kann dessen ungeachtet dazu dienen, Stärken und Schwächen des Betriebs aufzudecken und Hinweise für die Entscheidungsgrößen des Modells abzuleiten.

Waldbaulicher / natürlicher Standort

Der waldbauliche Standort umfasst die Gesamtheit derjenigen Faktoren, die das Wachstum der Bäume, letztlich also die biologische Produktion, beeinflussen. Es lässt sich eine enge oder eine weite Abgrenzung vornehmen. Der engen Sichtweise entspricht die räumlich begrenzte Beschreibung der zum Betrieb gehörenden bzw. von ihm bewirtschafteten Waldflächen. Die ergänzende Umweltperspektive mit Schwerpunkt bei der natürlichen Umwelt[311] nimmt jene Faktoren hinzu, die in einem räumlich offenen und über die Zeit veränderlichen Zusammenhang zum Betrieb stehen.

Bezogen auf die einzelne Pflanze ist der Standort (Biotop) die Gesamtheit der am Wuchsort wirksamen biotischen und abiotischen Umwelteinflüsse (Röhrig/ Bartsch/Lüpke 2006, S. 53; Bauer 1962, S. 57). Wesentliche Faktoren sind allerdings nicht ohne weiteres ersichtlich (z. B. Klima, Boden). Sie müssen über Messungen und Analysen gezielt ermittelt oder aus Bioindikatoren abgeleitet wer-

---

[309] Zu nennen ist etwa der forstpolitische Grundsatz der Walderhaltung (Schmithüsen et al. 2009, S. 153), der seinen Niederschlag in der Forstgesetzgebung gefunden hat. Eingehender zu den Aufgaben und Zielen der Forstpolitik vgl. z. B. NIEßLEIN (1985).

[310] Vgl. SCHMITHÜSEN ET AL. (2009, S. 122). Ausnahmen stellen der Kauf oder die Erweiterung eines Forstbetriebs dar (vgl. ebd. S. 114).

[311] Wobei die Abgrenzung der natürlichen sowie der betrieblichen Umwelt immer auch von der betrieblichen Tätigkeit beeinflusst ist.

den.[312] Unterschiede gibt es bei der Abgrenzung der relevanten biotischen/biologischen Faktoren. Bisweilen wird lediglich die vorhandene Flora einbezogen (Röhrig/Bartsch/Lüpke 2006, S. 53f.). Sinnvoller ist es, in einer erweiterten Überlegung zusätzlich die im Betrachtungsraum lebenden Tiere zu berücksichtigen.[313] Aus faunistischen Bestandsaufnahmen lassen sich Schlüsse über die Möglichkeiten zur natürlichen Verjüngung oder die Gefährdung durch Insektenfraß ziehen.[314] Klarer sind die abiotischen (physikalischen und chemischen)[315] Faktoren, im Einzelnen:

- edaphische Faktoren (Bodentyp, pH-Wert, Wasserversorgung usw.),

- orographische Faktoren (Hangneigung, Exposition, Höhenlage usw.) sowie

- (klein)klimatische Faktoren (Niederschlag [Durchschnitt und Verteilung], Temperatur [Durchschnitt, Extremwerte und Verlauf], Luftfeuchtigkeit usw.).

Die erweiterte Betrachtung nimmt sich der regionalen bis globalen Zusammenhänge an. Des Weiteren bricht sie die statische Betrachtungsweise auf.[316] Biotische Faktoren spielen eine deutlich geringere Rolle als noch beim Standort i. e. S. Der Schwerpunkt liegt bei den abiotischen Faktoren. Zu nennen sind:

- (Groß-)Klimatische Verhältnisse und deren – auch anthropogen verursachte – Veränderungen, sowohl in der Gesamtbetrachtung als auch auf einzelne Klimafaktoren bezogen,

- Schocks aus klimabedingten Extremereignissen (z. B. Stürme, Starkregen, Trockenheiten) sowie

- sonstige abiotische (Yin/Newman 1996) und biotische Risiken.

---

[312] Zu Standortszeigern vgl. RÖHRIG/BARTSCH/LÜPKE (2006, S. 62), BAUER (1962, S. 57); zu Bioindikatoren siehe FUNKE ET AL. (1993, S. 60ff.).

[313] In der Abgrenzung von BAUER werden zu den biotischen Faktoren auch die Einwirkungen des Menschen hinzugerechnet (1962, S. 57). In unserem Beschreibungsmodell rechnen wir die menschlichen Eingriffe und Einwirkungen vollständig dem Bereich Transformation zu. Dies entspricht der in dieser Arbeit bereits durchgängig vorgenommenen getrennten Betrachtung der Soziosphäre (sozio-kulturelle Umwelt) und der Biosphäre (natürliche Umwelt), wie sie in den Gesellschafts- und Sozialwissenschaften allgemein üblich ist.

[314] Außer durch Insekten kann die (natürliche) Verjüngung der Waldbäume durch andere Herbivoren (Pflanzenfresser), etwa durch Nager oder Schalenwild, gefährdet sein. Neben dem Vorkommen von potenziellen Schädlingen ist zudem der Bestand der natürlichen Gegenspieler (Antagonisten) ein wichtiges Standortmerkmal der Fauna.

[315] Aus ökosystemarer Sicht handelt es sich bei den physikalischen Faktoren um verschiedene Energieformen (Licht, Wärme, kinetische Energie [Luftbewegung], Ordnungszustände [Syntropie bzw. Entropie] usw.). Die chemischen Faktoren decken demgegenüber die gesamte stoffliche Ebene ab (Thomasius/Schmidt 1996, S. 63f.).

[316] Zu den Auswirkungen von Veränderungen der Umweltbedingungen vgl. ausführlich THOMASIUS/SCHMIDT (1996, S. 24ff.).

3.5.5 Die Outputseite

3.5.5.1 Abgrenzung und Bewertung des forstbetrieblichen Outputs

Outputseitig wurde eine Unterscheidung in den ökonomischen, den ökologischen sowie den gesellschaftlichen Wert bzw. die gesellschaftlichen Leistungen vorgenommen (vgl. hierzu nochmals Abbildung 14). Hinzu kommen die beeinflussbaren ökonomischen und ökologischen Risiken.[317] Diese Größen, insbesondere die drei Wertgrößen, hängen eng mit dem operativen Leistungserstellungsprozess zusammen.

Aus einer naturraumbezogen-funktionalen Perspektive heraus können als Funktionen der Nutzung von Wäldern die Produktionsfunktion, die abiotische und die biotische Regelungsfunktion sowie die soziale/kulturelle Lebensraumfunktion unterschieden werden (Bastian 1991).[318] Eine Abgrenzung von Produkten des Forstbetriebs einerseits und Waldwirkungen andererseits ist hingegen Ausdruck einer sozio-ökonomischen Sichtweise. An der Quelle der Leistung ansetzend ist der Frage nachzugehen, wer für die Erstellung und Nutzbarmachung verantwortlich ist. Waldwirkungen gehen von der Vegetationsform Wald aus. Nur die Produkte sind ein Resultat des forstbetrieblichen Leistungserstellungsprozesses (Oesten/Roeder 2002, S. 41ff.). In Abschnitt 3.3.1 wurde die Unterteilung in öffentliche und private Güter aufgegriffen. Waldwirkungen sind in erster Linie den öffentlichen Gütern zuzuordnen. Nur Clubkollektivgüter und Individualgüter sind auf Märkten handelbar. Mit Blick auf die Verwertung sind nur sie als strategisch relevant anzusehen. Für die verbleibenden Güter und Leistungen muss die strategische Bedeutung abweichend begründet werden. Eines der wichtigsten betrieblichen Ziele ist die Sicherung des eigenen Bestehens. Der betriebliche Output sollte die Existenz des Betriebs absichern.[319] Die Erzielung von Einnahmen stellt hier lediglich eine notwendige (Rahmen-)Bedingung dar. Es besteht eine Notwendigkeit zur Berücksichtigung der Gesamtheit der Auswirkungen der betrieblichen Tätigkeit. Sie sind in Ziele betrieblichen Handelns zu überführen.

Der Wertbegriff wird in zahlreichen Zusammenhängen verwendet, beispielsweise für individuelle oder gesellschaftliche, ethische oder pragmatische, meist normative Aussagen oder Haltungen (Sagl 1995, S. 2; Peemöller 2002b, S. 3). Die Bewertung ist eine zweidimensionale Relation zwischen wertendem Subjekt und bewertetem Objekt. Die Sachdimension enthält Informationen über das bewertete Objekt, wogegen die Wertdimension Auskunft über das Wertesystem als Basis der Bewertung gibt (Bechmann 1978, S. 20f.; Bastian 1999, S. 56). Wertangaben

---

[317] Risiken, die nicht beeinflussbar sind, werden den exogenen Faktoren zugeordnet.

[318] Vgl. auch die Ausführungen zu den Landschaftsfunktionen bei MANNSFELD (1999, S. 36ff.).

[319] Zum Ziel der Existenzsicherung vgl. z. B. BAIER (2008, S. 386), LUKAS (2004, S. 131) oder BERTHEL (1973, S. 89).

sollten daher anhand der normativen Grundlagen erläutert werden (Bechmann 1978, S. 145ff.). Eine generelle Vorgabe von Wertmaßstäben gibt es nicht.[320] Der Vorteil der monetären Bewertung liegt darin, dass durch die Verknüpfung der Mengen- mit der Geldwertkomponente ein einheitlicher Maßstab vorliegt, mit dessen Hilfe unterschiedliche Betrachtungsobjekte einer vergleichenden Begutachtung unterzogen werden können. Dem in Geldeinheiten ausgedrückten Tauschwert und der Zahlungsbereitschaft (Opportunitätskosten) liegen als ökonomische Basis Knappheiten und der individuelle Nutzen zugrunde (Varian 1993, S. 23 und 54; Peemöller 2002b, S. 3).[321] Doch auch die Messung dieser beiden Größen ist als schwierig anzusehen. Die monetäre Bewertung von Gütern und Leistungen, für die keine Marktpreise bestehen, stellt ein nicht unerhebliches Problem dar. Entsprechend lassen sich für ökologische, ethische oder ästhetische Bewertungsprobleme kaum überzeugende Geldwerte festsetzen. Eigene Bewertungsansätze werden daher als sinnvoller erachtet (Bastian 1999, S. 60). Ökologische Bewertungsverfahren liegen in einer großen Bandbreite vor, die jedoch kaum zu überschauen ist (Bastian/Schreiber 1999, S. 8; Bastian 1999, S. 59). Eigenständige soziale Wertmaßstäbe und Bewertungsverfahren sind noch wenig ausgearbeitet. Ein Rückgriff auf das Mengengerüst als alleinige Entscheidungsgrundlage kann die Bewertungsproblematik entschärfen. Der verbleibende, indirekt wertende Anteil besteht in diesem Fall in der Zielfestlegung sowie der Frage, ob eine Steigerung oder ein Rückgang der Größe anzustreben ist. Der damit verbundene generelle Verzicht auf einen einheitlichen Wertmaßstab bringt auch Nachteile mit sich, wie die fehlende Vergleichbarkeit und Aggregierbarkeit.

Trotz der zu erwartenden Bewertungsprobleme[322] reicht die Zubilligung strategischer Relevanz alleine nicht aus. Soweit möglich und sinnvoll ist daher eine differenzierte Bewertung vorzunehmen, da sich die Nachhaltigkeitsbereiche Ökonomie, Ökologie und Soziales nicht gleichartig, d. h. mit gleichen Maßstäben, bewerten lassen (z. B. Radke 2001). Vorweg ist noch ein letzter wichtiger Punkt anzusprechen, der sich auf alle Bewertungen bezieht. Die Aussagekraft des aktuellen Werts ist begrenzt. Vor allem für eine Erfolgsmessung sind Wertänderungen bedeutsam, zunächst in ihrer Richtung und absolut, zudem aber auch relativ in Bezug auf die angestrebten Wertziele.

---

[320] BERGEN/LÖWENSTEIN/OLSCHEWSKI benennen als Wertebenen für Umweltgüter den Nutzen als Ausdruck individueller Präferenzen (Ökonomie), das Gemeinwohl als Ausdruck gesellschaftlicher Präferenzen (Rechts- und Sozialwissenschaften) sowie den Eigenwert der Natur in Form des Arten- und Prozessschutzes (Naturwissenschaften) (2002, S. 151f.).

[321] Dies entspricht der relativen Werttheorie der neoklassischen ökonomischen Theorie (Hampicke 1991, S. 63ff.).

[322] Zur Bewertungsproblematik in den Wirtschaftswissenschaften allgemein vgl. z. B. PEEMÖLLER (2002b, insbes. S. 5f.); in der Umweltökonomie, bezogen auf die Bewertung von Umweltwirkungen, z. B. LETMATHE (1998, S. 69f.). In der Kostenrechnung entsteht die Bewertungsproblematik vor allem bei den kalkulatorischen Kosten und Erlösen (Abweichungen gegenüber den zahlungswirksamen Kosten) (z. B. Däumler/Grabe 2000, S. 159ff.; generell kritisch zur Abgrenzung von Kosten, Aufwand und Ausgaben: Schneider 1997, S. 60f.).

3.5.5.2 Ökonomischer Wert

Für die Ermittlung des ökonomischen Werts stehen neben dem Tauschwert (Marktpreis) noch weitere Wertgrößen, wie der eher abstrakte Gebrauchsnutzen, der Options- sowie der Existenznutzen zur Verfügung (Bergen/Löwenstein/ Olschewski 2002, S. 152). Eine andere Grundsatzfrage ist, ob für die Bewertung Ertragswert-, Substanzwert- oder abweichende Verfahren heranzuziehen sind (z. B. Mandl/Rabel 2002, Sp. 2007ff.; Sagl 1995, S. 2f.).[323] Alle diese Wertgrößen und Verfahren haben ihre Berechtigung. Die Anwendung richtet sich nach dem Zweck der Wertermittlung.

Betrachtungsunterschiede aus dem unterlegten Zeithorizont wurden schon thematisiert. Für die kurzfristige Betrachtung mit der im Mittelpunkt stehenden Erfolgsgröße Gewinn sind die verfügbaren Verfahren grundsätzlich ausgereift. Im Forstbetrieb liefert die Ermittlung des Periodenerfolgs allein auf Grundlage einer Gewinn- und Verlust-Rechnung kein zuverlässiges Ergebnis (Jöbstl 1997, S. 186). Vermögensveränderungen und Substanzverluste bleiben unentdeckt. Gerade unter Nachhaltigkeitsgesichtspunkten, verbunden mit dem Ziel der Existenzsicherung des Wirtschaftsbetriebs[324], reicht die Betrachtung der Stromgrößen nicht aus. Kapitalerhalt ist unter diesem Aspekt ein herausragendes Ziel (Schwegler/ König 2003, S. 285). Einzig die Vermögensveränderungen spiegeln den tatsächlichen ökonomischen Erfolg.[325] Zur Erfassung und Beobachtung des ökonomischen Werts ist die wiederkehrende Bestimmung des Betriebsvermögens unverzichtbar (Jöbstl 2004b, S. 57f.).

Die Bestimmung des Betriebsvermögens ist mit großem Aufwand verbunden (Oesten 2002, S. 38; Jöbstl 1997, S. 187 und 1988, S. 2; Brabänder 1991, S. 231). Gründe, wie die Langfristigkeit der Produktion oder die Schwierigkeiten bei der Mengen- und Qualitätserfassung, wurden bei der Charakterisierung der

---

[323] Der Ertragswert wird durch Diskontierung der erwarteten zukünftigen Unternehmenserträge errechnet (Mandl/Rabel 2002, Sp. 2009f.). Das Discounted Cashflow-Verfahren (DCF-Verfahren) ermittelt den Marktwert des eingesetzten Kapitals (ebd. Sp. 2010f.). Es ist grundsätzlich dem Ertragswert sehr ähnlich (Ballwieser 2002). Statt der Erträge werden die Cashflows betrachtet und statt des Kalkulationszinsfußes wird ein gewogener Kapitalkostensatz verwendet. Der Substanzwert setzt sich aus den einzelnen Vermögensgegenständen des Unternehmens, abzüglich Schulden, zusammen. Die Einzelbewertung erfolgt zu Liquidations- oder zu Reproduktionswerten, je nachdem, ob eine Weiterführung des Unternehmens vorgesehen ist oder nicht (Sieben/Maltry 2002, S. 377). Vergleichsverfahren ziehen schließlich Vergleichsunternehmen zur Bewertung heran. Hierzu dienen bspw. börsennotierte Unternehmen oder vollzogene Unternehmensverkäufe (Mandl/Rabel 2002, Sp. 2012f.).

[324] Wirtschafts- oder Erwerbsbetriebe agieren gewinnorientiert und unterscheiden sich darin grundlegend von Betrieben, die lediglich Kostendeckung anstreben oder als gemeinwirtschaftliche Betriebe auch über Zuschüsse finanziert werden. Öffentliche Betriebe können sowohl als Wirtschaftsbetriebe als auch als Kostendeckungs- oder Zuschussbetriebe geführt werden. Dies hängt von der Art des zu deckenden Bedarfs und den Eigenschaften der zur Bedarfsdeckung eingesetzten Güter ab (Bea 2000b, S. 380). Inwiefern öffentliche Forstbetriebe Erwerbsbetriebe oder in erster Linie dem Gemeinwohl verpflichtet sind, ist umstritten (z. B. Weber 2001, S. 580f.).

[325] Selbst für die periodische Erfolgsermittlung ist die differenzierte Erfassung und Bewertung des Vorratsvermögens, allen voran des stehenden Holzvorrats, als Basis einer exakten Bilanzierung unumgänglich (Lohr/Bitter 2006).

Forstwirtschaft und der forstlichen Betriebswirtschaftslehre schon genannt. Die Erarbeitung von Vereinfachungsverfahren hat demzufolge große Bedeutung.[326] Vor allem wenn die Wertermittlung zur laufenden Bilanzierung oder Ableitung des Periodenerfolgs eingesetzt werden soll, muss der Aufwand minimiert werden. Ein solches Verfahren stellen LOHR/BITTER vor (2006). Zunächst wird eine Stichprobeninventur durchgeführt, in der neben der Bestimmung des Holzvorrats gleichzeitig gezielt Qualitätsmerkmale[327] erfasst werden. Aufbauend auf den so gewonnenen Daten wird eine automatisierte Sortierung über einen Sortieralgorithmus durchgeführt. Die Qualitätsverteilung wird anschließend auf die Stärkeklassen übertragen (ebd. S. 580). Zuletzt wird der so in seiner Stärken- und Güteverteilung erfasste stehende Holzvorrat in Verkaufssortimente eingeteilt. Die Bewertung erfolgt zum Zeitwert bzw. zu Marktpreisen. Zur Ermittlung der Deckungsbeiträge werden durchschnittliche Holzerntekosten angesetzt.[328] Zuverlässigkeit und Eignung des Verfahrens konnten nachgewiesen werden.[329]

Die mit derartigen Stichprobenverfahren erzielbare Genauigkeit lässt andere Bewertungsverfahren zunächst unnötig erscheinen. Allerdings gibt es Bewertungsaufgaben, die abweichende Verfahren erfordern. Einen Überblick gibt die folgende Tabelle 6. Nicht alle aufgeführten Methoden werden hier erläutert. Unterschiede ergeben sich aus der Abgrenzung der bewerteten Objekte und aus den Verfahren. Der Wert wird teilweise auf Basis von Erlösen oder Deckungsbeiträgen und teilweise rein auf Kostenbasis (Kosten- oder Reproduktionswert)[330] ermittelt. Eine Wertermittlung auf Kostenbasis sollte nur erfolgen, wenn keine andere Möglichkeit besteht. Bei dieser Methode können ‚Scheinwerte' entstehen, deren Realisierbarkeit über einen langen Zeitraum ungewiss ist (Lohr/Bitter 2006, S. 581). Dies verschärft die generelle Problematik der Vermögensbewertung zu Herstellkosten. Erst im Rahmen einer marktlichen Verwertung können zuverlässige Aussagen zum realisierbaren Marktwert getroffen werden (Schneider 1997, S. 169).

---

[326] Zu den Stichprobenkonzepten der Forstinventur vgl. ausführlich ZÖHRER (1980, S. 21ff.).

[327] In den eingesetzten Verfahren der Qualitätsansprache liegt eine der Neuerungen des Vorgehens. Im ersten Verfahren wird für das Holz der Erdstammstücke über gemessene Merkmale eine hohe Genauigkeit der Qualitätsansprache erreicht. Für die Stammabschnitte ab 7 m Höhe erfolgt eine vergleichende optische Ansprache. Beim zweiten, vereinfachten Verfahren werden nicht alle Merkmale am Einzelbaum erhoben. Ein Teil wird über gesonderte Schätzhilfen geschätzt (Lohr/Bitter 2006, S. 580).

[328] Ergibt sich ein negativer Deckungsbeitrag, wird dieser auf Null gesetzt. So wird der Bestandeswert nicht über die Kosten von aufwändigen Maßnahmen, sondern nur über marktfähige Sortimente mit positivem Deckungsbeitrag abgeleitet (Lohr/Bitter 2006, S. 581).

[329] Gemessen wurde der Stichprobenfehler gegenüber einer vergleichenden Vollaufnahme und über einen Vergleich zweier aufeinander folgender Stichprobeninventuren Der errechnete Stichprobenfehler des Vorratswerts lag bspw. bei lediglich 2,2% (Lohr/Bitter 2006, S. 582).

[330] Zum Substanzwert (inkl. Reproduktionswert) vgl. ausführlich MANDL/RABEL (2002).

Bewertungsobjekt	Bewertungsmethode
Boden	- (Boden-)Ertragswert / Erwartungswert - Verkehrswert
Einzelbaum	- Sachwert - Erwartungswert
Bestand	- Sachwert / Abtriebswert - Kostenwert / Reproduktionswert - Erwartungswert - kombinierte Methoden
Zuwachs	- Wert des durchschnittlichen Zuwachses - Wert des laufenden Zuwachses
Nutzungsentgang	- Bodenrente / Bodenwert - Zuwachsbewertung
Betrieb / Unternehmung	- Sach- oder Substanzwert (über Berechnung oder Vergleich) - Ertragswert - Kombination von Sach- und Ertragswert

Tab. 6: Bewertungsobjekte und -methoden
(Quelle: Sagl 1995, S. 71, abgewandelt)

Eine Besonderheit ist die Bestimmung des entgangenen Nutzens, entstehend aus einer Einschränkung der Verfügungsrechte.[331] Der Rentenwert ist wiederum eine Sonderform des Ertragswerts. Hierbei wird von periodisch gleichbleibenden Erträgen ausgegangen. Der FAUSTMANNsche Bodenertragswert[332] ist daher eigentlich ein Rentenwert (1849; Sagl 1995, S. 73f.). Die Faustmannformel ist vom Grundsatz her ein Verfahren der dynamischen Investitionsrechnung (Kroth 1985). Entsprechend hohe Bedeutung hat die Wahl des Kalkulationszinses (z. B. Sagl 1995, S. 58ff. und 110ff.). Die Suche nach dem ‚richtigen' oder ‚angemessenen' Zinsfuß beschäftigt die forstliche Bewertungslehre schon seit langem (Sagl 1995, S. 60, Speidel 1984, S. 83). Üblicherweise wird ein vergleichsweise niedriger Zins von 2-4% angesetzt (Oesten/Roeder 2002, S. 212; Sagl 1995, S. 65). Begründet wird dies mit der Sicherheit der Kapitalanlage, der leichten Verwertbarkeit (Desinvestition) oder dem langfristigen Ansteigen der Bodenwer-

---

[331] Gründe hierfür sind bspw. naturschutzrechtliche Auflagen, Auflagen für den Wasserschutz oder im Wald verlaufende Leitungstrassen (Sagl 1995, S. 120).

[332] In die Berechnung nach der Faustmannformel gehen der erntekostenfreie Abtriebsertrag im Bestandesalter u (A_u), die erntekostenfreien Durchforstungserträge im Alter a, b, ..., x (D_a, D_b, ..., D_x), erntekostenfreie Nebennutzungserträge im Alter q, r, ..., z (N_q, N_r, ..., N_z), Kosten der gesicherten Kultur (c), jährliche Verwaltungskosten (v) und Verwaltungskostenkapital ($V = \frac{v}{p}$) ein. Die Diskontierung erfolgt zum Zinssatz p. Der Bodenertragswert B ist dann:

$$B = \frac{A_u + N_q \times (1+p)^{u-q} + N_r \times (1+p)^{u-r} + ... + N_z \times (1+p)^{u-z} + D_a \times (1+p)^{u-a} + D_b \times (1+p)^{u-b} + ... +}{(1+p)^u - 1} +$$

$$\frac{D_x \times (1+p)^{u-x} - c \times (1+p)^u}{(1+p)^u - 1} - V$$

Interessante Überlegungen zur Grundproblematik der Faustmannformel stellt DEEGEN an (2004a).

te und Holzpreise.[333] Einer der Hauptkritikpunkte an der klassischen Waldbewertung ist die Vernachlässigung der Waldwirkungen und der marktlich nicht verwertbaren Leistungen (McDonald 2006, S. 395; Oesten/Roeder 2002, S. 212f.).

3.5.5.3 Ökologischer Wert

In der ökonomischen Outputbetrachtung war der Wertbegriff, trotz Schwierigkeiten im Detail, vergleichsweise unstrittig. Die ökologische Bewertung muss sich
mit grundsätzlicheren Überlegungen auseinandersetzen. Es stellt sich die Frage
nach der Existenz eines ökologischen bzw. natürlichen Eigenwerts (Brun 2002,
S. 105; Birnbacher 2001, S. 114ff.; Pearce/Turner 1990, S. 22; Krutilla 1967,
S. 778f.). Des Weiteren ist zu klären, ob eine dezidierte ökologische Betrachtung
überhaupt noch sinnvoll ist, wenn der Eigenwert verneint wird. Die Naturwissenschaften können diese Fragen nicht beantworten. Normative Aussagen sind ihnen
versagt (Plachter 1992, S. 9).[334] Ohne Gegenüberstellung mit nutzerspezifischen
Ansprüchen bleibt jedoch eine zentrale Anforderung für die Bewertung unerfüllt
(Bastian 1999, S. 59).

In einer anthropozentrischen Sichtweise sind nur jene Umweltwirkungen relevant, die direkt menschliche Interessen und Bedürfnisse berühren (Radke 2001,
S. 71; Kreikebaum 1999, S. 91f.; Rennings 1994, S. 33ff.). Die neoklassische
ökonomische Theorie und der Utilitarismus gehen von einer solchen Sichtweise
aus (Ulrich, 1993, S. 200ff.; Hampicke 1991, S. 78ff.). Zum Problem werden die
externen Effekte, also Wirkungen der Ressourcenentnahme, der Produktion oder
des Konsums, die nicht durch die direkten Austauschbeziehungen abgebildet
werden. Die eigentlichen Folgen treten bei Dritten auf (Endres 1985, S. 10f.).
Demgegenüber stellt eine ökozentrische Sichtweise die Integrität, Stabilität und
Schönheit der Natur in den Mittelpunkt (Radke 2001, S. 74; Lerch 2001,
S. 100).[335] Derartige philosophisch-ethisch begründete Überlegungen werden erst
durch Überführung in eine gesellschaftliche Grundhaltung und politische Gestaltung handlungsleitend (Plachter 1992, S. 12ff.).[336] Eine von menschlichen Interessen losgelöste Betrachtung ist wenig sinnvoll (Kreikebaum 1999, S. 92). Die
Eigenwertdiskussion kann hier zwar nicht gelöst werden, sie ist jedoch zu umgehen. Auch die Intergenerationengerechtigkeit erfordert einen verantwortungsvol-
len Umgang mit den natürlichen Ressourcen (Fraser-Darling 2001, S. 19;
Birnbacher 2001, S. 132f.; Pearce/Turner 1990, S. 51f.). Zudem ist das Bewusst-

---

[333] Stichhaltige Beweise für diese Hypothesen blieben lange Zeit aus (Sagl 1995, S. 60). Aufschluss
können ggf. neuere investitionstheoretische Betrachtungen geben, bspw. über Optionspreismodelle
und Realoptionen (Amram/Kulatilaka 1999; Freihube 2001).

[334] Siehe auch die kritische Reflektion der Rolle der Wissenschaftler als Anwälte oder Fürsprecher der
Natur von NOSS (2007). Er sieht das Zugeständnis eines Eigenwerts und die Liebe zur Natur sogar als
Voraussetzung für ein solches Engagement an (ebd. S. 20).

[335] Zu Gründen für den Artenschutz im Überblick HAMPICKE (1991, S. 94ff.).

[336] Eine ausführliche Auseinandersetzung mit dieser Frage ist bei IMMLER zu finden (1989).

sein über die Unentbehrlichkeit eines funktionsfähigen Ökosystems in der Forst-wirtschaft fest verankert (Burschel/Huss 1997, S. 29; Röhrig/Bartsch 1992, S. 14). Auf dieser Grundlage erfolgt im Modell des Forstbetriebs eine separate Behandlung des ökologischen Werts. Die Bewertung kann als Überführung öko-logischer Sachverhalte in gesellschaftlich fassbare Dimensionen angesehen wer-den (Bastian 1999, S. 58; Neef 1969).

Die Suche nach geeigneten Maßstäben ist eine weitere Herausforderung (Rennings 1994, S. 36ff.; Plachter 1992, S. 18f.). Als Hauptanliegen landschafts-ökologischer Bewertung sieht BASTIAN die Bestimmung der naturräumlichen Funktions- und Leistungsfähigkeit der Landschaft an (1999, S. 58; Mannsfeld 1999, S. 36). Dagegen werden in der naturschutzfachlichen Bewertung Mess-größen wie Seltenheit, Gefährdung, Wiederherstellbarkeit oder Repräsentanz he-rangezogen, die sich stärker auf Einzelelemente beziehen (Plachter 1992, S. 23). Bezogen auf die zu erfüllenden Funktionen wurde mit den drei Zieltypen forstli-cher Bewirtschaftung bereits ein ähnlicher, allerdings nicht so detaillierter Ansatz vorgestellt. Eine quantitative Messung ist nicht immer möglich. Gerade zur Beur-teilung der Nachhaltigkeit bereitet dies Probleme (Rennings 1994, S. 1f.). Er-satzweise muss auf Indikatoren oder eine qualitative Beschreibung zurückgegrif-fen werden. Indikatoren (Weiser, Zeiger) sind ganz allgemein quantifizierbare Hilfsgrößen,[337] die Hinweise auf nicht direkt beobachtbare Größen und deren Verhalten geben (Köckler 2005, S. 6).[338] ‚Nicht direkt beobachtbar' ist hier be-grifflich weit auszulegen: Die unmittelbare Beobachtung kann faktisch unmög-lich sein oder sie ist nur durch einen ungerechtfertigt hohen Aufwand erreichbar oder es kommt zu einer erheblichen zeitlichen Wirkungsverzögerung, so dass ein Frühwarnsystem auf Basis der Indikatoren notwendig ist. Weit verbreitet sind so genannte Bioindikatoren, die Auskunft über den Lebensraum der betreffenden Arten und damit indirekt über Umweltzustände und -veränderungen geben (Funke et al. 1993; Hampicke 1991, S. 30).[339]

Drei Wertmaßstäbe zur Beurteilung des ökologischen Werts werden näher be-trachtet. Neben den Landschaftsfunktionen in Verbindung mit den Naturraumpo-

---

[337] Quantifizierbarkeit bedeutet nicht zwangsläufig, dass es sich um ordinal oder kardinal skalierte Grö-ßen handelt. Genauso gut kann es sein, dass lediglich das Vorhandensein oder Fehlen des Indikators ausschlaggebend ist und es sich somit um eine Binärvariable handelt (Haber 1992, S. 31).

[338] Indikatoren finden ebenso im Bereich der sonstigen Leistungen Anwendung, etwa um sozialen Nut-zen oder Belastungen durch die Forstwirtschaft zumindest näherungsweise zu erfassen (Ruhl 1979, S. 1). In der Ökonomie sind Indikatoren ebenfalls verbreitet, bspw. bei Prognosemethoden (Lehneis 1971, S. 47ff.) und Frühwarnsystemen (Weber/Schäffer 2006, S. 378ff.; Welge 1988, S. 367).

[339] Durch Beobachtung einzelner Arten oder ganzer Lebensgemeinschaften werden Rückschlüsse auf den Lebensraum gezogen. Die Indikator- oder Weiserarten reagieren unterschiedlich auf Veränderungen in ihrem Lebensraum, teilweise schnell und empfindlich, teilweise akkumulativ über einen längeren Zeitraum (Funke et al. 1993, S. 60ff.; ausführlich Arndt/Nobel/Schweizer 1987).

tenzialen sind dies die Stabilität von Ökosystemen und eine thermodynamische Betrachtung entropischer Prozesse.[340]

- *Landschaftsfunktionen und Naturraumpotenziale* sind Ausdruck einer übergeordneten landschaftsökologischen Sichtweise. Kennzeichnend ist der Raumbezug. Geowissenschaftliche stehen gleichberechtigt neben biologischen und soziokulturellen Aspekten (Kuttler 1993, S. 171f.). Landschaftsökologische Fragen sind daher nur disziplinenübergreifend zu bearbeiten (Leser 1997, S. 22). Neben der Erfassung und Beschreibung des Naturhaushalts gehört dessen Bewertung zu den Zielen landschaftsökologischer Forschung (Kuttler 1993, S. 173). Aus den beteiligten Einzeldisziplinen leitet sich eine hohe Vielfalt zu messender Größen ab, begleitet von Unterschieden im methodischen Vorgehen.[341] Die Bewertung hat vor allem die Bestimmung des aktuellen Leistungsvermögens und den Vergleich mit dem naturräumlichen Potenzial sowie den gestellten Anforderungen zum Inhalt (Haase 1978 und 1999, S. 31ff.). Die Vorgaben sind das Ergebnis gesellschaftspolitischer Abwägungsprozesse auf naturwissenschaftlicher Basis (Haase 1999, S. 35). Ansätze der Bewertung sind z. B. das biotische Ertragspotenzial oder das biotische Regulationspotenzial (Mannsfeld 1999, S. 37; Haase 1978).[342] Eine von MARKS ET AL. (1989) vorgenommene Systematisierung teilt die Bewertungsverfahren in:

- ökologische Eignungsbewertungen,

- ökologische Belastungsbewertungen,

- ökologische Wertanalysen und

- ökologische Risiko- bzw. Wirkungsanalysen ein.[343]

Das Fernziel landschaftsökologischer Forschung ist die Modellierung der Prozesse des Naturhaushalts (Haase 1999, S. 34; Kuttler 1993, S. 175). Darauf aufbauende Simulationen können die Bewertungsproblematik ein Stück weit aufheben.

---

[340] Ebenfalls drei Indikatoren wählen AMMER/UTSCHICK. Neben der strukturellen Vielfalt benennen sie die Naturnähe und die Seltenheit (1988, S. 40). Die beiden Letzteren finden in der hier gewählten Einteilung in den *Landschaftsfunktionen und Naturraumpotenzialen* ihre Berücksichtigung.

[341] Die verfügbaren Bewertungsverfahren sind nur schwer zu überblicken (Bastian 1999, S. 59). Einen Eindruck am Beispiel der Geoökologie gibt die bei MOSIMANN (1984) bzw. LESER (1997, S. 327) zu findende Matrix aus geoökologischen Grundgrößen und resultierenden Größen. Eine große Zahl genereller geoökologischer Größen wird im Bedarfsfall noch um besondere (landschaftsspezifische) ergänzt. Insgesamt werden über 30 Untersuchungsgrößen aufgeführt, ohne Anspruch auf Vollständigkeit.

[342] Des Weiteren sind genannt: Wasserpotenzial, Entsorgungspotenzial, geoenergetisches Potenzial, Bebauungspotenzial und Rekreationspotenzial (Mannsfeld 1999, S. 37).

[343] Inhalt der *Eignungsbewertung* ist eine Beurteilung im Hinblick auf Nutzungsansprüche (Erosionswiderstand, Abflussregulation u. v. m.) (Marks et al. S. 28 u. 34ff.). Verfahren der *ökologischen Belastungsbewertung* dienen der Beurteilung der vom Menschen ausgehenden Belastungen. Eine *ökologische Wertanalyse* betrachtet die Vielfalt, Naturnähe, Vollkommenheit, Intaktheit und Funktionsfähigkeit eines Ökosystems. Die *Risiko- oder Wirkungsanalyse* vereinigt ökologische Belastungsbewertung und Wertanalyse mit dem Ziel der Abschätzung des Schadensrisikos bei Eingriffen in die Natur (ebd. S. 28).

- Der Begriff der *Stabilität von Ökosystemen* steht stellvertretend für das Systemverhalten bei Einwirkungen (Störungen) von außen. Stabiles Verhalten stellt nur eine mögliche Reaktion des Systems dar. Jeweils mit ihren Antonymen werden unterschieden (z. B. Thomasius/Schmidt 1996, S. 163; Haber 1993, S. 270; Remmert 1984, S. 260ff.):

  - Persistenz – Instabilität: Trotz äußerer Einflüsse verharrt das stabile System in seinem bisherigen Zustand. Überschreitet die Störung einen bestimmten Grad, wird das System in seiner bisherigen Form zerstört.

  - Elastizität (Resilienz) – Rigidität: Nach Abklingen des störenden Einflusses und der damit verbundenen Zustandsveränderung ist das System in der Lage, vergleichsweise zügig in seinen Normalzustand zurückzukehren.

  - Gleichgewicht – Ungleichgewicht: Dieses Begriffspaar beschreibt keine Reaktion auf eine Störung, sondern den Ausgangszustand.[344] Im Gleichgewichtszustand, heben sich unterschiedlich gerichtete Einflüsse weitgehend auf. Das Gleichgewicht kann sich auf unterschiedliche Teilaspekte beziehen. In einem biologischen Gleichgewichtszustand ist das Artenverhältnis gleichbleibend, im ökologischen Gleichgewicht münden auf- und abbauende Prozesse in ein ausgeglichenes Verhältnis (Thomasius/Schmidt 1996, S. 164).

  Biologisch wichtiger und zudem repräsentativer als die Persistenz ist die elastische Stabilität. Im Fall starker Störungen verlieren persistente Ökosysteme zunächst ihre Stabilitätseigenschaft. Eine Regeneration bis zum ursprünglichen Klimaxzustand kann nur über Zwischenstufen elastischer Stabilität erfolgen (Klomp 1977 in Haber 1979, S. 22).[345] Elastisch-stabilen Systemen droht seltener die Zerstörung durch exogene Schocks. Ihre Regenerationsfähigkeit ist vergleichsweise hoch (Haber 1979, S. 22). Einzelne Waldökosysteme reagieren sehr unterschiedlich auf Störfaktoren, so dass kein einheitliches Muster abgeleitet werden kann.

- Das Ziel der *Begrenzung der Entropie bzw. entropischer Prozesse* beruht auf den Gesetzen der Thermodynamik. Ausgehend von der Untersuchung von Wärmeerscheinungen ist die Thermodynamik als ‚Grenzgängerin' zwischen Physik und Chemie zu einer allgemeinen Lehre der Energieformen und energetischer Prozesse geworden (Baehr/Kabelac 2006, S. 9; Prigogine 1989, S. 2).[346] Der zweite Hauptsatz der Thermodynamik sagt aus, dass ein abge-

---

[344] Das ökologische Gleichgewicht wird sowohl als Voraussetzung als auch als Folge ökologischer Stabilität gesehen (Haber 1993, S. 271).

[345] Im Anschluss an eine massive Störung, deren Auswirkungen bis zur Zerstörung des Ursprungssystems reichen können, bildet sich eine Folge von Zwischengesellschaften, so genannte Sukzessionsstadien, aus. Am Ende der ungestört ablaufenden Entwicklung steht eine an den Standort angepasste, sich im Gleichgewicht befindende Schlussgesellschaft (Klimaxgesellschaft) (Ruthsatz 1993, S. 488f.).

[346] Energie im Sinne der Thermodynamik ist weit auszulegen. „Gestalt, Form und Bewegung alles Existenten ist .. nur eine Verkörperung der verschiedenen Konzentrationen und Zustandsformen von Energie." (Rifkin 1985, S. 44)

schlossenes System im Zeitverlauf Zuständen größerer Unordnung und einem thermodynamischen Gleichgewicht entgegenstrebt (Binswanger 1992, S. 30). Dies entspricht einer Zunahme der Entropie bis zum Erreichen des Gleichgewichtszustands (Baehr/Kabelac 2006, S. 97; Horwich 1987, S. 60; Baehr 1984, S. 91ff.). Diese Abläufe sind in energetisch geschlossenen Systemen irreversibel (Binswanger 1992, S. 25). Die Entropie gibt zugleich Auskunft über die Nutzbarkeit der im System enthaltenen Energie.

Jede Ressourcennutzung ist zunächst mit einer Entropiezunahme verbunden (Rennings 1994, S. 106). Dem kann nur entgegen gewirkt werden, indem von außen neue Ordnungszustände (Syntropie) zugeführt werden. Da Ökosysteme (energetisch) offene Systeme sind, geschieht dies durch Zuführung solarer Strahlung (Binswanger 1993, S. 211; Schrödinger 1944). Die Sonnensyntropie ermöglicht die biologische Primärproduktion (Jensen/Feige 1993; Bährmann 1993, S. 104f.). Entropiebilanzen könnten umfassend Auskunft über den Grad der Nutzung und die Regenerationsfähigkeit des Ökosystems geben. Allerdings ist eine solche Bilanzgleichung auf geschlossene Systeme und in der rechnerischen Anwendung auf technische Prozesse beschränkt (Baehr/Kabelac 2006, S. 101ff.).

Bei einer Übertragung der Erkenntnisse auf ökonomische Systeme – und ein solches ist die Forstwirtschaft – wird deutlich, dass diese ebenfalls nur als offene Systeme funktionieren können (Proops 1983, S. 358ff.). Erst die Dissipation niedriger Entropie aus der Umgebung[347] ermöglicht die Transformationsprozesse innerhalb des ökonomischen Systems (Binswanger 1992, S. 22).

Vergleicht man die drei genannten Wertmaßstäbe, zeigen sich deutliche Überschneidungen. Raumbezogene Prozesse, wie in der Landschaftsökologie, haben enge Bezüge zur Makroebene der Thermodynamik. Strukturbildende und zerstörende Prozesse folgen den thermodynamischen Gesetzmäßigkeiten (Prigogine 1989, S. 2ff.). Die Stabilität eines Ökosystems ist weitgehend mit dessen struktureller Vielfalt verknüpft (z. B. Svirezhev 2000, S. 361f.). Obgleich in ihrer ursprünglichen Form nicht haltbar, war die einfache Gleichung ‚hohe Diversität ist gleich hohe Stabilität' (Diversitäts-Stabilitäts-Hypothese) dennoch richtungsweisend.[348] Die Diversitätsbetrachtung darf nur nicht bei den Arten stehen bleiben. Vielmehr muss die strukturelle Vielfalt herangezogen werden (Heckl et al. 2003, S. 68).[349] Doch selbst über Artenvielfalt und Strukturmerkmale lässt sich Biodiversität nicht hinreichend beschreiben. Aus diesem Grund schlagen NOSS (1990)

---

[347] Dies ist gleichbedeutend mit der Zufuhr von Energie und Stoffen von außerhalb der Systemgrenzen.

[348] Die auf ELTON (1958) zurückgehenden Überlegungen wurden wegen des eingeschränkten Diversitätsverständnisses später widerlegt (Haber 1979, S. 21).

[349] Darüber hinaus HAEUPLER (1993), HABER (1993, S. 271), HUNTER (1990) und NOSS (1990, S. 356; 1979, S. 21). Der Verlust von Struktur wird neben der Fragmentierung und Isolierung natürlicher Waldparzellen als wichtigste Beeinträchtigung der Wälder der gemäßigten Klimazone gesehen (Noss 1999, S. 140; Ammer/Utschick 1988, S. 40).

und NOSS/COOPERRIDER (1994) drei zu berücksichtigende Komponenten vor: Struktur, Komposition und Funktion. Die Komposition ist indes kaum von der Struktur zu unterscheiden. Eine echte Ergänzung bildet lediglich die Funktionskomponente. Betrachtet wird nicht die ökosystemare Funktion, sondern die Entwicklung. So wird eine Dynamisierung der ansonsten statischen Betrachtung erreicht (Heckl et al. 2003, S. 72f.). In Indizes zur Bewertung der biologischen Vielfalt, die hauptsächlich auf der Zahl der vorhandenen Arten aufbauen (z. B. Shannon-Index),[350] werden die Strukturdaten allerdings kaum berücksichtigt.

3.5.5.4 Wert gesellschaftlicher Wirkungen und Leistungen

Mittels der beiden Eigenschaften Rivalität und Ausschließbarkeit wurden öffentliche und private Güter gegeneinander abgegrenzt. Für die ökonomische Bewertung fanden in Abschnitt 3.5.5.2 dann nur die marktfähigen Produkte und Leistungen und damit in erster Linie die privaten Güter Berücksichtigung. Nur sie sind einer monetären Bewertung ohne weiteres zugänglich. Neben den (Markt-)Preisen wurden ausnahmsweise die Kosten der Erstellung zur Bewertung herangezogen. Zugleich wurde dieser Weg kritisch hinterfragt. Die Wertschätzung kann über den Kostenmaßstab nur unzureichend wiedergegeben werden.[351] Die mit dem Leistungsangebot verbundenen Kosten stehen nicht zwangsläufig in einer vertretbaren Relation zum generierten Nutzen. Nach Möglichkeit sollten daher der gesellschaftliche Nutzen und die damit verbundene Wertschätzung ebenfalls für die Bewertung erhoben werden.

Bevor die Möglichkeiten zur Bewertung detaillierter untersucht werden, steht eine Klärung der Inhalte und Charakteristika der gesellschaftlichen Leistungen an. In der funktionalen Einteilung der Naturraumnutzung nach BASTIAN (1991) und MANNSFELD (1999, S. 38 u. 1983) wird die gesellschaftlich-soziale Funktion nochmals in psychologische Funktionen (z. B. Landschaftsbild, ästhetische Funktion), Informationsfunktionen (z. B. Bioindikatoren von Umweltzuständen), humanökologische Funktionen (z. B. bioklimatische Wirkungen, Filter- und Pufferfunktionen) und eine Erholungsfunktion unterteilt.[352] Betrachtet man diesen Aus-

---

[350] Der Index Shannon-Index H wird festgelegt durch $H = -\sum_{i=1}^{s} p_i \cdot \ln p_i$ mit $p_i = \frac{n_i}{N}$ wobei:

S: Zahl der vorhandenen Arten (Spezies) p_i: relative Abundanz (relative Häufigkeit) der Art i
n_i: Zahl der Individuen der Art i   N: Zahl der insgesamt vorhandenen Individuen
Vgl. hierzu z.B. HAEUPLER (1993, S. 102), TOWNSEND/HARPER/BEGON (2003, S. 410).

[351] Zu den Grundlagen des Kostenwerts siehe VLEUGELS (1932).

[352] Eine vergleichbare Unterteilung der über die Produktionsfunktion hinaus gehenden Waldwirkungen ist bei THOMASIUS/SCHMIDT zu finden (1994, S. 173). Zunächst teilen sie die humanitären Wirkungen in humanökologische und psychische Wirkungen auf. Die humanökologischen Wirkungen werden nochmals in humanbiometeorologische Wirkungen und Wirkungen auf die Wasserqualität unterteilt. Psychische Wirkungen entstehen unmittelbar und mittelbar über künstlerische und mediale Arbeiten. Zu einer weiteren alternativen Zusammenfassung in ‚Waldwirkungsgruppen' siehe UECKERMANN (2003, S. 732).

schnitt der Waldfunktionen genauer, ist festzustellen, dass nicht wenige (Teil-) Funktionen als Waldwirkungen allein von der Vegetationsform Wald erfüllt werden. Eine Bewirtschaftung ist nicht zwingend notwendig. Im Gegenteil führt sie nicht selten zu einer Beeinträchtigung (Ruhl 1979, S. 36ff.). Wirkungen des Waldes sind als solche nicht dem Forstbetrieb zuzurechnen.[353] Diesem können nur Funktionen zugesprochen werden, die durch betriebliches Handeln[354] und dadurch hervorgerufene wesentliche Beeinflussungen des Systems einer Nutzung zugänglich gemacht werden. Eine abweichende Position geht demgegenüber von der Steigerung der gesamten Leistungsfähigkeit durch sachgerechte, insbesondere naturnahe Bewirtschaftung aus. Ziel aller waldbaulichen Tätigkeiten, einschließlich der Holzernte, ist demnach die dauerhafte Sicherung und Steigerung des Potenzials zur Erfüllung aller Funktionen (Leibundgut 1985, S. 155f.).

Waldwirkungen und forstbetriebliche Leistungen außerhalb der Rohstoffversorgung betreffen vor allem die humanökologische Funktion sowie die Erholungsfunktion (Brun 2002, S. 104). Die Informationsfunktion dient der Überführung der ökologischen einschließlich der human-ökologischen Funktionen in den gesellschaftlichen Kontext (Bastian/Schreiber 1999, S. 206; ähnlich Brun 2002, S. 102). Diese Informationen sind Grundlage, sowohl der Leistungsbemessung als auch der Bewertung. Zur Bewertung zurückkehrend, entziehen sich die psychologischen Funktionen weitgehend einer intersubjektiv nachvollziehbaren Bewertung.[355] Allerdings beeinflusst das ästhetische Empfinden den Erholungswert einer Landschaft nicht unerheblich und findet sich über dessen Bestimmung indirekt wieder.

Für die Bewertung ist es sinnvoll, sich an den Bewertungsansätzen der öffentlichen Güter zu orientieren. Der Grenzfall des prototypischen Kollektivguts ohne Nutzungsrivalität ist allenfalls in der kurzfristigen Betrachtung zu finden (z. B. Oesten/Roeder 2002, S. 35). Gesellschaftliche Leistungen können daher grundsätzlich als knappe Güter angesehen werden (Hampicke 1991, S. 70). Da keine Marktpreise vorliegen, muss nach einem Ersatz gesucht werden, mit dessen Hilfe der Tauschwert (Opportunitätskosten) bestimmt werden kann (Pommerehne 1987, S. 1 und 5). Der Wert des öffentlichen Guts bemisst sich dann nach Art und Menge anderer Güter, die eine Person bereit ist, für eine Einheit dieses Guts aufzugeben.[356] In der ökonomischen Theorie wird zwischen zwei Arten zur Er-

---

[353] Die fehlende Differenzierung von Waldwirkungen und forstbetrieblichen Leistungen ist eine zentrale Schwäche der Außendarstellung der Forstwirtschaft. Vor allem in der Diskussion mit fachlich versierten Vertretern gesellschaftlicher Interessen außerhalb der Forstwirtschaft geht derart Glaubwürdigkeit verloren (Oesten/Roeder 2002, S. 294).

[354] Unter Handeln wird außer der Gestaltung gleichfalls die bewusste Unterlassung, vor allem den Verzicht auf anderweitige Nutzung, verstanden (Oesten/Roeder 2002, S. 43).

[355] Zum Vergleich: das Beispiel der Ästhetik und die Anmerkungen zur Baumartenwahl in Abschnitt 3.5.3.2 sowie ausführlich WÖBSE (2002, S. 77ff.).

[356] Kritisch: Das Problem der Verteilung der Kosten externer Effekte wird so nicht gelöst, da in dieser Lösung nur die Güter-Allokation betrachtet wird (Hampicke 1991, S. 65f.; Pommerehne 1987, S. 8).

mittlung der Präferenzen für öffentliche Güter differenziert (z. B. Pommerehne/ Römer 1988, S. 222).[357] Bei der indirekten Methode wird versucht, aus dem beobachtbaren Verhalten auf die latente Zahlungsbereitschaft zu schließen. Die Nutzung des Kollektivguts erfolgt häufig in Verbindung mit komplementären privaten Gütern. Deren Preis ist ermittelbar und wird als Anknüpfungspunkt zur Bewertung des Kollektivguts genutzt. Die direkte Methode (Contingent Valuation Method) ist nichts anderes als die Gesamtheit der Erhebungsmethoden (Befragungen und Experimente) zur Erfassung der Zahlungsbereitschaft.

- *Indirekte Methoden*: Die gebräuchlichste indirekte Methode ist die auf HOTELLING zurückgehende Reisekostenmethode (Prewitt 1949). Die Grundidee besteht darin, eine Nachfragekurve für das öffentliche Gut abzuleiten. Das Gut ist nicht transportabel, so dass es für den Konsum aufgesucht werden muss (Löwenstein 1994, S. 68). Aus den aufgewendeten Besuchskosten wird auf die Wertschätzung des Guts geschlossen.[358] Eine zweite Methode ist die hedonische Preismessung oder Marktpreismethode, bei der Immobilienpreise in verschiedenen Siedlungsräumen verglichen werden (Liebe 2007, S. 106). Einer der preisbildenden Faktoren ist die Umweltqualität. Über Modellbildung und statistische Auswertung empirischer Daten wird versucht, nach den Einflussfaktoren aufzuspalten und eine aggregierte Zahlungsbereitschaft für das untersuchte Gut zu ermitteln (Pommerehne 1987, S. 45ff.).

Die indirekten Methoden sind mit zahlreichen Problemen behaftet. Beispielsweise ist der bei der Reisekostenmethode unterstellte komplementäre Zusammenhang schwer nachweisbar. Häufig stiftet das Komplementärgut auch anderweitigen Nutzen. Die Verfahren beschränken sich zudem auf den individuellen Erlebniswert. Andere Wertansätze (Vermächtniswert, Existenzwert)[359] werden nicht erfasst (z. B. Liebe 2007, S. 107; Boyle 2003, S. 266; Hampicke 1991, S. 115; Pommerehne/Römer 1988, S. 223).

---

[357] Eine abweichende Einteilung, wie sie vor allem im englischsprachigen Raum vorgenommen wird, ist die in eine aufgedeckte, eine vermutete und eine ausgedrückte Zahlungsbereitschaft (‚revealed, imputed, and expressed willingness to pay'). Methoden der aufgedeckten Zahlungsbereitschaft sind: ‚Market Price Method', ‚Productivity Method', ‚Hedonic Pricing Method' und ‚Travel Cost Method'. Die vermutete Zahlungsbereitschaft wird über die ‚Damage Cost Avoided', ‚Replacement Costs' und ‚Substitute Cost Method' erhoben. Zuletzt ist die ausgedrückte Zahlungsbereitschaft Inhalt der ‚Contingent Valuation Method' und der ‚Contingent Choice Method'.

[358] Zusätzlich können zwei (Grund-)Versionen der Reisekostenmethode unterschieden werden. Bei der zonalen Raummodell-Version wird eine Klassifizierung der Reisekosten auf Grundlage der Entfernung vorgenommen (Löwenstein 1994, S. 71). Bei der individuellen Version werden hingegen die tatsächlich angefallenen Reisekosten betrachtet (ebd. S. 77). In einer formalen Darstellung $V = f(C,X)$ ist die Zahl der Besuche V als Funktion der Kosten pro Besuch (C) und X als Vektor weiterer erklärender Variablen (z. B. Zeitbedarf, sonstige Mühen) zu sehen (Pommerehne 1987, S. 43). Zu den entscheidungsrelevanten Kosten vgl. ausführlich z. B. LÖWENSTEIN (1994, S. 78ff.).

[359] Der Vermächtniswert (auch Vererbungswert, Vererbungsnutzen oder bequest value) zielt auf die Möglichkeit zur Weitergabe an zukünftige Generationen ab. Der Existenzwert (existence value) ergibt sich allein aus dem Wissen um die Existenz des betrachteten Guts (z. B. Liebe 2007, S. 30; Tisdell 2005, S. 70ff.).

- *Direkte Methoden*: Befragungen und Experimente im Rahmen der direkten Präferenzerfassung sind geeignet, die Gesamtheit der wertbildenden Faktoren zu erfassen (Liebe 2007, S. 105). Zumindest Ober- und Untergrenzen der Zahlungsbereitschaft können über ein gutes Befragungsdesign hinreichend valide ermittelt werden (Pommerehne/Römer 1988, S. 226). Die Untersuchungsdaten werden anschließend ähnlich wie bei der hedonischen Preismessung weiterverarbeitet. Unter Ausschluss der Einflüsse der sozio-ökonomischen Merkmale der Befragten wird eine Nachfragekurve nach dem untersuchten Kollektivgut abgeleitet. Einschränkend wird verlangt, dass die Befragten die öffentlichen Güter und die eigenen Präferenzen unter Beachtung der Opportunitätskosten einzuschätzen wissen (Pommerehne/Römer 1988, S. 228). Methodisch besteht bei Befragungen immer die Gefahr von systematischen Erhebungsfehlern und Verzerrungen durch strategisches Antwortverhalten der Befragten.[360] Andererseits bieten direkte Messmethoden die Chance methodisch abgesicherter Validitäts- und Reliabilitätstests (Liebe 2007, S. 109). Hinweise zu methodischen Standards der Contingent-Valuation-Methode gibt ein Gutachten des NOAA-Panel[361] (Arrow et al. 1993).[362]

Clubkollektivgüter können unter Umständen ähnlich wie private Güter über einen eigenen Markt bewertet werden. Ein Beispiel ist die Trinkwasserversorgung. Quantität und Qualität der Wasserspende hängen unmittelbar von der Beschaffenheit des Wassereinzugsgebiets ab (Weber 2006, S. 105; Müller K. 1996; Thomasius/Schmidt 1996, S. 218ff.). Der Forstbetrieb kann dem Wasserversorger Verbesserungen durch Nutzungsänderungen oder Waldumbau in Aussicht stellen und sich dies unmittelbar vergüten lassen (Weber 2006, S. 107ff.; Merker 2003). In der Preisfindung sind der Ertragsausfall des Forstbetriebs und die Verbesserung der Wasserspende zu berücksichtigen. Der Marktwert der Leistung ist abhängig von der Ausgangssituation und dem Verhandlungsgeschick der betei-

---

[360] Einen umfangreichen Überblick in Form einer ‚Typology of Potential Response Effect Biases in CV Studies' geben MITCHELL/CARSON (2005, S. 236f.). Systematische Fehler sind z. B. ‚interviewer bias', ‚information bias' oder ‚hypothetical bias'.

[361] Hintergrund war ein Überprüfungsauftrag der ‚National Oceanic and Atmospheric Administration', um die Eignung der Contingent-Valuation-Methode zur Festlegung von Schadenersatzforderungen nach Umweltkatastrophen zu überprüfen. Konkreter Anlass war die Havarie des Tankers ‚Exxon Valdez' vor der Küste von Alaska 1989 (Carson 1997, S. 1501).

[362] Zu den vorgeschlagenen Standards gehören unter anderen:
- Einhaltung der Grundsätze guter empirischer Forschung (Zufallsstichproben, Pretests usw.),
- Bevorzugung persönlicher Interviews gegenüber telefonischen und schriftlichen Befragungen,
- geschlossene an Stelle offener Fragen,
- Befragte müssen ausreichend informiert sein (Konsequenzen müssen klar sein, z. B. das Entstehen von Opportunitätskosten, Substitutionsmöglichkeiten für das öffentliche Gut sind aufzuzeigen),
- Kontrollfragen zur Überprüfung, ob Probanden das Problem richtig eingeschätzt haben.
Bei der Empfehlung geschlossener Fragen wird davon ausgegangen, dass offene Fragen vermehrt zu Ausreißern führen. Einfache Wahlhandlungen sind aus dem Alltag heraus wesentlich vertrauter, vorgegebene Antwortkategorien sind daher zu bevorzugen (Freeman 2003, S. 164). Einschränkend ist anzumerken, dass dann nicht mehr die generelle Zahlungsbereitschaft abgefragt wird, sondern nur mehr die Zustimmung oder Ablehnung vorgegebener Preise (Löwenstein 1994, S. 88).

ligten Parteien (Merker 2003, S. 534f.).[363] Können Leistungen wahlweise vom Waldökosystem generiert oder über technische Ersatzmaßnahmen erbracht werden, geben die Kosten der Ersatzmaßnahme einen guten Anhaltspunkt für die Bewertung. Darüber hinaus sind auch qualitative Unterschiede oder die Kontinuität der Leistungserbringung einzubeziehen.

3.5.5.5 Ökonomische und ökologische Risiken

Der Mangel an Wissen über zukünftige Ereignisse birgt die Gefahr von Fehleinschätzungen und zurückblickend falschen Entscheidungen in sich. Erst in zweiter Linie tritt die unzureichende Beeinflussbarkeit relevanter Rahmenbedingungen hinzu. Die Unsicherheit zukünftiger Ereignisse ist ein wichtiger Betrachtungsgegenstand der Entscheidungstheorie. Zwei Arten von Unsicherheit werden dort unterschieden: Ungewissheit und Risiko (Bamberg/Coenenberg 2006, S. 19; Knight 1921 in Priddat 1996, S. 107). Unter Ungewissheit liegen keine Vergangenheitsinformationen oder stichprobenbasierten Annahmen über den Eintritt möglicher zukünftiger Ereignisse vor. Sind hingegen Informationen über die Alternativszenarien (Umfeldzustände) in Form von Eintrittswahrscheinlichkeiten vorhanden, wird von Risiko gesprochen.[364] Die Unsicherheit innerhalb der Forstbetriebe hat verschiedenste Quellen. Ein Teil davon ist ausschlaggebend für die Darstellung der Transformation als Black-box. Der Kenntnisstand über die grundlegenden natürlichen Wirkungsprozesse ist nach wie vor unvollständig. Hinzu kommen die internen Wechselwirkungen zwischen biologischer und technischer Produktion sowie den direkten Eingriffen. Als Letztes ist die zukünftige Entwicklung der standörtlichen, wirtschaftlichen und gesellschaftlichen Rahmenbedingungen in forstlichen Betrachtungszeiträumen generell unsicher (Roeder/Bücking 2004, S. 167ff.). Ohnehin verschärft die Langfristigkeit der forstlichen Produktion die gesamte Problematik (Kangas/Kangas 2004). Die Unsicherheit wirkt sich in allen Bereichen aus, in denen zuvor der Wert des Outputs ermittelt wurde. Gesellschaftlich-soziale Risiken entstammen in erster Linie den humanökologischen Funktionen. Durch die enge Verbindung mit der ökologischen Betrachtung können die damit verbundenen Risiken näherungsweise über die ökologischen Risiken abgehandelt werden.

Die ökonomischen Risiken beruhen zum einen auf der Gefährdung durch Störgrößen in der biologischen Produktion; zum anderen gelten die allgemeinen ökonomischen Risiken für die Forstbetriebe in gleichem Maße wie für andere Betriebe. Nach GRANT gibt es zwei Hauptquellen des Risikos: die technologische Unsicherheit und die Marktunsicherheit (2006, S. 434ff.). Technologische Unsi-

---

[363] Mit weiteren Verwertungsmöglichkeiten forstlicher Leistungen aus dem Bereich der öffentlichen Güter setzt sich die Arbeit von MERTENS auseinander (2000).

[364] Im weiteren Verlauf wird die strikte begriffliche Trennung der Entscheidungstheorie aufgegeben und die Begriffe werden weitgehend synonym verwendet.

cherheit entsteht aus der nur schwer vorhersehbaren technischen Entwicklung und der Frage, welche Standards sich bei Parallelentwicklungen durchsetzen (dominant designs). Die Marktunsicherheit bezieht sich auf das zukünftige Marktvolumen und die marktlichen Rahmenbedingungen. Zu diesen Risiken kommen weitere aus den Eigenheiten der Forstwirtschaft hinzu, etwa die Probleme versteckter Qualitätsmerkmale und die Bestimmung der Produktreife. Ein weiteres Beispiel sind Ausfallrisiken durch physikalische (z. B. Trocknungsrisse) oder biologische Prozesse (z. B. Holzzersetzung durch Fäulepilze).

Außer in der Entscheidungstheorie finden Risikoaspekte insbesondere in der Investitionstheorie Berücksichtigung. Ergänzend zu den entscheidungstheoretischen Verfahren werden verschiedene Korrekturverfahren, speziell angepasste Bewertungsverfahren und Prüfungen der Robustheit der getroffenen Aussagen durchgeführt (z. B. Bamberg/Coenenberg 2004, S. 103ff.; Götze/Bloech 2002, S. 386ff. und 390ff.).[365] Bei BANSE ist noch eine ganze Reihe von weiteren disziplinären Sichtweisen zu finden.[366] Er räumt jedoch ein, dass es erhebliche Überschneidungsbereiche gibt (1996, S. 61f.; ähnlich Schwarz 1996, S. 130). Eine interessante Ergänzung bietet die Hazard-Forschung. Sie kombiniert naturwissenschaftliche mit sozialwissenschaftlichen Fragestellungen und Methoden und unterscheidet ‚natural', ‚man-made' und ‚social hazards' (Geipel 1992, S. 3).

Die vollständige Wertermittlung der natürlichen Ressourcen, vor allem aber die mittelbaren Auswirkungen der Eingriffe ins Waldökosystem, konnten aus den genannten Gründen durch die bisherigen Bewertungsansätze nicht vollständig gelöst werden. Eine Ergänzung bietet die von BACHFISCHER (1978) ausgearbeitete ökologische Risikoanalyse (Schreiber 1999, S. 369). Als theoretische Grundlage gibt BACHFISCHER die Entscheidungstheorie und den dortigen Umgang mit Entscheidungen unter Risiko an (Eberle 1984, S. 8).[367] Die Ursache-Wirkungs-Beziehungen werden zweigeteilt: Ausgangspunkt sind die Nutzung bzw. der Nutzungsanspruch und die damit verbundenen Eingriffe. Sie bringen intendierte und nicht intendierte ökologische Folgewirkungen mit sich. Als Verursacher werden neben der Urbanisierung (einschließlich Verkehr), Industrialisierung und

---

[365] Korrekturverfahren beziehen sich entweder auf den Kalkulationszins (z. B. Capital Asset Pricing Model) oder die Zahlungsreihe (z. B. Sicherheitsäquivalente) (Hering 2003, S. 283ff. und 308ff.; Goetze/Bloech 2002, S. 391ff. und 398ff.). Die speziellen Bewertungsverfahren setzen bei der Optionspreistheorie an (Goetze/Bloech 2002, S. 450ff.). Sensitivitätsanalysen decken die Anfälligkeit des Zielfunktionswerts gegenüber Änderungen einzelner Inputvariablen auf.

[366] Neben der entscheidungstheoretischen Sicht nennt er die versicherungsmathematische, die natur- bzw. technikwissenschaftliche, die psychologische, die wirtschaftswissenschaftliche, die rechtswissenschaftliche, die soziologische, die politikwissenschaftliche, die kulturanthropologische, die gesellschaftstheoretische und die philosophisch-ethische Sichtweise (Banse 1996, S. 61f.). Die ökologische Risikoanalyse ordnet er der natur- und technikwissenschaftlichen Sicht zu (ebd. S. 65).

[367] Es ist fraglich, inwiefern die entscheidungstheoretische Fundierung der Risikobestimmung über die Verknüpfung von Schadensszenarien mit Eintrittswahrscheinlichkeiten umgesetzt wird (Eberle 1984, S. 13). Tatsächlich löst das Verfahren den selbsterhobenen Anspruch nämlich nicht ein (ebd. S. 17). Das Vorgehen erscheint zwar plausibel, eine theoretische Fundierung unterbleibt dennoch letztlich (ebd. S. 22).

Rekreation die intensive Land- und Forstwirtschaft aufgeführt. Die im Ökosystem herbeigeführten Veränderungen wirken sich in der Folge auf die Gesamtheit der verfügbaren natürlichen Ressourcen und Prozesse sowie auf die Nutzungsmöglichkeiten aus. Dies betrifft das Nutzungspotenzial Dritter und die dem Verursacher verbleibenden Möglichkeiten gleichermaßen (Schreiber 1999, S. 372; Eberle 1984, S. 3). Die vier Einzelschritte der ökologischen Risikoanalyse nach BACHFISCHER sind (1978, S. 79f.):

1. *Betrachtung der natürlichen Faktoren* und *Bewertung ihrer Leistungsfähigkeit und Eignung im Hinblick auf mögliche Nutzungsansprüche* (vgl. hierzu die landschaftsökologische Bewertung) sowie *Abgrenzung möglicher Konfliktbereiche.*

2. Abschätzung der *Intensität potenzieller Beeinträchtigungen* durch Aggregation innerhalb der einzelnen Konfliktbereiche.

3. Bestimmung der *Empfindlichkeit gegenüber Beeinträchtigungen* innerhalb der einzelnen Konfliktbereiche durch Aggregation.

4. Verknüpfung der beiden aggregierten Größen Empfindlichkeit und Intensität der Beeinträchtigungen zum *Risiko der Beeinträchtigungen.*

Von entscheidender Bedeutung ist die Aggregation. Sie erfolgt unter Rückgriff auf grundlegende Erkenntnisse und übertragbare Einzeluntersuchungen. Beginnend beim vermeintlich Wichtigsten werden die Einzelmerkmale durch logische Und-/Oder-Verknüpfungen in eine ordinale Skala überführt. Die beiden so skalierten Größen werden in eine Matrix übertragen, aus der dann Risikostufen abzulesen sind (Schreiber 1999, S. 375; Bachfischer 1978, S. 98ff.). Eine weitere Verdichtung zu einer Gesamtbetrachtung ist möglich (ebd. S. 378).

Insgesamt ist die ökologische Risikoanalyse immer noch sehr aufwändig und daher allenfalls zur Planungsunterstützung für größere Eingriffe geeignet. Für die Outputbetrachtung und -bewertung sind einfacher zu handhabende Bewertungsmaßstäbe und -verfahren zu bevorzugen. Ökologische Risiken haben ihren Ursprung vor allem in der Gefährdung ökosystemarer Abläufe. Diese sind wiederum eng mit der Stabilität des Ökosystems verbunden. Die Erfassung der ökologischen Risiken in der Forstwirtschaft kann daher vereinfachend auf die Bewertung der ökologischen Stabilität zurückgeführt werden. Dies lässt sich nochmals gut am Beispiel des Stabilitäts-Produktivitäts-Dilemmas verdeutlichen (Haber 1993, S. 272).[368] In der Land- und Forstwirtschaft wurden und werden Nutzökosysteme

---

[368] Bei HABER heißt es wörtlich: „Wenn das Ausmaß nachteiliger Nebenwirkungen und das Ausmaß von immanenten Schäden so gering wie möglich bleiben sollen, dann kann dieses Ziel einfach durch Diversifizierung in der (Nutz-)Fläche und differenzierte Nutzung erreicht werden – ökologisch ausgedrückt: durch bewusste Schaffung und Erhaltung von ‚γ-Diversität' [Anm. des Autors: γ-Diversität beschreibt das Gefüge oder Mosaik unterschiedlicher Raumeinheiten in der Landschaft] der Ökosystem-Vielfalt als Nutzungs-Heterogenität. Da diese die nutzungsimmanenten Schäden, Belastungen und Nachteile räumlich begrenzt, zeitlich verteilt und damit insgesamt mildert, wird die Kulturlandschaft durch diesen Typ von Vielfalt ökologisch ‚stabilisiert'." (1979, S. 26).

bevorzugt, die durch eine oder wenige ertragreiche Arten dominiert sind (Dominanz-Ökosysteme). Die Produktivität wird optimiert, indem die Konkurrenzsituation entschärft und die Primärproduktion auf die geeignetsten Individuen gelenkt wird (Haber 1979, S. 25). Um den angestrebten Ertrag zu garantieren, muss das Nutzökosystem jedoch stabil, d. h. persistent gegenüber Störungen von außen sein (Haber 1979, S. 22). Durch ständige Eingriffe wird das Gegenteil erreicht. Über syntropiezuführende scheinbar ‚stabilisierende' Maßnahmen wird die Umweltdynamik erhöht (Leeuwen 1965). Es kommt zu einem Paradoxon, wenn Stabilität über den Weg der Destabilisierung erreicht werden soll (Murdoch 1975).

Der Vorteil des Strukturreichtums besteht nicht nur in der höheren Stabilität gegenüber abiotischen und biotischen Störfaktoren. Mittels Vielfalt soll vielmehr eine Risikostreuung erreicht werden, da nicht alle Baumarten und Bestandestypen durch ein und denselben Störfaktor in gleichem Maße gefährdet sind (Thomasius/Schmidt 1996, S. 170). Vergleichbare Empfehlungen, zur Begrenzung der betrieblichen Risiken auf eine Strategie der Diversifikation zu setzen, finden sich auch in der betriebswirtschaftlichen Literatur (z. B. Grant 2006, S. 569f.; Welge/Al-Lahm 2003, S. 444f.). Andererseits zeigt sich ein Trade-off zwischen der strukturellen Vielfalt und manchen ökonomischen Zielen des Forstbetriebs, den es zu bedenken gibt.[369]

Das Risikomanagement widmet sich dem angemessenen Umgang mit Unsicherheiten. Das Ziel besteht in der Vermeidung oder zumindest der Verminderung drohender Abweichungen vom eigentlich gewünschten Zustand. Besonders kritisch sind irreversible Veränderungen (Poser 1991, S. 59). Präventive Maßnahmen können ursachenorientiert oder wirkungsorientiert ansetzen (Banse 1996, S. 60). Eine Möglichkeit, der Unsicherheit zu begegnen, besteht in der Erhaltung möglichst großer Handlungsspielräume. So genannte Flexibilitätsmaße geben Auskunft über den Umfang der vorhandenen Handlungsoptionen (Roeder/Bücking 2004, S. 170ff.).

3.5.6   Erkenntnisse aus der Modellbeschreibung

Über die modellhafte Darstellung der einzelbetrieblichen Entscheidungs- und Zielgrößen konnte ein Grundverständnis der Abläufe und Beziehungen im Forstbetrieb gelegt werden. Damit wurden die waldökosystembezogene Sicht zu Beginn des Kapitels und die forstliche Branchenperspektive konkretisiert und – mit Blick auf den Forstbetrieb als Einzelakteur – zugleich erweitert. Durch die abstrakte Darstellung wurde die Einengung auf einzelne Typen von Forstbetrieben vermieden. Die Entscheidungsgrößen Produktionstiefe und Verwertung sind an sich wenig bemerkenswert, da sich jedes Unternehmen vergleichbaren Fragen zu

---

[369] Hierzu wurde modellhaft die Optimierung der Rückflüsse unter Berücksichtigung der Biodiversität untersucht (Önal 1997, S. 1011).

stellen hat. Eine Besonderheit sind lediglich die Bemühungen zur marktlichen Verwertung von Leistungen, die der Forstbetrieb bisher in Form öffentlicher Güter bereitstellt. Anders sind die Entscheidungen zur Baumartenwahl, zur Waldstruktur und zu den Bewirtschaftungsstrategien zu sehen. Hier handelt es sich um spezifische Phänomene der Forstwirtschaft. Kennzeichnend sind unter anderem beträchtliche Wirkungsverzögerungen und eine eingeschränkte Steuerbarkeit. Für die Begrenzung der Beeinflussbarkeit sind neben den komplexen Wirkungsmechanismen vor allem die exogenen Faktoren verantwortlich. Diese Faktoren beschränken die generellen Handlungsspielräume und stehen z. T. in einer direkten Wechselbeziehung zu den Entscheidungsgrößen. Vor allem die biotischen und abiotischen Faktoren des waldbaulichen Standorts müssen daher in der Entscheidungsfindung berücksichtigt werden. Eine ausreichende Datengrundlage bildet die Grundvoraussetzung. Hierzu kann das ökologische Monitoring bereits einen ersten wichtigen Beitrag leisten. Zudem dürfen die strategischen Entscheidungsgrößen nicht losgelöst von den operativen transformatorischen Handlungen gesehen werden. Fehlendes Wissen über die Wechselwirkungen im Wirkungsgefüge des Wirtschaftswaldes ist der Grund für die Darstellung als Black-box. Die Steuerung erfolgt daher notwendigerweise in erster Linie auf Grundlage des bewerteten Outputs und festgestellter Abweichungen gegenüber den Zielvorgaben.

Nicht zuletzt deshalb wurden die Zielgrößen vor allem unter dem Aspekt der Bewertung betrachtet. Während für die auf Märkten gehandelten Produkte sowie die gesellschaftlichen Wirkungen und Leistungen eine Bewertung in Geldeinheiten möglich oder gar nötig ist, stellt dies für die ökologische Bewertung nur in Ausnahmefällen eine Option dar (Ott/Döring S. 197ff.).[370] Daher wurden drei eigenständige ökologische Bewertungsansätze vorgestellt. Überschneidungsbereiche dieser drei Wertmaßstäbe zeigten sich in der Wirkung der Thermodynamik als Bindeglied sowie in der Erfassung und Beschreibung der Struktur bzw. der strukturellen Vielfalt als gemeinsamem Indikator. Als ,Nebenprodukt' konnte über den Transfer der thermodynamischen Erkenntnisse zudem ein Zusammenhang von ökologischer und ökonomischer Analyse und Bewertung aufgezeigt werden. Auch aus diesem Grund wurde die Waldstruktur bei der Inputbetrachtung als Entscheidungsgröße hervorgehoben. Über die horizontale und vertikale Struktur sowie die Vernetzung mit anderen Landschaftsbestandteilen besteht ein direkter Bezug zur Landschaftsökologie und den Landschaftsfunktionen, als ihrerseits wichtigen Ansätzen der ökologischen Bewertung (Bonan 1989). Derartige Verbindungen von Zielgrößen und Entscheidungsgrößen dienen später noch als Grundlage zur Ableitung der Aufgaben des ökologischen Monitorings.

---

[370] Es gibt Versuche, sowohl Einzelelemente (z. B. Vester 1983) als auch Ökosysteme (z. B. Petry/ Klauer 2005, S. S. 136ff.; Planco 1999) zu bewerten. Dazu wird häufig auf Kompensationskosten zurückgegriffen, bei Biotopen bspw. in Form von Kosten zur Herstellung gleichwertiger Ersatzbiotope (Petry/Klauer 2005, S. 138). Die ökosystemaren Prozesse oder die Verbundwirkungen, die sich aus dem eng verzweigten Beziehungsgefüge, in die das Ursprungsbiotop eingebettet ist, ergeben, können so jedoch nicht abgebildet werden.

Gesellschaftliche Leistungen stehen dem Wirtschaftsystem und der ökonomischen Denkweise wieder bedeutend näher als die ökologische Betrachtung. Für ihre Bewertung können daher verschiedene Verfahren der ökonomischen Bewertung herangezogen werden. Dies entspricht zugleich einem wichtigen Anliegen der Waldeigentümer, die die fehlende Honorierung der vom Wald erbrachten gesellschaftlich-sozialen Leistungen beklagen.[371] Direkte und vollständige Abhilfe schaffen allerdings nur die zuvor angesprochenen Bestrebungen zur marktlichen oder marktähnlichen Verwertung klar abgrenzbarer Einzelleistungen. Die Verfahren der ersatzweisen Bewertung öffentlicher Güter über Befragungen und Analogieschlüsse können allenfalls für die Außendarstellung oder für politische Verhandlungen genutzt werden. Eine direkte Umsetzung in zusätzliche Einnahmen erfolgt nämlich nicht.

Für den ökonomischen Wertansatz zeigte sich, dass für die korrekte Erfolgsermittlung ein Vermögensvergleich unumgänglich ist. Der Vergleich der Einnahmen und Ausgaben innerhalb einer Periode vermittelt ein unvollständiges Bild und letztlich ein falsches Betriebsergebnis (z. B. Jöbstl 2004b, S. 57f.). Wertverzehr und Wertschöpfung können durch das zeitliche Auseinanderfallen von Investition, laufendem Wertzuwachs und Desinvestition in vollem Umfang nur über Veränderungen am bewerteten Vorrat erfasst werden. Ein ausgereiftes Controlling sollte zumindest in besonders wertvollen Betriebsteilen (Bestände mit hohem Vorrat und/oder wertvollen Sortimenten) auf die inzwischen verfügbaren Verfahren zurückgreifen.

Eine Ergänzung der reinen Bewertung um eine Risikobetrachtung ist wegen der bestehenden Unsicherheiten empfehlenswert. Andererseits sind viele der genannten Verfahren, gerade im Bereich der ökologischen Risikoabschätzung, aufwändig und in erheblichem Maße subjektiv geprägt und daher nur bedingt zu empfehlen. Die Erhaltung möglichst großer Anpassungsspielräume sollte grundsätzlich in das betriebliche Zielsystem aufgenommen und vom situativen (forstlichen) Controlling überwacht werden.[372] Die Sicherung der ökosystemaren Stabilität leistet ebenfalls einen wichtigen Beitrag zur Risikovorsorge.

---

[371] Dies zeigt auch eine Befragung genossenschaftlicher Forstbetriebe, die 2006 in der Region Siegen-Wittgenstein durchgeführt wurde. Demnach wünschten zwischen 20 und 32% der befragten Betriebe eine Verbesserung der Informationsbasis (Ist-, Prognose- und Abweichungsdaten) zu den vom Betrieb erbrachten Waldleistungen. Am größten wurde dabei mit 32,4% das Defizit im Bereich der Prognose der zukünftigen Entwicklung empfunden. Die Befragung und weitere ausgewählte Ergebnisse werden ausführlich in Abschnitt 5.2.2 dargestellt.

[372] Zu den Aufgaben des situativen Controllings siehe JACOBS/SORG/URIGSHARDT (2009).

4 Anforderungen an das forstliche Controlling und bestehende Lösungen

4.1 Die Bedeutung des Kontexts in der situativen Sicht

In den Ausführungen zum Controlling in Kapitel 2 hat sich die Kontextabhängigkeit als wesentlicher Aspekt herauskristallisiert. Die kontextbezogenen oder situativen Faktoren spannen den Rahmen auf, innerhalb dessen betriebliche Funktionen wie das Controlling Gestalt annehmen.[373] Dieser Rahmen beschränkt nicht nur die funktionale, instrumentelle und organisatorische Ausgestaltung, er konkretisiert zugleich die Aufgabenstellung. Detaillierte Anforderungen hängen also von der Spezifität des Controllinggegenstands ab und können, wie Abbildung 17 verdeutlicht, letztendlich nur am konkreten Einzelfall vollends bestimmt werden (Horváth 1978, S. 204). Diese Einsicht ist bereits Bestandteil der Thesen zum Controlling von KÜPPER/WEBER/ZÜND (1990, S. 286). Empirische Bestätigung fanden die Kontextbezüge u. a. in den Studien von GAYDOUL (1980), ÜBELE (1982) und AMSHOFF (1993). Gerade die praktische Umsetzung theoretischer Controllingkonzepte kann nur kontextbezogen erfolgen (z. B. Horváth 2009, S. 750ff.).[374]

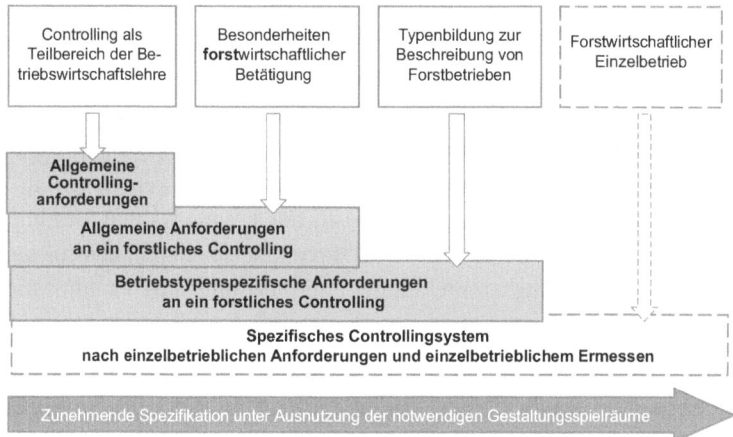

Abb. 17: Kontextabhängigkeit der Ausgestaltung des Controllingsystems

---

[373] Zur Kontextabhängigkeit siehe auch MÜLLER (2002, S. 35), WEBER/SCHÄFFER (1999b, S. 740), WELGE (1988, S. 59ff.) und ZENZ (1998, S. 30). Die Untersuchung der Interdependenzen innerhalb des Führungssystems sowie zwischen den Führungsteilsystemen und der Unternehmensumwelt kann als Teil des Kontextbezugs, in dem sich das Controllingsystem herausbildet, angesehen werden (Küpper 2008, S. 67).

[374] Des Weiteren: WEBER/SCHÄFFER (2006, S. 386), KÜPPER (2008, S. 8), FRIEDL (2003, S. 4), HAHN/HUNGENBURG (2001); HORVÁTH ET AL. (1999) ähnlich URIGSHARDT/JACOBS/LETMATHE (2008, S. 10f.).

© Springer Fachmedien Wiesbaden GmbH, ein Teil von Springer Nature 2010
T. Urigshardt, *Forstliches Controlling*, Edition KWV,
https://doi.org/10.1007/978-3-658-24670-9_4

Der Kontextbezug legt ein schrittweises Vorgehen nahe, wie es bisher schon praktiziert wurde. Während in Kapitel 2 die Controllinggrundlagen und das Controllingverständnis aufgearbeitet wurden, ging es im dritten Kapitel darum, einen Einblick in die Branche und deren Besonderheiten zu geben. In Abschnitt 4.2 werden darauf aufbauend zunächst Anforderungen an ein branchenspezifisches Controlling in der Forstwirtschaft formuliert. Um der Vielfalt der Forstbetriebe gerecht zu werden und dennoch übertragbare Aussagen zu ermöglichen, werden diese Anforderungen anschließend an Hand von vier Typologien verdichtet.

Ein allgemeingültiges forstliches Controllingkonzept wurde aufgrund der bestehenden Kontextabhängigkeit bereits verneint. In den Abschnitten 4.3 und 4.4 werden die derzeit verfügbaren Controllinglösungen der forstwirtschaftlichen Praxis und der forstlichen Betriebswirtschaftslehre, sowie ergänzend der betrieblichen Umweltökonomie charakterisiert und mit ausgewählten Anforderungen verglichen. Schwerpunktmäßig wird untersucht, inwiefern Ökologieorientierung und Betriebsgrößenaspekte berücksichtigt werden.

4.2 Anforderungen an ein Controlling in der Forstwirtschaft

4.2.1 Gründe für die Erarbeitung eines Anforderungskatalogs

Aus den Eigenarten der Forstwirtschaft und den Controllingaufgaben können grundsätzliche Anforderungen an ein forstliches Controlling abgeleitet werden. Dabei bedeutet ‚grundsätzlich', dass situative Freiräume erhalten bleiben. Die Aufgaben werden aus dem Controlling-Arbeitsbegriff des zweiten Kapitels abgeleitet. Die Notwendigkeit zum Erhalt von Gestaltungs- und Anpassungsfreiräumen steht in Beziehung zum kontextbezogenen Ansatz. Ihren Ursprung hat die Kontingenztheorie (contingency approach) in der Planungs- und Organisationslehre (z. B. Welge 1988, S. 54). Dort wird davon ausgegangen, dass es keine allgemeingültigen Gestaltungsempfehlungen zur Lösung des Organisationsproblems gibt.[375]

Ein Anforderungskatalog gibt Auskunft über das von einer Problemlösung erwartete Leistungsspektrum.[376] Erst darauf aufbauend kann ein passendes Controllingsystem aus Instrumenten, Zuständigkeiten, Kompetenzen usw. erarbeitet werden. Realistische Anforderungen bedürfen dabei einer Einschätzung dessen, was geleistet werden kann. Ansonsten drohen Beliebigkeit in Inhalt und Um-

---

[375] Anders stellt es hingegen SCHREYÖGG dar. Er kritisiert die unterstellten statischen Zusammenhänge und verweist statt dessen auf die neuere Systemtheorie (2006, S. 355f.).

[376] Anforderungen werden sowohl in technischen Bereichen als auch im Management und in weiteren Bereichen formuliert. Im Projektmanagement entsprechen sie den erforderlichen Leistungsmerkmalen, bei der Softwareentwicklung bspw. sind sie Ausgangspunkt der Lasten- und Pflichtenhefte. Unter den Managementsystemen nimmt insbesondere das Qualitätsmanagement direkten Bezug auf Anforderungen. Als Summe aus Bedürfnissen und Erwartungen sind sie die Messlatte der Qualität eines Produkts, einer Dienstleistung oder einer organisatorischen Einheit (z. B. Seghezzi 2003, S. 24f.).

fang.[377] Eine Möglichkeit, um dies zu verhindern, ist die enge Orientierung an der Aufgabenbeschreibung des Controllings. Für die allgemeinen Anforderungen wird daher der Arbeitsbegriff des zweiten Kapitels als Richtschnur herangezogen. Ein anderer Weg ist die spätere Verdichtung eines zunächst sehr breit angelegten Anforderungsprofils. Über Typologien erfolgt eine typengerechte Auswahl der Anforderungen entsprechend ihrer tatsächlichen Relevanz. So lassen sich auch im Nachgang angemessene Anforderungsschwerpunkte bilden.

4.2.2   Allgemeine Anforderungen an das Controlling

Je nach Ausgangssituation und angestrebtem Controllingsystem können unterschiedliche Controllingansätze als Ausgangspunkt oder Zielvorgabe dienen. Nicht zuletzt aus diesem Grund wurde der ‚Arbeitsinhalt' des Controllings in der Synopse eher allgemeingültig formuliert. „*Controlling bietet der Führung einer (sozialen) Organisation entscheidungsbezogene Regelungs- und Steuerungsunterstützung. Es leistet einen Beitrag zur Erreichung der Ziele dieser Organisation.*" So lautet die Beschreibung der wesentlichen Controllingfunktionen. Die Aufgaben im Konkreten sowie die weitere Umsetzung wurden bewusst offen gelassen, mit dem Hinweis: „*Der Umfang der dem Controlling im Einzelnen zuzuschreibenden Aufgaben ist kontextabhängig und kann inhaltlich und im Zeitablauf variieren.*" Die Einbettung in den internen und externen Kontext des Unternehmens stellt für sich genommen schon die erste Anforderung dar. Deshalb wurde die Abhängigkeit von den Kontextfaktoren bzw. der Situation im Arbeitsbegriff herausgestellt (Picot/Dietl/Franck 2005, S. 28). Dies lässt sich ohne weiteres von der Organisation des Controllings auf die weiteren Controllingperspektiven (Funktion und Instrumente) übertragen. In Tabelle 7 sind den Inhalten des Arbeitsbegriffs damit korrespondierende Anforderungen zugeordnet.

Inhalte Arbeitsbegriff	Zugeordnete Anforderungen
(entscheidungsbezogene) Steuerungsunterstützung	• Führungsunterstützung • Zukunftsorientierung der Steuerung (bzw. Regelung)
Gewährleistung der Zielerreichung	• Zielbezogenheit • Effektivität und Effizienz • Umweltorientierung
Kontextabhängigkeit	• z. B. Organisationsbezogenheit

Tab. 7:   Arbeitsbegriff und zugeordnete Anforderungen

Inhaltlich sind diese Anforderungen noch unpräzise. Zum Teil erschwert der enge Bezug zu den Formulierungen des Arbeitsbegriffs eine Abgrenzung (z. B.

---

[377] So sieht KÜPPER die Gefahr, dass wegen der unzureichenden Klarheit der Abgrenzung dessen, was Controlling beinhaltet, zu hohe Erwartungen an die Leistungsfähigkeit von Controlling gestellt werden (2008, S. 6).

bei der Steuerungs- bzw. Führungsunterstützung). In anderen Fällen erscheinen die Anforderungen so allgemein, dass eine alleinige Zuordnung zum Controlling kaum zu begründen ist. Dies ist eine generelle Schwierigkeit der Formulierung allgemeingültiger Aussagen. Es gilt, einen Ausgleich zwischen der notwendigen Präzision und der gewünschten Geltung für möglichst viele (Controlling-)Situationen zu erreichen. Eine Präzisierung der Anforderungen soll diesen Ausgleich ermöglichen und zugleich begründen, inwiefern die gewählten Anforderungen die Begriffsinhalte repräsentieren.

Führungsunterstützung

Die Führungsunterstützung wird bisweilen als diejenige Controllingaufgabe angesehen, die alle wichtigen Controllingkonzepte vereint (Schildbach 1992, S. 26; Friedl 2003, S. 1f.). Durch das Unterstützungskonzept soll Controlling hinreichend klar von den Aufgaben der eigentlichen Führung abgegrenzt sein. Controlling dürfte daher streng genommen selbst auch keine Steuerungsaufgaben übernehmen (Küpper/Weber/Zünd 1990, S. 283). Die exakte Abgrenzung zwischen reiner Unterstützung der Steuerung und faktischem Eingreifen erweist sich bei eingehender Betrachtung als diffizil (Schneider 1991, S. 770). Einen anderen Weg beschreitet daher DELLMANN. Er nimmt diese Einschränkung gar nicht erst vor (1992, S. 115f.). Nach Unterteilung der Unternehmung in ein Management- und ein Ausführungs- oder Leistungssystem[378] weist er dem Controlling die Steuerung des Leistungssystems zu. Das Management der Beziehungen zwischen Personen bleibt vollständig der Führung vorbehalten. Abgrenzungsprobleme ergeben sich auch hier, wenn Controlling zugleich als verhaltensorientierte Steuerung angesehen wird (Dellmann 1992, S. 116). Trotz der abschließend nicht geklärten Frage, wie weit die Unterstützung im Detail gehen darf, soll sich das Controlling nach Möglichkeit auf Serviceleistungen beschränken.[379] Führungsunterstützung als Servicefunktion erfordert bei getrennter Aufgabenwahrnehmung eine stabile Vertrauensbasis zwischen Controllern und Management. Diese Vertrauensbasis ist durch die Kontrollaufgabe latent gefährdet.[380] Faktoren, welche die Vertrauensbasis und das Entstehen von Konflikten beeinflussen sind die Handhabung der (Fremd-)Kontrolle und der Aufbau des Kontrollsystems (Delhees 1985, S. 66).

---

[378] Eine abweichende, dreifache Unterteilung unterscheidet die Aufgaben der Führung, der Ausführung und der Unterstützung (Pietsch/Scherm 2000, S. 403).

[379] „Controlling im Sinne von Steuerung ist eine zentrale Managementaufgabe. Jeder Manager übt auch Controlling aus." (Horváth 2009, S. 17) Die direkte Ableitung des Controllings vom englischen ‚to control' bei dessen gleichzeitiger Übersetzung mit ‚steuern' führt so zunächst zu einer gewissen Verwirrung. Eine ähnliche Problematik entsteht, wenn ‚control' mit ‚Kontrolle' übersetzt und Controlling dann mit dieser Kontrolle gleichgesetzt wird (ebd. S. 27; Schäffer 2001, S. 403).

[380] Obwohl die enge Beziehung zur Kontrolle häufig geleugnet wird, haben empirische Untersuchungen gezeigt, dass die (Sicherung der) Kontrolle eine wesentliche Controllingaufgabe ist. Kontrolle deckt auch Fehler des Managements auf, was dazu führen kann, dass Controller nur mehr als Kontrolleure wahrgenommen werden (Schäffer 2001, S. 405ff.).

Zukunftsorientierung

Anders als die gegenwartsbezogene Regelung zeichnet sich die Steuerung bei exakter kybernetischer Abgrenzung[381] durch ihre Vorausschau, letztlich also Zukunftsorientierung, aus (Irrek 2002, S. 50). Zudem beeinflussen gegenwärtige Handlungen maßgeblich den zukünftigen Handlungsrahmen. Es besteht also eine beachtenswerte zeitliche Interdependenz (Küpper 1988, S. 175). Controlling unterstützt in diesem Sinne die Bemühungen der Führung zur Gestaltung der Zukunft. Daraus erwächst ein funktionaler Anspruch an das Controlling, dem die instrumentelle Gestaltung gleichermaßen gerecht werden muss, allen voran ein planungs- und entscheidungsorientiertes internes Rechnungswesen (Welge/ Amshoff 1997).

Der weit reichende oder gar offene Zeithorizont und der hohe Grad der sachlichen Aggregation sind kennzeichnend für strategische Entscheidungsfelder (Ossadnik 1998, S. 2). Durch den Zukunftsbezug ist das Controlling eng mit der strategischen Perspektive verknüpft. Die vorwiegend am Ausführungssystem ausgerichtet operative Führung ist von der strategischen Führung ebenfalls nicht immer eindeutig zu trennen (Horváth 2009, S. 221f.). Als Schwachstelle der strategischen Führung wird die Übertragung der Vorgaben ins operative ‚Tagesgeschäft' angesehen (Weber 1999, S. 475).

Zielbezogenheit

Die Bedeutung des Ziel- oder Zweckbezugs geht so weit, dass die Ziele immer wieder als Kriterium dienen, um Controllingkonzepte voneinander abzugrenzen (z. B. Zenz 1998, S. 34ff.). Generell gilt: ohne Zielsystem kein Controlling.[382] Sinnvoll ist eine Unterteilung in direkte und indirekte Controllingziele (Schweitzer/Friedl 1992, S. 143; ähnlich Welge 1988, S. 10). Direkte Controllingziele geben Auskunft über den angestrebten Umfang der Controllingaufgaben. Sie müssen genauso fixiert sein wie die indirekten Controllingziele, die sich aus den Unternehmenszielen ableiten. Eine Einschränkung der verfolgten Unternehmensziele auf das Erfolgsziel ist als zu starke Einengung zu sehen. Angestrebte Zustände lassen sich nicht ausnahmslos durch Erfolgs- oder Liquiditätsziele ausdrücken (Zenz 1998, S. 35). Unternehmungen verfolgen regelmäßig ein ganzes Bündel von Zielen (z. B. Küpper 2008, S. 33f.; Schweitzer/Friedl 1992, S. 151). Können die weiteren Ziele nicht auf das Erfolgsziel zurückgeführt werden, würde die Verfolgung dieser Ziele aus dem Aufgabenbereich des Controllings herausfallen (Schweitzer/Friedl 1992, S. 151). Außerhalb gewinnzielorientierter Unternehmen käme dem Controlling dann keinerlei Bedeutung mehr zu.

---

[381] Zur Abgrenzung der Lenkungsarten vgl. die Anmerkungen zum steuerungsorientierten Controlling (Abschnitt 2.2.3.2) und zum Einfluss der Kybernetik auf das Controlling (Abschnitt 2.2.4.2).

[382] Zusammen mit Führung und Controlling bildet das Zielsystem nach DELLMANN das Managementsystem. Das Zielsystems sieht er in dieser Unterteilung gar als Voraussetzung an (1992, S. 115f.).

Da (forstliches) Controlling ohne derartige Einschränkungen gelten soll, decken die vom Controlling zu verfolgenden Ziele das gesamte Zielbündel ab.

Effektivität, Effizienz und Kosten-Nutzen-Relation

Die Effektivität und Effizienz von Führungsentscheidungen sind in der Controllingliteratur zuletzt verstärkt thematisiert worden (Weber/Schäffer 2009, S. 41 u. 44f. und 1999; Dyckhoff/Ahn 2001; Zenz 1998). Effektivität, im Sinne der Zweckmäßigkeit einer Handlung, weist enge Bezüge zu den indirekten Controllingzielen auf (Dyckhoff/Ahn 2001, S. 112f.).[383] Ordnet man nun noch die Sicherung der Entscheidungs- und Handlungseffektivität den direkten Controllingzielen zu, werden bis hierher nur die vorangegangenen Aussagen über die Bedeutung beider Zielkategorien bekräftigt. Erst der Effizienzgedanke bringt eine Erweiterung. Effizienzbemühungen verbinden die Zweck- oder Zielerreichung mit dem Mitteleinsatz (Dyckhoff/Ahn 2001, S. 115). Sie sind Ausdruck des allgemeinen Wirtschaftlichkeitsprinzips. Neben den eingesetzten Mitteln sind ferner die Nebenfolgen zur Zweckerfüllung ins Verhältnis zu setzen.[384] Dass die enge Beziehung zu Effektivität und Effizienz[385] ein Alleinstellungsmerkmal des Controllings darstellt, wird mit Hinweis auf deren generelle Bedeutung für jedwede Wirtschaftlichkeitsbetrachtung jedoch angezweifelt (Küpper 2008, S. 22; Schneider 2005, S. 67).

Bisher wurden die Effektivitäts- und Effizienzgesichtspunkte allein auf die indirekten Controllingziele bezogen. Die Beachtung der Zweck-Mittel-Relation muss sich als allgegenwärtiger Anspruch der Betriebswirtschaftslehre gleichfalls auf das Controlling selbst beziehen.[386] Zieht man den Entscheidungsbezug des Controllings heran, handelt es sich um eine Ausprägung des klassischen Problems der präskriptiven Entscheidungstheorie zur Informationsversorgung: Lohnt sich die Verbesserung der Informationsbasis im Hinblick auf die zu treffende Entscheidung und wenn ja, in welchem Umfang (z. B. Laux 2002, S. 10f.; Bamberg/ Coenenberg 2004, S. 151ff. und 155ff.; Potthof 1998)?[387]

---

[383] Beispiele für solche Zwecke einer Handlung wären das Erreichen eines Absatzziels als angestrebter Zustand oder die Verringerung der Reklamationsquote als eine Zustandsänderung.

[384] Vgl. zur fehlenden Handlungsrationalität z. B. GUTENBERG (1929, S. 30).

[385] Hinweise auf diese enge Beziehung finden sich allenthalben in der Literatur (so z. B. bei Dellmann 1992, S. 120f.; Anthony/Dearden/Bedford 1984, S. 12).

[386] So sehen CZENSKOWSKY/SCHÜNEMANN/ZDROWOMYSLAW Kundenorientierung und Kosten/Nutzen-Aspekte als Herausforderungen (2002, S. 240). In ähnlicher Weise formulieren SCHWEITZER/KÜPPER diese Forderung für das interne Rechnungswesen. Dem Nutzen der gewonnenen Informationen sind die Systemkosten gegenüberzustellen. In der Gesamtsicht muss eine Verbesserung der Zielerreichung vorliegen (2003, S. 71ff.). HERZOG weist auf die Schwierigkeiten, insbesondere bei der Bestimmung des Nutzens der Controlleraktivitäten, hin (1998, S. 24).

[387] LAWRENCE formuliert die Situation recht plakativ, aber anschaulich, wenn er das ‚quick and dirty'-Vorgehen in Ergebnis und Aufwand mit der Alternative der gründlichen Informationsbeschaffung vergleicht (1999, S. 29). In die gleiche Richtung geht HORNGREN, wenn er Management Accounting-Systeme als eigenständige Güter in unterschiedlicher Qualität betrachtet (1989, S. 25).

Umweltorientierung

Die Beachtung der Umwelt ist für die Führung eines sozialen Systems zu einer wichtigen Aufgabe geworden. Allerdings ist der Umweltbegriff in der System-perspektive der Wirtschaftswissenschaften anders als im allgemeinen Sprachver-ständnis belegt. Während dort mit dem Umweltbegriff zum Teil ausschließlich die natürliche Umwelt assoziiert wird, ist bei Betrachtung eines sozialen Systems alles Umwelt, was außerhalb der Systemgrenzen liegt. Für ein Unternehmen ge-hören andere Systeme wie Absatz- und Beschaffungsmärkte, staatliche Stellen und nichtstaatliche Gruppierungen ebenso zur Unternehmensumwelt wie die In-frastruktur oder die natürliche Umwelt (detailliert Wagner 1997, S. 341f.; Janzen 1996, S. 3f.; ähnlich Schreyögg 2006, S. 315ff.; Ulrich 1984b, S. 71). Den Be-ziehungen zur natürlichen Umwelt wurde von der Betriebswirtschaftslehre zu-nächst wenig Aufmerksamkeit entgegengebracht.[388] Mit zunehmender Relevanz, auf dem Umweg über gesetzliche Regelungen zum Schutz der natürlichen Um-welt und über marktliche Anforderungen, hat sich dies geändert.[389]

Durch die zunehmende Veränderungsdynamik und Diskontinuitäten hat die Beo-bachtung der Systemumwelt auch unabhängig von dieser perspektivischen Er-weiterung an Bedeutung gewonnen. Controlling muss sich alleine schon deshalb verstärkt exogenen Einflüssen zuwenden. Bei schlecht strukturierten Problemfel-dern,[390] denen der überwiegende Teil der Umweltbereiche zuzurechnen ist, ist

---

[388] So wird die natürliche Umwelt in der klassischen und der neoklassischen Wirtschaftstheorie als freies Gut angesehen. Auch in den klassischen Faktorsystemen der betriebswirtschaftlichen Produktions-theorie findet sie keine Berücksichtigung (Steven 1991, Seidel/Menn 1988, S. 16). Über die Umwelt-ökonomie fand eine Erweiterung der in der Ökonomie üblichen Umweltsicht statt. Zwar wurden bis dahin bereits verschiedene Umwelten unterschieden, jedoch war die natürliche Umwelt nicht dabei (z. B. Sanderson/Luffman 1988; Thomas 1974, S. 27). Bspw. unterscheidet THOMAS drei Ebenen: die innerbetriebliche Umwelt (internal environment), die Umwelt der direkten Austauschbeziehungen (operating environment) und die gesamte soziale Umwelt (general environment) (1974, S. 28). Neben der fehlenden Betrachtung der natürlichen Umwelt ist THOMAS' erste Ebene begrifflich schlecht ge-wählt, da die Beschränkung auf den innerbetrieblichen Bereich gerade das Gegenteil des Umweltbe-griffs impliziert. Die multipel beschränkte Sichtweise und die generell fehlende Berücksichtigung der Natur in der ökonomischen Theorie waren Anlässe der Kritik durch die Umweltökonomie (Seidel/ Menn 1988, S. 14ff.). SCHREYÖGG greift diese wichtigen Einwände der Umweltökonomie auf und ordnet das ökologische Umfeld als einen Teilbereich in das globale Umfeld ein. Darüber hinaus ist seine Einteilung mit der von THOMAS vergleichbar. Die Unternehmung steht im Zentrum, darum he-rum sind das Aufgabenumfeld und eben das globale Umfeld gruppiert. (Schreyögg 1993, Sp. 4236ff.).

[389] Dies als Ausdruck einer passiven Umweltschutzstrategie vgl. LETMATHE (1998, S. 20), im Control-ling KÜPPER (2008, S. 157.) und mit Blick auf die Produktion STEVEN (1991, S. 510). Die betriebs-wirtschaftliche Betrachtung konzentriert sich in erster Linie auf die Interaktions- oder Aufgabenum-welt der Unternehmung. Innerhalb dieser Umweltkategorie sind die marktlichen Transaktionen und die den Handlungsspielraum der Unternehmung beschränkenden Parameter angesiedelt (Wagner 1997, S. 2). Den Umweltwirkungen des wirtschaftlichen Handelns und den Wirkungspfaden wird hierin nur insofern Beachtung geschenkt, als diese die Interaktionsumwelt beeinflussen. Erst über eine Verknappung der bis dato als frei verfügbar angesehenen Umweltgüter oder sonstige den Aktions-raum beschränkende Restriktionen (z. B. rechtliche Auflagen, öffentliche Meinung, Kundenwünsche) erfolgt eine zumindest partielle Integration ins unternehmerische Kalkül (Janzen 1996, S. 2ff.).

[390] In schlecht strukturierten Problemfeldern ist wenig über die Einflussfaktoren und die Gesetzmäßigkei-ten der Wirkungsbeziehungen bekannt. Dadurch sind vergleichsweise viele Alternativlösungen denk-bar. Zu den Eigenschaften schlecht strukturierter Entscheidungsprobleme vgl. z. B. FRIEDL (2003, S. 128f.) oder MACHARZINA/WOLF (2008, S. 105f.).

das in erster Linie Aufgabe des strategischen Controllings (z. B. Küpper/Weber/Zünd 1990, S. 285).

Organisationsbezogenheit

Controllingaufgaben müssen in der Organisation der Unternehmung ihre Entsprechung finden (Küpper/Weber/Zünd 1990, S. 285f. und 287). Dies gilt für alle Aufgabenbereiche und ist ein ganz unmittelbarer Ausfluss des contingency approach (z. B. Schulte-Zurhausen 2002, S. 26f.). Der von den Vertretern dieses Ansatzes ursprünglich unterstellte ‚naturgesetzliche' Zusammenhang zwischen Kontextfaktoren und organisatorischer Ausgestaltung ist nicht haltbar. Ansonsten würden keine Gestaltungsmöglichkeiten mehr verbleiben. Was bleibt, sind die Einsicht über die Bedeutsamkeit der externen Kontextfaktoren sowie die beständige Bereitschaft zur organisatorischen Anpassung (Schreyögg 2006, S. 355ff., insbes. S. 370). In den Anforderungsbereich des Organisationsbezugs gehört nicht zuletzt die notwendige Kompetenzausstattung. Die Aufgabenwahrnehmung wird durch Kompetenzzuweisungen an den Controller unterstützt oder überhaupt erst ermöglicht (Anthony/Dearden/Bedford 1984, S. 11). Während die Frage ob Controlling ausgeübt werden soll in Kapitel 3 eindeutig mit ja beantwortet wurde, lassen sich die Fragen des ‚Wie?' und ‚Durch wen?' nicht pauschal beantworten. Die Zuordnung kann von der eigenständigen Controllingstelle oder -abteilung bis hin zum ausschließlichen Selbstcontrolling oder gar einer externen Controllinginstanz reichen (z. B. Czenskowsky/Schünemann/Zdromomyslaw 2002, S. 51f.). Sie orientiert sich an zahlreichen Kontextfaktoren. Beispielhaft seien nochmals Art und Größe der Organisation oder die Führungsweise als Merkmale des internen sowie die Veränderungsdynamik oder die Wettbewerbssituation als Merkmale des externen Kontexts genannt (Serfling 1992, S. 81ff.).

Anforderungen aus der Gesamtsicht interdependenter Systeme

Die bisherigen Anforderungen wurden vor allem aus der Einzelbetrachtung abgeleitet. Führungsaufgaben und Betriebsziele stehen jedoch regelmäßig in Beziehung zueinander.[391] Die Beachtung der Interdependenzen ist eine wichtige, vielleicht sogar die wichtigste Anforderung an das Controlling. Drei Arten von Interdependenzen wurden bei den Controllingbedarfen unterschieden. Verhaltensinterdependenzen bestehen zwischen Personen, die einander in ihrem Verhalten oder ihren Werthaltungen beeinflussen. In sozialen Systemen interagieren Einzelpersonen oder Gruppen in einem Beziehungsgeflecht. Soziales Verhalten wirkt sich indes nicht nur interpersonell aus. Alle von Personen gestalteten oder wahrzunehmenden Aufgaben, auch objektbezogen, sind gegebenenfalls unter

---

[391] Führungsaufgaben sind zunächst durchweg durch einen hohen Entscheidungsbezug gekennzeichnet (z. B. Frese 1987, S. 93). Entscheidungen dürfen streng genommen nicht isoliert betrachtet werden. Entscheidungssituationen in einer Organisation sind grundsätzlich als interdependent anzusehen (Heinen 1971, S. 437). Interdependente Zielbeziehungen sind unstrittig und bedürfen keiner Erläuterung.

verhaltenswissenschaftlichen Gesichtspunkten zu betrachten. Sachinterdependenzen sind dagegen auf ökonomische oder technisch-naturwissenschaftliche Zusammenhänge zurückzuführen (Küpper 2008, S. 67f.). Eine dritte Kategorie, welche die beiden genannten überlagert, wurde bei der Zukunftsorientierung bereits explizit angesprochen. Zeitliche Interdependenzen beschreiben andauernde oder zeitversetzte, also zukünftige Handlungswirkungen. Sachliche und zeitliche Interdependenzen, z. B. innerhalb des Zielsystems oder des Planungssystems, sind hervorstechende Merkmale der Forstwirtschaft. Zur Lösung des Interdependenzproblems muss eine Abstimmung von Personen und deren Aktivitäten erfolgen (z. B. Laux 1993). Der Bedarf, diese Beziehungen in den führungsrelevanten Informationen abzubilden, ist drängend. Koordinationsbedarf besteht demnach uneingeschränkt für alle forstwirtschaftlichen Betriebe, unabhängig von Größenaspekten.[392]

4.2.3 Anforderungen aus den Besonderheiten der Forstwirtschaft

4.2.3.1 Ableitung des Anforderungsrahmens

Controlling, welches sich an den allgemeinen Anforderungen orientiert und so den Controllinggedanken des Arbeitsbegriffs umsetzt, ist in der Forstwirtschaft nicht die Regel. TZSCHUPKE attestierte 1997 lediglich zwei Landesforstverwaltungen den Einsatz eines Controllings mit der Eignung zur operativen Führungsunterstützung (1997, S. 191). Strategische Aspekte werden noch weitaus weniger einbezogen. Trotz des festgestellten unzureichenden Entwicklungsstands und der bestehenden Verbesserungsbedarfe werden im Sinne der Entwicklung eines forstlichen Controllings zusätzliche Anforderung hinzugenommen. So sind die bisherigen Anforderungen teilweise noch nicht operational, für eine praktische Umsetzung also nur eingeschränkt geeignet. Daneben existieren weitere Anforderungen, die sich erst aus dem speziellen Controllinggegenstand ergeben. Dass das forstliche Controlling den berechtigten Ansprüchen bisher nur unzureichend genügt, kann hingegen kein Grund sein, die Anforderungen im Ganzen zurückzunehmen.

Die Kontextabhängigkeit aufgreifend erfolgt der erste Schritt der Konkretisierung (vgl. nochmals Abbildung 18). Controlling soll sich nun nicht mehr auf beliebige

---

[392] Der Koordinationsbedarf wird vorwiegend auf die Unterteilung der Organisation in Teilsysteme und deren Abstimmung zurückgeführt (z. B. Zünd 1985, S. 29). KOSMIDER stellt bei seiner Herleitung des Koordinationsbedarfs in KMU zwar die Adaptionsfähigkeit an sich verändernde Umweltbedingungen als Auslöser dar, allerdings unter Hinweis auf die Notwendigkeit einer damit verbundenen Zerlegung sowie personellen Aufteilung entstehender Probleme, also letztlich ebenfalls einer dezentralen Problemlösung (1994, S. 16).

soziale Systeme beziehen, sondern auf Forstbetriebe.[393] Im gesamten dritten Kapitel sind Ausführungen zu finden, denen der Charakter von Anforderungen zugesprochen werden kann. Was bisher fehlt, sind eine Systematisierung und eine Präzisierung. Daher finden sich in der folgenden Aufstellung der aus Controllingsicht besonders relevanten Problemfelder auch Punkte, die zuvor schon als Begründung für die Sonderstellung der forstlichen Wirtschaftslehre angeführt wurden (vgl. Abschnitt 3.4).

Spezifische controllingrelevante Anforderungen ergeben sich aus:

- Problemfeldern der biologischen Produktion,
- Problemfeldern der Kostenstruktur,
- Problemfeldern der Finanzierung,
- fehlenden Faktor- und Gütermärkten und
- Anforderungen aus erweiterter Nachhaltigkeit.

Diese fünf Bereiche werden in ihren Inhalten nun nacheinander präzisiert. Die Darstellung ist eher knapp gehalten. Unter den vier ersten Bereichen sind jeweils mehrere Problemfelder zusammengefasst. Der Bereich der erweiterten Nachhaltigkeit setzt sich grundsätzlich ebenfalls aus verschiedenen Einflüssen zusammen, die jedoch gemeinsam abgehandelt werden.

4.2.3.2   Problemfelder der biologischen Produktion

Es sind drei Problemfelder zu unterscheiden.

Identität von Produktionsmittel und Produkt

- Der Holzzuwachs lagert sich während des biologischen Produktionsprozesses am Produktionsmittel,[394] dem Baum, an.[395] Der periodenbezogene Zuwachs kann nicht abgeschöpft werden, ohne dass das Produktionsmittel dabei untergeht: Der Baum kann nur als Ganzes geerntet werden, verliert dabei seine Eigenschaft als Produktionsmittel und wird zum Produkt (z. B. Zundel 1990, S. 18).

---

[393] Eine Einschränkung besteht: ‚Forstbetriebe ohne Waldbesitz', wie sie z. B. Duffner skizziert (1994, S. 73f.), fallen nicht unter diese Betrachtung, da ein solches Unternehmen für sich genommen ein reines Dienstleistungsunternehmen darstellt und sich Controllingspezifika hier in erster Linie aus den Eigenheiten von Dienstleistungen (z. B. Einbeziehung der externen Produktionsfaktoren) ergeben.

[394] In der betriebswirtschaftlichen Produktionstheorie findet man an Stelle des Begriffs Produktionsmittel den der Betriebsmittel als Teil der Produktionsfaktoren. Betriebsmittel tragen zur Produktion definitionsgemäß durch Abgabe von Verrichtungen bei und nutzen sich dabei ggf. ab (Gutenberg 1983, S. 3f.). Natürliche Ressourcen können entweder den Werkstoffen oder eben den Betriebsmitteln zugerechnet werden (Steven 1998, S. 5).

[395] Zundel nennt den Boden als weiteres Produktionsmittel (1990, S. 18). Während Boden im volkswirtschaftlichen System neben Arbeit und Kapital als dritter elementarer Produktionsfaktor explizit aufgeführt wird, ist er im Faktorsystem nach Gutenberg nicht (mehr) zu finden (Steven 1991, S. 510f.).

- Nachhaltige Nutzung beschränkt sich in seiner engen Definition auf die Abschöpfung des Zuwachses (z. B. Tönnis 2004, S. 16). Die Pflege- und Ernteentscheidungen haben aus Sicht des (entnommenen) Einzelbaums eine weit reichende, da endgültige Bedeutung; der Untergang des Produktionsmittels ist irreversibel. Die nachhaltige Ernte eines Einzelbaums ist nicht möglich.

- Die Einzelbäume sind nicht nur Zuwachsträger und Produktionsmittel. Durch die Samenproduktion sind sie zusätzlich Ausgangspunkt einer Waldbaustrategie mit dem Ziel der Naturverjüngung. Samentragende Bäume werden so gleichfalls zum Einsatzfaktor der biologischen Produktion.

- Die nicht marktfähigen Leistungen und Waldwirkungen[396] sind letztlich ebenfalls auf Einzelbäume zurückzuführen, gegebenenfalls bis zur Nichtsubstituierbarkeit (z. B. Einzelbäume als Naturdenkmal oder Habitat für seltene Arten). Die Produktionsmitteleigenschaft ist also nicht auf die biologische Produktion beschränkt. Für andere Wirkungen/Leistungen ist indessen das Zusammenwirken der Bäume ausschlaggebend (Thomasius/Schmidt 1996, S. 4f.). In diesen Fällen ist nicht mehr der Baum Produktionsmittel im produktionstheoretischen Sinne, sondern eine die gewünschte Leistung erbringende Waldeinheit (Leibundgut 1985, S. 155).

Wechselwirkungen zwischen Produktion und Produktivität

- Produktionsentscheidungen – wozu auch der bewusste Verzicht auf Durchführung einer Maßnahme gehören kann – sind wesentliche Bestimmungsgrößen der forstlichen Produktivität (Schmithüsen et al. 2009, S. 216). Auslöser sind Wechselwirkungen zwischen technischer und biologischer Produktion. So können Durchforstungsrückstände Zuwachseinbußen verursachen und die Bestandesrisiken erhöhen. Ungeeignete Verfahren der technischen Produktion können zu dauerhaften Schäden am Boden oder am verbleibenden Bestand führen.

- Ergänzend spiegelt der genannte Zusammenhang die intertemporale Entscheidungsproblematik des (subjektiv) richtigen Eingriffszeitpunkts wider. Schwache Holzsortimente aus Durchforstungen haben eine ungünstige Kosten-Erlös-Relation. Richtig ausgeführt, wirken sich die Maßnahmen hingegen zuwachsfördernd und -lenkend und damit wertsteigernd im Hinblick auf zukünftige Erlöspotenziale aus.

---

[396] Zur Problematik der Zuordnung der Waldwirkungen vgl. Unterkapitel 3.5.5.1. Die Anforderungen an das forstliche Controlling bestehen grundsätzlich unabhängig von der Zuordnung solcher Leistungen zur Forstwirtschaft (als von ihr erbracht) oder zum Wald als Vegetationsform und Ökosystem. Multifunktional ausgerichtet kommt die Führung des Forstbetriebs nicht umhin, diese Zusammenhänge in ihr Entscheidungskalkül einzubeziehen.

- Die bestehenden Einflussmöglichkeiten zur Steuerung der ‚biologischen Produktivität' sind gering (Steinlin 1967, S. 465). Entsprechend wichtig ist die richtige Strategiewahl. Nicht zu unterschätzen sind zudem die steuerbaren Einflüsse aus der technischen Produktion.[397]

Mangelnde Innovationsfähigkeit

- Die absetzbaren Produkte stehen weitestgehend fest. Möglichkeiten zur Produktinnovation bestehen allenfalls in sehr eingeschränktem Umfang (Germann 1998, S. 179). Erweiterte oder neue Absatzmöglichkeiten ergeben sich in der Regel nur aus Innovationen auf Kunden- bzw. Verwendungsseite.

- Der Raum für Forschung und Entwicklung ist sowohl real (Standortgebundenheit, Langfristigkeit, finanzielle Restriktionen) als auch durch rechtliche Restriktionen (eingeschränkte Zulässigkeit intensivierter Nutzung) eng begrenzt.

4.2.3.3 Problemfelder der Kostenstruktur

In einem engen Zusammenhang zur Kostenstruktur stehen zwei Problemfelder.

Kuppelproduktion

- Das Phänomen der gekoppelten Produktion oder Kuppelproduktion ist gleich mehrfach zu finden. Unterschiedliche Produkte (Holzsortimente) aus ein und demselben Baum fallen gemeinsam an (Oesten/Roeder 2002, S. 145; Schmithüsen et al. 2009, S. 215f.). Kosten können so nicht verursachungsgerecht zugeordnet werden (z. B. Adam 1998, S. 9). Der Verzicht auf die Aufarbeitung der zwangsweise anfallenden Sortimente zum marktfähigen Produkt ist nicht immer möglich bzw. sinnvoll. Bereits entstandene Kosten werden nicht mehr verhindert (sunk costs).[398] Zudem können infolgedessen Anschlussarbeiten erschwert werden, die Verjüngung des Bestandes kann geschädigt werden und es können Waldschutzprobleme entstehen.

- Sonstige Leistungen, zumeist die nicht marktfähigen Waldwirkungen (z. B. Schutz und Erholung, CO_2-Senke), werden zwangsläufig erbracht. Im Grad der Erfüllung hängen sie voneinander und von der forstlichen Bewirtschaftung ab (Speidel 1984, S. 27). Neben die gänzlich fehlende Marktfähigkeit treten noch Schwierigkeiten der verursachungsgerechten Kostenzuordnung (Bartelheimer/Baier 1991, S. 2 und 10). Komplementäre Wirkungszusam-

---

[397] Andere Einflussmöglichkeiten, wie die Baumartenwahl oder sonstige grundsätzliche Entscheidungen, etwa zum Waldbauverfahren, stehen nur selten an. Da sie zudem nur mit großer zeitlicher Verzögerung wirken, haben sie überwiegend strategischen und weniger steuernden Charakter.

[398] Solche irreversibel vordisponierten Kosten werden als für Folgeentscheidungen nicht relevant angesehen. Nur zukünftig anfallende und von der Entscheidung abhängende Kosten sind demnach zu berücksichtigen (Hoitsch/Lingnau 2004, S. 71).

menhänge[399] sind dabei die am wenigsten problematische Möglichkeit des Zusammenwirkens. Koordinationsprobleme entstehen bei konkurrierenden oder einander ausschließenden Wirkungen.

Hoher Gemeinkostenanteil

- Die Kosten der biologischen Produktion sind kaum einzelnen Kostenträgern zuzurechnen. Ein Grund liegt in der zeitlichen Entkopplung von der abschließenden Verwertung (Speidel 1984, S. 26). SCHWENNSEN schreibt in diesem Zusammenhang von den Schwierigkeiten der Bewertung der Produktionsphasen (1994, S. 164). Doch auch sachlich ist die Verknüpfung einer waldbaulichen Maßnahme mit einem konkreten Sortiment oder einem einzelnen Baum eher die Ausnahme. Meist fehlt ein nachvollziehbarer direkter Bezug.[400] Die entstandenen Kosten werden als sunk costs (s. o.) in den folgenden Entscheidungsprozessen nicht mehr berücksichtigt. Verzerrungen sind so nicht auszuschließen.

- Die betrieblich notwendige Erschließung und sonstige Infrastruktureinrichtungen des Forstbetriebs dienen letztlich dem Absatz der Produkte. Die verursachungsgerechte Zuordnung der Kosten für den Bau und die Unterhaltung ist wiederum nicht trivial (Jöbstl 2000, S. 103ff.).

- Außerhalb der Produktion ist die Gemeinkostenproblematik in den indirekten Leistungsbereichen verstärkt ins Interesse gerückt (z. B. Ewert/Wagenhofer 2005, S. 271). Allerdings ist die fehlende Zurechenbarkeit vieler Verwaltungstätigkeiten[401] zu den abgesetzten Produkten kein spezielles Problem der Forstwirtschaft.

4.2.3.4 Problemfelder der Finanzierung

Die Probleme der Kapitalbindung und des geeigneten Kalkulationszinses sind dem Bereich Finanzierung zugeordnet.

Kapitalbindung (in Höhe und Dauer)

Die hohe Kapitalbindung bei geringer Kapitalrentabilität führt zu einem weitgehenden Eigenfinanzierungsvorbehalt, da unter Einhaltung der Nachhaltigkeits-

---

[399] Dies wird von OESTEN/ROEDER herausgestellt (2002, S. 145). Nur wenn es zur negativen Beeinflussung anderer (betrieblicher) Ziele kommt, entsteht Handlungsbedarf.

[400] Pflegemaßnahmen, die Förderung der natürlichen Verjüngung oder Aufwendungen für den Waldschutz sind typische Beispiele. Die Maßnahmen erfolgen großflächig oder sie beziehen sich auf eine Mehrzahl von Pflanzen, ohne dass absehbar wäre, welche davon zu absetzbaren Produkten heranwachsen. Eine verursachungsgerechte Kostenzuordnung ist nicht möglich, es bleibt die Schlüsselung (nach dem Durchschnitts- oder dem Tragfähigkeitsprinzip) (Schweitzer/Küpper S. 54ff. und S. 62).

[401] Verwaltung ist in diesem Zusammenhang nicht mit der Forstverwaltung als öffentlicher Verwaltung gleichzusetzen. Verwaltung ist statt dessen der Unternehmensteil, in dem die Führungsaufgaben gebündelt werden. Zurückgehend auf TAYLORs Ansatz des ‚Scientific Management' kam es zu dieser Aufteilung in ausführende und disponierende Tätigkeiten, verbunden mit einer zunehmenden Spezialisierung in beiden Bereichen (Schreyögg 1999, S. 39ff.).

restriktion Fremdkapitalzinsen nicht erwirtschaftet werden können (z. B. Hartebrodt 2003, S. 609). Verstärkt wird die Problematik durch die Langfristigkeit der forstlichen Produktion und einer damit einhergehenden zeitlichen Ausweitung der Kapitalbindung (Oesten 2002, S. 38). Die unternehmerische Flexibilität ist dadurch stark eingeengt (Schmithüsen et al. 2009, S. 215). So ist beispielsweise die Möglichkeit zur Expansion kaum gegeben (Germann 1998, S. 179).

Zinsproblematik

Als Folge der langen Produktionszeiträume und der hohen Kapitalbindung entsteht unmittelbar eine Zinsproblematik bei der Bewertung.[402] Da der Nutzen im Hinblick auf sonstige (nichtmonetäre) Ziele ebenfalls zu beachten ist, kann die Rentabilität nicht alleiniger Maßstab sein (Ebert 1993, S. 71). Die Suche nach dem ‚richtigen' forstlichen Zinsfuß bei Anwendung dynamischer Investitionsrechnungsverfahren ist analog in der Waldbewertung zu finden (Sagl 1995, S. 60f.; Oesten/Roeder 2002, S. 211ff.; vgl. hierzu auch Abschnitt 3.5.5.2). Als Alternative werden zur Beurteilung von Investitionen zunehmend Simulationsmodelle herangezogen (z. B. Jöbstl 2004a, S. 46). Sie ermöglichen Vorhersagen über alternative Szenarien der waldbaulichen Behandlung und Holznutzung (Pretzsch 2003, S. 234f.). Die Zinsproblematik, die bei der Beurteilung der zugehörigen Zahlungsreihen auftritt, lösen sie aber nicht.

4.2.3.5   Fehlende Faktor- und Gütermärkte

Das Fehlen von Faktor- und Gütermärkten bezieht sich auf den Output in Form öffentlicher Güter sowie auf den Einsatz natürlicher Ressourcen in Form frei verfügbarer Güter.

Öffentliche Güter

Die nicht marktfähigen sonstigen Leistungen sind öffentliche Güter (Bergen/ Löwenstein/Olschewski 2002, S. 148f.). Aus faktischen oder gesetzlichen Gründen kann niemand von ihrer Nutzung ausgeschlossen werden oder die Erbringung liegt im öffentlichen Interesse. Hinzu kommt der Mangel an geeigneten Alternativen. Die Substituierung durch technische Lösungen (Lawinenverbau, Lärm- und Sichtschutzwände, CO_2-Speicherung und -Umwandlung) und räumliche Verlagerung (Ersatz- und Ausgleichsmaßnahmen) sind nur eingeschränkt taugliche Ansätze. Für die Forstbetriebe stehen ausgabenwirksamen Kosten oder Beschränkungen in der Bewirtschaftung (und damit Opportunitätskosten) fehlende Erlöse gegenüber. Bewertungsalternativen sind, wie Abschnitt 3.5.5.4 zeigt,

---

[402] Interessante Überlegungen in diesem Zusammenhang stellt DEEGEN mit Hilfe der Faustmann-Formel an. Er positioniert Bäume (stellvertretend für die Forstwirtschaft) wegen ihres langsamen Wachstums als Grenzgänger zwischen den erneuerbaren und den nicht erneuerbaren Ressourcen. So regt er eine Diskussion über die Zurechnung des Rohstoffs Holz zu den erneuerbaren Ressourcen an (2004a).

wiederum mit eigenen Problemen verbunden (z. B. Löwenstein 1994, S. 78ff. und 89ff.).

Freie Güter

Das gegenteilige Phänomen der öffentlichen Güter ist bei Betrachtung der biologischen Produktion anzutreffen. Deren Haupteinsatzfaktoren werden nicht über Beschaffungsmärkte bezogen, sondern als freie Güter von Litho-, Hydro- und Atmosphäre (Boden, Wasserkreislauf und Luft) oder gemeinhin der Umwelt bezogen. Bei Verzicht auf künstliche Bestandesbegründung entfällt schließlich noch die Beschaffung von Saat- und Pflanzgut. Unter dem Stichwort ‚biologische Automation' lassen sich des Weiteren Strategien zusammenfassen, die sich die Fähigkeit der Ökosysteme zur Selbstorganisation zu Nutze machen.[403] Als betriebswirtschaftlich relevanter Input der biologischen Produktion verbleiben im Wesentlichen das gebundene Kapital, die menschliche Arbeitsleistung, die Abnahme des Nutzungspotenzials der (technischen) Betriebsmittel und wenige Hilfs- und Betriebsstoffe.

Die Einbeziehung freier Umweltgüter in die Produktionstheorie erweist sich außerhalb der Forstwirtschaft gleichfalls als schwierig. Daher werden in der Regel nur ausgesuchte Umweltaspekte mit abgrenzbaren Faktoreigenschaften betrachtet, als Ganzes wird die natürliche Umwelt nicht in die Überlegungen integriert (Steven 2007, S. 93 u. 1991; Dyckhoff 2003, S. 2ff.).

4.2.3.6 Anforderungen aus erweiterter Nachhaltigkeit

Der Nachhaltigkeitsgrundsatz hat im Laufe der Zeit einen deutlichen Bedeutungswandel erfahren, mit entsprechende Auswirkungen auf die Anforderungen.

- In Mitteleuropa Forstwirtschaft zu betreiben ist gleichbedeutend mit der Nutzung kultivierten Naturkapitals.[404] Schon aus der Festlegung auf die nutzungsbezogene Nachhaltigkeit lässt sich eine Verpflichtung zum Erhalt dieses Kapitalstocks ableiten. Zugleich müssen sich die forstwirtschaftlichen Akteure der Ausweitung gesellschaftlicher Ansprüche stellen.[405] Erhalt des Naturkapitals bedeutet dann in verstärktem Maße auch Prozessschutz und Poten-

---

[403] Natürliche Prozesse können so ebenfalls als freie Güter angesehen werden. Der Begriff der biologischen Automation ist erstmals bei STEINLIN zu finden (1967, S. 466). Unter Nutzung der „Automation in der organischen Produktion ... [kann] ... sich der Mensch weitgehend auf die Planung und Programmierung beschränken, vieles den selbständigen Kräften der Natur überlassen und nur gelegentlich, vor allem bei Störungen, eingreifen." (ebd. S, 465).

[404] Naturkapital ist ein Ansatz zur Einbindung des Natur- und Ressourcenverbrauchs als eigenständiger Produktionsfaktor in die ökonomische Theorie (Held/Nutzinger 2001, S. 13ff.; Pearce/Turner 1990, S. 46ff.). Der wirtschaftliche Mensch übt verschiedene Einflüsse auf das Naturkapital aus. In diesem Sinne ist das anthropogen überprägte Naturkapital der Nutzökosysteme als kultiviertes Naturkapital zu sehen (Daly 1994, S. 30ff. und 2001, S. 16; ähnlich Hampicke 2001, S. 122).

[405] Dieterich beschreibt dies so: „[A]ndererseits gebietet die Besonderheit der Forstwirtschaft an sich – noch mehr als in anderen Wirtschaftszweigen – ständige Einordnung von Eigenbelangen in den weiteren, den politischen, Gesichtskreis." (Dieterich 1959, S. 74)

zialsicherung. Eine stärkere Beachtung des Naturschutzes geht hingegen über die reine Erhaltung des Naturkapitals hinaus und macht die Suche nach Potenzialverbesserungen notwendig. Controllingrelevant sind nicht nur die betrieblichen Prozesse, sondern ebenso die Wechselwirkungen mit natürlichen Prozessen.

- Die Fähigkeit zur Erbringung von Gütern und Leistungen hängt in unterschiedlichem Maße von den Strukturmerkmalen der Bestände, beispielsweise der Baumartenmischung und dem Alter, ab (Thomasius/Schmidt 1996, S. 174, 199f., 207f., 213). Gerade starke alte Bäume sind häufig sowohl aus Sicht der sonstigen Leistungen als auch für die Holznutzung besonders wertvoll (Grafton et al. 2004, S. 130).

Andere Charakteristika der forstlichen Produktion, wie die Flächenausdehnung forstlicher Betriebe[406] oder Unsicherheiten, die sich aus exogenen Einflüssen ergeben, betreffen andere Bereiche wirtschaftlicher Betätigung grundsätzlich in ähnlicher Weise (Schmithüsen et al. 2009, S. 214). Unter Controllingaspekten sind sie keinesfalls zu vernachlässigen, werden aber nicht als spezielles forstliches Problem angesehen.

4.2.4 Spezifische Anforderungen einzelner Forstbetriebstypen

4.2.4.1 Kriterien der Typenabgrenzung

Der dritte Spezifizierungsschritt wird, wie angekündigt, auf Grundlage typologischer Einteilungen der Forstbetriebe vollzogen. Die typologische Methode wurde innerhalb des zweiten Kapitels eingeführt und besprochen (Abschnitt 2.2.2). Dort diente sie zur Unterteilung der Controllingkonzeptionen. Auch im dritten Kapitel wurde zu Gliederungs- und Abstraktionszwecken mehrfach von diesem Instrument Gebrauch gemacht.

Um zu betriebstypischen Anforderungen zu gelangen, werden beispielhaft zwei realtypische und eine idealtypische Unterteilung als Grundlage eigener Anforderungsrahmen herangezogen. Die typologische Einteilung wird über folgende Merkmale bzw. Merkmalsgruppen vorgenommen:[407]

- die Eigentumsform,
- die Betriebsgröße und
- die Zieltypen der Bewirtschaftung.

---

[406] Die Erschwernisse der Produktionsplanung und -überwachung, die in der Vergangenheit eine hohe Bedeutung hatten (z. B. Bauer 1962, S. 53), fallen durch die Fortschritte in der IuK (Informations- und Kommunikations-) Technologie kaum mehr ins Gewicht.

[407] Die im Typus erfassten Merkmale stellen immer eine Auswahl aus der Gesamtheit der unterscheidbaren Merkmale dar (Tietz 1960, S. 26). In dieser Betrachtung wird der einfachste und zugleich abstrakteste Fall unterstellt: Es wird jeweils nur ein Merkmal als ausschlaggebendes Unterscheidungskriterium gewählt. Schließlich soll, um zu übertragbaren Aussagen zu gelangen, von individuellen Besonderheiten bewusst abstrahiert werden.

Die typenbezogenen Aussagen erlauben eine weitgehende Konkretisierung, ohne sogleich auf den Einzelfall eingehen zu müssen. Neben einer Ergänzung der Anforderungen, wie sie hier auf Basis der Typologie der Eigentumsformen erfolgt, ist des Weiteren eine Reduzierung durch Schwerpunktbildung möglich. Für die Betriebsgrößentypologie und die Zieltypen wird hierzu eine Auswahl der bedeutsamen Punkte aus den allgemeinen und forstspezifischen Anforderungen vorgenommen.

Die Betriebsgröße und die Zieltypen sind von besonderem Interesse. Sie führen zu zwei Bereichen, für die sich besonders hoher Forschungs- und Handlungsbedarf im forstlichen Controlling abzeichnet. Die herangezogenen Merkmale bilden nur einen kleinen Ausschnitt der denkbaren Kriterien.[408] Je nach Erkenntnisziel sind davon abweichende ein- oder mehrdimensionale Typenabgrenzungen ebenso sinnvoll. Daraus können dann wiederum abgestimmte Anforderungskataloge abgeleitet werden.

4.2.4.2 Anforderungsrahmen der Eigentumsform

Üblicherweise werden drei Formen des Waldeigentums unterschieden (Schmithüsen et al. 2009, S. 51). Privatwald befindet sich im privaten Eigentum. Staatswald ist öffentlicher Wald im Eigentum des Bundes oder der Länder. Zu guter Letzt ist Körperschaftswald öffentlicher Wald der Städte und Gemeinden sowie öffentlich-rechtlicher Körperschaften. Diese Typenabgrenzung ist im Bundeswaldgesetz sowie in den Wald- und Forstgesetzen der Länder zu finden. Sie stellt eine Vereinfachung[409] dar, die tatsächliche Vielfalt ist bedeutend größer. So kann der Privatwald im Einzeleigentum oder im Gemeinschaftseigentum[410] liegen, er kann Teil eines bäuerlichen Betriebs sein oder im Eigentum von Industrieunternehmen[411] stehen. Staatswald des Bundes steht im Zusammenhang mit besonderen Aufgaben und ist daher anders zu bewirtschaften als derjenige im Eigentum der Länder.[412] Körperschaftswald ist besonders unscharf abgegrenzt, da hier neben Wald der Gebietskörperschaften auch Waldeigentum sonstiger Körperschaften und Anstalten des öffentlichen Rechts eingeordnet wird.

---

[408] Weitere Merkmale finden sich in den Merkmalskatalogen, etwa von OESTEN/ROEDER (2002, S. 146f.), SPEIDEL (1984, S. 116) oder DIETERICH (1931).

[409] Obwohl die Differenzierung des öffentlichen Waldeigentums in Staats- und Kommunalwald im Widerspruch zu dieser Aussage steht, überwiegen die vereinfachenden Annahmen.

[410] Die Zurechnung des gemeinschaftlichen Waldeigentums richtet sich nach Landesrecht (BwaldG 2005, §3). Er wird entweder dem Privatwald (z. B. Rheinland-Pfalz) oder in der Rechtsform einer Körperschaft des öffentlichen Rechts dem Körperschaftswald (z. B. Nordrhein-Westfalen) zugeordnet.

[411] Außerhalb Deutschlands besitzen holzverarbeitende Unternehmen häufig große Waldflächen. Diese Form der vertikalen Integration ist bspw. in Skandinavien verbreitet (Oesten/Roeder 2002, S. 150)

[412] Die Flächen des Bundeswaldes beschränken sich auf Waldflächen, die primär einer Sondernutzung unterliegen. Den größten Anteil haben militärische Liegenschaften, wie Schießplätze, Truppen- oder Standortübungsplätze.

Kriterien	Privatwald	Öffentlicher Wald	
		Staatswald	Körperschaftswald insb. Kommunalwald
Eigentumsrechte	• Beschränkung der Verfügungsrechte als besonderer Problemkreis • Ggf. Begründung eines Ausgleichsanspruchs[1]	• Private Eigentumsrechte sind nicht direkt betroffen • Entscheidungshoheit liegt bei den Vertretungsorganen	• Einschränkung der Verfügungsrechte akzeptiert/ weniger problematisch • Ggf. Begründung eines Ausgleichsanspruchs[1]
Forstgesetzliche Vorgaben der Bewirtschaftung	• Unkonkrete Verpflichtung auf „ordnungsgemäße u. nachhaltige forstliche Bewirtschaftung"[2] • Vereinfachte Planungsvorgaben entspr. Landesrecht	• Konkretisierung der Vorgaben, insbes. im Hinblick auf waldbauliche u. technische Verfahren entspr. landesrechtlicher Vorgaben	• Grundsätze der Bewirtschaftung im Anhalt an Vorgaben für Landeswald • Vereinfachungen, bspw. bei der Planung, entspr. Landesrecht
Wirtschaftliche Zielsetzung	• Sicherung und Erhaltung des Betriebs[3]		
	• Gewinn- und Rentabilitätsziele	• Kostendeckung i.d.R. als ausreichend angesehen	• Überschüsse für den Gemeindehaushalt
Verpflichtung auf gesellschaftliche Ziele	• Walderhaltung[4]		
	• Möglichkeiten zur Ausweisung von Schutzwald und Erholungswald[5]		
	• Allgemeines Betretungsrecht[6]		
	• Auskunftspflicht	• Besondere Verpflichtung auf gesellschaftliche Ziele	• Gesellschaftliche Ziele mit lokal begrenzter Wirkung im „eigenen" Interesse
Betriebsführung und deren Gestaltungsfreiräume	• Eigentümerführung oder eigenes Personal • Alternativ vertraglich vereinbarte Betriebsführung durch Landesbedienstete oder private Dienstleister • Anforderungen an die fachliche Qualifikation entspr. landesrechtlicher Bestimmungen • Breites Spektrum möglicher Rechtsformen	• Betriebsführung durch eigene Bedienstete • Feste hierarchische und flächenmäßige Organisationsstruktur • Beschränkung durch (forst-)politische u. dienstrechtliche Vorgaben • Zunehmend auch funktionale Strukturen	• Eigenes Personal möglich • Alternativ Betriebsleitung durch Landesbedienstete oder private Dienstleister • Anforderungen an die fachliche Qualifikation entspr. landesrechtlicher Bestimmungen • Beschränkung durch kommunale und dienstrechtliche Vorgaben
Bewirtschaftung des zugeordneten Forstbetriebs	• Bewirtschaftung des Forstbetriebs entsprechend den Zielen der Nutzungsberechtigten • Ergänzendes Dienstleistungsangebot möglich • Wenige bis keine eigenen Arbeitskräfte • Wirtschaftliche Ausführung der Arbeiten • Vermarktung grundsätzlich ohne Beschränkung	• Leitung u. Bewirtschaftung des Forstbetriebs • Ggf. Aufsichts- und Genehmigungsbehörde • Dienstleistungen für andere Waldeigentümer • Mechanisierte Arbeiten noch selten in Eigenregie • Ausstattung mit eigenen Arbeitskräften rückläufig • Eigene Vermarktung überwiegt	• (Leitung u.) Bewirtschaftung des Forstbetriebs • Ausstattung mit eigenen Arbeitskräften rückläufig • Ggf. kommunalpolitische Beschränkungen • Vermarktung über Dritte oder eigenständig

[1] Die weite Auslegung der Sozialpflichtigkeit des Waldeigentums lässt nur selten die Ableitung eines Anspruchs zu. Vgl. hierzu ausführlich Thoroe et al. (2003).

[2] Vgl. §11 BWaldG.

[3] Diese Zielsetzung sieht Schwennsen als eigentumsübergreifend an (1994, S. 167).

[4] Vgl. §9 BWaldG.

[5] Vgl. §12 (Schutzwald) und §13 (Erholungswald) BWaldG.

[6] Vgl. §14 BWaldG.

Tab. 8: Charakteristische Unterschiede in den Eigentumsformen

Trotzdem lassen sich wichtige Schlüsse aus der getroffenen Unterscheidung ziehen. Insbesondere die Unterscheidung in Privatwald und öffentlichen Wald ist ein wichtiges Indiz für die potenziellen Handlungsmöglichkeiten der Waldbewirtschaftung (Schmithüsen et al. 2009, S. 52). Der Handlungsspielraum wird durch eigentumsbedingte Unterschiede in den Zielsetzungen der Forstbetriebe und abweichende rechtliche Rahmenbedingungen bestimmt. In Tabelle 8 werden öffentliches und privates Waldeigentum einander gegenübergestellt und wichtige Unterschiede aufgezeigt.

Für das Controlling lassen sich Anforderungen in funktionaler und instrumentaler Hinsicht sowie bezüglich einer angepassten Controllingorganisation ableiten. Beschränkungen der Verfügungs- und Eigentumsrechte sind vor allem für den Privatwald problematisch (Wagner 2003, S. 230; Thoroe et al. 2003, S. 6ff.).[413] Solche Beschränkungen ergeben sich in erster Linie aus der *gesetzlichen Vorgabe*, den Wald „... ordnungsgemäß und nachhaltig ..." zu bewirtschaften (§11 BWaldG) und aus der allgemeinen Verpflichtung auf die Erfüllung gesellschaftlicher Ziele. Daraus sich ergebende Mehrkosten (Mehraufwendungen) und Mindererlöse (Mindererträge)[414] sind vom Forstbetrieb zu erfassen (Bartelheimer/ Baier 1991, S. 2) und in einem nächsten Schritt zu minimieren, da Ansprüche auf Ausgleichszahlungen selbst für Privatwaldbetriebe nur bedingt gegeben sind (Moog/Knoke 2003, S. 74f.). Für die öffentlichen Waldeigentümer leiten sich andere Anforderungen ab. Die erbrachten Leistungen sollen transparent sowie nach innen und außen darstellbar sein (Hartebrodt 2004a, S. 405f.). Die Rolle des betrieblichen Zielsystems wurde unter dem Begriff der ‚Zielbezogenheit' allgemein verdeutlicht. Augenfällige Unterschiede im Hinblick auf die gesellschaftlichen Ziele wurden im Rahmen der gesetzlichen Vorgaben schon festgestellt.

Die *wirtschaftlichen Zielsetzungen* privater und öffentlicher Forstbetriebe weichen ebenfalls in typischer Weise voneinander ab. Private forstwirtschaftliche Unternehmen unterscheiden sich darin nicht wesentlich von sonstigen Wirtschaftsunternehmen. Das Gewinn- oder Erfolgsziel als wichtiges Merkmal der privaten Unternehmung prägt auch hier das (betriebswirtschaftliche) Controlling.[415] Eine Beschränkung auf das Gewinnziel wurde zuvor schon abgelehnt. Das wirtschaftliche Ziel der Sicherung und Erhaltung des Betriebs gilt im Staats- und Körperschaftswald zwar ebenso wie für den privaten Forstbetrieb

---

[413] Zur ökonomischen Theorie der Verfügungsrechte (Property Rights) und den Auswirkungen auf den Wert eines Guts vgl. ausführlich PICOT/DIETL/FRANCK (2008, S. 45ff.).

[414] An dieser Stelle sei auf die Unterkapitel 4.2.3.5 und 4.2.3.6 verwiesen. Dort werden beispielhaft Auswirkungen der gesellschaftlichen Forderungen dargestellt.

[415] So werden öffentliche und private Unternehmungen häufig nicht nur nach den Eigentümern unterschieden. Es wird zudem davon ausgegangen, dass private Unternehmungen sich an Gewinn- und Rentabilitätszielen orientieren, während öffentliche Unternehmungen Kostenminimierungs- oder Leistungsziele verfolgen (Schweitzer 2004, S. 34). Dabei wird nicht zwangsläufig die Gewinnmaximierung angestrebt. Maximaler Gewinn ist häufig nicht mit weiteren Zielen der Unternehmung (sleitung) in Einklang zu bringen (Heinen 1962, S. 14). KOSIOL betont hingegen, dass das Gewinnstreben kein geeignetes Merkmal zur Abgrenzung der Unternehmungen darstellt (1966, S. 20f.).

(Schwennsen 1994, S. 167), die Rentabilität erscheint für dieses Ziel jedoch weit weniger maßgeblich (Villa 2000, S. 915).[416] Allerdings werden defizitäre Betriebsergebnisse, vor allem auf kommunaler Ebene, bei der ohnehin angespannten finanziellen Lage kaum mehr toleriert. Kostendeckung ist daher auch im öffentlichen Wald als Minimalziel anzusehen.[417]

Die *Verpflichtung auf gesellschaftliche Ziele*, zu denen an dieser Stelle auch Umwelt- und Naturschutzziele zu rechnen sind, geht im öffentlichen Wald weiter und ist verbindlicher als im privateigenen Wald (z. B. Wagner 2003, S. 230).[418] Neben den konkreteren gesetzlichen Vorgaben der Wald- und Forstgesetze und den sie präzisierenden Verordnungen sind politische Vorgaben und Entscheidungen besonders bedeutsam (z. B. Leonhardt/Hoffmann/Geyer 1997, S. 288). Beispielsweise werden große (Wald-)Schutzgebiete, wie Nationalparks, bevorzugt auf öffentlichen Flächen eingerichtet. Darüber, inwieweit private Forstbetriebe in ihren ökologischen und sozialen Zielsetzungen über Mindeststandards hinausgehen, lässt sich keine generelle Aussage machen. Die Verpflichtungen gehen weniger weit als im öffentlichen Wald. Für beide Eigentumsformen kann daher grundsätzlich ein abweichendes Zielbündel unterstellt werden.[419]

Forstverwaltungen der Länder werden neben der Betriebsleitung und der Bewirtschaftung des Landeswalds regelmäßig auch hoheitliche Aufgaben und Betreuungsangebote verpflichtend zugeordnet (Villa 2000, S. 915). Aus der Kombination ‚erwerbswirtschaftlicher' und ‚gemeinwirtschaftlicher' Aufgaben ergeben sich wiederum Anforderungen ganz eigener Art (Germann 1998, S. 179). Die Aufgabenbereiche sind aus betriebswirtschaftlicher Sicht so weit möglich getrennt zu erfassen, da nur so verlässliche Aussagen über Zielerreichung und Erfolgswirksamkeit zu treffen sind.

Der *auf die Betriebsführung bezogene Gestaltungsfreiraum* ist in zweierlei Hinsicht zu interpretieren. Erstens betrifft er die Ausgestaltung der Betriebsführung selbst. Privatwaldbetriebe haben trotz gesetzlich geregelter Standards zur fachlichen Qualifikation der Betriebs- und Revierleitung weitgehende Wahlmöglichkeiten zur individuellen Erfüllung der Vorgaben. Sie können eigenes oder fremdes Personal einsetzen und im letztgenannten Fall auf die Forstverwaltungen oder private Dienstleister zurückgreifen. Zudem kann zwischen einer dauerhaften Betriebsführung oder aufgabenbezogener Unterstützung gewählt werden. Aus

---

[416] Kurzfristig steht die Liquiditätssicherung im Vordergrund, langfristig ist, sofern kein dauerhafter Defizitausgleich toleriert wird, Kostendeckung zu erreichen.

[417] Hingegen wird die wirtschaftliche Betätigung öffentlicher Forstbetriebe an sich in ihrer Legitimität und Effizienz schon durchaus kritisch gesehen. Öffentliche Forstbetriebe stehen letztlich in unmittelbarer Konkurrenz zum privaten Waldeigentum und den privaten Forstbetrieben. Zudem wird die staatliche Aufgabenwahrnehmung auch in diesem Bereich grundsätzlich hinterfragt (Borchers 2001).

[418] Die Regelungen des Naturschutzrechts, auch in Form von Einzelfallregelungen, haben neben den Wald- und Forstgesetzen die größte Bedeutung überhaupt für die Forstbetriebe (Moog 1994, S. 12).

[419] LEIBUNDGUT geht von der allerdings wenig operationalen Zielsetzung aus, „... den Gesamtnutzen des Waldes nachhaltig auf das Höchstmaß zu steigern ... " (1985, S. 158).

Controllingsicht ist diese Freiheit, vor allem bei fehlender personeller Kontinuität, allerdings problematisch. Dies gilt umso mehr, wenn die Controllingaufgaben ebenfalls diskontinuierlich wahrgenommen werden. Hinzu tritt die Frage der notwendigen Qualifikation.

Der zweite Gestaltungsaspekt betrifft die eng mit der Betriebsführung zusammenhängende organisatorische Ausgestaltung des Forstbetriebs sowie die Details der Bewirtschaftung. Die Organisation kann im Wesentlichen räumlich (Revierprinzip) oder funktional untergliedert sein.[420] Eine Kombination aus beiden Grundtypen ist ebenfalls denkbar. Der größte Teil der privaten Forstbetriebe wird als Einzelunternehmen geführt.[421] Vorteilen, wie der klaren Bündelung der Kompetenzen beim Eigentümer und des Zugriffs auf alle sich bietenden Chancen, stehen Nachteile aus der alleinigen Übernahme aller wirtschaftlichen Risiken gegenüber (Oesten/Roeder 2002, S. 152). Zu den controllingrelevanten Gestaltungsfragen gehört zuletzt noch die Wahl der Rechtsform. Sich daraus ergebende Konsequenzen sind etwa Prüfungspflichten, Publikationszwänge, Refinanzierungsmöglichkeiten oder Mitspracherechte (Oesten/Roeder 2002, S. 150ff.).

Bei der *Bewirtschaftung* bestehen für Privatwaldbetriebe, bis auf die Legalbeschränkungen (Wald- und Forstgesetze, Naturschutzrecht usw.), keine Restriktionen. Auch für die Erweiterung der betrieblichen Leistungsbereiche steht ihnen ein breiteres Spektrum an Möglichkeiten offen. In erster Linie ist dabei an Dienstleistungsangebote für andere Waldeigentümer zu denken (Moog 1994, S. 17f.). Die vertikale Erweiterung entlang der Holzbearbeitungskette ist eine weitere Option.

Die Freiräume der öffentlichen Forstbetriebe sind in allen zuletzt genannten Bereichen deutlich geringer. Zunächst werden sie von verwaltungs- und dienstrechtlichen Vorgaben begrenzt, die wiederum nicht losgelöst von der sonstigen Verwaltung gesehen werden können. Für den Handlungsspielraum der Betriebsleitung ist daneben die eingeschränkte, weil letztlich bei den demokratischen Vertretungsorganen liegende Entscheidungsmacht von hoher Bedeutung (Germann 1998, S. 179). Im Kommunalwald respektive Körperschaftswald sind die Wahlmöglichkeiten zur Wahrnehmung der Betriebsführung und bei der Bewirtschaf-

---

[420] Hier ergeben sich Abweichungen gegenüber der in der Organisationslehre üblichen Differenzierung. Bspw. unterscheidet SCHREYÖGG die Organisation nach der Verrichtung (funktionale Organisationsstruktur) und die Organisation nach Objekten (z. B. Produkten, Märkten) (1999, S. 130ff.). Die Organisation nach Objekten führt zu einer divisionalen Organisationsstruktur. Die Abweichung ist eine Folge der hohen Bedeutung des Flächenbezugs forstwirtschaftlicher Betätigung. Regionale Untergliederungen finden sich allerdings ebenso in anderen Unternehmen. Sie entstehen dort i. d. R. aus Kundenbeziehungen bzw. Absatzmärkten (Frese 1998, S. 436ff.). Das forstliche Revierprinzip kann letztlich als eine Form der divisionalen Organisation angesehen werden.

[421] Die Zahlen der Statistischen Jahrbücher geben hier nur unzureichende Auskunft, da reine Forstbetriebe mit einer Waldfläche unter 10 ha inzwischen gar nicht mehr erfasst werden (Statistisches Bundesamt 2005, S. 330) und nach 1997 keine Angaben zur Rechtsform der Forstbetriebe mehr erfolgen. Nach den Angaben von 1997 (Bezugsjahr 1995) waren 88% der Forstbetriebe über 1 ha Waldfläche im Eigentum natürlicher Personen (Statistisches Bundesamt 1997, S. 152).

tung in stärkerem Maße gewahrt als im Landes- oder Bundeswald.[422] Die gesetzlichen Vorgaben sind weniger strikt und die Abstimmung mit der sonstigen Kommunalverwaltung ist durch deutlich kürzere Wege geprägt. Auch forstpolitische Restriktionen wirken sich auf den Staatswald am stärksten aus.

4.2.4.3 Anforderungsrahmen der Betriebsgröße

Ein Problem der Beschreibung größenabhängiger Anforderungen an das forstliche Controlling sind die weitgehend fehlenden Grundlagen. Es gibt nur wenige Untersuchungen, die sich mit der Situation der Forst-KMU beschäftigen und bisher keine speziell zum Controlling. Daher wird zunächst auf die Erkenntnisse der allgemeinen KMU-Forschung zurückgegriffen. Hinweise auf die Bedeutung der Betriebsgröße für die organisatorische Einbindung und Ausgestaltung des Controllings finden sich allenthalben (z. B. Horváth 2009, S. 750f.). In Abschnitt 2.4 wurden die allgemeinen Rahmenbedingungen für Controlling in kleinen und mittleren Unternehmen dargestellt. Außer der quantifizierten Betriebsgröße sind weitere, vor allem qualitative KMU-Besonderheiten, die in einem engen Zusammenhang zur Größe stehen, relevant. Zu nennen sind die Eigentümerstruktur, typisches Führungsverhalten, die organisatorische Untergliederung usw.

Größenbedingte Auswirkungen ergeben sich sowohl direkt als auch indirekt und führen einerseits zu Erleichterungen und andererseits zu Erschwernissen bei der Einrichtung oder dem Betreiben des Controllingsystems. Punkte, die im bisherigen Verlauf bereits besonders herausgestellt wurden, sind die organisatorische Gliederung,[423] die Ressourcenausstattung und der Informationsbedarf. Das Vorliegen dieser Abhängigkeit wird auch speziell für den Forstbetrieb bestätigt (Schwennsen 1994, S. 167).

Bestätigt sind Unterschiede in Umfang und qualitativem Niveau der Informationsgrundlagen zwischen den Eigentumsarten (Spellmann 2003, S. 252). Unterschiede bestehen jedoch gleichfalls größenbedingt. Sowohl das Informationsangebot als auch der Bedarf des Austauschs von Informationen, also die Kommunikationsbedürfnisse, wachsen mit der Größe des sozialen Systems. Da sich die Informationsversorgung nicht auf die Beschaffung interner Daten bzw. Informationen beschränkt, sollte die Unternehmensumwelt ebenfalls auf größenbedingte Unterschiede hin untersucht werden. So weist HORVÁTH darauf hin, dass die Umwelt eines Großunternehmens sich gegenüber der eines kleinen Unterneh-

---

[422] Obwohl Bund und Länder vergleichbare Wahlmöglichkeiten zur Rechtsform wie die Gemeinden besitzen (Villa 2000), sind die damit verbundenen aufbau- und ablauforganisatorischen Anpassungen – auf deren Unverzichtbarkeit weist VILLA explizit hin – im Körperschaftswald leichter zu realisieren.

[423] JÖBSTL sieht einen von der Größe der Organisation abhängigen Anpassungsbedarf des Controllings nur bei der Aufbauorganisation (2004a, S. 75). Dies erscheint nicht nachvollziehbar, da sich ein großer Teil des Abstimmungs-, Informations- und Steuerungsbedarfs dynamisch und damit ablauforganisatorisch ergibt; ähnlich argumentiert bereits KOSIOL (1966, S. 79).

mens durch ein höheres Maß an Heterogenität auszeichnet (2009, S. 751).[424] Diese Aussage lässt sich dahingehend ergänzen, dass auch die Komplexität der sozioökonomischen Unternehmensumwelt in einem Zusammenhang zur Größe steht. Beides, zunehmende Komplexität und zunehmende Heterogenität, führt dazu, dass die externe Ausrichtung des Controllings, auch in der Forstwirtschaft, mit der Größe des Betriebs/der Unternehmung an Bedeutung gewinnt.

Anforderungen		Forst-KMU	Große Forstbetriebe
Ausprägung der allgemeinen Anforderungen	Führungs-unterstützung	• Sicherung der Informationsversorgung ist dominant	• Höherer Anteil der Koordinationsaufgaben
	Zukunfts-orientierung	• Keine grundsätzlichen Unterschiede	
	Zielbezogenheit	• Unterschiede in den Zielinhalten jedoch nicht in der allgemeinen Zielbezogenheit	
	Effektivität und Effizienz	• Keine grundsätzlichen Unterschiede	
	Umwelt-bezogenheit	• Lokale bis regionale Einbindung	• Hohe Zahl an Stakeholdern • Überregionale Einbindung
	Organisations-bezogenheit	• Ausgebildetes Personal oft nur über Dienstleister • Geringe organisatorische Gliederung	• Betriebseigenes, fachlich geschultes Personal als Regelfall • Regional oder/und funktional gegliederte Organisation • Institutionalisiertes Controlling
	Interdependente Systeme	• In erster Linie Sachinterdependenzen u. zeitliche Interdependenzen	• Höhere Bedeutung von Verhaltensinterdependenzen
Anforderungen aus den forstlichen Problemfeldern	Biologische Produktion	• Innovationsfähigkeit wegen Ressourcenschwäche verringert	• Gute Anbindung an öffentliche Forschungseinrichtungen, teilweise eigene F&E
	Kostenstruktur	• Gemeinkosten in erster Linie aus der biologischen Produktion und der Infrastruktur	• Deutlicher Anteil der Gemeinkosten aus Leitungsaufgaben
	Finanzierung	• Verluste können nicht über andere Bereiche abgedeckt werden	• Verbesserte Möglichkeit der Kapitalbeschaffung durch professionelles Management
	Fehlende Faktor- und Gütermärkte	• Keine grundsätzlichen Unterschiede	
	Erweiterte Nachhaltigkeit	• Nachhaltigkeit bisweilen nur im Zeitverlauf erreichbar • Einschränkungen können sich leicht auf große Anteile der Betriebsfläche erstrecken	• Möglichkeiten zum Ausgleich über die größere Fläche

Tab. 9: Zusammenfassung und Gegenüberstellung der Anforderungen nach Betriebsgrößen

Das Merkmal der Betriebsgröße mündet letztlich in eine Gegenüberstellung von Großbetrieben und Forst-KMU. Größenbedingte Unterschiede schlagen sich in

---

[424] HORVÁTH geht nicht darauf ein, worauf diese ‚größere' Heterogenität beruht. Denkbar wären z. B.: ein zunehmendes Maß an öffentlicher Aufmerksamkeit und zugleich mehr Stakeholder, höhere Produkt- und Variantenvielfalt, internationale Präsenz, eine höhere Anzahl bearbeiteter Märkte usw.

den allgemeinen sowie den speziellen Anforderungen aus den forstlichen Problemfeldern nieder. Tabelle 9 gibt einen Überblick über die Abweichungen zwischen beiden Größenklassen. Auf eine Untergliederung innerhalb der Forst-KMU wird, entgegen der in Abschnitt 3.3.2 vorgenommenen Abgrenzung, verzichtet. Allerdings gelten die Einschränkungen, etwa aus der Kapital- und Personalausstattung heraus, für die Kleinstbetriebe nochmals in verschärftem Maße. Nicht zuletzt aus diesem Grund nimmt der notwendige Ermessensspielraum mit zunehmender Spezifität zu.

Die einzelnen Anforderungen wurden in den Abschnitten 4.2.2 und 4.2.3 ausführlich erläutert und werden nicht noch einmal weiter ausgeführt. Der Absatzbereich ist in der Tabelle nicht berücksichtigt. Hier sind das potenzielle sowie das reale Angebot der Forst-KMU weniger variabel als das der Großbetriebe. Sowohl die verfügbaren Sortimente als auch die Mengen sind deutlich eingeschränkt. Eine Anpassung des Angebots auf einzelbetrieblicher Ebene kann nur in engen Grenzen erfolgen. Kleine Forstbetriebe werden bisweilen und kleinste sogar immer als aussetzender Betrieb mit diskontinuierlicher Wirtschaftsleistung bewirtschaftet.[425] Insgesamt stützt die Vielzahl der Unterschiede die Forderung nach einer gesonderten KMU-Ausrichtung des Controllings auch in den forstwirtschaftlichen Betrieben.

4.2.4.4 Anforderungsrahmen der Zieltypen der Bewirtschaftung

4.2.4.4.1 Zuordnung von Flächen zu den Zieltypen

In Abschnitt 3.3.1 wurde eine einfache, für den Zweck der Differenzierung des Controllings jedoch hinreichende Unterteilung in Zieltypen der Bewirtschaftung vorgestellt. Aus den drei Nachhaltigkeitsdimensionen heraus wurden drei Idealtypen abgeleitet:

- Zieltyp I: Schwerpunkt Ökonomie,
- Zieltyp II: Schwerpunkt Ökologie und
- Zieltyp III: Schwerpunkt Sozialfunktion.

Eine Anwendung dieser Typologie kann für den Gesamtbetrieb oder eingeschränkt für abgrenzbare Teilflächen erfolgen. Die bisher ungeklärte Frage, wie die Zuordnung erfolgen soll, wird nun angegangen.

Zu berücksichtigen sind sowohl betriebliche als auch extern vorgegebene Funktionenbelegungen. Bei den externen Vorgaben handelt es sich um die berechtigten Forderungen externer Anspruchsgruppen oder um Auswirkungen der betrieblichen Rahmenbedingungen. Betriebsinterne Festlegungen beruhen alleine auf den

---

[425] Dieses Merkmal böte sich für eine Abgrenzung kleiner und kleinster Forstbetriebe an, um die in Abschnitt 3.3.2 abgeleitete Unterteilung nochmals nach ‚unten' zu erweitern.

Entscheidungen der Betriebsleitung. Folgende Entscheidungsgrundlagen sind zu unterscheiden:

- *Betriebliche Festlegungen*: Der Waldeigentümer entscheidet nach eigenem Ermessen über die Bewirtschaftung der Teilflächen. Ein objektiver Maßstab ist nicht zwingend erkennbar. Entscheidungen, die allein auf dieser Grundlage beruhen, sind dann rein subjektiv.

- *Naturräumliche Gegebenheiten*: Aus der naturräumlichen Ausstattung (Topografie, Geologie, Tier- und Pflanzenarten) ergeben sich zwangsläufige Schwerpunkte. Steile Hanglagen oder ertragsschwache Böden haben beispielsweise deutliche Einschränkungen in Produktivität und Rentabilität zur Folge.

- *Rechtlich-normative Festlegungen und Abgrenzungsgrundlagen*: Per Gesetz oder Verordnung sind Flächen mit besonderer Funktion ausgewiesen. Beispiele sind Naturschutzflächen, Flächen des Trinkwasserschutzes oder Erholungswald.

- *Funktionenbelegung ohne rechtliche Verbindlichkeit*: Eine besondere funktionale Bedeutung liegt vor, ist jedoch nicht verbindlich festgeschrieben und damit dauerhaft abgesichert. Maßgeblich sind die (berechtigten) Stakeholderinteressen und die offensichtliche Bedeutung, beispielsweise die hohe Frequentierung eines stadtnahen Waldgebiets durch Waldbesucher.

Sofern eine kartografische oder vergleichbare Darstellung der Funktionenbelegung der Betriebsflächen vorliegt, bildet diese die Ausgangsbasis weiterer Überlegungen. Manche Betriebe verfügen über eine Waldfunktionenkartierung. Inhaltliche und formale Vorgaben solcher Kartierungen sind in den Forst- und Waldgesetzen der Länder geregelt (Thomasius/Schmidt 1996, S. 331). Der Umfang der erfassten Funktionen ist daher unterschiedlich. Übliche Kategorien sind: Wasserschutz, Bodenschutz, Klimaschutz, Immissionsschutz, Waldflächen in geschützten Gebieten (NSG, LSG usw.)[426] und Erholung (Burschel/Huss 1997, S. 194). Diese Datengrundlagen können unmittelbar für die Zuordnung genutzt werden.

Um in den Überschneidungsbereichen zu einer objektivierten, sachbezogenen Abgrenzung zu gelangen, müssen die Teilfunktionen verdichtet und anschließend in ihrer Relevanz miteinander verglichen werden. Das Vorgehen ist somit im Bereich der multikriteriellen Entscheidungsverfahren anzusiedeln (Strebel 1975, S. 27f.). Ein vergleichsweise einfaches Mittel zur Lösung des Zuordnungsproblems ist ein Punkteschema oder Scoringverfahren, wie es beispielsweise in der

---

[426] Dies sind Naturschutzgebiete (NSG), Landschaftsschutzgebiete (LSG), Naturparks, Nationalparks, Biosphärenreservate usw.

Nutzwertanalyse angewendet wird (Fischer 2004, S. 149ff.).[427] Der methodische Grundgedanke liegt darin, eine eindimensionale Ausrichtung der Bewertung zu vermeiden (Strebel 1975, S. 34). Als Vorteile der Nutzwertanalyse für die Landschaftsbewertung werden ihre gute Nachvollziehbarkeit und Verständlichkeit herausgestellt.[428] Ihr Aussagewert ist hingegen stark von der Datengrundlage und den (auch subjektiven) Bewertungsgrundlagen abhängig. Als nachteilig sind zudem die notwendige hohe Datenqualität sowie die geforderte kardinale Messbarkeit der berücksichtigten Kriterien anzusehen (Auhagen 1999, S. 394ff.; Bechmann 1978, S. 39).[429]

In dem hier vorgeschlagenen einfachen Punkteschema werden Renditepunkte, Ökopunkte[430] und Sozialpunkte, jeweils in einer neunstufigen Skala, vergeben. Sie sind den Nachhaltigkeitsbereichen Ökonomie (Renditepunkte), Ökologie (Ökopunkte) und Gesellschaft/Soziales (Sozialpunkte) zugeordnet. Das Scoring über Gewichtungsfaktoren beschränkt sich auf die Zusammenfassung der Kriterien innerhalb der Bereiche. Zwischen Rendite-, Öko-, und Sozialpunkten ist lediglich ein ungewichteter Vergleich vorgesehen, da grundsätzlich von einer Gleichrangigkeit der Ziele ausgegangen wird. Eine Gewichtung ist immer problematisch, da sie subjektiv beeinflusst und damit angreifbar ist (Bechmann 1978, S. 31f.).

In Anlehnung an die Landschaftsfunktionen (Bastian 1999, S. 58) und die Wertmaßstäbe des Forstbetriebs-Modells werden folgende Kriterien vorgeschlagen:

- *Renditepunkte (RP)*
  - Ressourcenverfügbarkeit und Standortgüte (Topografie, Exposition, Boden, Niederschlagsmenge) [0 bis 9 Punkte]
  - Zuwachs (durchschnittlicher Gesamtzuwachs (dGz)) [0 bis 9 Punkte]
  - Vorrat (oder Vorratswert) [0 bis 9 Punkte]
  - Deckungsbeiträge (Durchschnitt der letzten fünf Jahre) [0 bis 9 Punkte]

---

[427] Zu den einfachen Bewertungsmodellen bei mehrdimensionalen Zielsystemen zählen neben den Scoringmodellen noch Checklisten und Bewertungs-/Wertprofile. Die Wertprofile setzen die Ergebnisse der Checklisten grafisch um. Über beide können wesentliche Beurteilungskriterien im Vorhinein festgelegt werden, damit diese in der Bewertung berücksichtigt werden. Eine Gewichtung ist nicht möglich (Strebel 1975, S. 31ff.). Scoringmethoden sind vielfältig anwendbar (ebd. S. 35). Im Kreditrating bspw. dienen sie der Bewertung des Kreditnehmers und sind die Basis für die Festlegung der Kreditkonditionen (Pehle 2005, S. 230f.).

[428] Der Vorteil der guten Nachvollziehbarkeit geht allerdings verloren, wenn komplexe Wechselbeziehungen zu berücksichtigen sind. Die Methode verlangt eigentlich die Unabhängigkeit der betrachteten Merkmale, da nur so die anschließende Wertsynthese zulässig ist (Plachter 1992, S. 43f.).

[429] Allgemein zur kritischen Auseinandersetzung mit der Nutzwertanalyse z. B. BECHMANN (1982).

[430] Die Bezeichnung Ökopunkte wird ebenfalls für ‚Werteinheiten' im Rahmen von Ausgleichsmaßnahmen, die sich aus den Eingriffsregelungen des Bundesnaturschutzgesetzes ergeben, verwendet (z. B. Matenaers 2006, S. 90ff.). Ein mikroökonomisch fundiertes Arbeitspapier von KNORRING, welches sich mit der Honorierung ökologischer Leistungen befasst, verwendet den Begriff abweichend als reine Mengeneinheit der Leistungsmessung (2002, S. 9).

- *Ökopunkte (ÖP)*

  – Vorkommen gefährdeter Arten (Rote-Liste-Arten)[431] [bei Vorkommen generell 9 ÖP in der Gesamtrechnung]
  – allgemeine Habitatfunktion (über strukturelle Vielfalt) [0 bis 9 Punkte]
  – Sonderbiotope [0 bis 9 Punkte]
  – Wald in der Landschaft (Waldverteilung) [0 bis 9 Punkte]

- *Sozialpunkte (SP)*

  – Siedlungsnähe (auch: Nähe zu Ballungsräumen und Waldanteil in der Landschaft) [0 bis 9 Punkte]
  – Erreichbarkeit und innere Erschließung [0 bis 9 Punkte]
  – Ästhetische, historische und kulturelle Besonderheiten [0 bis 9 Punkte]
  – Pufferfunktionen (Schutz vor Immissionen) [0 bis 9 Punkte]
  – Wasserschutz (z. B. Filterung des Trinkwassers) [0 bis 9 Punkte]

Die eindeutige Zuordnung zu einem Zieltyp bedarf eines ebenso eindeutigen Schwerpunkts. Für die Einzelkriterien sind nachvollziehbare Beurteilungsmaßstäbe auf Grundlage abgesicherter wissenschaftlicher Erkenntnisse heranzuziehen.[432] Die kardinalen Messwerte sind gegebenenfalls in Klassen zu unterteilen und anschließend in die zehnstufige Ordinalskala zu überführen.[433] Am Beispiel der Renditepunkte erfolgt die Berechnung des gewichteten Mittelwertes durch

$$RP = \frac{\sum_{i=1}^{n} k_{Ri} \bullet g_{Ri}}{\sum_{i=1}^{n} g_{Ri}} \quad \text{mit den Kriterienwerten } k_{Ri} \text{ und den Gewichtungsfaktoren } g_{Ri}$$

bei *n* Kriterien.

Liegt nach der Mittelwertbildung[434] kein Bereich eindeutig vor den beiden anderen – bei steigender Höhenpräferenz muss ein Abstand von mehr als zwei Punkten vorliegen – ist vollständig auf eine Schwerpunktfestlegung zu verzichten. Das Ergebnis der Zuordnung kann anschaulich in einer dreistelligen Ziffernfolge festgehalten und der bewerteten Fläche zugeordnet werden. Die Folge 3/8/5 ent-

---

[431] Die Vorwarnliste wird nicht berücksichtigt. Darin aufgeführte Tier- und Pflanzenarten, deren Vorkommen in absehbarer Zeit bedroht sein könnte (z. B. Hickman et al. 2008, S. 1245ff.), sind über die Habitatfunktion einzubeziehen.

[432] So stützen sich die Ressourcenverfügbarkeit und die Standortgüte auf geowissenschaftliche Erkenntnisse. Zuwachs und Vorratswert sind forstwissenschaftlich abgesichert. Die Deckungsbeiträge werden nach betriebswirtschaftlichen Standards ermittelt und beurteilt. Die Kriterien der Ökopunkte sind aus Erkenntnissen der Biologie, der Ökologie und verwandter Disziplinen zu betrachten. Einzig im Bereich der Sozialpunkte ist die Absicherung bisweilen schwach, so dass hier auch auf ungeprüfte Maßstäbe zurückgegriffen werden muss.

[433] Die Scoringmethode ermöglicht den Ausgleich von Prognose- und Messungenauigkeiten, indem die Punktschätzung durch eine klassenweise Schätzung ersetzt wird (Strebel 1975, S. 40).

[434] Eine Gewichtung zur Betonung einzelner Kriterien muss nicht erfolgen. Statt dessen kann einfach das arithmetische Mittel errechnet werden.

spräche beispielsweise 3 Rendite-, 8 Öko- und 5 Sozialpunkten. Die so bewertete Fläche wäre eindeutig dem Zieltyp II zuzuordnen.

Das Verfahren soll an Hand eines fiktiven Beispiels verdeutlicht werden. Es handelt sich um die Einordnung eines Fichte-Buche-Mischbestandes. Die Berechnung der Rendite-, Öko- und Sozialpunkte wird in der nachfolgenden Tabelle wiedergegeben.[435]

Kriterien	Beschreibung	Punkte	Faktor	gewichtete Punkte
Renditepunkte				
Ressourcenverfüg-barkeit/ Standortgüte	Mittlere bis gute Einschätzung	6	1	6
Zuwachs (dGz$_{100}$)	Fichte ca. 15 Vfm/Jahr; Buche ca. 8 Vfm/Jahr	6	1	6
Vorrat	Hoher Vorrat (rund 500 Vfm) starker Fichten, Buchen und Buntlaubhölzer	7	1	7
Deckungsbeiträge	Hoher durchschnittlich DB von 35 Euro pro Efm	8	2	16
Berechnung der RP	$\dfrac{6 + 6 + 7 + 16}{1 + 1 + 1 + 2} = \dfrac{35}{5}$			**7**
Ökopunkte				
Gefährdete Arten	Kein Vorkommen	0	Sonder-status	0
Allgemeine Habitatfunktion	Strukturell vielfältig durch kleinflächig gemischte Bestände	7	1	7
Sonderbiotope	Kleinere Bachläufe, keine Nass- oder Trockenstandorte oder ähnliches	2	1	2
Waldverteilung	Hoher Waldanteil, durchbrochen durch landwirtschaftliche Flächen	4	1	4
Berechnung der ÖP	$\dfrac{7 + 2 + 4}{1 + 1 + 1} = \dfrac{13}{3}$			**4,33**
Sozialpunkte				
Siedlungsnähe	Kein Ballungsraum, ländlich geprägt, hoher Waldanteil, normaler Naherholungsdruck	2	2	4
Erreichbarkeit/ Erschließung	Gute Anbindung ans Straßennetz und dichte innere Erschließung	7	1	7
Besonderheiten	Ansprechende Waldbilder (Mischwald), Reste des Limeswalls erkennbar (werden bewusst offen gehalten)	6	1	6
Pufferfunktion	Keine Pufferfunktion	0	1	0
Wasserschutz	Trinkwasserschutzgebiet	3	1	3
Berechnung der SP	$\dfrac{4 + 7 + 6 + 0 + 3}{2 + 1 + 1 + 1 + 1} = \dfrac{20}{6}$			**3,33**

Tab. 10: Durchführung einer Zieltypenzuordnung

Innerhalb der Kriterien zur Berechnung der Renditepunkte werden die Deckungsbeiträge doppelt gewichtet, da sich nur diese aus dem tatsächlichen Betriebsge-

---

[435] Die Zuordnungsvorschriften zur Umwandlung der kardinal skalierten Messwerte in die Ordinalskala von 0 bis 9 werden hier nicht wiedergegeben.

schehen ergeben. Bei den Sozialpunkten wird der Siedlungsnähe besonderes Gewicht beigemessen, so dass auch hier eine doppelte Gewichtung vorgenommen wird. In der konkreten Anwendung können von diesem Vorschlag abweichende Gewichtungen erfolgen, die aber ebenfalls zu begründen sind. Im Ergebnis ergibt sich im Beispiel die Bewertungsfolge 7/4,33/3,33. Die so beschriebene Fläche ist dem Zieltyp I zuzuordnen.

Dem Vorkommen gefährdeter Arten wird ein besonders hohes Gewicht beigemessen. Dies wird deutlich, wenn, in Abwandlung des obigen Beispiels, das Vorkommen des Kleinspechts festgestellt würde. Angenommen, dieser sei auf der roten Liste der gefährdeten Tierarten zu finden, würden für die Gesamtrechnung 9 Ökopunkte angesetzt. Die neue Bewertungsfolge lautete daher 7/9/3,33. Die Fläche ist nun keinem Schwerpunkt mehr eindeutig zuzuordnen, da die Ökopunkte und die Renditepunkte zu nah beieinander liegen. Allerdings ist für das Vorkommen einer gefährdeten Tier- oder Pflanzenart eine gesetzliche Unterschutzstellung zu prüfen. Der gesetzliche Artenschutz kann dann seinerseits zu einer direkten Zuordnung der (Teil-)Fläche zum Zieltyp II, Schwerpunkt Ökologie, führen.

Alternativ oder ergänzend kann auf im Betrieb vorhandene forstbetriebliche Kennzahlen, die Auskunft über die funktionalen Bereiche geben, zurückgegriffen werden. So gibt es Kennzahlen der räumlichen Lage, der ökologischen Zustandsbeurteilung oder der Infrastrukturleistungen (Berger 1997, S. 90f.). Ursprünglich für Planungs- und Auswertungszwecke konzipiert, können sie ohne weiteres in das oben skizzierte Punkteschema eingearbeitet werden.

4.2.4.4.2 Anforderungen aus den Zieltypen

Die Zuordnung zu den Zieltypen hat unmittelbare Auswirkungen auf Zielformulierung, Planung, Kontrolle und Steuerung und damit auf das Controlling und dessen Anforderungsprofil. Beispielsweise sind Flächen des Zieltyps I unter Effizienzgesichtspunkten primär auf das Gewinnziel ausgerichtet zu bewirtschaften, ohne zu Lasten der Sicherung des langfristigen Betriebserfolgs zu gehen. Hingegen ist für die Zieltypen II und III unter ökonomischen Gesichtspunkten die reine Kosteneffizienz maßgeblich. Nachfolgende Tabelle 11 zeigt die Unterschiede im Überblick.

In den allgemeinen Anforderungen liegen Abweichungen vor allem in den Bereichen *Effektivität/Effizienz* und *Umweltbezogenheit*. Abweichende Zielinhalte und Zielgewichtungen führen unmittelbar zu Unterschieden in der Effizienzbetrachtung. In der engen Aufgabenumwelt (Schreyögg 2006, S. 37) werden die Außenbeziehungen durch die jeweiligen Interessengruppen dominiert. Die Relevanz der Einflussbereiche der weiteren Umwelt korrespondiert ebenfalls mit der Schwerpunktbildung der Zieltypen. Für Zieltyp III stehen beispielsweise die soziokulturelle und die politisch-rechtliche Umwelt im Fokus des (strategischen) Controllings. Noch eindeutiger sind die Anforderungsunterschiede in den forstlichen Problemfeldern. Aus den Verflechtungen des Waldwirkungsgefüges geht die *biologische Produktion* als wesentlicher Einflussfaktor auf sämtliche Waldfunktionen hervor, mit unterschiedlicher Gewichtung bei den einzelnen Zieltypen.

Anforderungen		Zieltyp I Schwerpunkt Ökonomie	Zieltyp II Schwerpunkt Ökologie	Zieltyp III Schwerp. Sozialfunktion
Ausprägung der allgemeinen Anforderungen	Führungs-unterstützung	• Keine kennzeichnenden Unterschiede		
	Zukunfts-orientierung	• Keine kennzeichnenden Unterschiede		
	Zielbezogenheit	• Unterschiede in den Zielinhalten als Kriterium der Typenabgrenzung • Keine Unterschiede in der allgemeinen Zielbezogenheit		
	Effektivität und Effizienz	• Ökonomische Betrachtung: Gewinnziel	• Ökonomische Betrachtung: Mitteleinsatz bzw. Kosteneffizienz	• Ökonomische Betrachtung: Ausweitung der Marktfähigkeit der Leistungen; Kosteneffizienz
	Umwelt-bezogenheit[1] (Schwerpunkte)	• Aufgabenumwelt: marktliche Beziehungen • Globale Umwelt: makroökonomische u. technologische Umwelt	• Aufgabenumwelt: Stakeholderbeziehungen • Globale Umwelt: Ökologische u. politisch-rechtliche Umwelt	• Aufgabenumwelt: Stakeholderbeziehungen • Globale Umwelt: Soziokulturelle und politisch-rechtliche Umwelt
	Organistions-bezogenheit	• Einbindung unterschiedlicher externer Gruppen, sonst keine kennzeichnenden Unterschiede		
	Interdependente Systeme	• Inhaltliche Unterschiede in den zu beachtenden Interdependenzen nicht typenspezifisch		
Anforderungen aus den forstlichen Problemfeldern	Biologische Produktion	• Vollständige Relevanz mit Hauptaugenmerk bei der Holzproduktion	• Im Hinblick auf den strukturellen Aufbau	• Im Hinblick auf mögliche Auswirkungen auf die Waldwirkungen
	Kostenstruktur	• Kuppelproduktion relevant für alle Zieltypen		
		• Gemeinkostenproblematik wie dargestellt	• Gemeinkostenproblematik durch geringen produktiven Output	• Gemeinkostenproblematik durch geringen marktfähigen Output
	Finanzierung	• Höchster Finanzierungsbedarf • Zinsproblematik wirkt auf die Wertermittlung	• Verminderter Finanzierungsbedarf	
	Fehlende Faktor- und Gütermärkte	• Bezug *freier Güter*	• Bereitstellung *öffentlicher Güter*	
	Erweiterte Nachhaltigkeit	• Unterschiedliche Gewichtung als Kriterium der Typenabgrenzung		

[1] Grundlage ist die Einteilung in eine Aufgabenumwelt, welche die Elemente umfasst, mit denen die Organisation direkt interagiert, und die globale Umwelt, deren Einfluss eher mittelbar ist (Schreyögg 2006, S. 315).

Tab. 11: Zusammenfassung und Gegenüberstellung der Anforderungen nach Zieltypen der Bewirtschaftung

Differenzen in den Ursachen der Gemeinkostenproblematik bestimmen die *Kostenstruktur*. Aus der intensiven Bewirtschaftung leitet sich für den Zieltyp I der höchste *Finanzierung*sbedarf ab. Zugleich ist hier die ökonomische Wertermittlung, verbunden mit der inhärenten Zinsproblematik, am bedeutsamsten.

Ebenfalls für den Zieltyp I ist der Bezug freier Güter kennzeichnend. *Fehlende Faktor- und Gütermärkte* wirken sich schwerpunktmäßig in den Zieltypen II und III aus, da hier die Bereitstellung öffentlicher Güter besonders bedeutsam ist.

4.2.5   Beurteilung der Anforderungsrahmen

Es hat sich bestätigt, dass bestimmte Kontextbezüge einen besonders hohen Einfluss auf den Anforderungsrahmen des forstlichen Controllings ausüben. Hierzu zählen die Betriebsgröße, die Eigentumsform und die Schwerpunkte der Betriebstätigkeit. Sie finden sich in ähnlicher Form auch schon in den frühen Typologien von KÖSTER (1943) und DIETERICH (1931). Zudem konnte die Eingangsvermutung, dass ein betriebswirtschaftliches Controlling mit rein ökonomischem Fokus nicht ausreicht, untermauert werden.

Der Kontext ließe sich in einem weiteren Schritt noch bis hin zur betriebsindividuellen Controllinglösung verfeinern. Individuelle Lösungen sind jedoch nicht Ziel dieser Arbeit. Ein gewisses Abstraktionsniveau ist stets einzuhalten, um Aussagen mit einem zu definierenden Mindestgeltungsbereich zu erhalten.[436] Aus allen aufgezeigten Typologien lassen sich zweckbezogen eigene Anforderungsprofile ableiten, die diesen Anspruch einlösen. Durch Verknüpfung von zwei oder mehr Merkmalen können zudem mehrdimensionale Betriebstypen abgeleitet werden, die mit zunehmender Detaillierung dem Einzelbetrieb immer näher kommen. Eine zu weit gehende Detaillierung bringt indes gleichfalls einen Verlust an Aussagekraft und Übertragbarkeit mit sich. Um ein Mindestmaß an Überschaubarkeit beizubehalten, wäre eine erneute Zusammenfassung oder Gruppierung der entstehenden Typenvielfalt notwendig.[437]

Doch wie gehen das praktische und das konzeptionelle forstwirtschaftliche Controlling bisher mit den dargestellten Anforderungen um? Diese Fragestellung ist Inhalt des nun folgenden Abschnitts.

---

[436]   Bei der zunehmenden Spezifizierung handelt es sich letztlich um ein deduktives Vorgehen. Vgl. zur Deduktion ausführlich SEIFERT/ANDERSSON (1989) und im Gegensatz dazu zum induktiven Vorgehen ANDERSSON (1989).

[437]   Denkbar sind zwei- bis n-dimensionale Merkmalsräume (Kluge 1999, S. 93), deren Überschaubarkeit mit wachsender Zahl der einbezogenen Merkmale rasch verloren geht. Bei Merkmalen mit drei Ausprägungen sind bspw. im 5-dimensionalen bereits 243 Kombinationen, also einzelne Typen möglich. Eine solche Zahl an Merkmalen und Ausprägungen ist wiederum schnell erreicht, etwa bei Kombination der Größenmerkmale Betriebsfläche, Einschlagsmenge und Umsatz (jeweils klassifiziert) sowie der Eigentumsform und der Altersklassen (vgl. hierzu auch Oesten/Roeder 2002, S. 146ff.; Speidel 1984, S. 115f.). Aus diesem Grund ist es nicht sinnvoll, alle auftretenden Kombinationsmöglichkeiten zu betrachten. So können mittels Visualisierung der Merkmalskombinationen Schwerpunkte herausgearbeitet und zu einer reduzierten Zahl von Typen zusammengefasst werden. Verfahren zur Reduktion der Vielfalt bei einer Typenbildung auf empirischer Basis stellt KLUGE ausführlich dar (1999, S. 91ff.).

4.3 Bestehende Controllingansätze in der Forstwirtschaft

4.3.1 Einordnung der vorzustellenden Ansätze

Controllingaufgaben werden in der forstlichen Praxis bereits seit langer Zeit ausgeführt (Hartebrodt 2004a, S. 397f.). Sofern man den Zielbezug nicht auf das Ertrags- oder Gewinnziel reduziert und auch nicht die Verwendung des Begriffs voraussetzt, lassen sich seit weit über hundert Jahren adäquate Ansätze finden. Das Hauptaugenmerk lag zunächst auf der Versorgung mit dem Rohstoff und Energieträger Holz. Hauptinstrumente waren strikte Regelungen für eine geregelte Nutzung durch Ge- und Verbote in so genannten Forstordnungen (Hartebrodt 2003, S. 607). Diese ersten Ansätze entsprechen nicht dem modernen Controllingverständnis, waren den damaligen Verhältnissen und Möglichkeiten jedoch durchaus angemessen.

Inzwischen hat Controlling auch namentlich Einzug in die forstliche Forschung, Lehre und Praxis gehalten. Die Heterogenität der Controllingauffassungen schlägt sich auch im forstlichen Controlling nieder. Zusammen mit den Abweichungen in der praktischen Umsetzung erschwert das die wissenschaftliche Aufarbeitung und begründet Klärungsbedarf (Tzschupke 1997, S. 190). Inwiefern die Besonderheiten der Forstwirtschaft, vor allem außerökonomische Wechselwirkungen, Berücksichtigung finden, ist zu klären. Eine eigenständige Disziplin ‚Forstliche Betriebswirtschaftslehre' sollte auch ein angepasstes forstliches Controlling hervorbringen.[438]

Um die etablierte Controllingpraxis sowie die praxisnahe und theoretische Auseinandersetzung in der Literatur besser einschätzen zu können, werden sukzessive die wesentlichen bisher zu findenden Ansätze vorgestellt und auf die Erfüllung der Anforderungen hin analysiert. Insbesondere die Eignung für die kleinen und mittleren Betriebsgrößen sowie das Aufgreifen der außerökonomischen Betriebsziele rücken dabei immer wieder in den Blickpunkt. Direkt aus der praktischen Umsetzung entstammt das Controllingsystem der rheinland-pfälzischen Forstverwaltung. Eine von JÖBSTL erarbeitete Konzeption für die Forstverwaltung Nordrhein-Westfalens bildet das zweite praxisnahe Beispiel. Es folgen zwei Dissertationen zum Thema. Die von MERKER (1997) hat ihrerseits enge Bezüge zu den niedersächsischen Landesforsten. Die zweite Arbeit von BERGER (1997) entstand in Kooperation mit der bayerischen Forstverwaltung. Zum Abschluss werden Aufsätze betrachtet, die sich dem forstlichen Controlling im Überblick oder in speziellen Einzelaspekten widmen.

---

[438] Zu Überlegungen über die Angemessenheit einer speziellen forstlichen Betriebswirtschaftslehre siehe z. B. OESTEN (1986 und 2002).

4.3.2 Controlling in der Landesforstverwaltung Rheinland-Pfalz

Die Landesforstverwaltung fungierte in Rheinland-Pfalz als Pilotverwaltung für die Einführung des Controllings im Rahmen des ‚Neuen Steuerungsmodells'[439] (Martini 1997, S. 284). Hauptanliegen neben der Steuerung sind die konsequente Markt- und Kundenorientierung (Temme 1997, S. 298). Als Voraussetzungen wurden ein Leitbild und ein Zielsystem ausgearbeitet (Härtel 1997, S. 286; Leonhardt/Hoffmann/Geyer 1997). Für die Ausarbeitung und die Einführung des Controllings wurde ein Berater hinzugezogen (Zeplin 1997). Um die Komplexität zu begrenzen, konzentrierte man sich auf den Bereich mit dem augenscheinlich größten Verbesserungspotenzial, indem die Vermarktung der Produkte in den Mittelpunkt gestellt wurde (Zeplin 1997, S. 297). Als Oberziel gilt dennoch kein finanzielles Ziel, sondern die Erzielung des höchstmöglichen gesellschaftlichen Gesamtnutzens unter ausdrücklicher Einbeziehung zukünftiger Generationen (Leonhardt/Hoffmann/Geyer 1997, S. 289).

Weitere Bausteine sind Budgets und die Einführung einer stufenweisen Deckungsbeitragsrechnung. Die Deckungsbeiträge bilden eine der zentralen betriebswirtschaftlichen Informationen (Meyer W. 1997; Dunkel 1997). Als letzte Maßnahme wurde der Informationsfluss beschleunigt, da nur so eine Steuerung überhaupt möglich ist (Zeplin 1997, S. 297). Um Verzögerungen[440] zu überwinden, wurden als Kalkulationsgrundlage standardisierte Produktionsverfahren eingeführt. Diese lassen zwar keine genaue, dafür aber zeitnahe Kalkulation als Grundlage anstehender Entscheidungen zu (Zieseling 1997). Für die Planung und Steuerung werden aus gleichen Gründen Standardkosten angesetzt (Ontrup 1997, S. 308). Abweichungsinformationen beschränken sich auf die Mengenerfassung (Sergi 1997, S. 304). Organisatorisch ist das Controlling auf der mittleren Verwaltungsebene angesiedelt (Temme 1997, S. 299). Zudem steht die Übereinstimmung von Verantwortungs- und tatsächlichen Einflussbereichen auf dem Prüfstand.

Die Vereinfachungen durch Standardkosten und Standardmaßnahmen lassen sich unproblematisch betriebsindividuell anpassen (Sergi 1997, S. 305). Dies gilt gerade auch für Forst-KMU. Daher enthält das dargestellte Beispiel brauchbare Ansätze für das Controlling in Forst-KMU. Kritisch anzumerken ist die fehlende Umsetzung des ursprünglich vorgesehenen strategischen Controllings (hierzu Martini 1997, S. 285). Weder die zukünftige Entwicklung noch das forstbetrieb-

---

[439] Das ‚Neue Steuerungsmodell' ist ein Sammelbegriff für verschiedene Ansätze der Verwaltungsmodernisierung. Hierzu gehören etwa eine stärkere Produkt- und Kundenorientierung, Wettbewerb, die Einführung betriebswirtschaftlicher Führungsinstrumente usw. International werden vergleichbare Bemühungen unter dem Begriff ‚New Public Management' gefasst (Klages 2003, S. 4ff.; Günther/Niepel/Schill 2002, S. 219f.).

[440] Bis dahin klaffte zwischen Abschluss einer Hiebsmaßnahme und deren Nachkalkulation mit Istkosten eine Lücke von bis zu drei Monaten (Zeplin 1997, S. 297).

liche Umfeld werden in das Konzept integriert. Das Betriebsgeschehen außerhalb der engen forstwirtschaftlichen Aufgaben bleibt ebenfalls außer Acht. Zu Gunsten der Vereinfachungen wird auf eine detaillierte Kostenanalyse verzichtet. Die kostenrechnerische Problematik der forstlichen Produktion (Gemeinkostenproblematik, Kuppelproduktion) wird nicht angegangen. Die strenge Kosten- und Erlösorientierung führt dazu, dass ökologische (Sach-)Informationen keinen Eingang in das Controlling finden. Die Aufgabe der ökologieorientierten Umweltvorsorge, allerdings ohne Berücksichtigung einer Regelungsschleife, wird alleine der Mittelfristplanung zugewiesen (Ueckermann 2003, S. 732).

4.3.3 Projektstudie für die Landesforstverwaltung Nordrhein-Westfalen

Im Auftrag der Landesforstverwaltung Nordrhein-Westfalens führte JÖBSTL 1993 eine Projektstudie zum forstlichen Controlling durch. Für die spätere Veröffentlichung wurde die Studie lediglich geringfügig überarbeitet (2004a, S. 3 u. 11). Im Grundlagenteil geht die Ausarbeitung auf konzeptionelle und theoretische Überlegungen ein. Die Ziel- und Engpassorientierung sowie die Zukunftsausrichtung (Feed-forward-Denken)[441] stehen im Vordergrund (ebd. S. 12f.).

Tabelle 12 gibt die Zuordnung der Hauptinstrumente zu den Aufgaben des operativen Controllings wieder. Hervorzuheben ist zudem die Ausrichtung auf den Empfänger (Jöbstl 2004a, S. 22); eine Forderung, die im Rahmen der Adressatengerechtigkeit auch im KMU-orientierten Controlling erhoben wird (z. B. Jacobs et al. 2008, S. 38ff.).

Steuerungs-größen	Hauptinstrumente zur Planung	Hauptinstrumente zur Ergebniskontrolle
Rentabilität (Erfolg)	• Leistungsbudget	• Kurzfristige Erfolgsrechnung
Liquidität	• Finanzplan	• Finanzwirtschaftliche Einnahmen-Ausgaben-Rechnung • Bewegungsbilanz
Wirtschaftlichkeit (Effizienz)	• Plankostenrechnung	• Abweichungsanalyse

Tab. 12: Steuerungsgrößen und Hauptinstrumente des Controllings
(Quelle: Jöbstl 2004a, S. 14; Stiegler/Hofmeister/Kreiser 1985; verändert)

Zentrales Informationsinstrument ist das Berichtswesen, welches im Minimum einen bilanziellen Soll-Ist-Vergleich, eine kurzfristige Erfolgsrechnung, Abweichungs- und Engpassanalysen, einen Kennzahlenüberblick und einen Entwicklungs-Forecast beinhaltet (Jöbstl 2004a, S. 37). Breiten Raum nimmt die Ausar-

---

[441] Diese vorwärtsgerichtete Denkweise ist unmittelbar mit dem Konzept des Regelkreises verknüpft, in dessen Form das operative Controllingsystem umzusetzen ist (Jöbstl 2004a, S. 20ff.).

beitung führungs- und steuerungsrelevanter Kennzahlen ein. Dabei wird ein umfangreicher Kennzahlenkatalog von SAGL/MOSER vorgestellt (1988). Zur Beurteilung von Investitionen in Waldvermögen wird eine dynamische Betrachtung empfohlen, verbunden mit einem Vergleich alternativer Entwicklungspfade. Auf vorhandene Kalkulations- und Bewertungsmodule wird verwiesen (Jöbstl 2004a, S. 46). Für das bisher ungelöste Problem der forstlichen Erfolgsrechnung wird keine Lösung angeboten.[442] Als Näherung wird die Verrechnung von Standard- und Planpreisen im Rahmen einer Plankostenrechnung vorgeschlagen (ebd. S. 48). Erst in der mittelfristigen Erfolgsermittlung sind validere Inventurdaten verfügbar (ebd. S. 50ff.).

Die skizzierte Konzeption ist einerseits deutlich umfassender als das rheinland-pfälzische Beispiel. Gleichzeitig bleiben bezüglich der praktischen Umsetzung viele Fragen offen. In der vorgestellten Form ist das System auf die Bedürfnisse eines großen Forstbetriebs zugeschnitten. Deutliche Indizien sind die unterstellte stark arbeitsteilige Organisationsstruktur sowie die Vorschläge zur institutionalisierten Ausgestaltung (Jöbstl 2004a, S. 28f.). In funktionaler und instrumenteller Perspektive sind dennoch interessante Aspekte enthalten, die aufgegriffen werden sollten. So sind unter den ‚Basiseinheiten für das Controlling‘ u. a. Projekte genannt (ebd. S. 77), die dem periodenübergreifenden Charakter forstlicher Maßnahmen gerecht werden. Forstbetriebliche Besonderheiten werden zwar benannt, praktische Lösungen für sich daraus ergebende Controllingprobleme werden jedoch nicht in allen Fällen angeboten. Beispielsweise führt die ausschließliche Ausrichtung an Wirtschafts- und (Markt-)Leistungszielen (ebd. S. 60) dazu, dass ökologische Betriebsziele nicht beachtet und Informationen aus dem Umweltmonitoring nur unzureichend einbezogen werden.

4.3.4   Ein Controllingsystem ‚Naturgemäße Waldwirtschaft‘

Aus dem Untertitel der Dissertation von MERKER[443] werden sogleich zwei wesentliche Merkmale des beschriebenen Controllingsystems offenkundig. Zum Ersten stehen das LÖWE-Programm (Langfristige ökologische Waldentwicklung) der Niedersächsischen Landesforstverwaltung und dessen spezifische Umsetzungsprobleme im Vordergrund. Das Programm schreibt für den Landeswald eine an ökologischen Wirkungen orientierte Bewirtschaftung vor und stellt hierfür 13 Grundsätze auf (Merker 1997, S. 3; Otto 1992). Als Zweites treten strategische Überlegungen in den Vordergrund (Merker 1997, S. 6). Allerdings wird kein vollständiges strategisches Controllingkonzept vorgestellt. Die hierzu notwendige, deutliche Außen- und Zukunftsorientierung liegen nicht vor (z. B. Witt

---

[442] Die zeitlichen und sachlichen Interdependenzen und die daraus und aus der gekoppelten Produktion entstehenden Abgrenzungsprobleme werden als nicht lösbar angesehen (Jöbstl 2004a, S. 47).

[443] Der vollständige Titel lautet: Ein Controllingsystem ‚Naturgemäße Waldwirtschaft‘ – Strategische Überlegungen zum Thema am Beispiel des niedersächsischen LÖWE-Programms (Merker 1997).

2000, S. 151ff.). Zudem steht die verfolgte Strategie in Form des LÖWE-Programms bereits fest. Immerhin wendet MERKER die ursprünglich ökologische Intention der naturgemäßen Waldbewirtschaftung in eine rein ökonomische Strategie und verändert damit die Ausrichtung. Ausdrücklich geht es ihm darum, Rationalisierungspotenziale und Potenziale zur Einnahmensteigerung und Ausgabenreduzierung aufzudecken und auszunutzen (1997, S. 4). Hier werden nun die wesentliche Ansatzpunkte der Arbeit vorgestellt.

Für MERKER steht nach eigenen Angaben die Entwicklung eines Gesamtsystems im Vordergrund.[444] Theoretisch-konzeptionell lehnt er sich an HORVÁTH an.[445] Als zentrale Controllingfunktion wird die Koordination angesehen, unterschieden in eine systembildende und eine systemkoppelnde Komponente (Merker 1997, S. 17ff.). Die Systemkopplung bezieht er nahezu ausschließlich auf organisatorische Aspekte.[446] Hohe Bedeutung hat zudem die Verknüpfung von Planung und Kontrolle (Merker 1997, S. 75ff.).

Zu den 13 Grundsätzen des LÖWE-Programms gehören beispielsweise die standortgemäße Baumartenwahl, Vorgaben zum Bestandesaufbau, die Bevorzugung der Naturverjüngung oder die Biotop- und Schutzgebietsvernetzung. Den Grundsätzen ordnet MERKER sach- und formalzielorientierte Bestimmungsfaktoren zu (ebd. S. 44).[447] Der Laub- und Mischwaldvermehrung etwa entsprechen sachzielorientiert die Baumarten- und Sortimentsverteilung sowie der Mischungsindex. Als Formalziele werden Durchschnittserlöse, Kulturaufwand und Pflegekosten betrachtet. Um die Waldbaustrategie in eine ökonomische Strategie zu übersetzen, leitet MERKER vier ökonomische Führungsgrundsätze ab.

1. Prinzip der Flexibilität

Kundenwünsche sollen sowohl bei schon angebotenen Produkten als auch bei deren Variation oberste Priorität haben. Da ad hoc keine ‚neuen' Produkte als Antwort auf (geändertes) Nachfrageverhalten herangezogen werden können, geht es vor allem um die Anpassung der Angebotsmenge. Hierzu sollen auch Hiebssätze oberhalb des Zuwachses und eine Absenkung des Vorrats möglich sein (ebd. S. 56f.). Da eine solche Flexibilisierung die Kontrollproblematik erhöht, wird eine Orientierung an kritischen Werten an Stelle von Optimalgrößen vorgeschlagen (ebd. S. 59).

---

[444] Viele Bereiche werden von MERKER angeschnitten, ohne vertiefend ausgeführt zu werden (1997, S. 5). Sie sind nach Ansicht von KNOKE daher nicht immer schlüssig (1999, S. 62).

[445] Durch die Beschränkung auf ein Standardwerk umgeht MERKER die Diskussion der Controllinggrundlagen (Knoke 1999, S. 62). Allerdings legt er sich mit der Wahl von HORVÁTH bewusst oder unbewusst auf eine eingeengte Ausrichtung an monetären Erfolgszielen fest (z. B. 2009, S. 118ff.).

[446] Bei HORVÁTH ist diese Einschränkung nicht zu finden. Er versteht unter Systemkopplung die laufende Abstimmung von Planung, Kontrolle und Informationsversorgung innerhalb des bestehenden Controllingsystems (1978, S. 202).

[447] Allgemein zur Unterteilung betrieblicher Zielsetzungen in Sach- und Formalziele z. B. SCHWEITZER (2000, S. 52) oder WALL (1999, S. 125f.).

2. Prinzip der Intensitätsanpassung

MERKER stellt drei Anpassungsstrategien vor. Das *Konzept standortabhängiger Wirtschaftsintensitäten* dient der Verbesserung der Allokation, indem der Faktoreinsatz am Potenzial des Standorts ausgerichtet wird. Auf Standorten mit schlechtem Ertragspotenzial ist der Faktoreinsatz somit möglichst gering zu halten (Keuffel 1990, S. 234).

Bei der *maßnahmenorientierten Intensitätsanpassung* sind die Möglichkeiten der Extensivierung, etwa durch Nutzung biologischer an Stelle waldbaulich-technischer Prozesse (biologische Automation), aufzuspüren und zu nutzen. Zulässigkeit oder Sinnhaftigkeit einer Maßnahme sind über die Folgekosten der Unterlassung (Opportunitätskosten) (Otto 1995) oder die Forderung nach Deckung der Ausgaben über entsprechende Einnahmen (Brabänder 1994) zu beurteilen. Weniger strikt, kann laut MOOG bei Investition mit erst in ferner Zukunft zu erwartenden Erträgen eine besondere Abwägung sinnvoll sein (1994). Sein grundsätzliches Beurteilungskriterium ist der Deckungsbeitrag der Maßnahme.

Zuletzt ist, unter Berücksichtigung von Ressourcenknappheiten, eine *prioritätsorientierte Intensitätsanpassung* vorzunehmen. Vor allem waldbauliche Prioritäten sind maßgeblich, da hier durch Unterlassung und Zeitverzug vergleichsweise hohe Schadensrisiken drohen (Merker 1997, S. 63f.).

3. Prinzip der Degression

Neben der Kostendegression wird eine Erlösprogression angestrebt. Dies soll durch eine Abgrenzung von Behandlungseinheiten unter betriebswirtschaftlichen Aspekten (Auflagendegression durch große Einheiten) und verbesserter Ausnutzung des Stück-Masse-Gesetzes[448] erreicht werden (Merker 1997, S. 64ff.). Ein höheres Volumen pro Stück führt jedoch nicht automatisch zu höheren Deckungsbeiträgen. Das verstreute Mengenaufkommen und die notwendige sorgfältige Arbeitsweise im Zuge der einzelstammweisen Nutzung nach Zielstärken führen zu einem höheren Aufwand (Behrndt 1995). Um nicht von falschen Erwartungen geleitet zu werden, ist eine permanente und zeitnahe Analyse von Erntekosten und Erlösen notwendig (Merker 1997, S. 66).

4. Prinzip der Risikovermeidung

Gerade Altersklassenbestände sorgen durch ihre Anfälligkeit gegenüber Kalamitäten für ein erhöhtes Betriebsrisiko. Zwangsweise Nutzungen und das wiederholte Durchlaufen der investiven Jugendphasen führen zu Mindererträgen und Mehraufwendungen (ebd. S. 67). Unterdessen dürfen beim Streben nach starkdimensioniertem Holz drohende Qualitätsverluste durch Alterungsprozesse und/

---

[448] Starkholz ist mit geringerem Aufwand zu ernten als Schwachholz, da einzelne Arbeitsschritte unabhängig von der Dimension anfallen oder die Zunahme des Aufwands unterproportional ausfällt (Ebert 1993, S. 62).

oder pathologische Schäden nicht vernachlässigt werden (ebd. S. 67). Zur Risikoabsenkung setzt MERKER in erster Linie auf eine Erhöhung der Stabilität durch standortgemäße Baumarten, Strukturpflege und Zielstärkennutzung (ebd. S. 68.).

MERKER zieht noch sieben weitere Schlussfolgerungen für sein Controlling ,Naturgemäßer Waldwirtschaft'. Darunter sind Überlegungen zur Zielausrichtung (verstärkt monetäre Ausrichtung), zur Unternehmensausrichtung (Absatzorientierung) und zur Ausrichtung der Steuerungs- und Informationsversorgungsinstrumente (Kostenrechnung, Kennzahlen) (1997, S. 72ff.).

Ein entscheidender Eingriff in die Organisationsstruktur ist die angestrebte Unterteilung in Verantwortungszentren (Profit-Center, Cost-Center). Dort sind Ergebnisverantwortung, Entscheidungskompetenz, Erfolgs- und Kostenkontrolle gebündelt (ebd. S. 129f.). Über Zielvorgaben sollen die Zentren sich weitgehend autonom steuern. Die Abstimmung mit den Unternehmenszielen ist Aufgabe übergeordneter (Controlling-)Einheiten (ebd. S. 166). Im Einklang mit der Forderung nach einer stärker funktionalen Organisationsausrichtung ist hierzu ein institutionalisiertes Controlling vorgesehen (ebd. S. 140).

Die in der Einführung betonte Öffnung gegenüber ökologischen Belangen ließ zunächst erwarten, dass der Zusammenführung ökologischer und ökonomischer Belange eine hohe Priorität eingeräumt wird. Tatsächlich beschränkt sich der Integrationsgedanke indes auf eine gemeinsame räumliche Verbuchungseinheit (Abteilung) (ebd. S. 152f.). Angesichts der vielfältigen Verflechtungen stellt dies eine unvollständige Problemlösung dar. Die Reduzierung auf eine monetäre Betrachtung blendet die nicht monetär zu bewertenden Sachverhalte aus. Schwierig wird es, wenn keine Win-win-Situation entsteht und Ökologieorientierung nicht mit Kostensenkungen oder Erlösverbesserungen einhergeht. Die organisatorische Lösung (sich selbst steuernde Profit-Center, institutionalisiertes Controlling) ist ausschließlich auf große Organisationen zugeschnitten. Für die kleinen Forstbetriebe ist dies nicht umsetzbar.

4.3.5   Controlling mit Kennzahlen im Forstbetrieb

BERGER gibt als Ziel seiner Arbeit die Entwicklung eines forstspezifischen Kennzahlensystems vor, welches eine detaillierte Betriebsanalyse[449] ermöglicht und zugleich zur operativen Unternehmenssteuerung eingesetzt werden kann (1997, S. 4). Er arbeitet somit keine umfassende Controllingkonzeption oder ein spezielles Controllingsystem aus wie die bisherigen Beiträge, sondern ein grundlegendes Controllinginstrument. Aus einer Analyse der vorhandenen Kennzahlenpläne schließt Berger, dass diese zur Durchführung einer effizienten Betriebsanalyse nicht geeignet sind (1997, S. 111 und 159). Er belegt dies anhand einer beispiel-

---

[449] Zu den Aufgaben und Inhalten der Betriebsanalyse vgl. o. V. (1997).

haften Betriebsanalyse auf Basis eines ausgewählten Kennzahlenplanes (Daten des LWF Bayern;[450] ebd. S. 121ff.).

Die herausgehobene Stellung der Kennzahlen rückt sogleich die Informationsversorgung in den Mittelpunkt des Controllings. BERGER bezieht sich ausdrücklich auf die Controllingkonzeption REICHMANNs (Berger 1997, S. 39). Zur Anpassung und Ableitung geeigneter Kennzahlen werden über den Zwischenschritt des Wertkettenmodells (Porter 1985, S. 36ff.) acht Prozessbereiche unterschieden, die über zwei Verdichtungsstufen in Kennzahlen abzubilden sind (Berger 1997, S. 64ff.). Die Prozessbereiche umfassen: (1) Holzernte, (2) Bestandesbegründung, (3) Waldpflege/Waldschutz, (4) Wege/Brücken, (5) Jagd, (6) Nebenprodukte, (7) Schutz/Erholung sowie (8) Verkauf. Um bei der Behebung der bestehenden Unzulänglichkeiten nicht am Bedarf vorbei zu agieren, fügt BERGER eine eigene empirische Untersuchung an. Über eine schriftliche Befragung der Leiter und Stellvertreter der Forstämter der Bayerischen Staatsforstverwaltung wurden die Praxisanforderungen an ein Kennzahlensystem erhoben (ebd. S. 160ff.). In einem ersten Befragungsteil waren die bestehenden Informationsgrundlagen zu bewerten. Als problematisch wurden die bereits bestehende Datenfülle, der fehlende direkte Zugriff[451] sowie die mangelnde grafische Auswertung gesehen. Zudem führten die unzureichende personelle Ausstattung und das fehlende (betriebswirtschaftliche) Know-how zu Einschränkungen der Anwendung und Nutzung der Informationen (ebd. S. 170ff.). Im zweiten Befragungsteil waren Angaben zu Kennzahlen zu machen, die die Befragten über die bestehenden Vorgaben hinaus nutzen (ebd. S. 162). Die Ergebnisse dieses Teils der Befragung waren nach Angaben BERGERs unscharf (allgemein gehalten, schlecht abgegrenzt) und daher schwerer zu interpretieren (1997, S. 182). Allerdings wurde ein Bedarf von Kennzahlen für ‚Systemvergleiche' erkennbar, worunter hier Make-or-buy-Entscheidungen und inner- bzw. zwischenbetriebliche Vergleiche gefasst wurden. Das von ihm daraufhin entwickelte Kennzahlensystem enthält Führungs- und Strukturkennzahlen (ebd. S. 186).[452] Die Führungskennzahlen sind den zuvor ausgeschiedenen Prozessbereichen zugeordnet und umfassen Prozesskennzahlen und monetäre Kennzahlen. Die Strukturkennzahlen sollen die Betriebsstruktur beschreiben und analysieren.[453]

Neben den Kennzahlen stellt BERGER noch zwei (Kostenrechnungs-)Instrumente vor. Die Prozesskostenrechnung verbindet er mit der durchgeführten Prozessana-

---

[450] Die Bayerische Landesanstalt für Wald- und Forstwirtschaft (LWF) ist als Stabsstelle des Bayerischen Staatsministeriums für Landwirtschaft, Ernährung und Forsten mit der Waldforschung und Aufgaben des Waldmonitorings betraut.

[451] Dies war ein Problem der damals vorhandenen IT-technischen Umsetzung (Berger 1997, S. 168).

[452] In seiner Abgrenzung gegenüber Bestehendem bleibt dieses System unklar. Hieran und vor allem an der fehlenden praktischen Umsetzung des Kennzahlensystems macht auch KNOKE seine Kritik an der Arbeit von BERGER fest (Knoke 1999, S. 65).

[453] Sie enthalten zwar Teilaspekte der naturalen Struktur (ebd. S. 195), dienen jedoch nicht der Erfassung der Waldstruktur, wie sie hier in Kapitel 3 mehrfach angesprochen wurde.

lyse, allerdings ohne die eigentliche Intention dieses Kostenrechnungsverfahrens, die Verbesserung der Kostenzuordnung bei hohen Gemeinkostenanteilen, zu beachten (ebd. S. 73ff.).[454] Anschließend geht er noch auf die Deckungsbeitragsrechnung ein und verknüpft diese ebenfalls mit der Prozessbetrachtung zu einer ‚Prozessorientierten Deckungsbeitragsrechnung' (ebd. S. 81ff.).

Die Arbeit BERGERs ist thematisch wesentlich enger abgesteckt als die vorherigen Ausarbeitungen. Dafür ist der Anwendungsbereich deutlich weiter. Trotz des Bezugs zu den Forstverwaltungen betont er, dass ein Controllingsystem letztlich immer nur betriebsindividuell gefasst werden kann (1997, S. 69). Auch Größenaspekte der Organisation werden thematisiert. Eine Festlegung auf die institutionalisierte Verankerung unterbleibt und belässt daher große Gestaltungsspielräume. Es wird sogar die Möglichkeit der externen Lösung aufgezeigt. Die Eignung von abgestimmten Kennzahlen als Baustein eines forstlichen Controllings wird anschaulich belegt.[455] Ein Manko ist die fehlende Einbindung geeigneter Strukturkennzahlen, die als Planungs- und Steuerungsgrößen ökologischer und sozialer Betriebsziele dienen können.[456]

4.3.6   Weitere Beiträge zum forstlichen Controlling

Neben den ausführlich beschriebenen Arbeiten gibt es eine Reihe weiterer Beiträge, die sich dem forstlichen Controlling als Ganzem oder in Einzelaspekten widmen. Einen guten, wenn auch knapp gehaltenen Einstieg ermöglicht SCHWENNSEN (1994). Über sechs Merkmale grenzt sie Forstbetriebe gegenüber Industriebetrieben ab und kommt so zu Eigenheiten des forstlichen Controllings. Aus fünf aufgeführten Systemkomponenten (Zielsystem, Planung und Kontrolle, Informationssystem, Personalführung sowie Organisation) wählt sie drei aus und geht darauf näher ein: das Zielsystem, den Komplex Planung und Kontrolle sowie das Informationssystem. Betont wird die Bedeutung von Kennzahlen für diese drei Systemkomponenten (ebd. S. 166). Controlling bezieht sie inhaltlich vorrangig auf monetäre Größen. Andere (Sach-)Zielgrößen sollen darüber indirekt Berücksichtigung finden (ebd. S. 168). In welcher Form bleibt offen. Die Controllingfunktion kann durch externe Controller, institutionalisierte Spezialisten oder in Form des Selbstcontrollings ausgeübt werden (ebd. S. 165). Welche Umsetzungsform unter welchen Bedingungen zu wählen ist, wird nicht angegeben.

TZSCHUPKE sieht die Erörterung der wesentlichen funktionalen, instrumentellen und organisatorischen Voraussetzungen für ein effektives forstbetriebliches Controlling als Ziel seines Beitrags an (1997, S. 190). Die Umsetzung dieses um-

---

[454] Zur Prozesskostenrechnung siehe ausführlich z. B. EWERT/WAGENHOFER (2005, S. 271ff.).

[455] KNOKE urteilt in seiner abschließenden Würdigung ähnlich positiv. Er sieht in BERGERs Arbeit allerdings fälschlich mehr als nur ein Instrument, nämlich die Beschreibung einer eng gefassten Hauptaufgabe des Controllings (Knoke 1999, S. 65).

[456] Vgl. ausführlich die vorgeschlagenen Kennzahlen in Anhang 9.4 (Berger 1997, S. 236, 250 und 264).

fangreichen Vorhabens gelingt nur bedingt. Aus einer nicht näher ausgeführten Befragung zieht er den Schluss, dass Controlling selbst in den großen deutschen Forstbetrieben zu diesem Zeitpunkt (d. h. 1997) kaum als ‚operationelles Führungsinstrument' zur Steuerung eingesetzt wird.[457] Die Überlegungen gehen bis dahin überwiegend in Richtung eines informationsversorgungsorientierten Konzepts mit überwiegender Betrachtung bereits abgeschlossener Maßnahmen (ebd. S. 192). Die von ihm vorgeschlagenen Instrumente und Methoden sind auf ein operatives Controlling ausgerichtet. Seine Vorschläge zur organisatorischen Umsetzung sind ausschließlich auf die Forstverwaltungen ausgerichtet (ebd. S. 193).

Controlling in großen öffentlichen Forstbetrieben greifen mehrere Autoren auf. RIPKEN beschreibt das Beispiel der Niedersächsischen Landesforstverwaltung (1993).[458] Prägend ist der anstehende Aufbau des Controllingsystems. Unter anderem sind die Schaffung geeigneter Organisationsstrukturen, der Ausbau des Informationssystems einschließlich des Rechnungswesens und die Schulung der Betriebsleiter aufgeführt (ebd. S. 247). In seiner Betrachtung nimmt vor allem die organisatorische Einbindung der Controller breiten Raum ein (ebd. S. 25f.). Die Beiträge von AICHHOLZ/AICHHOLZ/STECK (2001) sowie HARTEBRODT (2004a, 2003 und 2002) geben einen Einblick in das forstliche Controlling der Landesforstverwaltung Baden-Württemberg. Ausgangspunkt waren Veränderungen der Aufbauorganisation (Aichholz/Aichholz/Steck 2001, S. 393). HARTEBRODT benennt drei Säulen zur Gesamtsteuerung, die zeitlich gestaffelt zum Einsatz kommen: Das mittel- bis langfristige Planungs- und Kontrollinstrument der Forsteinrichtung kommt etwa alle zehn Jahre zum Einsatz. Zur mittelfristigen Steuerung wird im fünfjährigen Turnus eine Betriebsanalyse als intensive Kennzahlenanalyse durchgeführt. Zuletzt werden zur unterjährigen Steuerung Zielvereinbarungen geschlossen (2003, S. 610f.). Die operative Steuerung soll im Wesentlichen in Form der Selbststeuerung erfolgen (Hartebrodt 2004b). Das institutionalisierte Controlling dient in erster Linie dazu, die notwendigen steuerungsrelevanten Informationen zur Verfügung zu stellen (Hartebrodt 2002, S. 362). Da einzig die Situation der Landesforstverwaltung betrachtet wird, sind keine Lösungsansätze für die Forst-KMU enthalten. Die Integration ökologischer und gesellschaftlicher Belange fehlt ebenfalls.

Das in den Niedersächsischen Landesforsten[459] praktizierte Controlling setzt vorrangig auf die Erfolgssteuerung über rein monetäre Größen. In den Geschäftsbe-

---

[457] Befragt wurden die „... größeren deutschen Landesforstverwaltungen ...". Mit Ausnahme von Rheinland-Pfalz und Niedersachsen gesteht er zum damaligen Zeitpunkt keiner Landesverwaltung ernsthafte Bemühungen zur Einführung eines umfassenden Controllingsystems zu (Tzschupke 1997, S. 191). Seit dem sind zwar mehr als zehn Jahre vergangen, doch die Veröffentlichungen zum Controlling lassen den Schluss zu, dass forstliches Controlling noch immer nicht zum Standard geworden ist.

[458] Da der Aufsatz von 1993 stammt, war die Umwandlung der Verwaltung in eine Anstalt öffentlichen Rechts noch nicht vollzogen.

[459] Die Niedersächsischen Landesforsten werden als Anstalt öffentlichen Rechts von Dr. Klaus MERKER geführt, dessen Controllingkonzept vorab in Abschnitt 4.3.4 ausführlich dargestellt wurde.

richten wird zwar auf die Verantwortung für die natürlichen Grundlagen verwiesen, in der Erfolgsmessung schlagen sie sich jedoch nicht nieder (z. B. NLF 2008, S. 22ff.).[460] Im Lagebericht werden Naturschutz und Waldsanierung als eigener Produktbereich ausgewiesen und die damit verbundenen Mehraufwendungen und Mindererträge aufgeführt (S. 70ff.). Ausführlicher betrachtet RIPKEN die Bedeutung des Naturschutzes im Controlling (1998). Er stellt das Controlling allerdings der Planung zur Seite und reduziert es damit stark auf den Kontrollaspekt. In der strategischen Perspektive ordnet er die Planungs- und Kontrollaufgaben in erster Linie der Forsteinrichtung zu (ebd. S. 185). Im operativen Controlling soll eine jährliche Betriebsanalyse für die notwendige Transparenz sorgen (ebd. S. 186). Controlling als Steuerung im Regelkreis ist durch diese Ex-post-Betrachtung ausgeschlossen. Ferner bleibt unklar, in welcher Weise die ökologischen Aspekte einfließen sollen.

Weitere Beiträge befassen sich mit Controllinginstrumenten. Von besonderem Interesse sind die Eignung bzw. die notwendige Anpassung tradierter forstlicher Planungs- und Kontrollinstrumente, etwa der Forsteinrichtung (Beck 1999, Luger/Grosch/Flierl 1999, Oppermann 1995) oder der Betriebsstatistik (Sagl 1981). Häufig wird eine stärker wirtschaftliche Ausrichtung der Forsteinrichtung gefordert (Luger/Grosch/Flierl 1999, S. 1052; ähnlich Hillgatter 1993, S. 40f.).[461] TZSCHUPKE sieht das größere Potenzial der Forsteinrichtung in deren Umbau zu einem Instrument des strategischen Controllings (1997, S. 192). Hingegen beschreibt FRANK alternative Steuerungsgrößen eines primär waldbaulichen Controllings. Als leicht zu messende Größen wählt er die Baumhöhe, den Kronenanteil und den Durchmesser relativ zur Höhe (2006, S. 33). Ähnliche waldbauliche Steuerungsgrößen beschreiben KRÜCKE/MÖHRING (2003). Ebenfalls von FRANK (2008) wird der Einsatz der Balanced-Scorecard (BSC) beschrieben.[462] Die Mitarbeiter- und Lernperspektive der BSC ersetzt er durch eine umfassendere Ressourcenperspektive (ebd. S. 649). Zu den darin enthaltenen Zielen und Kennzahlen werden keine Angaben gemacht. Als Bezugsgrößen des Controllings mittels BSC sieht FRANK unterschiedlich abgegrenzte Wirtschaftseinheiten (flächig abgegrenzt, Einzelbäume oder funktionale Einheiten) (ebd. S. 651). Ergänzt wird die Darstellung durch zahlreiche weitere Instrumenteneinsätze,[463] deren Fülle gerade die kleinen Forstbetriebe und deren Leitung überfordern dürfte. Dabei

---

[460] Im Geschäftsbericht wird ein Beispiel aus den Monitoringdaten aufgeführt. Der Vergleich der Populationen von Rote-Liste-Arten zwischen 1976 und 2007 ist jedoch dem Weißbuch des Niedersächsischen Umweltministeriums entnommen und nicht der Betriebssteuerung der Landesforsten (NLF 2008, S. 34). Zudem wird nicht deutlich, in welchem Zusammenhang zum Betriebsgeschehen die Daten stehen.

[461] Die Forderung nach einer betriebswirtschaftlichen Erweiterung der Forsteinrichtung ist deutlich älter und bspw. schon bei DIETERICH zu finden (1948).

[462] Zur ursprünglichen BSC vgl. ausführlich KAPLAN/NORTON (1992, 1993 und 1996) und als Sekundärliteratur zur praktischen Umsetzung z. B. WEBER/SCHÄFFER (1999a).

[463] Erwähnt werden die ABC-Analyse, die SWOT-Analyse, das 'klassische Forstplanung', das Rechnungswesen und die Einbindung in ein Geo-Informations-System (GIS) (Frank 2008).

kann eine einfache BSC, in erster Linie als Kennzahlensystem gehandhabt, für kleine Forstbetriebe durchaus eine sinnvolle Steuerungsunterstützung darstellen.

Die tägliche Controllingpraxis hat DIETZ im Blick (1998). Er beschreibt einen Regelkreis, eine Checkliste sowie eine Zuordnung von Hilfsmitteln zu Arbeitsbereichen, die auf Revierebene eingesetzt werden können. Alle drei Instrumente beziehen sich auf die Einzelmaßnahme. Checkliste und Zuordnung dienen der Verbesserung der Zielerreichung vorab, wogegen der Regelkreis Ergebnisabweichungen aufgreift, analysiert und in die Folgeplanung einbezieht. Die dargestellten Instrumente scheinen für alle Waldbesitzarten und Betriebsgrößen geeignet. In der Checkliste sind Naturschutz, Tourismus und Rechte Dritter als eigene Aspektgruppe enthalten (ebd. S. 310). Auf welcher Basis (z. B. Kennzahlen) einzelne Abwägungen erfolgen sollen, bleibt offen.

Die Bedeutung der Umwelt- oder Ökologieorientierung des forstlichen Controllings wird selten aufgegriffen. HILLGATTER (1993) überschreibt seinen Aufsatz zwar mit Ökocontrolling, geht inhaltlich aber mehr auf die notwendige Erfassung des Waldvermögens und der Vermögensänderungen sowie die unzureichende wirtschaftliche Ausrichtung der Forsteinrichtung ein. Die Ökologieorientierung klingt allenfalls in der Festlegung und Operationalisierung der Betriebsziele sowie der eher plakativen Schlussbemerkung ‚Ökologie ist Langzeitökonomie' (ebd. S. 41f.) an. Am Beispiel der Befahrung mit Arbeitsmaschinen zeigt JACKE (1999) eine Möglichkeit auf, ökologische Aspekte in die Maschineneinsatzplanung zu integrieren. Durch Abgleich der technischen Parameter der Maschine (Achslast) und ihrer Bereifung (Aufstandsfläche, Luftdruck) mit den Bodenverhältnissen am Einsatzort sollen Einsatzleiter und Maschinenbetreiber die optimale Kombination von Maschinenausstattung und Einsatzzweck ermitteln können. Über die praktische Umsetzbarkeit werden wenige Angaben gemacht.

Abschließend ist noch ein Blick auf Lehrbücher zur forstlichen Betriebswirtschaftslehre zu werfen. Bei OESTEN/ROEDER (2002) finden sich nur wenige Anmerkungen zum Controlling. Das Werk ist auf zwei Bände angelegt und die eigentlichen Ausführungen zum Controlling sind für den ausstehenden zweiten Band vorgesehen. Bei SCHMITHÜSEN ET AL. wird Controlling in einem gemeinsamen Kapitel mit der strategischen Planung abgehandelt. Die konzeptionelle Grundlage bildet das rationalitätsorientierte Controlling von WEBER (1998) bzw. WEBER/SCHÄFFER (2006). Controlling wird von SCHMITHÜSEN ET AL. als Managementkonzept und nicht als betriebliche Funktion eingestuft. Zur Sicherung der Entscheidungsrationalität ist der Controller als Gegenpart des Managers unentbehrlich (2009, S. 555). Selbstcontrolling ist demnach nicht möglich.[464] Externes Controlling wird ebenso in Erwägung gezogen wie institutionalisiertes Control-

---

[464] Ein skizziertes software- bzw. rechnungsgestütztes Controlling, welches weitgehend ohne Controller auskommen soll, wird wegen der stark begrenzten Aussagekraft daher verworfen (Schmithüsen et al. 2009, S. 558f.).

ling (ebd. S. 557f.). Als Instrumente werden Kennzahlen, Abweichungsanalysen, die Betriebsanalyse, verschiedene Formen des Benchmarkings sowie die Balanced-Scorecard vorgestellt (ebd. S. 559ff.). Das Rechnungswesen, sonst häufig als Kern des Controllings dargestellt, bleibt unerwähnt. Betriebsgrößenbezogene Aspekte werden im Rahmen der organisatorischen Betrachtung nur kurz angeschnitten. Die Einbindung von über die Wirtschaftsziele hinaus gehenden Betriebszielen wird nicht thematisiert, auch nicht in der instrumentellen Ausgestaltung des Controllings.

4.3.7 Beurteilung der bisherigen Ansätze zum forstlichen Controlling

Als Zwischenfazit ist festzuhalten, dass trotz der Breite der Auseinandersetzung mit dem Thema Controlling auch innerhalb der forstwissenschaftlichen Literatur und der forstlichen Praxisliteratur die aufgezeigten Anforderungen allenfalls teilweise erfüllt werden. Sowohl der Aspekt der Einbindung ökologischer Informationen, der für eine, das betriebliche Zielsystem vollständig abdeckende Betriebssteuerung unabdingbar ist, als auch die Beachtung KMU-typischer Besonderheiten finden keine ausreichende Berücksichtigung. Beachtenswerte Ansätze und Teillösungen für eine Reihe kontextbezogener Besonderheiten sind indes vorhanden.

Auf Betriebsgrößenaspekte wird nur in wenigen Beiträgen eingegangen. Überwiegend wird das Controlling auf große Forstbetriebe, allen voran Landesverwaltungen und Landesbetriebe, zugeschnitten. Obwohl sich die KMU-Forschung in der Betriebswirtschaftslehre als eigene Forschungsrichtung fest etablieren konnte, steht deren Adaption in der forstlichen Betriebswirtschaftslehre noch weitgehend aus. Zudem fehlen breit angelegte empirische Forschungsarbeiten zum forstlichen Controlling. Praxisbezüge werden bisher ausschließlich aus Einzelfallbetrachtungen abgeleitet.

Obwohl die Forstwissenschaften, allen voran die Kerndisziplin Waldbau, stark in den ökologischen Grundlagen verhaftet sind (z. B. Röhrig/Bartsch/Lüpke 2006, S. 45ff.; Burschel/Huss 1997, S. 29ff.; Bauer 1962, S. 31), greifen die vorgestellten Ansätze den Gedanken der Integration ökologischer Gesichtspunkte in das Ziel- und Controllingsystem nur zögerlich auf. Ein an der Informationsbeschaffung und -verarbeitung ausgerichtetes Controlling stellt eine gute Grundlage dar, um allen betrieblich relevanten Zielen, die ökologischen eingeschlossen, gerecht zu werden. Eine anfängliche Ausrichtung an der Informationsversorgung stimmt mit den im Grundlagenteil (Abschnitt 2.4.4.3) vorgestellten ersten Schritten der Controllingeinführung überein (Legenhausen 1998, S. 178ff.). Darüber hinaus gehende Anknüpfungspunkte zur verstärkten Öffnung gegenüber den ökologischen Aspekten könnte das umwelt- oder ökologieorientierte Controlling liefern.

4.4 Ökologieorientiertes Controlling und dessen Lösungsbeiträge zum forstlichen Controlling

4.4.1 Aufgaben eines ökologieorientierten Controllings

Mit der betrieblichen Umweltökonomie hat sich in der Betriebswirtschaftslehre ein Forschungszweig etabliert, der die lange Zeit vernachlässigte Einbeziehung der natürlichen Umwelt in ökonomische Betrachtungen und Modelle zum Inhalt hat (z. B. Wagner 1997, S. 17; Seidel/Menn 1988, S. 109ff.). Die Öffnung gegenüber den natürlichen Lebens- und Wirtschaftsgrundlagen betrifft, direkt oder indirekt, alle betrieblichen und betriebswirtschaftlichen Funktionsbereiche, so auch das Controlling. Grundsätzlich scheint das Controlling für eine solche Erweiterung geeignet (Beuermann/Halfmann/Böhm 1995a, S. 336 u. 339).[465] Mit welchen Inhalten sich ein ökologie- oder umweltorientiertes Controlling (respektive Öko- oder Umweltcontrolling)[466] zu beschäftigen hat und wie sich das Controlling dafür weiterentwickeln muss, wird unterschiedlich gesehen. Eine Ursache für die auseinander fallenden Ansichten ist sicherlich in der begrifflichen und konzeptionellen Vielfalt des Controllings zu sehen (Rüdiger 1998, S. 273). Weitaus wichtiger ist, dass die Aufgabenzuschnitte des ökologieorientierten Controllings ebenfalls nicht in allen Fällen miteinander zu vereinbaren sind (Feß/ Ostendorf 1999, S. 79; Janzen 1996, S. 94). So werden bisweilen Umweltinformationssysteme bereits mit dem Ökocontrolling gleichgesetzt (Schwarz/Schwarz 2002, Sp. 1337f.; Janzen 1996, S. 6f.; Bleis 1996, S. 223). Selbst wenn die Versorgung mit umweltbezogenen Informationen eine der wesentlichen Aufgaben darstellt, ist eine derart verkürzte Sichtweise beim Umweltcontrolling ebenso wenig zulässig wie beim Controlling allgemein. Im Wesentlichen können eine enge und eine weite Aufgabenabgrenzung vorgenommen werden. In seiner engen Abgrenzung ist das Umweltcontrolling Teil des Umweltmanagements, in der erweiterten Sicht bezieht sich die Ökologieorientierung auf das gesamte Controllingsystem.[467]

---

[465] Als Anknüpfungspunkt wird bisweilen das betriebliche Informationsmanagement hervorgehoben. Die Berücksichtigung ökologischer Belange wird dann in erster Linie als Informationsproblem dargestellt (Seidel 1988, S. 312). Dies lässt sich nur rechtfertigen, wenn ökologische Zielsetzungen bereits klar verankert und die Zielpräferenzen geklärt sind.

[466] Bisher hat sich keine einheitliche Bezeichnung durchsetzen können. Die verschiedenen begrifflichen Varianten werden hier synonym verwendet.

[467] Eine abweichende Zweiteilung, die sich auf die frühen Ansätze bezieht, ist bei JANZEN zu finden (1996, S. 85ff.). Der Ansatz von SEIDEL (1988) setzt den Umweltschutz als ein eigenständiges Oberziel voraus. Auf dessen Diffusion ins Unternehmen ist das ökologische Controlling ausgerichtet (Janzen 1996, S. 85f.; Seidel 1988). Zweiter Ausgangspunkt sind die Arbeiten des Instituts für ökologische Wirtschaftsforschung (IÖW). Sie konzentrieren sich auf die (Weiter-) Entwicklung der Ökobilanz als zentralem Instrument des Ökocontrollings (Janzen 1996, S. 87ff.; z. B. Pfriem 1989). BLEIS nimmt ebenfalls eine Kategorisierung des Ökocontrollings vor. Er unterscheidet die vorhandenen Öko-Controllingansätze ausschließlich anhand der instrumentellen Ausgestaltung und stellt dabei die Ökobilanz und deren Grundlagen in den Vordergrund (1996, S. 227ff., zusammenfassend S. 254ff.).

- *Umweltcontrolling als Teil des Umweltmanagements*: Über das Umweltmanagement werden ausschließlich betriebliche Umweltschutzziele verfolgt. Zum Umweltmanagement gehört ein eigener Managementzyklus. Die Aufgabe des Umweltcontrollings besteht darin, die Erreichung der umweltbezogenen Betriebsziele zu verbessern (z. B. Wagner 2005 u. 1997, S. 186).[468] Hauptziel ist die Vermeidung oder Verminderung negativer Umweltwirkungen (Rüdiger 1998, S. 278). Einzelziele sind beispielsweise die Einhaltung von Umweltgesetzen und -auflagen, die Verringerung des Ressourcenverbrauchs und der Emissionen, die Erfüllung von Kennzeichnungspflichten und die sonstige Außendarstellung. Voraussetzung für eine solche Aufgabenzuordnung ist das Vorhandensein eines Umweltmanagementsystems.

- *Ökologieorientiertes Controllingsystem*: Das Umweltcontrolling ist in diesen Fällen integrativer Bestandteil oder zumindest Subsystem des gesamtbetrieblichen Controllingsystems (z. B. Tschandl 2003, S. 19ff.; Janzen 1996, S. 90f.; Beuermann/Halfmann/Böhm 1995a, S. 339). Somit lässt sich die Ökologieorientierung auch als Form des Kontextbezugs des Controllings auffassen. HOITSCH/KALS lösen sich am deutlichsten von der Beschränkung auf das Umweltmanagement und benennen eine ganze Reihe von Controllingbereichen, in welche die Umwelt- bzw. Ökologieorientierung zu integrieren ist (1993, S. 86f.).[469] Die Umweltziele sind in das betrieblichen Zielsystems integriert. Ihre Stellung ergibt sich aus einzelbetrieblichen Abwägungen heraus.

Gerade die schwierige Anbindung der nicht monetären Ökocontrollinginstrumente an die monetär geprägten Steuerungsgrößen (Neuhaus 2008, S. 249) macht die Vorgabe eigenständiger ökologischer Ziele notwendig. Unterschiede in der Gewichtung der Umweltziele bestehen unabhängig von der zuvor vorgenommenen Unterteilung des Ökocontrollings. Als Grenzfall können ökologische Ziele sogar gleichberechtigt neben den ökonomischen Erfolgszielen stehen. Die Stellung des Umweltschutzes als zusätzliches Formalziel wird mit Verweis auf die ungenügende Kompatibilität mit der betrieblichen Praxis kritisch gesehen (Schwarz/Schwarz 2002, Sp. 1339).[470] Eine vollständige ökologische Dominanz stellt tat-

---

[468] Außerdem: NEUHAUS (2008, S. 246), TSCHANDL (2003, S. 3), SCHWARZ/SCHWARZ (2002, Sp. 1339), WITT (2000, S. 369), HOITSCH/KALS 1993, S. 80.

[469] Im Einzelnen nennen sie: umweltorientiertes Finanz-Controlling, umweltorientiertes Personal-Controlling, umweltorientiertes Produktions-Controlling, umweltorientiertes Marketing-Controlling sowie umweltorientiertes F&E-Controlling (Hoitsch/Kals 1993, S. 86f.).

[470] Ähnlich äußern sich LETMATHE (1998, S. 18ff.), JANZEN (1996, S. 86), WAGNER (1997, S. 187) und BLEIS (1996, S. 253f.). Die Begründung für eine betriebliche Auseinandersetzung mit ökologischen Belangen sieht BLEIS ausschließlich in deren ökonomischer Relevanz (1996, S. 57f.). „Die technisch-ökonomischen Ziele sind auf den Beitrag ausgerichtet, den das Öko-Controlling zur Erreichung der entsprechenden Unternehmensziele liefert." (ebd. S. 265) Für WAGNER entstehen aus der unzureichenden Verankerung des Umweltschutzes im betrieblichen Zielsystem vor allem Probleme im Fall von (unausweichlichen) Zielkonflikten (1997, S. 188).

sächlich den extremen Ausnahmefall dar. Keines der bekannten praktischen Umsetzungsbeispiele geht so weit (Streitpferdt/Pfnür 1998, S. 383).[471]

Im Rahmen der Ökologieorientierung sind grundsätzliche Verhaltensweisen und die strategische Ausrichtung des Unternehmens abzuklären, vor allem in Form der gewählten Umweltschutzstrategie.[472] Erforderlich sind zudem eine verstärkte Außenperspektive, die sich aus der Umweltorientierung ableitet, sowie die Antizipation zukünftiger Entwicklungen im Falle einer aktiven Umweltschutzstrategie. Ein Controlling, welches sich der Ökologieorientierung annimmt, hat daher enge Bezüge zum strategischen Controlling (Schwarz/Schwarz 2002, Sp. 1339; Witt 2000, S. 370; Hallay/Pfriem 1992, S.33ff.; Wagner/Janzen 1991, S. 121; Seidel 1988, S. 313).

Spezialisierte Umweltcontroller gibt es praktisch nicht (Dyckhoff/Souren 2008, S. 160). Ökologieorientiertes Controlling wird statt dessen als Querschnittsaufgabe von (Umwelt-)Management und Controllinginstanzen gleichermaßen wahrgenommen (Neuhaus 2008, S. 248; Schwarz/Schwarz 2002, Sp. 1337; Wagner/ Janzen 1991, S. 121). Unterschiede in den Kontextfaktoren lassen für das Ökocontrolling ebenso wenig eine universelle organisatorische Lösung zu wie für das Controlling im Allgemeinen (Janzen 1996, S. 97ff. u. 110). Zu den bereits genannten Faktoren, wie der Unternehmensgröße oder der Unternehmensorganisation, kommen spezifisch ökologische, wie die ökologische Ausgangssituation oder die Ökosystemkomplexität, hinzu (Neuhaus 2008, S. 249).

Die speziellen Aufgaben des Ökocontrollings bringen, zusammen mit den angeschnittenen Besonderheiten der Ökologieorientierung, einige Konsequenzen mit sich, die folgendermaßen zusammengefasst werden können:

- Die explizite Formulierung ökologischer Ziele und ihre Einordnung in das betriebliche Zielsystem ist selbst bei passiver Umweltschutzstrategie zu empfehlen.[473]

- Die Datengrundlage kann nicht auf monetäre Daten beschränkt werden. Die benötigten Dateninhalte und -dimensionen hängen von den Zielgrößen und der Ausgestaltung des Zielsystems ab. Selbst bei Beschränkung auf ein einziges Oberziel, was in Wirtschaftsunternehmen zwangsläufig zur Auswahl eines reinen Wirtschaftsziels führt (z. B. Letmathe 1998, S. 19 u. 119; Wagner

---

[471] Selbst SEIDEL bzw. SEIDEL/MENN, die eine Gleichstellung ökologischer Ziele mit dem ökonomischen Formalziel konstatieren, sehen im ökologischen betrieblichen Controlling lediglich einen Unterfall des allgemeinen betrieblichen Controllingkonzepts (Seidel 1988, S. 315f.; Seidel/Menn 1988, S. 121), nicht einen vollständigen Ersatz.

[472] Zu den Kennzeichen der aktiven bzw. passiven Umweltschutzstrategie (alternativ: offensiv bzw. defensiv) siehe ausführlich z. B. DYCKHOFF/SOUREN (2008, S. 117), FASSBENDER-WYNANDS (2001, S. 33ff.), LETMATHE (1998, S. 20) oder ROTH (1992, S. 36ff.).

[473] Im Zuge einer passiven Umweltschutzstrategie unternimmt das Unternehmen keine eigenen Anstrengungen im Umweltschutz und wird nur tätig, wenn umweltrechtlicher oder sonstiger äußerer Druck vorliegt (Dyckhoff/Souren 2008, S. 94f.; Letmathe 1998, S: 20).

1997, S. 12ff. u. 26ff.), sind zur Ergründung von Abweichungsursachen weiter gefasste Informationsgrundlagen heranzuziehen (Janzen 1996, S. 118ff.).

- Der generelle Ausschluss weicher Daten hätte zur Konsequenz, dass unsichere Entwicklungen kaum Eingang in das Controlling fänden. Gerade im strategischen Controlling ist die Einbeziehung weicher, vor allem qualitativer Daten gängige Praxis (Hoitsch/Kals 1993, S. 79f.). Allerdings sollte der Anspruch bestehen, die Datengrundlage schnellstmöglich zu ‚härten'.[474]

- Eine generelle Empfehlung für die zu erfassenden und zu bewertenden Umweltwirkungen gibt es nicht. De facto werden gerade in der industriellen Fertigung und im Handwerk hauptsächlich nicht angepasste Stoff- und Energieströme[475] als Ursache von Umweltwirkungen angesehen (z. B. Hallay/Pfriem 1992, S. 40 u. 57f.).[476] Dies ist weitgehend gerechtfertigt, wenn sich negative Wirkungen produktionsbezogen vor allem aus der Ressourcenentnahme und der Reststoffdeposition ergeben. Demgegenüber treten direkte Eingriffe in das Ökosystem des betrieblichen Standorts dort zumeist in den Hintergrund.

- Strategische und operative Komponenten sind eng zu verzahnen (Janzen 1996, S. 107f.; Hoitsch/Kals 1993, S. 81). Ein rein operativ angelegtes ökologieorientiertes Controlling reicht nicht aus.

Die tatsächliche Entschlossenheit, mit der diese Punkte in den bisherigen Entwürfen zum Umweltcontrolling umgesetzt wurden, ist höchst unterschiedlich. Neben den grundsätzlichen Überlegungen ist hierfür die Instrumentenwahl ausschlaggebend.

---

[474] Aus der zuvor gemachten strikten Beschränkung auf quantifizierbare Größen leiten WAGNER/JANZEN die generelle Notwendigkeit zur Quantifizierung auch schwacher Signale her (1991, S. 124 u. 129). Hingegen sieht SEIDEL gerade in der rechenhaft-quantitativen Ausrichtung des Controllings eine gute Möglichkeit, den spezifisch weichen Umweltdaten zu begegnen (1988, S. 317).

[475] Sowohl die Ressourcenentnahme als auch die Deposition von Reststoffen führen zu mehr oder minder bedeutsamen Umweltwirkungen (Letmathe 1998, S. 69). Anpassungsprobleme an die natürlichen Restriktionen ergeben sich zum einen bei den Einsatz- und Ausstoßmengen (Knappheitsproblem) sowie zum anderen hinsichtlich der Eigenschaften beider Ströme. Im Fall der Stoffströme wirken bspw. die Ressourcenvorräte und Reproduktionsraten für regenerative Einsatzfaktoren sowie die Aufnahmekapazitäten und Abbauraten der Aufnahmemedien begrenzend. Bei den Energieströmen sind es neben den Prozessen der Energieumwandlung vor allem die eingesetzten Primärenergieträger und der Abgleich des Exergie-/Anergiegehalts von Energieangebot und -bedarf, die die Umweltwirkungen bestimmen (ausführlich Rebhan 2002, S. 29ff.).

[476] Darüber hinaus: NEUHAUS (2008, S. 246), MÖLLER/HÄUSLEIN/ROLF (1997, S. 9), JANZEN (1996, S. 248f.), BLEIS (1996, S. 122ff.), BEUERMANN/HALFMANN/BÖHM (1995a, S. 339f. und 1995b), HOPFENBECK/JASCH (1993, S. 51f.), HOITSCH/KALS (1993, S. 77), WAGNER/JANZEN (1991, S. 123).

4.4.2 Instrumente des ökologieorientierten Controllings

Gerade in der Instrumentenauswahl zeigt sich die Einordnung der Informationsbeschaffung als zentrale Aufgabe des ökologieorientierten Controllings (z. B.
Neuhaus 2008, S. 247; Baumann/Kössler/Promberger 2005, S. 19; Janzen 1996,
S. 118).[477] Zur Erfüllung dieser Aufgabe werden zumeist Instrumente des ‚regulären' Controllings abgewandelt. Analog zu den Bewertungsverfahren der Umweltwirkungen lassen sich die Instrumente in qualitative, quantitativ-monetäre
und quantitativ-nicht-monetäre Instrumente unterteilen.[478] Für das operative ökologieorientierte Controlling sind quantitative Verfahren und Instrumente zur Erfassung des stofflichen und energetischen Mengengerüsts kennzeichnend
(Schwarz/Schwarz 2002, Sp. 1341). Die Zielsetzung, Umweltentlastungspoten-
ziale aufzuspüren und zu nutzen, führt darüber hinaus verstärkt zum Einsatz nicht
monetärer Instrumente (Janzen 1996, S. 120f.; Beuermann/Halfmann/Böhm
1995a, S. 339f.).

Beispielhaft werden im Folgenden einige Instrumente und Methoden näher beschrieben:[479]

- *Umweltchecklisten*
  Primär wird der Istzustand dokumentiert. Über Vergleichsdaten wird daraus
  bestehender Handlungsbedarf abgeleitet (Witt 2000, S. 390). Umweltchecklisten stehen somit am Anfang eines systematischen Umweltcontrollings
  (BfUNR/UBA 2001, S. 187). Bei Anwendung standardisierter Checklisten
  besteht jedoch die Gefahr, dass spezifische Problembereiche unentdeckt bleiben. Geeignete Checklisten sind umfangreich und beinhalten viel Know-how.
  Für die weitere Verarbeitung der erhobenen Daten ist zusätzliches Methoden-
  und Erfahrungswissen notwendig.

- *Technikfolgenabschätzung*
  Im Rahmen der Technik- oder Technologiefolgenabschätzung wird eine Abwägung der Folgen des Einsatzes technischer Verfahren, vorwiegend in Pro-
  duktionsprozessen, auf Grundlage qualitativer und quantitativer Kriterien
  durchgeführt (Letmathe 1998, S. 73f.; Steger 1993, S. 275ff.). Ökologische
  Folgen sind dabei nur eine der betrachteten Dimensionen. Bei bereits entwi-

---

[477] Bei HOITSCH/KALS findet sich allerdings die Warnung, die ‚genuinen Merkmale' des Controllings zu
bewahren, da die Verwendung des Begriffs sonst unangebracht ist (1993, S. 81). Überträgt man dies,
besteht bei rigider Beschränkung auf die Informationsversorgung die Gefahr des Versagens des ökologieorientierten Controllings.

[478] Zu dieser Unterscheidung und der weiteren Unterteilung siehe LETMATHE (1998, S. 71ff.).
SCHWARZ/SCHWARZ führen weitere Möglichkeiten zur Abgrenzung der Instrumente des Öko-
Controllings auf. Als Kriterien schlagen sie neben den angewandten Bewertungsverfahren die Pla-
nungsebene (strategisch oder operativ), die Wirkungsrichtung (innen- oder außengerichtet) oder den
zugrunde liegenden Denkansatz (analytisch oder prognostisch) vor (2002, Sp. 1339f.).

[479] Die Liste der Instrumente ist lediglich eine beschränkte Auswahl. Nicht aufgeführte Instrumente können dennoch brauchbar und notwendig sein. Wichtig ist, dass ökologieorientiertes Controlling nicht
auf die Anwendung weniger spezifischer Instrumente beschränkt wird (Janzen 1996, S. 125f.).

ckelten Technologien sind die Schwachpunkte direkt zu ermitteln. Innovative Verfahren und Methoden werden noch in der Entwicklung auf offene oder versteckte Risikopotenziale hin überprüft. An das Aufspüren und die Bewertung möglicher Auswirkungen schließen sich die Identifikation potenzieller Konfliktfelder und die Suche nach Verbesserungsmöglichkeiten an (Schäppi/ Kirchgeorg 2005, S. 182).

- *Stoff- und Energiestrombilanzen*
  Die bilanzielle Erfassung der Stoff- und Energieströme unterscheidet sich deutlich von der Bilanzierung des Rechnungswesens. An die Stelle der zeitpunktbezogenen Erfassung von Bestandsgrößen tritt die zeitraumbezogene Ermittlung von Stromgrößen (Steven/Schwarz/Letmathe 1997, S. 16; Stahlmann 1993, S. 117). Angestrebt wird eine möglichst lückenlose Erhebung, Strukturierung und Darstellung der relevanten stofflichen und energetischen Austauschbeziehungen zwischen einem abgegrenzten Untersuchungsobjekt (Bilanzraum) und dessen Umwelt. Die Stoff- und Energieflüsse innerhalb des Bilanzraums bleiben ausdrücklich unbeachtet. Abgrenzbare Untersuchungsobjekte sind beispielsweise Unternehmen oder (Teil-)Betriebe, technische Systeme (Anlagen, Aggregate), Produkte oder Produktgruppen (Dyckhoff/Souren 2008, S. 165f.; Steven/Schwarz/Lemathe 1997, S. 16ff.).[480] In die Überlegungen zur Abgrenzung des Bilanzraums sind ökonomische Gesichtspunkte einzubeziehen, da eine vollständige Bilanzierung mit einem erheblichen Aufwand verbunden ist. Dies gilt um so mehr, wenn die vom Untersuchungsobjekt mittelbar in den vor- und nachgelagerten Stufen ausgelösten Stoff- und Energieströme ebenfalls betrachtet werden sollen (Steven/ Schwarz/Letmathe 1997, S. 25).

- *Ökologische Bewertungsverfahren*
  Umweltwirkungen sind nicht über die rein mengenmäßige Erfassung der Stoff- und Energieströme abzubilden. Ökologische Bewertungsverfahren dienen dazu, die ökologische Knappheit oder die Schädlichkeit von Einsatzstoffen, Verfahren, Produkten und Abfallstoffen zu beurteilen und Vergleiche zu ermöglichen (BfUNR/UBA 2001, S. 217). Die Bewertung kann für abgegrenzte Teilbereiche oder im Rahmen einer Totalanalyse erfolgen (ebd. S. 224). Unterschieden werden folgende Bewertungsarten (Steven/Schwarz/ Letmathe 1997, S. 32):
    - verbale Kommentierungen (bewertende Checklisten, Umweltverträglichkeitsprüfung, Produktlinienanalyse),
    - abstufende Bewertungsmethoden (ABC/XYZ-Verfahren, ökologische Nutzwertanalyse),

---

[480] Darüber hinaus gehende regionale, nationale oder gar globale Bilanzräume sind aus Unternehmenssicht nicht unmittelbar entscheidungsrelevant (Steven/Schwarz/Letmathe 1997, S. 19).

- monetäre Bewertungen (z. B. Marktpreismethode) und
- naturwissenschaftlich fundierte Bewertungen (über Grenzwerte usw.).

Beispielhaft wird das ABC/XYZ-Verfahren herausgegriffen.[481] Es handelt sich um eine ordinale Zuordnung der Umweltwirkungen über sechs Kriterien hinweg, deren Ziel die Entscheidungsvorbereitung ist. Bewertet werden, einzeln für jedes Kriterium, der Handlungsbedarf (A, B oder C) sowie Menge und Dauer der Umweltbeeinträchtigung (X, Y oder Z). Die Zuordnung ist stark von der Einschätzung des Bewertenden geprägt (Steven/Schwarz/Letmathe 1997, S. 37). Die Methode ist in Bezug auf die in den Einzelkriterien berücksichtigten Einflüsse offen. So können argumentative, naturwissenschaftliche und monetäre Größen darin eingehen (BfUNR/UBA 2001, S. 227). Durch die Einordnung des Handlungsbedarfs in drei Stufen wird ein vergleichsweise grobes Raster angewendet (Schwarz/Schwarz 2002, Sp. 1341).

- *Umweltkostenrechnung* und *Umweltkostenmanagement*
Mit Hilfe der wertmäßigen Erfassung wird die Einbeziehung der Umweltwirkungen in den monetär geprägten betrieblichen Entscheidungsprozess verbessert. Relevante Bewertungsansätze sind Vermeidungs- bzw. Verminderungskosten, Verwertungskosten und Beseitigungskosten potenzieller oder tatsächlicher Umweltschäden (Letmathe/Wagner 2002, Sp. 1988). Für den Einsatz im Controlling sollte die Umweltkostenrechnung gestaltungs- und zukunftsorientiert ausgerichtet sein (Seidel 2003, S. 95). Pagatorische Kosten reichen hierfür nicht aus. Sie sind durch umweltbezogene Verrechnungspreise zu ergänzen (Letmathe 1998, S. 137). Die Verfahren der Umweltkostenrechnung sind überwiegend (taktisch-)operativ ausgerichtet. Beim Umweltkostenmanagement werden demgegenüber zusätzlich externe Kosten einbezogen (Letmathe/Wagner 2002, Sp. 1996). Im Vordergrund des Kostenmanagements steht die Beeinflussung und Gestaltung der Kosten (Holze 2005, S. 40).[482] Das Kostenmanagement erweitert die interne Sicht der Umweltkostenrechnung und erbringt so einen direkten Beitrag zur Risikovorsorge (Letmathe/Wagner 2002, Sp. 1996). Da nicht alle Wirkungen monetarisiert werden können, ergänzen naturwissenschaftliche und monetäre Bewertungen einander (Letmathe 1998, S. 87).

- *Umweltkennzahlen*
Umweltkennzahlen verdichten ökologierelevante Informationen und zeigen bestehende Verbindungen auf (Schwarz/Schwarz 2002, Sp. 1342; Clausen 1998, S. 53; Steven/Schwarz/Letmathe 1997, S. 237). Sie dienen zudem der

---

[481] Zum methodischen Vorgehen der ABC-Analyse vgl. ausführlich z. B. STAHLMANN (1994, S. 13ff.) oder STEVEN/SCHWARZ/LETMATHE (1997, S. 36f.).

[482] Gestaltungsgrößen des Kostenmanagements sind allgemein das Niveau, die Struktur und der Verlauf der Kosten (Ewert/Wagenhofer 2005, S. 254).

Darstellung und Kommunikation von Umweltleistungen, etwa im Rahmen der Umweltberichterstattung (Frings 2003, S. 24; Steven/Schwarz/Letmathe 2002, S. 240). Allgemein besteht ein enger Zusammenhang zum betrieblichen Rechnungswesen, im Fall der Umweltkennzahlen speziell zur Umweltrechnung (Seidel 1998, S. 10). Unterscheidbar sind Umweltmanagement-, -belastungs- und -qualitätskennzahlen (Clausen 1998, S. 54). Sinnvoll ist zudem eine Gliederung nach betroffenen Umweltbereichen bzw. -medien (Steven/ Schwarz/Letmathe 1997, S. 239). Die Anforderungen an Umweltkennzahlen unterscheiden sich grundsätzlich nicht von denen an sonstige Kennzahlen.[483]

- *Ökobilanz*
  Als Ziel der Ökobilanz wird eine Bewertung sowie umfassende Analyse ökologischer Schwachstellen des betrachteten Objekts (Produkt, Unternehmen o. ä.) angegeben (Meffert/Kirchgeorg 1998, S. 163ff.; Stahlmann 1993, S. 119; Günther 1993, S. 18). Die vom IÖW[484] entwickelte Ökobilanz ist in die vier Teilbilanzen Produkt-, Prozess-, Betriebs- und Standortbilanz unterteilt. Bezogen auf einzelne Produkte, Produktionsprozesse und den Betrieb werden diesen zuzuordnende Umweltwirkungen erfasst, wobei Stoff- und Energieflüsse im Vordergrund stehen. Erst in der Standortbilanz sind standortbezogene Umweltwirkungen, die über die Produktion und den Materialfluss hinaus gehen, zu erheben (Burschel/Losen/Wiendl 2004, S. 382f.; Günther 1993, S. 79). Die auf der Ökobilanz aufbauende Produktlinienanalyse erweitert die betriebliche Sicht beschaffungsseitig bis zur Rohstoffgewinnung und verwendungsseitig bis zur Entsorgung (Burschel/Losen/Wiendl 2004, S. 381; Stahlmann 1993, S. 120). Bisweilen fehlt eine klare Abgrenzung gegenüber den Stoff- und Energiebilanzen (Steven/Schwarz/Letmathe 1997, S: 10). Stoff- und Energiebilanzen sollten Bestandteile der Ökobilanz sein, sind jedoch zumindest um eine ökologische Bewertung zu erweitern.

Für den Erfolg der Instrumentenumsetzung und -anwendung reicht die generelle Eignung für den gewünschten Zweck nicht aus. Die mögliche IT-Unterstützung und die organisatorische Einbindung sind mit ausschlaggebend (Steinfeldt/Lang 2004, S. 35; Möller/Häuslein/Rolf 1997, S. 25f.). Instrumente und Methoden wie die Ökobilanz oder manche Bewertungsverfahren erfordern ein hohes Maß an Expertenwissen (Steinfeldt/Lang 2004, S. 36). Dessen Vorhandensein kann nicht vorausgesetzt werden. Dies gilt selbstverständlich auch für den denkbaren Einsatz solcher Instrumente innerhalb eines forstlichen Controllings.

---

[483] Siehe zum Vergleich z. B. CLAUSEN (1998, S. 53) und MEYER (Meyer 2007, S. 43ff.).

[484] Institut für ökologische Wirtschaftsforschung gGmbH mit Hauptsitz in Berlin.

4.4.3 Abschließende Beurteilung des ökologieorientierten Controllings

Umweltwirkungen entstehen in den Forstbetrieben in erster Linie durch direkte Eingriffe ins Waldökosystem und die Beeinflussung ökosystemarer Abläufe (z. B. Burschel 1993, S. 125f.). Derartige Eingriffe werden neben dem unmittelbaren Gefährdungspotenzial von Rest- und Abfallstoffen und der Knappheitsbetrachtung zwar als dritte Ursache betrieblicher Umweltwirkungen genannt (Letmathe 1998, S. 70), die Instrumente des ökologieorientierten Controllings sind aber primär auf die beiden anderen Wirkungskategorien ausgerichtet. Zur Erfassung der von den direkten Eingriffen hervorgerufenen Wirkungen leisten allein auf Stromgrößen ausgerichtete Instrumente keinen nennenswerten Beitrag. Lediglich die Ökobilanz geht in ihrer Konzeption klar über diese Beschränkung hinaus. Die im forstlichen Controlling einzusetzenden Methoden und Instrumente müssen sich am skizzierten Beziehungsgeflecht des Waldwirkungsgefüges orientieren. Einen breiten Ansatz hierfür bieten umweltorientierte Kennzahlen, die allerdings auf die spezifische Situation der Forstbetriebe abzustimmen sind.

Für die Erweiterung des Controllings um Umweltbelange ist die explizite Einbindung der Umweltschutzziele in das betriebliche Zielsystem als Voraussetzung anzusehen. Nur so sind Konfliktfelder frühzeitig aufzudecken und Prioritäten festzulegen.[485] Darin decken sich die Ansprüche des forstlichen und des ökologieorientierten Controllings. Der Stellenwert ökologischer Ziele im Zielsystem der Unternehmung ist dabei wie beschrieben sehr unterschiedlich. Für die Forstbetriebe wurde die ausnahmslose Dominanz wirtschaftlicher Erfolgsziele schon bei der Abhandlung der Controllinggrundlagen verworfen. Ökologische und soziale Ziele können, wie es auch die Zieltypenausscheidung (Abschnitt 4.2.4.4.1) verdeutlicht, zumindest in Teilen des Betriebs sogar Vorrang haben.

Die ökologische Ausrichtung des Controllings erfolgt durchweg innerhalb der bestehenden Controllingkonzeptionen (Wagner 1997, S. 190ff.). Sie lässt sich als eigener Kontextfaktor in dem hier vertretenen kontextbezogenen Controlling deuten. Anpassungen werden nahezu ausschließlich auf Ebene der eingesetzten Instrumente vorgenommen (Janzen 1996, S. 118ff.). Eine weitere Anpassung des Controllinginstrumentariums mit Blick auf die besonderen forstlichen Anforderungen ist somit durchaus mit der ökologischen Erweiterung vergleichbar. Vor allem in der technischen Produktion können zudem die Instrumente des ökologieorientierten Controllings direkt übernommen werden. Für die biologische Produktion sind hingegen eine Hinwendung zu den Bestandsgrößen und eine ökosystemare Betrachtung notwendig.

---

[485] Ohne speziellen Bezug zum ökologieorientierten Controlling vgl. auch LETMATHE (1998, S. 18ff.).

5 Lösungsansätze für die fehlende Ökologieorientierung und den ausstehenden KMU-Bezug

5.1 Umfassende Informationsversorgung als zentraler Controllingaspekt – Die Einbindung ökologischer Daten und Informationen

5.1.1 Bisheriger Umgang mit ökologiebezogenen Informationen

Weder die forstliche Controllingpraxis noch die forstwissenschaftliche Aufarbeitung sind bisher in der Lage, die dargestellten Anforderungen an ein branchenspezifisches Controlling vollständig zu erfüllen. Dies gilt sowohl für die allgemeinen Anforderungen – bei diesen ist beispielsweise die unzureichende Umweltorientierung zu bemängeln – als auch für die Anforderungen aus dem forstwirtschaftlichen Kontext. Einige Ansätze, die durchaus dem Anspruch der Steuerungsunterstützung und der Verbesserung der Zielerreichung genügen, sind vorhanden. Das Beziehungs- und Wirkungsgefüge des Waldes wird allerdings überwiegend nur unzureichend einbezogen. Obwohl gerade die enge Verflechtung zwischen Wirtschaftssystem und Ökosystem die Forstwirtschaft prägt, dominiert die Reduzierung auf die wirtschaftliche Betrachtung das forstliche Controlling. Die Berücksichtigung ökologischer Aspekte erfolgt allenfalls getrennt. Die Einsicht dieses Mangels ist durchaus vorhanden (z. B. Merker 1997, S. 152f.). Ausgereifte Ansätze zum Schließen dieser Lücke gibt es indes nicht. MERKER nennt als Integrationspunkt die gemeinsame Planungs- und Behandlungseinheit, führt die Umsetzung aber nicht aus (ebd.). In den folgenden Abschnitten werden mehrere Möglichkeiten der Einbeziehung ökologischer Monitoringinformationen in das betriebliche Controllingsystem aufgezeigt. Dazu wird (ökologisches) Monitoring zunächst als eigenständiges Informationsinstrument abgegrenzt. Anschließend werden in Abschnitt 5.1.3 die relevanten Monitoringinhalte aus dem Beschreibungsmodell des vierten Kapitels abgeleitet, um daraufhin Wege der Einbindung aufzuzeigen (Abschnitt 5.1.4).

5.1.2 Ökologisches Monitoring

Während beim Controlling Steuerung und Lenkung im Vordergrund stehen, ist das Monitoring passiv auf die Beobachtung oder Überwachung des Betrachtungsgegenstandes ausgerichtet. Monitoring ist als Aufgabe oder Instrument (bzw. Gruppe von Instrumenten) in der gesellschaftswissenschaftlichen Literatur genauso zu finden wie in der naturwissenschaftlichen. In der Betriebswirtschaftslehre steht Monitoring in einem engen Zusammenhang zu Überwachungs- und Beobachtungsaufgaben, beispielsweise in Frühwarnsystemen. Gelegentlich ist

© Springer Fachmedien Wiesbaden GmbH, ein Teil von Springer Nature 2010
T. Urigshardt, *Forstliches Controlling*, Edition KWV,
https://doi.org/10.1007/978-3-658-24670-9_5

der Monitoringbegriff auch schon im Zusammenhang mit Controlling und Controllingaufgaben zu finden (z. B. Witt 2000, S. 14f.). Die Überwachung zeigt wiederum eine hohe Affinität zur Kontrolle (Küpper 2008, S. 43), einem wichtigen Baustein des Regelungskreislaufs (z. B. Küpper 2008, S. 225f.; Müller 2002, S. 32). Ein anderer, mehr sozialwissenschaftlicher Kontext, in dem das Monitoring angesprochen wird, ist die Evaluation oder Qualitätsüberwachung.[486] Zur Unterstützung der Evaluation erstreckt sich Monitoring auf unterschiedlich weite Bereiche, von der Einzelmaßnahme bis hin zur Ebene des Gesamtsystems. Erfasst werden Input-, Output- und/oder Wirkungsdaten. Monitoring ist eine Daueraufgabe. Als solche hat sie das Management kontinuierlich mit Daten über den Programmablauf und die Zielerreichung zu versorgen (Stockmann 2006, S. 80). Gerade hierin unterscheidet sich Monitoring auch von der punktuellen Evaluation (Rossi/Freeman/Lipsey 1999, S. 231). Im Ergebnis liefert das Monitoring eine Längsschnittbetrachtung und zeigt insbesondere Entwicklungstendenzen auf. Die Monitoringaufgabe ist weitgehend deskriptiv und nicht gestaltend (Stockmann 2004, S. 9). Gestaltungsvorschläge und Maßnahmendurchsetzung müssen anderweitig abgedeckt werden. Gerade durch diese methodischen Unterschiede und die flexible Gestaltbarkeit ist das Monitoring dennoch als geeigneter instrumenteller Ansatz zur Erweiterung des Controllingsystems zu sehen (Stockmann 2006, S. 80f.).[487]

Weitaus häufiger wird auf das Monitoring in ökologischen und biologischen Abhandlungen eingegangen. Es steht hier in einer Reihe mit zwei anderen Begrifflichkeiten: ‚Observation' und ‚Umweltinformationssystem' (UIS). Die nachfolgende Abbildung 18 verdeutlicht die Zusammenhänge und gibt zugleich die Relation zum Controlling wieder. Zunächst gehen vom Controlling Ziel- und Planvorgaben aus, die die Objekte und den Umfang der Beobachtung bestimmen.

---

[486] Nach STOCKMANN entspricht die Evaluation der Anwendung empirischer Methoden und systematischer Verfahren zur Informationsgewinnung und -bewertung anhand offen gelegter Kriterien, die eine intersubjektive Nachprüfbarkeit möglich machen (2004, S. 2). Ziele der Evaluation sind die Gewinnung von Erkenntnissen, die Ausübung von Kontrolle, die Schaffung von Transparenz zur Ermöglichung eines Dialogs und die Dokumentation des Erfolgs (ebd. S. 66). Die Aufgaben der Evaluation können entsprechend vielfältig sein. Beispiele sind etwa die Verbesserung der Planung einer Aufgabe, die Prozessdurchführung und die Wirkungsüberprüfung von Interventionen, wozu auch nichtintendierte Wirkungen gehören (ebd. S. 69; Rossi/Freeman/Lipsey 1999, S. 336ff. und 360ff.).

[487] Die von STOCKMANN zunächst unterstellte inhaltliche Vergleichbarkeit der Monitoring- und Controllingaufgaben (2004, S. 10; 2006, S. 76) kann allerdings nicht bestätigt werden. Der Vergleich ist allein dadurch fragwürdig, dass hier ein Instrument bzw. eine Methode – das Monitoring – mit einer Funktion verglichen wird. Controlling geht in seiner Querschnittfunktion weit über die Informationsversorgung hinaus, während Monitoring einzig ein Instrument der Informationsversorgung ist. Eine Übereinstimmung kann daher ohnehin allenfalls partiell vorliegen. Dies räumt auch STOCKMANN indirekt an anderer Stelle ein (2006, S. 80f.). Zunächst beschränkt sich die Erweiterung zwar auf die verbesserte Einbeziehung ökologischer Belange. Gerade STOCKMANNS Arbeiten zur Evaluation zeigen, wie über das Monitoring in einem weiteren Schritt gesellschaftlich-soziale Ziele in das Controlling einbezogen werden können.

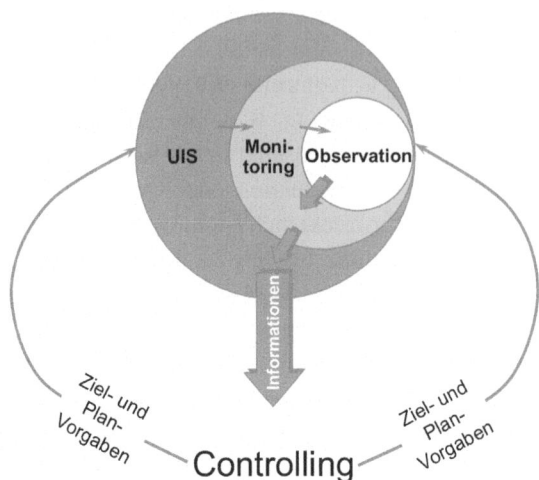

Abb. 18: Observation, Monitoring und Umweltinformationssysteme

Observation (engl.: Beobachtung) steht am Anfang. Das Monitoring (Überwachung) geht über die reine Beobachtung hinaus, da zusätzlich Vorgaben zu den zu überwachenden Größen vorliegen. Das Monitoring kann seinerseits in ein Umweltinformationssystem eingebettet sein. Solche Systeme dienen der umfassenden Versorgung der Führung mit umweltrelevanten Informationen (Funke et al. 1993, S. 61; ähnlich Stahlmann 1993, S. 99; Ashdown/Schaller 1990, S. 145). ZSIFKOVITS/BRUNNER beschreiben sie als „... instrumentalisierte Form der Sammlung, Aufbereitung und Präsentation von Umweltinformationen ..." (2003, S. 160). Für betriebliche Umweltinformationssysteme ist der einzelwirtschaftliche Bezug kennzeichnend (Behrendt 2000, S. 9). Bisweilen wird für die Umweltinformationssysteme sogar schon eine Verknüpfung mit ökonomischen Informationen, etwa im Rahmen eines ökologieorientierten Controllings, gefordert (BfUNR/UBA 2001, S. 24).

Eine umfassende Aufgabenbeschreibung des ökologischen Monitorings ist bei BREYMEYER (1981) zu finden:[488]

• Die Betrachtung erfolgt wiederholt.

---

[488] Im Original: „Monitoring is the collection of information: (1) for a large number of points at the same time, (2) rapidly and repeatedly, and (3) by means of the same, commonly available methods. Monitoring data may be used to detect changes in the state of an environmental element or medium under study or in the rate of a process. These signals are interpreted on the basis of the whole existing knowledge of the event involved; conversely, as a result of the signals obtained from monitoring, we can undertake more detailed, deeper studies in a given direction. Thus, 'ecosystem monitoring' is a continuous program of long-term information collection on specific ecological systems. The number of systems monitored has to be established according to the actual biological diversity of a given region and the current state of ecological knowledge concerned with identification of ecosystem types. It should be assumed that information has to be collected by means of relatively simple techniques as institutions participating in the program of ‚ecosystem monitoring' will differ in their staff and equipment facilities." (Breymeyer 1981, S. 175f.)

- Die Datenerfassung findet gleichzeitig an mehreren Punkten statt. Die Zahl der Beobachtungsflächen hängt von der ökosystemaren Vielfalt ab.
- Die eingesetzten Methoden bleiben gleich. Sie sind einfach zu halten.
- Aufgedeckte Veränderungen sind Anlass für tiefer gehende Analysen.

Sehr viel knapper fasst sich BAYFIELD: Monitoring dient demnach vereinfacht der Aufzeichnung von Veränderungen (1997; Lang/Blaschke 2007, S. 310). Gegenstände des Monitorings können sowohl abiotische als auch biotische Größen sein (Ashdown/Schaller 1990, S. 152ff.). Nach NOSS gibt es vier Ebenen, auf die sich das ökologische Monitoring gegebenenfalls beziehen kann (1990, S. 360f.). Die oberste Ebene umfasst Regionen und Landschaften. In der Ebene darunter sind Ökosysteme und Lebensgemeinschaften angesiedelt. Die dritte Ebene ist die der Arten und Populationen. Zuletzt kann sich Monitoring noch auf die genetische Ebene beziehen.

Einige Punkte sind in allen Definitionen und Aufgabenzuweisungen enthalten. Dazu zählen die Anlage auf (eine gewisse) Dauer und eine Beschränkung auf die reine Beobachtung. Somit lässt sich als Aufgabenstellung festhalten: Monitoring soll das Management kontinuierlich und über einen längeren Zeitraum mit Daten versorgen, die geeignet sind, Auskunft über die Erfüllung der Vorgaben der Planung und die Zielerreichung zu geben. Monitoring kann sich auf unterschiedlich weite Bereiche beziehen, die allerdings klar abgegrenzt sein müssen, um eine Vergleichbarkeit zu gewährleisten.

Eine kritische Hinterfragung des ökologischen Monitorings ist bei NOSS zu finden: „Monitoring has not been a glamorous activity in science, in part because it has been perceived as blind data-gathering (which, in some cases, it has been). ... In most agencies, monitoring and research projects are uncoordinated and are carried out by seperate branches." (1990, S. 361) Eine Einbindung in das zweck-orientierte Controlling leistet einen Beitrag, um diese schlechte Reputation zu verbessern.

LINDENMAYER stellt Bedingungen für ein Monitoring in bewirtschafteten Wäldern auf (1999, S. 282f., auch Margules 1992). Um überhaupt aussagekräftige Vergleiche zu ermöglichen, müssen die Auswirkungen unterschiedlicher Bewirtschaftungsstrategien nachvollzogen werden. Aus dem gleichen Grund werden unbeeinflusste Referenzflächen benötigt. Die notwendige Langfristigkeit der Datensammlung wird nochmals betont, da nur so die Gesamtheit der Auswirkungen offenkundig wird. Zuletzt fordert LINDENMAYER eine enge Verzahnung sowohl zwischen den beteiligten wissenschaftlichen Disziplinen als auch zwischen Wissenschaftlern und Forstmanagern.

5.1.3 Aufgaben und Inhalte des ökologischen Monitorings im forstlichen Controlling

Aus den Ansätzen des ökologieorientierten Controllings kann ein weiterer wichtiger Schluss gezogen werden: Die Versorgung der Unternehmensführung mit ökologie- bzw. umweltrelevanten Informationen leistet einen wichtigen Beitrag zur umweltorientierten Unternehmensführung. Die Sicherstellung der Informationsversorgung der Führung gilt als eine der zentralen Unterstützungsfunktionen des Controllings (z. B. Horváth 2009, S. 295; Pietsch/Scherm 2004, S. 540).[489] Die Begründung für den hohen Stellenwert ist zwingend, ist das Informationssystem doch das Bindeglied zwischen den Teilsystemen der Führung (Küpper 2008, S. 151). Dadurch lässt sich die Erweiterung der Informationsbasis als vorrangiger Schritt der Ökologieorientierung nachvollziehen und rechtfertigen. Im Sinne des Controllings müssen diese Informationen anschließend den Weg in die darauf angewiesenen Teilsysteme finden (siehe Abbildung 19). Neben dem vorhandenen Informationssystem sind das Planungssystem und das Kontrollsystem hervorzuheben.

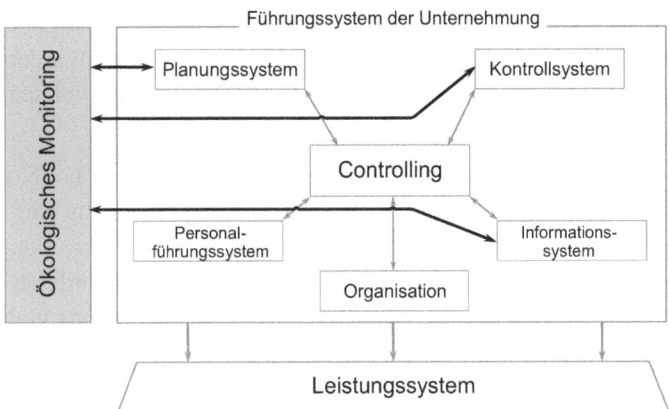

Abb. 19: Führungssystem der Unternehmung und Monitoring
(Quelle: Küpper 2008, S. 30, ergänzt)

Ein anpassungsfähiges forstbetriebliches Management in Verbindung mit einer im betrieblichen Zielsystem verankerten Ökologieorientierung erfordert laut Noss die Verknüpfung von Monitoring, fundierten Schätzungen („assessments'), Forschung und forstlicher Planung sowie einen kontinuierlichen Informationsfluss zwischen diesen (1999, S. 137). Obwohl diese Forderung keinen ausdrücklichen Controllingbezug aufweist, trifft sie im Kern doch das Anliegen des Con-

---

[489] HORVÁTH widmet folgerichtig mehr als ein Drittel seiner Monographie der ‚Koordination des Informationsversorgungssystems' (2009, S. 291-592) und weitere fast 100 Seiten der ‚Koordination des computergestützten Informationssystems' (2009, S. 615-691).

trollings. Es bestehen zwei Lösungsalternativen, von denen jedoch nur die erste weiter ausgearbeitet wird:

1. Integration zu einem gemeinsamen System (Controlling als alleiniger Garant komplexer, multikriterieller Nachhaltigkeit) oder

2. Ausbau des ökologischen Monitorings zu einem ökologischen Controlling als Parallelsystem zum betrieblichen Controlling (Ökologieorientiertes Controlling als additive Lösung).

Der Parallelbetrieb eines eigenständigen Systems ist als unbefriedigend zu erachten. Wechselwirkungen können in einem solchen System nur sehr eingeschränkt und daher unzureichend Berücksichtigung finden.[490] Gleichzeitig ist der Aufwand für die Einrichtung der Parallelorganisation höher. Im laufenden Betrieb entstehen permanente Abstimmungsnotwendigkeiten. Allerdings stellt die Integration ebenso eine Gratwanderung dar, die mit laufenden Abstimmungsaufgaben und hohem Organisationsaufwand verbunden ist. Die genuinen Merkmale des Controllings sind zu beachten und zu bewahren. Begriff und zugeordnete Aufgaben des Controllings dürfen nicht beliebig weit gedehnt werden (Hoitsch/ Kals 1993, S. 81). Ansonsten drohen eine Überforderung der Controllingträger und möglicherweise auch der Controllingadressaten. Andererseits gilt: Wenn Controlling mit seinem engen Bezug zu Rationalität, Führung, Zielen, Entscheidung, Effizienz und Effektivität die Integration nicht unterstützt, welche betriebliche Funktion könnte dies sonst leisten?

Im Modell des Forstbetriebs wurden outputseitig vier Wert- bzw. Risikogrößen unterschieden, über welche die betrieblichen Ziele und deren Erreichen abgebildet werden. Im Einzelnen waren dies der ökonomische und der ökologische Wert, der Wert der gesellschaftlichen Wirkungen und Leistungen sowie die ökonomischen und ökologischen Risiken. Die gegenseitige Beeinflussung dieser Größen und der Einfluss der Inputgrößen sowie der Transformation sind so weitgehend, dass sich eine zumindest indirekte Wirkungsbeziehung nie ausschließen lässt. Dennoch können Schwerpunkte in den Relationen abgegrenzt werden. Die folgenden vier Abbildungen verdeutlichen dies. Für die Zielgrößen sind weder alle Entscheidungsgrößen noch alle Teilbereiche der Transformation gleichermaßen relevant. Aus den Abbildungen 21 und 23 sind weitere Hinweise auf die Aufgaben und Inhalte des ökologischen Monitorings als Baustein des forstlichen Controllings abzuleiten.

---

[490] Die Nachhaltigkeitsproblematik entsteht aus ökologischer Sicht insbesondere aus den engen Wirkungsverflechtungen zwischen den technisch/ökonomisch motivierten Maßnahmen im Rahmen der Bewirtschaftung und den nur teilweise intendierten Auswirkungen in alle drei Nachhaltigkeitsbereiche hinein. Wenngleich solche Wechselwirkungen für die (technische) Produktion der Forstwirtschaft deutlich weniger relevant erscheinen (Schmithüsen et al. 2009, S. 214ff.), müssen sie hier doch besondere Beachtung finden.

Abb. 20: Einflussgrößen des ökonomischen Werts

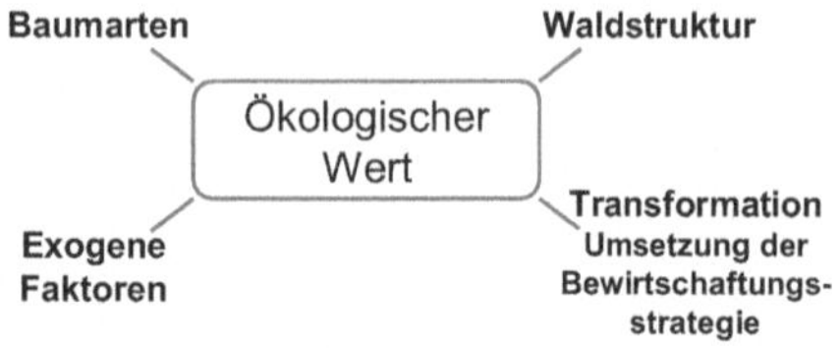

Abb. 21: Einflussgrößen des ökologischen Werts

Abb. 22: Einflussgrößen des Werts gesellschaftlicher Wirkungen und Leistungen

Abb. 23: Einflussgrößen ökonomischer und ökologischer Risiken

Entscheidungen über den strukturellen Aufbau einschließlich der Baumartenwahl sowie im Hinblick auf die Bewirtschaftungsstrategie und deren operative Umsetzung sind sowohl für den ökologischen Wert als auch für die ökonomischen und ökologischen Risiken bestimmend. Informationen über die exogenen Faktoren und deren Veränderungen geben Auskunft über den Handlungsspielraum und die realisierbaren (ökologischen) Betriebsziele. Die notwendigen Inhalte des ökologischen Monitorings ergeben sich daher aus den Wert- und Risikogrößen, die ihrerseits Teil der betrieblichen Planungs- und Kontrollinformationen sind. Daneben sind die Rahmenbedingungen in Form der natürlichen Standorteigenschaften ebenfalls vom Monitoring abzubilden. Charakterisiert wird der Standort über abiotische Faktoren, wie Klima, Boden oder Topografie, aber auch über biotische Faktoren, die, wie die Artenzusammensetzung, einen bestimmenden Einfluss auf das Ökosystem haben (z. B. Röhrig/Bartsch/Lüpke 2006, S. 53f.). An diesen Informationsbedarfen hat das Monitoring anzusetzen.

Die unzureichende oder fehlende direkte Messbarkeit der eigentlich zu beobachtenden Größen wurde als häufig auftretendes Problem bereits im letzten Kapitel angesprochen. Bisweilen ist schon die theoretische Messbarkeit fraglich, weil die Größe zu komplex ist (z. B. Entropie) oder ein objektiver Maßstab fehlt (z. B. Nutzen, Risiko). Erschwerend kommen praktische Umsetzungsprobleme und die Frage nach der Vertretbarkeit des erforderlichen Aufwands hinzu. Ersatzweise wurde daher auch bei der Bestimmung des ökologischen Werts auf Indikatoren zurückgegriffen. Für die Auswahl und den Einsatz speziell von Umweltindikatoren fordert NOSS (1990, S. 357f.):[491]

- Die Indikatoren müssen hinreichend sensitiv auf Veränderungen der Zielgröße(n) reagieren.

- Die Indikatoren müssen weiträumig einsetzbar sein, da ansonsten die Aussagekraft stark eingeschränkt ist.

- Der attestierte Zusammenhang zwischen Indikator- und Zielgröße muss über einen ausreichend weiten Wertebereich stabil bleiben.

- Indikatoren müssen schon für kleine Stichprobenumfänge Aussagen zulassen.

- Die Indikatorgrößen müssen einfach und kostengünstig zu erheben und zu verarbeiten sein.

- Die Unterscheidung natürlicher und anthropogen bedingter Veränderungen soll möglich sein.

NOSS sieht selbst schon die Problematik dieses umfangreichen Anforderungskatalogs. Da kein Indikator alle Eigenschaften aufweisen dürfte, ist ein Set sich ergänzender Indikatoren erforderlich (1990, S. 358). Bei deren Anwendung dürfen die mit einer solchen Hilfskonstruktion verbundenen Unzulänglichkeiten nicht in Vergessenheit geraten. Indikatorgestützte Aussagen sind oftmals nicht eindeutig und fehlbar.[492] In der Regel liegen keine monokausalen Beziehungen vor. Indikatorbezogene Aussagen sind für die Zielgröße daher lediglich als Tendenzaussagen anzusehen. Diese Einschätzung gilt generell, selbst wenn durch die Indikatorauswahl ein hinreichend klarer Zusammenhang zwischen Veränderungen der Indikatorgröße und dem Verhalten der Zielgröße unterstellt werden kann.

Trotz der Einschränkungen ist das Ausweichen auf die Ersatzmaßstäbe auch beim ökologischen Monitoring in erheblichem Umfang notwendig. Für die Bestimmung des ökologischen Werts wurden in Abschnitt 3.5.5.3 die Strukturdaten als geeigneter Indikator herausgearbeitet. Begründet wurde dies mit deren grundlegender Bedeutung für die landschaftsökologischen Wirkungen. Die Wirkungsbereiche

- Klima,

- Wasserkreislauf und Wasserregime,

- Boden sowie

- potenziell vorkommende Pflanzen, Tiere und Lebensgemeinschaften

werden hauptsächlich von der Vegetationsform vorherbestimmt. Kleinklima

---

[491] Zu den geforderten Eigenschaften vgl. ebenso REQUARDT/KÖHL/NÄSCHER (2004, S. 495), MUNN (1988).

[492] "The use of indicator species to monitor or assess environmental conditions is a firmly established tradition ... . But this tradition has encountered many conceptual and procedural problems. ... Landres et al. (1988) pointed out a number of difficulties with using indicator species to assess population trends of other species and to evaluate overall wildlife habitat quality, and noted that the ecological criteria used to select indicators are often ambiguous and fallible." (Noss 1990, S. 358)

(Thomasius/Schmidt 1996, S. 174), Wasserregime (ebd. S. 187ff.), tatsächliche Artenzusammensetzung und, im Zusammenhang mit der Bewirtschaftungsform, auch der Waldboden (ebd. S. 198ff.) werden ebenso von der Waldstruktur beeinflusst. Eine differenzierte und ‚natürliche' Arten-, Raum- und Altersstruktur beeinflusst insbesondere die Biotopfunktion positiv. Die Naturnähe kann durch eine Vielzahl spezifischer Habitatansprüche erfüllt werden (ebd. S. 210). Gerade der Begriff der ‚Natürlichkeit' respektive ‚Naturnähe' erweist sich jedoch als schwierig und sollte daher näher umschrieben und präzisiert werden. Merkmale wie natürlich vorkommende Baumarten, die Garantie eines ökologiebezogenen Prozessschutzes oder eine geringe Eingriffsintensität sind Beispiele hierfür (Leibundgut 1985, S. 154ff.; Burschel/Huss 1997, S. 40; Thomasius/Schmidt 1996, S. 169).

Durch die Forderung, Eingriffe so zu bemessen, dass sie die vorhandenen Regenerationskräfte nicht überfordern[493] (Noss 1999, S. 140) und sich somit an der ökosystemaren Stabilität (Elastizität oder Resilienz) orientieren, wird der Zusammenhang zur Bewirtschaftungsstrategie und zu deren Umsetzung in den Transformationsprozessen verdeutlicht. Neben der Eingriffsintensität sind der Eingriffszeitpunkt und die angewendeten Verfahren ausschlaggebend für die ökologischen ‚Nebenwirkungen' der Bewirtschaftung. Hier stoßen die Strukturindikatoren an ihre Grenzen. Sie sind weder geeignet, die Wirkungspfade in ausreichendem Umfang zu erfassen, noch können aus ihnen diesbezügliche steuerungsrelevante Planungs- und Kontrollinformationen abgeleitet werden. Die Integration der ökologischen Monitoringdaten (als direkte Merkmalsdaten oder Indikatordaten) alleine reicht daher nicht aus, um die Erreichung der ökologischen Betriebsziele zu sichern. Gerade für das operative Controlling sind all jene Zusammenhänge der ursprünglich als ‚Black-box' angesehenen Transformation zu beachten, die bereits bekannt sind. Die bestehenden Wissenslücken sind über die geforderte Einbeziehung der Wissenschaft zu schließen (Noss 1999, S. 137). Gegenstände der Forschungsbemühungen sind dementsprechend neben der biologischen und der technischen Produktion auch die Folgen menschlicher Eingriffe. Aus Controllingsicht gilt dies nur, insoweit sie im Einflussbereich des Forstbetriebs liegen.

Aus den bisherigen Ausführungen wurde schon deutlich, dass ökologisches Monitoring in den Forstbetrieben eine ganze Reihe von Bezugspunkten haben kann. Die Biodiversität oder Artenvielfalt ist einer davon. Notwendig wird deren Überwachung, wenn die Erhaltung oder Förderung der Artenvielfalt zum Betriebsziel aufsteigt.[494] Während die Strukturdaten zwar die Beurteilung des Le-

---

[493] So sollen die Maßnahmen natürliche Störungen nachahmen (Noss 1999, S. 140).

[494] „We assess and we monitor to mesure our progress toward meeting our established goals and objectives – or at least that is how it should be. In the case of forests in regions with a history of intensive human land use, such as most of the temperate zone, it would make sense to monitor progress toward goals corresponding to forest recovery." (Noss 1999, S. 137)

bensraumpotenzials ermöglichen, ohne auf das tatsächliche Vorkommen einzelner Tier- und Pflanzenarten einzugehen, ist auch der umgekehrte Ansatz denkbar. Zunächst können bedrohte Arten direkt in ihrem Bestand und in ihrer Verbreitung überwacht werden. Darüber hinaus kann über das Vorkommen von Zeiger- oder Weiserarten auf besondere Eigenschaften des Lebensraums geschlossen werden. LAMBECK (1997) nimmt eine Einteilung von Lebensraumansprüchen in vier Kategorien vor, die über eigene Weiserarten oder Indikatoren nachzuweisen sind.

- *Arealgrößenbeschränkte Arten*: Dies sind Arten, die hohe Ansprüche an die Habitatgröße stellen und daher nicht in kleinparzellierten Waldgebieten vorkommen. Entsprechend gering ist die maximale Populationsdichte.

- *Wanderungsbeschränkte Arten*: Hierzu gehören Arten, deren Lebensablauf sich durch Wanderbewegungen auszeichnet oder die ihren Lebensraum immer wieder wechseln. Sie benötigen ein vernetztes System von aneinander stoßenden oder über barrierefreie Korridore verbundenen Habitaten.

- *Ressourcenbeschränkte Arten*: Solche Arten sind auf besondere Ressourcen, etwa im Nahrungsangebot oder im Erscheinungsbild ihres Lebensraums angewiesen. Entsprechend begrenzt das Vorhandensein dieser Ressourcen das Vorkommen dieser Arten.

- *Prozessablauflimitierte Arten*: Diese Arten sind auf bestimmte ökologische Prozesse und deren Auftreten in einer Mindestrate, Regelmäßigkeit, Prozessqualität oder zeitlichen Determiniertheit angewiesen.

NOSS fügt diesen vier Kategorien drei weitere hinzu, die er als Schlüsselarten, begrenzt standortheimische Arten sowie in den bisher genannten Kategorien nicht zu fassende Sonderfälle kategorisiert. Unter diesen drei Gruppen sind aus Controllingsicht vor allem die Schlüsselarten zu beachten, da sie wesentlichen Einfluss auf die Ökosystemeigenschaften und auf andere Arten haben können. Als Beispiel zieht NOSS herbivore Insekten heran, die zur Massenvermehrung neigen (1999, S. 144).

Ökologiebezogene Daten sind in unterschiedlicher Form in vielen Forstbetrieben durchaus schon verfügbar. Im Rahmen von Monitoringprozessen werden für verschiedene Zwecke innerbetrieblich und durch externe Institutionen ökologierelevante Daten erhoben. Was in erster Linie fehlt, ist die controllingadäquate Aufbereitung und Kommunikation der Daten und Informationen. Liegen hingegen keine Monitoringdaten vor oder ist die vorhandene Datenlage unzureichend, muss das controllingadäquate Monitoringsystem zunächst noch eingeführt oder ausgebaut werden. Bei NOSS ist ein Vorschlag zur Einführung in zehn Schritten zu finden (1990, S. 361f.). Das Vorgehen ist demjenigen zur Einführung eines Controllingsystems nicht unähnlich. Zum Vergleich sieht HORVÁTH acht Schritte zum Aufbau eines Controllingsystems vor (2003a, S. 2) und JÖBSTL stellt an den Anfang der Implementierung die Sammlung, Sortierung und Prüfung vorhandener Unterlagen (2004a, S. 23ff.). Darin und in der notwendigen Klärung der Anforderungen (‚What and why?', Noss 1990, S. 361; ‚Formulate specific questions', ebd. S. 362) besteht eine weitgehende Übereinstimmung in den Empfehlungen. Abweichend empfiehlt Noss für die Einführung des Monitorings Areale besonders hoher Artenvielfalt und Ökosysteme hoher Instabilität. Anschließend sind zur Beantwortung der identifizierten Fragestellungen geeignete Indikatoren und gegebenenfalls noch Referenzflächen als zusätzlicher Vergleichsmaßstab auszuwählen. Der Zusammenhang mit den Zielgrößen ist fortwährend durch Untersuchungen zu hinterfragen und abzusichern. Beim Einsatz stichprobenbasierter Verfahren müssen zuletzt noch Aufnahmeraster angelegt werden (ebd. S. 362).

Während das Monitoring in der Betriebsführung bisher keine Bedeutung erlangt hat, werden wissenschaftliche Monitoringprogramme intensiv betrieben. Bisher richtet sich das forstwissenschaftliche Monitoring vor allem an der Beobachtung und Analyse des Waldzustandes aus. Die eingerichteten Dauerbeobachtungsflächen sind zumeist in nationale oder europaweite Monitoringprogramme eingebunden. Hierzu gehören die so genannten Level I-, II- und III-Flächen. Aus den nationalen Level II-Flächen etwa ist das Europäische Intensiv-Monitoring-Netz (ICP-Forests) zusammengesetzt.[495] Im Rahmen dieses Programms werden etwa der Kronenzustand, die Nährstoffversorgung, das Waldwachstum, der Bodenbewuchs, die chemische Zusammensetzung von Boden und Laub u. v. m. beobachtet. Ziele des Programms sind unter anderem die Gewinnung von Erkenntnissen über die ökosystemaren Wirkungsbeziehungen oder das rechtzeitige Erkennen grundlegender Veränderungstendenzen (ICP 2009). Die Dauerbeobachtungsflächen werden beispielsweise von den Forschungseinrichtungen der Landesforstverwaltungen und Landesbetriebe sowie von forstlichen Hochschulinstituten betreut.[496] Daneben betreiben diese Institutionen auch Wetter- bzw. Klimamessstationen, es wird Monitoring von zu Massenvermehrungen neigenden Insekten durchgeführt oder es werden Schadstoffdepositionen erfasst (FVA-BW 2009).

---

[495] ICP ist das 'International Co-operative Programme on Assessment and Monitoring of Air Pollution Effects on Forests', welches wiederum Teil der 'UNECE (United Nations Economic Commission for Europe) Convention on Long-range Transboundary Air Pollution' ist (ICP 2009).

[496] Siehe z. B. BAYERISCHE FORSTVERWALTUNG (2009), FVA-BW (2009), NW-FVA (2009).

5.1.4   Verknüpfung der Informationsstränge

5.1.4.1   Ansatzpunkte der Verknüpfung

Schon mehrfach wurde darauf hingewiesen, dass Controlling ein informationsgenerierender und -verarbeitender Prozess ist. Damit die aus dem ökologischen Monitoring gewonnenen Informationen voll zum Tragen kommen, müssen sie in diesen Prozess eingearbeitet werden. Die Daten und Informationen können sich auf messbare Größen beziehen oder verbal beschreibend sein. Diese Heterogenität ist in der Weiterverarbeitung zu beachten. Als vergleichsweise einfache Möglichkeit bieten sich aus dem ökologischen Monitoring und den ökologischen Betriebszielen generierte Kennzahlen an. Deren Einführung und Einbindung kann als erster Schritt der Verknüpfung angesehen werden. Weder die bis dahin eingesetzten Instrumente noch die Controllingorganisation müssen grundlegend überarbeitet werden. Die anschließend vorgestellten, ergänzenden Schritte der Integration über Geografische Informationssysteme, Prozess- und Projektorientierung machen hingegen deutliche Anpassungen des Instrumenteneinsatzes oder gar abgestimmte Controllingformen notwendig.

5.1.4.2   Kennzahlen aus dem Monitoring

5.1.4.2.1 Grundlegendes zu den Kennzahlen

Kennzahlen sind eine verbreitete Form der Informationsaufbereitung. Sie beziehen sich auf alle für die Betriebsführung relevanten Tatbestände, die als numerische Informationen vorliegen (Meyer 2007, S. 17; Siegwart 1990, S. 12). Ihr Hauptzweck ist die Vermittlung von Information über das betriebliche Geschehen an die Adresse des Entscheidungsträgers und sonstiger berechtigter Stakeholder. Kennzahlen sind vielfältig einsetzbar, unter anderem in der Zielformulierung, der Planung, der Planausführung oder der Kontrolle (Meyer 2007, S. 29; Siegwart 1990, S. 22f.; Kern 1971, S. 702). Sie sind somit in all jenen Führungsteilsystemen relevant, in die das ökologische Monitoring controllingadäquat einzubinden ist (vgl. Abbildung 19). Kennzahlen sind eng mit dem Controlling verbunden und umgekehrt (Seidel 1998, S. 17).[497] Sie könnten daher ein geeigneter Weg sein, um zumindest die quantifizierbaren Monitoringdaten in den Informationsfluss des Controllings zu integrieren.

STAEHLE definiert Kennzahlen als „...Verhältniszahlen und absolute Zahlen, die in konzentrierter Form über einen zahlenmäßig erfassbaren betrieblichen Tatbe-

---

[497] SEIDEL geht sogar soweit, Controlling in weiten Bereichen mit einem ‚Management durch Kennzahlen' gleichzusetzen (1998, S. 17).

189

stand informieren ..." (1967, S. 62).[498] HEINEKE und STAUDT ET AL. betonen darüber hinaus den Ziel- oder Zweckbezug der Kennzahl (Heineke 2005, S. 91ff.; Staudt et al. 1985, S. 24).[499] An die Stelle der ursprünglichen Auseinandersetzung mit Kennzahlen im Allgemeinen sind nach Ansicht HEINEKES inzwischen die beiden Bereiche ‚Performance Measurement' und ‚wertorientierte Kennzahlen' getreten. In beiden Fällen dienen Kennzahlen der Leistungsbeurteilung von Akteuren und abgrenzbaren organisatorischen Einheiten (2005, S. 2f.).[500] Den ursprünglichen Kennzahlenbegriff setzt er mit der ‚Performance Measure' gleich (ebd. S. 2 u. 70). HEINEKE untersucht allerdings in erster Linie die Verwendung von Kennzahlen in hierarchischen Führungsbeziehungen, wodurch sich dieser Fokus erklärt (ebd. S. 4ff.). Für die Steuerung im Forstbetrieb ist dagegen die gesamte Bandbreite des Kennzahleneinsatzes relevant.

Kennzahlen haben keinen Selbstzweck (Meyer 2007, S. 34). Sowohl die Kennzahlenbildung als auch die inhaltliche Interpretation hat im Kontext der zu bearbeitenden Fragestellung zu erfolgen (Heineke 2005, S. 69f.). Isoliert betrachtet hat eine Kennzahl kaum Aussagekraft und ist für die Unternehmensführung damit nur von geringem Wert. Erst durch einen Vergleich entfalten Kennzahlen ihre eigentliche Bedeutung (Siegwart 1990, S. 20; Staudt et al. 1985, S. 23; Kern 1971, S. 702). Ein solcher Vergleich ist zugleich der erste Schritt der Kennzahlenanalyse und -interpretation.

Ein wesentliches Unterscheidungskriterium von Kennzahlen ist mit der Unterteilung in absolute Zahlen und Verhältniszahlen in der vorgestellten Begriffsdefinition STAEHLES schon angeklungen. Die Verhältniszahlen (auch Relativzahlen) werden nochmals in Beziehungs-, Gliederungs- und Indexzahlen unterschieden.

- *Beziehungskennzahlen* sind Ausdruck des Verhältnisses von zwei verschiedenen Merkmalen. So kann eine Größe pro Zeiteinheit gemessen werden. Bekannte betriebswirtschaftliche Beziehungskennzahlen sind die Rentabilitätskennzahlen.

  Beispiele: Vorrat je ha; Hiebssatz je ha; Umsatzrentabilität: $\frac{Jahresüberschuss}{Umsatz}$

- *Indexkennzahlen* entstehen beim Vergleich von zwei gleichartigen Merkmalen, von denen eines gleich 100% gesetzt wird. Sie werden häufig zur Verdeutlichung der Entwicklung im Zeitvergleich verwendet.

---

[498] Gerade an der Frage der Zulässigkeit auch absoluter Zahlen scheiden sich die Geister. Daher differenzieren STAUDT ET AL. zwischen einer engen und einer weiten Fassung der Kennzahlendefinition. Die enge Fassung beschränkt den Kennzahlenbegriff auf die Verhältniszahlen wogegen die weite Fassung sowohl Relativzahlen als auch absolute Zahlen zulässt (1985, S. 22).

[499] Neben dem Kennzahlenbegriff ist eine Reihe von Ausdrücken zu finden, die synonym oder zumindest in vergleichbarer Weise verwendet werden (Heineke 2005, S. 67; Siegwart 1990, S. 13).Beispiele solcher Begrifflichkeiten sind Kennziffern, Kontrollzahlen, Kontrollziffern, Messzahlen, Messziffern, Ratios, Richtzahlen, Schlüsselgrößen, Schlüsselzahlen, Standardzahlen oder Standardziffern (Meyer 2007, S. 17).

[500] Den Einsatz performanceorientierter Kennzahlen beschreibt bspw. LETMATHE (2003, S. 56ff.).

Beispiel: Umsatz 2006: 355.000 € (= 100%); Umsatz 2007: 290.000 € ≡

$\frac{290.000\,€}{355.000\,€} = 81,7\%$

- *Gliederungskennzahlen* vergleichen einen Teil mit dem Ganzen und geben den Anteil oder die Quote (in Prozent) an.

Beispiele: Baumartenanteile; Eigenkapitalquote: $\frac{Eigenkapital}{Eigenkapital + Fremdkapital}$

Die Verhältniszahlen haben oft schon einen eigenen Erklärungsgehalt, der den absoluten Zahlen grundsätzlich fehlt. Zudem bieten gerade die Beziehungskennzahlen die Möglichkeit, Abhängigkeiten zu verdeutlichen. So können betriebswirtschaftliche und ökologische Merkmale, die zunächst in einfache Kennzahlen gefasst wurden, anschließend zueinander ins Verhältnis gesetzt werden.

Systematisie-rungsmerkmal	Arten forstbetrieblicher Kennzahlen						
statistisch-methodische Gesichtspunkte	*Absolute Zahlen*				*Verhältniszahlen*		
	Einzel-zahlen	Summen	Differenzen	Mittelwerte	Beziehungs-zahlen	Gliederungs-zahlen	Indexzahlen
Datensicherheit	Sichere (deterministische) Größen				Unsichere (stochastische) Größen		
quantitative Struktur	Gesamtgrößen				Teilgrößen		
zeitliche Struktur	Zeitpunktbezogene Kennzahlen			*Zeitraumbezogene Kennzahlen*			
				Intervallbezogene Kennzahlen		Kontinuierliche Kennzahlen	
Planungs-gesichtspunkte	Soll-Kennzahlen (normativ-zukunftsorientiert)			Wird-Kennzahlen (prognostisch-zukunftsorientiert)		Ist-Kennzahlen (vergangenheitsorientiert)	
inhaltliche Struktur	Mengengrößen				Wertgrößen		
betriebliche Funktionen	*Kennzahlen aus dem Bereich*						
	Beschaffung	Lager-wirtschaft	Produktion		Absatz	Personal-wirtschaft	Finanzwirt-schaft
			Biologische	Technische			
Kontrollierbarkeit	Direkt kontrollierbar				Indirekt kontrollierbar		
Erkenntniswert	Kennzahlen mit selbstständigem Erkenntniswert				Kennzahlen mit unselbstständigem Erkenntniswert		
Erkenntnis-gewinnung	Beschreibende Kennzahlen			Erklärende Kennzahlen		Vorhersagende Kennzahlen	
Datenherkunft	Unternehmensintern				Unternehmensextern		
Zielbezug	*Ökonomische Ziele*				Ökologische Ziele	Gesellschaftlich-soziale Ziele	
	Wirtschaftlichkeits-ziele		Sicherheitsziele				
Bezug zum Rechnungs-wesen	*Quelle der Kennzahlen innerhalb des Rechnungswesens*					Quelle außerhalb des Rechnungswesens	
	Bilanz	Buchhaltung	Kosten- u. Erlösrechnung		Statistik		
Elemente des ökonomischen Prinzips	Einsatzwerte		Ergebniswerte		Maßstäbe aus Beziehungen zwischen Einsatz- und Ergebniswerten		
Gültigkeits-bereich	Kennzahlen der allg. Beurteilung u. Steuerung		Branchenbezogene Kennzahlen		Unternehmensspezifische Kennzahlen		
Umfang der Ermittlungen	Standardkennzahlen				Betriebsindividuelle Kennzahlen		
Leistung des Betriebs	Holzproduktion		Marktlich verwertbare Nebenprodukte		Gesellschaftliche Wirkungen u. Leistungen (öffentliche Güter)		

Abb. 24: Arten forstbetrieblicher Kennzahlen

Einen umfassenden Überblick über weitere Merkmale zur Typisierung der Kennzahlen gibt der oben abgebildete morphologische Kasten (Abbildung 24).[501] Die Merkmale, deren Ausprägungen und die Kombiantionen werden über die zuvor bereits genannten Kriterien hinaus an dieser Stelle nicht vertiefend behandelt.[502] Beispielsweise dürfte selbstverständlich sein, dass quantifizierbare Monitoringdaten als Mengengrößen Kennzahlen zu ökologischen Zielen liefern können. Weitere Merkmale, wie die Herkunft der Daten aus internen und externen Quellen, wurden schon an anderer Stelle thematisiert. Das Merkmal ‚Erkenntniswert' knüpft an der Feststellung an, dass Kennzahlen nur ausnahmsweise einen eigenständigen Erkenntniswert besitzen. Folglich ist ein Vergleich mit Referenzgrößen notwendig.

Die Herkunft der Referenzwerte kann unterschiedlich sein. STEVEN/LETMATHE unterscheiden für den Bereich der Umweltökonomie sechs Formen des Kennzahlenvergleichs (2000, S. 35), die sich ohne weiteres verallgemeinern lassen. Tabelle 13 gibt diese Verallgemeinerung wieder. Für die Nutzung der Monitoringdaten kommen grundsätzlich alle aufgeführten Vergleichsformen in Betracht. Allerdings ist die Controllingrelevanz bei den internen Vergleichen am größten, da sie die Voraussetzung für die Steuerung und Lenkung bilden. Bedarfsweise greift das kennzahlengestützte Controlling für weiter gehende Analysen auf die anderen Vergleichsformen zurück.[503]

	Zeitvergleich	(Plan-)Vorgaben-Vergleiche	Betriebsvergleich
Interner Vergleich	Interne Zeitreihenanalyse	Feedback-Kontrolle (Soll-Ist-Vergleich) Feedforward-Kontrolle (Soll-Wird-Vergleich)	Internes Benchmarking
Externer Vergleich	Externe Zeitreihenanalyse	Z. B. Legal Compliance, Zertifizierung	Externes Benchmarking

Tab. 13: Formen des Kennzahlenvergleichs
(Quelle: in Anlehnung an Steven/Letmathe 2000, S. 35)

Die Vergleiche münden gegebenenfalls in neue Kennzahlenwerte, indem entweder Abweichungen ermittelt oder Verhältniszahlen gebildet werden. Ein Beispiel ist der Zielerreichungsgrad. Diese Kennzahl ist das Ergebnis eines Soll-Ist-

---

[501] Er basiert auf den Systematisierungen betriebswirtschaftlicher Kennzahlen von MEYER (Meyer 2007, S. 23) und STAUDT ET AL. (1985, S. 29). Um die Kennzahlen des ökologischen Monitorings entsprechend den bisher aufgezeigten forstbetrieblichen Besonderheiten einordnen zu können, wurden wesentliche Anpassungen vorgenommen und aus der ursprünglich betriebswirtschaftlichen wurde eine forstbetriebliche Kennzahlensystematik.

[502] Interessierten werden bspw. die beiden bereits genannten Quellen von MEYER (Meyer 2007) und STAUDT ET AL. (1985) nahegelegt.

[503] KERN merkt zur Bedeutung der Abweichungsbetrachtung an, dass es im Rahmen der Unternehmensführung weniger auf das direkte Erreichen der Plan- und Zielvorgaben ankommt. Schließlich können diese Vorgaben bereits unrealistisch sein. Wichtiger ist hingegen das (generelle und rechtzeitige) Erkennen von Abweichungen (1971, S. 717).

Vergleichs der Zielerreichung. Der realisierte Zielwert zu einem bestimmten Stichtag wird mit der ursprünglichen Zielvorgabe ins Verhältnis gesetzt.

$$Zielerreichungsgrad = \frac{erreichter\ Zielwert}{ursprünglicher\ Zielwert}$$

Ein Zielerreichungsgrad von 0,4 bedeutet, dass der Zielwert bisher zu 40% realisiert wurde. Bei Zielen, die in konkreten Zahlen ausgedrückt werden können, die also quantifizierbar sind, ist die Ableitung eines Zielerreichungsgrades ohne weiteres möglich. Bei Zielen, die nicht direkt messbar sind, sind Tendenzaussagen möglich, wenn geeignete Indikatorgrößen vorliegen. Die gezeigten Formen der Gegenüberstellung durchbrechen zugleich den ansonsten statischen Charakter der Kennzahlen. Größtenteils handelt es sich um zeitpunktbezogene Größen, die für sich genommen keine Aussagen über Entwicklungspfade zulassen (Siegwart 1990, S. 122.).

Die Verknüpfung von Einzelkennzahlen kann Ausgangspunkt der Ableitung ganzer Kennzahlensysteme sein. Diese verdeutlichen den sachlichen und – als Rechensysteme – den mathematischen Zusammenhang der Einzelwerte (Franz 1999, S. 294f.). Ordnungssysteme sind entsprechend der allgemeinen Systemdefinition aufgebaut, mit Kennzahlen als Systemelementen, die über Beziehungen miteinander verbunden sind (Staudt et al. 1985, S. 30). Rechenhafte (mathematische) Beziehungen, die eine direkte Ableitung ‚benachbarter' Kennzahlen ermöglichen, liegen in diesen Systemen nicht notwendigerweise vor. Ein durchgängiger rechnerischer Zusammenhang ist hingegen konstitutives Merkmal der Rechensysteme (Staudt et al. 1985, S. 30f.). Solch ein formal-rechnerischer Zusammenhang ist deutlich schwieriger aufzufinden als die sachlogische Verknüpfung.[504] Daher sind neben den reinen Formen vermehrt Mischformen zu finden, in denen innerhalb abgegrenzter Kennzahlengruppen rechnerische Zusammenhänge bestehen, zwischen den Gruppen aber lediglich sachlogische Beziehungen vorliegen (Staudt et al. 1985, S. 31). Zur Bestätigung vermuteter Beziehungen kann ein formaler Nachweis über statistische Verfahren, etwa in Form von Kennzahlenmultiplikatoranalysen oder Kennzahlenelastizitäten, geführt werden (Staudt et al. 1985, S. 32).

Um Kennzahlen in der Unternehmensführung sinnvoll einsetzen zu können, ist es notwendig, sich neben den Stärken auch die Schwächen und Grenzen bewusst zu machen. Hervorstechende positive Merkmale sind die Operationalität und die Exaktheit, die sich aus der quantitativen Herkunft als Messgröße ergeben. Da

---

[504] Zum Aufbau eines Kennzahlensystems kommen drei Wege in Betracht (Franz 1999, S. 295; Staudt et al. 1985, S. 31.):

(a) Aufgliederung einer (Spitzen-)Kennzahl in ihre Bestandteile (Strukturanalyse),

(b) Substitution: Zurückführung auf erklärende Größen bzw. Einzelbestandteile der Kennzahl,

(c) Erweiterung: bezogen auf eine Verhältniszahl werden Zähler und Nenner mit dem Quotienten eines einzigen Wertes erweitert $\left(\frac{Wert\ x}{Wert\ x} \right) = 1$ und in zwei neue Verhältniszahlen aufgespalten.

Kennzahlen in der Unternehmensführung und der betriebswirtschaftlichen Praxis anerkannt und bewährt sind (Kern 1971, S. 701), haben auch umweltorientierte Kennzahlen gute Voraussetzungen, sich in der Praxis durchzusetzen (Seidel 1998, S. 23). Vor allem aus der Aufbereitung und Verdichtung der Ursprungsdaten leiten sich allerdings einige Nachteile ab. Gerade die oft hohe Informationsdichte kann zu Problemen führen. Die realen Bedingungen und Ergebnisse werden stark komprimiert. WEBER/SCHÄFFER leiten daraus drei Gefahren ab (2006, S. 194f.):

- Die Orientierung an einer oder wenigen Spitzenkennzahlen, etwa aus einem Kennzahlensystem heraus, kann zur systematischen Vernachlässigung anderer Bereiche führen (Siegwart 1990, S. 123).

- Manager neigen dazu, sich an Vergleichswerten (Branchenvergleichswerte, Vergleiche zwischen unterschiedlichen Abteilungen) zu orientieren und dabei die individuellen Unterschiede zu vernachlässigen (Lipe/Salterio 2000).

- Der Zusammenhang und die Zusammenschau aus Sicht des Gesamtunternehmens werden vernachlässigt oder gehen bisweilen gar verloren, wenn Bereichsverantwortliche ihr Handeln an isolierten (Bereichs-)Kennzahlen ausrichten.

Speziell für die Einbeziehung des ökologischen Monitorings sind folgende Aspekte indes wesentlich wichtiger:

- Sachlich und zeitlich hochaggregierte Kennzahlen sind für eine grundlegende Analyse festgestellter Abweichungen nicht geeignet. Kausalitäten und Interdependenzen werden unzureichend wiedergegeben (Seidel 1998, S. 15; ähnlich Siegwart 1990, S. 124). Zur genaueren Betrachtung muss demnach ein Rückgriff auf die dahinter liegenden Zusammenhänge möglich sein.[505]

- Kennzahlen werden meist nach dem Durchschnittsprinzip gebildet und nicht nach dem Grenzprinzip (Seidel 1998, S. 14). Beiträge und Veränderungen aus ,der letzten Einheit', die für die Steuerung enorm wichtig sind, werden so falsch wiedergegeben.

- Die Eignung vergangenheitsorientierter Kennzahlen zur Entscheidungsfundierung ist fragwürdig. Zumindest ein Vergleich mit den Planungsansätzen ist notwendig (Siegwart 1990, S. 122). Gerade in den dynamischen Bereichen ist die zeitnahe Erhebung der verwendeten Daten ein wichtiges Gebot.

- Ein Punkt, der sowohl positiv als auch negativ gewertet werden kann, ist der nahezu beliebige Gestaltungsspielraum von Kennzahlen und Kennzahlensystemen: positiv, weil so die Anpassung an die individuellen Bedürfnisse mög-

---

[505] Kennzahlen(-systeme) als Steuerungsgrößen sollten modelltheoretisch ein strukturähnliches Abbild der Realität liefern. Wenn diese Strukturähnlichkeit fehlt, droht auch der Realitätsbezug verloren zu gehen.

lich ist, und negativ, weil u. a. Vergleichbarkeit und Steuerbarkeit darunter leiden.[506]

- Kennzahlen sind ‚qualitativ blind'. All jene Tatbestände, die sich nicht zahlenmäßig erfassen lassen, auch nicht über Indikatoren, sind in den kennzahlengestützten Informationssystemen nicht enthalten (Siegwart 1990, S. 121). Sie müssen entsprechend ergänzt werden.

- Ein generelles Problem der Informationsversorgung sind die mehrfach bestehenden Konflikte zwischen verschiedenen Ansprüchen. So steht die zuverlässige Erhebung im Widerspruch zur einfachen und kostengünstigen Methodik. Klarheit und Genauigkeit konkurrieren z. B. mit einfacher Handhabung und Übersichtlichkeit (Seidel 1998, S. 14).

Es gilt also Kompromisse zu finden. Der Zweckbezug gibt die Richtung für das kennzahlengestützte Vorgehen vor. Unter dem Stichwort Adressatengerechtigkeit lässt sich eine andere zentrale Anforderung fassen. Sie betrifft die Abstimmung der Inhalte und der Informationsaufbereitung auf die kognitiven und technischen Möglichkeiten (Jacobs et al. 2009, S. 40ff.). Für den Anwender müssen die Botschaft und die Systematik, die sich hinter den Kennzahlen verbergen, erkennbar sein. Nur so können Abbildungs- und Lenkungsfunktion gleichermaßen erfüllt werden.

5.1.4.2.2 Ökologieorientierte forstliche Kennzahlen

Die Kennzahlenanwendung erfolgt in zwei Schritten. Der erste Schritt umfasst die Kennzahlenauswahl und Kennzahlenbildung, gegebenenfalls bis hin zur Schaffung eines zusammenhängenden Kennzahlensystems. Zunächst als Einmalaufgabe anzusehen, wird allerdings eine Anpassung notwendig, wenn sich die Informationsbedürfnisse oder Rahmenbedingungen ändern. Der zweite Schritt besteht in der anschließenden Kennzahlenanwendung. Diese ist grundsätzlich eine auf Dauer angelegte Aufgabe. Da es für die Forstwirtschaft bereits eine Reihe spezifischer Vorschläge für Kennzahlensysteme gibt,[507] werden hier lediglich Anregungen für Ergänzungen gegeben. Die Arbeit von BERGER (1997), deren Kern die Ausarbeitung eines speziell zugeschnittenen Kennzahlensystems bildet, wurde als eigenständiger Beitrag zum forstlichen Controlling ausführlich besprochen. Die unbefriedigende Einbeziehung ökologischer Kennzahlen wurde dabei als Kritikpunkt angesprochen. Eine vergleichsweise breite Basis bietet der vom

---

[506] Ein damit verbundenes Problem ist die Überforderung durch ein Übermaß an Nachrichten (Siegwart 1990, S. 123). Die Auswahl geeigneter Kennzahlen aus dem Gros der verfügbaren Daten und Informationen ist somit eine wichtige Controllingaufgabe.

[507] BERGER setzt sich in seiner Arbeit intensiv mit den bis dahin (1997) bestehenden Kennzahlenplänen auseinander (ebd. S. 85ff.) und erarbeitet zudem einen eigenen Kennzahlenplan.

Deutschen Forstwirtschaftsrat (DFWR)[508] empfohlene Kennzahlenplan. Er wurde für keinen speziellen Forstbetrieb konzipiert. Die aktuelle Fassung aus dem Jahr 1998, enthält unter anderem den ‚Produktbereich 2 - Schutz und Sanierung' mit fünf Produktgruppen.[509] Der Produktplan dient in erster Linie als Grundlage der buchhalterischen Erfassung der Mengenkomponente, der Aufwendungen und der Erträge entsprechend der Produktgruppen. Darauf beziehen sich dann auch die in der Folge abgeleiteten Kennzahlen.

Nützliche Hinweise auf relevante Kennzahlenbereiche liefern die Vorgaben zur nachhaltigen Waldbewirtschaftung der Resolution L2 der dritten Ministerkonferenz zum Schutz der Wälder, die 1998 in Lissabon stattfand. Annex 1 dieser Resolution enthält eine Aufstellung von sechs zu beachtenden Kriterien, die durch quantitative und qualitative Indikatoren beobachtet und beschrieben werden (MCPFE 2005). Aufbauend darauf und ergänzt durch Kennzahlen, die aus den aktuellen FSC-Standards (FSC 2004) abgeleitet wurden sowie aus unabhängigen Überlegungen, wurde ein umfangreicher Kennzahlenkatalog ausgearbeitet, der vollständig in Anhang 1 dieser Arbeit wiedergegeben ist. Darin enthalten sind zum einen Strukturkennzahlen, deren Bedeutung im Rahmen der Herleitung des ökologischen Werts ausführlich dargestellt wurde, und zum anderen rein ökologische Monitoringgrößen und ökologisch motivierte Kennzahlen. Das ökologische Monitoring kann sich wiederum auf biotische und abiotische Faktoren beziehen, d. h. im Wesentlichen werden entweder Tier- und Pflanzenarten direkt beobachtet oder das Monitoring betrachtet verstärkt deren Lebensbedingungen.

Strukturdaten zum Aufbau der Waldbestände finden sich bereits in der forstlichen Planung und der Vollzugserfassung. Ökologisch gedeutet stellen sie einen ersten Teilbereich ökologischer Kennzahlen dar, der an und für sich jedem Betrieb zugänglich sein sollte. Bestandesbezogene Strukturkennzahlen sollen die horizontale und vertikale Struktur sowie die Altersstruktur wiedergeben. Einen Überblick sinnvoller Kriterien geben z. B. AMMER/UTSCHICK (1988, S. 40). Daten zur Altersstruktur, zur Baumhöhenverteilung und zur Durchmesserverteilung sind bereits Bestandteile der forstlichen Planung. Auch der Bestandesschlussgrad oder alternativ der Bestockungsgrad werden im Rahmen der waldbaulichen Bestandesbeschreibung erhoben. Zur Begrenzung des Aufwands sind fehlende Angaben am geeignetsten über Stichprobenflächen zu erheben. Die Straten werden in der forstwirtschaftlich geprägten Betrachtung nur unvollständig erfasst. Da das Augenmerk auf den Entwicklungsstufen der Bäume liegt, wird in den bodennahen Schichten in erster Linie auf die Verjüngung geachtet. Die sonstige Flora der

---

[508] Der DFWR ist die bedeutendste Interessenvertretung der deutschen Forstwirtschaft. Neben Waldbesitzern über alle Eigentumsformen hinweg sind hier Forstwissenschaftler, Unternehmer, Behörden usw. vertreten.

[509] Diese Produktgruppen sind: Rechtlich ausgewiesenen Schutzgebiete, Arten- und Biotopschutz außerhalb von Schutzgebieten, Sicherung besonderer Waldfunktionen, Sanierung bestimmter Waldgebiete und Bodenschutz gegen atmosphärische Einträge (DFWR 1998, Anlage 2).

Boden-, Kraut- und Strauchschicht bleibt unberücksichtigt. Hierfür ist die Einführung einer eigenen Kennzahl, etwa in Form des Flächenanteils oder als Binärvariable (Vorkommen ja/nein), sinnvoll. Die Daten werden zunächst als absolute Größen (Fläche, Höhe, Festmeter usw.) oder als Indexzahlen (Flächenanteile, Baumartenanteile usw.) – und damit in messbaren Größen – erhoben. In der ökologischen Wertermittlung wurde eine anschließende Transformation in eine abgeschlossene Skala aufgezeigt (Ammer/Utschick 1988, S. 41). Diese ist vor allem notwendig, wenn eine anschließende Aggregation zu einer einzelnen Wertziffer angestrebt wird. Um die Problematik der Auswahl der zugrunde liegenden Transformationsfunktion (Ammer/Utschick 1988, S. 41; ähnlich Bachfischer 1978) zu umgehen, sollte auf die Zusammenfassung nach Möglichkeit verzichtet werden. Für den Kennzahleneinsatz im Controlling ist dieser Schritt unnötig, wenn von der Planung bis zur Kontrolle und Steuerung durchgängig auf die direkten Messgrößen zurückgegriffen wird.

Ein ergänzendes Strukturmerkmal, dem für die Beurteilung der Biotopqualität große Bedeutung beigemessen wird, sind absterbende oder abgestorbene starke Bäume (Thomasius/Schmidt 1996, S. 353).[510] Dieses stehende Totholz ist ein typisches Merkmal der Alters- und Zerfallsphase, also jener Entwicklungsphase, der in Wirtschaftswäldern durch die Ernte vorgegriffen wird.

Größe, Flächenanteil und Verteilung von Vorrangflächen des Naturschutzes sind vor allem in intensiv bewirtschafteten Waldflächen (Zieltyp I) ein wichtiges Strukturmaß. Solche Flächen bieten Rückzugsmöglichkeiten für zurückgedrängte Arten. Neben der reinen Flächengröße ist die Vernetzung ebenfalls abzubilden. Die Kennzahlendarstellung stößt hier an ihre Grenzen, da es sich primär um ein Merkmal der räumlichen Verteilung handelt.

Mit dem Monitoring der Baumarten tritt sogleich ein Problemfall auf. Die Individuenzahl einer bestimmten Baumart oder die Anzahl verschiedener Baumarten (Variabilität) auf einer abgegrenzten Fläche sind vergleichsweise einfach zu ermittelnde absolute Zahlen. Zur vollständigen Beschreibung der Vielfalt sind allerdings weitere Angaben, etwa zur Abundanz,[511] notwendig (Haeupler 1993, S. 101). Eine quantitative Bemessung kann gegebenenfalls auf Indizes wie den Shannon-Index (vgl. Abschnitt 3.5.5.3) zurückgreifen.[512] Darüber hinaus sind jedoch auch qualitative Aussagen wie die Standorteignung der vertretenen Baumarten relevant, die in erster Linie verbal zu beschreiben sind. Als Ausweg

---

[510] Die absterbenden Bäume werden von zahlreichen Insekten und holzzersetzenden Pilzen besiedelt (Thomasius/Schmidt 1996, S. 281).

[511] Die Abundanz beschreibt die Dichte oder Anzahl der Individuen einer Art in ihrem Verbreitungsgebiet.

[512] Alternativ finden sich auch die Bezeichnungen Shannon-Weaver- und Shannon-Wiener-Index (Usher/Erz 1994, S. 25). Zur Messung der Biodiversität und zu weiteren Indizes siehe ausführlich z. B. JANICH/GUTMANN/ PRIEß (2002).

kann die Überführung in eine ordinale Skala dienen, die einem abgestuften Grad der Standorteignung oder aber der ‚Naturnähe' der Waldgesellschaft entspricht.

Ein Strukturindex, der gleich fünf Merkmale einbezieht, ist der von LÄHDE ET AL. vorgeschlagene ‚LLNS-diversity index for entire stand'. Die Teilindizes sind additiv miteinander verbunden (1999, S. 218). Der erste Teilindex bildet die Verteilung der lebenden Bäume ab.[513] Darin eingehende Größen sind die Anteile nach Stärkenklassen je Baumart und eine ökologische Wertkomponente je vertretener Baumart. Der zweite Teilindex gibt die Stärkenverteilung des stehenden, der dritte diejenige des liegenden Totholzes wieder.[514] Der vierte Teil bezieht sich auf verbranntes bzw. verkohltes Holz. In natürlichen Wäldern erfüllen Feuer wichtige Funktionen im Ökosystem. Im dicht besiedelten Mitteleuropa werden Waldbrände aber aus Sicherheitsgründen unterdrückt. Dieser Teilindex ist dann zu vernachlässigen. Als Letztes wird noch das Vorkommen spezieller, d. h. seltener Bäume gesondert erfasst.[515]

Neben den Strukturkennzahlen, die, in Verbindung mit den abiotischen Monitoringinformationen, das Lebensraumpotenzial der betrachteten Waldgebiete abbilden sollen, bezieht sich das Monitoring direkt auf das Vorkommen einzelner Arten. Entsprechende Messgrößen sind die Populationszahlen oder die Arealgrößen der Verbreitung. In Umkehrung der Beziehung Lebensraum zu Art können Leitarten als Bioindikatoren dienen (Noss 1999, S. 144; Lambeck 1997; Funke et al. 1993). Anhaltspunkte für die Auswahl relevanter Arten bieten die roten Listen gefährdeter Tiere und Pflanzen sowie Einteilungen der Arten nach Lebensraumansprüchen (Lambeck 1997).

Da die Aussagekraft der reinen Messgrößen, wie eingangs erläutert, eher gering ist, sollten Vergleichswerte angeboten werden. Liegen Zielvorgaben vor, sind

---

[513] Die formale Darstellung lautet:

$$IND_{LT} = \sum_{j=1}^{N}(LTMAX_j \cdot (1-1/e^{(K_j \cdot KD/10)})) \cdot \left(\sum_{j=1}^{K}((1-1/e^{((D1.3_{ji}/2)^2 \cdot \pi/100)}) + (1-1/e^{(SN_{ji}/100)})) \right)/K_j$$

mit IND_{LT}: Index of living trees
K_j: number of stocked dbh classes, tree species j; j = tree species (*1, ..., N*);
KD: width of dbh class (cm); KD = 1, ..., 50
$D1.3_{ji}$: diameter class average (cm, dbh), diameter class i species j, i diameter class (*1, ..., K*)
SN_{ji}: stem number in diameter class i, species j
$LTMAX_j$: Maximum value of diversity index for tree species j

[514] Die formale Darstellung ist der vorhergehenden sehr ähnlich. Allerdings wird nicht nach einzelnen Baumarten, sondern nur nach Stärkeklassen unterschieden.

$$IND_{DST} = \sum_{j=1}^{N}(DSTMAX_j \cdot (1-1/e^{(K_j \cdot KD/10)})) \cdot \left(\sum_{i=1}^{K}((1-1/e^{((D1.3_{ji}/2)^2 \cdot \pi \cdot P)/100)}) + (1-1/e^{(SN_{ji}/100)})) \right)/K_j$$

wobei IND_{DST}:= Index of dead standing trees; P = proportional length of dead standing/fallen tree/part of tree (0, ..., 1); $DSTMAXj$: Maximum value of diversity index for tree species j sind.
Für das liegende Totholz IND_{DFT} wird abweichend $DFTMAXj$ eingesetzt (Lähde et al. 1999, S. 219).

[515] Sowohl für das verkohlte Holz (charred wood) als auch für die besonders seltenen Bäume (special trees) wird ein abgestufter Wert von 0; 0,5 oder 1 angesetzt (Lähde et al. 1999, S. 215).

Zielerreichungsgrade sinnvoll. Die folgenden beiden Aufstellungen (Tabellen 14 u. 15) zeigen einen vergleichsweise einfachen Katalog ökologischer Kennzahlen

		Bezeichnung	Ist-Wert	Plan-/ Ziel-Wert	Abweichung/ Realisie- rungsgrad	Bemerkungen
Strukturkennzahlen der forstlichen Planung		Holzvorrat	474 Vfm/ha	ca. 450 Vfm/ha	Abweichung absolut <10%	
		Bestockungsgrad	1,1	1	Abw. +0,1	Verhältnis tats. Grundfläche zur Grundfläche nach Ertragstafel-modell
		Kronenschluss	2	2 bis 3	-/-	1=gedrängt, 2=geschlossen, 3=locker, 4=licht, 5=räumig
	Altersklassen- verteilung (über Vorrat/ha)	bis 20 Jahre	4%	5%	0,80	Da die Zielvorgaben sich auf die Gesamtverteilung beziehen sind Abweichungen der Zielerrei-chungsgrade in beide Richtungen unerwünscht
		21-40 Jahre	13%	15%	0,87	
		41-60 Jahre	24%	20%	1,20	
		61-80 Jahre	38%	20%	1,90	
		81-100 Jahre	11%	20%	0,55	
		101-140 Jahre	8%	15%	0,53	
		> 140 Jahre	2%	5%	0,40	
	Baumhöhen- verteilung (Flächenanteile)	bis 2 m	4%	15%	0,60	Zur Interpretation der Zielerrei-chungsgrade siehe Altersklas-senverteilung
		> 2 bis 5 m	5%			
		> 5 bis 10 m	19%	20%	0,95	
		> 10 bis 20 m	37%	30%	1,23	
		> 20 m	35%	35%	1,00	
	BHD- Verteilung (über N/ha)	10 bis 20 cm	22%	25%	0,88	Zur Interpretation der Zielerrei-chungsgrade siehe Altersklas-senverteilung
		> 20 bis 40 cm	44%	40%	1,10	
		> 40 bis 60 cm	32%	25%	1,28	
		> 60 cm	2%	10%	0,20	
	Baumartenanteile (über Vorrat/ha)	Buche	18%	25%	0,72	Zielgrößen ergeben nicht exakt 100%, da nicht in allen Fällen fixe Zielwerte vorliegen
		Eiche	-/-	zusammen 25%	0,40	
		Esche	-/-			
		Ahorn	7%			
		SLH	3%			
		SLN	-/-	3%	0,00	
		Fichte	49%	max. 20%	2,45	
		Tanne	23%	25%	0,92	Da für Ki, Lä und sonst. NH kein eindeutiger Vorgabewert vorliegt, existiert hier kein Zielerreichungs-grad
		Kiefer	-/-	zusammen unter 5 %	-/-	
		Lärche	-/-			
		sonst. NH	-/-			
		Fremdländeranbau (Fläche)	2%	<10%	-/-	Vorgabe wird erfüllt
	Naturschutzflächen	NSG	3%	3%	1,00	Außer für Naturschutzgebiete (per Verordnung ausgewiesen) keine betrieblichen Zielsetzungen zu Schutzgebieten; Geschützte Biotope nach § 30: z. B. Moore, Sümpfe u. Aue-wälder, Schlucht-, Blockhalden- und Hangschuttwälder
		Andere gesetzl. Schutzgebiete	-/-	-/-	-/-	
		Biotope gem. § 30 NatSchutzG	4%	-/-	-/-	
		FFH-Gebiete	27%	-/-	-/-	
		Sonstige Schutzgebiete	-/-	-/-	-/-	

Tab. 14: Beispiele ökologischer Kennzahlen – Strukturkennzahlen forstlicher Planung

mit Beispielwerten, wie sie im Monatsbericht enthalten sein könnten. Die ange-gebenen Strukturkennzahlen sind zum überwiegenden Teil aus der Bestands-standsaufnahme im Rahmen der forstlichen Planung sowie über eine Fortschrei-bung im Rahmen der mengenmäßigen Erfassung der forstlichen Produktion abzuleiten. Für die ökologische ‚Umdeutung' dieser Kennzahlen sind die ökologischen Ziele in passende Plan- oder Zielwerte zu überführen. Zur Ergänzung dienen neben weiteren gezielt zu erhebenden Strukturkennzahlen vor allem die Monitoringinformationen, die sich direkt auf relevante ökologische Sachverhalte beziehen. Weitere Kennzahlen können beispielsweise aus den Betriebsarbeiten

			Bezeichnung	Ist-Wert	Plan-/ Ziel-Wert	Abweichung/ Realisie- rungsgrad	Bemerkungen
Sonstige Strukturkennzahlen	Mischungsformen der Baumarten		Flächenanteil Einzelmischung	9%	10%	0,90	Anteile beziehen sich auf Ge- samtfläche; Mischungsformen können gegebenenfalls ebenfalls der Bestandesbeschreibung und damit der forstlichen Planung entnommen werden
			Flächenanteil truppw. Misch.	12%	50%	0,66	
			Anteil gruppenw. Mischung	21%			
			Flächenanteil horstw. Misch.	7%	20%	0,35	
			Anteil flächenw. Mischung	29%	10%	2,90	
			Anteil reihen-/ streifenw. Misch.	22%	10%	2,20	
Kennzahlen des ökologischen Monitorings	Boden- zustand		pH-Wert	4,1	5	Abw. -0,9	Angabe der Abweichung wegen logarithmischer Skalierung des pH-Werts; Steuerbarkeit fragwürdig
			C/N Verhältnis	22	20	Abw. +2	
			Schadstoff- anreicherung	-/-	-/-	-/-	
	Nadel-/ Blattverluste		durchschn. Benadelung	75%	-/-	-/-	Zielvorgaben wegen unzurei- chender Steuerbarkeit nicht sinnvoll
			Einzelwert Fichte	73%	-/-	-/-	
			durchschn. Belaubung	78%	-/-	-/-	
			Einzelwert Buche	70%	-/-	-/-	
	Totholz (Vorrat/ha)		Stehendes Totholz	11 Vfm/ha	20 Vfm/ha	0,55	
			Liegendes Totholz	36 Vfm/ha	40 Vfm/ha	0,90	
	Gen- ressourcen		Populationen gefährdeter Arten	1 Paar	1 Paar	1,00	
	Bio- diversität		Shannon Index	0,65	>0,7	Abw. >0,05	Obere Schranke bei 1,386 (vollkommen gleichmäßige Verteilung der Arten)
Sonstige Kennzahlen			Maschinenschäden mit Austritt von Betriebsstoffen	0	0	Abw. +/- 0	Angabe eines Zielerreichungsgra- des per Definition nicht möglich
	Verwendete Biozide		Ausgebrachte Menge	340 Liter	0	Abw. +340 Liter	Erlaubte Insektizidanwendung wegen drohenden Befalls durch Xyloterus lineatus
			Behandelte Fläche/Holz- menge	160 Efm	0	Abw. +160 Efm	

Tab. 15: Beispiele ökologischer Kennzahlen – sonstige Kennzahlen

abgeleitet werden. Im Beispiel sind dies der Austritt von Betriebsstoffen (Hydrauliköl, Diesel usw.) und der Einsatz von Chemikalien. Sofern die Einzelwerte aus den Teilflächen zugänglich sind, ist zur Verbesserung der Aussagekraft der auf Betriebsebene aggregierten Daten eine Ergänzung der Mittelwerte um ein Streuungsmaß (Spannweite, Varianz, Standardabweichung) denkbar. Da der Umfang der darzustellenden Kennzahlen dann erheblich zunimmt, wurde in obigem Beispiel darauf verzichtet. Die Angaben sollten als Zusatzinformationen ein- und auszublenden sein. In einer Tabellenkalkulation oder einer Datenbankausgabe ist dies ohne weiteres zu realisieren. Das Gleiche gilt für die dahinter liegenden Einzelwerte der Teilflächen.

Eine Schwierigkeit die bleibt, ist die Überführung der räumlichen Verteilung (horizontale Struktur, β- und γ-Diversität)[516] in Kennzahlen. Sind beispielsweise verschiedene Baumarten nicht kleinflächig gemischt, sondern flächig getrennt, trügt die aggregierte Betrachtung. Sie lässt möglicherweise Vielfalt vermuten, obwohl Strukturarmut vorliegt. Gerade in den Geowissenschaften wird an Lösungen zu dieser Problemstellung gearbeitet (landscape metrics).[517] Mathematische Verfahren zur Darstellung der räumlichen Verteilung über die Topologie oder die Geometrie (Vektoren) sind vorhanden. Die notwendige Nachvollziehbarkeit und ‚Anwenderfreundlichkeit' in Form reiner Kennzahlen sind für den mathematisch Ungeschulten allerdings nicht gegeben. Somit ist einer verbalen Beschreibung oder visuellen Darstellung der Vorrang zu geben. Diese Verfahren bilden zugleich die Grundlage von Geografischen Informationssystemen (GIS),[518] die wiederum auch grafische Auswertungen anbieten.

5.1.4.3   Erweiterte Ansätze der Verknüpfung

5.1.4.3.1 Ansatzpunkte der Erweiterung

Die ‚einfachen' Kennzahlen sind als Basis-Ansatz zur Verknüpfung der Informationsstränge anzusehen. Darauf aufbauend können, je nach Bedarf und betrieblichen Möglichkeiten, Erweiterungen durch eine verbesserte Einbindung, Visualisierung und die ausstehende Berücksichtigung qualitativer Informationen vorgenommen werden. In der forstwirtschaftlichen Betriebsführung hat die Visualisierung raumbezogener Informationen durch kartografische Darstellungen traditionell hohe Bedeutung. Geografische Informationssysteme (GIS) greifen diese Darstellungsform auf und setzen die Möglichkeiten der mathematischen Strukturabbildung mithilfe der elektronischen Datenverarbeitung praxisgerecht um. Eine weitere Ergänzung bietet die prozess- oder maßnahmenorientierte Sicht. Sie ist vor allem geeignet, die Langfristigkeit forstlicher Maßnahmen, nicht nur aus ökologischer Sicht, aufzugreifen – eine Aufgabe, die den Kennzahlen nur ansatzweise gelingt. Die Prozessbetrachtung eignet sich weniger zur Nachverfol-

---

[516] Die Einteilung in die drei Diversitätstypen α-Diversität (Artenvielfalt), β-Diversität (Vielfalt innerhalb eines Landschaftselements) und γ-Diversität (Mosaik unterschiedlicher, in sich homogener Landschaftselemente) geht auf HABER zurück (1979). Eine abweichende Abgrenzung findet sich bei NAVEH/LIEBERMAN (1994).

[517] Zum Überblick über die Verfahren und Forschungsansätze vgl. z. B. LANG/BLASCHKE (2007, S. 223ff.), GUSTAFSON (1998), WERDER (1999).

[518] Eine knappe Übersicht der verwendeten Datenformate und (mathematischen) Datenmodelle gibt bspw. BLASCHKE (1997, S. 72).

gung umfangreicher Einzelmaßnahmen. Diese sollten jedoch ebenfalls vollständig und am besten übergreifend geplant, bearbeitet und gesteuert werden. Eine dritte Erweiterung zur Einbindung ökologischer Aspekte bildet daher das Projektcontrolling als Teil des Projektmanagements.

5.1.4.3.2 Geografische Informationssysteme (GIS)

Geografische Informationssysteme[519] (GIS) sind computergestützte Systeme, die der Erfassung, Speicherung, Be- und Verarbeitung sowie Darstellung raumbezogener Daten dienen (Bernhardt 2002, S. 68; Ashdown/Schaller 1990, S. 4; Strobl 1988). Nahezu alle Disziplinen, die mit geografischen oder, weiter gefasst, räumlichen Daten arbeiten, nutzen mittlerweile Instrumente der geografischen Visualisierung (Dodge/McDerby/Turner 2008, S. 8; Lang/Blaschke 2007, S. 39ff.).

Raumbezogene Daten bestehen aus einem Merkmalsteil und als Ordnungskriterium den Angaben zur räumlichen Lage (Ashdown/Schaller 1990, S. 12). Die Aufgaben der Datenerfassung, einschließlich Qualitätskontrolle, sowie der Datenorganisation und -verwaltung unterscheiden sich kaum vom sonstigen Datenmanagement. Die Verfahren sind vorhanden und gelten als ausgereift, allenfalls die praktische Umsetzung stellt eine Herausforderung dar (Blaschke 1997, S. 73). Zur Abgrenzung gegenüber der reinen Datenhaltung, vergleichbar einem Data-Warehouse-System,[520] wird oftmals die analytische Funktionalität der GIS hervorgehoben (Strobl 1992, S. 48). Durch Kombination der vorhandenen Daten auf Basis belegter theoretischer Zusammenhänge (Modellierungen, mathematische Zusammenhänge) entstehen neue Informationen (Blaschke 1997, S. 70). Räumliche Objekte und Prozesse werden mit relevanten Attributen versehen und anschließend zielorientiert ausgewertet (ebd. S. 74f.; ähnlich Durwen 1999, S. 495f.). Für das Anliegen der Integration der Monitoringdaten sind die Datenanalyse und -modellierung sowie die Datenausgabe und -visualisierung besonders relevant (Dodge/McDerby/Turner 2008, S. 8). Sind die entsprechenden Grunddaten hinterlegt, können GIS Zielkonflikte aufdecken und sogar Lösungsvorschläge unterbreiten. Als Grundlage dienen Modelle, mit all ihren Vorzügen und Einschränkungen.[521] Gerade hierarchische Modelle mit mehreren Abstraktions- und Interpretationsebenen können die reale Welt nur stark vereinfacht wiedergeben (Fotheringham/Rogerson 1993, S. 3).

---

[519] Zur Abgrenzung gegenüber den ebenfalls gebräuchlichen Begriffen ‚Geoinformationssystem' und ‚Geografische Informationsverarbeitung' siehe BLASCHKE (1997, S. 71). Hier werden die Begriffe Geoinformationssystem und geografisches Informationssystem synonym verwendet.

[520] Der Begriff des ‚Data-Warehouse' beschreibt einen aus unterschiedlichsten Quellen zusammengeführten Datenbestand, aus dem sich betriebliche Informationssysteme oder auch Mitarbeiter des Unternehmens nach Bedarf bedienen können, vergleichbar dem Einkauf in einem gut sortierten Warenhaus (Bea/Haas 2005, S. 357; Bernhardt 2002, S. 30f.).

[521] Grundlegend zur Modellbildung siehe z. B. OPP (2005, S. 90ff.)

Abbildung 25 gibt als Beispiel für die Verarbeitung von Monitoringdaten in einem GIS den schematischen Ablauf der Erstellung von Potenzialkarten der Artenverbreitung wieder.[522]

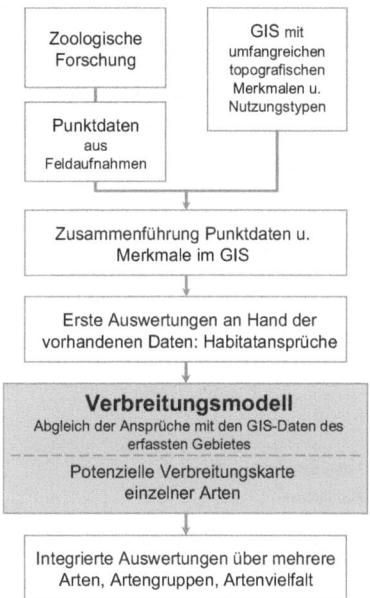

Abb. 25: Ablaufschema der GIS-gestützten Habitatuntersuchung
(Quelle: in Anlehnung an d'Oleire-Oltmanns/Franz/Schuster 1991, S. 622)

Insgesamt bemerkenswert ist die Nähe der GIS zum Controlling, wie sie sich aus der Aufgabenabgrenzung ergibt. Hier wie dort steht die Entscheidungsunterstützung im Vordergrund. Die Entscheidungsfindung liegt außerhalb der Zuständigkeit von Controlling und GIS (Blaschke 1997, S. 76). Von den bisher beschriebenen GIS zu unterscheiden sind umfassende Instrumente, die allgemein der Verbesserung der Wissens- und Entscheidungsbasis dienen. Daten, Werkzeuge, Logistik und Kommunikation werden fallweise und lose kombiniert, der Erkenntnisgewinn entsteht erst beim Nutzer (Durwen 1999, S. 494). Zu diesen Systemen gehören die bereits vorgestellten und eher weit gefassten Umweltinformationssysteme (UIS) (ebd. S. 494). Ist ein solches UIS im Unternehmen vorhanden aber noch kein GIS, ist zu prüfen, ob eine analytische Erweiterung unter Einbeziehung ökonomischer Planungs- und Kontrollbelange erfolgen kann. So kann der Parallelbetrieb eines GIS zur Betriebssteuerung und eines UIS zur reinen Vorhaltung von Umweltinformationen vermieden werden.

---

[522] Für das detaillierte Vorgehen siehe D'OLEIRE-OLTMANNS/FRANZ/SCHUSTER (1991, S. 619ff.), ergänzend NOSS (1999, S. 145).

Auf die zunehmende Bedeutung von GIS in der Forstwirtschaft wurde schon vor einiger Zeit hingewiesen (Irmay 1993; Strobl 1988). Softwarepakete zur forstlichen Betriebsführung verfügen nicht selten bereits über eigene GIS-Module oder entsprechende Schnittstellen. Dadurch ist eine Einbeziehung der ökologischen Monitoringdaten ohne allzu großen Aufwand durchführbar. Hierfür können vergleichsweise einfach eigene thematische Layer[523] angelegt werden. Die weiter gehende Datenanalyse ist nicht immer und ohne weiteres möglich. Voraussetzung ist, dass die zugrunde liegenden Beziehungen im System nachgebildet sind. Die Basis bilden die topografischen Grunddaten, entweder in Form von Luftbildern oder als topografische Karte. Darüber können in verschieden Ebenen, die zudem miteinander kombinierbar sind, themenzentriert aufbereitete Informationen eingeblendet werden. Beispielsweise können Flächen, in denen eine bestimmte Baumart vorkommt, ebenso hervorgehoben werden wie die Altersstruktur oder Böden, die bei Nässe nicht zu befahren sind oder sturmgefährdete Bereiche u. v. m.

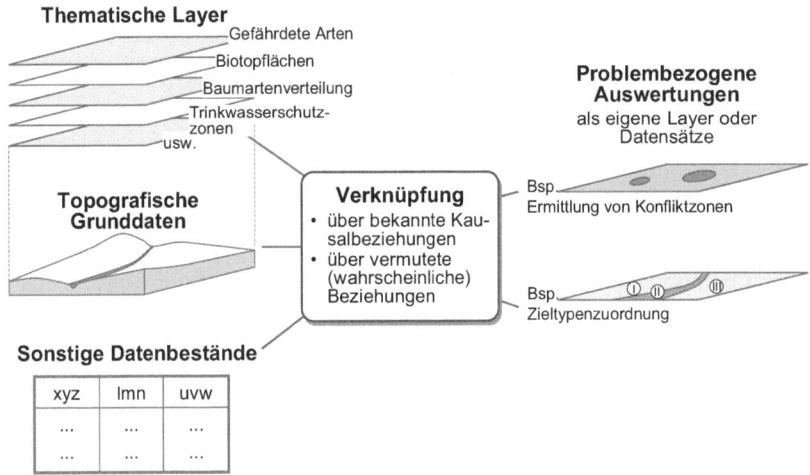

Abb. 26: Einbindung und Auswertung ökologischer Daten in GIS

In Abbildung 26 sind beispielhaft Layer für Monitoringdaten (Gefährdete Arten), Strukturdaten (Biotopflächen, Baumartenverteilung) und für besondere Waldfunktionen (Trinkwasserschutz) enthalten. Die Layerdaten können mit weiteren Daten, auch aus Datenbeständen ohne grafische Anbindung, zu Auswertungszwecken verknüpft werden. Dazu müssen diese Daten selbst einen Raumbezug aufweisen oder direkt an die Inhalte der Layer angebunden sein. Die Auswer-

---

[523] Das Layer-, Schichten- oder Folienprinzip ist gut geeignet, um eine thematisch-geografische Strukturierung vorzunehmen (Durwen 1999, S. 495). Es handelt sich um logisch zusammengefasste Ebenen, die über die geografischen Grunddaten gelegt, eine themenzentrierte Bearbeitung und Ausarbeitung ermöglichen (Blaschke 1997, S. 89f.). Zudem können die Ebenen für Auswertungszwecke jederzeit miteinander verschnitten werden (ebd. S. 90).

tungen werden jeweils aktuell und bezogen auf die Problemstellung erstellt. Als Beispiele sind die Ableitung und Darstellung von Konfliktzonen für mögliche betriebliche Maßnahmen, die vor allem in der Planungsphase von Interesse ist, sowie die Zieltypenzuordnung aufgeführt. Für beide Analysen müssen dementsprechende Algorithmen vorliegen. Im Falle der Ausscheidung der Zieltypen der Bewirtschaftung ist das Scoringverfahren so abzubilden, dass die Zuordnung anschließend automatisiert erfolgen kann.

5.1.4.3.3 Prozessorientierung und Flächenbezug

Ursprünglich widmet sich die Prozessorientierung den (ablauf-)organisatorischen Aspekten des Handlungsvollzugs, im Gegensatz zur aufbauorganisatorisch geprägten Funktionsorientierung oder dem in der Forstwirtschaft üblichen Territorialprinzip (Fink 2003, S. 22; Erlacher 2004, S. 494). Im Vordergrund steht die Orientierung an Geschäftsprozessen, einer Abfolge von Aktivitäten zur Erstellung und Verwertung einer Leistung (Picot/Dietl/Franck 2008, S. 299; Gaitanides 2007, S. 32ff.). Für den Kernbereich der forstlichen Produktion würde dies beispielsweise bedeuten, dass sich die Holzernte, aus Prozesssicht betrachtet, nicht auf die Tätigkeiten der Fällung und Aufarbeitung des Rohholzes beschränkt, sondern zudem eine ganze Reihe vor- und nachbereitender sowie parallel ablaufender Tätigkeiten umfasst. Beginnend bei der Planung gehören die Arbeitsvorbereitung (Auszeichnung der zu bearbeitenden Bestände, die Überprüfung oder Neuanlage der Feinerschließung) ebenso zur Holzernte, wie die nachlaufende Vermessung und Listenerstellung, die internen logistischen Tätigkeiten (Transport und Lagerung im Wald), die Übergabe an den Kunden oder den Spediteur und die Abrechnung (Stolzenburg/Morat 2003, S. 1138). Die Prozesskette Holzernte berührt dementsprechend eine ganze Reihe von Zuständigkeitsbereichen, von der Betriebsleitung über die Revierleitung und den Verantwortlichen für den Maschinen- und Waldarbeitereinsatz bis zu den Forstwirten und Sachbearbeitern (Kraft 2000, S. 124).[524] In die Kostenrechnung hat die Prozessorientierung in Form der Prozesskostenrechnung Eingang gefunden. Innerhalb der Organisationslehre werden die Prozesse, in Abkehr von der ursprünglichen Sicht ‚Ablauforganisation folgt Aufbauorganisation', als Grundlage der Aufbauorganisation herangezogen (Gaitanides 2007, S. 21ff. u. 32ff.; Fink 2003, S. 21).

Das Aufgreifen prozessualer Fragestellungen kann im Controlling in drei unterschiedlich weit gehenden Stufen erfolgen (Horváth 2009, S. 778). Die zeitliche Staffelung der Controllingaufgaben, etwa in Form eines Controllingkalenders, ist die erste Stufe. In der zweiten Stufe wird die Prozessorientierung der Unternehmensorganisation zum Anlass genommen, die Controllinginstrumente und -ver-

---

[524] Eine erweiterte Prozesskette Forst-Holz, die erst bei der Holzindustrie endet, beschreibt zum Beispiel BECKER (Becker G. 2004, S. 498).

fahren ebenfalls zeit- und raumübergreifend auszurichten (Gerboth 2000, S. 536; Fischer 1996, S. 223). In der dritten Stufe wird neben den Instrumenten auch die Controllingorganisation an den Prozessen ausgerichtet. Gegenstände des Prozesscontrollings sind dann nicht mehr einzelne Funktionen oder Unternehmensbereiche, sondern ausschließlich übergreifende Prozesse (Gerboth 2000, S. 536).

Der hier angestrebten Erweiterung der Integration der ökologischen Informationen liegen zwei abweichende Überlegungen zugrunde. Zum einen ist es die Langfristigkeit der forstlichen Produktion, die eine periodenübergreifende Sicht notwendig macht, zum anderen sind es Ursache-Wirkungs-Beziehungen, die teilweise erst mit zeitlicher Verzögerung auftreten. Dies gilt sowohl für die ökonomische als auch für die ökologische Betrachtung. Ein zeitlich abgegrenztes Vorgehen, wie es in der üblichen Periodisierung vorliegt, ist schlecht geeignet, solche Zusammenhänge abzubilden. Statt dessen wird eine ergänzende kontinuierliche Betrachtung vorgestellt, die der erweiterten Einbindung der ökologischen Steuerungsgrößen dient.[525] Dies deckt sich mit der zeitübergreifenden Ausrichtung der Controllinginstrumente und -verfahren, wie sie in der zweiten Stufe der Prozessorientierung des Controllings gefordert wird. Gewissermaßen als ‚Nebeneffekt‘ gelingt es zudem, neben der zeitlichen auch die sachliche Trennung von ökonomischen und ökologischen Wirkungen zu überwinden, indem beides trotz zeitlichen Auseinanderfallens in einem nachvollziehbaren Zusammenhang darstellbar wird. Informationen und Daten zu den betrachteten Größen werden wiederum überwiegend in Form von Kennzahlen bereitgestellt (Biel 2004, S. 473; Gerboth 2000, S. 540).

Für die praktische Anwendung wird eine Integrationseinheit benötigt, der auch parallel ablaufende Prozesse zugeordnet werden können. Als langfristige Konstante wird die Fläche als Bezugspunkt einer solchen Maßnahmenakkumulation gewählt (Merker 1997, S. 152). Hierzu muss allerdings gewährleistet sein, dass die Behandlungs- und Verbuchungseinheit dauerhaft nachvollziehbar bleibt (ebd. S. 65 und 86f.). Der skizzierte Ansatz soll durch ein einfaches Beispiel verdeutlicht werden (Tabelle 16). Für die betrachtete Waldabteilung ‚XYZ‘ sind die zwischen 1997 und 2008 durchgeführten Maßnahmen aufgeführt. Neben Ausgaben und Einnahmen sind Kennzahlen der ökologischen Bewertung enthalten. Zur ökologischen Bewertung können grundsätzlich alle Struktur- und Monitoringkennzahlen herangezogen werden, wie sie in den Tabellen 14 und 15 sowie ausführlich in Anhang 1 aufgezeigt sind. Sofern direkte Auswirkungen entstehen, kann die ökologische Bewertung auf die Einzelmaßnahme bezogen erfolgen. So wirken sich im Beispiel die Pflanzung der Buchen und Tannen jeweils direkt auf die Baumartenanteile aus. Ansonsten werden Veränderungen in der ökologischen Bewertung stichtagsbezogen jeweils zum Jahresende ausgewiesen.

---

[525] Die Prozessorientierung hat eine Konzentration auf Steuerungsgrößen innerhalb der Informationsversorgung zur Folge (Horváth 2009, S. 781; Gerboth 2000, S. 538).

Waldort: Abteilung XYZ — **Fläche: 21,3 ha**

Datum	Maßnahmenbeschreibung	Kurzel	Menge	Ausgabe	Einnahme	Bemerkung	Laubholzanteil (Fläche)	Totholzvorrat stehend	liegend	Biozideinsatz	Verjüngungsfläche natürlich	künstlich	Bemerkungen / Sonstige ökol. Wirkungen
14.06.1997	Brennholz an Selbstwerber				306,78 €								
31.12.1997							32%	-1 Fm/ha	-2 Fm/ha		2,2 ha	4,1 ha	
02.07.1998	Brennholz an Selbstwerber				276,10 €			6 Vfm/ha	8 Vfm/ha				
29.10.1998	Zaunbau gegen Wildverbiss	BuKu01	1.350 lfm	5.479,69 €				-1 Fm/ha	-1 Fm/ha				
17.12.1998	Kauf und Pflanzung von Rotbuchen (Fagus sylvatica)	BuKu01	9.600 St.	6.429,62 €			+8%					+1,9 ha	
31.12.1998							40%	5 Vfm/ha	7 Vfm/ha		2,2 ha	6 ha	
28.04.1999	Kauf und Pflanzung von Abies nobilis	WbK01	15.500 St.	12.747,85 €		Weihnachtsbaumkultur	-9%					+4,5 ha	Befristet, da Weihnachtsbaumkultur
23.12.1999	Verbissschutz Rotbuchen	BuKu01		130,94 €									
31.12.1999							31%	5 Vfm/ha	7 Vfm/ha		2,2 ha	10,5 ha	
31.12.2000							31%	5 Vfm/ha	7 Vfm/ha		2,2 ha	10,5 ha	
16.07.2001	Pflanzflächen freischneiden	BuKu01		417,92 €		Buchenkultur							Flächenverlust der Krautschicht
31.12.2001							31%	5 Vfm/ha	7 Vfm/ha		2,2 ha	10,5 ha	
20.01.2002	Verbissschutz Rotbuchen	BuKu01		305,73 €									
28.05.2002	Pflanzung von 30 Elsbeeren (Sorbus Torminalis)			119,22 €		Nur Pflanzung, Pflanzen gestiftet						+0,1 ha	Förderung einer seltenen Baumart
22.12.2002	Pflanzflächen freischneiden	WbK01		1.103,71 €		Weihnachtsbaumkultur							Flächenverlust der Krautschicht
31.12.2002							31%	5 Vfm/ha	7 Vfm/ha		2,2 ha	10,6 ha	
18.02.2003	Verbissschutz Rotbuchen	BuKu01		254,04 €									
31.12.2003							31%	5 Vfm/ha	7 Vfm/ha		2,2 ha	10,6 ha	Flächenverlust der Krautschicht
24.11.2004	Pflanzflächen freischneiden	WbK01		1.032,22 €		Weihnachtsbaumkultur							
31.12.2004							31%	5 Vfm/ha	7 Vfm/ha		2,2 ha	10,6 ha	Flächenverlust der Krautschicht
17.11.2005	Pflanzflächen freischneiden	BuKu01		371,18 €		Buchenkultur							Flächenverlust der Krautschicht
16.12.2005	Verkauf Weihnachtsbäume	WbK01	100 St.		1.450,00 €	Abies nobilis							
31.12.2005							31%	5 Vfm/ha	7 Vfm/ha		2,2 ha	10,6 ha	
17.08.2006	Ringeln von Weichlaubhölzern			152,46 €				+0,3 Fm/ha					Rückgang Weichlaubholzanteil
11.12.2006	Pflanzflächen freischneiden			468,44 €									Flächenverlust der Krautschicht
19.12.2006	Verkauf Weihnachtsbäume	WbK01	330 St.		4.150,00 €	Abies nobilis	+0,5%						
31.12.2006							31,5%	5,3 Vfm/ha	7 Vfm/ha		2,2 ha	10,6 ha	
12.02.2007	Ringeln von Weichlaubhölzern			116,56 €				+0,2 Fm/ha			+0,2 ha		Rückgang Weichlaubholzanteil
28.11.2007	Freistellen Laubholz			609,00 €					+0,5 Fm/ha				
02.12.2007	Pflanzflächen freischneiden	WbK01		1.668,98 €									Flächenverlust der Krautschicht
17.12.2007	Verkauf Weihnachtsbäume	WbK01	405 St.		5.143,50 €	Abies nobilis	+0,5%						
31.12.2007							32%	5,5 Vfm/ha	7,5 Vfm/ha		2,4 ha	10,6 ha	
29.11.2008	Verkauf Schmuckreisig	WbK01	360 Bund		648,00 €								Flächenänderung der künstlichen Verjüngungsfläche durch Übergang zum 'Baumholz'
14.12.2008	Verkauf Weihnachtsbäume	WbK01	440 St. / 20 St.		5.456,00 € / 100,00 €	Abies nobilis / Picea abies	+0,5%					-2,3 ha	
31.12.2008							32,5%	5,5 Vfm/ha	7,5 Vfm/ha		2,4 ha	8,3 ha	
	Summe Ausgaben und Einnahmen			31.407,56 €	17.530,38 €								

Tab. 16: Beispiel der prozess- bzw. flächenorientierten Betrachtung

Eine Verbindung notwendiger Erhebungen vor Ort mit den Waldbegehungen im Rahmen der Jahresplanung ist in diesem Zusammenhang sinnvoll. Zusammengehörige Teilmaßnahmen, wie die Pflanzung und das Freischneiden derselben Pflanzfläche, werden durch ein gemeinsames Kürzel miteinander verknüpft. Dadurch kann recht einfach eine separate Teilauswertung erfolgen.

5.1.4.3.4 Projektorientierung

Nicht wenige forstbetriebliche Aufgaben haben den Charakter von Projekten. Projekte sind abgrenzbare und weitgehend eigenständige Aufgaben (Kieser/ Walgenbach 2003, S. 148; Schulte/Zurhausen 2002, S. 176f.). Sie unterscheiden sich wesentlich von Routinearbeiten, wie sie im vorherigen Abschnitt im Vordergrund standen.[526] Bei gleichbleibender Zielsetzung hinsichtlich der Einbeziehung ökologischer Informationen bildet die Projektsicht die nahe liegende Ergänzung zur Prozessorientierung. Projekte werden unabhängig von ihrer Dauer verfolgt, auch über Periodengrenzen hinweg. Damit ist die Projektorientierung zugleich eine Alternative zum traditionellen Periodendenken (Spremann 1992, S. 364). Folgende Merkmale sind kennzeichnend für ein Projekt (Burghardt 2007, S. 11 u. 19; Picot/Dietl/Franck 2005, S. 297; Zell 2003, S. 56f.; Frese 1998, S. 472):

- Es handelt sich um ein einmaliges Vorhaben.

- Die Dauer lässt sich in etwa eingrenzen.

- Die zu bearbeitende Aufgabe ist vergleichsweise komplex und in ihrer Problemstellung so noch nicht bearbeitet worden.

- Das Projektziel steht von Beginn an fest, hingegen kann der Lösungsweg durchaus noch offen sein.

- An der Planung und Bearbeitung können unterschiedliche Fachgebiete beteiligt sein, müssen dies aber nicht.

Inhaltlich können die Projekte in einem weiten Bereich angesiedelt sein. Sie können sich schwerpunktmäßig auf einzelne Unternehmensfunktionen beziehen oder losgelöst von Funktionen Querschnittscharakter haben (Burghardt 2007, S. 21ff.). Bei forstbetrieblichen Aufgaben ist etwa an den Bau von Infrastruktureinrichtungen oder den Umbau eines Waldbestands vom Nadelwald hin zum Laubmischwald zu denken. Aus strategischen Entscheidungen, wie sie auf der Inputseite des forstbetrieblichen Modells aufgezeigt wurden, leiten sich weitere komplexe Einzelvorhaben ab. So hat eine Erweiterung der betrieblichen Produktionstiefe ebenso Projektcharakter wie der Ausbau der Palette der erzeugten und abgesetzten Produkte.

---

[526] Zu den Unterschieden der Projekt- und Prozessorganisation siehe z. B. GAITANIDES (2007, S. 32f.).

Die vorherrschende funktionale Unternehmenssicht wird, ähnlich wie bei der Prozessorientierung, durchbrochen, allerdings zeitlich auf die Projektdauer beschränkt. Die Projektsteuerung ist darauf ausgelegt, sämtliche das Projekt betreffenden Aspekte zu beachten (Kezsbom/Schilling/Edward 1989, S. 6).[527] Alle Aktivitäten, die zum Erreichen des Projektziels beitragen, sind dem Projekt zuzuordnen. Eine Ergänzung um Auswirkungen, die ihre Ursache zwar im Projektgeschehen haben, aber außerhalb der Projektgrenzen auftreten, ist durchaus nahe liegend. Gerade für umfangreiche oder langwierige Vorhaben ist das Projektmanagement einschließlich eines Projektcontrollings damit ein Erfolg versprechender Ansatz zur Integration der ökologischen Ziele und des ökologischen Monitorings. Der Langfristigkeit forstlicher Produktion kommt die Zerlegung in einzelne Projektschritte und die Steuerung über Meilensteine entgegen. Projektcontrolling und Projektsteuerung sind als Einheit zu sehen (Zell 2003, S. 66). Das Projektcontrolling ist auf die Projektorganisation abzustimmen. Zudem sind die Besonderheiten des Projekts instrumentell und funktional aufzugreifen. Die Projektabschnitte sind mit darauf abgestimmten Instrumenten zu begleiten. Gängige Instrumente des Projektmanagements zeichnen sich dabei durch einen starken Fokus auf technische Aspekte aus. Vor allem die Ressourcen-, Kapazitäts- und Zeitplanung und -überwachung werden in den Mittelpunkt gestellt (z. B. Burghardt 2007, S. 14f.).[528]

Es gibt kein Instrument, welches alle Projektziele gleichzeitig überwachen und steuern könnte. Das liegt zum einen an der Vielzahl der Teilziele und zum anderen an den unterschiedlich gerichteten Beziehungen. Die Aufgabe des Projektcontrollings besteht somit nicht zuletzt in der Koordination der Einzelziele und ihrer sachlichen und zeitlichen Interdependenzbeziehungen. Eine Aufgabe, die durch die Einbeziehung ökologischer Ziele nicht leichter wird, aber ohne Alternative erscheint.

Folgendes Beispiel aus der Planungsphase eines Projekts zeigt eine Möglichkeit der Integration ökologischer Informationen (siehe Tabelle 17). In der Grobplanung zu einem Wegeneubauprojekt werden den Bauabschnitten die einzuhaltenden ökologischen Standards als Zielvorgaben zugeordnet. Deren Einhaltung wird durch einen Abgleich mit den zugehörigen Planungsinhalten überprüft. Beschreibung und Bewertung sind in verbaler Form abgefasst. Wo möglich erfolgt eine Unterlegung mit konkreten Planungsdaten. Analog, und mit Voranschreiten des Projekts zunehmend auf konkrete Daten gestützt, erfolgt die Einbeziehung öko-

---

[527] Die Kompetenzen des Projektmanagers gehen unterschiedlich weit, je nachdem, welche Größe das Projekt hat und welche Stellung die Projektorganisation gegenüber der sonstigen Unternehmensorganisation innehat (Picot/Dietl/Franck 2005, S. 298; Kieser/Walgenbach 2003, S. 148; Frese 1998, S. 477).

[528] Immer wieder erwähnt wird in diesem Zusammenhang das Instrument der Netzplantechnik. Netzpläne dienen der zeitlichen Abstimmung parallel ablaufender Projektschritte (Friedl 2003, S. 126; Schröder 1973, S. 62).

logischer Vorgaben und Bewertungen in den weiteren Projektphasen (Detailplanung, Realisierung, Kontrolle usw.).[529]

GROBPLANUNG Wegeneubau 'Obere Haselhecke'				
Bauabschnitt	**Zeitraum / Zeitpunkt**	**Verantwortlichkeit**	... **Ökologische Bewertung**	
			Ökologische Standards	**Konkrete Planungsinhalte**
Einmessen der Wegtrasse	Oktober/ Dezember	Revierleiter, Ingenieurbüro	... Geringe Eingriffe in die Landschaft; schmale Trassenführung; Aussparen wertvoller Biotope; wenig Fremdmaterial einbringen	Wegbreite zwischen 3,5 und 4 m, Trassenbreite überwiegend ca. 7-8 m; zwei Passagen mit starkem Hanganschnitt und max. Trassenbreite von ca. 15 m auf insg. 90 m Länge
Aufhieb der Wegtrasse	Dezember bis Februar	Revierleiter, Einsatzleiter	... Standards der Holzernte; Stabilität des verbleibenden Bestandes beachten	Aufhieb und Räumung des Unterstands und der Strauchschicht außerhalb der Vogelbrutzeit
Abstecken der Wegachse	März	Revierleiter, Ingenieurbüro	... Geringe Erdmassenbewegung; Schutz wertvoller Biotope	Umgehung eines Feuchtbiotops
Erdarbeiten (Anlage von Roh- und Feinplanum)	April bis Juni	Revierleiter, Bauleiter	... Erdarbeiten bei starker Nässe vermeiden; unnötige Aufschüttungen vermeiden	Einbau des abgegrabenen Materials vor Ort, Abtransport überschüssigen Materials
Wasserableitung und Drainage	April bis Juni	Revierleiter, Bauleiter	... Drainagewirkung für benachbarte Flächen gering halten; geregelter Abfluss bei Starkregen	Wasserdurchlässigkeit des Untergrunds erfordert keine gesonderten Entwässerungseinrichtungen am Weg; Drainagewirkung der Hanganschnitte verbleibt
Materialeinbau und Verdichtung (Trag- und Deckschicht)	ab März (Folgejahr)	Revierleiter, Bauleiter	... Bodenversiegelung gering halten; Einbau von Recyclingmaterial nur unter Nachweis der Unbedenklichkeit und unter Beachtung sonstiger Beschränkungen	Einbau von geprüftem Recyclingmaterial in der Tragschicht; Sand-Wasser-gebundene Bauweise ohne weitere Bindemittel

Tab. 17: Beispiel der Projektbetrachtung

Trotz der Vorteile der Projektbetrachtung darf die Gesamtsicht der Unternehmung nicht vernachlässigt werden. Ansonsten droht ein suboptimales Gesamtergebnis. Die Projektleitung und das Projektcontrolling müssen in die Gesamtführung bzw. das Gesamtcontrollingsystem eingebunden sein (Welge 1988, S. 318).[530]

Die hohen methodischen Ansprüche, die die erweiterten Integrationsansätze insgesamt an das Controllingsystem stellen, verdeutlichen nochmals die zweite Schwierigkeit des forstlichen Controllings, deren Lösung sich die Arbeit ab-

---

[529] Projekte können in typische Phasen eingeteilt werden. Die Projektplanung ist eine solche Phase, weitere sind die davor liegende Vorphase oder Initialisierung und die darauf folgende Realisierung oder Einführung und Kontrolle (z. B. Kuster et al. 2008, S. 24.; Corsten/Corsten/Gössinger 2008, S. 11 u. 18f.; Bea/Scheurer/Hesselmann 2008, S. 41). Gerade die Planung ist im Verlauf des Projekts immer wieder zu überprüfen und an Veränderungen anzupassen (Litke 2007, S. 85; Kessler/Winkelhofer 2004, S. 48). Entsprechend sind die ergänzenden ökologischen Informationen ggf. ebenfalls zu aktualisieren.

[530] Zu Gründen, die zum Scheitern des Projektmanagements führen können, siehe ausführlich KEZSBOM/ SCHILLING/EDWARD (1989, S. 9ff.).

schließend widmet. Die wenigsten Forstbetriebe verfügen über ein institutionalisiertes Controlling. Andererseits kann die Einlösung dieser Ansprüche von einem Controller im ‚Nebenamt' oder über ein Selbstcontrolling nicht erwartet werden.

5.2 Lösungsansätze für Forst-KMU

5.2.1 Vorgehensweise zur Ableitung der Lösungsansätze

Zum Beleg für die herausgehobene Bedeutung kleiner und mittlerer Betriebsgrößen in der Forstwirtschaft der Bundesrepublik Deutschland wurde in Abschnitt 3.3.2 statistisches Datenmaterial der Bundeswaldinventur und des Statistischen Jahrbuchs herangezogen. Trotz festgestellter Abweichungen zwischen den Erhebungen durch Unterschiede in der Abgrenzung der erfassten Betriebe und abweichende Klassengrenzen konnte die Dominanz geringer Betriebsgrößen in den Eigentumsformen Körperschafts- und Privatwald eindeutig belegt werden. Die als Größenmerkmal verwendete Betriebsfläche bietet indes kaum Anhaltspunkte für einen Vergleich mit Betrieben außerhalb der Forstwirtschaft. Orientiert man sich stattdessen an Umsatzzahlen[531] und vergleicht diese mit den gängigen Abgrenzungskriterien der EU-Kommission oder des IfM Bonn, handelt es sich bei den kommunalen und privaten Forstbetrieben nahezu ausnahmslos um KMU.[532]

Dem steht bisher, wie gezeigt, eine unzureichende Beachtung seitens der forstlichen Betriebswirtschaftslehre gegenüber. Was für die Gesamtheit der Disziplin der Forst-BWL gilt, trifft für das forstliche Controlling umso mehr zu. Für den Einsatz und die Verbreitung des Forstcontrollings über alle Betriebsgrößen hinweg ist diese Lücke daher zu schließen.

Die KMU-Forschung der Betriebswirtschaftslehre zeigt typische Problemstellungen der kleinen und mittleren Unternehmen auf. Den Hintergrund bilden zahlreiche empirische Studien. Für die Forstwirtschaft liegen bisher keine gezielten Untersuchungen vor. Eine eigene Befragung, die im Rahmen eines Drittmittelprojekts durchgeführt wurde,[533] diente zur eingehenden Analyse der Situation und zugleich als Ausgangspunkt der Lösung. Nach Darstellung der wichtigsten Ergebnisse werden die theoretischen Erkenntnisse zum KMU-Controlling aus Ab-

---

[531] Wegen fehlender Daten wurde zur näherungsweisen Bestimmung der Umweg über die jährlichen Durchschnittserträge je Hektar, multipliziert mit der Betriebsfläche, gewählt.

[532] Da bisher keine anerkannte Abgrenzung von Forst-KMU vorliegt, wurde in Abschnitt 3.3.2 ein Vorschlag ausgearbeitet. Neben den quantitativen Kriterien der Betriebsfläche und des Jahresumsatzes wurden der Einsatz betriebseigenen ausgebildeten Personals und die Vermarktung des Rohholzes als qualitative Eigenschaften einbezogen.

[533] Die Befragung wurde im Rahmen eines am Siegener Mittelstandsinstitut (SMI) angesiedelten und von der WestLB-Stiftung Zukunft NRW geförderten Drittmittelprojekts durchgeführt. Das Projekt „Verknüpfung von ökonomischem Controlling und ökologischem Monitoring zur Gewährleistung forstlicher Nachhaltigkeit" hatte die Ausarbeitung eines die ökologischen Aspekte einbeziehenden Controllings für den kommunalen Waldbesitz und den Kleinprivatwald zum Ziel (Urigshardt 2007 und 2008).

schnitt 2.4 mit den aus der Befragung gewonnenen Ergebnissen zusammengeführt. Darauf aufbauend werden im letzten Teilabschnitt (5.2.4) Empfehlungen für das Controlling in Forst-KMU gegeben.

5.2.2 Empirische Untersuchung zum Controlling in Forst-KMU

5.2.2.1 Untersuchungsdesign und Rahmendaten

5.2.2.1.1 Untersuchungsziel und Methodenwahl

Da bisher keine Untersuchungen zu größenabhängigen Fragestellungen des Forstcontrollings vorliegen, wurde eine explorative Studie[534] durchgeführt. Ziel war es, die ausgeübte Praxis controllingadäquater Tätigkeiten zu erkunden. Dazu wurden überwiegend qualitative Daten abgefragt. Da eine unvollständige Aufgabenwahrnehmung zu vermuten war, wurde darüber hinaus der von den Befragten selbst empfundene Verbesserungsbedarf erhoben. In der Auswertung kamen dementsprechend nur univariate deskriptive Auswertungsverfahren zum Einsatz.[535] Die Abfrage quantitativer Variablen beschränkte sich in erster Linie auf Daten zur Beschreibung des Betriebs (z. B. Betriebsgröße, Betriebsstruktur). Zusätzlich wurden, über die Exploration hinaus, einige vermutete Zusammenhänge überprüft. Der Fragbogen wurde daher zusätzlich für die Überprüfung von drei Hypothesen konzipiert.[536]

- Die Betriebsgröße wurde als wesentlicher Kontextfaktor theoretisch hergeleitet, in empirischen Untersuchungen außerhalb der Forstwirtschaft mehrfach bestätigt und ließ sich zudem in der Analyse der bestehenden Ansätze zum forstlichen Controlling nachweisen. Es stellt sich daher die Frage, inwieweit sich unterschiedliche Betriebsgrößen auch auf das Controlling innerhalb der Forstbetriebe auswirken und man gelangt zur ersten Hypothese:
  Die Wahrnehmung von Aufgaben mit Controllingcharakter hängt von der Betriebsgröße ab.

- Als wesentliches Handikap der kleinen Betriebe, nicht nur im Forstbereich, wurde fehlendes Know-how angeführt. Eine Möglichkeit zur Lösung dieses Problems ist die (dauerhafte) Zuführung des notwendigen Sachverstands von außerhalb. Da gerade in den kleinen Forstbetrieben in fachlichen und betriebswirtschaftlichen Belangen Know-how fehlt, hat die intensive Beratung bis hin zur dauerhaften Betreuung und Übernahme weit reichender Leitungs-

---

[534] Zur Aufgabenstellung explorativer Untersuchungen siehe z. B. KROMREY (2006, S. 108).

[535] Je nach Fragetyp waren dies: absolute Häufigkeiten, relative Häufigkeiten, Modus, Median, gruppierte Antworten und deren Häufigkeitsverteilung.

[536] Zur Hypothesenbildung und -überprüfung siehe ausführlich ATTESLANDER (2008, S. 38ff.), DIEKMANN (2007, S. 61ff.). Zu den Hypothesenarten im Detail siehe z. B. DIEKMANN (2007, S. 124).

aufgaben durch die Landesforstverwaltungen eine längere Tradition. Daraus ergibt sich die zweite zu prüfende Hypothese:

Forstbetriebe, in deren Betriebsleitung fachlich geschultes Personal von Dienstleistern zum Einsatz kommt, üben Aufgaben mit Controllingcharakter verstärkt bzw. besser aus.

- Die letzte Hypothese nimmt sich der möglichen Lösung des geringen Aufgabenumfangs der Controllingaufgaben in den Forst-KMU an. Ganz allgemein wird vielfach versucht, größenbedingten Nachteilen mittels zwischenbetrieblicher Kooperationen zu begegnen. So sollen Effizienzvorteile erschlossen werden, die den Größendegressionseffekten von großen Unternehmen vergleichbar sind (Picot/Dietl/Franck 2005, S. 177).

Zwischenbetriebliche Kooperationen, etwa die Mitgliedschaft in einer Forstbetriebsgemeinschaft, beeinflussen die Wahrnehmung controllingbezogener Aufgaben.

Die in den Hypothesen formulierten Abhängigkeiten beziehen sich auf je zwei Variablen. Dies sind bei der Hypothese 1 die Betriebsgröße als unabhängige und die Aufgabenwahrnehmung als abhängige Variable; bei der Hypothese 2 die Art der Betriebsleitung als unabhängige und die Aufgabenwahrnehmung als abhängige Variable sowie bei der Hypothese 3: überbetriebliche Kooperationen als unabhängige und Aufgabenwahrnehmung als abhängige Variable. Da lediglich klassifikatorisch (nominale) und komperativ zu fassende Inhalte (ordinale Variablen) abgefragt wurden,[537] standen für die Auswertung nur nichtparametrische Verfahren zur Verfügung. Die Hypothesen zur Unabhängigkeit der Variablenpaare wurden daher über Kreuztabellen (Kontingenztafeln) und darauf abgestimmte Testverfahren (χ^2-Test, Fisher-Test) überprüft (Büning/Trenkler 1994, S. 219).

Für die Untersuchung wurde die Erhebungsform der schriftlichen Befragung gewählt. Diese hat gegenüber den Alternativen des persönlichen oder telefonischen Interviews eine Reihe von Vorteilen, aber gleichfalls Nachteile[538] (Atteslander 2008, S. 147ff.; Diekmann 2007, S. 514f.). Für die durchgeführte Befragung

---

[537] Zur allgemeinen Problematik der Quantifizierung abgefragter Sachverhalte in den Gesellschafts- und Sozialwissenschaften siehe BAUER/FERTIG/SCHMIDT (2009, S. 82ff.), KROMREY (2006, S. 213ff.).

[538] Wesentliche *Vorteile* sind:
  - Einflüsse durch Verhalten der Interviewer oder Verzerrungen beim Einsatz mehrerer Interviewer entfallen (Atteslander 2008, S. 125; Diekmann 2007, S. 486f.)
  - Geringer zeitlicher Aufwand der reinen Datenerhebung
  - Zeit und Ort der Bearbeitung werden vom Befragten bestimmt (Bailey 1978, S. 158); notwendige Unterlagen können gesichtet, die Antworten insgesamt überlegter gegeben werden

  Als *Nachteile* schriftlicher Befragungen gelten:
  - Niedrige Rücklaufquoten; Aufwand zur Forcierung zehrt Vorteil des geringeren Erhebungsaufwands ggf. auf
  - Der befragte Personenkreis muss im Vorhinein bekannt, Adressdaten zugänglich sein
  - Bei Verständnisproblemen keine unmittelbare Hilfestellung möglich
  - Befragung kann nach Versand der Fragebögen nicht mehr gesteuert werden (Repräsentativität); Situation der Fragebogenbearbeitung kann durch den Untersuchenden nicht eingeschätzt werden

wurden die Vorteile als maßgeblicher angesehen. Zu nennen ist in erster Linie der deutlich geringere Zeitaufwand für die Durchführung der Befragung.

Die Auswahl der befragten Forstbetriebe ergab sich aus dem Projektrahmen, in den die Erhebung eingebettet war.[539] Innerhalb des Projekts wurde mit drei privaten genossenschaftlichen Forstbetrieben kooperiert. Um die Wissensbasis für diese Eigentumsform zu verbessern und anschließend zu verallgemeinerungsfähigen Aussagen zu gelangen, wurden vergleichbare Betriebe untersucht. Die Befragung war räumlich auf den Kreis Siegen-Wittgenstein im südlichen Westfalen begrenzt. Ausschlaggebend für diese Beschränkung waren der Sitz der am Projekt beteiligten Betriebe in dieser Region sowie die Art der Adressengenerierung. Die Adressenliste wurde vom Waldbauernverband Nordrhein-Westfalen, Bezirksgruppen Siegerland und Wittgenstein, zur Verfügung gestellt. Es handelte sich somit um ein kombiniertes Auswahlverfahren aus bewusster Auswahl (Gebietsauswahl) und einer einfachen Zufallsauswahl[540] (Kromrey 2006, S. 281ff. und 300ff.).

Ein Vergleich der Betriebsgrößen des Kreises Siegen-Wittgenstein und Nordrhein-Westfalens mit der Verteilung der Stichprobe zeigt, dass die Erhebung für die untersuchte Region als repräsentativ angesehen werden kann (siehe Tabelle 18). Lässt man die Anzahl der Betriebe je Klasse außer acht und vergleicht lediglich die Betriebsflächen, ist auch für Nordrhein-Westfalen eine ähnliche Verteilung gegeben.

	Waldfläche unter 10 ha*		Waldfläche 10 bis 50 ha		Waldfläche 50 bis 200 ha		Waldfläche 200 ha und mehr	
	Anzahl	ha	Anzahl	ha	Anzahl	ha	Anzahl	ha
Kreis Siegen-Wittgenstein[1]	499	1.374	202	3.970	89	9.644	71	49.460
Nordrhein-Westfalen[1]	17.655	41.248	4.604	91.674	928	88.120	453	500.305
Bundesrepublik Deutschland[2]	k. A.	k. A.	18.932	371.100	5.361	551.100	4.173	6.455.900

*) Reine Forstbetriebe wurden erst ab 10 ha Betriebsfläche erfasst

[1]) Quelle: Landesamt für Datenverarbeitung und Statistik (LDS) NRW (Hrsg.): Größenstruktur der land- und forstwirtschaftlichen Betriebe in Nordrhein-Westfalen 2007, S. 28f.

[2]) Quelle: Statistisches Bundesmant (Hrsg.): Statistisches Jahrbuch 2008, S. 336

Tab. 18: Vergleich von Stichprobe und Grundgesamtheit

Landesweit sind 6,9% der Waldfläche in Betrieben zwischen 10 und 50 ha Betriebsgröße zu finden, in der Stichprobe der Studie sind es 2,8 %. Allerdings er-

---

[539] Ausführlicher zu den Projektinhalten: siehe URIGSHARDT (2007) und (2008).

[540] Die Zufallsauswahl bezieht sich auf die spezielle Eigentumsform der Waldgenossenschaften. In der untersuchten Region dominieren die Waldgenossenschaften das private Waldeigentum, so dass in die Stichprobe ebenfalls nur genossenschaftliche Betriebe eingingen.

lauben die grobe Klasseneinteilung und teils fehlende Werte hier keine abschließende Beurteilung.

5.2.2.1.2 Ablauf der Befragung

Nach Ausarbeitung des Fragebogens wurde der Pretest durchgeführt. Neben einer Überprüfung der Reliabilität und Validität des Untersuchungsinstruments lag besonderes Augenmerk auf der sprachlichen und inhaltlichen Verständlichkeit der Fragestellungen (Atteslander 2008, S. 278f.; Mohler/Porst 1996, S. 9).[541] Da teilweise Antwortskalen vorgegeben wurden, war die Tauglichkeit dieser Skalen ebenfalls zu prüfen.[542] Zur Durchführung des Pretests wurde der Fragebogen an die Vorstände von fünf Waldgenossenschaften im Kreis Altenkirchen ausgegeben.[543] Im Vordergrund standen eine kritische Durchsicht und die Hinterfragung des Fragebogenaufbaus. Auf eine Simulation des Befragungsablaufs wurde bewusst verzichtet. Nach etwa einer Woche wurde der Fragebogen im Einzelgespräch durchgearbeitet.[544] Über die Waldgenossenschaften hinaus wurde der Fragebogen an zwei Revierleiter des Forstamts Kirchen (Landesforstverwaltung Rheinland-Pfalz) ausgegeben. Sie wurden als Experten zur Verständlichkeit und zum formalen Aufbau befragt.

Aufgrund der Ergebnisse des Pretests wurden einige Formulierungen nochmals überarbeitet, um die Verständlichkeit zu verbessern. Die Skalierung der Antwortkategorien wurde umgekehrt (nun absteigend von 1 ,sehr hoher Bedarf' bis 5 ,kein Bedarf').[545] Zudem wurde eine Erläuterung ausgearbeitet, die den Fragebogen beschreibt und Hinweise zur Bearbeitung gibt. Diese Anleitung wurde dem Fragebogen beim späteren Versand beigefügt. Da die erforderlichen Änderungen gering waren, konnte die Haupterhebung unmittelbar im Anschluss erfolgen. Der vollständige Fragebogen und die Bearbeitungshinweise sind im Anhang zu finden.

Die eigentliche Befragung fand in den Monaten Mai bis September 2006 statt. Die Studie wurde vorab telefonisch angekündigt, um der bei einer schriftlichen

---

[541] Zu den Aufgaben des Pretests siehe ausführlich ATTESLANDER (2008, S. 277ff.), MOHLER/PORST (1996).

[542] Zu den Eigenschaften von Skalierungsverfahren und den Anforderungen an deren Anwendung siehe ATTESLANDER (2008, S. 281ff.).

[543] Der Kreis Altenkirchen liegt in direkter Nachbarschaft zum Untersuchungsgebiet, allerdings in Rheinland-Pfalz. Die Waldeigentumsverhältnisse sind vergleichbar, d. h. der Anteil des Genossenschaftswalds ist ähnlich hoch und die Betriebsleitung wird analog von Bediensteten der Landesforstverwaltung Rheinland-Pfalz wahrgenommen.

[544] Formal handelt es sich hier um eine Kombination aus klassischem Pretest und Pretest ohne Befragungspersonen (Mohler/Porst 1996, S. 10f. u. 13). Allerdings ist der Umfang verringert.

[545] Zur Likertskala siehe z. B. DIEKMANN (2007, S. 240ff.), ATTESLANDER (2008, S. 222f.).

Befragung tendenziell geringen Beantwortungsquote entgegenzuwirken.[546] Zugleich konnten Fehler im Anschriftenverzeichnis aufgedeckt und korrigiert werden. Durch die persönliche Ansprache wurde das sonst bestehende Problem des fehlenden direkten Kontakts verringert (Atteslander 2008, S. 151).[547] Beim Versand war es daher in allen Fällen möglich, die Verantwortlichen persönlich anzuschreiben. Den Fragebögen lag zudem ein Schreiben des Waldbauernverbands bei, in dem die Befragung unterstützt und eine Teilnahme empfohlen wurde. Um den über die Bearbeitung des Fragebogens hinausgehenden Aufwand gering zu halten, war ein adressierter und frankierter Rückumschlag beigefügt. Interessierte konnten auf dem Anleitungsblatt die Adresse angeben und sich darüber eine Auswertung der Befragung zusenden lassen. Weitere Anreize zur Teilnahme gab es nicht. Der Rücklauf erfolgte anonym, sofern die Befragten nicht von sich aus einen Absender angaben.

Ende Mai 2006 wurden 175 Fragebögen versendet. Ein weiterer Bogen wurde im Juli auf direkte Nachfrage verschickt.[548] Somit wurden insgesamt 176 genossenschaftliche Forstbetriebe angeschrieben. Ebenfalls im Juli 2006 wurde eine telefonische Nachfassaktion für die noch ausstehenden Fragebögen durchgeführt.[549] Eine Erleichterung bestand darin, dass ein großer Teil der eingegangenen Fragebögen mit Absender versehen war. Neben der wiederholten Bitte um Bearbeitung und Rücksendung wurde auch die erneute Zusendung des Fragebogens angeboten. Der Posteingang des letzten Fragebogens war der 18. September 2006. Bis dahin wurden 96 Bögen zurückgesandt. Somit konnte eine Rücklaufquote von 54,5% erreicht werden.

5.2.2.1.3 Aufbau des Fragebogens

In den Bearbeitungshinweisen wurde der Aufbau des Fragebogens erläutert und insbesondere wurden die verwendeten Fragentypen charakterisiert. Um die Gefahr von Fehlinterpretationen zu verringern und das zugrunde liegende Begriffsverständnis zu erläutern, waren im Fragebogen vor einigen Frageblöcken Einführungstexte eingefügt. Auch hierauf wurde in der Einführung eingegangen. Der eigentliche Fragebogen war in drei Teile unterteilt. Teil 1 *Allgemeine Fragen zum Waldeigentum und zum Forstbetrieb*' enthielt drei Fragenblöcke, A bis C,

---

[546] Die geringsten Rücklaufquoten treten gerade bei der schriftlichen Befragung mittels Postversand auf (Diekmann 2007, S. 515), so wie sie bei der vorliegenden Befragung gewählt wurde. Oftmals werden dann nur Rücklaufquoten von 5 bis 20% erreicht (ebd. S. 516f.).

[547] Der fehlende persönliche Kontakt führt zum einen dazu, dass die Bereitschaft zur Teilnahme an der Befragung geringer ist. Zudem kann nicht sichergestellt werden, welche Person den Fragebogen tatsächlich bearbeitet (Atteslander 2008, S. 150). Beide Aspekte der Anonymität konnten durch das Telefonat nicht vollständig ausgeschaltet werden. Dennoch lassen die hohe Rücklaufquote und die hohe Bearbeitungsqualität den Schluss zu, dass diese Vorabinformation ihren Zweck nicht verfehlt hat.

[548] Es handelte sich um eine Waldgenossenschaft, die nicht Mitglied des Waldbauernverbands und daher auch nicht in der ursprünglichen Adressliste verzeichnet war.

[549] Zur Gestaltung und Wirksamkeit solcher Nachfassaktionen siehe z. B. DIEKMANN (2007, S. 519).

mit insgesamt 20 Fragen. Neben der Art der Betriebsleitung wurden Größen-merkmale (Fläche(n), Umsatz, Einschlagsvolumen), die Betriebsstruktur (Baum-artenanteile und Altersstruktur) sowie Angaben zur Person und Position des Fra-gebogenbearbeiters (Funktion im Forstbetrieb, Erfahrung, beruflicher Hinter-grund) erfragt.

Aufgabe des zweiten Teils des Fragebogens *,Derzeitige Situation*' war die Ist-Analyse. Da nicht davon auszugehen war, dass Controlling namentlich bekannt war, wurde die Erfüllung solcher betriebswirtschaftlicher Funktionen in den Mit-telpunkt gestellt, die wesentliche Bezüge zum Controlling zeigen. Neben ablauf-organisatorischen Fragestellungen dominierte hierbei der Instrumenteneinsatz. Diese Einteilung ergab folgende Fragenblöcke:

D Betriebliche Ziele und Vorgaben (4 Einzelfragen),

E Betriebliche Planung (3 Einzelfragen),

F Entscheidungen bei Zielkonflikten (4 Einzelfragen),

G Kontrolle und Steuerung (5 Einzelfragen),

H Spezielle betriebswirtschaftliche Fragestellungen (12 Einzelfragen),

J Datenerfassung und -bearbeitung (4 Einzelfragen) und

K Beratung (1 Frage).

Um die Beantwortung zu erleichtern, wurden fast ausschließlich geschlossene Fragestellungen formuliert.[550] Neben dichotomen Ja-Nein-Fragen waren Alterna-tivfragen und einige Mehrfachauswahlfragen enthalten.

Teil 3 *,Ansätze für Verbesserungen*' diente der Feststellung des Verbesserungs-bedarfs, wie ihn die Befragten in den Waldgenossenschaften selber empfinden. Die Einstellung zu den Fragegegenständen wurde in Form skalierter Antwort-möglichkeiten erhoben (Diekmann 2007, S. 241). Zum Einsatz kam dabei eine fünfstufige Likert-Skala.[551] Die Einteilung der Fragen in Blöcke erfolgte wesent-lich stärker als im zweiten Teil im Anhalt an die eng mit dem Controlling ver-knüpften Führungsaufgaben. Als Fragenblöcke waren vertreten:

L Informationsversorgung (19 Einzelfragen),

M Planung (31 Einzelfragen),

---

[550] Offene Fragen erfordern ein weiterreichendes Wissen und ,sich erinnern'. Offene Fragen bleiben daher öfter unbeantwortet als geschlossene Fragen (Atteslander 2008, S. 138). Für die Auswertung ergeben sich ebenfalls Vorteile (bessere Vergleichbarkeit und Objektivität, geringerer Auswertungs-aufwand) (Diekmann 2007, S. 477). Allerdings erfordert die Formulierung geschlossener Fragen hö-here Sorgfalt, da das potenzielle Antwortspektrum möglichst vollständig abzudecken ist (Kromrey 2006, S. 376). Zu weiteren Einzelheiten zu den Fragentypen siehe z. B. ATTESLANDER (2008, S. 138f.), DIEKMANN (2007, S. 476f.).

[551] Genau genommen handelt es sich nicht um ein Skalierungsverfahren, sondern um ein von LIKERT (1932) vorgeschlagenes Verfahren der summierten Einschätzungen (z. B. Atteslander 2008, S. 222; Diekmann 2007, S. 240f.)

N Vorgaben für Einzelentscheidungen und Entscheidungsroutinen (2 Einzelfragen) und

O Kontrolle und Steuerung (14 Einzelfragen zur Kontrolle, 9 Einzelfragen zur Steuerung, 4 Einzelfragen zur Qualitätssicherung).

Auf die zur Einstellungsmessung sonst üblichen Wiederholungsfragen wurde verzichtet. Stattdessen wurde eine Vielzahl unterschiedlicher, jedoch voneinander abhängiger Verbesserungspotenziale angeschnitten.[552]

5.2.2.2 Darstellung der wichtigsten Befragungsergebnisse

5.2.2.2.1 Grundlegendes zur Auswertung

Bei zwei Rückläufern wurden nur allgemeine Angaben zum Betrieb gemacht. Unvollständig ausgefüllte Bögen wurden ihrem Bearbeitungsstand entsprechend in die Auswertung einbezogen. Die deskriptiven Auswertungen beziehen sich auf die eindeutigen Antworten, d. h. fehlende Antworten wurden weder als Ablehnung noch als Zustimmung eingestuft. Dadurch kommt es zu geringfügigen Abweichungen im Stichprobenumfang der Einzelfragen. In der Auswertung wird auf geringe Antwortquoten hingewiesen.

In den folgenden Abschnitten werden nicht alle Auswertungen wiedergegeben.[553] Es erfolgt eine Beschränkung auf die aussagekräftigen Ergebnisse. Insbesondere im ersten und dritten Fragebogenteil wird nur eine begrenzte Auswahl getroffen. Hingegen wird der Ist-Zustand nahezu vollständig wiedergegeben.

5.2.2.2.2 Auswertung des ersten Teils ‚Allgemeine Fragen zum Waldeigentum und zum Forstbetrieb'

Die Flächengrößen der Forstbetriebe aus der Stichprobe reichten von 9,43 ha bis 826,0 ha. Das arithmetische Mittel lag bei 197,79 ha. Die als exakte Werte abgefragten Flächenangaben wurden für die spätere Weiterverarbeitung der Daten zu Klassen zusammengefasst. Die Grafik zeigt die Verteilung der klassifizierten Betriebsgrößen.[554] Der überwiegende Teil der Betriebe ist demnach in den Größenklassen von 100 bis 200 ha sowie von 200 bis 500 ha zu finden. Insgesamt sind 56,8% der Betriebe diesen beiden Klassen zuzuordnen.

---

[552] Auf eine Zusammenfassung, einen statistisch-rechnerischen Vergleich der Antworten und auf die Anwendung von Teststatistiken wurde in der Auswertung bewusst verzichtet. Statt dessen wurden die Antworten jeweils nur einzeln betrachtet. Zur sonst möglichen Weiterverrechnung der Variablen zur Einstellungsmessung siehe z. B. DIEKMANN (2007, S. 241f.).

[553] Für die Auswertung wurde das Statistikprogramm SPSS 14.0 für Windows (Version 14.0.1 vom 07. Dezember 2005) verwendet.

[554] Um trotz der unterschiedlichen Klassengrenzen einen Vergleich mit verschiedenen Landes- und Bundesstatistiken zuzulassen, wurde folgende Abgrenzung gewählt: (1) Betriebe bis 50 ha, (2) Betriebe über 50 bis 100 ha, (3) Betriebe über 100 bis 200 ha, (4) Betriebe über 200 bis 500 ha, (5) Betriebe über 500 bis 1.000 ha und (6) Betriebe über 1.000 ha.

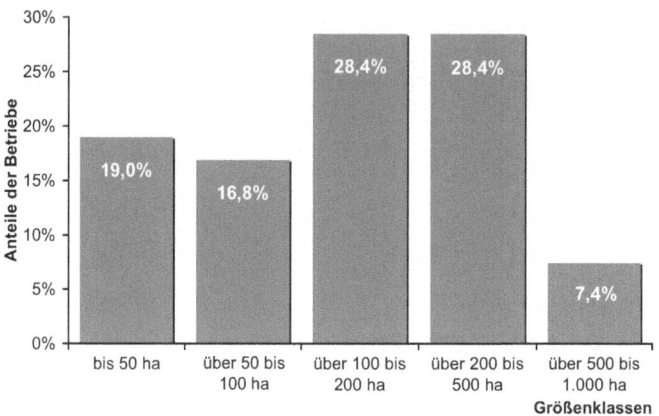

Abb. 27: Größenverteilung der Stichprobe

In weiteren betrieblichen Merkmalen, wie dem Standort und der Baumartenverteilung, bestätigte sich die weitgehende Homogenität der untersuchten Betriebe. Dominierende Baumart ist mehrheitlich die Fichte, mit einem durchschnittlichen Flächenanteil von 50,8%. Die Spannweite der Angaben reicht allerdings von 2,2 bis 99% und die Standardabweichung liegt bei 18,8. Zweithäufigste Baumart ist die Eiche mit einem gemittelten Anteil von 18,8% (Standardabweichung 11,6). Der Anteil der Buche – der in unbeeinflussten natürlichen Wäldern Mitteleuropas vorherrschenden Baumart – liegt bei nur 8,5%. Mischbestände sind die Ausnahme, mit 86,2% überwiegt die flächige Trennung der Baumarten deutlich.

Ein prägendes betriebliches Charakteristikum mit weit reichenden Folgen ist die Ausgestaltung der Betriebsleitung. Abgefragt wurde daher, ob die Betriebsleitung eigenständig oder durch die Forstverwaltung (Landesbetrieb Forst und Holz NRW) bzw. sonstige Betriebsfremde erfolgt. Die Auswertung ergab, dass die eigenständige Leitung überwiegt. In 42,1% der Fälle (40 Betriebe) tritt die Landesverwaltung als Dienstleister auf, an den Leitungsaufgaben übertragen sind. In einem Fall wurde zwar eine Betriebsleitung durch ‚Sonstige' angegeben, in der verbalen Erläuterung der Antwort wurde dann aber der Vorstand der Genossenschaft als Betriebsleiter aufgeführt. Somit ist in 57,9% der Fälle (55 Betriebe) von einer Betriebsleitung durch die Eigentümer auszugehen.

Als letztes, mit Blick auf die spätere Hypothesenüberprüfung wichtiges Ergebnis, verbleiben Angaben zur Verbreitung und zu den Aufgaben von zwischenbetrieblichen Kooperationen.[555] Die Mehrheit der Betriebe ist bisher keinem forstwirtschaftlichen Zusammenschluss angegliedert (57,9%). Unter den Zusammen-

---

[555] Zu den üblichen Einteilungen der Kooperationsformen siehe z. B. ZENTES/SWOBODA/MORSCHETT (2003, S. 5ff.), MORSCHETT (2003), SCHULTE-ZURHAUSEN (2002, S. 264f.). Zwischenbetriebliche Kooperationen dienen entweder dem Auf- und Ausbau von Marktmacht oder der Erschließung von Effizienzvorteilen (Picot/Dietl/Frank 2005, S. 173).

schlüssen sind die im Waldgesetz (BWaldG 2005, §§ 16-20) verankerten Forst-
betriebsgemeinschaften am häufigsten vertreten (28 Betriebe, 29,5%). 38 Betriebe machten nähere Angaben zu den überbetrieblich wahrgenommenen Aufgaben.

Wahrgenommene Aufgabe	Anzahl	Anteil*
Holzverkauf	29	76,3%
Forstfachliche Beratung	26	68,4%
Durchführung des Holzeinschlags	17	44,7%
Planungsaufgaben, z. B. Abstimmung der Wirtschaftspläne der Mitglieder	15	39,5%
Abstimmung der Einsätze von Großmaschinen	13	34,2%
Abwicklung sonstiger Unternehmereinsätze	13	34,2%
Betriebswirtschaftliche Beratung	10	26,3%
Materialbeschaffung	8	21,1%
Abstimmung der Betriebsarbeiten der Mitglieder	6	15,8%
Aufgaben der Buchführung, z. B. Fakturierung usw.	4	10,5%

*) bezogen auf 38 antwortende Betriebe

Tab. 19: Vom Zusammenschluss wahrgenommene Aufgaben

Die Verteilung der Antworten gibt Tabelle 19 wieder. Deutlich heben sich die
Schwerpunkte in den Bereichen Holzverkauf und fachlicher Beratung ab. Zwei
weitere Aufgaben, deren Übertragung ebenfalls noch als etabliert anzusehen ist,
sind Planung sowie Abwicklung des operativen Betriebsgeschehens (Holzeinschlag, Unternehmer- und Maschineneinsatz). Hingegen sind Aufgaben mit einem stärker betriebswirtschaftlichen Charakter keinesfalls ein Aufgabenschwer-
punkt der forstwirtschaftlichen Zusammenschlüsse.

5.2.2.2.3 Auswertung des zweiten Teils ‚Derzeitige Situation'

Die Auswertung der nominal skalierten Variablen erfolgte über absolute und relative Häufigkeiten sowie Modalwerte.[556] Die wichtigsten Ergebnisse der Fragenblöcke werden im Folgenden zusammengefasst.

---

[556] Der Modalwert oder schwerste Wert ist der am häufigsten genannte Wert (z. B. Quatember 2005,
S. 47; Büning/Trenkle 1994, S. 19)

Betriebliche Ziele und Vorgaben (Fragenblock D)

Das Vorliegen strategischer und operativer Betriebsziele wurde in zweimal zwei aufeinander aufbauenden Fragen abgefragt.[557] Weit reichende Vorgaben und Ziele liegen weitaus häufiger vor (78 mal, bzw. 83%) als kurzfristige (62 mal bzw. 66,7%). Es scheint, als werde die Notwendigkeit der Operationalisierung der Ziele und Vorgaben durch abgestimmte Etappenziele bisher nicht in ausreichender Weise berücksichtigt. Insgesamt ist die Zahl der Betriebe, die angeben, dass betriebliche Ziele und Vorgaben bestehen, hoch.[558] Eine Unterscheidung nach ihrer Herkunft in extern vorgegebene und rein innerbetriebliche Ziele und Vorgaben wurde in der Fragestellung nicht vorgenommen.

Ein Schwachpunkt der vorhandenen Zielsetzungen, sowohl im strategischen als auch im operativen Bereich, ist die Beschränkung auf die wirtschaftliche Nutzung/Holznutzung. Nur 48% (weit reichende Vorgaben) bzw. 41% (kurzfristige Ziele) der Betriebe haben demnach Vorstellungen über die Zielvorgaben in anderen betrieblich relevanten Bereichen, wie dem Biotopschutz oder der Erholungsfunktion.[559]

Betriebliche Planung (Fragenblock E)

Das planmäßige Bewirtschaften ist ein Eckpfeiler der nachhaltigen Forstwirtschaft. Da die Aufstellung von Bewirtschaftungsplänen eine gesetzliche Vorgabe ist,[560] ging es in der Befragung darum, einen Einblick zu erhalten, wie diese Planungen ausgestaltet sind.

Während fast 90% der Betriebe über eine Forsteinrichtung oder ein Gutachten verfügten, ist eine unabhängige betriebliche Mittelfristplanung eher die Ausnahme. Nur 24 von 91 Betrieben (26,4%) bestätigten das Vorliegen einer derartigen Planung. Das formal entscheidende Kriterium für die Eignung als Lenkungsinstrument in der mittleren Frist ist die Reichweite der Planungen.[561] Sowohl bei

---

[557] Die Abgrenzung erfolgte eingeschränkt über die Fristigkeit, d. h. weit reichende Ziele wurden – eigentlich fachlich unpräzise – mit strategischen und kurzfristige mit operativen Zielen gleichgesetzt. Eine zufriedenstellendere Fragestellung hätte eines soliden Grundwissens bei den Befragten oder einer weit ausholenden Erklärung bedurft. Ersteres kann nicht vorausgesetzt werden und letzteres erscheint in Anbetracht des ohnehin schon umfangreichen Fragebogens unrealistisch.

[558] Dies sollte im Zusammenhang mit der Zertifizierung des überwiegenden Teils der Betriebe gesehen werden. Sowohl die Vorgaben nach PEFC (Leitfaden 1 des PEFC-Standards für Deutschland) als auch nach FSC (Prinzip 7 des deutschen FSC Standards) sehen die Formulierung von Zielen vor.

[559] Andere Bereiche wurden nicht gezielt abgefragt. Die hier aufgeführten Funktionen sind rein exemplarisch.

[560] Siehe hierzu §§ 22 u. 23 Gemeinschaftswaldgesetz NRW, §12 Abs. 1 Landesforstgesetz NRW. Zum Vergleich §7 Landeswaldgesetz RLP: Dort ist die ‚Planmäßigkeit' der Bewirtschaftung für alle Besitzarten festgelegt. Die Pflicht gilt jedoch erst ab 50 ha Holzbodenfläche, wobei zwischen 50 und 150 ha Holzboden verringerte Anforderungen bestehen.

[561] Hier sei nochmals darauf hingewiesen, dass in den Forstbetrieben andere Planungshorizonte anzusetzen sind als dies gemeinhin üblich ist. Dies liegt an den zugrunde liegenden Zeiträumen der biologischen Produktion von hoher Dauer und der oftmals zu findenden zeitlich verzögerten Reaktion auf die eingeleiteten Maßnahmen.

den Betriebsgutachten/Forsteinrichtungen als auch bei den eigenständigen Planungen zeigten sich erhebliche Unzulänglichkeiten in den verbliebenen Planungshorizonten. Bei den normalerweise zehn Jahre laufenden Gutachten waren 45% bereits zehn Jahre alt oder älter und damit planerisch überholt. Nur 33% waren jünger als fünf Jahre, so dass die verbleibende Laufzeit als noch ausreichend anzusehen war. Ganz ähnlich sah es bei den eigenständigen Mittelfristplanungen aus. Hier besaßen weniger als die Hälfte der Planungen einen fünfjährigen oder längeren Planungshorizont.

Grundsätzlich sollten zu allen betrieblichen Sach- und Formalzielen auch Planungen vorliegen. Einen Überblick über die Planungsinhalte der jährlichen sowie der mittelfristigen Planung gibt Abbildung 28.

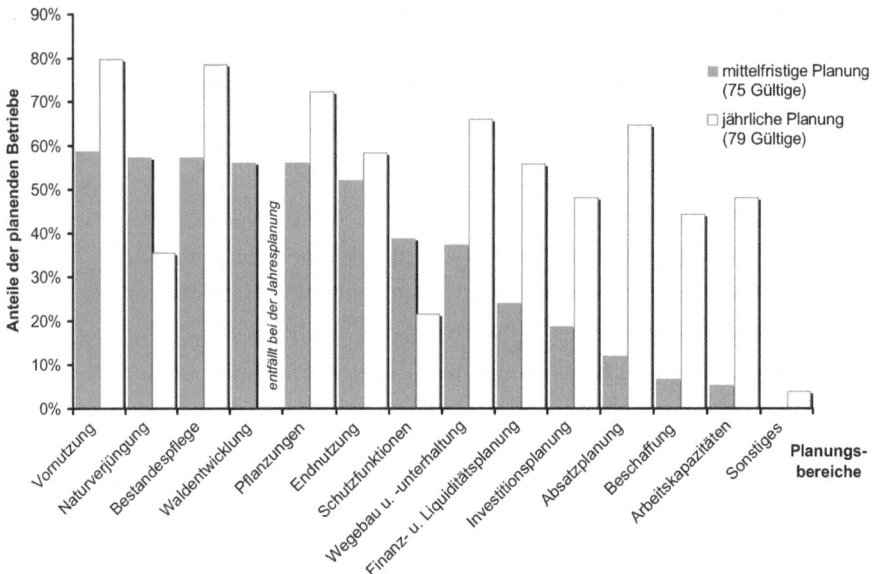

Abb. 28: Inhalte der mittelfristigen und der jährlichen Planung

Zunächst fällt auf, dass trotz der weiten Verbreitung der Forsteinrichtungen und Gutachten in keinem der Planungsbereiche Nennungen über 60% vorliegen. Offenbar werden die Gutachten nicht in jedem Fall als Planungsinstrument wahrgenommen. Verstärkt wird dies sicherlich noch durch die beschriebene geringe Laufzeit. Des Weiteren erfolgt die Mittelfristplanung stark sachzielorientiert. Die häufigsten Nennungen finden sich bei den forsttypischen Planungsbereichen ‚Vornutzung/Durchforstung', ‚Naturverjüngung', ‚Pflanzung', ‚Bestandespflege' und ‚Waldentwicklung'. Planungen zum Absatz (10%) oder zu betrieblichen Investitionen (15,6%), die aus betriebswirtschaftlicher Sicht wichtig wären, sind kaum vorhanden. Die jährlichen Planungen sind insgesamt verbreiteter. Die häufigsten Nennungen liegen wie zuvor im Bereich der waldbaulichen Planungen.

Allerdings gewinnen die betriebswirtschaftlichen Planungsbereiche deutlich an Bedeutung. Die Finanz- und Liquiditätsplanung benennen beispielsweise 49,8% und die Investitionsplanung 42,2% der Betriebe als Bestandteile der Jahresplanung.

Entscheidungen bei Zielkonflikten (Fragenblock F)
Die Beantwortung der Frage, in welcher Art Entscheidungen im Falle von Zielkonflikten getroffen werden, war eindeutig. Generelle Vorgaben über den Vorrang von Zielen oder ein Ablaufschema zur Lösung wiederholt auftretender Konflikte gibt es demnach nur bei rund 6% der Betriebe.

Zur weiteren Differenzierung sollten die Befragten angeben, welche wirtschaftlichen, ökologischen und gesellschaftlich/sozialen Aspekte sie für Entscheidungen heranziehen. Mit Blick auf die Einbeziehung der ökologischen Monitoringdaten sind gerade die ökologiebezogenen Entscheidungsgrundlagen von Interesse. ‚Vorgaben aus der Zertifizierung' (74; 80,4%) sind die vorherrschende ökologische Entscheidungsgrundlage. In der Beachtung folgt die persönliche Einschätzung (67,4%). ‚Gesetzliche Vorgaben' werden erst an dritter Stelle genannt (62,0%). Anregungen und Forderungen aus den eigenen Reihen oder von Dritten werden mit rund 30% noch öfter als entscheidungsrelevant angesehen als betriebliche Zielsetzungen im Bereich Ökologie (26,1%). Gerade die persönliche Einschätzung könnte über ökologische Kennzahlen, die aus dem Monitoring in ein forstliches Controllingsystem einfließen, fundiert und aufgewertet werden.

Überhaupt war die eigene Einschätzung bei allen abgefragten Aspekten eine der häufigsten Entscheidungsgrundlagen. Bei den wirtschaftlichen Aspekten war es sogar die meistgenannte Grundlage, gefolgt von der aktuellen Marktsituation (60,2%) und generellen Wirtschaftlichkeitsüberlegungen (50,5%). Quantitative Wirtschaftsziele spielen hingegen keine entscheidende Rolle und selbst die Planansätze des Wirtschaftsplans werden noch nicht einmal von der Hälfte der Befragten als relevant angesehen. Für die gesellschaftlichen und sozialen Aspekte sind es erneut gesetzliche Vorgaben, Vorgaben aus der Zertifizierung und die eigene Einschätzung, die am häufigsten genannt werden.

Kontrolle und Steuerung (Fragenblock G)
Kontrolle und Steuerung wurden in einem gemeinsamen Fragenblock behandelt. Die Kontrolle beginnt mit der Datenerfassung in Form von realisierten Daten (Istdaten) oder prognostizierten Daten. Erst durch den anschließenden Vergleich mit Sollwerten erhält die Kontrolle den ihr eigenen Charakter. Abbildung 29 zeigt, welche Gegenüberstellungen zur Kontrolle und Analyse von Abweichungen vorgenommen werden. Eine allgemeine Gegenüberstellung durchgeführter Maßnahmen zu Planungen führen knapp 86% der Forstbetriebe durch. Erstaunlicherweise verzichten damit immerhin 14% der Betriebe selbst auf diese triviale Form der Kontrolle.

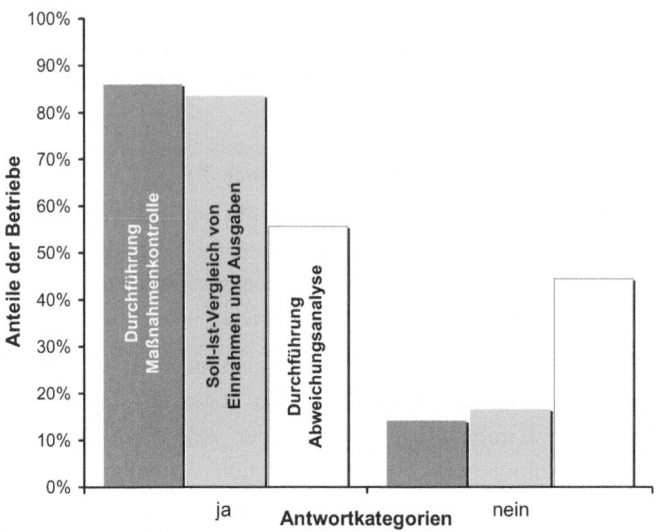

Abb. 29: Kontrolle und Analyse von Abweichungen

Ein erster Schritt zur Ausdifferenzierung aus betriebswirtschaftlicher Sicht ist der Soll-Ist-Vergleich der Einnahmen und Ausgaben. Diese Kontrolle wird von ähnlich vielen Forstbetrieben durchgeführt, nämlich von knapp 84%. Die Abweichungsanalyse, am Übergang von der Kontrolle zur Steuerung, zeigt mit ihrer geringen Verbreitung deutlich den bestehenden Handlungsbedarf auf. Nur knapp 56% der Betriebe überprüfen Abweichungen systematisch auf ihre Ursachen hin.[562]

Spezielle betriebswirtschaftliche Fragen (Fragenblock H)

Einige Instrumente aus den eigenständigen Fragebereichen (Funktionen), die grundlegende Bedeutung für das Controlling haben, wurden hier nochmals detaillierter behandelt. Neben der Budgetierung sind dies das Qualitätsmanagement und die Methoden der Kostenrechnung und zur Kalkulation.

Das Planungs- und Steuerungsinstrument der Budgetierung findet im Bereich der Ausgabenplanung etwa bei der Hälfte der befragten Betriebe Anwendung. Die Vielfalt der Kostenrechnungsverfahren konnte durch die begrenzte Fragestellung nicht abgedeckt werden. Selbst die Kostenarten-, -stellen- und -trägerrechnung wurden lediglich angerissen.

---

[562] Im Zusammenhang mit den vorhergehenden Fragen zur Entscheidungsfindung fällt auf, dass den eigenen Planansätzen offenbar wenig Vertrauen entgegengebracht wird. Dort wurden die Planansätze nicht einmal in der Hälfte der Fälle als Entscheidungsgrundlage gesehen und nun verzichten hier über 40% der Befragten auf die Analyse aufgetretener Abweichungen von den (Plan-)Sollwerten. Immerhin drei Viertel der Befragten nehmen Abweichungen bei den länger laufenden Planungen zum Anlass, diese im Rahmen einer Planrevision an Veränderungen anzupassen.

Bei den Kostenarten fiel auf, dass keine der aufgeführten gängigen Kostenarten von allen antwortenden Betrieben erfasst wird (siehe Abbildung 30). Am häufigsten wurden noch Beiträge für Versicherungen und Verbände (91%), leistungsbezogene Unternehmervergütung (80%) und Stundenlohn für eigene Arbeitskräfte (79%) angegeben. Die Lohnzusatzkosten für eigene Arbeitskräfte erfassen dagegen nur noch 25% der Betriebe. Kosten für (verbrauchtes) Material werden nur von gut 60% aufgezeichnet. Für die Frage nach der Zuordnung der Kosten waren als Alternativen ,Waldorte' und ,Aufgaben' (im Sinne von Prozessen) vorgegeben. In beiden Fällen führen nur etwa die Hälfte der Betriebe eine solche Zuordnung ,immer wenn möglich' durch und etwa 20% verzichten sogar gänzlich darauf.

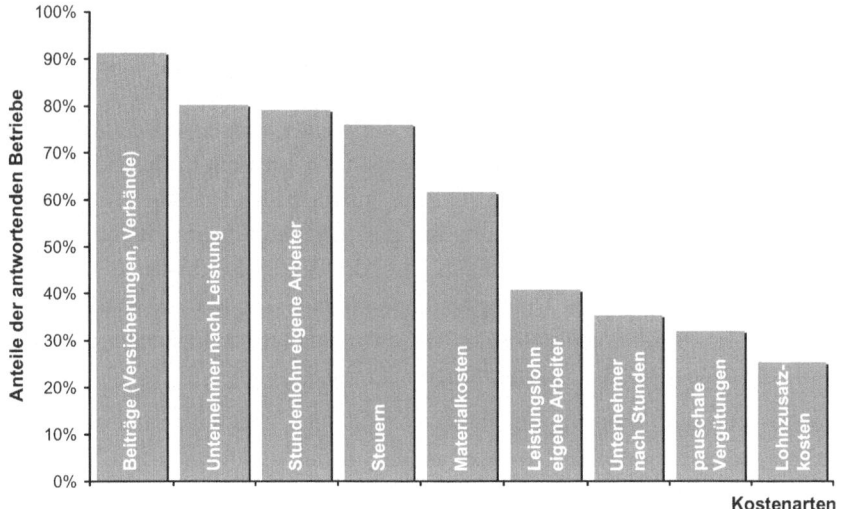

Abb. 30: Differenzierung in der Kostenerfassung

Qualitätsanforderungen, als wichtige Ergänzung zur Kosten- und Erlösperspektive, werden von der Hälfte der Verantwortlichen ,immer wenn möglich' formuliert und durchgesetzt. Etwa ein Drittel der Betriebe macht von derartigen Instrumenten nur teilweisen Gebrauch. Die Vorkalkulation der Kosten und Erlöse ist ebenfalls nicht Standard. Fast 26% der Befragten verzichten nach eigenen Angaben auf eine Vorkalkulation der Kosten, bei den Erlösen sind es 28%. Kosten werden bevorzugt mit Standardkosten (36,6%)[563] oder Istkosten (24,7%)[564] kalkuliert. Andere Plankostensätze (z. B. prognostizierte Kosten) spielen eine untergeordnete Rolle.

---

[563] Das entspricht etwa der Hälfte (49,3%) der überhaupt kalkulierenden Betriebe.
[564] Ein Drittel der kalkulierenden Betriebe.

Die Herkunft der Mittel für Investitionen ist eine weitere Fragestellung, die mit der Untersuchung geklärt werden sollte. Die vorherrschende Eigenfinanzierung wird oft als besonderes Merkmal und gleichzeitig als Hemmnis in der Forstwirtschaft angesehen. Da sich daraus besondere Controllinganforderungen ergeben, wurde diese Annahme ebenfalls überprüft. Im Ergebnis wurde Fremdfinanzierung in keinem Fall als Finanzierungsform angegeben. Es überwiegen die Finanzierung aus aktuellen Überschüssen (78%) und aus Rücklagen (77%).

Die Datenerfassung und -bearbeitung steht in direktem Zusammenhang zur Informationsversorgung. Inzwischen sind die Möglichkeiten der elektronischen Datenerfassung ausgereift und auch für kleine Betriebe erschwinglich. Aus diesem Grund stehen die Fragen in einem engen Zusammenhang zur IuK-Technologie.[565] Mehr als drei Viertel der Betriebe haben keinen zentralen Datenbestand, auf den sie zugreifen könnten, um z. B. Auswertungen zu generieren oder Planungen zu überarbeiten usw. Computer und Software werden am häufigsten noch für die Einnahmen-Ausgaben-Buchführung verwendet (rund 83%).[566] Jeweils etwas über die Hälfte der Betriebe nutzt die Möglichkeiten zur Erfassung des Betriebsvollzugs bzw. für eine Kosten- und Erlösrechnung. Die betriebswirtschaftliche Planung wird von etwa 40% der antwortenden Betriebe am Computer erstellt, während die naturale Planung mit gut 10% deutlich abfällt. Wirkungszusammenhänge werden nur von einem Viertel der Betriebe erfasst und abgebildet. Aus einer gut organisierten Datengrundlage könnten Zusammenhänge problemlos verdeutlicht werden. Die offenbar vorherrschenden Insellösungen sind dagegen nicht geeignet, solche Verknüpfungen herzustellen.

Zuletzt wurde die Erfassung der nicht marktfähigen Leistungen betrachtet. Obwohl die Bedeutung der kostenlos erbrachten Infrastrukturleistungen von Seiten der Forstwirtschaft immer wieder betont wird, erfassen nur acht von 84 Betrieben nicht marktfähige Leistungen. Unter diesen wenigen Nennungen führen die Befragten dann allerdings auch „Leistungen" an, die nur äußerst schwer von regulären Betriebsarbeiten abzugrenzen sind. Insgesamt ist das Vorgehen sehr heterogen. Offensichtlich fehlen Standards zur Abgrenzung der Leistungen und zu deren Bewertung.

---

[565] Die Informations- und Kommunikationstechnologie bezieht die Informationsübermittlung (Kommunikation) ausdrücklich mit ein und geht daher über die IT-Abgrenzung hinaus (Koß 1998, S. 871).
[566] Allerdings machten nur 64 Betriebe überhaupt Angaben zu dieser Frage.

5.2.2.2.4 Auswertung des dritten Teils ‚Ansätze für Verbesserungen'

Für die ursprüngliche Messung der Einstellung der Befragten wurde eine fünfstufige Skala vorgegeben, zu deren Auswertung wiederum die Modalwerte und zusätzlich die Mediane[567] herangezogen wurden.

Beim Betrachten der Mediane fiel auf, dass die Forstbetriebe tendenziell geringen Verbesserungsbedarf sahen. So verwundert es nicht, dass bei 27 von insgesamt 79 (Teil-)Fragen die Hälfte oder mehr der Befragten angaben, dass höchstens *geringer Bedarf* für Verbesserungen besteht. Bei weiteren 33 Fragebögen vertrat zumindest eine relative Mehrheit eine ähnliche Meinung. Zusammengefasst wird demnach bei 60 der abgefragten 79 Aufgaben, die im Zusammenhang zum forstlichen Controlling stehen, von einer Mehrheit der Befragten Vorstände nur geringer oder gar kein Änderungsbedarf erkannt.

Bei einem überwiegenden Teil der ausgewerteten Fragen lag der Modus in der Skalenmitte, d. h. bei der indifferenten Einschätzung ‚teils-teils'. Um tendenzielle Zustimmung und Ablehnung besser gegeneinander abgrenzen zu können, wurde daher zusätzlich eine Gruppierung der Antworten in drei Kategorien vorgenommen (Abbildung 31).

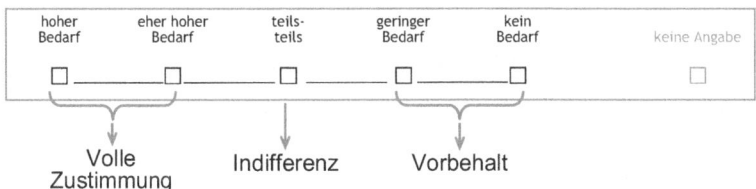

Abb. 31: Gruppierung der Skalenwerte

Die neuen gruppierten Skalenwerte wurden mit ‚volle Zustimmung', ‚Indifferenz' und ‚Vorbehalt, bezeichnet.[568] Darauf aufbauend wurde eine erneute Auswertung der Modalwerte und Mediane durchgeführt. Eine deutlich ablehnende Haltung mit jeweils über 60% der Betriebe, die geringen oder keinen Verbesserungsbedarf feststellten, gab es bei zehn (Teil-)Fragen. So sahen nahezu zwei Drittel der Befragten keinen (39,4%) bzw. nur geringen Bedarf (25,8%) für Verbesserungen im Bereich einer ökologieorientierten Abweichungsanalyse (Frage

---

[567] Der Median (auch 0,5-Quantil) ist derjenige Wert in der aufsteigend geordneten Skala (Ordinalskala), bis zu dem ein Anteil von 50% der Antworten erreicht wird (z. B. Büning/Trenkle 1994, S. 19).

[568] Die Skalenbereiche ‚kein Bedarf' und ‚geringer Bedarf' sowie ‚eher hoher Bedarf' und ‚hoher Bedarf' wurden zusammengefasst. Nach aufsteigender Bedarfsfeststellung entstanden so die Gruppen *Vorbehalt* (aus ‚kein Bedarf' und ‚geringer Bedarf'), *teils-teils*, welches als ‚Indifferenz' beibehalten wurde, sowie *volle Zustimmung* (aus ‚eher hoher Bedarf' und ‚hoher Bedarf').

O2a3).[569] Ein ähnlich hoher Wert für den zusammengefassten Skalenwert *Vorbehalt*, nämlich 64,2%, wurde bei der Frage zum Verbesserungsbedarf der operativen Planabstimmung und gesonderten Planung für forstbetriebliche Kooperationen (Frage M2b6) erreicht.[570]

Von besonderem Interesse für den Auf- und Ausbau des forstlichen Controllings sind jene Fragen, bei denen die Eigentümervertreter deutlichen Nachbesserungsbedarf eingestehen. Hieraus ergeben sich nämlich geeignete Anknüpfungspunkte. Eine über 50%ige Zustimmung wird bei vier Fragen gesehen. Drei davon (L2c1, L2c2, L2c4) beziehen sich auf ‚Informationen über den Absatz der marktfähigen Produkte'. Dies ist ein deutliches Indiz für die hohe Nachfrageabhängigkeit der Forstbetriebe und eine vorherrschende Unsicherheit, die aus den als unzureichend erachteten Informationen hierzu entsteht. Ähnlich hoch wird der Bedarf nur noch im Bereich ‚Naturalplanung/waldbauliche Planung; Langfristige Planung; angestrebte Qualitäten' (M3a2) gesehen. Allerdings handelt es sich gerade hierbei um schwer zugängliche und häufig unsichere Informationen. Relative Mehrheiten für eine *volle Zustimmung* fanden sich bei weiteren 13 Fragestellungen. Die Zustimmungsbereiche entfielen auf die verbleibenden Fragen zu Informationen über die Rohholzmärkte (L2c3 und L2c5) und zur langfristigen waldbaulichen Planung (M3a1, M3a3-M3a5). auf ‚… Vorgaben und Planungen für den Arbeitsschutz und die Auftragsvergabe' (M5b) sowie auf Prognosen zur betriebswirtschaftlichen und naturalen Entwicklung (O1b1 und O1b2). Die Betriebe leiten ihren Handlungsbedarf also in erster Linie aus bestehenden Informationsdefiziten ab, schwerpunktmäßig in umfeld- und/oder zukunftsbezogenen Feldern.

Die Diskrepanz zwischen der Istaufnahme im zweiten Fragebogenteil und der Selbsteinschätzung der Betriebsleiter zeigt, wie wichtig eine weitere Sensibilisierung für die Erfordernisse und Möglichkeiten des forstlichen Controllings ist.

5.2.2.2.5 Überprüfung der Hypothesen über Abhängigkeiten

Vorab wurden drei Hypothesen aufgestellt, die sich aus der KMU-Problematik und den Besonderheiten der Forstbetriebe ergaben. Zur Überprüfung auf Abhängigkeit/Unabhängigkeit wurden Kreuztabellen (Kontingenztafeln) erstellt und verschiedene Teststatistiken angewendet. In den Tabellen 21 bis 23 sind auf den folgenden Seiten die Ergebnisse der χ^2-Tests nach Pearson und die Kontingenzkoeffizienten wiedergegeben. Bei den 2X2 Kontingenztafeln werden ergänzend die Werte des exakten Tests nach Fisher angegeben.

---

[569] Zu den einzelnen Fragen, auch im Folgenden, siehe Anhang 1.

[570] Diese geringe Zustimmung kann darauf zurückgeführt werden, dass Kooperationen bisher in geringem Umfang stattfinden (Frage A4). Geringer Bedarf an Planungen in diesem Bereich ist daher folgerichtig. Ein Vergleich mit der Einstellung der Befragten zu Kooperationen und Zusammenschlüssen bei der strategischen Planung (M2a3) zeigt, dass immer noch 49,3% allenfalls geringen Bedarf, jedoch immerhin schon 31% eher hohen oder hohen Bedarf angeben.

Die erste Hypothese bezog sich auf den möglichen Einfluss der Betriebsgröße auf die Controllingaktivitäten. Eine Abhängigkeit der Aufgabenerfüllung konnte hier für keinen der überprüften Aufgabenbereiche nachgewiesen werden. Ein Grund dafür könnte in der zu geringen Ausdifferenzierung der Stichprobe bezüglich der Größe liegen. Zugleich spricht dieses Ergebnis für die vorgenommene Abgrenzung der Forst-KMU. Demnach handelt es sich bei allen in die Befragung einbezogenen Forstbetrieben um kleine Forstbetriebe.[571] Wären weitgehende Unterschiede in der Aufgabenwahrnehmung festgestellt worden, stünde dies im Widerspruch zu der einheitlichen Zuordnung. Zur abschließenden Überprüfung der Hypothese sind ergänzende Untersuchungen über ein breiteres Spektrum der Betriebsgrößen hinweg notwendig.

Die zweite Hypothese ging von einem Einfluss der Art der Betriebsleitung auf die Wahrnehmung von Aufgaben mit Controllingbezug aus. Die Art der Betriebsleitung wurde nach zwei Merkmalsausprägungen unterschieden: die eigenständige Betriebsleitung sowie die Betriebsleitung durch die Forstverwaltung. Zur Überprüfung der Ausgangsvermutung wurde die zugehörige Frage über Kreuztabellen mit Fragen zu verschiedenen Führungsaufgaben verknüpft, die einen direkten Bezug zum Controlling haben.

		D1 Bestehen solche weit reichenden Vorgaben für Ihren Forstbetrieb?		
		nein	ja	Gesamt
A3 Durch wen erfolgt die Betriebsleitung?	Eigenständig	13	40	53
	Forstverwaltung des Landes	3	37	40
	Gesamt	16	77	93

Tab. 20: Kreuztabelle Betriebsleitung – strategische Ziele

Tabelle 20 zeigt beispielhaft die Kreuztabelle aus der Verknüpfung der Fragen A3 ‚Durch wen erfolgt die Betriebsleitung?' und D1 ‚Bestehen solche weit reichenden Vorgaben für Ihren Forstbetrieb?'. Die zugehörigen Ergebnisse der Teststatistiken mit der Nullhypothese der Unabhängigkeit beider Variablen gibt Tabelle 21 wieder. Kann die Nullhypothese mit einer akzeptablen Irrtumswahrscheinlichkeit[572] verworfen werden, gilt der Zusammenhang als statistisch abgesichert. Die üblichen Signifikanzniveaus liegen bei 0,1, 0,05 und bei 0,01 (Schwarze 2009, S. 161; Böker 2007, S. 335). Im hier überprüften Fall wird ein

---

[571] Die Betriebsfläche der kleinen Forstbetriebe liegt unter 5.000 ha und der Jahresumsatz unter 1,5 Mio. €. Es kommt kein eigenes Fachpersonal zum Einsatz und die Holzvermarktung erfolgt nicht durchgängig eigenständig. Selbst nach der Abgrenzung von MERTENS (2000, S. 34f.) handelt es sich noch durchgängig um kleine Betriebe.

[572] Üblicherweise wird eine maximale Irrtumswahrscheinlichkeit von 10% (Fehler erster Art) als zulässig angesehen. Bei darüber liegenden Irrtumswahrscheinlichkeiten wird die überprüfte Nullhypothese nicht verworfen, d. h. die Gegenthese kann nicht durch das Verwerfen der These erhärtet werden (z. B. Bauer/Fertig/Schmidt 2009, S.198f.). Für die Wahl des Signifikanzniveaus sind die möglichen Folgen einer Fehlentscheidung ausschlaggebend (Schwarze 2009, S. 161f.).

Signifikanzniveau von 0,05 erreicht, d. h. die Irrtumswahrscheinlichkeit für einen so genannten Fehler erster Art ist kleiner oder gleich 5%. Die Nullhypothese (Unabhängigkeit der weit reichenden Vorgaben von der Betriebsleitung) wird dementsprechend zum Niveau $\alpha = 0,05$ verworfen.

Betriebsleitung X Weit reichende Vorgaben im Sinne strategischer Ziele

Verknüpfte Fragen	χ^2-Test nach Pearson		Exakter Test nach Fisher		Korrigierter Kontingenzkoeffizient		
	Wert	asymptot. Signifikanz	zweiseitig	einseitig	Wert	K_{max}	
A3 X D1 '... Bestehen solche weit reichenden Vorgaben ...?'	4,64	0,031	0,05	0,027	0,218	0,71	$\alpha = 0,05$

Tab. 21: Testergebnisse zur Abhängigkeit der Vorgabe strategischer Ziele von der Art der Betriebsleitung

Darüber hinaus wurden noch die Fragen der Funktionsbereiche ‚Kontrolle einschließlich Abweichungsanalyse' sowie Informationsversorgung auf Abhängigkeiten hin untersucht. Da für die Gliederung des Fragebogens eine etwas abweichende Abgrenzung der Fragenblöcke gewählt worden war, wurden hier neben den Fragen des Blocks G (Kontrolle und Steuerung) zusätzlich zwei Fragen aus dem Block H (Spezielle betriebswirtschaftliche Fragen) einbezogen, welche die Durchführung von Vor- und Nachkalkulationen abhandeln. Einen Überblick über die zugehörigen Testergebnisse gibt Tabelle 22.

Betriebsleitung X Kontrolle sowie Abweichungsanalyse

Verknüpfte Fragen	χ^2-Test nach Pearson		Exakter Test nach Fisher		Korrigierter Kontingenzkoeffizient		
	Wert	asymptot. Signifikanz	zweiseitig	einseitig	Wert	K_{max}	
A3 X G1 '... Maßnahmenkontrolle: ...?'	1,071	0,301	0,375	0,234	0,108	0,71	
A3 X G2 '... Ausgaben u. Einnahmen ... mit den Werten der Planung verglichen?'	2,036	0,154	0,253	0,126	0,149	0,71	
A3 X G4 '... Abweichungsanalyse: ...?'	3,087	0,079	0,089	0,061	0,183	0,71	$\alpha = 0,1$
A3 X G5 '... Planrevision: ...?'	2,062	0,151	0,221	0,116	0,151	0,71	
A3 X H6 '... Vorkalkulation ...; ggf. mit welchen Kostensätzen?'	14,01	0,003	keine 2X2	keine 2X2	0,364	0,71	$\alpha = 0,01$
A3 X H8 '... Nachkalkulation ...; ggf. mit welchen Sätzen?'	3,564	0,168	keine 2X2	keine 2X2	0,196	0,71	

Tab. 22: Testergebnisse zur Abhängigkeit der Kontrolle sowie der Abweichungs analyse von der Art der Betriebsleitung

Für zwei untersuchte Fragestellungen konnte die Nullhypothese verworfen werden. Für die wichtige Frage A4 ‚Abweichungsanalyse: Werden die Abweichungen systematisch auf ihre Ursachen hin überprüft?' wurde ein Signifikanzniveau von 0,9 eingehalten. Für die zweite Frage H6 ‚Führen Sie i. d. R. eine Vorkalkulation durch; ggf. mit welchen Kostensätzen?' erfolgte die Ablehnung sogar zu einem Niveau von 0,99. Bei drei Fragen (G2, G5, H8) wurde das mindestens erforderliche Signifikanzniveau von 0,9 vergleichsweise knapp verfehlt.

Die Basis der Fragen zur Informationsversorgung bildete der Fragenblock J (Datenerfassung und -bearbeitung). Ergänzt wurden sie um eine Frage des Blocks ‚Kontrolle und Steuerung' (G3) sowie zwei ‚Spezielle betriebswirtschaftliche Fragen' (H3, H4). Tabelle 23 zeigt die Teststatistiken aus der Verknüpfung mit der Art der Betriebsleitung. Eine statistisch abgesicherte Ablehnung der Unabhängigkeitshypothese erfolgt nur in einem Fall, nämlich bei Frage H3 ‚Werden Kosten (und Erlöse) räumlich zugeordnet, z. B. Waldorten (Abteilungen), Wegen oder forstbetrieblichen Einrichtungen?'.

Betriebsleitung X Informationsversorgung

Verknüpfte Fragen	χ^2-Test nach Pearson		Exakter Test nach Fisher		Korrigierter Kontingenzkoeffizient	
	Wert	asymptot. Signifikanz	zweiseitig	einseitig	Wert	K_{max}
A3 X G3 '... angefallene Kosten u. Erlöse gesondert erfasst?'	keine Ausw.	keine Ausw.	keine Ausw.	keine Ausw.	keine Ausw.	keine Ausw.
A3 X H3 '... Kosten (u. Erlöse) räumlich zugeordnet?'	**8,554**	**0,014**	*keine 2X2*	*keine 2X2*	**0,296**	**0,71**
A3 X H4 '... Kosten (u. Erlöse) Aufgabenschwerpunkten zugeordnet ...?'	3,728	0,155	*keine 2X2*	*keine 2X2*	0,201	0,71
A3 X J1 '... Wie werden Daten gespeichert ...?'	0,191	0,662	0,778	0,441	0,053	0,71
A3 X J2 '... Einsatz EDV/IT bei der naturalen Planung'	0	1	1	0,658	0	0,71
A3 X J2 '... Einsatz EDV/IT bei der betriebsw. Planung'	1,177	0,278	0,345	0,198	0,113	0,71
A3 X J2 '... Einsatz EDV/IT zur Erfassung der laufenden Vorgänge'	0,035	0,851	1	0,511	0,2	0,71
A3 X J2 '... Einsatz EDV/IT für die Einnahmen-Ausgaben-Buchführung'	2,528	0,112	0,137	0,084	0,164	0,71
A3 X J2 '... Einsatz EDV/IT für eine Kosten und Erlösrechnung'	0,67	0,413	0,51	0,274	0,085	0,71

$\alpha = 0,05$

Tab. 23: Testergebnisse zur Abhängigkeit der Informationsversorgung von der Art der Betriebsleitung

Das zugehörige Signifikanzniveau liegt bei 0,95. Für die Fragen H4 und J2 werden zwar ebenfalls geringe Irrtumswahrscheinlichkeiten erreicht, allerdings wird keines der vorgegebenen Signifikanzniveaus eingehalten. Für vier Einzelfragen konnte somit ein Zusammenhang zwischen Aufgabenerfüllung und Art der Betriebsleitung nachgewiesen werden. In sechs weiteren Fällen konnte die hohe Hürde der Ablehnung der Unabhängigkeitshypothese zwar nicht genommen werden, aber auch hier liegt die Vermutung einer direkten Abhängigkeit nahe.

Dagegen konnte die dritte Hypothese wiederum nicht bestätigt werden. In keinem der überprüften Fälle war die Unabhängigkeitshypothese zu verwerfen. Im Umkehrschluss bedeutet dies, dass die derzeitigen Kooperationsformen keine nachweisbaren Auswirkungen auf die Controllingaktivitäten der Forstbetriebe mit sich bringen. Diese Aussage deckt sich mit einem anderen Ergebnis der Untersuchung. Die Abfrage des gegenwärtig von den Zusammenschlüssen wahrgenommen Aufgabenspektrums zeigte, dass die übertragenen Aufgaben wesentlich vom Holzverkauf und der fachlichen Beratung geprägt sind. Eine Erweiterung des Leistungsangebots ist denkbar und erscheint auch sinnvoll, um größenbedingte Nachteile aufzuheben. Die genossenschaftliche Eigentumsform an sich stellt schon eine eigenständige Kooperationsform dar (Picot/Dietl/Franck 2005, S. 185), so dass Vorbehalte gegen eine derartige übergeordnete Kooperation letztlich unbegründet sind.

5.2.3 Schlussfolgerungen aus der theoretischen und empirischen Betrachtung

Da die Ansätze zum forstlichen Controlling sich der KMU-Problematik bestenfalls als Randaspekt widmen, musste vorab schon auf die Erkenntnisse der betriebswirtschaftlichen Controlling- und KMU-Forschung zurückgegriffen werden. Dies bedeutet, dass die branchenspezifischen Gesichtspunkte noch zusätzlich eingearbeitet werden müssen. Aber selbst die forstlichen Controllingansätze orientieren sich stark an den herkömmlichen Konzepten, so dass in der Abstimmung auf die typischen Eigenheiten mehr oder weniger deutliche Unzulänglichkeiten zu Tage treten. Eine bedeutungsvolle funktionale Lücke konnte mit der Einbeziehung des ökologischen Monitorings bereits geschlossen werden. Mit der Kennzahlenlösung wurde zugleich ein Weg aufgezeigt, der ohne allzu großen Aufwand gangbar ist.[573] Weitere Anknüpfungspunkte zur Abstimmung des betriebswirtschaftlichen Controllings auf die spezifischen Anforderungen liegen vor allem im instrumentellen Bereich. Hier sind auch die meisten forstwissenschaftlichen Arbeiten mit Controllingbezug angesiedelt. Der forstlich-betriebswirtschaftliche Forschungsbedarf ist daher an dieser Stelle noch am geringsten, wenngleich noch keine vollständige Bearbeitung festzustellen ist. So sind noch Anpassungen der Instrumentensets und in der Instrumentenausgestaltung an die Eigentums- und Größenstruktur notwendig. Geringe bis keine Berücksichtigung findet bisher die Lösung des Problems der organisatorischen Zuordnung der Controllingaufgaben in den kleinen und kleinsten Forstbetrieben.

In der KMU-Forschung werden die Besonderheiten der kleinen und mittleren Unternehmen nicht über die quantifizierte Größe, sondern über (größenbedingte) qualitative Folgen beschrieben. Das bisweilen als konstituierend dargestellte Merkmal der herausgehobenen Stellung des Eigentümerunternehmers (z. B.

---

[573] Die universell einsetzbaren Kennzahlen sind dabei in drei wesentliche Funktionen eingebunden: Sie verbessern die Informationsbasis (Informationsfunktion), kennzeichnen und präzisieren die Ziel- und Planvorgaben (normative Funktion) und sind Grundlage der Kontrolle und Steuerung (Evaluierungsfunktion) (Schauer 1992, S. 273).

Mugler 1998, S. 24; Gantzel 1962, S. 280) ist unter forstwirtschaftlichen Gesichtspunkten von nachrangiger Bedeutung. Der Eigentümer als Betriebsleiter ist
auf den Privatwald im Einzeleigentum beschränkt. Für verbreitete Eigentumsformen wie den Gemeinschaftswald (Genossenschaftswald) oder den Körperschaftswald sind gänzlich andere Führungs- und Entscheidungsstrukturen zu beachten (z. B. Gremienentscheidungen, politische Entscheidungsprozesse usw.).[574]
Um Aussagen zum Führungsverhalten oder zur Anreizgestaltung treffen zu können, ist daher eine typenbezogene Ergänzung um die Eigentumsform notwendig.
Eine gemeinsame Eigenheit, welche ohne weiteres von den KMU auf die Forst-
KMU übertragbar ist, ist die generelle Ressourcenschwäche. Betroffen sind personelle, technisch-materielle und finanzielle Ressourcen (z. B. Urigshardt/Jacobs/
Letmathe 2008, S. 7f.). Hinzu kommt, dass trotz des vergleichsweise geringen
Aufgabenumfangs der einzelnen betrieblichen Funktionen in den kleinen Betrieben nicht auf spezielles Methodenwissen, Erfahrung usw. verzichtet werden
kann. Die Aufgabe einer anwendungsorientierten Forschung besteht daher darin,
auch Lösungen zu erarbeiten, die die kleinen und kleinsten Forstbetriebe in die
Lage versetzen, die Controllingfunktion wahrzunehmen. Im Anschluss an diese
Zusammenfassung werden daher drei Empfehlungen gegeben, die teils einzeln,
teils in Kombination anzuwenden sind.

Zuvor erfolgt noch eine abschließende Interpretation der Befragungsergebnisse.
Da die empirische Untersuchung auf einen engen Forstbetriebstyp beschränkt
war, ist die Übertragung auf andere Typen von Forstbetrieben nur unter Vorbe-
halt zulässig.[575] Als einschränkende typenbildende Merkmale sind anzuführen:
die Eigentumsform des Genossenschaftswalds, die Betriebsgröße, die regionale
Beschränktheit (mit direkter Auswirkung auf den wirtschaftlichen und den waldbaulichen Standort) sowie die hauptsächlich vertretenen Baumarten (einerseits
Fichte sowie andererseits Eichen als Relikt der historischen Bewirtschaftung als
Niederwald). Zukünftige Vergleichsuntersuchungen in anderen Regionen und
Eigentumsformen sind daher wünschenswert. Diese Besonderheiten stets beden-
kend, werden die Erkenntnisse aus der Befragung neben der theoretischen Betrachtung dennoch als zweiter Ausgangspunkt der Empfehlungen genutzt. In der
bisherigen Aufgabenwahrnehmung zeigt sich eine ganze Reihe für das Controlling kritischer Punkte. Controlling wird in knappster Form gerne mit ‚Führung
und Steuerung durch Ziele' umschrieben (z. B. Deyhle 1993, S 46). Das Vorhandensein von Zielen ist damit eine Grundvoraussetzung für das Controlling. Die
Untersuchung zeigte, dass es in vielen Betrieben an Zielvorgaben mangelt. Ein
Schwachpunkt scheint die Überführung langfristiger in kurzfristige Ziele zu sein.
In der Planung kehrt sich das Verhältnis um. Die mittelfristige Planung ist noch

---

[574] Zum Controlling in Genossenschaften siehe z. B. PEEMÖLLER (1993), SCHAUER (1992).

[575] HOGL/PREGERNIG/WEISS bspw. erarbeiteten eine Typologie mit sieben Typen von privaten Waldeigentümern für Österreich. Die Abgrenzung der Typen vollziehen sie aber nicht auf Basis eines klar
umrissenen Merkmalskatalogs, sondern über verbale Charakterisierungen (2005).

unvollständiger als die kurzfristige. In ihrem Stellenwert fällt die wirtschaftliche Planung deutlich hinter die waldbaulich-naturale zurück. Ökologische oder gesellschaftsbezogene Ziele werden, sofern sie überhaupt formuliert sind, kaum in Planungen überführt. Mit dem Steuerungsaspekt wird die maßgebliche Controllingaufgabe nur in etwa der Hälfte der Forstbetriebe umgesetzt. Diese Annahme ergab sich aus den Fragen zur Kontrolle und Abweichungsanalyse. Kontrolle findet noch in nennenswertem Umfang statt, wogegen die Analyse der Abweichungen und die kalkulatorische Begleitung der betrieblichen Maßnahmen in ihrer Verbreitung deutlich abfallen. Demnach wird systematisches Controlling derzeit allenfalls partiell durchgeführt. Die untersuchten Betriebe scheinen weder methodisch noch inhaltlich für die Controllingaufgaben gerüstet zu sein.

Aus der Hypothesenprüfung konnten wertvolle Hinweise für das weitere Vorgehen abgeleitet werden. Ein Einfluss der Form der Betriebsleitung auf die Aufgabenwahrnehmung konnte für mehrere Fragestellungen eindeutig nachgewiesen werden. In fünf weiteren Fällen wurde die Unabhängigkeitshypothese zwar beibehalten, jedoch unter Inkaufnahme einer hohen Wahrscheinlichkeit eines Fehlers zweiter Art.[576] Die weitere Analyse des so belegten Zusammenhangs zeigte, dass die Verbreitung der Aufgaben mit Controllingbezug positiv von der ausgelagerten Betriebsführung abhing. Forstbetriebe, in deren Betriebsleitung betriebsfremdes Fachpersonal eingebunden war, führten derartige Aufgaben vermehrt und auch vollständiger aus. Diese wichtige Erkenntnis stützt die Empfehlung, die Ausübung der Controllingfunktion, ganz ähnlich wie andere betriebswirtschaftliche und technisch-fachliche Aufgabenbereiche auch, an externe Spezialisten zu übertragen. Hier scheint daher der Schlüssel für die ausstehende Etablierung des forstlichen Controllings in den Forst-KMU zu liegen.

Ergänzend empfiehlt es sich, die bestehende Verbreitung forstwirtschaftlicher Zusammenschlüsse als weiteren Anknüpfungspunkt zu nutzen. Größenbedingte Nachteile bewirken unter anderem einen geringen Aufgabenumfang im Controlling. Durch intensivierte Kooperationen entstehende Wirtschaftseinheiten könnten in mehrfacher Hinsicht Abhilfe schaffen (Hillmann 2005). Aus Controllingsicht würden Umfang und Bedeutung der Controllingaufgaben zunehmen, so dass zumindest ein qualifiziertes Selbstcontrolling und gegebenenfalls sogar eine (teilweise) Institutionalisierung möglich wären.

---

[576] Der Fehler zweiter Art bedeutet die Beibehaltung der Nullhypothese obwohl diese nicht zutrifft.

5.2.4 Empfehlungen für ein KMU-gerechtes forstliches Controlling

Controlling im Forst wird nur dann auf breitere Akzeptanz bei Waldeigentümern, der Leitung der Forstbetriebe und den Ausführenden im operativen Bereich stoßen, wenn dessen Aufgaben (Ziele direkt und indirekt) und die dazu eingesetzten Instrumente klar umrissen werden. Wenig greifbare Versprechungen sind keine Hilfe (z. B. Zühlke 1994). Automatismen zur Verbesserung der wirtschaftlichen Situation sind vom Controlling ebenfalls nicht zu erwarten.

Die Problemlösung für das bislang unzureichende Controlling in den Forst-KMU wurde im Verlauf der Arbeit bereits erarbeitet. Nun geht es darum, die einzelnen Bausteine zusammenzufügen. Aus funktionaler Sicht orientiert sich auch das KMU-gerechte forstliche Controlling an den eingangs abgeleiteten Anforderungen. Die Auswirkungen der Betriebsgröße auf die Anforderungen wurden in Tabelle 10 bereits dargestellt. Über den Kontextbezug und die direkten Controllingziele wurde zudem klargestellt, dass sich funktional, vor allem aber instrumentell und institutionell, immer wieder Unterschiede ergaben und dies auch dürfen. Grundsätzlich gelten die allgemeinen und die speziellen forstlichen Anforderungen auch für kleine und mittlere Forstbetriebe. Selbstverständlich findet gegenüber den großen, arbeitsteilig organisierten (Forst-)Betrieben eine Verlagerung von Arbeitsschwerpunkten statt. So verringert sich der Umfang koordinierender Aufgaben während die Aufgabe der Informationsversorgung in den Vordergrund rückt (Urigshardt/Jacobs/Letmathe 2008, S. 12). Auch die Zahl und die Intensität der Außenbeziehungen steigen erst mit der Unternehmensgröße an. Verstärkt treten die Unterschiede, auch im funktionalen Bereich, erst beim Instrumenteneinsatz und in der organisatorischen Umsetzung zu Tage. Eine wichtige Erkenntnis der empirischen Untersuchung sowie des Literaturstudiums war der festgestellte geringe Entwicklungsstand des Controllings in den Forst-KMU. Daraus wird nun unmittelbar die erste Empfehlung abgeleitet:

Empfehlung 1: Schrittweise Einführung und Erweiterung

Genau genommen steht allenfalls bei Neugründung eines Unternehmens eine Einführung an, da in bestehenden Unternehmen immer schon einzelne Controllingaufgaben wahrgenommen werden (Deyhle 1993, S. 45 und 51). In den meisten Fällen handelt es sich daher allenfalls um einen Ausbau oder eine Systematisierung bereits vorhandener Anfänge. Zwar könnten die vom Controlling vereinnahmten Instrumente weiterhin ohne eine solche systematische Einbindung zum Einsatz kommen, mangelnde Abstimmung, Fehler in der Anwendung und eine unvollständige Aufgabenerfüllung führen aber bestenfalls zu suboptimalen Ergebnissen.

Controlling sollte schrittweise eingeführt werden (Jöbstl 2004a, S. 23f.; Horváth 2009, S. 805ff.; Deyhle 1990, I, S. 125). In Kapitel 2 (Abschnitt 2.4.4) wurden zwei Vorschläge eines inkrementellen[577] Auf- und Ausbaus von HORVÁTH (2003a) und LEGENHAUSEN (1998) vorgestellt. Der Übergang zwischen den Entwicklungsstufen ist fließend, eine verbindliche Zuordnung der wahrgenommenen Aufgaben und eingesetzten Instrumente nicht möglich. Daher kann auch nicht abschließend geklärt werden, ab wann ‚zu Recht' von einem Controllingsystem auszugehen ist. Organisatorische Anforderungen ergeben sich wechselseitig aus dem Controlling heraus an die Aufbau- und Ablauforganisation sowie in umgekehrter Richtung. Die Entscheidung, Controlling einzuführen und zu praktizieren, beeinflusst zahlreiche Führungsaufgaben. Zu nennen wären die betrieblichen Ziele, Planung und Kontrolle, Aufgaben der Information und Kommunikation, die Personalführung usw.

Tabelle 24 grenzt einerseits den Mindestumfang eines Controllings in Forst-KMU ab und zeigt zugleich sinnvolle Erweiterungsmöglichkeiten auf. Durch den weiten Größenbereich, den die KMU-Definition abdeckt, und durch die situativen Unterschiede können bezüglich einer solchen Abgrenzung immer auch Einwände geltend gemacht werden. So wird das ‚Minimalcontrolling' den Bedürfnissen des mittleren Forstbetriebs sicherlich nicht mehr in ausreichendem Umfang gerecht, wogegen die Erweiterungen den forstlichen Kleinst- und Kleinbetrieb zu überfordern drohen. Einschränkend ist daher vorwegzustellen, dass die Minimalversion auf den Möglichkeiten der Kleinbetriebe aufbaut, wogegen die Optionen der Erweiterung sich an den Möglichkeiten mittelgroßer Forstbetriebe orientieren.

Da das Controlling auf eine solide betriebswirtschaftliche Basis angewiesen ist und zudem im Instrumentenbereich zahlreiche Anleihen in anderen Funktionsbereichen vornimmt, werden zunächst die wichtigsten Voraussetzungen skizziert. Das Vorhandensein von Zielen wird ebenso unabdingbar vorausgesetzt wie das Bestehen einer Planungskultur und die Erfassung grundlegender Daten. Für das Optimalcontrolling gelten nahezu die gleichen Voraussetzungen. Lediglich inhaltlich gehen sie noch einmal mehr in die Tiefe. Der Aufgabenumfang richtet sich nach den Anforderungen an das Controlling sowie den betrieblichen Möglichkeiten. Steuerungsunterstützung, Zielorientierung und der Umgang mit Interdependenzbeziehungen sind schon in der Minimalversion umzusetzen. Die speziellen forstlichen Anforderungen präzisieren und ergänzen diese Aufgaben hinsichtlich der inhaltlichen und instrumentellen Ausgestaltung. Bestehen allerdings nennenswerte Defizite in den grundlegenden Voraussetzungen des Ziel-, Planungs- oder Informationssystems, sind diese vorab zu beheben. Erst danach stehen die Controllinginstrumente an. Im Minimalcontrolling kommen Instrumente

---

[577] Zur Unterscheidung des inkrementellen (inkrementalen) und des fundamentalen Wandels in der Organisation siehe z. B. STAEHLE (1999, S. 900f.) oder BECKHARD/PRICHARD (1992, S. 3ff.). Untersuchungen belegen, dass entgegen der in Modellen häufig unterstellten Rationalität, in der Realität ein beschränkt-rationales, inkrementelles Verhalten dominiert (z. B. Quinn 1980).

	Minimal-Controlling	Erweiterungsoptionen
Voraussetzungen	• Betriebliche Ziele - Operative Zielvorgaben und langfristige Ziele - Ökonomische, ökologische und soziale Ziele - Angaben über Prioritäten im Falle von Ziel-konflikten • Festlegung der Zuständigkeiten, Verantwor-tungsbereiche und grundsätzlichen Abläufe • Mittel- und kurzfristige Natural- und Wirt-schaftsplanung • Erfassung des Betriebsvollzugs (Istdaten-erfassung)	• Vervollständigung des Zielsystems • Ggf. Vorgabe von Entscheidungsroutinen bei Zielkonflikten • Planungen zu allen Zielbereichen • Formalisierte Planungs- und Kontrollabläufe • Organisatorische Einbindung des Controllings
Aufgabenumfang	• Sicherstellung und Formalisierung der mittel-fristigen und der jährlichen Planung (Natural-planung und Finanzplanung) • Sicherstellung der grundlegenden Informations-versorgung (Erschließung vorhandener Daten-quellen) - naturale Plan- und Istdaten - Kosten- und Erlösdaten - Steuerungsinformationen aus Soll-Ist-Ver-gleichen und Abweichungsanalysen • Koordination der sachlichen und zeitlichen Interdependenzen	• Erweiterung der Informationsversorgung (z. B. Soll-Wird-Vergleiche zur Feed forward-Steu-erung) • Verfügbarkeitsgewähr aktueller Plan- und Vollzugsdaten • Unterstützung der Überführung strategischer Gesichtspunkte in den operativen/ausführen-den Bereich • Erfassung und Verrechnung von Leistungsver-flechtungen (Bspw. Center-Strukturen, biologi-sche vs. technische Produktion) • Prozessbetrachtung • Projektbetrachtung • Wertermittlung und Wertveränderung: - monetärer (ökonomischer) Wert - ökologischer Wert - gesellschaftlicher Wert • Risikobeurteilung
Instrumentenbereich	• Kurz- und Mittelfristpläne als wichtiges Koordi-nations- und Steuerungsinstrument • Kennzahlengestützte Informationsversorgung • Einfache Kostenrechnung zu Kalkulationszwe-cken • Ökologisches Monitoring (über Strukturdaten der waldbaulichen Planung) • Abweichungsanalyse auf Basis von Mengen- und Wertgrößen • Beschreibung der Zielerreichung für alle quali-tativen Ziele • Kurzfristige Erfolgsrechnung • Liquiditätssteuerung • Dokumentation zur Sicherung der zeitlichen Kontinuität	• Auf-/Ausbau einer rollierenden Planung • Erweiterung der Forsteinrichtung zur vollstän-digen Mittelfristplanung; Sicherung des Pla-nungshorizonts • Simulationen und Sensitivitätsanalysen für Planungs- und Steuerungszwecke • Budgetierung • Zweckorientierte Kosten- und Erlösrechnungen (Teil- und Vollkostenbetrachtung), z. B.: - Deckungsbeitragsrechnung - Prozesskostenrechnung - umweltbezogene Kostenrechnung und Sozial-kostenrechnung • Erweitertes Ökologisches Monitoring • Ökobilanz • Risikobetrachtung und -bewertung • GIS zur Verknüpfung von Monitoring-, Pla-nungs- und Istdaten • Formalisiertes Berichtswesen • Verfahren der innerbetrieblichen Leistungsver-rechnung • Anreizgestaltung und Steuerung über Zielverein-barungen und Performance-Maße

Tab. 24: Forstliches ‚Minimal'-Controlling und Erweiterungsoptionen

zum Einsatz, die noch deutlichen Grundlagencharakter haben und ‚nur' control-lingadäquat ausgestaltet werden. So ist ein Planungssystem zu integrieren, wel-ches die Abstimmung der interdependenten Ziele und Maßnahmen umsetzt und die Eingangsgrößen der später folgenden Soll-Ist-Vergleiche liefert. Als Gerüst der Informationsversorgung dient ein konsistentes System von Kennzahlen, mit dem die Betriebsabläufe von der Zielvorgabe über die Planung und Durchführung bis zur Kontrolle und Steuerung nachvollzogen werden können. Die inhaltliche Informationsbasis bilden neben den Plänen das interne Rechnungswesen und das ökologische Monitoring. Für beide Informationsstränge wird nach Möglichkeit auf vorhandene Daten zurückgegriffen. Nur wenn diese nicht ausreichen, um die erforderlichen Kennzahlen zu generieren, werden zusätzliche Daten erhoben. Um die Langfristperspektive zu stärken, ist eine periodenübergreifende Dokumentation notwendig.

Bei der Beschreibung der Aufgaben und Instrumente des erweiterten Controllings wird allein von den ursprünglich formulierten Anforderungen ausgegangen. Maßgeblich ist das Ziel der optimalen Führungs- und Steuerungsunterstützung. Die Restriktionen, denen die Forst-KMU unterliegen, werden daher bewusst hintangestellt. In der Praxis ist das alle Erweiterungen umfassende Controlling daher als Richtschnur anzusehen, an dem sich die Forst-KMU langfristig ausrichten können. Die Aufgaben sind von einer Vervollständigung und Vertiefung gegenüber denjenigen des Minimalcontrollings geprägt. Während im wenig entwickelten Controlling noch die Informationsversorgung im Vordergrund stand, verschiebt sich die funktionale Komponente deutlich in Richtung der Steuerungsfunktion[578] und weiterer sich aus einer zunehmenden Organisationsgröße ergebender Erweiterungsschritte, beispielsweise der Sekundärkoordination. Eine Erweiterung entsteht zudem durch Hinzunahme der strategischen Komponente. Die Einbindung der ökologischen und sozialen Ziele sowie der zugehörigen Datengrundlage schreitet in gleichem Maße voran, wie die wirtschaftliche Controllingkomponente. So finden sich nun auch die erweiterten Ansätze zur Integration der Monitoringdaten wieder, da die ergänzenden Möglichkeiten zur Einbindung über GIS sowie die Prozess- und Projektorientierung erst in einem ausgereiften Controlling umsetzbar sind. Unter einschränkenden Rahmenbedingungen und in der Einführung muss hingegen die Einbindung über Kennzahlen ausreichen.

Die Ergänzung und Weiterentwicklung des Instrumentariums sollte aufgabenbezogen und zweckorientiert vorangetrieben werden. Der Instrumenteneinsatz kann dabei, je nach Erfordernis, dauerhaft oder zeitlich beschränkt erfolgen. Die Verflechtung von biologischer und technischer Produktion sowie die gegenseitigen Abhängigkeiten der Produkte und Leistungen können nun ebenfalls angegangen werden. In der Betriebswirtschaftslehre werden Leistungsverflechtungen über Verrechnungspreise nachvollzogen (z. B. Weber/Schäffer 2006, S. 197ff.; Ewert/ Wagenhofer 2005, S. 577). Dieses Instrument kann herangezogen werden, um zumindest die monetär zu bewertenden Austauschbeziehungen zu dokumentie-

---

[578] Zum beispielhaften Ausbau der Forsteinrichtung zum Steuerungsinstrument siehe HILLMANN (2002).

ren.[579] Aus den vorgestellten Ansätzen zum forstlichen Controlling in den großen öffentlichen Forstbetrieben sind ebenfalls geeignete Problemlösungen zu übernehmen. Mit den Maßnahmenblocktypen und der Verrechnung von Standardkosten an Stelle von Istkosten (Zieseling 1997) kann beispielsweise vermieden werden, dass aus dem ‚Gesetz des Örtlichen'[580] ein ‚Diktat des Örtlichen' wird (ähnlich Bauer 1962, S. 169). Das so gefundene Abstraktionsniveau lässt die für die Steuerung notwendigen zeitnahen Vergleiche und Vereinfachungen im Planungs- und Kontrollablauf zu.

Zuletzt ist für die anstehenden größeren Umsetzungsschritte zu klären, wo Veränderungen am ehesten möglich sind bzw. wo sie in erster Linie gewünscht werden.[581] Vielleicht gibt es sogar Bereiche, die, aus welchen Gründen auch immer, zunächst ausgenommen werden sollten (Zeplin 1997, S. 296). Für die dauerhafte Motivation ist wichtig, dass in naher Zukunft ‚Umsetzungserfolge' erzielbar sind. Eingebundene Mitarbeiter sind behutsam an das Controlling heranzuführen (Grote 1991, S. 193). Dies alles ist Ausdruck einer gegenüber dem radikalen Bruch vorzuziehenden, inkrementellen Veränderung. Diese Empfehlung gilt selbst innerhalb der einzelnen Entwicklungsschritte.

Empfehlung 2: Outsourcing von Controllingaufgaben – Externes Controlling

Sowohl theoretisch als auch praktisch konnte nachgewiesen werden, dass sich die Controllingaufgaben für eine Auslagerung eignen. In Abschnitt 2.4.4 wurden die wesentlichen Aspekte einer solchen Controllinglösung bereits vorweggenommen. Im Rahmen der dort ausgearbeiteten Ansätze für das Controlling in KMU wurden die drei Perspektiven der Funktion, der Instrumente und der Institution/Organisation diskutiert. Das externe Controlling wurde in erster Linie unter dem Gesichtspunkt der organisatorischen Umsetzung abgehandelt. Tatsächlich, und das zeigte sich durchgängig in der grundlegenden Aufarbeitung des Control-

---

[579] Dabei sind Probleme wie fehlende Marktpreise, zeitlich verzögerte Auswirkungen oder unzureichende Messbarkeit des Maßnahmenerfolgs zu berücksichtigen. Frei verhandelbare Verrechnungspreise scheitern am fehlenden Verhandlungspartner auf der Seite der zukünftigen Profiteure, es sei denn, man würde Interessensvertreter aus heutiger Zeit zulassen. Vorgegebene Verrechnungspreise stehen wiederum im Widerspruch zur eingeräumten Entscheidungsfreiheit (Schildbach 1992, S. 33f.).

[580] Das so genannte ‚eiserne Gesetz des Örtlichen' von PFEIL geht davon aus, dass die Bedeutung des Standorts so prägnant und die Vielfalt der Standorte so groß ist, das eine Übertragung von Erkenntnissen stark eingeschränkt oder gar unmöglich ist. Wörtlich schrieb PFEIL: „Folge mit eisernem Zwang den wechselnden Wuchsbedingungen der gegebenen Örtlichkeiten, lehne aber Generalregeln ab." (1821; zitiert in Bauer 1962, S. 169). Zu unterschiedlichen Abstraktionsniveaus und Modellaussagen siehe z. B. HILDEBRAND/WILPERT/BUBERL (1996, S. 175f.).

[581] Zu den Rahmenbedingungen tiefgreifender organisatorischer Veränderungen (Reorganisationen) siehe ausführlich PICOT/FREUDENBERG/GAßNER (1999, S. 81ff.), SCHNABEL/ROOS (1996, S. 161 ff.), BECKHARD/PRITCHARD (1992, S. 69ff.). Der Spielraum der Organisationsgestaltung wird von einer ganzen Reihe von äußeren Rahmenbedingungen und innerer Faktoren begrenzt. Zu diesen inneren Faktoren gehören die *Werte und Einstellungen des Managements* und die *Tradition und historische Entwicklung der Organisation* (Staehle 1999, S. 587f.; Khandwalla 1977, S. 266). Die Einstellungen der einzubeziehenden Mitarbeiter (Picot/Freudenberg/Gaßner 1999, S. 85ff.) sind ebenfalls hier zuzuordnen.

lings in Kapitel 3, ist eine konsistente Trennung der Perspektiven nahezu unmöglich. Funktion(en), Instrumente und Organisation des Controllings sind so eng miteinander verzahnt, dass auch die Auslagerung von Controllingaufgaben letztlich keine rein organisatorische Frage ist.

Der spezialisierte interne Controller schied per se aus, da weder die kleinen und schon gar nicht die kleinsten Forstbetriebe über die hierfür notwendige Ressourcenstärke verfügen. Die Vorteile der externen Lösung liegen somit in der Erschließung des Controlling-Know-hows (Methoden- und Erfahrungswissen) in einem Umfang, wie dies bei einer internen Lösung über das Selbstcontrolling niemals realisierbar wäre. Zudem wird das Selbstcontrolling durch Kontroll- und Motivationsdefizite in der erreichbaren Effizienz eingeschränkt. Ein flankierendes Fremdcontrolling kann in diesem Punkt ebenfalls Abhilfe schaffen (Peemöller 2005, S. 108 u. 110f.; ausführlich Abschnitt 2.3.4.3). Als besonders kritisch für das Outsourcing werden die notwendige solide Vertrauensbasis und der Kostenaspekt der dauerhaften Aufgabenübertragung angesehen. Beide Argumente konnten soweit entkräftet werden, dass sie die externe Lösung nicht generell in Frage stellen, sondern lediglich als Eckpunkte der Ausgestaltung zu sehen sind.[582] Neben der genauen Leistungsbeschreibung sind sowohl die Vergütungsfragen als auch Fragen des Umgangs mit vertraulichen Daten Gegenstände der vertraglichen Regelungen zwischen Auftraggeber und Controlling-Dienstleister. Der Vertrauensschutz gewinnt erst maßgebliche Relevanz, wenn der externe Controller Einblick in die internen Daten erhält und vor allem, wenn Datenbestände außerhalb des Ursprungsbetriebs gespeichert und verarbeitet werden. Beides ist in geschäftlichen Beziehungen wie der zwischen Mandant und Steuerberater alltäglich und somit offenbar eine lösbare Aufgabe (Legenhausen 1998, S. 175). Die Übernahme der Betriebsleitung durch die Forstverwaltung bietet ein weiteres Beispiel einer funktionierenden vertrauensvollen Zusammenarbeit, speziell im Forstbereich. Selbstverständlich darf der Kosten-Nutzen-Aspekt zu keinem Zeitpunkt vernachlässigt werden. Die entstehenden Kosten hängen von der Intensität der Zusammenarbeit ab. Ein seriöser Anbieter der externen Controllingleistung wird sich gerade dadurch auszeichnen, dass er eine an die Erfordernisse und betrieblichen Möglichkeiten angemessene Lösung anbietet.

In der zum Abschluss von Kapitel 3 (branchenunspezifisch) skizzierten kombinierten Lösung steht die Informationsversorgung im Mittelpunkt. Das Controlling wird als primär informationsverarbeitender Prozess dargestellt. Realiter kann der externe Controller, je nach Ausgestaltung des Gesamtsystems, von der Informationsversorgung ausgehend, prinzipiell alle anfallenden Controllingaufgaben wahrnehmen. Auszuschließen sind allerdings die direkte Personalführung, die personenbezogene Primärkoordination des Ausführungssystems und der abschließende Wahlakt innerhalb des Entscheidungsprozesses. Dieses sind origi-

---

[582] Vergleiche zu diesen Fragen auch URIGSHARDT/JACOBS/LETMATHE (2008, S. 10ff.)

näre Aufgaben der Führung oder der Linie, die gemeinhin als nicht übertragbar angesehen werden (Kieser/Walgenbach 2003, S. 163ff.; Simon 1997, S. 7ff.; Wild 1974, S. 185).

Die nachfolgende Abbildung 32 zeigt das Kontinuum zwischen rein internem und rein externem Controlling, wobei letzteres nur idealtypisch zu sehen ist, da in jedem Fall Controllingaufgaben im Unternehmen verbleiben. Die ausschließlich interne Umsetzung geht nahezu immer von einem institutionalisierten Controlling, gegebenenfalls unter Einbeziehung des Selbstcontrollings, aus. Zwischen beiden Reinformen sind die graduell abgestuften Formen der Einbindung des externen Controllers eingeordnet. Da in den forstlichen KMU intern ausschließlich auf das Selbstcontrolling zurückgegriffen werden kann, ist hier auch die zweite Reinform auszuschließen.

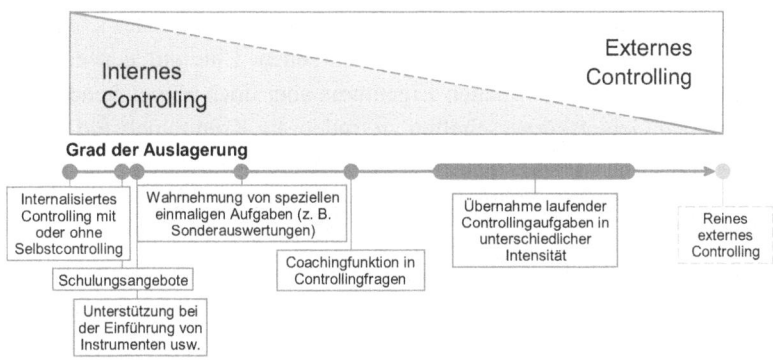

Abb. 32: Kombinationen aus internem und externem Controlling

Die schwächste Form der Einbindung eines externen Dienstleisters ist eine auf die Einführung von Controllinginstrumenten oder -abläufen beschränkte Unterstützungsleistung. Ebenso wie die Durchführung von Schulungen unterscheidet sich dieses Angebot in keiner Weise von sonstigen Beratungsleistungen. Echten Controllingcharakter haben erst spezielle Erhebungen und Auswertungen, die einmalig oder auch mehrfach, jedoch nicht regelmäßig durchgeführt werden. Eine nochmals stärkere Einbindung liegt vor, wenn der externe Controller eine Coachingfunktion in Controllingfragen ausübt. Die Übernahme laufender Controllingaufgaben kann selbst nochmals unterschiedlich weit gehen. Eine graduelle Abstufung wurde im Rahmen des allgemeinen Modells bereits vorgestellt.[583] Die dort aufgeführte intensivste Form der Zusammenarbeit reduziert die im Unternehmen verbleibenden Aufgaben praktisch auf die Datenlieferung und die Formulierung der operativen und strategischen Zielvorgaben als Input sowie die

---

[583] Siehe Kapitel 2, Abschnitt 2.4.4.4. Zu den fünf Stufen siehe auch URIGSHARDT/JACOBS/LETMATHE (2008, S. 15).

Umsetzung der bereits vollständig aufbereiteten Controllinginformationen als Output des Controllingprozesses.

Bis hierher wurden die in Kapitel 3 getroffenen Aussagen ohne nennenswerte Einschränkung auf die Forst-KMU übertragen. Relevante Unterschiede, bedingt durch die Eigentumsformen, bestehen in den Führungsstrukturen. Privatwald im Einzeleigentum kann ohne weiteres mit den Klein- und Kleinstbetrieben der Industrie, des Handwerks oder des Handels verglichen werden. Dem Eigentümer kommt die tragende Rolle in allen Fragen der Unternehmensführung zu. Eine Besonderheit stellen die genossenschaftlichen Forstbetriebe dar. Eigentum und Betriebsleitung sind hier ebenfalls weitestgehend getrennt.[584] Ein vergleichbares Auseinanderfallen von Eigentum und Leitungsaufgaben gibt es indes auch in Kapitalgesellschaften oder managergeführten Personengesellschaften. Für das (forstliche) Controlling mündet dies lediglich in entsprechende Kontextfaktoren. Inhaltliche Konsequenzen, etwa in Form darauf abgestimmter Betriebsziele, sind wie jedes andere indirekte Controllingziel zu sehen. Eine auf den ersten Blick ähnliche, aufgrund des öffentlichen Eigentums aber doch abweichende Konstellation, ist in den Gebietskörperschaften zu finden. Im Kommunalwald vertritt der Gemeinde- oder Stadtrat die Interessen des Eigentümers, wogegen die Betriebsleitung an eigene Bedienstete oder an externe Dienstleister übertragen wird. Den Eigenheiten, die sich aus dieser Konstellation und den eng damit verbundenen politischen Entscheidungsprozessen ergeben (Becker/Weise 2002, S. 174), nimmt sich eine steigende Zahl darauf bezogener Veröffentlichungen im Rahmen des ‚New Public Management' an.[585]

Empfehlung 3: Aufbau und Ausbau der Kooperationen
Überbetriebliche Kooperationen haben in der Forstwirtschaft eine lange Tradition (Hillmann 2005, S. 1240). Ziel der Zusammenarbeit ist entweder die Stärkung der Marktmacht der Kooperationspartner oder die Erschließung von Effizienzpotenzialen (Picot/Dietl/Franck 2005, S. 177). Die wahrgenommenen Aufgaben haben sich in der Vergangenheit schon deutlich gewandelt. An die Stelle der ursprünglich reinen Beratung der ansonsten eigenständigen Waldeigentümer ist inzwischen die qualifizierte Übernahme von Bewirtschaftungsaufgaben getreten (Hillmann 2005, S. 1241). Wie die Befragung bei den Waldgenossenschaften

---

[584] Die Anteilseigner verfügen nur über ideelle Anteile am Eigentum. Grundlegende Entscheidungen werden von den Organen der Vollversammlung getroffen (Gemeinschaftswaldgesetz 2007, §12). Die laufende Geschäftstätigkeit ist Aufgabe des Vorstands (ebd. §14).

[585] ‚New Public Management' ist ein Sammelbegriff für unterschiedliche Reformstrategien, die innerhalb der öffentlichen Verwaltungen Anwendung finden (Sander/Langer 2004, S. 88). Wesentlich für diese Ansätze ist eine Orientierung an Managementmethoden und -techniken aus der Betriebswirtschaftslehre und deren Übertragung in den Kontext öffentlicher Betriebe und Verwaltungen (Becker/Weise 2002, S. 173, Prase 2002, S. 293). Zur öffentlichen Betriebswirtschaftslehre und den Arten öffentlicher Einrichtungen siehe detailliert EICHHORN (Eichhorn 2001). Zu den Erfordernissen des Controllings im öffentlichen Sektor siehe z. B. BECKER/WEISE (2002), PRASE (2002, S. 295f.) und die Beiträge in BAUM ET AL. (1997).

zeigte, stehen bisher in erster Linie waldbauliche und absatzbezogene Aufgaben im Vordergrund. Eine erfolgreiche Erweiterung des Angebots in Richtung einer umfassenden Betriebsleitung ist, wie das Beispiel der Landwirtschaftskammern in Niedersachsen zeigt, möglich (ebd.). Ein Teilaspekt ist dabei das forstliche Controlling. Hierzu muss neben der forstfachlichen Ausrichtung verstärkt die personenbezogene betriebswirtschaftliche Qualifikation innerhalb der Zusammenschlüsse gefördert werden. Das Verständnis für die Notwendigkeit und Vorteilhaftigkeit einer intensivierten Zusammenarbeit ist bisher jedoch gering ausgeprägt. Auch dies zeigte die Befragung. Nicht ganz ein Drittel der Forstbetriebe sahen keinen und ein weiteres Fünftel nur geringen Bedarf für konkrete (strategische) Planungen zur überbetrieblichen Zusammenarbeit. Noch einmal rund 20% der Betriebe zeigten sich unentschlossen. Worin die Gründe für diese Vorbehalte liegen, lässt sich aus der breit angelegten Studie nicht ableiten. Möglicherweise bestehen Bedenken gegenüber der Preisgabe eigener Gestaltungs- und Entscheidungsspielräume. Dabei können die Forstbetriebe gerade in den selbstgestalteten Zusammenschlüssen die verbleibende Eigenständigkeit noch am ehesten bestimmen. Eine gezielte Ursachenforschung fehlt hier bisher und verdeutlicht den bestehenden Forschungsbedarf.

Einen eher losen kooperativen Ansatz verfolgt die Einbindung in ein bedarfsorientiertes Controlling-Netzwerk, etwa auf Verbandsebene.[586] Vor allem wenig spezifische Umfeldinformationen oder fallweise benötigte Serviceleistungen könnten gut von Fachverbänden vorgehalten oder vermittelt werden. Auch bei der Interpretation betriebseigener Controllinginformationen könnte eine darauf spezialisierte Beratungsstelle gute Dienste leisten

---

[586] Zum Aufbau und zur Funktionsweise von Netzwerken vgl. ausführlich SYDOW (1995, S. 54ff.) oder RINGLSETTER (1997).

6 Fazit und Ausblick

6.1 Zusammenfassung der Ergebnisse

In der Einleitung wurden zwei Fragestellungen aufgeworfen, denen sich die Arbeit widmet. In der ersten Forschungsfrage ging es darum, den forstwirtschaftlichen Branchenkontext und dessen Auswirkungen auf die Controllingfunktion zu beurteilen. Die zweite Frage regte zur Untersuchung der bestehenden Ansätze und dem Vergleich mit den branchenspezifischen Erfordernissen an. Beide Aspekte wurden im Verlauf der Arbeit aufgearbeitet und konnten eindeutig geklärt werden. Insbesondere die Untersuchung der Notwendigkeit einer eigenständigen forstlichen Controllingkonzeption war Anlass der disziplinenübergreifenden Bearbeitung des Themas. Controlling zeichnet sich in seiner theoretischen und praktischen Darstellung durch eine enorme Vielfalt aus, die den Umgang mit der Thematik nicht erleichtert. Daher war es notwendig vorab klarzustellen, welches Controllingverständnis zugrunde gelegt wird. Als Fazit der Diskussion bleibt festzuhalten, dass die Gemeinsamkeiten wesentlich wichtiger sind als die Unterschiede. Situativ hat nahezu jeder der vorgestellten Ansätze seine Berechtigung. Allerdings sollten die Controllingaufgaben einen gewissen Mindestumfang dauerhaft nicht unterschreiten, da Controlling dem Anspruch einer eigenständigen Funktion ansonsten nicht mehr gerecht wird. Andererseits darf das Controlling in seinen Inhalten nicht beliebig und funktional nicht überfrachtet werden. Als Arbeitsbegriff wurde dementsprechend folgende Abgrenzung der Controllingfunktion gewählt: ,Controlling bietet der Führung einer (sozialen) Organisation entscheidungsbezogene Regelungs- und Steuerungsunterstützung. Es leistet einen Beitrag zur Erreichung der Ziele dieser Organisation. Der Umfang der dem Controlling im Einzelnen zuzuschreibenden Aufgaben ist kontextabhängig und kann inhaltlich und im Zeitablauf variieren.'

Bevor im dritten Kapitel die Forstwirtschaft thematisiert wurde, musste ein anderer, für die Bearbeitung der Forschungsfragen wichtiger Punkt vorbereitet werden. In der Aufarbeitung der Grundlagen zum Controlling wurde nach erfolgter Klärung der Funktion ein besonderes Augenmerk auf das Controlling in KMU gerichtet. Vor allem aufgrund der bekanntermaßen begrenzten Ressourcenausstattung kleiner Unternehmen bestehen Probleme bezüglich der Anstellung spezialisierter Controller. Alternativen, in Form der Übernahme der Controllingaufgaben durch die Geschäftsführung oder der Übertragung als Zusatzaufgabe auf sonstige Mitarbeiter (job enlargement), sind ebenfalls nicht unproblematisch (z. B. Grote 1991, S. 192). Auch Selbstcontrolling kommt als alleinige Organisationsform für die Klein- und Kleinstbetriebe kaum in Frage, da das notwendige betriebswirtschaftliche Know-how nicht annähernd vorhanden ist. Als tragfähige Lösung wurde eine Kombination aus externem Controlling durch einen

© Springer Fachmedien Wiesbaden GmbH, ein Teil von Springer Nature 2010
T. Urigshardt, *Forstliches Controlling*, Edition KWV,
https://doi.org/10.1007/978-3-658-24670-9_6

Dienstleister und Selbstcontrolling durch die Betriebsangehörigen konzipiert. Durch diese Verbindung heben sich die sich aus den beiden Einzellösungen ergebenden Nachteile größtenteils wechselseitig auf.

Nachdem die Controllinggrundlagen derart aufbereitet und mit Blick auf die Problemstellung erweitert wurden, folgte die Bearbeitung des Branchenkontextes. In dessen Darstellung wurde zugleich die erste Forschungsfrage[587] beantwortet. Es zeigte sich, dass forstwirtschaftliche Besonderheiten, wie beispielsweise die Zweiteilung der Produktion in eine biologische und eine technische Produktion, der große Einfluss verschiedener Stakeholdergruppen oder die Abhängigkeit vom natürlichen Standort eine differenzierte Herangehensweise an die Controllingfunktion zwingend erfordern. Um die Zusammenhänge zwischen den Entscheidungsgrößen, den Rahmenbedingungen und den betrieblichen Ziel- und Leistungsgrößen zu verdeutlichen, wurde ein Modell des Forstbetriebs ausgearbeitet. ‚Inputseitig' sind darin die vom Betrieb direkt zu beeinflussenden Faktoren aufgeführt. ‚Outputseitig' finden sich die Ziele, Leistungen und Wirkungen des Forstbetriebs. Der dazwischen liegende Transformationsprozess besteht im Wesentlichen aus der forstlichen Produktion. Das vorwiegend auf der strategischen Ebene angesiedelte Beschreibungsmodell stand unter der Maßgabe, die ökonomischen, ökologischen und gesellschaftlich-sozialen Kriterien einer nachhaltigen Betriebsführung abzubilden. Als Zielgrößen sowie zur Messung der Zielerreichung wurden analog zu den Nachhaltigkeitskategorien Wertgrößen eingeführt. Eine korrekte Erfolgsmessung kann nur anhand von Vermögens- oder Wertveränderungen erfolgen. Trotz bestehender Schwierigkeiten der Bewertung konnten für alle drei Kategorien geeignete Verfahren der Wertermittlung aufgezeigt werden. Aus der Langfristigkeit der forstlichen Produktion und der hohen Abhängigkeit von nicht zu beeinflussenden Faktoren ergeben sich vergleichsweise große Unsicherheiten für den Forstbetrieb. Diese können in der Bewertung nur unzureichend berücksichtigt werden. Dennoch gehören die Bestimmung und Minimierung der Risiken allgemein zu den Zielen des Forstbetriebs. Aus diesem Grund wurden zuletzt noch die ökonomischen und ökologischen Risiken in den strategischen Output einbezogen. Im weiteren Verlauf dient das Modell zur Ableitung konkreter Inhalte des forstlichen Controllings.

Bis hierher konnte das Erfordernis, die Controllingfunktion im Forstbetrieb wahrzunehmen, bei gleichzeitig bestehender Anpassungsnotwendigkeit, generell bestätigt werden. Es folgte die Zusammenführung der Controllingfunktion mit dem forstlichen Branchenkontext und damit die Bearbeitung der zweiten Forschungsfrage.[588] Als Ausgangspunkt wurden aus dem Arbeitsbegriff und den

---

[587] Der genaue Wortlaut war: ‚Was kennzeichnet den Branchenkontext der Forstwirtschaft und erfordert dieser eine umfangreiche Anpassung oder gar ein eigenständiges Konzept für das Controlling?'

[588] Diese lautete wörtlich: ‚Wie sind die angebotenen Lösungen zum Controlling in Forstbetrieben und der forstlichen Literatur zu beurteilen? Bestehen Lücken gegenüber den Erfordernissen aus dem Branchenkontext?'

branchentypischen Rahmenbedingungen allgemeine und spezifische Anforderungen abgeleitet. Daraufhin wurden diese Vorgaben mit den bestehenden Ansätzen abgeglichen. Es wurde deutlich, dass die Anforderungen nicht in allen Fällen und von keinem Ansatz in vollem Umfang erfüllt werden. Für zwei Bereiche wurden Nachbesserungen als besonders dringlich angesehen.

- Als problematisch erwies sich die weitgehend unveränderte Übertragung der funktionalen Controllingkonzeption aus der Betriebswirtschaftslehre. Forstbetriebe sind durch ihre Verpflichtung zur Nachhaltigkeit und die hohen gesellschaftlichen Anforderungen indes besondere Wirtschaftsbetriebe. Gerade die Einbeziehung ökologischer Kriterien in die betriebliche Zielsetzung und das darauf aufbauende Controlling sind dringend erforderlich.

- Obwohl die Forstwirtschaft von kleinen Betriebsgrößen geprägt ist, setzt sich die forstliche Betriebswirtschaftslehre bisher so gut wie nicht mit dem KMU-Phänomen auseinander. Hier besteht ebenfalls dringender Handlungsbedarf.

Diese beiden Lücken galt es im Folgenden zu schließen.

Die Zieltypen der Bewirtschaftung verdeutlichen, dass die Beachtung ökologischer und gesellschaftlich-sozialer Belange für alle realen Forstbetriebe hochrelevant ist. Ein rein an ökonomischen Zielen ausgerichteter Forstbetrieb ist ein idealisierter Grenzfall, dessen ökonomisch nachhaltige Bewirtschaftung jedoch ebenfalls auf die Beachtung der ökologischen Grundlagen angewiesen ist. Zur Einbeziehung ökologischer Ziel- und Wertgrößen müssen die ökologischen Daten und Informationen in den informationsverarbeitenden Prozess des Controllings integriert werden. Entsprechendes Datenmaterial ist im Forstbetrieb häufig schon vorhanden. Dessen Quelle ist vor allem das ökologische Monitoring. Zur Einbindung in das Controlling wurden drei Wege vorgestellt, die sich in ihrer Wertigkeit und ihrem Anspruch unterscheiden. Je nach den betrieblichen Möglichkeiten können, ausgehend von der einfachen Kennzahlenlösung, zudem noch eine Projekt- bzw. Prozessbetrachtung und die räumlich orientierte Einbindung über Geografische Informationssysteme als Integrationspunkte dienen.

Der zweite Lückenschluss greift die Empfehlungen für ein angepasstes KMU-Controlling aus der allgemeinen Controllingbetrachtung auf. Das externe Controlling, unter Einbeziehung von Betriebsleitung und Mitarbeitern, eröffnet den kleinen Forstbetrieben die Möglichkeit, Controlling in guter Qualität durchzuführen. Eine funktionale Abstimmung auf die betrieblichen Größenverhältnisse erfolgt durch einen modularen Aufbau. Dieser erlaubt nicht nur die notwendige schrittweise Einführung, sondern auch die Anpassung an die betriebsindividuellen Möglichkeiten und Erfordernisse.

6.2 Ausblick auf weiteren Forschungsbedarf

Mit der vorliegenden Arbeit konnten bei weitem nicht alle Punkte abgearbeitet werden, die einer eingehenden Betrachtung durch den forschenden Betriebswirt oder Forstwirt bedürfen. Dafür ist das forstliche Controlling noch viel zu wenig als interessantes Forschungsgebiet entdeckt und bearbeitet worden. Die theoretisch konzeptionellen Grundlagen liegen im Bereich der Grundlagendisziplinen. Hier gewonnene neue Erkenntnisse sind selbstredend fortlaufend in das forstliche Controlling zu integrieren. Anschauungsbeispiele für Forschungsfelder des Controllings wurden als ‚Entwicklungstendenzen' im Grundlagenteil gegeben. In den Forstwissenschaften geht es nach wie vor darum, das Wirkungsgefüge des Waldes besser zu verstehen. Im Modell des Forstbetriebs wurde die Transformation deshalb als ‚Black-box' dargestellt. Gerade im fehlenden Wissen über die komplexen Wirkzusammenhänge lag daher auch der Grund für die Beschränkung auf ein beschreibendes Modell. Vor allem die Steuerungsaufgabe des Controllings ist demgegenüber auf Erklärungsmodelle angewiesen. Die Probleme der Wertermittlung konnten bisher ebenfalls noch nicht vollends zufriedenstellend gelöst werden. Auch hier sind in Zukunft weitere Anstrengungen notwendig.

Der im forstlichen Controlling selbst bestehende Forschungsbedarf bezieht sich zum einen auf die weitere Anpassung des ‚allgemeinen' Controllings an die spezifischen Erfordernisse und zum anderen auf die praktische Umsetzung und die daraus zu gewinnenden Erkenntnisse.

Wesentliche Ansatzpunkte weiterer Forschungsbemühungen sollten sein:

- Gezielte Einbeziehung der gesellschaftlich-sozialen Wirkungen und Leistungen in das Controllingkonzept in Analogie zu den ökologischen Belangen.
- Ausweitung der begonnenen typengeleiteten Anpassung des forstlichen Controllings, z. B. in Form einer Ausrichtung an Eigentumsformen, Zieltypen der Bewirtschaftung, Waldbaustrategien usw.
- Verbesserung der empirischen Erkenntnisbasis, bezogen sowohl auf die Anforderungen als auch zur Verbesserung der praktischen Implementierung.
- Erweiterung des Beschreibungsmodells zu einem Erklärungsmodell.
- Ausarbeitung angepasster Controllinginstrumente; in ihrer Anpassung sowohl auf die Betriebsgröße als auch auf die nichtwirtschaftlichen Ziele bezogen.

Anhang

Anhang 1: Herleitung der ökologischen Kennzahlen

Bereich	Kennzahl	Beschreibung/Herleitung	Bemerkungen
UN-Kriterienkatalog			
Forstliche Ressourcen			
Holzvorrat	Holzvorrat in Vfm	Vorrat des stehenden Holzes in Summe oder unterteilt nach Baumarten, Altersklassen oder anderen Kriterien	
Alters- bzw. Durchmesserstruktur	Altersklassenverteilung	Flächenanteile in den Altersklassen, alternativ Vorrat in den Altersklassen	
	BHD-Verteilung	Flächen in den Durchmesserklassen, alternativ Vorrat oder Stückzahl nach Durchmesserklassen	
Gesundheit und Vitalität			
Deposition von Schadstoffen aus der Luft	Imissions- oder Depositionsmenge	Mengenmäßige Erfassung der Stoffeinträge je Flächeneinheit und ggf. deren Veränderung	
Chemischer Bodenzustand	pH-Wert, CEC (Ionenaustauschkap.), C/N-Verhältnis usw.	Messgrößen zur Bestimmung des chemischen Bodenzustands bzw. der Bodenzusammensetzung	
	Schadstoffanreicherung	Mengenmäßige Erfassung im Boden (oder in der Biomasse) akkumulierter Schadstoffe	
Nadel-/Blattverluste	Benadelungs-/ Belaubungsprozente	Visuelle Ansprache der Anteile der Belaubung bzw. der Nadeljahrgänge	Evtl. unterstützt durch eine qualitative Einschätzung des Laub- und Nadelzustands
Waldschäden abiotisch	Fläche Schneebruch	Von Schneebruch geschädigte Waldflächen (über 50% der Bestockung betroffen)	
	Fläche Sturmschäden	Von Windwurf und -bruch geschädigte Waldflächen (über 50% der Bestockung betroffen)	
	Fläche Waldbrandschäden	Von Waldbrand geschädigte Waldflächen (über 50% der Bestockung betroffen)	
Waldschäden biotisch	Fläche Insektenfraß- oder -saugschäden	Flächen, deren Bestockung zu über 50% von Insekten, die zur Massenvermehrung neigen, geschädigt ist (Zuwachseinbußen oder Absterben); in Summe und unterteilt nach Ursachen	
	Fläche Pilzschäden	Flächen, deren Bestockung von schädigenden Pilzen befallen ist (über 50% der Bestockung betroffen)	
Waldschäden durch Bewirtschaftung	Anzahl Fäll- und Rückeschäden am verbleibenden Bestand	Anzahl Bäume mit Verletzungen der Rinde durch mechanische Einwirkung im Rahmen der Holzernte und Holzbringung (an Stamm und starken Kronenästen, ab ca. 20cm²); Gesamtzahl oder Zahl pro bearbeiteter Flächeneinheit	
	Schäden an der Naturverjüngung	Flächen, deren Naturverjüngung umgedrückt, abgebrochen oder sonstwie dauerhaft geschädigt ist	
	Flächen mit Schäden durch Befahrung	Flächen mit Bodenschäden (Verdichtung, Scherbrüche, Bodenfließen usw.) durch flächige Befahrung	
	Beeinträchtigte Feinerschließung	Laufende Meter unbrauchbarer Feinerschließung wegen unsachgemäßer Arbeitsweise (Witterung, eingesetzte Maschinen, Verfahren)	
Biologische Diversität			
Baumartenzusammensetzung	Baumartenanteile	Anteile der Baumarten an der Produktionsfläche (alternativ am Vorrat), bestandsbezogen und betriebsbe-zogen	
Anteile der Verjüngungstypen	Flächen und Anteile der Verjüngung	Flächen und Anteile künstlicher bzw. natürlicher Verjüngung an der gesamten (geplanten) Verjüngungsfläche	
Naturnähe der Wälder	Grad der Naturnähe	Ordinal skalierte Einteilung der Naturnähe über anerkannte Kriterien	
Anbaufläche fremdländischer Baumarten	Fremdländeranteil	Anbau nicht einheimischer Baumarten (Baumarten deren natürliches Vorkommen außerhalb Mitteleuropas liegt); Vorrat oder Fläche und prozentuale Anteile	
Totholzvorrat	Totholz liegend, Totholz stehend	Mengenmäßige Erfassung des stehenden bzw. liegenden Totholzes absolut und pro Flächeneinheit	
Genressourcen	Populationen gefährdeter Arten	Individuenzahl o. ä. seltener / gefährdeter Tier- und Pflanzenarten	
Landschaftsdiversität	Grad der Diversität der Landschaft	Ordinal skalierte Einteilung der Diversität der Landschaft über anerkannte Kriterien	

250

Bereich	Kennzahl	Beschreibung/Herleitung	Bemerkungen
FSC Standard			
Entnahme nicht genutzter Biomasse (Prinzip 5)	Menge der ungenutzt entnommenen Biomasse	Messung oder Schätzung der entnommenen und ungenutzten Kronenäste, Rinde und Blätter / Nadeln	Z. B. durch Vollbaumernte wird dem Ökosystem nicht genutzte Biomasse entzogen; Prinzip 6 enthält generellen Verzicht auf Vollbaumverfahren
Einsatz biologisch abbaubarer Betriebsstoffe (Prinzip 5)	Maschinenschäden mit Austritt von Betriebsstoffen	Menge und Art der ausgetretenen Stoffe	Ggf. Beschreibung zur Schadensbeseitigung ergriffener Maßnahmen
Erhalt waldfreier Kleinstrukturen (Prinzip 6)	Waldfreie Flächen	Flächen, die natürlich oder durch anthropogene Einflüsse waldfrei sind (z. B. Geröllhalden, Trockenrasen, Heideflächen)	Sicherung der Lebensraumvielfalt
Regulierung der Wildbestände (Prinzip 6)	Wilddichte jagdbarer Wildarten	Population einzelner Wildarten, Angabe pro Flächeneinheit oder Arealgröße pro Individuum	
	Erfüllungsgrad Abschusspläne	Verhältnis von tatsächlichem zu geplantem Abschuss	
	Verbissene Pflanzen pro Flächeneinheit	Anzahl der Pflanzen (Waldbäume) mit Verbiss des Terminaltriebs, bezogen auf zu verjüngende Fläche; wo möglich Rückgriff auf Angaben aus Verbissgutachten	Verbissdruck erschwert oder verhindert die natürliche Verjüngung der Haupt- und Mischbaumarten
Überführung standortwidriger Bestände (Prinzip 6)	Anstehende, geplante und vollzogene Umwandlungen	Flächen, deren Überführung in eine standortgemäße Bestockung notwendig oder bereits geplant ist oder im Vollzug steht	Standortwidrige Bestockung: die Stabilität ist gefährdet bzw. es drohen nachteilige Auswirkungen auf den (natürlichen) Standort
Kahlschlagsverzicht (Prinzip 6)	Kahlschlagsfläche	Planmäßige flächige Räumung des aufstockenden Bestandes, die zu freilandähnlichen Verhältnissen führt (Richtwert: mindestens eine Baumlänge Durchmesser bzw. 0,3 ha Flächengröße); keine Absicht der Nutzungsänderung	Ausnahmen möglich, nach FSC: Überführung standortwidriger Bestockungen oder notwendige höhere Einschläge im Kleinstprivatwald (bis 5 ha Betriebsgröße).
Grundsätzlicher Verzicht auf Biozideinsatz (Prinzip 6)	Biozideinsatz	Ausgebrachte Mengen, behandelte Flächen und Mengen (Holzmenge, Pflanzenzahl usw.)	Begründung für die Verwendung ist anzugeben
Verzicht auf Gentechnik (Prinzip 6)	Verwendung genetisch veränderter Organismen	In erster Linie gentechnisch verändertes Pflanzenmaterial. Einsatz gentechnisch veränderter Organismen zur biologischen Schädlingsbekämpfung wird nicht direkt angesprochen.	
Biotopbäume (Prinzip 6)	Zahl der Biotopbäume pro ha (Durchschnitt)	(Einzel-)Bäume, die eine besondere Funktion als Lebensraum besitzen (Spechthöhlen, Horstbäume, schützenswerte Epiphyten, Insekten usw.)	
Referenzflächen zur Beobachtung und Beurteilung der Naturnähe (Prinzip 6)	Referenzflächen	Repräsentative Flächen für den Forstbetrieb, die nach Auswahl nicht mehr weiter bewirtschaftet werden; Forderung beschränkt auf Bundes- und Landeswald sowie auf körperschaftliche Betriebe ab 1.000 ha	Darstellung der Waldentwicklung und Beobachtung ungestörter Prozesse. Notwendiger Vergleichsmaßstab zur Beurteilung der Naturnähe der Bewirtschaftung der übrigen Betriebsfläche

	Strukturkennzahlen der Buchführung, die ökologisch (um)gedeutet werden können
	Gesondert zu erhebende Strukturkennzahlen
	Kennzahlen aus dem ökologischen Monitoring
	Sonstige Kennzahlen

251

Bereich	Kennzahl	Beschreibung/Herleitung	Bemerkungen
		Weitere Kennzahlen	
Strukturkennzahlen			
Mischungs-formen der Arten	Flächenanteil Einzelmischung	Mischbaumarten einzeln oder zu wenigen zusammen-stehend beigemischt	Bestimmung der Hauptbaumart: Flächenanteil liegt bei mind. 30%
	Flächenanteil truppweise Mi-schung	Trupp: Flächen bis maximal 200 m² bzw. 15 m Durch-messer ('bis halbe Baumlänge')	
	Flächenanteil gruppenweise Mischung	Gruppe: Flächen von über 200 bis 700 m², bzw. 15 bis 30 m Durchmesser ('bis einfache Baumlänge')	
	Flächenanteil horstweise Mi-schung	Horst: Flächen von über 700 bis ca. 3.000 m², bzw. 30 bis 60 m Durchmesser ('einfache bis doppelte Baum-länge')	
	Flächenanteil flächenweise Mischung	Kleinflächig oder flächig gemischt ab ca. 0,3 ha	
	Flächenanteil reihen- oder streifenweise Mischung	Aus Reihenpflanzung hervorgegangen, deren Verband noch erhalten ist: einzelne oder mehrere Reihen gleicher Baumarten abwechselnd gepflanzt	
	Biodiversitäts-indizes	Z. B. Shannon-Index oder LLNS-Index	Auf großer Fläche evtl. unter Angabe von Mittelwert und Standardabweichung
Dichtstand	Bestockungs-grad	Verhältnis des tatsächlichen Vorrats zum modellhaft errechneten oder erwarteten Vorrat	
	Kronenschluss	Grad der Überschirmung der Bestandesfläche durch die Baumkronen	
Stabilität	Soz. Stellung der Bäume	Einteilung der Bäume im Waldgefüge, z. B. im Anhalt an die Einteilung von KRAFT	Einteilung: vorherrschend, herr-schend, mitherrschend, be-herrscht, unterständig
	H/D-Wert	Verhältnis Baumhöhe zu Brusthöhendurchmesser (BHD) (jeweils in der gleichen Maßeinheit)	H/D <60 = sehr stabil, 60-80 = stabil, 81-100 = instabil, >101 = sehr instabil
Vertikale Struktur (Straten)	Flächenanteile und Artenzahl der Straten	Anteilige Fläche, in der Kräuter und Sträucher zu finden sind; Arten in der Boden-, Kraut-, Strauch- und Baumschicht	
	Baumhöhen und Baumhöhenver-teilung	Mittlere Baumhöhe, maximale und minimale Höhe, Baumhöhenverteilung über Anteile an der Bestandes-grundfläche oder Anzahl	
	Anteile ein-schichtiger Bestände	Flächenanteile der Bestände mit lediglich einschich-tigem Aufbau	Einschichtige Bestände sind be-sonders strukturarm und bieten wenig Lebensraum
Sonstige weitere Kennzahlen			
Arealgröße ge-fährdeter Arten	Arealgröße der gefährdeten Arten	Größe (Fläche) potenzieller oder tatsächlicher Lebens-räume	

Strukturkennzahlen der Buchführung, die ökologisch (um)gedeutet werden können
Gesondert zu erhebende Strukturkennzahlen
Kennzahlen aus dem ökologischen Monitoring
Sonstige Kennzahlen

Anhang 2: Fragebogen zur Befragung der Waldgenossenschaften

Controlling in kleinen und mittelgroßen Forstbetrieben

Befragung zur Bestandserhebung bei den Wald- und Haubergsgenossenschaften des Kreises Siegen-Wittgenstein

gefördert durch:

WestLB-Stiftung

Zukunft NRW

Universität Siegen

Lehrstuhl für Betriebswirtschaftslehre mit dem Schwerpunkt Wertschöpfungsmanagement insbes. in kleinen und mittleren Unternehmen

SIEGENER MITTELSTANDSINSTITUT

Bearbeitungshinweise

> Die Fragebögen enthalten wiederholt kurze Einführungstexte, die der Erläuterung der unmittelbar folgenden Fragen dienen. Diese Texte sind, entsprechend diesem hier, grau hinterlegt. Sie enthalten Informationen, die der Klärung des Inhalts der Fragen dienen, oder spezielle Hinweise zu deren Bearbeitung. Bitte lesen Sie die Einführungstexte ebenso wie die folgenden allgemeinen Hinweise zum Fragebogen aufmerksam durch.

Die Befragung erfolgt dreigeteilt:

- **Teil 1** (weiß) enthält Fragen zum Forstbetrieb und zur Person der Bearbeiterin/ des Bearbeiters. Die Angaben werden für die statistische Auswertung benötigt.
- **Teil 2** (grün) umfasst die Fragen zur derzeitigen Betriebspraxis in wesentlichen controllingrelevanten Bereichen.
- **Teil 3** (blau) soll klären, wie Sie den Verbesserungsbedarf in controllingrelevanten Bereichen selbst einschätzen.

Die Befragung enthält unterschiedliche Typen von Fragen:

- Fragen zum Ankreuzen (Antwortkästchen) mit einfacher Antwortmöglichkeit: Kreuzen Sie hier bitte nur eine Antwort an, da sich die Antworten gegenseitig ausschließen.
- Fragen zum Ankreuzen mit der Möglichkeit mehrere Antworten auszuwählen: Hier können Sie mehrere Antwortalternativen kombinieren. Diese Fragen sind mit Ⓜ im Antwortkasten gekennzeichnet!
- Fragen zur Erhebung konkreter Daten: Geben Sie in den Feldern oder Tabellen bitte die zutreffenden Daten aus Ihrem Forstbetrieb an.
- Fragen mit Feldern zur Erläuterung oder Fragen mit freien Antworten: Erläutern Sie hier gegebenenfalls bitte kurz die ausgewählte Antwortalternative. Bei den Fragen ohne Antwortvorgabe möchten wir Ihre Kompetenz nutzen und Ihre eigene Einschätzung erfahren.

Alle Angaben werden streng vertraulich behandelt! Sollten bei der Beantwortung der Fragen Unklarheiten auftreten, wenden Sie sich bitte an:

Thomas Urigshardt
Siegener Mittelstandsinstitut (SMI)   Tel.: (0271) 740 3193
57068 Siegen   E-Mail: thomas.urigshardt@uni-siegen.de

Wenn Sie an der Zusendung der Ergebnisse dieser Befragung interessiert sind, geben Sie hier bitte die Empfängeradresse an:	....

Teil 1 Allgemeine Fragen zum Waldeigentum und zum Forstbetrieb

A *Fragen zum Waldeigentum*

A1 Um welche Form des privaten Waldeigentums handelt es sich?

☐ Einzeleigentum
☐ gemeinschaftliches Eigentum
☐ Waldwirtschaftsgenossenschaft nach Landeswaldgesetz NRW
☐ Waldgenossenschaft nach Gemeinschaftswaldgesetz NRW

A2 Geben Sie bitte die Zahl der Eigentümer/Anteilsberechtigten an!

.... Eigentümer/Berechtigte

A3 Durch wen erfolgt die Betriebsleitung?

☐ eigenständig
☐ durch die Forstverwaltung des Landes
☐ durch Sonstige: ....

A4 Sind Sie Mitglied in einem forstwirtschaftlichen Zusammenschluss, beispielsweise einer Forstbetriebsgemeinschaft oder einer forstwirtschaftlichen Vereinigung?

☐ Forstbetriebsgemeinschaft (FBG)
☐ forstwirtschaftliche Vereinigung
☐ sonstiger Zusammenschluss: ....
☐ kein Mitglied in einem derartigen Zusammenschluss

A4a Wenn ja, welche Aufgaben nimmt der forstwirtschaftliche Zusammenschluss wahr?   *Mehrere Antworten möglich!!*

☐ forstfachliche Beratung
☐ betriebswirtschaftliche Beratung
☐ Planungsaufgaben, z.B. Abstimmung der Wirtschaftspläne der Mitglieder
☐ Abstimmung der Betriebsarbeiten der Mitglieder
☐ Durchführung des Holzeinschlags
☐ Materialbeschaffung
☐ Abstimmung der Einsätze von Großmaschinen
☐ Abwicklung sonstiger Unternehmereinsätze
☐ Holzverkauf
☐ Aufgaben der Buchführung, z.B. Fakturierung (Rechnungsstellung) und Debitoren-Buchhaltung oder Kreditoren-Buchhaltung

B *Fragen zum Forstbetrieb*

B1 Machen Sie bitte Angaben zur Fläche Ihres Forstbetriebs!

.... ha Gesamtfläche

.... ha Holzbodenfläche

.... ha bewirtschaftete Fläche

.... ha Schutzfläche für .... (Art des Schutzes)

.... ha Schutzfläche für .... (Art des Schutzes)

Fläche mit sonstigen Lasten und Pflichten (z.B. Gestattungsverträge mit Energieversorgern)
Fläche: .... ha; Erläuterung: ....

B2 Machen Sie bitte Angaben zur geografischen Lage ihres Forstbetriebs!

2a Die Betriebsflächen
☐ sind weitgehend zusammenhängend   ☐ weit verteilt (Splitterbesitz)

2b Die Betriebsflächen liegen überwiegend
☐ in der Nähe von Siedlungsflächen   ☐ nicht in deren Nähe

2c Gibt es sonstige Besonderheiten der geografischen Lage?

....

....

....

B3 Machen Sie bitte Angaben zur Baumartenverteilung!

3a Welche Flächen oder Flächenanteile bezogen auf die Gesamtfläche (ohne reinen Unterbau) nehmen die folgenden Hauptbaumarten ein?

· Buche (Rotbuche)   Fläche .... ha   Flächenanteil ....%

· Eiche   Fläche .... ha   Flächenanteil ....%

· Fichte   Fläche .... ha   Flächenanteil ....%

· Kiefer und Lärche   Fläche .... ha   Flächenanteil ....%

3b Welche sonstigen Baumarten sind in Ihrem Forstbetrieb noch vertreten?

....

....

3c Wie sind die Baumarten gemischt?
☐ Mischbestände überwiegen   ☐ Baumarten sind überwiegend flächig getrennt

B4 Machen Sie bitte Angaben zur Alterstruktur der Bestände!

Welche Flächen oder Flächenanteile bezogen auf die Gesamtfläche nehmen die folgenden Altersklassen etwa ein?
0 bis 10 Jahre ………. ha bzw. Flächenanteil ………. %
ab 10 bis 50 Jahre ………. ha bzw. Flächenanteil ………. %
ab 50 bis 100 Jahre ………. ha bzw. Flächenanteil ………. %
über 100 Jahre ………. ha bzw. Flächenanteil ………. %
stark ungleichaltrige Bestände ohne konkrete Zuordnung ……… ha bzw. …… %

B5 Bitte geben Sie den Holzeinschlag der letzten 5 Jahre an! Unterscheiden Sie, wenn möglich, zwischen planmäßigem und außerplanmäßigem Einschlag.

	Sortimente	2005	2004	2003	2002	2001
Laubholz [m³] oder [to]	Stammholz stark					
	Stammholz mittelstark					
	Stammholz schwach					
	Industrieholz					
	Brennholz/ Energieholz					
Nadelholz [m³] oder [to]	Stammholz stark					
	Stammholz mittelstark					
	Stammholz schwach					
	Industrieholz					
	Brennholz/ Energieholz					

B6 Geben Sie bitte die Umsätze (die Summe aller Einnahmen) aus forstlicher Betätigung der letzten 5 Jahre an! Kreuzen Sie hierzu jeweils eine der vorgegebenen Größenkategorien an oder tragen sie entsprechende Werte ein.

	2005	2004	2003	2002	2001
unter 25.000 €					
25.000 bis 50.000 €					
50.000 bis 100.000 €					
über 100.000 €					
keine Angaben					

258

Universität
Siegen

WestLB-Stiftung
Zukunft]NRW

Fragebogen „Forstliches Controlling"

Teil 1 Allgemeine Fragen

B7 Verfügt der Forstbetrieb über nennenswerte Einkünfte außerhalb der Waldbewirtschaftung?

☐ ja   ☐ nein

B8 Ist der Betrieb zertifiziert?   *Mehrere Antworten möglich!*

☐ zertifiziert nach PEFC-Standard
☐ zertifiziert nach FSC-Standard
☐ Sonstige Zertifizierung (z.B. ISO 14000 ff.): ....

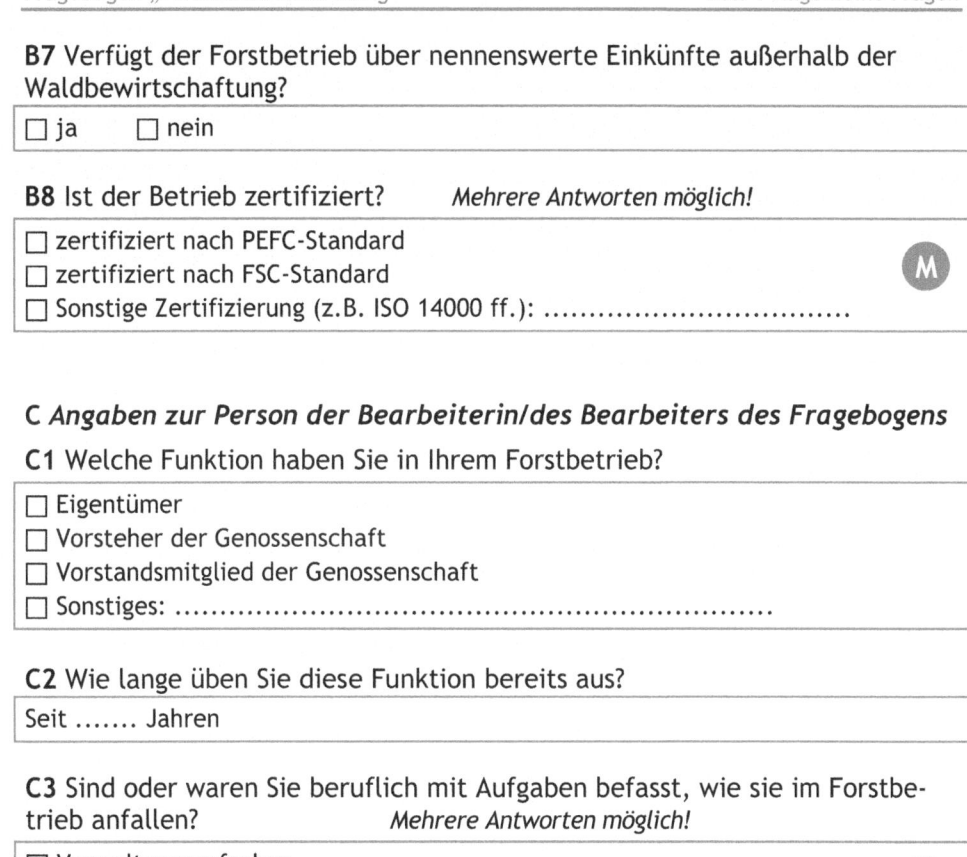

C *Angaben zur Person der Bearbeiterin/des Bearbeiters des Fragebogens*

C1 Welche Funktion haben Sie in Ihrem Forstbetrieb?

☐ Eigentümer
☐ Vorsteher der Genossenschaft
☐ Vorstandsmitglied der Genossenschaft
☐ Sonstiges: ....

C2 Wie lange üben Sie diese Funktion bereits aus?

Seit .... Jahren

C3 Sind oder waren Sie beruflich mit Aufgaben befasst, wie sie im Forstbetrieb anfallen?   *Mehrere Antworten möglich!*

☐ Verwaltungsaufgaben
☐ betriebswirtschaftliche Aufgaben
☐ forstwirtschaftliche Tätigkeiten
☐ Aufgaben der Betriebsführung
☐ Sonstiges: ....

Teil 2 Derzeitige Situation

D *Betriebliche Ziele und Vorgaben*

> Das Formulieren der betrieblichen Ziele ist Aufgabe der Betriebsleitung. Aus den Zielen ergeben sich Vorgaben für die Planung. Die Vorgaben wirken sich auf weite Teile des Betriebsgeschehens aus. Beispiele wären der angestrebte Waldzustand, d.h. die Baumartenzusammensetzung, die angestrebten Holzqualitäten usw. oder die Form der Bewirtschaftung.

D1 Bestehen solche weit reichenden Vorgaben für Ihren Forstbetrieb?

☐ ja   ☐ nein

D1a Für welche Bereiche bestehen solche Vorgaben?

☐ nur für die wirtschaftliche Nutzung/Holznutzung
☐ auch für andere Bereiche, z.B. für besondere Schutzzonen/Waldfunktionen

D2 Werden Ziele formuliert, die eher kurzfristig angestrebt werden? (Beispiele wären Einschlagsmengen oder ein zu erreichendes Betriebsergebnis oder die Pflanzung seltener Baumarten.)

☐ ja   ☐ nein

D2a Für welche Bereiche bestehen solche kurzfristigen Ziele?

☐ nur für die wirtschaftliche Nutzung/Holznutzung
☐ auch für andere Bereiche, z.B. für besondere Schutzzonen/Waldfunktionen

E *Betriebliche Planung*

E1 Ist für Ihren Betrieb ein Betriebsgutachten vorhanden? Aus welchem Jahr stammt es gegebenenfalls?

☐ vorhanden   ☐ nicht vorhanden   Jahr ....

E2 Besteht unabhängig von einem Betriebsgutachten eine <u>eigene</u> mittelfristige Planung für Ihren Betrieb, die die kommenden 5 bis 10 Jahre abdeckt?

☐ eine solche Planung besteht bis ....   ☐ eine solche Planung besteht nicht

E3 Kreuzen Sie bitte an, welche Bereiche die jährliche und ggf. die mittel-fristige Planung abdecken! *Mehrere Antworten möglich!*

Ⓜ	mittelfristige Planung	jährliche Planung
Waldentwicklungsplanung		
Pflanzungen (auch Vorbau u. Unterbau)		
Naturverjüngung		
Bestandespflege		
Holzeinschlag — Vornutzung/Durchforstung		
Holzeinschlag — Endnutzung		
Wegebau und -unterhaltung		
Planungen zu Schutzfunktionen u. Waldleistungen		
Planung und Abstimmung der Arbeitskapazitäten		
Beschaffung (Material und Fremdleistungen)		
Absatzplanung (Verkaufsmengenplanung)		
Finanz- und Liquiditätsplanung		
Investitionsplanung		
Sonstiges:		

F *Entscheidungen bei Zielkonflikten*

Zielkonflikte

Verschiedene Ziele des Forstbetriebs und damit verbundene Maßnahmen sind nicht immer ohne weiteres miteinander vereinbar. So verbessern Pflegeingriffe die zu-künftige Struktur der Bestände, führen aber zunächst zu Ausgaben und verschlech-tern damit das aktuelle Betriebsergebnis. Stehendes Totholz bietet Lebensraum für Insekten, Pilze und Höhlenbrüter kann jedoch aus Sicht des Arbeitsschutzes und der Verkehrssicherung zur Gefahrenquelle werden.

Konflikte können also an vielen Stellen und sowohl bei der Zielformulierung als auch bei der Planung als auch bei der Ausführung auftreten und müssen generell oder von Fall zu Fall gelöst werden.

F1 Wird über solche Konflikte überwiegend im Einzelfall entschieden oder gibt es generelle Vorgaben?

☐ es gibt generelle Vorgaben   ☐ Einzelfallentscheidungen dominieren

F2 Was dient im Einzelnen als Grundlage dieser Entscheidungen?
  F2a Wirtschaftliche Aspekte   *Mehrere Antworten möglich!*

☐ in Geld ausgedrückte Plan- oder Zielvorgaben (Erlös- bzw. Gewinnziele)   Ⓜ
☐ mengenmäßige Planungsansätze des Wirtschaftsplans
☐ aktuelle Marktsituation
☐ generelle Wirtschaftlichkeitsüberlegungen (z.B. Kosten-Nutzen-Überlegungen)
☐ eigene Einschätzung
☐ Sonstiges: ....

F2b Aspekte des Naturschutzes/der Ökologie *Mehrere Antworten möglich!*

☐ betriebliche Zielsetzungen
☐ gesetzliche Vorgaben
☐ Vorgaben aus der Zertifizierung (FSC, PEFC oder sonstige Gütesiegel)
☐ Wünsche, Anregungen oder Forderungen aus eigenen Reihen oder engagierter Dritter (z.B. Naturschutzverbände, Politiker)
☐ eigene Einschätzung
☐ Sonstiges: ....

Ⓜ

F2c Gesellschaftliche und soziale Aspekte (Hierzu zählen z.B. die besondere Berücksichtigung lokaler Anbieter und Nachfrager, die betriebliche Einstellung zum Unfall- und Arbeitsschutz, der den Schutz- und Erholungsfunktionen beigemessene Wert usw.) *Mehrere Antworten möglich!*

☐ betriebliche Zielsetzungen
☐ gesetzliche Vorgaben
☐ Vorgaben aus der Zertifizierung (FSC, PEFC oder sonstige Gütesiegel)
☐ eigene Einschätzung
☐ Sonstiges: ....

Ⓜ

G *Kontrolle und Steuerung*

Sachliche Kontrolle

Sowohl die Erreichung der Ziele als auch die geplanten Maßnahmen können im Ergebnis von den ursprünglichen Vorgaben abweichen. Um dies festzustellen, müssen die Ergebnisse aufgezeichnet und den Vorgaben gegenübergestellt werden. Auftretende Abweichungen deuten auf Handlungsbedarf hin.

G1 Maßnahmenkontrolle: Werden durchgeführte Maßnahmen der ursprünglichen Planung gegenübergestellt?

☐ ja ☐ nein

Kontrolle der Ausgaben und Einnahmen (Kosten und Erlöse)

Das Verhältnis von Ausgaben zu Einnahmen bestimmt den kurzfristigen „Erfolg" des Forstbetriebs. Der Abgleich von tatsächlich aufgetretenen und geplanten Ausgaben und Einnahmen vermittelt daher wichtige steuerungsrelevante Informationen.
Auf längere Sicht ist jedoch die Betrachtung von Kosten und Erlösen ausschlaggebend. Z.B. ergeben sich Abweichungen gegenüber den Ausgaben im Zeitpunkt des Anfalls (Material wird zwar gekauft und bezahlt [Ausgabe], aber nicht direkt verbraucht [zunächst keine Kosten]) und der Höhe (der Materialverbrauch wird ggf. mit höheren Kosten belastet, wenn der Einkaufspreis inzwischen gestiegen ist).

G2 Werden tatsächlich angefallene Ausgaben und Einnahmen erfasst und mit den Werten der Planungen verglichen?

☐ ja ☐ nein

G3 Werden angefallene Kosten und Erlöse <u>gesondert</u> erfasst?

☐ ja   ☐ nein

Steuerung

Die Aufgabe der Steuerung ist die Absicherung der Zielerreichung. Im ersten Schritt dient die Abweichungsanalyse dem Aufdecken von Abweichungen gegenüber den Zielvorgaben. Erst mit dieser Erkenntnis können steuernde Maßnahmen ergriffen werden.

G4 Abweichungsanalyse: Werden die Abweichungen systematisch auf ihre Ursachen hin überprüft?

☐ ja   ☐ nein

G5 Planrevision: Werden die länger laufenden Planungen während ihrer Laufzeit überprüft/angepasst oder bleiben sie in der Regel unverändert?

☐ werden überprüft/angepasst   ☐ bleiben i.d.R. unverändert

H *Spezielle betriebswirtschaftliche Fragen*

Betriebswirtschaftliche Instrumente

H1 Werden Obergrenzen der Ausgaben im Vorhinein festgelegt (Instrument der Budgetierung)?

☐ ja   ☐ nein

H2 Welche der im Folgenden aufgeführten Kostenarten werden getrennt erfasst?   *Mehrere Antworten möglich!*

☐ auf Stunden bezogene Vergütung eigener Arbeitskräfte

☐ leistungsbezogene Vergütung eigener Arbeitskräfte (z.B. pro Fm, pro lfm)   **M**

☐ pauschale Vergütung eigener Arbeitskräfte

☐ zusätzliche Ausgaben im Zusammenhang mit eigenen Arbeitskräften

☐ Materialkosten

☐ stundenbasierte Vergütung von Unternehmern

☐ leistungsbezogene Vergütung von Unternehmern (z.B. pro Fm)

☐ Steuern

☐ Beiträge für Versicherungen oder Verbände

H3 Werden Kosten (und Erlöse) räumlich zugeordnet, z.B. Waldorten (Abteilungen), Wegen oder forstbetrieblichen Einrichtungen?

☐ immer wenn möglich   ☐ teilweise wenn möglich   ☐ nie

263

H4 Werden Kosten (und Erlöse) Aufgabenschwerpunkten zugeordnet, z.B. Maßnahmenplanung, Beaufsichtigung der Maßnahmen XY, Holzverkauf?

☐ immer wenn möglich ☐ teilweise wenn möglich ☐ nie

H5 Werden Qualitätsanforderungen formuliert und bei Auftragsvergabe und Vergütung berücksichtigt?

☐ immer wenn möglich ☐ teilweise wenn möglich ☐ nie

H6 Führen Sie i.d.R. eine Vorkalkulation der Kosten durch; ggf. mit welchen Kostensätzen?

☐ mit Kosten, wie sie in der Vergangenheit zuletzt angefallen sind
☐ mit durchschnittlichen Kostensätzen der letzten Jahre
☐ mit unabhängig geplanten oder pauschalen Kosten

☐ eine regelmäßige Vorkalkulation der Kosten erfolgt nicht

H7 Führen Sie i.d.R. eine Vorkalkulation der Erlöse durch; ggf. mit welchen Erlössätzen?

☐ mit Erlösen der Vergangenheit, wie sie zuletzt erzielt wurden
☐ mit dem Durchschnitt der in den letzten Jahren erzielten Erlöse
☐ mit aktuellen Marktpreisen

☐ eine regelmäßige Vorkalkulation der Erlöse erfolgt nicht

H8 Erfolgt i.d.R. eine Nachkalkulation der Kosten; ggf. mit welchen Sätzen?

☐ mit den tatsächlich angefallenen Kosten
☐ mit den standardisierten Kostensätzen der Planung/Vorkalkulation

☐ eine regelmäßige Nachkalkulation erfolgt nicht

Finanzierung

H9 Wie werden größere Ausgaben des Betriebs, z.B. für Wegebau oder Flächenzukäufe, finanziert? *Mehrere Antworten möglich!*

☐ aus den laufenden Einnahmen
☐ gegebenenfalls aus Rücklagen   **M**
☐ durch Umlage auf die Anteilseigner
☐ aus Kreditmitteln

H10 Werden Investitionen zunächst auf ihre Wirtschaftlichkeit hin überprüft („durchgerechnet")? Hierzu gehören auch waldbauliche Maßnahmen, die sich erst in der Zukunft positiv auswirken (Bsp. Pflege).

☐ immer ☐ teilweise ☐ nie

Berichterstattung

H11 In welchen zeitlichen Abständen erfolgt eine Berichterstattung der Betriebsführung gegenüber dem/den Eigentümer(n)?

☐ jährlich
☐ quartalsweise (vierteljährlich)
☐ laufend
☐ nach Bedarf

Besteuerung

H12 Werden steuerliche Gesichtspunkte bei der Bewirtschaftung berücksichtigt?

☐ ja   ☐ nein

J *Datenerfassung und -bearbeitung*

Unter dem Begriff Daten werden hier alle Mengenangaben (z.B. Holzmassen, Stückzahlen, Flächengrößen usw.), Wertangaben (Preise, Ausgaben, Einnahmen, Kosten, Erlöse usw.) Ortsangaben oder Angaben über Eigenschaften (z.B. Qualitäten, Anforderungen) und Leistungen zusammengefasst. Die Daten können sich auf Ziele und Vorgaben beziehen oder der Planung entstammen oder es sind Vollzugsdaten der ausgeführten Maßnahmen (z.B. Holzlisten, Lohnabrechnungen).

J1 Wie werden die Daten gespeichert und verfügbar gemacht?

☐ die Dateneingabe erfolgt jeweils getrennt und falls eine Übertragung notwendig
   ist auch mehrfach
☐ die Dateneingabe erfolgt einmalig in einen zentralen Datenbestand

J2 Wobei werden EDV/Computerprogramme eingesetzt?

☐ bei der naturalen Planung
☐ bei der betriebswirtschaftlichen Planung
☐ zur Erfassung der laufenden Vorgänge (Betriebsvollzug)
☐ für die Einnahmen-Ausgaben-Buchführung
☐ für eine Kosten- und Erlösrechnung

J3 Werden Wirkungszusammenhänge gezielt erfasst oder automatisch abgebildet? (Beispiele wären Schäden am verbleibenden Bestand nach einer Holzernte, minderwertige Sortimente in einem geschälten Bestand oder Schneebruch in Relation zum H/D-Wert des Bestandes.)

☐ ja   ☐ nein
nähere Angaben:
....
....

265

J4 Werden nicht marktfähige Leistungen (z.B. Wasserschutz) erfasst? Wenn ja, welche und wie?

Welche?
....
....
....
....
Wie?
....
....
....
....

K *Beratung*

K1 Erfolgt eine forstfachliche bzw. betriebswirtschaftliche Beratung und ggf. durch wen? Kreuzen Sie bitte an, ob die Beratung laufend oder nur im Fall eines besonderen Bedarfs erfolgt. *Mehrere Antworten möglich!*

Ⓜ	**forstfachliche** Beratung		**betriebswirtschaftliche** Beratung	
	bei Bedarf	laufend	bei Bedarf	laufend
Forstverwaltung				
Beratungsunter- nehmen				
Verbände				
Sonstige				

Erläutern Sie ggf. wie oder durch wen eine Beratung sonst erfolgt.

Erläuterungen:
....
....
....

Möchten Sie Ihre Antwort zu einer oder mehreren Frage(n) eingehender erläutern, können Sie hierfür diese Seite und im Bedarfsfall auch die Rückseite nutzen. Geben Sie bitte an, auf welche Fragestellung (z.B. D2a) Sie sich konkret beziehen.

....

....

....

....

....

....

....

....

....

....

....

....

....

....

....

....

....

....

....

....

....

....

....

....

Teil 3 Ansätze für Verbesserungen

Wir möchten erfahren, in welchen Bereichen Ihnen Verbesserungen zur Wahrnehmung der Aufgaben der Betriebsführung besonders dringlich erscheinen. Hierzu sind im Folgenden Punkte aufgeführt, die entsprechende Möglichkeiten aufzeigen. Geben Sie bitte an, inwiefern Sie für Ihren Forstbetrieb Verbesserungsbedarf in diesen Punkten sehen. Bewerten Sie die Dringlichkeit durch ankreuzen auf der fünfstufigen Skala von **„hoher Bedarf"** bis **„kein Bedarf"**. Können oder wollen Sie sich bei einer Frage nicht festlegen, kreuzen Sie bitte **„keine Angabe"** an.

L *Informationsversorgung*

L1 Informationen zu politischen/rechtlichen Rahmenbedingungen

hoher Bedarf	eher hoher Bedarf	teils-teils	geringer Bedarf	kein Bedarf	keine Angabe
☐	☐	☐	☐	☐	☐

L2 Betriebswirtschaftliche Informationsbasis

L2a Innerbetriebliche Informationen aus der Kosten- und Erlösrechnung

	hoher Bedarf	eher hoher Bedarf	teils-teils	geringer Bedarf	kein Bedarf	keine Angabe
a1 detaillierte Erfassung u. Verrechnung der angefallenen Kosten	☐	☐	☐	☐	☐	☐
a2 detaillierte Erfassung der Erlöse u. Zurechnung zu Produkten	☐	☐	☐	☐	☐	☐
a3 Erfassung von Leistungen, denen keine Erlöse gegenüberstehen	☐	☐	☐	☐	☐	☐
a4 zweckgebundene Rechnungen, z.B. Vor- und Nachkalkulation	☐	☐	☐	☐	☐	☐

L2b Informationen über Beschaffungsmärkte für Material (Material im weitesten Sinne, also auch Pflanzen, Energie etc.) und Fremdleistungen

	hoher Bedarf	eher hoher Bedarf	teils-teils	geringer Bedarf	kein Bedarf	keine Angabe
b1 Material im weitesten Sinne	☐	☐	☐	☐	☐	☐
b2 Unternehmerleistungen u. Dienstleistungen	☐	☐	☐	☐	☐	☐

L2c Informationen über den Absatz der marktfähigen Produkte, insbesondere über die Rohholzmärkte

	hoher Bedarf	eher hoher Bedarf	teils- teils	geringer Bedarf	kein Bedarf	keine Angabe
c1 Anforderungen der Käufer (Mengen, Qualitäten, Preise)	☐	☐	☐	☐	☐	☐
c2 Angebotssituation auf den Absatzmärkten	☐	☐	☐	☐	☐	☐
c3 Prognose des mittel- bis langfristigen Holzaufkommens	☐	☐	☐	☐	☐	☐
c4 Möglichkeiten der Absatz- förderung u. des Marketing	☐	☐	☐	☐	☐	☐
c5 potenzielle Kunden u. Akquisition neuer Kunden	☐	☐	☐	☐	☐	☐

L3 Ökologische Bewertung und ökologische Entwicklungspotenziale

	hoher Bedarf	eher hoher Bedarf	teils- teils	geringer Bedarf	kein Bedarf	keine Angabe
3a Erfassung des derzeitigen Zu- standes und objektive Bewertung der Eignung als Lebensraum	☐	☐	☐	☐	☐	☐
3b Informationen über ökologische Wirkungszusammenhänge und die natürliche Entwicklung	☐	☐	☐	☐	☐	☐
3c Erfassung eingebrachter Arten (Tiere und Pflanzen) und eingesetz- ter Fremdstoffe	☐	☐	☐	☐	☐	☐
3d Energieeinsatz, unterteilt nach Energieträgern und Mengen	☐	☐	☐	☐	☐	☐

L4 Bereichsübergreifende Informationen

	hoher Bedarf	eher hoher Bedarf	teils- teils	geringer Bedarf	kein Bedarf	keine Angabe
4a Informationen über ökologisch- ökonomische Wechselwirkungen (z.B. Bestandessicherheit)	☐	☐	☐	☐	☐	☐
4b gezielte Sicherung des (Erfah- rungs-)Wissens im eigenen Forstbe- trieb oder darüber hinaus	☐	☐	☐	☐	☐	☐
4c Verbesserte Dokumentation als Grundlage der in- und externen Be- richterstattung	☐	☐	☐	☐	☐	☐

M *Planung*

M1 Formulierung und Fixierung der betrieblichen Zielsetzungen der Waldeigentümer als verbindliche Vorgaben für die anschließenden Planungen

hoher Bedarf	eher hoher Bedarf	teils-teils	geringer Bedarf	kein Bedarf	keine Angabe
☐	☐	☐	☐	☐	☐

M2 Betriebswirtschaftliche Planung

M2a Strategische Planung

	hoher Bedarf	eher hoher Bedarf	teils-teils	geringer Bedarf	kein Bedarf	keine Angabe
a1 Planung zur langfristigen Erfolgssicherung (Produkte, Geschäftsfelder)	☐	☐	☐	☐	☐	☐
a2 gezielte Entwicklung von Märkten und Kunden (ggf. betriebsübergreifend)	☐	☐	☐	☐	☐	☐
a3 forstbetriebliche Kooperationen und forstwirtschaftliche Zusammenschlüsse	☐	☐	☐	☐	☐	☐
a4 gezielte Einwirkung auf Interessensvertretungen und Verbände	☐	☐	☐	☐	☐	☐

M2b Operative Planung

	hoher Bedarf	eher hoher Bedarf	teils-teils	geringer Bedarf	kein Bedarf	keine Angabe
b1 Kostenplanung (monetäre Planung in €)	☐	☐	☐	☐	☐	☐
b2 Erlösplanung (monetäre Planung in €)	☐	☐	☐	☐	☐	☐
b3 Absatzplanung (in Mengeneinheiten, z.B. m³)	☐	☐	☐	☐	☐	☐
b4 Produktions- u. Kapazitätsplanung, Kapazitätsabgleich	☐	☐	☐	☐	☐	☐
b5 Investitions- u. Finanzplanung	☐	☐	☐	☐	☐	☐
b6 Planabstimmung u. gesonderte Kooperationsplanung	☐	☐	☐	☐	☐	☐

M3 Bereich der Naturalplanung/waldbaulichen Planung
M3a Langfristige Planung

	hoher Bedarf	eher hoher Bedarf	teils- teils	geringer Bedarf	kein Bedarf	keine Angabe
a1 angestrebte Baumarten- anteile und deren Mischung	☐	☐	☐	☐	☐	☐
a2 angestrebte Qualitäten	☐	☐	☐	☐	☐	☐
a3 Altersaufbau u. Alters- struktur	☐	☐	☐	☐	☐	☐
a4 Verjüngungsverfahren	☐	☐	☐	☐	☐	☐
a5 Sicherung sonstiger Wald- leistungen	☐	☐	☐	☐	☐	☐

M3b Mittel- bis kurzfristige Planung

	hoher Bedarf	eher hoher Bedarf	teils- teils	geringer Bedarf	kein Bedarf	keine Angabe
b1 Produktplanung im Detail: Sorten, Qualitäten u. Mengen	☐	☐	☐	☐	☐	☐
b2 Produktionsplanung: Waldorte u. Zeitpunkte	☐	☐	☐	☐	☐	☐
b3 Planungen zur Pflanzung u. Bestandespflege	☐	☐	☐	☐	☐	☐
b4 Planung von Maßnahmen zur Sicherung der Verjüngung	☐	☐	☐	☐	☐	☐
b5 Planungen zur Sicherung sonstiger Waldleistungen	☐	☐	☐	☐	☐	☐
b6 Zuordnung waldbaulicher Dringlichkeitsstufen	☐	☐	☐	☐	☐	☐

M4 Ökologieorientierte Planung

	hoher Bedarf	eher hoher Bedarf	teils- teils	geringer Bedarf	kein Bedarf	keine Angabe
4a Planung der langfristigen Ent- wicklung des ökologischen Poten- zials (z.B. Biotopaufwertung oder -vernetzung)	☐	☐	☐	☐	☐	☐
4b Planungen zur praktischen Um- setzung (Operrationalisierung der langfristigen Entwicklungsziele u. der gesetzlichen Vorgaben)	☐	☐	☐	☐	☐	☐
4c Planungskoordination, d.h. pla- nerisches Aufgreifen der ökologi- schen Auswirkungen, die von forst- wirtschaftlichen Maßnahmen ausgehen	☐	☐	☐	☐	☐	☐

M5 Weitere Planungen

M5a Vorgaben und Planungen zur Infrastruktur (zur Bewirtschaftung benötigte Einrichtungen)

	hoher Bedarf	eher hoher Bedarf	teils-teils	geringer Bedarf	kein Bedarf	keine Angabe
a1 Planungen für Wegebau und Wegeunterhaltung	☐	☐	☐	☐	☐	☐
a2 Vorgaben für die Feinerschließung	☐	☐	☐	☐	☐	☐
a3 Planungen zur sonstigen betrieblichen Infrastruktur	☐	☐	☐	☐	☐	☐
a4 Abstimmung der technischen u. sonstigen betrieblichen Erfordernisse	☐	☐	☐	☐	☐	☐

M5b Vorgaben und Planungen für den Arbeitsschutz und die Auftragsvergabe

hoher Bedarf	eher hoher Bedarf	teils-teils	geringer Bedarf	kein Bedarf	keine Angabe
☐	☐	☐	☐	☐	☐

M5c Gesonderte Planungen für sonstige Waldleistungen

hoher Bedarf	eher hoher Bedarf	teils-teils	geringer Bedarf	kein Bedarf	keine Angabe
☐	☐	☐	☐	☐	☐

N *Vorgaben für Einzelentscheidungen und Entscheidungsroutinen*

Viele Ziele können nicht unabhängig voneinander verfolgt werden. Die Zielkonflikte werden häufig erst bei anstehenden Entscheidungen oder dem Maßnahmenvollzug offenkundig. Vorhersehbare Konflikte können jedoch bereits vorab entschärft werden, indem Prioritäten, z.B. durch Rangfolgen der zu verfolgenden Ziele, vorgegeben werden. Auch eine Checkliste für Entscheidungen kann die Beachtung der Auswirkungen einer Maßnahme in anderen Zielbereichen fördern.

N1 Klärung der Rangfolge der zu beachtenden Ziele

hoher Bedarf	eher hoher Bedarf	teils-teils	geringer Bedarf	kein Bedarf	keine Angabe
☐	☐	☐	☐	☐	☐

N2 Vorgabe von Entscheidungsroutinen zur Absicherung der Zielerreichung

hoher Bedarf	eher hoher Bedarf	teils-teils	geringer Bedarf	kein Bedarf	keine Angabe
☐	☐	☐	☐	☐	☐

O *Kontrolle und Steuerung*

O1 Kontrolle

O1a Erfassung der Istdaten, sofern diese nicht als Vollzugsdaten vorliegen

	hoher Bedarf	eher hoher Bedarf	teils-teils	geringer Bedarf	kein Bedarf	keine Angabe
a1 Erfassung betriebswirt-schaftlicher Istdaten	☐	☐	☐	☐	☐	☐
a2 Erfassung naturaler/wald-baulicher Istdaten	☐	☐	☐	☐	☐	☐
a3 Erfassung ökologischer Istdaten	☐	☐	☐	☐	☐	☐
a4 Erfassung von Istdaten zu den sonstigen Waldleistungen	☐	☐	☐	☐	☐	☐

O1b Prognosen künftiger Entwicklungen bei unverändertem Vorgehen

	hoher Bedarf	eher hoher Bedarf	teils-teils	geringer Bedarf	kein Bedarf	keine Angabe
b1 Prognose der betriebswirt-schaftlichen Entwicklung	☐	☐	☐	☐	☐	☐
b2 Prognose der naturalen/waldbaulichen Entwicklung	☐	☐	☐	☐	☐	☐
b3 Prognose der ökologischen Entwicklung	☐	☐	☐	☐	☐	☐
b4 Entwicklungsprognose der sonstigen Waldleistungen	☐	☐	☐	☐	☐	☐

O1c Gegenüberstellung von Plan-, Ist- und Prognose-Daten; Aufzeigen von Abweichungen durch Bilden von Differenzen

	hoher Bedarf	eher hoher Bedarf	teils-teils	geringer Bedarf	kein Bedarf	keine Angabe
c1 Vergleich der betriebswirt-schaftlichen Daten	☐	☐	☐	☐	☐	☐
c2 Vergleich naturaler/wald-baulicher Daten	☐	☐	☐	☐	☐	☐
c3 Vergleich der ökologischen Daten	☐	☐	☐	☐	☐	☐
c4 Datenvergleich bei den sonstigen Waldleistungen	☐	☐	☐	☐	☐	☐

O1d Ergänzende Vergleiche

	hoher Bedarf	eher hoher Bedarf	teils-teils	geringer Bedarf	kein Bedarf	keine Angabe
d1 innerbetrieblicher Ver-gleich (z.B. Periodenvergleich)	☐	☐	☐	☐	☐	☐
d2 über- oder zwischenbe-trieblicher Vergleich	☐	☐	☐	☐	☐	☐

O2 Steuerung

O2a Abweichungsanalyse: Suche nach Ursachen der in der Kontrolle aufgedeckten Abweichungen

	hoher Bedarf	eher hoher Bedarf	teils-teils	geringer Bedarf	kein Bedarf	keine Angabe
a1 betriebswirtschaftliche Abweichungsanalyse	☐	☐	☐	☐	☐	☐
a2 naturale/waldbauliche Abweichungsanalyse	☐	☐	☐	☐	☐	☐
a3 ökologieorientierte Abweichungsanalyse	☐	☐	☐	☐	☐	☐
a4 Abweichungsanalyse bei den sonstigen Waldleistungen	☐	☐	☐	☐	☐	☐

O2b Berücksichtigung der Analyseergebnisse in der aktuellen Planausführung

hoher Bedarf	eher hoher Bedarf	teils-teils	geringer Bedarf	kein Bedarf	keine Angabe
☐	☐	☐	☐	☐	☐

O2c Beachtung von Abweichungen und deren Ursachen in der weiteren Planung/Planfortschreibung

	hoher Bedarf	eher hoher Bedarf	teils-teils	geringer Bedarf	kein Bedarf	keine Angabe
c1 Beachtung betriebswirtschaftlicher Abweichungen	☐	☐	☐	☐	☐	☐
c2 Beachtung naturaler/waldbaulicher Abweichungen	☐	☐	☐	☐	☐	☐
c3 Beachtung ökologischer Abweichungen	☐	☐	☐	☐	☐	☐
c4 Beachtung von Abweichungen bei den sonstigen Waldleistungen	☐	☐	☐	☐	☐	☐

O3 Qualitätssicherung

O3a Kontrolle (und Steuerung) der Qualität

	hoher Bedarf	eher hoher Bedarf	teils-teils	geringer Bedarf	kein Bedarf	keine Angabe
a1 Kontrolle (u. Steuerung) der Planungsqualität	☐	☐	☐	☐	☐	☐
a2 Kontrolle (u. Steuerung) der Produktqualität	☐	☐	☐	☐	☐	☐
a3 Kontrolle (u. Steuerung) der Qualität der Prozesse	☐	☐	☐	☐	☐	☐
a4 Kontrolle (u. Steuerung) der Qualität durchgeführter betrieblicher Maßnahmen	☐	☐	☐	☐	☐	☐

Sollten aus Ihrer Sicht dringende Ansätze für Verbesserungen in den oben auf-
geführten Punkten nicht enthalten sein, können Sie hier und ggf. auf der Rückseite
weitere Ausführungen machen.

....

....

....

....

....

....

....

....

....

....

....

....

....

....

....

....

....

....

....

....

....

....

....

Literaturverzeichnis

A

Adam, D. (1998): Produktionsmanagement, 9., überarb. Auflage, Gabler Verlag, Wiesbaden 1998.

Adam, D. (1996): Planung und Entscheidung – Modelle, Ziele, Methoden – Mit Fallstudien und Lösungen, 4., vollst. überarb. u. wesentlich erw. Auflage, Gabler Verlag, Wiesbaden 1996.

Ahn, H. (1999): Ansehen und Verständnis des Controlling in der Betriebswirtschaftslehre – Grundlegende Ergebnisse einer empirischen Studie unter deutschen Hochschullehrern, in: Controlling, Nr. 3/1999, S. 109-114.

Ahn, H. / Dyckhoff, H. (2004): Zum Kern des Controllings: Von der Rationalitätssicherung zur Effektivitäts- und Effizienzsicherung, in: Scherm, E. / Pietsch, G. (Hrsg.): Controlling – Theorien und Konzeptionen, Verlag Franz Vahlen, München 2004, S. 501-525.

Aichholz, H. / Aichholz, R. / Steck, P. (2001): Landesforstverwaltung Baden-Württemberg – Zielvereinbarung und Controlling, in: AFZ-DerWald, Nr. 8/2001, S. 393-395.

AID (Hrsg.) (2007): Forst/Holz 2007, hrsg. von aid infodienst e. V., 8., überarb. Auflage, Eigenverlag, Bonn 2007.

Albach, H. (1971): Ansätze zu einer empirischen Theorie der Unternehmung, in: Kortzfleisch, G. von (Hrsg.): Wissenschaftsprogramm und Ausbildungsziele der Betriebswirtschaftslehre, Bericht v. d. wiss. Tagung in St. Gallen vom 2.-5. Juni 1971, Duncker & Humblot, Berlin 1971, S. 133-156.

Altrogge, G. (1994): Netzplantechnik, 2., völlig neu bearb. u. erw. Auflage, Oldenbourg Verlag, München / Wien 1994.

Ammer, U. / Utschick, H. (1988): Zur ökologischen Wertanalyse im Wald, in: Schriftenreihe Bayerisches Landesamt für Umweltschutz, Nr. 84/1988, S. 37-50.

Amram, M. / Kulatilaka, N. (1999): Real Options, Managing Strategic Investment in an Uncertain World, Harvard Business School Press, Boston MA 1999.

Amshoff, B. (1993): Controlling in deutschen Unternehmungen – Realtypen, Kontext und Effizienz, zugl. Diss. Universität Dortmund, Gabler Verlag, Wiesbaden 1993.

Andersson, G. (2001): Inkommensurabilität und Interdisziplinarität, in: Aleksandrowicz, D. / Ruß, H. G. (Hrsg.): Realismus, Disziplin, Interdisziplinarität, Rodopi Verlag, Amsterdam / Atlanta, S. 57-72.

© Springer Fachmedien Wiesbaden GmbH, ein Teil von Springer Nature 2010
T. Urigshardt, *Forstliches Controlling*, Edition KWV,
https://doi.org/10.1007/978-3-658-24670-9

Andersson, G. (1989): Induktion, in: Seiffert, H. / Radnitzky, G. (Hrsg.): Hand-lexikon zur Wissenschaftstheorie, Studienausgabe, Ehrenwirt Verlag, München 1989, S. 150-153.

Anthony, R. N. / Dearden, J. / Bedford, N. M. (1984): Management Control Systems, 5. Auflage, Richard D. Irwin, Homewood 1984.

Arndt, U. / Nobel, W. / Schweizer, B. (1987): Bioindikatoren – Möglichkeiten, Grenzen und neue Erkenntnisse, Verlag Eugen Ulmer, Stuttgart 1987.

Arrow, K. / Solow, R. / Portney, P. R. / Leamer, E. E. / Radner, R. / Schuman, H. (1993): Report of the NOAA Panel on Contingent Valuation, Federal Register, 58. Jg., Nr. 10/1993, S. 4601-4614.

Ashby, W. R. (1960): Design for a Brain – The Origin of adaptiv Behavior, 2., überarb. (revised) Auflage, Chapman and Hall, London 1960.

Ashdown, M. / Schaller, J. (1990): Geographische Informationssysteme und ihre Anwendung in MAB-Projekten, Ökosystemforschung und Umweltbeo-bachtung, hrsg. von Deutsches Nationalkomitee für das UNESCO-Programm „Der Mensch und die Biosphäre" (MAB), Eigenverlag, Bonn 1990.

Atteslander, P. (2008): Methoden der empirischen Sozialforschung, 12., durchges. Auflage, Erich Schmidt Verlag, Berlin 2008.

Auhagen, A. (1999): Verwendung von Bewertungsverfahren in der Landschafts-planung, in: Bastian, O. / Schreiber, K.-F. (Hrsg.): Analyse und ökologische Be-wertung der Landschaft, 2., neubearb. Auflage, Spektrum Akademischer Verlag, Heidelberg / Berlin 1999, S. 394-402.

B

Baehr, H. D. (1984): Thermodynamik – Eine Einführung in die Grundlagen und ihre technischen Anwendungen, korrigierter Nachdruck der 5. Auflage, Springer Verlag, Berlin u. a. 1984.

Baehr, H. D. / Kabelac, S. (2006): Thermodynamik – Grundlagen und techni-sche Anwendungen, 13., neu bearb. u. erw. Auflage, Springer Verlag, Berlin u. a. 2006.

Bacher, M. R. (2000): Outsourcing als strategische Marketing-Entscheidung, zugl. Diss. Universität Köln, DUV, Wiesbaden 2000.

Bachfischer, R. (1978): Die ökologische Risikoanalyse – Eine Methode zur Inte-gration natürlicher Umweltfaktoren in die Raumplanung, zugl. Diss. TU München, Dissertationsdruckanstalt Werner Blasaditsch, Füssen/Allgäu 1978.

Bährmann, R. (1993): Energiefluß, in: Kuttler, W. (Hrsg.): Handbuch zur Öko-logie – mit Beiträgen zahlreicher Fachgelehrter, Analytica Verlag, Berlin 1993, S. 104-111.

Baier, P. (2008): Praxishandbuch Controlling – Controlling-Instrumente, Unternehmensplanung und Reporting, 2., aktual. Auflage, Verlag MI Wirtschaftsbuch, München 2008.

Bailey, K. D. (1994): Typologies and Taxonomies – An Introduction to Classification Techniques. Sage University Paper Series on Quantitative Applications in the Social Sciences, Series No. 07-102, Thousand Oaks u. a. 1994.

Bailey, K. D. (1978): Methods of social research, Free Press, New York 1978.

Balke, N. / Küpper, H.-U. (2003): Controlling in Netzwerken: Struktur und Systeme, in: Zentes, J. / Swoboda, B. / Morschett, D. (Hrsg.): Kooperationen, Allianzen und Netzwerke – Grundlagen, Ansätze, Perspektiven, Gabler Verlag, Wiesbaden 2003, S. 941-964.

Ballwieser, W. (2002): Verbindungen von Ertragswert- und Discounted Cashflow-Verfahren, in: Peemöller, V. (Hrsg.): Praxishandbuch der Unternehmensbewertung, 2., aktual. u. erw. Auflage, Verlag Neue Wirtschafts-Briefe, Herne / Berlin 2002, S. 361-373.

Bamberg, G. / Coenenberg, A. G. (2004): Betriebswirtschaftliche Entscheidungslehre, 12., überarb. Auflage, Verlag Vahlen, München 2004.

Banse, G. (1996): Herkunft und Anspruch der Risikoforschung, in: Banse, G. (Hrsg.): Risikoforschung zwischen Disziplinarität und Interdisziplinarität – von der Illusion der Sicherheit zum Umgang mit Unsicherheit, Verlag Edition Sigma, Berlin 1996, S. 15-72.

Barney, J (1991): Firm Resources and Sustained Competitive Advantage, in: Journal of Management, 17. Jg., Nr. 1/1991, S. 99-120.

Bartelheimer, P. / Baier, M. (1991): Belastungen der Forstbetriebe aus der Schutz- und Erholungsfunktion des Waldes – Untersuchungen im Auftrag des Bundesministeriums für Ernährung, Landwirtschaft und Forsten, Landwirtschaftsverlag, Münster 1991.

Barth, T. / Barth, D. (2008): Controlling, 2., vollst. überarb. u. aktual. Auflage, Oldenbourg Verlag, München 2008.

Bastian, O. (1999): Landschaftsbewertung, in: Bastian, O. / Schreiber, K.-F. (Hrsg.): Analyse und ökologische Bewertung der Landschaft, 2., neubearb. Auflage, Spektrum Akademischer Verlag, Heidelberg / Berlin 1999, S. 56-66.

Bastian, O. (1991): Biotische Komponenten in der Landschaftsforschung und -planung – Probleme ihrer Erfassung und Bewertung, zugl. Habil. Martin-Luther-Universität Halle-Wittenberg, Eigenverlag, Halle Wittenberg 1991.

Bastian, O. / Schreiber, K.-F. (1999): Vorwort, in: Bastian, O. / Schreiber, K.-F. (Hrsg.): Analyse und ökologische Bewertung der Landschaft, 2., neubearb. Auflage, Spektrum Akademischer Verlag, Heidelberg / Berlin 1999, S. 6-8.

Bauer, F. W. (1962): Waldbau als Wissenschaft, Band 1: Waldbauliche Wissenschaftslehre und Grundlegung, BLV, München u. a. 1962.

Bauer, M. (2002): Controllership in Deutschland – Zur erfolgreichen Zusammenarbeit von Controllern und Managern, zugl. Diss. WHU Vallendar, DUV, Wiesbaden 2002.

Bauer, T. K. / Fertig, M. / Schmidt, C. M. (2009): Empirische Wirtschaftsforschung – Eine Einführung, Springer Verlag, Berlin u. a. 2009.

Baum, H. G. / Coenenberg, A. G. / Günther, T. (2007): Strategisches Controlling, 4., überarb. Auflage, Schäffer-Poeschel Verlag, Stuttgart 2007.

Baum, H. G. / Coenenberg, A. G. / Heinhold, M. / Steiner, M. (Hrsg.) (1997): Controlling öffentlicher Einrichtungen, Schäffer-Poeschel Verlag, Stuttgart 1997.

Baumann, W. / Kössler, W. / Promberger, K. (2005): Betriebliche Umweltmanagementsysteme – Anforderungen, Umsetzung, Erfahrungen, 2., überarb. Auflage, Linde Verlag, Wien 2005.

Bayerische Forstverwaltung (2009): Waldzustand – Waldzustand und Waldzustandsberichte, hrsg. von Bayerisches Staatsministerium für Ernährung, Landwirtschaft und Forsten (StMELF), URL: http://www.forst.bayern.de/gefahren-fuer-den-wald/ waldzustand/index.php [Stand März 2009]

Bayfield, N. (1997): Approaches to monitoring for nature conservation in Scotland, in: Umweltbundesamt (UBA) (Hrsg.): Monitoring for Nature Conservation, Tagungsband, Eigenverlag, Wien 1996.

Bea, F. X. (2000a): Einleitung: Führung, in: Bea, F. X. / Dichtl, E. / Schweitzer, M. (Hrsg.): Allgemeine Betriebswirtschaftslehre, Band 1: Grundfragen, 8., neubearb. u. erw. Auflage, Lucius & Lucius Verlagsgesellschaft, Stuttgart 2000, S. 1-15.

Bea, F. X. (2000b): Entscheidungen des Unternehmens, in: Bea, F. X. / Dichtl, E. / Schweitzer, M. (Hrsg.): Allgemeine Betriebswirtschaftslehre, Band 1: Grundfragen, 8., neubearb. u. erw. Auflage, Lucius & Lucius Verlagsgesellschaft, Stuttgart 2000, S. 303-410.

Bea, F. X. / Haas, J. (2005): Strategisches Management, 4., neu bearb. Auflage, Lucius & Lucius Verlagsgesellschaft, Stuttgart 2005.

Bea, F. X. / Scheuerer, S. / Hesselmann, S. (2008): Projektmanagement, Lucius & Lucius Verlagsgesellschaft, Stuttgart 2008.

Bechmann, A. (1982): Nutzwertanalyse, in: Handwörterbuch der Wirtschaftswissenschaft, Band 9 ‚Wirtschaft und Politik' bis ‚Zölle', Verlag Vandenhoeck & Ruprecht, Göttingen 1982, S. 799-812.

Bechmann, A. (1978): Nutzwertanalyse, Bewertungstheorie und Planung, Verlag Paul Haupt, Bern / Zürich 1978.

Beck, O. A. (1999): Inventur, Planung und Kontrolle im Forstbetrieb, in: Forst und Holz, 54. Jg., Nr. 22/1999, S. 691-695.

Becker, A. (2004): Controlling als Praxis – Eine strukturationstheoretische Perspektive auf Controlling, in: Scherm, E. / Pietsch, G. (Hrsg.): Controlling – Theorien und Konzeptionen, Verlag Vahlen, München 2004, S. 753-777.

Becker, G. (2004): Prozessorientierung in der Forstwirtschaft – Konzept und Konsequenzen, in: Forst und Holz, 59. Jg., Nr. 10/2004, S. 495-500.

Becker, R. / Weise, F. (2002): Controlling für die öffentliche Verwaltung – Innovative Steuerungskonzepte in der Praxis, in: Gleich, R. / Möller, K. / Seidenschwarz, W. / Stoi, R. (Hrsg.): Controllingfortschritte – Prof. Dr. Péter Horváth zum 65. Geburtstag, Verlag Vahlen, München 2002, S. 171-191.

Beckhard, R. / Prichard, W. (1992): Changing the Essence – The Art of Creating and Leading Fundamental Change in Organizations, Jossey-Bass Publishers, San Francisco 1992.

Beer, S. (1966): Decision and Control – the meaning of operational research and management cybernetics, Wiley, New York 1966.

Behrendt, I. (2000): Umweltinformationssysteme als informationelle Basis strategischer Planungen – Eine Gestaltungsempfehlung zur Architektur von strategischen Umweltinformationssystemen, Verlag Ferber'sche Universitätsbuchhandlung, Gießen 2000.

Behrens, G. (1993): Wissenschaftstheorie und Betriebswirtschaftslehre, in: Wittmann, W. / Kern, W. / Köhler, R. / Küpper, H.-U. / Wysocki, K. v. (Hrsg.): Handwörterbuch der Betriebswirtschaft, Band 3, 5., völlig neu gest. Auflage, Schäffer-Poeschel Verlag, Stuttgart 1993, Sp. 4763-4772.

Behrens, K. C. (1971): Allgemeine Standortbestimmungslehre, 2. Auflage, Westdeutscher Verlag, Opladen 1971.

Behrens, K. C. (1965): Der Standort der Handelsbetriebe, Westdeutscher Verlag, Opladen 1965.

Behrndt, W. (1995): Arbeitsorganisation modernen Erfordernissen anpassen, in: AFZ, Nr. 16/1995, S. 844-847.

Beling, G. / Wersig, G. (1973): Zur Typologie von Daten und Informationssystemen – Terminologie, Begriffe und Systematik, Verlag Dokumentation, Pullach bei München 1973.

Berens, W. / Püthe, T. / Siemes, A. (2005): Ausgestaltung der Controlling-Systeme im Mittelstand – Ergebnisse einer Untersuchung, in: Controlling & Management, 49. Jg., Nr. 3/2005, S. 186-191.

Bergen, V. (2001): Nachhaltige Forstwirtschaft – ein Optimierungsproblem, in: Forst und Holz, 56. Jg., Nr. 15/2001, S. 499-501.

Bergen, V. / Löwenstein, W. / Olschewski, R. (2002): Forstökonomie – Volkswirtschaftliche Grundlagen, Verlag Franz Vahlen, München 2002.

Berger, M. (1997): Controlling mit Kennzahlen im Forstbetrieb – Entwicklung eines Kennzahlensystems zur operativen Betriebssteuerung, zugl. Diss. Universität München, Shaker Verlag, Aachen 1997.

Bernhardt, U. (2002): GIS-Technologien in der New Economy – Markttransparenz durch Geoinformationssysteme, Herbert Wichmann Verlag, Heidelberg 2002.

Berthel, J. (1992): Informationsbedarf, in: Frese, E. (Hrsg.): Handwörterbuch der Organisation, 3., völlig neu gest. Auflage, Poeschel Verlag, Stuttgart 1992, Sp. 872-886.

Berthel, J. (1975): Information, in: Grochla, E. / Wittmann, W. (Hrsg.): Handwörterbuch der Betriebswirtschaft, 4., völlig neu gestaltete Auflage, Poeschel Verlag, Stuttgart 1975, Sp. 1865-1873.

Berthel, J. (1974): Strukturierung und Operationalisierung von Zielsystemen in der Unternehmung, in: Wild, Jürgen (Hrsg.): Unternehmensführung – Festschrift für Erich Kosiol, Verlag Duncker & Humblot, Berlin 1974, S. 375-408.

Berthel, J. (1973): Zielorientierte Unternehmenssteuerung – Die Formulierung operationaler Zielsysteme, zugl. Habil. Universität Freiburg i. Br., Poeschel-Verlag, Stuttgart 1973.

Betge, P. (1993): Unternehmens- und Betriebsgröße, in: Wittmann, W. / Kern, W. / Köhler, R. / Küpper, H.-U. / Wysocki, K. v. (Hrsg.): Handwörterbuch der Betriebswirtschaftslehre, Teilband 3, 5., völlig neu gest. Auflage, Verlag Schäffer-Poeschel, Stuttgart 1993, Sp. 4271-4285.

Beuermann, G. / Halfmann, M. / Böhm, M. (1995a): Ökologieorientiertes Controlling (I), in: Wirtschaftswissenschaftliches Studium (WISU), Nr. 4/1995, S. 335-343.

Beuermann, G. / Halfmann, M. / Böhm, M. (1995b): Ökologieorientiertes Controlling (II), in: Wirtschaftswissenschaftliches Studium (WISU), Nr. 5/1995, S. 433-439.

BMfUNR / UBA (Hrsg.) (2001): Handbuch Umweltcontrolling, hrsg. von Bundesministerium für Umwelt, Naturschutz und Reaktorsicherheit / Umweltbundesamt, 2., völlig überarb. u. erw. Auflage, Verlag Vahlen, München 2001.

Biel, A. (2004): Prozess-Kennzahlen und Prozess-Controlling, in: bilanz & buchhaltung, Nr. 12/2004, S. 473-476.

Biel, A. (1996): Aufbau und Gestaltung eines Lean-Controlling – Das Beispiel der Mercedes-Benz-Lenkungen GmbH, in: Controlling, Nr. 1/1996, S. 50-57.

Binswanger, M. (1993): From microscopic to macroscopic theories – entropic aspects of ecological and economic processes, in: Ecological Economics, Nr. 8/1993, S. 209-234.

Binswanger, M. (1992): Information und Entropie – Ökologische Perspektiven des Übergangs zu einer Informationsgesellschaft, Campus Verlag, Frankfurt am Main / New York 1992.

Birnbacher, D. (2001): Sind wir für die Natur verantwortlich? In: Birnbacher, D. (Hrsg.): Ökologie und Ethik, bibliographisch erg. Auflage, Reclam Verlag, Stuttgart 2001, S. 103-139.

Bischof, J. (2002): Die Balanced Scorecard als Instrument einer modernen Controlling-Konzeption – Beurteilung und Gestaltungsempfehlungen auf der Basis des Stakeholder-Ansatzes, zugl. Diss. Kath. Universität Eichstätt, DUV, Wiesbaden 2002.

Blaschke, T. (1997): Landschaftsanalyse und -bewertung mit GIS – Methodische Untersuchungen zu Ökosystemforschung und Naturschutz am Beispiel der bayerischen Salzachauen, Deutsche Akademie für Landeskunde (Eigenverlag), Trier 1997.

Bleicher, K. (2002): Paradigmenwechsel zur Wissensgesellschaft – Veränderte Spielregeln erfordern neue Strategien, Strukturen und Kulturen, in: Bleicher, K. / Berthel, J. (Hrsg.): Auf dem Weg in die Wissensgesellschaft – Veränderte Strukturen, Kulturen und Strategien, Frankfurter Allgemeine Zeitung Verlagsbereich Buch, Frankfurt am Main 2002, S. 57-85.

Bleicher, K. (1999): Das Konzept Integriertes Management – Visionen, Missionen, Programme, 5., revidierte u. erw. Auflage, Campus Verlag, Frankfurt am Main / New York 1999.

Bleis, C. (1996): Öko-Controlling – Betriebswirtschaftliche Analyse zur systematischen Berücksichtigung von ökologischen Aspekten durch Unternehmenscontrolling, zugl. Diss. Universität Göttingen, 2. überarb. u. mit einem ausführlichen Praxisteil erg. Auflage, Peter Lang Verlag, Frankfurt am Main u. a. 1996.

Bloech, J. (1988): Betriebs- und Unternehmensgröße, in: Albers, W. / Born, K. E. / Dürr, E. / Zottmann, A. (Hrsg.): Handwörterbuch der Wirtschaftswissenschaft (HdWW), Erster Band, zugl. Neuauflage des Handwörterbuchs der Sozialwissenschaften, ungekürzte Studienausgabe, Gustav Fischer / J.C.B. Mohr (Paul Siebeck) / Verlag Vandenhoeck & Ruprecht, Stuttgart u. a. 1988, S. 556-565.

Bloech, J. (1976): Standort und Standorttheorie, in: Grochla, E. / Wittmann, W. (Hrsg.): Handwörterbuch der Betriebswirtschaft, 4., völlig neu gest. Auflage, Poeschel Verlag, Stuttgart 1976, Sp. 3661-3671.

Blotevogel, H. H. (2001): Geographie, in: Brunotte, E. u. a. (Hrsg.): Lexikon der Geographie, Band 2 Gast-Ökol, Spektrum Verlag, Heidelberg 2001, S. 14-16.

Blüthgen, J. / Windhorst, H.-W. (1978): Methodische Betrachtungen zur Forst-geographie, in: Windhorst, H.-W. (Hrsg.): Beiträge zur Geographie der Wald- und Forstwirtschaft, Wissenschaftliche Buchgesellschaft, Darmstadt 1978, S. 269-302.

BMfELV (Hrsg.) (2003): Bundeswaldinventur 2, hrsg. von Bundesministerium für Ernährung, Landwirtschaft und Verbraucherschutz, URL: http://www.bundes waldinventur.de [Stand Januar 2009]

BNatSchG (2002): Gesetz über Naturschutz und Landschaftspflege (Bundes-naturschutzgesetz), Bundesgesetzblatt I S. 1193 vom 25.03.2002.

Bonan, G. B. (1989): Environmental factors and ecological processes controlling vegetation patterns in boreal forests, in: Landscape Ecology, 3. Jg., Nr. 2/1989, S. 111-130.

Borchers, J. (2001): Privatisierung staatlicher Forstbetriebe, in: Forst und Holz, 56. Jg., Nr. 13/2001, S. 404-408.

Böker, F. (2007): Formelsammlung für Wirtschaftswissenschaftler Mathematik und Statistik, Verlag Pearson Studium, München 2007.

Bornkamm, R. (1993): Ökoton, in: Kuttler, W. (Hrsg.): Handbuch zur Öko-logie – Mit Beiträgen zahlreicher Fachgelehrter, Analytica Verlag, Berlin 1993, S. 295-297.

Bouquin, H. (1999): Management Controlling, Economic Systems Reports 2/1999, Lehrstuhl Allgemeine Betriebswirtschaftslehre und Besondere des Rech-nungswesens und Controlling, BTU Brandenburgische Universität Cottbus, Eigenverlag Cottbus 1999.

Boyle, K. J. (2003): Introduction to Revealed Preference Methods, in: Champ, P. A. / Boyle K. J. / Brown, T. C. (Hrsg.): A Primer on Nonmarket Valuation, Kluwer Academic Publishers, Dordrecht u. a. 2003, S. 259-267.

Brabänder, H. D. (1994): Neue Organisationsstrukturen in der Forstwirtschaft, in: Löffler, H. (Hrsg.): Rationalisierungsmöglichkeiten im Forstbetrieb, Berichte und Studien der Hanns-Seidel-Stiftung e. V., Band 67, Eigenverlag, München 1994, S. 171-190.

Brabänder, H. D. (1991): Zur Vermögensrechnung und Erfolgsrechnung nach dem Verfahren von Lemmel, in: Forstarchiv, 62. Jg., 1991, S. 231-235.

Bramsemann, R. (1993): Handbuch Controlling, 3., durchges. Auflage, Carl Hanser Verlag, München / Wien 1993.

Breymeyer, A. I. (1981): Monitoring of the functioning of ecosystems, in: Environmental Monitoring and Assessment, 1. Jg., Nr. 2/1981, S. 175-183.

Brun, F. (2002): Multifunctionality of mountain forests and economic evalu-ation, in: Forest Policy and Economics, Nr. 4/2002, S. 101-112.

Bruns, W. J. / DeCoster, D. T. (1969): Preface, in: Bruns, W. J. / DeCoster, D. T. (Hrsg.): Accounting and its Behavioral Implications, MacGraw-Hill, New York 1969, S. V-VI.

Büning, H. / Trenkler, G. (1994): Nichtparametrische statistische Methoden, 2., erw. u. völlig neu überarb. Auflage, Verlag de Gruyter, Berlin / New York 1994.

Bunnell, F. L. / Huggard, D. J. (1999): Biodiversity across spatial and temporal scales: problems and opportunities, in: Forest Ecology and Management, 115 Jg., 1999, S. 113-126.

Burghardt, M. (2007): Einführung in das Projektmanagement – Definition, Planung, Kontrolle, Abschluss, 5., überarb. u. erw. Auflage, Publicis Corporate Publishing, Erlangen 2007.

Burschel, C. / Losen, D. / Wiendl, A. (2004): Betriebswirtschaftslehre der nachhaltigen Unternehmung, Oldenbourg Verlag, München / Wien 2004.

Burschel, P. (1993): Forstökologie, in: Kuttler, W. (Hrsg.): Handbuch zur Ökologie – Mit Beiträgen zahlreicher Fachgelehrter, Analytica Verlag, Berlin 1993, S. 121-129.

Burschel, P. / Huss, J. (1997): Grundriß des Waldbaus – Ein Leitfaden für Studium und Praxis, 2., neubearb. u. erw. Auflage, Parey Buchverlag, Berlin 1997.

Busse von Colbe, W. (1974): Betriebsgröße und Unternehmungsgröße, in: Grochla, E. / Wittmann, W. (Hrsg.): Handwörterbuch der Betriebswirtschaftslehre, Band 1, 4., völlig neu gest. Auflage, Poeschel Verlag, Stuttgart 1974, Sp. 566-579.

BWaldG (2005): Bundeswaldgesetz, Bundesgesetzblatt I 1975, zuletzt geändert durch Art. 2 Abs. 5 G, Bundesgesetzblatt I vom 07.07.2005, S. 1954.

C

Carlowitz, H. C. von (1713): Syvicultura Oekonomica oder Haußwirthschaftliche Nachricht und Naturmäßige Anweisung zur wilden Baum-Zucht, Verlag J. F. Braun, Leipzig 1713.

Carson, R. T. (1997): Contingent Valuation: Theoretical Advances and Empirical Tests since the NOAA Panel, in: American Journal of Agricultural Economics, 79. Jg., Nr. 5/1997, S. 1501-1507.

Castan, E. (1963): Typologie der Betriebe, C.E. Poeschel Verlag, Stuttgart 1963.

Child, J. (1975): Prognose und Erklärung von Organisationsstrukturen, im Original: Predicting and Understanding Organisation Structure, aus dem Englischen übers. von Alfred Kieser, in: Grochla, E. (Hrsg.): Organisationstheorie, 1. Teilband, C.E. Poeschel Verlag, Stuttgart, 1975, S. 118-139.

Clausen, J. (1998): Umweltkennzahlen als Steuerungsinstrument für das nachhaltige Wirtschaften von Unternehmen, in: Seidel, E. / Clausen, J. / Seifert, E. K. (Hrsg.): Umweltkennzahlen – Planungs-, Steuerungs- und Kontrollgrößen für ein umweltorientiertes Management, Verlag Franz Vahlen, München 1998, S. 33-70.

Coenenberg, A. G. / Baum, H.-G. (1987): Strategisches Controlling, Grundfragen der strategischen Planung und Kontrolle, Schäffer-Poeschel Verlag, Stuttgart 1987.

Cordes, H.-P. (1976): Das Problem der Berücksichtigung von Interdependenzen in der Planung, zugl. Diss. Universität Münster, o. V., Lübeck 1976.

Corsten, H. (2004): Produktionswirtschaft – Einführung in das industrielle Produktionsmanagement, 10., vollst. überarb Auflage, Oldenbourg-Verlag, München / Wien 2004.

Corsten, H. (2001): Dienstleistungsmanagement, 4., bearb. u. erw. Auflage, Oldenbourg Verlag, München / Wien 2001.

Corsten, H. (Hrsg.) (2000): Lexikon der Betriebswirtschaftslehre, 4., durchges. Auflage, Oldenbourg Verlag, München / Wien 2000.

Corsten, H. / Corsten, H. / Gössinger, R. (2008): Projektmanagement – Einführung, 2., vollst. überarb. u. wesentlich erw. Auflage, Oldenbourg-Verlag, München 2008.

Czenskowssky, T. / Schünemann, G. / Zdrowomyslaw, N. (2002): Grundzüge des Controlling – Lehrbuch der Controlling-Konzepte und -Instrumente, Deutscher Betriebswirte-Verlag, Gernsbach 2002.

D

Daly, H. E. (1994): Operationalizing sustainable development by investigating in natural capital, in: Jansson, A. M. / Hammer, M. / Folke, C. / Costanza, R. (Hrsg.): Investing in Natural Capital – The Ecological Economics Approach to Sustainability, Island Press, Washington D.C. / Covelo CA 1994, S. 22-37.

Däumler, K.-D. / Grabe, J. (2000): Kostenrechnung 1 – Grundlagen – Mit Fragen und Antworten, Aufgaben und Lösungen, Testklausuren, 8., vollst. neubearb. Auflage, Verlag Neue Wirtschafts-Briefe, Herne / Berlin 2000.

Davies, A. / Hobday, M. (2005): The business of Projects – Managing Innovation in Complex Products and Systems, Cambridge University Press, Cambridge MA 2005.

Deegen, P. (2004a): Bäume – Grenzgänger zwischen Fisch und Kohle, in: Döring, R. / Rühs, M. (Hrsg.): Ökonomische Rationalität und praktische Vernunft – Gerechtigkeit, Ökologische Ökonomie und Naturschutz – Eine Festschrift anlässlich des 60. Geburtstags von Ulrich Hampicke, Königshausen & Neumann, Würzburg 2004, S. 151-164.

Deegen, P. (2004b): Ansätze einer ökonomischen Theorie der forstlichen Nachhaltigkeit, in: Löwenstein, W. / Olschewski, R. / Brabänder, H. D. / Möhring, B. (Hrsg.): Perspektiven forstökonomischer Forschung – Volker Bergen gewidmet zum 65. Geburtstag, J.D. Sauerländer's Verlag, Frankfurt am Main 2004, S. 15-36.

Delhees, K. H. (1985): Das Verhaltensrepertoire des Controllers, in: Probst, G. J. B. / Schmitz-Dräger, R. (Hrsg.): Controlling und Unternehmensführung, Verlag Paul Haupt, Bern u. a. 1985, S. 66-81.

Dellmann, K. (1992): Eine Systematisierung der Grundlagen des Controlling, in: Spremann, K. / Zur, E. (Hrsg.): Controlling – Grundlagen, Informationssysteme, Anwendungen, Gabler Verlag, Wiesbaden 1992.

Denk, R. / Kunesch, H. (1996): Einsatzvoraussetzungen, Gestaltungskontext und kritische Erfolgsfaktoren für die Gestaltung von Controllingsystemen, in: Eschenbach, R. (Hrsg.): Controlling, 2., überarb. u. erw. Auflage, Schäffer-Poeschel Verlag, Stuttgart 1996, S. 525-546.

Dethlefs, L. (1997): Kennzahlencontrolling in kleinen und mittleren Unternehmen (KMU), Peter Lang Verlag, Frankfurt am Main u. a. 1997.

Detten, R. v. (2003): Abschied vom Nachhaltigkeitsprinzip? Forstliches Handeln im Angesicht von Unsicherheit und Sinnkrise – Ein Essay, Arbeitsbericht Nr. 37, Institut für Forstökonomie, Albert-Ludwigs-Universität Freiburg, Eigenverlag Freiburg 2003.

Deutsch, K. W. (1970): Politische Kybernetik – Modelle und Perspektiven, 2. Auflage, Rombach Verlag, Freiburg i. Br. 1970.

Deyhle, A. (1993): Controlling-Entwicklung von innen heraus, in: Liessmann, K. (Hrsg.): Controlling-Konzepte für den Mittelstand – Existenzsicherung durch Innovation und Flexibilität, Rudolf Haufe Verlag, Freiburg i. Br. 1993, S. 37-55.

Deyhle, A. (1991): Kommentar der 12 Thesen im Beitrag Küpper/Weber/Zünd zum „Verständnis und Selbstverständnis des Controlling", in: Zeitschrift für Betriebswirtschaft (ZfB), Ergänzungsheft Nr. 3/1991, S. 1-8.

Deyhle, A. (1990): Controller Handbuch – Enzyklopädisches Lexikon für die Controller-Praxis, 3. Auflage, Management Service Verlag, Gauting bei München 1990.

Deyhle, A. (1986): Controller-Praxis – Führung durch Ziele, Planung, Controlling, Band II: Soll-Ist-Vergleich und Führungs-Stil, Management Service Verlag, Gauting bei München 1986.

DFWR (Hrsg.) (1998): Empfehlungen zur Vereinheitlichung des forstlichen Rechnungswesens, hrsg. vom Deutschen Forstwirtschaftsrat, Berlin, URL: http://www.dfwr.de/download/ [Stand: 22. Juni 2009].

Diefenbach, T. (2003): Kritik und Neukonzeption der Allgemeinen Betriebswirtschaftslehre auf sozialwissenschaftlicher Basis, zugl. Diss. TU Chemnitz, DUV, Wiesbaden 2003.

Diekmann, A. (2007): Empirische Sozialforschung – Grundlagen, Methoden, Anwendungen, 18. Auflage, vollst. überarb. u. erw. Neuausgabe, Rohwolt Verlag, Reinbeck bei Hamburg 2007.

Dieterich, V. (1959): Die forstliche Wirtschaftslehre, ihre dynamische und ganzheitliche Ausrichtung, in: Allgemeine Forst- und Jagdzeitung (AFJZ), 130. Jg., Nr. 4-5/1959, S. 72-79.

Dieterich, V. (1954): Vierdimensionales Denken in der forstwirtschaftlichen Planung, in: Sitzungsberichte der Bayerischen Akademie der Wissenschaften, Philosophisch-historische Klasse, Nr. 2/1954, S. 3-43.

Dieterich, V. (1948): Forstliche Betriebswirtschaftslehre, Band III, 2. Auflage, Verlag Paul Parey, Berlin / Hamburg, 1948.

Dieterich, V. (1931): Versuch einer Systematik forstwirtschaftlicher Betriebe, in: Silva, 1931, S. 30-44.

Dietz, A. (1998): Controlling im Forstbetrieb – 3 Regelkreise für die tägliche Praxis, in: Forst und Holz, 53. Jg., Nr. 10/1998, S. 309-311.

Dodge, M. / McDerby, M. / Turner, M. (2008): The Power of Geographical Visualizations, in: Dodge, M. / McDerby, M. / Turner, M. (Hrsg.): Geographic Visualization – Concepts, Tools and Applications, John Wiley & Sons, Chichester 2008, S. 1-10.

d'Oleire-Oltmanns, W. / Franz, H. / Schuster, A. (1991): Die Anwendung der Ökosystemforschung für die Analyse der räumlichen Habitatverteilung von Tierarten, in: Riewenherm, S. / Lieth, H. (Hrsg.): Verhandlungen der Gesellschaft für Ökologie, Band XIX/III, Eigenverlag, Göttingen 1991, S. 619-627.

Döring, R. / Ott, K. (2001): Nachhaltigkeitskonzepte, in Zeitschrift für Wirtschafts- und Unternehmensethik (zfwu), 2. Jg., Nr. 2-3/2001, S. 315-339.

Drexl, A. (1993): Standorttheorien, in: Wittmann, W. / Kern, W. / Köhler, R. / Küpper, H.-U. / Wysocki, K. v. (Hrsg.): Handwörterbuch der Betriebswirtschaftslehre, Teilband 3, 5., völlig neu gest. Auflage, Verlag Schäffer-Poeschel, Stuttgart 1993, Sp. 3962-3972.

Duffner, W. (1994): Zukunftsweisende Betriebs- und Organisationsformen im Großprivatwald, in: Löffler, H. (Hrsg.): Rationalisierungsmöglichkeiten im Forstbetrieb, Berichte und Studien der Hanns-Seidel-Stiftung e.V., Band 67, Eigenverlag, München 1994.

Dunkel, K. (1997): Bausteine des Controlling, in: AFZ-DerWald Nr. 6/1997, S. 300-301.

Dürr, H.-P. (1990): Die Ökonomie überlebensfähiger Ordnungen, in: Busch-Lüty, C. / Dürr, H.-P. / Langer, H. (Hrsg.): Die Zukunft der Ökonomie, Nachhaltiges Wirtschaften, Sonderheft 1 der Politischen Ökologie, München 1990, S. 10-14.

Durwen, K.-J. (1999): Informationssysteme, in: Bastian, O. / Schreiber, K.-F. (Hrsg.): Analyse und ökologische Bewertung der Landschaft, 2., neubearb. Auflage, Spektrum Akademischer Verlag, Heidelberg / Berlin 1999, S. 493-500.

Dyckhoff, H. (2003): Grundzüge der Produktionswirtschaft – Einführung in die Theorie betrieblicher Wertschöpfung, 4., verb. Auflage, Springer Verlag, Berlin u. a. 2003.

Dyckhoff, H. / Ahn, H. (2001): Sicherstellung der Effektivität und Effizienz der Führung als Kernfunktion des Controlling, in: Kostenrechnungspraxis (krp), 45. Jg., Nr. 2/2001, S. 111-121.

Dyckhoff, H. / Souren, R. (2008): Nachhaltige Unternehmensführung – Grundzüge industriellen Umweltmanagements, Springer Verlag, Berlin u. a. 2008.

E

Eberle, D. (1984): Die ökologische Risikoanalyse – Kritik der theoretischen Fundierung und der raumplanerischen Verwendungspraxis, Institut für Regional- und Landesplanung der Universität Kaiserslautern, Eigenverlag, Kaiserslautern 1984.

Ebert, H.-P. (1993): Die Plenterung – Die Baumpflege als Grundlage wertorientierter Bestandespflege, 2., bearb. Auflage, Eigenverlag der FH Forstwirtschaft Rottenburg, Rottenburg 1993.

Ebert, H.-P. (1991): Zur waldbaulichen Ernte-Entscheidung, in: Forst und Holz, 46. Jg., Nr. 1/1991, S. 3-6.

Eichhorn, H. (1982): Unternehmensberatung und Teilzeit-Management, in: Pfohl, H.-C. (Hrsg.): Betriebswirtschaftslehre der Mittel- und Kleinbetriebe – Größenspezifische Probleme und Möglichkeiten zu ihrer Lösung, Erich Schmidt Verlag, Berlin 1982, S. 295-321.

Eichhorn, P. (2001): Öffentliche Betriebswirtschaftslehre als eine Spezielle BWL, in: Wirtschaftswissenschaftliches Studium (WiSt), 30. Jg., Nr. 8/2001, S. 409-416.

Eigler, J. (2004): Controlling, Anreizsysteme und Verhaltenswissenschaften, in: Scherm, E. / Pietsch, G. (Hrsg.): Controlling – Theorien und Konzeptionen, Verlag Franz Vahlen, München 2004, S. 665-690.

Eisele, W. (2001): Rechnungswesen als Informationssystem, in: Bea, F. X. / Dichtl, E. / Schweitzer, M. (Hrsg.): Allgemeine Betriebswirtschaftslehre, Band 2: Führung, 8., neubearb. u. erw. Auflage, Lucius & Lucius Verlagsgesellschaft, Stuttgart 2001, S. 429-438.

Endres, A. (1985): Umwelt- und Ressourcenökonomie, Wissenschaftliche Buchgesellschaft, Darmstadt 1985.

Erlacher, G. (2004): Prozessorientierung – ein Erfolgsprinzip für forstwirtschaftliche Unternehmen, in: Forst und Holz, 59. Jg., Nr. 10/2004, S. 493-495.

Eschenbach, R. / Niedermayr, R. (1996a): Controlling in der Literatur, in: Eschenbach, R. (Hrsg.): Controlling, 2., überarb. u. erw. Auflage, Schäffer-Poeschel Verlag, Stuttgart 1996, S. 49-64.

Eschenbach, R. / Niedermayr, R. (1996b): Die Konzeption des Controlling, in: Eschenbach, R. (Hrsg.): Controlling, 2., überarb. u. erw. Auflage, Schäffer-Poeschel Verlag, Stuttgart 1996, S. 65-93.

Eucken, W. (1965): Die Grundlagen der Nationalökonomie, 8. Auflage, Springer Verlag, Berlin u. a. 1965.

Euler Hermes Kreditversicherungs-AG / ZIS (Hrsg.) (2006): Ursachen von Insolvenzen – Gründe für Unternehmensinsolvenzen aus der Sicht von Insolvenzverwaltern, hrsg. vom Zentrum für Insolvenz und Sanierung der Universität Mannheim/Euler Hermes Kreditversicherungs AG, Eigenverlag, Hamburg 2006.

Ewert, R. (1992): Controlling, Interessenskonflikte und asymmetrische Informationen, in: Betriebswirtschaftliche Forschung und Praxis (BFuP), Nr. 4/1992, S. 277-303.

Ewert, R. / Wagenhofer, A. (2005): Interne Unternehmensrechnung, 6., überarb. Auflage, Springer Verlag, Berlin u. a. 2005.

F

Faßbender-Wynands, E. (2001): Umweltorientierte Lebenszyklusrechnung – Instrumente zur Unterstützung des Umweltkostenmanagements, zugl. Diss. Universität Köln, DUV, Wiesbaden 2001.

Faustmann, M. (1849): Berechnung des Werthes, welchen Waldboden, sowie noch nicht haubare Holzbestände für die Waldwirtschaft besitzen, in: Allgemeine Forst- und Jagdzeitung (AFJZ), 15. Jg., Dezember/1849, S. 441-455.

Fayol, H. (1988): General and industrial Management, revised by Irwin Gray, Pitman, London 1988.

Feß, D. / Ostendorf, R.-J. (1999): Untersuchung von Öko-Controlling-Ansätzen auf ihre Anwendbarkeit in KMU, in: UmweltWirtschaftsForum (UWF) Nr. 1/1999, S. 79-82.

Feucht, O. (1928): Naturschutz und Forstwirtschaft, Hugo Bermühler Verlag, Berlin-Lichterfelde 1928.

Fink, C. A. (2003): Prozessorientierte Unternehmensplanung – Analyse, Konzeption und Praxisbeispiele, zugl. Diss. Universität Stuttgart, DUV, Wiesbaden 2003.

Fischer, B. (2004): Finanzierung und Beratung junger Start-up-Unternehmen – Betriebswirtschaftliche Analyse aus Gründerperspektive, zugl. Diss. TU München, DUV, Wiesbaden 2004.

Fischer, J. (1996): Prozessorientiertes Controlling – ein notwendiger Paradigmenwechsel? In: Controlling, 8. Jg., Nr. 4/1996, S. 222-231.

Flacke, K. (2007): Controlling in mittelständischen Unternehmen – Ausgestaltung, Einflussfaktoren der Instrumentennutzung und Auswirkungen auf die Bankkommunikation, zugl. Diss. Universität Münster, Onlinepublikation, Münster 2007.

Flechtner, H.-J. (1972): Grundbegriffe der Kybernetik – Eine Einführung, Hirzel Verlag, Stuttgart 1972.

Förster, C. (2005): Mittelstandsförderung auf Europäisch – Neue Definition der kleinen und mittleren Unternehmen (KMU) zum 1.1.2005, in: Europäisches Wirtschafts- und Steuerrecht (EWS), Nr. 1/2005, S. 4-8.

Fotheringham, S. / Rogerson, P. (1993): GIS and spatial analytical problems, in: International Journal of Geographical Information Systems, 7. Jg., Nr. 1/1993, S. 3-19.

Frank, A. (2008): Ein Instrument des forstlichen Controllings im Nichtstaatswald – Die Balanced Scorecard, in: AFZ-DerWald, Nr. 12/2008, S. 648-651.

Frank, A. (2006): Produktionsstrategien der Zielstärkenproduktion: Steuerungsgrößen für ein waldbauliches Controlling, in: AFZ-DerWald, Nr. 1/2006, S. 31-33.

Franz, K.-P. (2004): Die Ergebniszielorientierung des Controlling als Unterstützungsfunktion, in: Scherm, E. / Pietsch, G. (Hrsg.): Controlling – Theorien und Konzeptionen, Verlag Franz Vahlen, München 2004, S. 271-288.

Franz, K.-P. (1999): Kennzahlensysteme für das Produktionsmanagement, in: Corsten, H. / Friedl, B. (Hrsg.): Einführung in das Produktionscontrolling, Verlag Franz Vahlen, München 1999, S. 291-318.

Fraser-Darling, F. (2001): Die Verantwortung des Menschen für seine Umwelt, in: Birnbacher, D. (Hrsg.): Ökologie und Ethik, bibliographisch erg. Auflage, Reclam Verlag, Stuttgart 2001, S. 9-19.

Freeman, A. M. III (2003): The measurement of environmental and resource values – Theory and methods. 2. Auflage, Resources for the Future, Washington D.C. 2003.

Freihube, K. (2001): Die Bedeutung und die Bewertung von Realoptionen (Handlungsspielräumen) in der wertorientierten Unternehmensführung, zugl. Diss. Freie Universität Berlin, o.V., Berlin 2001.

Freiling, J. / Gersch, M. / Goeke, C. (2006): Eine „Competence-based Theory of the Firm" als marktprozesstheoretischer Ansatz, in: Schreyögg, G. / Conrad, P. (Hrsg.): Management von Kompetenz, Gabler Verlag, Wiesbaden 2006, S. 37-82.

Frese, E. (1998): Grundlagen der Organisation – Konzept, Prinzipien, Strukturen, 7. überarb. Auflage, Gabler Verlag, Wiesbaden 1998.

Frese, E. (1987): Unternehmensführung, Verlag Moderne Industrie, Landsberg am Lech 1987.

Frese, E. (1975): Koordination, in: Grochla, E. / Wittmann, W. (Hrsg.): Handwörterbuch der Betriebswirtschaft, 4., völlig neu gest. Auflage, Poeschel Verlag, Stuttgart 1975.

Friedl, B. (2003): Controlling, Lucius & Lucius Verlagsgesellschaft, Stuttgart 2003.

Friedl, B. (2001): Controlling, in: Bea, F. X. / Dichtl, E. / Schweitzer, M. (Hrsg.): Allgemeine Betriebswirtschaftslehre, Band 2: Führung, 8. Auflage, Lucius & Lucius Verlagsgesellschaft, Stuttgart 2001, S. 217-317.

Frings, E. (2003): Instrumente zur Umweltbewertung im strategischen Umweltmanagement, in: UmweltWirtschaftsForum (UWF), 11. Jg., Nr. 2/2003, S. 22-27.

FSC (Hrsg.) (2004): Deutscher FSC Standard – Vom FSC anerkannt am 28. November 2001, Fassung vom 28. Juli 2004, hrsg. von: Forest Stewardship Council, Arbeitsgruppe Deutschland e. V., URL: http://www.fsc-deutschland.de/infocen ter/inhalt/standard/ wald/deutsche.htm [Stand: 09. September 2009].

Funke, W. / Feige, G. B. / Jahnke, S. / Reidl, K. (1993): Bioindikatoren, in: Kuttler W. (Hrsg.): Handbuch zur Ökologie – Mit Beiträgen zahlreicher Fachgelehrter, Analytica Verlag, Berlin 1993, S. 60-68.

FVA-BW (Hrsg.) (2009): Daten aus den Monitoringnetzen der FVA, hrsg. von Forstliche Versuchs- und Forschungsanstalt Baden-Württemberg, URL: http:// www.fva-bw.de/ monitoring/index9.html [Stand März 2009].

G

Gaitanides, M. (2007): Prozessorganisation – Entwicklung, Ansätze und Programme des Managements von Geschäftsprozessen, 2., vollst. überarb. Auflage, Verlag Franz Vahlen, München 2007.

Gantzel, K. J. (1962): Wesen und Begriff der Mittelständischen Unternehmung, Westdeutscher Verlag, Opladen / Köln 1962.

Gaulhofer, M. (1988): Controlling im Mittelbetrieb – Gedanken zur Abstimmung von Verfahren und Instrumenten des Controlling auf die Situation von Führung und Organisation im Mittelbetrieb, Peter Lang Verlag, Frankfurt am Main u. a. 1988.

Gaydoul, P. (1980): Controlling in der deutschen Unternehmenspraxis, Diss., TU Darmstadt, Verlag Toeche-Mittler, Darmsatdt 1980.

Geider, F. J. / Rogge, K.-E. / Schaaf, H. P. (1982): Einstieg in die Faktorenanalyse, Verlag Quelle & Meyer, Heidelberg 1982.

Geipel, R. (1992): Naturrisiken – Katastrophenbewältigung im sozialen Umfeld, Wissenschaftliche Buchgesellschaft, Darmstadt 1992.

Gemeinschaftswaldgesetz (2007): Gesetz über den Gemeinschaftswald im Land Nordrhein-Westfalen, GV NRW S. 304 vom 08.04.1975, zuletzt geädert am 11.12.2007 (GV NRW, S. 662).

Gerboth, T. (2000): Prozesscontrolling – Der nächste Schritt in einem prozessorientierten Controlling, in: Controlling, Nr. 11/2000, S. 535-542.

Gerpott, T. J. (2005): Strategisches Technologie- und Innovationsmanagement, 2., überarb. u. erw. Auflage, Schäffer-Poeschel Verlag, Stuttgart 2005.

Germann, D. (1998): Aufgaben und Organisation des Controlling in der (Forst-) Verwaltung, in: AFZ-DerWald, Nr. 4/1998, S. 177-181.

Gleich, R. / Hofmann, S. (2006): Controlling, in: Pfohl, H.-C. (Hrsg.): Betriebswirtschaftslehre der Mittel- und Kleinbetriebe – Größenspezifische Probleme und Möglichkeiten zu ihrer Lösung, 4., völlig neu bearb. Auflage, Erich Schmidt Verlag, Berlin 2006, S. 331-355.

Gollos, M. / Widmaier, G. (1999): Ganzheitliches Führungsmodell mit integriertem Selbstcontrolling, in: Personalführung, Nr. 9/1999, S. 72-79.

Göllinger, T. (2001): Strategien für eine nachhaltige Energiewirtschaft – ein Beitrag zur Ökologischen Ökonomie, zugl. Diss. Universität Siegen, Shaker Verlag, Aachen 2001.

Göllinger, T. / Urigshardt, T. (2002): Ökologische und ökonomische Aspekte der energetischen Restholzverwertung, Untersuchungsberichte des Instituts für ökologische Betriebswirtschaft, Nr. 23, Eigenverlag, Siegen 2002.

Goosens, F. (1959): Der „Controller" – Chef des Unternehmens ohne Gesamtverantwortung, in: Mensch und Arbeit, 11. Jg., 1959, S. 75-76.

Götze, U. / Bloech, J. (2002): Investitionsrechnung – Modelle und Analysen zur Beurteilung von Investitionsvorhaben, 3., verb. u. erw. Auflage, Springer Verlag, Berlin u. a. 2002.

Grafton, R. Q. / Adamowicz, V. / Dupont, D. / Nelson, H. / Hill, R. J. / Renzetti, S. (2004): The economics of the environment and the natural resources, Blackwell Publishing, o. O. 2004.

Grammel, R. (1988): Holzernte und Holztransport – Grundlagen, Verlag Paul Parey, Hamburg / Berlin 1988.

Grant, R. M. (2006): Strategisches Management – Analyse, Entwicklung und Implementierung von Unternehmensstrategien, aus dem Englischen übersetzt von M. Nippa, 5., aktual. Auflage, Verlag Pearson Studium, München 2006.

Graumann, M. (2008): Controlling – Begriff, Elemente, Methoden und Schnittstellen, 2., vollst. überarb. Auflage, IDW Verlag, Düsseldorf 2008.

Grochla, E. (1993): Betrieb Betriebswirtschaft und Unternehmung, in: Wittmann, W. / Kern, W. / Köhler, R. / Küpper, H.-U. / Wysocki, K. v. (Hrsg.): Handwörterbuch der Betriebswirtschaftslehre, Teilband 1, 5., völlig neu gest. Auflage, Schäffer-Poeschel Verlag, Stuttgart 1993. Sp. 374-390.

Grochla, E. (1974): Systemtheoretisch-kybernetische Modellbildung betrieblicher Systeme, in: Grochla, E. (Hrsg.): Systemtheorie und Betrieb, Schmalenbachs Zeitschrift für betriebswirtschaftliche Forschung (ZfbF), Sonderheft Nr. 3/1974, Westdeutscher Verlag, Opladen 1974, S. 11-22.

Grote, K.-P. (1991): Externes Controlling – Alternative für kleine und mittlere Unternehmen, in: Kostenrechnungspraxis (krp), Nr. 4/1991, S. 191-196.

Gruber, H. (1995): Controlling im Wandel – Der dornige Weg des Controllers vom Medizinmann zum Dienstleister, in: Wagenhofer, A. / Gutschelhofer, A. (Hrsg.): Controlling und Unternehmensführung – Aktuelle Entwicklungen in Theorie und Praxis, Linde Verlag, Wien 1995, S. 87-116.

Guderian, R. / Braun, H. (1993): Belastbarkeit von Ökosystemen, in: Kuttler, W. (Hrsg.): Handbuch zur Ökologie – Mit Beiträgen zahlreicher Fachgelehrter, Analytica Verlag, Berlin 1993, S. 55-60.

Günther, I. (1993): Praktische Beispiele ökologischer Bilanzierung, in: Beck, M. (Hrsg.): Ökobilanzierung im betrieblichen Management, Vogel Buchverlag, Würzburg 1993, S. 13-88.

Günther, T. / Niepel, M. / Schill, O. (2002): Herausforderungen an die Umsetzung des Neuen Steuerungsmodells aus der Perspektive des Controllings, in: Controlling, Nr. 4-5/2002, S. 219-231.

Gushurst, K.-P. (1990): Implementierung von Controllingsystemen – Der Einsatz externer Träger unter besonderer Berücksichtigung mittelständischer Unternehmen, zugl. Diss. Univ. Freiburg, Nomos Verlagsgesellschaft, Baden-Baden 1990.

Gustafson, E. J. (1998): Quantifying landscape spatial pattern: What is the state of the art? In: Ecosystems, 1. Jg., Nr.1/1998, S 143-156.

Gutenberg, E. (1983): Grundlagen der Betriebswirtschaftslehre, Erster Band: Die Produktion, 24. Auflage, Springer Verlag, Berlin u. a. 1983.

Gutenberg, E. (1951): Grundlagen der Betriebswirtschaftslehre, Erster Band: Die Produktion, Springer Verlag, Berlin u. a. 1951.

Gutenberg, E. (1929): Die Unternehmung als Gegenstand betriebswirtschaftlicher Theorie, zugl. Habil. Westfälische Wilhelms-Universität Münster, Industrieverlag Späth und Linde, Berlin / Wien 1929.

H

Haase, G. (1999): Ansätze und Verfahren der Landschaftsdiagnose, in: Bastian, O. / Schreiber, K.-F. (Hrsg.): Analyse und ökologische Bewertung der Landschaft, 2., neubearb. Auflage, Spektrum Akademischer Verlag, Heidelberg / Berlin 1999, S. 31-36.

Haase, G. (1978): Zur Ableitung und Kennzeichnung von Naturpotentialen, in: Petermanns Geographische Mitteilungen (PGM), 122. Jg., 1978, S. 113-125.

Haber, W. (1993): Ökologische Stabilität, in: Kuttler, W. (Hrsg.): Handbuch zur Ökologie – Mit Beiträgen zahlreicher Fachgelehrter, Analytica Verlag, Berlin 1993, S. 270-274.

Haber, W. (1992): Landschaftsökologische Erkenntnisse als Grundlage wirtschaftlichen Handelns, in: Seidel, E. (Hrsg.): Betrieblicher Umweltschutz – Landschaftsökologie und Betriebswirtschaftslehre, Gabler Verlag, Wiesbaden 1992, S. 15-30.

Haber, W. (1979): Theoretische Anmerkungen zur „ökologischen Planung", in: Gesellschaft für Ökologie (Hrsg.): Verhandlungen der Gesellschaft für Ökologie – Kurzfassungen der Beiträge zur 7. Jahrestagung, Eigenverlag, o. O. 1979, S. 19-30.

Haeupler, H. (1993): Diversität, in: Kuttler, W. (Hrsg.): Handbuch zur Ökologie – Mit Beiträgen zahlreicher Fachgelehrter, Analytica Verlag, Berlin 1993, S. 99-104.

Hahn, D. (1997): Controlling in Deutschland – State of the Art, in: Gleich, R. / Seidenschwarz, W. (Hrsg.): Die Kunst des Controlling, Prof. Dr. Péter Horváth zum 60. Geburtstag, Verlag Franz Vahlen, München 1997, S. 13-46.

Hahn, D. (1996): PuK – Planung und Kontrolle, Planungs- und Kontrollsysteme, Planungs- und Kontrollrechnung – Controllingkonzepte, 5., überarb. u. erw. Auflage, Gabler Verlag, Wiesbaden 1996.

Hahn, D. (1991): Strategische Führung und strategisches Controlling, in: Horváth, P. / Gassert, H. / Solaro, D. (Hrsg.): Controlling-Konzeptionen für die Zukunft – Trends und Visionen, Schaeffer-Poeschel Verlag, Stuttgart 1991, S. 1-27.

Hahn, D. (1978): Hat sich das Konzept des Controllers in Unternehmungen der deutschen Industrie bewährt? In: Betriebswirtschaftliche Forschung und Praxis (BFuP), 30. Jg., Nr. 1/1978, S. 101-128.

Hahn, D. / Hungenburg, H. (2001): PuK – Planung und Kontrolle, Planungs- und Kontrollsysteme, Planungs- und Kontrollrechnung – Wertorientierte Controllingkonzepte, 6., vollst. überarb. u. erw. Auflage, Gabler Verlag, Wiesbaden 2001.

Hallay, H. / Pfriem, R. (1992): Öko-Controlling – Umweltschutz in mittelständischen Unternehmen, Campus Verlag, Frankfurt am Main / New York 1992.

Hampicke, U. (2001): Plädoyer gegen die voreilige Preisgabe der starken Nachhaltigkeit – Zumindest eines ihrer Teilziele ist kostengünstig, in: Held, M. / Nutzinger, H. G. (Hrsg.): Nachhaltiges Naturkapital – Ökonomik und zukunftsfähige Entwicklung, Campus Verlag, Frankfurt am Main / New York 2001, S. 69-92.

Hampicke, U. (1991): Naturschutz-Ökonomie, Verlag Eugen Ulmer, Stuttgart 1991.

Harrison, S. / Herbohn, J. / Niskanen, A. (2002): Non-industrial, smallholder, small-scale and family forestry: what's in a name? In: Small-scale Forest Economics, Management and Policy, 1. Jg., Nr. 1/2002, S. 1-11.

Hartebrodt, C. (2004a): Forstliches Controlling: Von der mittelalterlichen Forstordnung zum mehrdimensionalen Performance Measurement, in: Horváth, P. (Hrsg.): Die Strategieumsetzung erfolgreich steuern – Strategien beschreiben, messen und organisieren, Schäffer-Poeschel Verlag, Stuttgart 2004, S. 391-408.

Hartebrodt, C. (2004b): Performance Measurement-Systeme in Forstbetrieben – Die Zielvereinbarung bei der LFV ein Performance Measurement-System? In: FVA-Einblick, 8. Jg., Nr. 1/2004, S. 13-15.

Hartebrodt, C. (2003): Forstliches Controlling – Ein Blick in eine andere Controllingwelt am Beispiel der Landesforstverwaltung Baden-Württemberg, in: Controlling, Nr. 11/2003, S. 607-614.

Hartebrodt, C. (2002): Controlling und Führung durch Zielvereinbarung – Ein erster Erfahrungsbericht aus dem Controlling an der Forstdirektion Tübingen, in: Holz-Zentralblatt, Nr. 30/2002, S. 362-363.

Härtel, R. (1997): In der Landesforstverwaltung Rheinland-Pfalz – Stand der Einführung der Elemente des Neuen Steuerungsmodells, in: AFZ/Der Wald, Nr. 6/1997, S. 286-287.

Hartig, G. L. (1795): Anweisung zur Taxation der Forsten oder zur Bestimmung des Holzertrages der Wälder, Verlag Georg Friedrich Heyer, Gießen 1795.

Hausrath, H. (1982): Geschichte des deutschen Waldbaus – Von seinen Anfängen bis 1850, Hochschulverlag, Freiburg i. Br. 1982.

Heckl, F. / Lexer, W. / Vacik, H. / Wolfslehner, B. / Hackl, J. (2003): Grundlagen für die Umsetzung des ökosystemaren Ansatzes des „Übereinkommens über die biologische Vielfalt" – Aspekte des Schutzes und der nachhaltigen Nutzung der biologischen Vielfalt am Beispiel des österreichischen Waldes, Berichte des Umweltbundesamtes, Nr. BE-153, Umweltbundesamt, Eigenverlag, Wien 2003.

Heigl, A. (1981): Controlling im Mittelbetrieb, in: Zeitschrift für Organisation (ZfO), 50. Jg., Nr. 8/1981, S. 425-430.

Heineke, C. (2005): Kennzahlen als Instrument der Führung – Eine sachanalytische Untersuchung aus einer verhaltensorientierten Perspektive unter Einbeziehung kommunikationstheoretischer Überlegungen, zugl. Diss. WHU Vallendar, Verlag Dr. Kovac, Hamburg 2005.

Heinen, E. (1991): Industriebetriebslehre – Entscheidungen im Industriebetrieb, 9., vollst. neu bearb. Auflage, Gabler Verlag, Wiesbaden 1991.

Heinen, E. (1982): Einführung in die Betriebswirtschaftslehre, 8., durchges. Auflage, Gabler Verlag, Wiesbaden 1982.

Heinen, E. (1976): Grundfragen der entscheidungsorientierten Betriebswirtschaftslehre, Goldmann Verlag, München 1976.

Heinen, E. (1971): Der entscheidungsorientierte Ansatz der Betriebswirtschaftslehre, in Zeitschrift für Betriebswirtschaft (ZfB), 41. Jg., Nr.7/1971, S. 429-443.

Heinen, E. (1962): Die Zielfunktion der Unternehmung, in: Koch, H. (Hrsg.): Zur Theorie der Unternehmung – Festschrift zum 65. Geburtstag von Erich Gutenberg, Gabler Verlag, Wiesbaden 1962, S. 9-71.

Heinrich, G. (2007): Allgemeine Systemanalyse, Oldenbourg Verlag, München 2007.

Held, M. / Nutzinger, H. G. (2001): Nachhaltiges Naturkapital – Perspektive für die Ökonomik, in: Held, M. / Nutzinger, H. G. (Hrsg.): Nachhaltiges Naturkapital – Ökonomik und zukunftsfähige Entwicklung, Campus Verlag, Frankfurt am Main / New York 2001, S. 11-49.

Henseler, J. / Jonen, A. / Lingnau, V. (2004): Die Rolle des Controllings bei der Ein- und Weiterführung der Balanced Scorecard – Eine empirische Untersuchung, Beiträge zur Controlling-Forschung, Lehrstuhl für Unternehmensrechnung und Controlling, Eigenverlag Technische Universität Kaiserslautern, Kaiserslautern 2004.

Hering, T. (2003): Investitionstheorie, 2., vollst. überarb u. stark erw. Auflage, Oldenbourg Verlag, München / Wien 2003.

Herzog, A. (1998): Gestaltung von Controllership – Die Zuordnung von Aufgaben zu Controllern, zugl. Diss. WHU Vallendar, DUV, Stuttgart 1998.

Hesse, J. J. / Ellwein, T. (2004): Das Regierungssystem der Bundesrepublik Deutschland, Band 2: Materialien, 9., vollst. neu bearb. Auflage, Verlag de Gruyter, Berlin 2004.

Hickman, C. P. / Roberts, L. S. / Larson, A. / l'Anson, H. / Eisenhour, D. J. (2008): Zoologie, 13., aktual. Auflage, Verlag Pearson Studium, München 2008.

Hildebrand, E. E. / Wilpert, K. v. / Buberl, H. (1996): Erkenntnismöglichkeiten an Waldökosystemen im Spannungsfeld zwischen großräumiger Mustererkennung und dem „eisernen Gesetz des Örtlichen", in: Allgemeine Forst- u. Jagd-Zeitung, 167. Jg., Nr. 9-10/1996, S. 174-178.

Hill, W. / Fehlbaum, R. / Ulrich, P. (1994): Organisationslehre 1 – Ziele, Instrumente und Bedingungen der Organisation sozialer Systeme, 5., überarb. Auflage, Verlag Paul Haupt, Bern / Stuttgart 1994.

Hillgatter, F.-W. (1993): Ökocontrolling – wichtiger denn je, in: Österreichische Forstzeitung, Nr. 8/1993, S. 40-42.

Hillmann, M. (2005): Kostendruck, Wettbewerb und Vereinsgedanke – Forstwirtschaftliche Zusammenschlüsse im Spannungsfeld, in: AFZ-DerWald, Nr. 23/2005, S. 1240-1241.

Hillmann, M. (2002): Forsteinrichtung, Waldinventur, Betriebssteuerung, in: Forst und Holz, 57. Jg., Nr. 10/2002, S. 303-306.

Hinterhuber, H. H. (2004): Strategische Unternehmensführung – I Strategisches Denken – Vision, Unternehmenspolitik, Strategie, 7., grundlegend neu bearb. Auflage, Verlag de Gruyter, Berlin / New York 2004.

Hofmann, C. / Daugart, J. (2004): Bereichs- und unternehmensbezogene Performancemaße zur Koordination und Steuerung von Bereichsleitern – Eine agency-theoretische Analyse, in: Scherm, E. / Pietsch, G. (Hrsg.): Controlling – Theorien und Konzeptionen, Verlag Franz Vahlen, München 2004, S. 191-214.

Hogl, K. / Pregernig, M. / Weiss, G. (2005): What is new about New Forest Owners? A Typology of Private Forest Ownership in Austria, in: Small-scale Forest Economics, Management and Policy, 4. Jg., Nr. 3/2005, S. 325-342.

Hoitsch, H.-J. / Kals, J. (1993): Zur Abgrenzung und Ausgestaltung des umweltorientierten Controlling, in: Journal für Betriebswirtschaft (JfB), Nr. 2/1993, S. 73-91.

Höltermann, A. / Oesten, G. (2001): Ein Begriff macht Karriere – Forstliche Nachhaltigkeit – Ein forstwirtschaftliches Konzept als Vorbild für die Strategie der nachhaltigen Entwicklung? In: Der Bürger im Staat, 51. Jg., Nr.1/2001, S. 39-45.

Holze, B. (2005): Umweltcontrolling und Umweltkostenrechnung als Basis eines Nachhaltigkeitsinformationssystems, in: UmweltWirtschaftsForum (UWF), 12. Jg., Nr. 4/2005, S. 38-42.

Homburg, C. / Krohmer, H. (2006): Marketingmanagement – Strategie, Instrumente, Umsetzung, Unternehmensführung, 2., überarb. u. erw. Auflage, Gabler Verlag, Wiesbaden 2006.

Hopfenbeck, W. / Jasch, C. (1993): Öko-Controlling – Umdenken zahlt sich aus! Umweltberichte und Ökobilanzen als betriebliche Führungsinstrumente, Verlag Moderne Industrie, Landsberg am Lech 1993.

Horngren, C. T. (1989): Cost and Management Accounting: Yesterday and Today, in: Journal of management accounting research (JMAR), 1. Jg., Fall/ 1989, S. 21-32.

Horváth, P. (2009): Controlling, 11. vollst. überarb. Auflage, Verlag Vahlen, München 2009.

Horváth, P. (Hrsg.) (2003a): Das Controllingkonzept – Der Weg zu einem wirkungsvollen Controlling, 5., vollst. überarb. Auflage, dtv, München 2003.

Horváth, P. (2003b): Erneuerung des Controlling, in: Bullinger, H.-J. / Warnecke, H. J. / Westkämper, E. (Hrsg.): Neue Organisationsformen im Unternehmen – Ein Handbuch für das moderne Management, 2., neu bearb. u. erw. Auflage, Springer Verlag, Berlin u. a. 2003, S. 1115-1122.

Horváth, P. (2002): Controlling, 8., vollst. überarb. Auflage, Verlag Vahlen, München 2002.

Horváth, P. (1995): Selbstorganisation und Controlling, in: Krystek, U. / Link, J. (Hrsg.): Führungskräfte und Führungserfolg – Neue Herausforderungen für das strategische Management – Dietger Hahn zum 60. Geburtstag, Gabler Verlag, Wiesbaden 1995, S. 255-267.

Horváth, P. (1981): Controlling im Klein- und Mittelbetrieb, 3. Auflage, Rationalisierungs-Kuratorium der Deutschen Wirtschaft (Eigenverlag), Eschborn 1980.

Horváth, P. (1978): Controlling – Entwicklung und Stand einer Konzeption zur Lösung der Adaptions- und Koordinationsprobleme der Führung, in Zeitschrift für Betriebswirtschaft (ZfB), 48. Jg., 1978, S. 194-208.

Horváth, P. / Arnout, A. / Gleich, R. / Seidenschwarz, W. / Stoi, R. (1999): Neue Instrumente der Unternehmenssteuerung in der deutschen Unternehmenspraxis – Bericht über die Stuttgarter Studie, in: Egger, A / Grün, O. / Moser, R. (Hrsg.): Management-Instrumente und -konzepte – Entstehung, Verbreitung und Bedeutung für die Betriebswirtschaftslehre, Schäffer-Poeschel Verlag, Stuttgart 1999, o. S.

Horváth, P. / Seidenschwarz, W. / Sommerfeldt, H. (1993): Von Geaka Kika bis Kaizen – Wie japanische Unternehmen ihre Kosten im Griff haben, in: Controlling, Nr. 1/1993, S. 10-18.

Horváth, P. / Weber, J. (1997): Controlling, in: Pfohl, H.-C. (Hrsg.): Betriebswirtschaftslehre der Mittel- und Kleinbetriebe – Größenspezifische Probleme und Möglichkeiten zu ihrer Lösung, 3., neubearb. Auflage, Erich Schmidt Verlag, Berlin 1997, S. 335-376.

Horwich, P. (1987): Asymmetries in Time, MIT Press, Cambridge MA 1987.

Hoitsch, H.-J. / Kals, J. (1993): Zur Abgrenzung und Ausgestaltung des umweltorientierten Controlling, in: Journal für Betriebswirtschaft (JfB), Nr. 2/1993, S. 73-91.

Hoitsch, H.-J. / Lingnau, V. (2004): Kosten- und Erlösrechnung – Eine controllingorientierte Einführung, 5., überarb. Auflage, Springer Verlag, Berlin u. a. 2004.

Hummel, T. R. (1995): Controlling – Grundlagen und Instrumente, Sauer Verlag, Heidelberg 1995.

Hunter, M. L. Jr. (1990): Wildlife, Forests, and Forestry – Prinziples of Managing Forests for Biodiversity, Prentice Hall, Engelwood Cliffs NJ 1990.

I/J

ICP (2009): Welcome to ICP-Forests, hrsg. von International Cooperative Programme on Assessment and Monitoring of Air Pollution Effects on Forests (ICP), URL: http://www.icp-forests.org/ [Stand März 2009].

Ihring, H. C. (1986): Einführung in das Controlling für Mittelstandsunternehmen, in: Eschenbach, R. (Hrsg.): Schriften des österreichischen Controller-Instituts, Band 3, Service Fachverlag, Wien 1986.

Immler, H. (1989): Vom Wert der Natur – Zur ökologischen Reform von Wirtschaft und Gesellschaft, Westdeutscher Verlag, Opladen 1989.

Irmay, M. (1993): Anwendung von geographischen Informationssystem (GIS) im Forstwesen – Aktivitäten und Ausblick, in: Schweizerische Zeitschrift für Forstwesen, 144. Jg., Nr. 9/1993, S. 733-744.

Irrek, W. (2002): Controlling als Rationalitätssicherung der Unternehmensführung – Denkanstöße zur jüngsten Entwicklung der Controllingdiskussion, in Kostenrechnungspraxis (krp), 46. Jg., Nr. 1/2002, S. 46-51.

Jacke, H. (1999): Öko-Controlling im Maschineneinsatz – oder: Wie man Leistung steigert ohne der Umwelt zu schaden, in: Forsttechnische Informationen – Fachzeitung für Waldarbeit und Forsttechnik, Nr. 5-6/1999, S. 31-34.

Jackson, J. H. (1949): The Comptroller: His Functions and Organisation, Cambridge MA, 1949.

Jacobs, J. / Letmathe, P. / Urigshardt, T. / Zielinski, M. (2009): Typologiebezogene Controllinganforderungen und -instrumente von kleinen und mittleren Unternehmen des produzierenden Gewerbes, in: Müller, D. (Hrsg.): Controlling für kleine und mittlere Unternehmen, Oldenbourg Verlag, München 2009, S. 29-54.

Jacobs, J. / Sorg, S. / Urigshardt, T. (2009): Die Rolle und Ausgestaltung eines situativen Controllings, in: Lingnau, V. (Hrsg.): Mittelstandscontrolling 2009, Eul-Verlag, Lohmar 2009, S. 141-162.

Jacobs, W. G. (1973): Formal-Material, in: Krings, H. / Baumgartner, H. M. / Wild, C. (Hrsg.): Handbuch philosophischer Grundbegriffe, Studienausgabe, Band 2 Dialektik-Gesellschaft, Kösel-Verlag, München 1973, S. 457-465.

Janisch, P. / Gutmann, M. / Prieß, K. (2002): Biodiversität, Springer Verlag, Berlin u. a. 2002.

Janzen, H. (1996): Ökologisches Controlling im Dienste von Umwelt- und Risikomanagement, zugl. Diss. Heinrich-Heine-Universität Düsseldorf, Schäffer-Poeschel Verlag, Stuttgart 1996.

Jensen, M. / Feige, G. B. (1993): Photosynthese, in: Kuttler, W. (Hrsg.): Handbuch zur Ökologie – Mit Beiträgen zahlreicher Fachgelehrter, Analytica Verlag, Berlin 1993, S. 344-353.

Jehle, K. / Blazek, A. / Deyhle, A. (1986): Finanz-Controlling – Planung und Steuerung von Finanzen und Bilanzen, 3. Auflage, Management-Service-Verlag, Gauting 1986.

Jöbstl, H. A. (2004a): Controlling – Grundlagen und Konzepte für die Forstverwaltung, 2. überarb. u. erw. Auflage, Universität für Bodenkultur, Eigenverlag, Wien 2004.

Jöbstl, H. A. (2004b): Innovationen des forstbetrtieblichen Rechnungswesens: Die Integration des Waldvermögens, in: Löwenstein, W. / Olschewski, R. / Brabänder, H. D. / Möhring, B. (Hrsg.): Perspektiven forstökonomischer Forschung – Volker Bergen gewidmet zum 65. Geburtstag, J.D. Sauerländer's Verlag, Frankfurt am Main 2004, S. 57-81.

Jöbstl, H. A. (2000): Kosten- und Leistungsrechnung in Forstbetrieben – Eine Anleitung für die forstliche Betriebsabrechnung, Kostenkalkulation und Erfolgsrechnung mit einer Einführung in die Grundlagen, 3., überarb. Auflage, Österreichischer Agrarverlag, Wien 2000.

Jöbstl, H. A. (1997): Forstbetriebliche Erfolgsrechnung für den Mittelfristzeitraum – Ein kalkulatorischer Lösungsansatz, in: Forstarchiv, 68. Jg., Nr. 5/1997, S. 186-193.

Judeich, F. (1871): Die Forsteinrichtung, G. Schönfelds Verlagsbuchhandlung, Dresden 1871.

K

Kahle, E. (1989): Unternehmenskultur als Erfolgsfaktor in mittelständischen Unternehmen, in: Albers, S. / Herrmann, H. / Kahle, E. / Kruschwitz, L. / Perlitz, M. (Hrsg.): Elemente erfolgreicher Unternehmenspolitik in mittelständischen Unternehmen, Schäffer-Poeschel Verlag, Stuttgart 1989, S. 85-99.

Kaltschmitt, M. / Hartmann, H. (2001): Nebenprodukte, Rückstände und Abfälle, in: Kaltschmitt, M. / Hartmann, H. (Hrsg.): Energie aus Biomasse – Grundlagen, Techniken und Verfahren, Springer Verlag, Berlin u. a. 2001, S. 95-122.

Kangas, A. S. / Kangas, J. (2004): Probability, possibility, and evidence: approaches to consider risk and uncertainty in forestry decision analysis, in: Forest Policy and Economics, 6. Jg., Nr. 2/2004, S. 169-188.

Kaplan, R. S. / Norton, D. P. (1996): Balanced Scorecard – Translating Strategy into Action, Harvard Business School Press, Boston MA 1996.

Kaplan, R. S. / Norton, D. P. (1993): Putting the Balanced Scorecard to work, in: Harvard Business Review, September-October/1993, S. 134-147.

Kaplan, R. S. / Norton, D. P. (1992): The Balanced Scorecard – Measures that Drive Performance, in: Harvard Business Review, January-February/1992, S. 71-79.

Kasper, H. (1995): Kontrolle und Führung, in: Kieser A. / Reber, G. / Wunderer, R. (Hrsg.): Handwörterbuch der Führung, 2., neu gest. u. erg. Auflage, Schäffer-Poeschel Verlag, Stuttgart 1995, Sp. 1358-1369.

Kempski, J. von (1972): Zur Logik der Ordnungsbegriffe besonders in den Sozialwissenschaften, in: Albert, H. (Hrsg.): Theorie und Realität: Ausgewählte Aufsätze zur Wissenschaftslehre der Sozialwissenschaften, 2., veränd. Auflage, Verlag J.C.B Mohr, Tübingen 1972, S. 209-232.

Kern, W. (1971): Kennzahlensysteme als Niederschlag interdependenter Unternehmensplanung, in: Schmalenbachs Zeitschrift für betriebswirtschaftliche Forschung (ZfbF), 23. Jg., 1971, S. 701-718.

Kessler, H. / Winkelhofer, G. (2004): Projektmanagement – Leitfaden zur Steuerung und Führung von Projekten, 4., überarb. Auflage, Springer Verlag, Berlin u. a. 2004.

Keuffel, W. (1990): Intensitätsstufenkalkulation aus heutiger Sicht, in: Forst und Holz, 45. Jg., Nr. 9/1990, S. 233-236.

Kezsbom, D. S. / Schilling, D. L. / Edward, K. A. (1989): Dynamic Project Management – A Practical Guide for Managers and Engineers, John Wiley & Sons, New York u. a. 1989.

Khandwalla, P. N. (1977): The design of organizations, Harcourt Brace, Jovanovich, New York u. a. 1977.

Kieser, A. / Walgenbach, P. (2003): Organisation, 4., überarb. u. erw. Auflage, Schäffer-Poeschel Verlag, Stuttgart 2003.

Kieser, A. / Nicolai, A. (2003): Mit der Theorie die wilde Praxis reiten, in: Die Betriebswirtschaft (DBW), 63. Jg., Nr. 5/2003, S. 589-594.

Kieser, A. (1994): Fremdorganisation, Selbstorganisation und evolutionäres Management, in: Schmalenbachs Zeitschrift für betriebswirtschaftliche Forschung (ZfbF), 46. Jg., Nr. 3/1994, S. 199-228.

Kirsch, W. (1990): Planung – Kapitel einer Einführung, in: Kirsch, W. / Maaßen, H. (Hrsg.): Managementsysteme – Planung und Kontrolle, 2., Auflage, Verlag Barbara Kirsch, München 1990, S. 23-126.

Kirsch, W. (1971): Entscheidungsprozesse, Band 3, Gabler Verlag, Wiesbaden 1971.

Klages, H. (2003): Nachhaltige Verwaltungsmodernisierung – Eine Bilanz nach zwölf Jahren Neuer Steuerung, in: Verwaltung und Management, 9. Jg., Nr. 1/2003, S. 4-12.

Klett, C. / Pivernetz, M. (2004): Controlling in kleinen und mittleren Unternehmen, 3., stark überarb. Auflage, Verlag Neue Wirtschafts-Briefe, Herne / Berlin 2004.

Klett, C. / Pivernetz, M. / Hauke, D. (1996): Controlling-Praxis für kleine und mittlere Unternehmen, Verlag Neue Wirtschafts-Briefe, Herne / Berlin 1996.

Klomp, H. (1977): Over de relatie tussen diversiteit en stabiliteit in ecosystemen, in: Vakblad voor Biologen, 57. Jg., 1977, S. 50-56.

Kluge, S. (1999): Empirisch begründete Typenbildung – Zur Konstruktion von Typen und Typologien in der qualitativen Sozialforschung, Verlag Leske + Buderich, Opladen 1999.

Knight, F. H. (1921): Risk, Uncertainty, and Profit, Houghton Mifflin / Boston / New York 1921.

Knoblich, H. (1972): Die typologische Methode in der Betriebswirtschaftslehre, in Wirtschaftswissenschaftliches Studium (WiSt), 1. Jg., Nr. 4/1972, S. 142-146.

Knoke, T. (1999): Ist eine erfolgreiche Steuerung von Forstbetrieben durch Controlling möglich? – Kritische Gedanken zu zwei Büchern zu diesem Thema, in: Allgemeine Forst- und Jagd-Zeitung (AFJZ), 170. Jg., Nr. 4/1999, S. 61-67.

Knorring, E. v. (2002): Ökologische Leistungshonorierung anhand eines Ökopunkte-Systems mit Bieterverfahren, Institut für Volkswirtschaftslehre, Wirtschaftswissenschaftliche Fakultät, Universität Augsburg, Eigenverlag, Augsburg 2002.

Köckler, H. (2005): Zukunftsfähigkeit nach Maß – Kooperative Indikatorenentwicklung als Instrument regionaler Agenda-Prozesse, zugl. Diss. Universität Dortmund, VS Verlag für Sozialwissenschaft, Wiesbaden 2005.

Kohm, K. A. / Franklin, J. F. (Hrsg.) (1997): Creating a Forestry for the 21st Century – The Science of Ecosystem Management, Island Press, Washington D.C. 1997.

Koontz, H. / O'Donell, C. (1976): Management – A Systems and Contingency Analysis of Managerial Functions, 6. Auflage, international student edition, McGraw-Hill, Kogakusha / Tokyo u. a. 1976.

Koontz, H. / O'Donnell, C. (1955): Principles of Management. An analysis of managerial functions, McGraw-Hill, New York u. a. 1955.

Kornmeier, M. (2007): Wissenschaftstheorie und wissenschaftliches Arbeiten – Eine Einführung für Wirtschaftswissenschaftler, Physica Verlag, Heidelberg 2007.

Kosiol, E. (1966): Die Unternehmung als wirtschaftliches Aktionszentrum – Einführung in die Betriebswirtschaftslehre, Rohwolt Verlag, Reinbeck bei Hamburg 1966.

Kosiol, E. (1962): Organisation der Unternehmung, Betriebswirtschaftlicher Verlag Th. Gabler, Wiesbaden 1962.

Kosmider, A. (1994): Controlling im Mittelstand – Eine Untersuchung der Gestaltung und Anwendung des Controllings in mittelständischen Industrieunternehmen, 2., überarb. Auflage, Schäffer-Poeschel Verlag, Stuttgart 1994.

Kosmider, A. (1992): Controlling im Mittelstand, in: Deutsches Steuerrecht (DStR), Nr. 35/1992, S. 1215-1220.

Kosmider, A. (1991): Controlling im Mittelstand – Eine Untersuchung der Gestaltung und Anwendung des Controllings in mittelständischen Industrieunternehmen, zugl. Diss. WHU Vallendar, Schäffer-Poeschel Verlag, Stuttgart 1991.

Köstler, J. (1943): Wirtschaftslehre des Forstwesens – Einführung und Grundriss, Verlag Parey, Berlin 1943.

Koß, T. (1998): EDV-Controlling, in: Steinle, C. / Bruch, H. (Hrsg.): Controlling – Kompendium für Controller/innen und ihre Ausbildung, Schäffer-Poeschel Verlag, Stuttgart 1998, S. 871-893.

Kotler, P. / Armstrong, G. / Saunders, J. / Wong, V. (2007): Grundlagen des Marketing, 4., aktual. Auflage, Verlag Pearson Studium, München u. a. 2007.

Kotler, P. / Bliemel, F. (2001): Marketing Management – Analyse, Planung und Verwirklichung, 10., überarb. u. aktual. Auflage, Schäffer-Poeschel Verlag, Stuttgart 2001.

Kraft, D. (2000): Die Prozesskette Holzernte: Leistungs- und Wertschöpfungsprozess aus der Sicht eines Forstunternehmens, in: Forst und Holz, 55. Jg., Nr. 5/2000, S. 123-130.

Kreikebaum, H. (1999): Die Ethikkomponente im Umweltmanagement, in: Seidel, E. (Hrsg.): Betriebliches Umweltmanagement im 21. Jahrhundert – Aspekte, Aufgaben, Perspektiven, Springer Verlag, Berlin u. a. 1999, S. 89-101.

Krey, A. / Lorson, P. (2007): Controlling in KMU – Gestaltungsempfehlungen für eine Kombination aus internem und externem Controlling, in: Betriebs-Berater (BB), 62. Jg., Nr. 32/2007, S. 1717-1723.

Kromrey, H. (2006): Empirische Sozialforschung – Modelle und Methoden der standardisierten Datenerhebung und Datenauswertung, 11., überarb. Auflage, Lucius & Lucius Verlagsgesellschaft, Stuttgart 2006.

Kroth, W. (1985): Zur Bewertung der Waldschäden, in: Forstwissenschaftliches Zentralblatt, 104. Jg., 1985, S. 255-263.

Krücke, B. / Möhring, B. (2003): Rückrechnung des BHD des ausscheidenden Bestandes als Basisinformation des forstwirtschaftlichen Controllings, in: Forst und Holz, 58. Jg., Nr. 19/2003, S. 567-570.

Krutilla, J. V. (1967): Conservation Reconsidered, in: The American Economic Review, 57. Jg., Nr. 4/1967, S. 777-786.

Krystek, U. (1995): Entwicklungsrichtungen eines zukunftsorientierten Controllings: Auf dem Weg zum Selbst-Controlling, in: Gablers Magazin, Nr. 9/1995, S. 26-30.

Kunesch, H. (1996): Besonderheiten des Controllings in Klein- und Mittelbetrieben, in: Eschenbach, R. (Hrsg.): Controlling, 2., überarb. u. erw. Auflage, Schäffer-Poeschel Verlag, Stuttgart 1996, S. 630-648.

Küpper, H.-U. (2008): Controlling – Konzeption, Aufgaben, Instrumente, 5., überarb. Auflage, Schäffer-Poeschel Verlag, Stuttgart 2008.

Küpper, H.-U. (2005): Controlling – Konzeption, Aufgaben, Instrumente, 4., überarb. Auflage, Schäffer-Poeschel Verlag, Stuttgart 2005.

Küpper, H.-U. (1990): Controller-Anforderungsprofil in der Theorie, in: Mayer, E. / Weber, J. (Hrsg.): Handbuch Controlling, C.E. Poeschel Verlag, Stuttgart 1990, S. 325-342.

Küpper, H.-U. (1988): Koordination und Interdependenz als Bausteine einer konzeptionellen und theoretischen Fundierung des Controlling, in: Lücke, W. (Hrsg.): Betriebswirtschaftliche Steuerungs- und Kontrollprobleme, Gabler Verlag, Wiesbaden 1988.

Küpper, H.-U. (1980): Interdependenzen zwischen Produktionstheorie und der Organisation des Produktionsprozesses, zugl. Habil. Universität Tübingen, Verlag Duncker & Humblot, Berlin 1980.

Küpper, H.-U. / Weber, J. / Zünd, A. (1990): Zum Verständnis und Selbstverständnis des Controlling – Thesen zur Konsensbildung, in: Zeitschrift für Betriebswirtschaft (ZfB), 60. Jg., Nr. 3/1990, S. 281-293.

Kuster, J. / Huber, E. / Lippmann, R. / Schmidt, A. / Schneider, E. / Witschi, U. / Wüst, R. (Hrsg.) (2008): Handbuch Projektmanagement, 2., überarb. Auflage, Springer Verlag, Berlin u. a. 2008.

Kuttler, W. (1993): Landschaftsökologie, in: Kuttler, W. (Hrsg.): Handbuch zur Ökologie – Mit Beiträgen zahlreicher Fachgelehrter, Analytica Verlag, Berlin 1993, S. 171-176.

Kuusela, K. (1994): Forest resources in Europe 1950-1990, Cambridge University Press, Cambridge MA 1994.

L

Lachnit, L. (1989): EDV-gestützte Unternehmensführung in mittelständischen Betrieben – Controllingsysteme zur integrierten Erfolgs- und Finanzlenkung auf operativer und strategischer Basis, Verlag Franz Vahlen, München 1989.

Lähde, E. / Laiho, O. / Norokorpi, Y. / Saksa, T. (1999): Stand structure as the basis of diversity index, in: Forest Ecology and Management, 115 Jg., Nr. 2-3/ 1999, S. 213-220.

Lambeck, R. J. (1997): Focal Species – A multi-species umbrella for nature conservation, in: Conservation Biologie, 11. Jg., 1997, S. 849-856.

Landres, P. B. / Verner, J. / Thomas, J. W. (1988): Ecological uses of vertebrate indicator species: a critique, in: Conservation Biology, 2. Jg., 1988, S. 316-328.

Landsberg, G. von / Mayer, E. (1988): Berufsbild des Controllers, Poeschel-Verlag, Stuttgart 1988.

Lang, E. (1968): Zur Geschichte des Wortes Kybernetik, Beiheft zu Band 9 der Grundlagenstudien aus Kybernetik und Geisteswissenschaft, Verlag Schnelle, Quickborn 1968.

Lang, S. / Blaschke, T. (2007): Landschaftsanalyse mit GIS, Verlag Eugen Ulmer, Stuttgart 2007.

Lattwein, J. (2002): Wertorientierte strategische Steuerung – Ganzheitlich-integrativer Ansatz zur Implementierung, zugl. Diss. Universität Dortmund, DUV, Wiesbaden 2002.

Laux, H. (2003): Entscheidungstheorie, 5., verb. Auflage, Springer Verlag, Berlin u. a. 2003.

Laux, H. (1993): Koordination in der Unternehmung, in: Wittmann, W. / Kern, W. / Köhler, R. / Küpper, H.-U. / Wysocki, K. v. (Hrsg.): Handwörterbuch der Betriebswirtschaft, 5., völlig neu gest. Auflage, Schäffer-Poeschel Verlag, Stuttgart 1993, Sp. 2308-2320.

Laux, H. / Liermann, F. (2005): Grundlagen der Organisation – Die Steuerung von Entscheidungen als Grundproblem der Betriebswirtschaftslehre, 6. Auflage, Springer Verlag, Berlin u. a. 2005.

Lawrence, D. B. (1999): The economic value of information, Springer Verlag, Berlin u. a. 1999.

Legenhausen, C. (1998): Controllinginstrumente für den Mittelstand, zugl. Diss. Universität Bremen, DUV, Wiesbaden 1998.

Lehmann, M. R. (1954): Leistungsmessung durch Wertschöpfungsrechnung, o. V., Essen 1954.

Lehneis, A. (1971): Langfristige Unternehmensplanung bei unsicheren Erwartungen, Verlag Luchterhand, Neuwied / Berlin 1971.

Leibundgut, H. (1991): Unser Wald – Ein Beziehungs- und Wirkungsgefüge, Verlag Paul Haupt, Bern / Stuttgart 1991.

Leibundgut, H. (1985): Der Wald in der Kulturlandschaft – Bedeutung, Funktion und Wirkungen des Waldes auf die Umwelt des Menschen, Verlag Paul Haupt, Bern / Stuttgart 1985.

Leonhardt, J. / Hoffmann, H.-D. / Geyer, K. (1997): Das Leitbild der Landesforstverwaltung Rheinland-Pfalz, in: AFZ-DerWald, Nr. 6/1997, S. 288-289.

Lerch, A. (2001): Naturkapital und Nachhaltigkeit – Normative Begründungen unterschiedlicher Konzepte der nachhaltigen Entwicklung, in: Held, M. / Nutzinger, H. G. (Hrsg.): Nachhaltiges Naturkapital – Ökonomik und zukunftsfähige Entwicklung, Campus Verlag, Frankfurt am Main / New York 2001, S. 93-112.

Leser, H. (1997): Landschaftsökologie, Verlag Eugen Ulmer, Stuttgart 1997.

Letmathe, P. (2003): Continuous Improvement – Controlling in der lernenden Organisation, in: Schwarz, E. J. (Hrsg.): Technologieorientiertes Innovationsmanagement – Strategien für kleine und mittelständische Unternehmen, Gabler Verlag, Wiesbaden 2003, S. 45-61.

Letmathe, P. (2002): Flexible Standardisierung, zugl. Habil. Universität Bochum, DUV, Wiesbaden 2002.

Letmathe, P. (1998): Umweltbezogene Kostenrechnung, Verlag Franz Vahlen, München 1998.

Letmathe, P. / Wagner, G. R. (2002): Umweltkostenrechnung, in: Küpper, H.-U. / Wagenhofer, A. (Hrsg.): Handwörterbuch Unternehmensrechnung und Controlling, 4., völlig neu gest. Auflage, Schäffer-Poeschel Verlag, Stuttgart 2002, Sp. 1988-1997.

Levins, R. (1966): The strategy of model building in population biology, in: American Scientist, 54. Jg., Nr. 4/1966, S. 421-431.

Lewin, K. (1947): Frontiers in Group Dynamics I: Concept, Method and Reality in Social Science, Social Equilibria and Social Change, in: Human Relations, Nr. 1/1947, S. 5-40.

LFoG NRW (2002): Landesforstgesetz für das Land Nordrhein-Westfalen, GV NRW S. 546 vom 24.04.1980, zuletzt geändert am 14.06.2002 (GV NRW, S. 876).

Libby, R. / Lewis, B. L. (1977): Human Information Processing in Research in Accounting: The state of the Art, in: Accounting, Organizations and Society, 2. Jg., 1977, S. 245-268.

Liebe, U. (2007): Zahlungsbereitschaft für kollektive Umweltgüter – Soziologische und ökonomische Analysen, VS Verlag für Sozialwissenschaften, Wiesbaden 2007.

Lieth, H. / Stegmann, S. (1993): Produktion, in: Kuttler, W. (Hrsg.): Handbuch zur Ökologie – Mit Beiträgen zahlreicher Fachgelehrter, Analytica Verlag, Berlin 1993, S. 361-366.

Likert, R. (1932): A Technique for the Measurement of Attitudes, in: Archives of Psychology, Nr. 140/1932, S. 1-55.

Lindenmayer, D. B. (1999): Future directions for biodiversity conservation in managed forests: indicator species, impact studies and monitoring programs, in: Forest Ecology and Management, 115. Jg., 1999, S. 277-287.

Link, J. (1988): Moderne Planungsmethoden im Mittelstand – Praktische Beispiele und konzeptionelle Überlegungen, Physica-Verlag, Heidelberg 1988.

Link, J. (1982): Die methodologischen, informationswirtschaftlichen und führungspolitischen Aspekte des Controlling, in: Zeitschrift für Betriebswirtschaft (ZfB), 52. Jg., 1982, S. 261-279.

Lipe, M. G. / Salterio, S. E. (2000): The Balanced Scorecard – Judgemental Effects of Common and Unique Performance Measures, in: The Accounting Review, 75. Jg., 2000, S. 283-298.

Litke, H.-D. (Hrsg.) (2007): Projektmanagement – Methoden, Techniken, Verhaltensweisen – Evolutionäres Projektmanagement, 5., erw. Auflage, Hanser Verlag, München 2007.

Loecher, U. (2000): Europäische Definition der Klein- und Mittelunternehmen (KMU) – Länderübergreifende einheitliche Kriterien, in: io Management, 69. Jg., Nr. 12/2000, S. 58-60.

Logue, A. W. (1996): Self-Control: An Alternative Self-Regulation Framework Applicable to Human and Nonhuman Behavior, in: Psychological Inquiry, 7. Jg., Nr. 1/1996, S. 68-72.

Lohr, M. / Bitter, A. W. (2006): Qualitätsdifferenzierte Bewertung des Holzvorrats für eine periodische Erfolgsrechnung, in: AFZ-DerWald, Nr. 11/2006, S. 579-582.

Löwenstein, W. (1994): Reisekostenmethode und bedingte Bewertungsmethode – Ein ökonomischer und ökonometrischer Vergleich, zugl. Diss. Universität Göttingen, J.D. Sauerländer's Verlag, Frankfurt am Main 1994.

Lücke, W. (1967): Betriebs- und Unternehmensgröße, Poeschel Verlag, Stuttgart 1967.

Luger, F. / Grosch, M. / Flierl, N. (1999): Forsteinrichtung als Bestandteil des Controlling, in: AFZ-DerWald, Nr. 20/1999, S. 1051-1052.

Lukas, A. (2004): Unternehmensbewertung und intellektuelles Kapital – Preisfindung im Mergers- und Acquisitionsprozess, Erich Schmidt Verlag, Berlin 2004.

M

Macharzina, K. / Wolf, J. (2008): Unternehmensführung – Das internationale Managementwissen – Konzepte, Methoden, Praxis, 6., vollst. überarb. u. erw. Auflage, Gabler Verlag, Wiesbaden 2008.

Machin, J. L. J. (1992): Management Control Systems: whence and whither? In: Emmanuel, C. / Otley, D. / Merchant, K. (Hrsg.): Readings in Accounting for Management Control, Chapman & Hall, London u. a. 1992, S. 9-27.

Mahoney, J. T. / Pandian, J. R. (1992): The Resource-Based-View within the Conversation of Strategie Managemenmt, in: Strategic Management Journal, 13. Jg., Nr. 5/1992, S. 363-380.

Mandl, G. / Rabel, K. (2002): Unternehmensbewertung, in: Küpper, H.-U. / Wagenhofer, A. (Hrsg.): Handwörterbuch Unternehmensrechnung und Controlling, 4., völlig neu gest. Auflage, Schäffer-Poeschel Verlag, Stuttgart 2002, Sp. 2007-2016.

Mann, R. (o. J.): Die Praxis des Controlling – Instrumente, Einführung, Konflikte, Verlag Moderne Industrie, München o. J.

Mann, R. (1983): Anforderungen an ein strategisches Controlling, in: Töpfer, A. / Ahlfeldt, H. (Hrsg.): Praxis der strategischen Unternehmensplanung, Metzner Verlag, Frankfurt am Main 1983, S. 465-491.

Mannsfeld, K. (1999): Naturraumpotenziale, Landschaftsfunktionen, in: Bastian, O. / Schreiber, K.-F. (Hrsg.): Analyse und ökologische Bewertung der Landschaft, 2., neubearb. Auflage, Spektrum Akademischer Verlag, Heidelberg / Berlin 1999, S. 36-40.

Mantel, K. (1990): Wald und Forst in der Geschichte – ein Lehr- und Handbuch, Schaper Verlag, Alfeld / Hannover 1990.

March, J. G. / Simon, H. A. (1958): Organizations, Wiley, New York u. a. 1958.

Margules, C. R. (1992): The Wog fragmentation experiment, in: Environmental Conservation, 19. Jg., 1992, S. 316-325.

Marks, R. / Müller, M. J. / Leser, H. / Klink, H.-J. (Hrsg.) (1989): Anleitung zur Bewertung des Leistungsvermögens des Landschaftshaushaltes, Zentralausschuss für deutsche Landeskunde, Eigenverlag, Trier 1992.

Martini, K. (1997): Als Pilotprojekt für andere Verwaltungszweige – Neues Steuerungsmodell in der Landesforstverwaltung Rheinland-Pfalz, in: AFZ/Der Wald, Nr. 6/1997, S. 284-285.

Matenaers, W. (2006): Ökopunkte – was ist das? In: Deutscher Forstverein e. V. (Hrsg.): Wald bewegt! – Kongressbericht der 62. Jahrestagung 15.-18. September 2005 in Weimar, Verlag Die Werkstatt, Göttingen 2006, S. 89-102.

Matschke, M. J. / Kolf, J. (1980): Historische Entwicklung, Begriff und organisatorische Probleme des Controlling, in: Der Betrieb, 33. Jg., Nr. 13/1980, S. 601-607.

McAdam, R. / Leitch, C. / Harrison, R. (1998): The links between organisational learning and total quality: a critical review, in: Journal of European Industrial Training, 22. Jg., Nr. 2/1998, S. 47-56.

McDonald, S. L. (2006): Sustained Yield Forest Management: Some Observations on its Economic Significance and Implications for Resource Policy, in: The American Journal of Economics and Sociology, 13. Jg., Nr. 4/2006, S. 389-399.

MCPFE (Hrsg.) (2005): MCPFE Work Programme – Pan-European Follow-up of the Fourth Ministerial Conference of the Protection of Forests in Europe, 28-30 April 2003, Vienna, Austria, hrsg. von: Ministerial Conference on the Protection of Forests in Europe, überarb. Ausgabe – Oktober 2005, Laison Unit Warsaw, Eigenverlag, Warsaw 2005.

Meffert, H. / Burmann, C. / Kirchgeorg, M. (2008): Marketing – Grundlagen marktorientierter Unternehmensführung – Konzepte, Instrumente, Praxisbeispiele, 10., vollst. überarb. u. erw. Auflage, Gabler Verlag, Wiesbaden 2008.

Meffert, H. / Kirchgeorg, M. (1998): Marktorientiertes Umweltmanagement – Konzeption, Strategie, Implementierung – mit Praxisfällen, 3., überarb. u. erw. Auflage, Schäffer-Poeschel Verlag, Stuttgart 1998.

Mellinghoff, S. / Becker, M. (1998): Distribution des Holzes in Deutschland 1995, Forstabsatzfonds, Eigenverlag, Freiburg 1998.

Merker, K. (2003): Die Wertschöpfungskette Wasser – Neue Chancen für eine Wald-Wasser-Kooperation, in: Forst und Holz, 58. Jg., Nr. 18/2003, S. 531-536.

Merker, K. (1997): Ein Controllingsystem „Naturgemäße Waldwirtschaft" – Strategische Überlegungen zum Thema am Beispiel des Niedersächsischen LÖWE-Programms, zugl. Diss. Universität Göttingen, J.D. Sauerländer's Verlag, Frankfurt am Main 1997.

Merker, K. / Spellmann, H. (2000): Nachweis forstlicher Nachhaltigkeit – Das EU-LIFE-Projekt der LFV Niedersachsen, in: Forst und Holz, 55. Jg., Nr. 2/2000, S. 51-55.

Mertens, B. (2000): Absatzwege und Vertragskonzepte für forstliche Umwelt- und Erholungsprodukte – Schlussfolgerungen aus 98 Fallstudien vor dem Hintergrund des Transaktionskostenansatzes, Peter Lang Verlag, Frankfurt am Main u. a. 2000.

Merton, R. K. (Hrsg.) (1952): Reader in Bureaucrazy, Free Press, Glencoe IL 1952.

Meyer, C. (2007): Betriebswirtschaftliche Kennzahlen und Kennzahlen-Systeme, 4., überarb. u. erw. Auflage, Verlag Wissenschaft & Praxis, Sternenfels 2007.

Meyer, W. (1997): Budgetierung, in: AFZ/Der Wald, Nr. 6/1997, S. 290-293.

Mitchell, R. C. / Carson, R. T. (2005): Using Surveys to Value Public Goods: The Contingent Valuation Method, 4. Auflage, Resources for the Future, Washington D.C. 2005.

Möbius, K. (1877): Die Auster und die Austernwirtschaft, Verlag Wiegand, Hempel & Parey, Berlin 1877.

Mockscheidt, K. / Steinhaus, J. (1976): Vom öffentlichen zum privaten Gut: Ein Spektrum der Mischformen, in: WISU Das Wirtschaftsstudium, 5. Jg., 1976, WISU Studienblatt 2.

Mohler, P. P. / Porst, R. (1996): Pretest und Weiterentwicklung von Fraugebogen – Eine Einführung in das Thema, in: Statistisches Bundesamt (Hrsg.): Pretest und Weiterentwicklung von Fragebogen, Metzler-Poeschel Verlag, Stuttgart 1996, S. 7-15.

Möller, A. / Häuslein, A. / Rolf, A. (1997): Öko-Controlling in Handelsunternehmen – Ein Leitfaden für das Stoffstrommanagement, Springer Verlag, Berlin u. a. 1997.

Möller, K. / Stoi, R. (2002): Quo vadis Controlling? Status Quo und Perspektiven der Controlling-Forschung, in: Controlling, Nr. 10/2002, S. 561-569.

Moog, M. / Knoke, T. (2003): Zur betriebswirtschaftlichen Bewertung von Einschränkungen der Waldbewirtschaftung, in: Forstwissenschaftliches Centralblatt, 122. Jg., Nr. 1/2003, S. 59-77.

Moog, M. (1994): Ansatzpunkte für Rationalisierungsbemühungen im Forstbetrieb, in: Löffler, H. (Hrsg.): Rationalisierungsmöglichkeiten im Forstbetrieb – Berichte und Studien der Hanns-Seidel-Stiftung e.V., Band 67, Eigenverlag, München 1994, S. 9-30.

Morschett, D. (2003): Formen von Kooperationen, Allianzen und Netzwerken, in: Zentes, J. / Swoboda, B. / Morschett, D. (Hrsg.): Kooperationen, Allianzen und Netzwerke – Grundlagen, Ansätze, Perspektiven, Gabler Verlag, Wiesbaden 2003, S. 387-413.

Mosimann, T. (1984): Methodische Grundprinzipien für die Untersuchung von Geoökosystemen in der topologischen Dimension, in: Geomethodica, Veröffentlichungen des 9. Baseler geomethodischen Colloquiums, Band 9, Eigenverlag, o. O. 1984, S. 31-65.

Mugler, J. (2005): Grundlagen der BWL der Klein- und Mittelbetriebe, Wiener Universitätsverlag, Wien 2005.

Mugler, J. (1999): Betriebswirtschaftslehre der Klein- und Mittelbetriebe, Band 2, 3., überarb. Auflage, Springer Verlag, Wien u. a. 1999.

Mugler, J. (1998): Betriebswirtschaftslehre der Klein- und Mittelbetriebe, Band 1, 3., überarb. Auflage, Springer Verlag, Wien u. a. 1998.

Müller, A. (2002): Controlling-Konzepte – Kompetenz zur Bewältigung komplexer Problemstellungen, Kohlhammer Verlag, Stuttgart 2002.

Müller, A. (1996): Kann die koordinationsbezogene Konzeption eine theoretische Fundierung des Controlling hervorbringen? In: Kostenrechnungspraxis (krp), 40. Jg., Nr. 3/1996, S. 139-147.

Müller, K. (1996): Allgemeine Systemtheorie – Geschichte, Methodologie und sozialwissenschaftliche Heuristik eines Wissenschaftsprogramms, Westdeutscher Verlag, Opladen 1996.

Müller, W. (1974): Die Koordination von Informationsbedarf und Informationsbeschaffung als zentrale Aufgabe des Controlling, in: Schmalenbachs Zeitschrift für betriebswirtschaftliche Forschung (ZfbF), 26. Jg., 1974, S. 683-693.

Müller-Christ, G. (2003): Nachhaltiges Ressourcenmanagement oder: Wo ist der Ort der strategischen Umweltschutzinitiative? In: Schmidt, M. / Schwegler, R. (Hrsg.): Umweltschutz und strategisches Handeln – Ansätze zur Integration in das betriebliche Management, Gabler Verlag, Wiesbaden 2003, S. 91-123.

Murdoch, W. W. (1975): Diversity, complexity, stability, and pest control, in: Journal of Applied Ecology, 12. Jg., 1975, S. 795-807.

Munn, R. E. (1988): The design of integrated monitoring systems to provide early indications of environmental/ecological changes, in Environmental Monitoring and Asessment, 11. Jg., 1988, S. 203-217.

N

Nälsund, B. (1977): The Principle of Sustained Yield and optimal Forest Management, in: Scandinavian Journal of Economics, 79. Jg., Nr. 1/1977, S. 1-7.

Naveh, Z. / Lieberman, A. S. (1994): Landscape Ecology – Theory and Application, 2., überarb. Auflage, Springer Verlag, New York u. a. 1994.

Neef, E. (1969): Der Stoffwechsel zwischen Natur und Gesellschaft als geographisches Problem, in: Geographische Rundschau, 21. Jg., 1969, S. 453-459.

Neely, A. / Gregory, M. / Platts, K. (2005): Performance measurement system design – A literature review and research agenda, in: International Journal of Operations & Production Management, 25. Jg., Nr. 12/2005, S. 1228-1263.

Neuhaus, D. (2008): Öko-Controlling – Umweltorientierte Unternehmensführung und ökologische Risikovorsorge, in: Zeitschrift für Controlling und Management (ZfCM), 52. Jg., Nr. 4/2008, S. 246-250.

Niedermayr, R. (1994): Entwicklungsstand des Controlling – System, Kontext und Effizienz, DUV, Wiesbaden 1994.

Nieschlag, R. (1981): Der Mittelstand im Handel gestern und heute, in: Treis, B. (Hrsg.): Der mittelständische Einzelhandel im Wettbewerb – Größenbedingte Vor- und Nachteile, Verlag Franz Vahlen, München 1981, S. 1-10.

Nießlein, Erwin (1985): Forstpolitik – Ein Grundriß sektoraler Politik, Verlag Paul Parey, Hamburg / Berlin 1985.

NLF (Hrsg.) (2008): Werte gestalten – Geschäftsbericht 2007, hrsg. von Niedersächsische Landesforsten, Eigenverlag, Braunschweig 2008.

Noss, R. F. (2007): Values Are a Good Thing in Conservation Biology, in: Conservation Biology, 21. Jg., Nr. 1/2007, S. 18-20.

Noss, R. F. (1999): Assessing and monitoring forest biodiversity: A suggested framework and indicators, in: Forest Ecology and Management, 115. Jg., Nr. 2-3/1999, S. 135-146.

Noss, R. F. (1990): Indicators for Monitoring Biodiversity: A Hierarchical Approach, in: Conservation Biology, 4. Jg., Nr. 4/1990, S. 355-364.

Noss R. F. / Cooperrider, A. Y. (1994): Saving nature's legacy: Protecting and restoring biodiversity, Island Press, Washington D.C. 1994.

Nowak, P. (1954): Bestimmung der Betriebsindividualität mit Hilfe von Betriebsgliederungen, in: Zeitschrift für handelswissenschaftliche Forschung, 6. Jg., 1954, S. 484-499.

NW-FVA (Hrsg.) (2009): Waldzustandsberichte, hrsg. von Nordwestdeutsche Forstliche Versuchsanstalt, URL: http://www.nw-fva.de/index.php?id=281 [Stand März 2009].

O

Oesten, G. (2002): Rechtfertigen Besonderheiten der Forstwirtschaft die Existenz einer eigenständigen Wissenschaftsdisziplin Forstökonomik? In: Forst und Holz, 57. Jg., Nr. 1-2/2002, S. 37-41.

Oesten, G. (1986): Über die forstliche Betriebswirtschaftslehre als angewandte Sozialwissenschaft – Ein Beitrag zu den methodologischen Grundlagen der Disziplin unter besonderer Berücksichtigung verhaltenswissenschaftlicher Forschungsansätze, zugl. Habil. Albert-Ludwigs-Universität Freiburg, o. V., Freiburg 1986.

Oesten, G. / Roeder, A. (2002): Management von Forstbetrieben, Band I: Grundlagen, Betriebspolitik, Verlag Dr. Kessel, Remagen-Oberwinter 2002.

Önal, H. (1997): Trade-off between Structural Diversity and Economic Objectives in Forest Management, in: American Journal of Agricultural Economics, 79. Jg., August/1997, S. 1001-1012.

Ontrup, G. (1997): Das Planungssystem als Voraussetzung für ein Betriebscontrolling, in: AFZ/Der Wald, Nr. 6/1997, S. 306-308.

Opp, K. D. (2005): Methodologie der Sozialwissenschaften – Einführung in Probleme ihrer Theoriebildung und praktischen Anwendung, 6. Auflage, VS Verlag für Sozialwissenschaften, Wiesbaden 2005.

Oppermann, T. (1995): Forsteinrichtung in einer neuen Dimension – Das PC-gestützte Betriebswerk als Controlling-Instrument, in: AFZ/Der Wald Nr. 20/1995, S. 1076-1077.

Ossadnik, W. (1998): Mehrzielorientiertes strategisches Controlling – Methodische Grundlagen und Fallstudien zum führungsunterstützenden Einsatz des Analytischen Hierarchie-Prozesses, Phisica-Verlag, Heidelberg 1998.

Ossadnik, W. / Barklage, D. / van Lengerich, E. (2004): Controlling im Mittelstand – Ergebnisse einer empirischen Untersuchung, in: Controlling, Nr. 11/2004, S. 621-630.

Ossadnik, W. / Barklage, D. / van Lengerich, E. (2003): Abschlussbericht zum Forschungsprojekt „Controlling mittelständischer Unternehmen in der Region Osnabrück-Emsland: Empirische Bestandsaufnahme, Evaluierung und Handlungsempfehlungen", Universität Osnabrück, Fachbereich Wirtschaftswissenschaften, Fachgebiet Betriebswirtschaftslehre / Rechnungswesen und Controlling, URL: http:// www.ifmos.uos.de [Stand 20.11.2008].

Ott, K. / Döring, R. (2008): Theorie und Praxis starker Nachhaltigkeit, Metropolis Verlag, Marburg 2008.

Otto, H.-J. (1995): Zielorientierter Waldbau und Schutz sukzessionaler Prozesse – Eine Diskussion, in: Forst und Holz, 50. Jg., Nr. 7/1995, S. 203-209.

Otto, H.-J. (1992): Rahmenbedingungen und Möglichkeiten zur Verwirklichung der ökologischen Waldentwicklung in den niedersächsischen Landesforsten, in: Forst und Holz, 47. Jg., Nr. 4/1992, S. 75-78.

o. V. (1997): Stichwort Betriebsanalyse, in: Gabler-Wirtschafts-Lexikon, 14., vollst. überarb. u. erw. Auflage, Band B-C, Gabler Verlag, Wiesbaden 1997, S. 532.

P/Q

Parsons, T. (1949): The Structure of Social Action – A Study in Social Theory with special Reference to a Group of recent European Writers, Free Press, Glencoe IL 1949.

Parsons, T. / Smelser, N. J. (1966): Economy and Society – A study in the Integration of Economic and Social Theory, 4. Auflage, Routledge & Kegan, London 1966.

Pearce, D. W. / Turner, R. K. (1990): Economics of natural resources and the environment, Harvester Wheatsheaf, New York u. a. 1990.

Peemöller, V. H. (2005): Controlling – Grundlagen und Einsatzgebiete, 5. Auflage, Verlag Neue Wirtschafts-Briefe, Herne / Berlin 2005.

Peemöller, V. H. (2002a): Controlling – Grundlagen und Einsatzgebiete, 4. Auflage, Verlag Neue Wirtschafts-Briefe, Herne / Berlin 2002.

Peemöller, V. H. (2002b): Wert und Werttheorien, in: Peemöller, V. H. (Hrsg.): Praxishandbuch der Unternehmensbewertung, 2., aktual. u. erw. Auflage, Verlag Neue Wirtschafts-Briefe, Herne / Berlin 2002, S. 1-14.

Peemöller, V. H. (1993): Controlling in Genossenschaften, in: Zeitschrift für das gesamte Genossenschaftswesen (ZfgG), 43. Jg. 1993, S. 75-88.

Pehle, D. (2005): Strategische Positionierungsmöglichkeiten im Kreditgeschäft, zugl. Diss. Universität Potsdam, Cuvillier Verlag, Göttingen 2005.

Perridon, L. (1986): Die „Doctrine" Henri Fayols und ihr Einfluss auf die moderne Managementwissenschaft, in: Die Betriebswirtschaft (DBW), 46. Jg. 1986, S. 29-44.

Petry, D. / Klauer, B. (2005): Umweltbewertung und politische Praxis in der Bundesverkehrswegeplanung, Metropolis-Verlag, Marburg 2005.

Pfaff, D. (2004): Performancemessung aus agencytheoretischer Sicht, in: Scherm, E. / Pietsch, G. (Hrsg.): Controlling – Theorien und Konzeptionen, Verlag Franz Vahlen, München 2004, S. 167-189.

Pfohl, H.-C. (2006a): Abgrenzung der Klein- und Mittelbetriebe von Großbetrieben, in: Pfohl, H.-C. (Hrsg.): Betriebswirtschaftslehre der Mittel- und Kleinbetriebe – Größenspezifische Probleme und Möglichkeiten zu ihrer Lösung, 4., völlig neu bearb. Auflage, Erich Schmidt Verlag, Berlin 2006, S. 1-24.

Pfohl, H.-C. (2006b): Unternehmensführung, in: Pfohl, H.-C. (Hrsg.): Betriebswirtschaftslehre der Mittel- und Kleinbetriebe – Größenspezifische Probleme und Möglichkeiten zu ihrer Lösung, 4., völlig neu bearb. Auflage, Erich Schmidt Verlag, Berlin 2006, S. 79-111.

Pfohl, H.-C. / Kellerwesel, P. (1982): Abgrenzung der Klein- und Mittelbetriebe von Großbetrieben, in: Pfohl, H.-C. (Hrsg.): Betriebswirtschaftslehre der Mittel- und Kleinbetriebe – Größenspezifische Probleme und Möglichkeiten zu ihrer Lösung, Erich Schmidt Verlag, Berlin 1982, S. 9-34.

Pfriem, R. (1989): Die Ökobilanz – Ein betriebliches Informationsinstrument, in: Förderkreis Umwelt future e. V. (Hrsg.): future forum 1988: Von der Öko-Bilanz zum Öko-Controlling – Chancen umweltorientierter Unternehmenspolitik, Eigenverlag, Lengerich 1989, S. 35-47.

Philipp, F. (1966): Wissenschaftstheoretische Kennzeichen der Besonderen Betriebswirtschaftslehren – Ein Beitrag zur Analyse des realwissenschaftlichen Aufbaus der Betriebswirtschaftslehre, Betriebswirtschaftlicher Verlag Dr. Th. Gabler, Wiesbaden 1966.

Picot, A. (1991): Ein neuer Ansatz zur Gestaltung der Leistungstiefe, in: Schmalenbachs Zeitschrift für betriebswirtschaftliche Forschung (ZfbF), 43. Jg., Nr. 4/1991, S. 336-357.

Picot, A. / Dietl, H. / Franck, E. (2008): Organisation – Eine ökonomische Perspektive, 5., aktual. u. überarb. Auflage, Schäffer-Poeschel Verlag, Stuttgart 2008.

Picot, A. / Dietl, H. / Franck, E. (2005): Organisation – Eine ökonomische Perspektive, 4., überarb. u. erw. Auflage, Schäffer-Poeschel Verlag, Stuttgart 2005.

Picot, A. / Freudenberg, H. / Gaßner, W. (1999): Management von Reorganisationen – Maßschneidern als Konzept für den Wandel, Gabler Verlag, Wiesbaden 1999.

Pietsch, G. / Scherm, E. (2004): Reflexionsorientiertes Controlling, in: Scherm, E. / Pietsch, G. (Hrsg.): Controlling – Theorien und Konzeptionen, Verlag Franz Vahlen, München 2004, S. 529-553.

Pietsch, G. / Scherm, E. (2000): Die Präzisierung des Controlling als Führungs- und Führungsunterstützungsfunktion, in: Die Unternehmung, 54. Jg., Nr. 5/2000, S. 395-412.

Pietsch, G. / Scherm, E. (1999): Controlling auf der Suche nach Identität: Ein Standpunkt, Eigenverlag des Fachbereichs Wirtschaftswissenschaft der Fern-Universität Hagen, Hagen 1999.

Plachter, H. (1992): Grundzüge der naturschutzfachlichen Bewertung, in: Veröffentlichungen für Naturschutz- und Landschaftspflege in Baden-Württemberg, Band 67, S. 9-48.

PLANCO (Hrsg.) (1999): Modernisierung der Verfahren zur Schätzung der volkswirtschaftlichen Rentabilität von Projekten der Bundesverkehrswegeplanung – Gutachten im Auftrag des BMVBW, hrsg. von PLANCO Consulting GmbH, Eigenverlag, Essen 1999.

Poensgen, O. H. (1980): Koordination, in: Grochla, E. (Hrsg.): Handwörterbuch der Organisation, 2., völlig neu gest. Auflage, Verlag C.E. Poeschel, Stuttgart 1980, Sp. 1130-1141.

Pohle, K. (1993): Controlling und Organisation, in: Wittmann, W. / Kern, W. / Köhler, R. / Küpper, H.-U. / Wysocki, K. v. (Hrsg.): Handwörterbuch der Betriebswirtschaft, 5., völlig neu gest. Auflage, 1. Teilband, Schäffer-Poeschel Verlag, Stuttgart 1993, Sp. 661-669.

Polanyi, M. (1983): The tacit dimension, Nachdruck der Originalausgabe von 1966, Peter Smith, Gloucester MA 1983.

Pommerehne, W. W. (1987): Präferenzen für öffentliche Güter – Ansätze zu ihrer Erfassung, Verlag J.C.B. Mohr, Tübingen 1987.

Pommerehne, W. W. / Römer, A. (1988): Ansätze zur Erfassung der Präferenzen für öffentliche Güter, in: Wirtschaftswissenschaftliches Studium (WiSt), 17. Jg., Nr. 5/1988, S. 222-228.

Porter, M. E. (1985): Competitive advantage – creating and sustaining superior performance, 4. Druck, The Free Press, New York 1985.

Poser, H. (1991): Dimensionen der Verantwortung des Wissenschaftlers, in: Wessel, K. F. / Thiele, B. (Hrsg.): Risiko in Wissenschafts- und Technikentwicklung und die Verantwortung des Ingenieurs und Wissenschaftlers, Deutscher Verlag der Wissenschaften, Berlin 1991, S. 46-62.

Potthof, I. (1998): Kosten und Nutzen der Informationsverarbeitung – Analyse und Beurteilung von Investitionsentscheidungen, DUV, Wiesbaden 1998.

Prange, C. (2002): Organisationales Lernen und Wissensmanagement – Fallbeispiele aus der Unternehmenspraxis, Gabler Verlag, Wiesbaden 2002.

Prase, O. (2002): Einführung betriebswirtschaftlicher Steuerungsinstrumente in die öffentliche Verwaltung, in: Verwaltungsrundschau, Nr. 9/2002, S. 293-298.

Preißler, P. R. (2007): Controlling – Lehrbuch und Intensivkurs, 13. vollst. überarb. u. erw. Auflage, Oldenbourg Verlag, München / Wien 2007.

Preißler, P. R. (1996): Controlling – Lehrbuch und Intensivkurs, 8., völlig überarb. u. erw. Auflage, Oldenbourg Verlag, München / Wien 1996.

Preißler, P. R. (1991): Controlling – auch im Klein- und Mittelbetrieb, 7., überarb. Auflage, Verlag RKW, Eschborn 1991.

Pretzsch, H. (2003): Strategische Planung der Nachhaltigkeit auf Forstbetriebsebene – Beitrag der Waldwachstumsforschung, in: Forstwissenschaftliches Centralblatt, 122. Jg., 2003, S. 231-249.

Prewitt, R. A. (1949): The Economics of Public Recreation – An Economic Survey of the Monetary Evaluation of Recreation in National Parks, US Department of the Interior, National Park Service and Recreational Planning Division, Washington D.C. 1949.

Priddat, B. P. (1996): Risiko, Ungewissheit und Neues – Epistemologische Probleme ökonomischer Entscheidungsbildung, in: Banse, G. (Hrsg.): Risikoforschung zwischen Disziplinarität und Interdisziplinarität – von der Illusion der Sicherheit zum Umgang mit Unsicherheit, Verlag Edition Sigma, Berlin 1996, S. 105-124.

Prigogine, I. (1989): What is entropy? In: Naturwissenschaften, 76. Jg., 1989, S. 1-8.

Proops, J. L. R. (1983): Organisation and Dissipation in Economic Systems, in: Journal of Social and Biological Structures, Nr. 6/1983, S. 353-366.

Quatember, A. (2005): Statistik ohne Angst vor Formeln – Ein Lehrbuch für Wirtschafts- und Sozialwissenschaftler, Verlag Pearson Studium, München 2005.

Quinn, J. B. (1980): Strategies for change – Logical incrementalism, R. D. Irwinn, Homewood IL 1980.

R

Rachlin, H. C. / Green, L. (1972): Commitment, choice and self-control, in: Journal of the Experimental Analysis of Behaviour, 17. Jg., Nr. 1/1972, S. 15-22.

Radtke, V. (2001): Indikatoren der Nachhaltigkeit – Bedingungen der empirischen Messung des Konzepts, in: Held, M. / Nutzinger, H. G. (Hrsg.): Nachhaltiges Naturkapital – Ökonomik und zukunftsfähige Entwicklung, Campus Verlag, Frankfurt am Main / New York 2001, S. 69-92.

Raia, A. P. (1965): Goal Setting and Self-Control – An Empirical Study, in: The Journal of Management Studies, 2. Jg., 1965, S. 34-53.

Rebhan, E. (Hrsg.) (2002): Energiehandbuch: Gewinnung, Wandlung und Nutzung von Energie, Springer Verlag, Berlin u. a. 2002.

Rehäuser, J. / Krcmar, H. (1996): Wissensmanagement im Unternehmen, in: Schreyögg, G. / Conrad, P. (Hrsg.): Wissensmanagement, Verlag Walter de Gruyter, Berlin / New York 1996, S. 1-40.

Reichmann, T. / Richter, H. J. / Palloks-Kahlen, M. (2006): Controlling mit Kennzahlen und Management-Tools, 7., überarb u. erw. Auflage, Verlag Franz Vahlen, München 2006.

Reinemann, H. (1999): Was ist Mittelstand? – Zur Definition der kleinen und mittleren Unternehmen, in: Wirtschaftswissenschaftliches Studium (WiSt), 28. Jg., Nr. 12/1999, S. 661-662.

Reiß, M. / Höge, R. (1994): Schlankes Controlling in segmentierten Unternehmen, in: Betriebswirtschaftliche Forschung und Praxis (BFuP), 46. Jg., Nr. 3/1994, S. 210-224.

Remmert, H. (1984): Ökologie – ein Lehrbuch, 3., neubearb. u. erw. Auflage, Springer Verlag, Berlin u. a. 1984.

Rennings, K. (1994): Indikatoren für eine dauerhaft umweltgerechte Entwicklung, Metzler-Poeschel, Stuttgart 1994.

Requardt, A. / Köhl, M. / Näscher, F. (2004): Eine Herausforderung an die gesamteuropäischen Kriterien und Indikatoren – Ist Nachhaltigkeit messbar und dokumentierbar? In: AFZ-DerWald, Nr. 9/2004, S. 494-496.

Riebel, P. (1994): Einzelkosten- und Deckungsbeitragsrechnung, 7., überarb. u. wesentlich erw. Auflage, Gabler Verlag, Wiesbaden 1994.

Riebel, P. (1979): Zum Konzept einer zweckneutralen Grundrechnung, in: Schmalenbachs Zeitschrift für betriebswirtschaftliche Forschung (ZfbF), 31. Jg., 1979, S. 785-798.

Ringsletter, M. J. (1997): Organisation von Unternehmen und Unternehmensverbindungen – Einführung in die Gestaltung der Organisationsstruktur, Oldenbourg Verlag, München / Wien 1997.

Ripken, H. (1998): Niedersächsische Landesforsten – Naturschutz als Bestandteil von Planung und Controlling, in: AFZ-DerWald, Nr. 4/1998, S.182-186.

Ripken, H. (1993): Am Beispiel der Niedersächsischen Landesforstverwaltung – Controlling im Forstbetrieb, in: AFZ, Nr. 5/1993, S. 247-252.

Robey, D. / Taggart, W. (1981): Measuring Managers' Minds – The Assessment of Style in Human Information Processing, in: Academy of Management Review, 6. Jg., Nr. 3/1981, S. 375-383.

Roeder, A. / Bücking, M. (2004): Forstbetriebliches Management unter Ungewissheit und Unwissenheit, in: Löwenstein, W. / Olschewski, R. / Brabänder, H. D. / Möhring, B. (Hrsg.): Perspektiven forstökonomischer Forschung – Volker Bergen gewidmet zum 65. Geburtstag, J.D. Sauerländer's Verlag, Frankfurt am Main 2004, S. 167-184.

Röhrig, E. / Bartsch, N. (1992): Waldbau auf ökologischer Grundlage – in zwei Bänden, Band 1: Der Wald als Vegetationsform und seine Bedeutung für den Menschen, 6., völlig neu bearb. Auflage, Verlag Paul Parey, Hamburg / Berlin 1992.

Röhrig, E. / Bartsch, N. / Lüpke, B. von (2006): Waldbau auf ökologischer Grundlage, 7., vollst. aktual. Auflage, Verlag Eugen Ulmer, Stuttgart 2006.

Röhrig, E. / Gussone H. A. (1982): Waldbau auf ökologischer Grundlage – in zwei Bänden, Band 2: Baumartenwahl, Bestandesbegründung und Bestandespflege, 5. Auflage, vollständig neu bearb. von Ernst Röhrig, begründet von Alfred Dengler, Verlag Paul Parey, Hamburg / Berlin 1982.

Romhardt, K. (1998): Die Organisation aus der Wissensperspektive – Möglichkeiten und Grenzen der Intervention, Gabler Verlag, Wiesbaden 1998.

Rommel, G. / Brück, F. / Diederichs, R. / Kempis, R. D. / Kluge, J. (1993): Einfach überlegen – Das Unternehmenskonzept das die Schlanken schlank und die Schnellen schnell macht, Schäffer-Poeschel Verlag, Stuttgart 1993.

Rossi, P. H. / Freeman, H. E. / Lipsey, M. W. (1999). Evaluation – A systematic approach, 6. Auflage, Sage Publication, Thousand Oaks u. a. 1999.

Roth U. (1992): Umweltkostenrechnung – Grundlagen und Konzeption aus betriebswirtschaftlicher Sicht, zugl. Diss. Universität Köln, DUV, Wiesbaden 1992.

Ruchhöft, S. / Krey, A. (2006): Controllingkonzept für Kleinunternehmen – modular geht's besser, in: Controller Magazin, Nr. 3/2006, S. 230-238.

Rüdiger, C. (1998): Controlling und Umweltschutz – Grundzüge eines koordinationsorientierten Öko-Controlling, in: Dyckhoff, H. / Ahn, H. (Hrsg.): Produktentstehung, Controlling und Umweltschutz – Grundlagen eines ökologieorientierten F&E-Controlling, Physica-Verlag, Heidelberg 1998, S. 271-298.

Ruhl, G. (1979): Land- und Forstwirtschaft und Umweltschutz – Beitrag zur Europäischen Umweltministerkonferenz 1979 in Bern mit Empfehlungen zu einem europäischen Forschungsprogramm, Geobuch-Verlag, München 1979.

Rühli, E. (1992): Koordination, in: Frese, E. (Hrsg.): Handwörterbuch der Organisation, 3., völlig neu gest. Auflage, Schäffer-Poeschel Verlag, Stuttgart 1992.

Ruthsatz, B. (1993): Vegetationskunde, in: Kuttler, W. (Hrsg.): Handbuch zur Ökologie – Mit Beiträgen zahlreicher Fachgelehrter, Analytica Verlag, Berlin 1993, S. 485-490.

S

Sagl, W. (1995): Bewertung in Forstbetrieben, Blackwell Wissenschafts-Verlag, Berlin u. a. 1995.

Sagl, W. (1994): Betriebsanalyse – eine Einführung in die Aufgaben und methodischen Grundlagen, in: Centralblatt für das gesamte Forstwesen, 111. Jg., Nr. 2/1994, S. 109-127.

Sagl, W. (1981): Betriebsstatistik und Kennzahlen in Forstbetrieben, in: Centralblatt für das gesamte Forstwesen, 98. Jg., Nr. 3/1981, S. 171-185.

Sagl, W. / Moser, W. (1988): Betriebswirtschaftliche Kennzahlen für Forstbetriebe, in: Österreichisches Forst-Jahrbuch, Österreichischer Agrarverlag, Wien 1988, S. 315-322.

Sanchez, R. / Heene, A. / Thomas, H. (Hrsg.) (1996): Dynamics of Competence-based Competition – Theory and practice in the New Strategic Management, Pergamon, Oxford u. a. 1996.

Sander, L. / Langer, C. (2004): New Public Management – Der Übergang zur outputorientierten Verwaltung, in: Wirtschaftswissenschaftliches Studium (WiSt), 33. Jg., Nr. 2/2004, S. 88-94.

Sanderson, S. M. / Luffmann, G. A. (1988): Strategic Planning and Environmental Analysis, in: European Journal of Marketing, 22. Jg., Nr. 2/1988, S. 14-27.

Schaefer, S. / Lange, C. (2004): Informationsorientierte Controllingkonzeptionen – Ein Überblick und Ansatzpunkte der Weiterentwicklung, in: Scherm, E. / Pietsch, G. (Hrsg.): Controlling – Theorien und Konzeptionen, Verlag Franz Vahlen, München 2004, S. 103-123.

Schäffer, U. (2004): Rationalitätssicherung durch Kontrolle, in: Scherm, E. / Pietsch, G. (Hrsg.): Controlling – Theorien und Konzeptionen, Verlag Franz Vahlen, München 2004, S. 487-500.

Schäffer, U. (2001): Kontrollieren Controller? – Und wenn ja: Sollten sie es tun? In: Die Unternehmung, 55 Jg., Nr. 6/2001, S. 401-418.

Schanz, G. (2000): Wissenschaftsprogramme der Betriebswirtschaftslehre, in: Bea, F. X. / Dichtl, E. / Schweitzer, M. (Hrsg.): Allgemeine Betriebswirtschaftslehre, Band 1: Grundfragen, 8., neubearb. u. erw. Auflage, Lucius & Lucius Verlagsgesellschaft, Stuttgart 2000, S. 80-158.

Schanz, H. (2001): Forstliche Nachhaltigkeit, zugl. Diss. Universität Freiburg, Verlag Dr. Kessel, Remagen-Oberwinter 2001.

Schäppi, B. / Kirchgeorg, M. (Hrsg.) (2005): Handbuch Produktentwicklung, Hanser Verlag, München 2005.

Schauer, R. (1992): Der Beitrag des „Controlling" zur Führung in Genossenschaften, in: Zeitschrift für das gesamte Genossenschaftswesen, 42. Jg., 1992, S. 270-277.

Scherfose, V. (2000): Landschafts- und Flächenschutz, in: Dahl, H.-J. / Nikisch, M. / Riedl, U. / Scherfose, V. (Hrsg.): Arten-, Biotop- und Landschaftsschutz, Economica Verlag, Heidelberg 2000, S. 243-308.

Scherm, E. / Pietsch, G. (2004): Theorie und Konzeption in der Controllingforschung, in: Scherm, E. / Pietsch, G. (Hrsg.): Controlling – Theorien und Konzeptionen, Verlag Franz Vahlen, München 2004, S. 3-19.

Schierenbeck, H. (2000): Grundzüge der Betriebswirtschaftslehre, 15., überarb. u. erw. Auflage, Oldenbourg Verlag, München / Wien 2000.

Schildbach, T. (1992): Begriff und Grundproblem des Controlling aus betriebswirtschaftlicher Sicht, in: Spremann, K. / Zur, E. (Hrsg.): Controlling – Grundlagen, Informationssysteme, Anwendungen, Gabler Verlag, Wiesbaden 1992.

Schimank, C. (1995): Leistungssteigerung des Controlling – Ergebnisse eines neuorientierten Controllingdesigns, in: Horváth, P. (Hrsg.): Controllingprozesse optimieren, Verlag Franz Vahlen, Stuttgart 1995, S. 59-77.

Schmidt, A. (1986): Das Controlling als Instrument zur Koordination der Unternehmensführung – eine Analyse der Koordinationsfunktion des Controlling unter entscheidungsorientierten Gesichtspunkten, Peter Lang Verlag, Frankfurt am Main u. a. 1986.

Schmithüsen, F. / Kaiser, B. / Schmidhauser, A. / Mellinghoff, S. / Kammerhofer, A. W. (2009): Unternehmerisches Handeln in der Wald- und Holzwirtschaft – Betriebswirtschaftliche Grundlagen und Managementprozesse, 2., aktual. u. erw. Auflage, Deutscher Betriebswirte-Verlag, Gernsbach 2009.

Schmithüsen, F. / Kaiser, B. / Schmidhauser, A. / Mellinghoff, S. / Kammerhofer, A. W. (2003): Unternehmerisches Handeln in der Wald- und Holzwirtschaft – Betriebswirtschaftliche Grundlagen und Managementprozesse, Deutscher Betriebswirte-Verlag, Gernsbach 2003.

Schnabel, U. G. / Roos, A. W. (1996): Business Reengineering in Mittelständischen Unternehmen, Peter Lang Verlag, Frankfurt am Main 1996.

Schneider, D. (2005): Controlling als postmodernes Potpourri, in: Controlling, Nr. 1/2005, S. 65-69.

Schneider, D. (1997): Betriebswirtschaftslehre, Band 2: Rechnungswesen, 2., vollst. überarb. u. erw. Auflage, Oldenbourg Verlag, München / Wien 1997.

Schneider, D. (1991): Versagen des Controlling durch eine überhöhte Kostenrechnung – Zugleich ein Beitrag zur innerbetrieblichen Verrechnung von Dienstleistungen, in: Der Betrieb, 44. Jg., Nr. 15/1991, S. 765-772.

Schnell, R. / Hill, P. B. / Esser, E. (2008): Methoden der empirischen Sozialforschung, 8., unveränd. Auflage, Oldenbourg Verlag, München 2008.

Schreiber, K.-F. (1999): Die ökologische Risikoanalyse, in: Bastian, O. / Schreiber, K.-F. (Hrsg.): Analyse und ökologische Bewertung der Landschaft, 2., neubearb. Auflage, Spektrum Akademischer Verlag, Heidelberg / Berlin 1999, S. 369-382.

Schreyögg, G. (2006): Organisation – Grundlagen moderner Organisationsgestaltung – Mit Fallstudien, Nachdruck der 4., vollst. überarb. u. erw. Auflage, Gabler Verlag, Wiesbaden 2006.

Schreyögg, G. (1999): Organisation – Grundlagen moderner Organisations-gestaltung – Mit Fallstudien, 3., überarb. u. erw. Auflage, Gabler Verlag, Wiesbaden 1999.

Schreyögg, G. (1993): Umfeld der Unternehmung, in: Wittmann, W. / Kern, W. / Köhler, R. / Küpper, H.-U. / Wysocki, K. v. (Hrsg.): Handwörterbuch der Betriebswirtschaft, 5., völlig neu gest. Auflage, 3. Teilband, Schäffer-Poeschel Verlag, Stuttgart 1993, Sp. 4231-4247.

Schröder, H. J. (1973): Projekt-Management – eine Führungskonzeption für außergewöhnliche Vorhaben, Gabler Verlag, Wiesbaden 1973.

Schrödinger, E. (1944): What is Life? Cambridge University Press, Cambridge MA 1944.

Schulte-Zurhausen, M. (2002): Organisation, 3., überarb. Auflage, Verlag Franz Vahlen, München 2002.

Schuster, P. (1991): Erfolgsorientierte Steuerung kleiner und mittlerer Unternehmen – funktionale, instrumentelle und organisatorische Aspekte eines größengerechten Controlling-Systems, Springer Verlag, Berlin u. a. 1991.

Schwarz, R. (2004): Ein interdisziplinärer Bezugsrahmen für die Controlling-forschung, in: Scherm, E. / Pietsch, G. (Hrsg.): Controlling – Theorien und Konzeptionen, Verlag Franz Vahlen, München 2004, S. 41-56.

Schwarz, R. (2002): Controlling-Systeme – Eine Einführung in die Grundlagen, Komponenten und Methoden des Controlling, Gabler Verlag, Wiesbaden 2002.

Schwarz, R. (1996): Ökonomische Ansätze zur Risikoproblematik, in: Banse, G. (Hrsg.): Risikoforschung zwischen Disziplinarität und Interdisziplinarität – von der Illusion der Sicherheit zum Umgang mit Unsicherheit, Verlag Edition Sigma, Berlin 1996, S. 125-131.

Schwarz, E. J. / Schwarz, M. (2002): Ökologisches Controlling, in: Küpper, H.-U. / Wagenhofer, A. (Hrsg.): Handwörterbuch Unternehmensrechnung und Controlling, 4., völlig neu gest. Auflage, Schäffer-Poeschel Verlag, Stuttgart 2002, Sp. 1338-1345.

Schwarzbauer, P. (2005): Die österreichischen Holzmärkte – Größenordnungen, Strukturen, Veränderungen, Eigenverlag der Universität für Bodenkultur Wien, Wien 2005.

Schwarze, J. (2009): Grundlagen der Statistik – Band 2: Wahrscheinlichkeits-rechnung und induktive Statistik, 9., vollst. überarb. Auflage, Verlag Neue Wirtschafts-Briefe, Herne / Berlin, 2009.

Schwegler, R. / König, M. (2003): Nachhaltige Unternehmensstrukturen am Beispiel Otto, in: Schmidt, M. (Hrsg.): Umweltschutz und strategisches Handeln – Ansätze zur Integration in das betriebliche Management, Gabler Verlag, Wiesbaden 2003, S. 285-313.

Schweitzer, M. (2004): Gegenstand und Methoden der Betriebswirtschaftslehre, in: Bea, F. X. / Dichtl, E. / Schweitzer, M. (Hrsg.): Allgemeine Betriebswirtschaftslehre, Band 1: Grundfragen, 9. überarb. Auflage, Lucius & Lucius Verlagsgesellschaft, Stuttgart 2004, S. 23-82.

Schweitzer, M. / Friedl, B. (1992): Beitrag zu einer umfassenden Konzeption des Controlling, in: Spremann, K. / Zur, E. (Hrsg.): Controlling – Grundlagen, Informationssysteme, Anwendungen, Gabler Verlag, Wiesbaden 1992, S. 141-168.

Schweitzer, M. / Küpper, H.-U. (2008): Systeme der Kosten- und Erlösrechnung, 9., überarb. u. erw. Auflage, Verlag Franz Vahlen, München 2008.

Schweitzer, M. / Küpper, H.-U. (2003): Systeme der Kosten- und Erlösrechnung, 8., überarb. u. erw. Auflage, Verlag Franz Vahlen, München 2003.

Schwennsen, A. (1994): Controlling – Anwendungsmöglichkeiten im Forstbetrieb? In: Löffler, H. (Hrsg.): Rationalisierungsmöglichkeiten im Forstbetrieb, Berichte und Studien der Hanns-Seidel-Stiftung e.V., Band 67, Eigenverlag, München 1994, S. 153-169.

Seiffert, H. / Andersson, G. (1989): Deduktion, in: Seiffert, H. / Radnitzky, G. (Hrsg.): Handlexikon zur Wissenschaftstheorie, Studienausgabe, Ehrenwirt Verlag, München 1989, S. 22-27.

Seidel, E. (2003): Die betriebliche Umweltkostenrechnung auf dem Weg zu Controlling-Rang, in: Kramer, M. / Eifler, P. (Hrsg.): Umwelt- und kostenorientierte Unternehmensführung, DUV, Wiesbaden 2003, S. 95-112.

Seidel, E. (1998): Umweltorientierte Kennzahlen und Kennzahlensysteme – Leistungsmöglichkeiten und Leistungsgrenzen, Entwicklungsstand und Entwicklungsaussichten, in: Seidel, E. / Clausen, J. / Seifert, E. K. (Hrsg.): Umweltkennzahlen – Planungs-, Steuerungs- und Kontrollgrößen für ein umweltorientiertes Management, Verlag Franz Vahlen, München 1998, S. 9-31.

Seidel, E. (1988): Ökologisches Controlling – Zur Konzeption einer ökologisch verpflichteten Führung von und in Unternehmen, in: Wunder, R. (Hrsg.): Betriebswirtschaftslehre als Management- und Führungslehre, 2. Auflage, Poeschel Verlag, Stuttgart 1988, S. 307-321.

Seidel, E. / Menn, H. (1988): Ökologisch orientierte Betriebswirtschaft, Kohlhammer Verlag, Stuttgart u. a. 1988.

Serfling, K. (1992): Controlling, 2., überarb. u. erw. Auflage, Kohlhammer Verlag, Stuttgart u. a. 1992.

Sergi, M. (1997): Standardkostenrechnung – Trennung von betrieblichem Rechnungswesen und Finanzbuchführung, in: AFZ/Der Wald, Nr. 6/1997, S. 304-305.

Seghezzi, H. D. (2003): Integriertes Qualitätsmanagement – Das St. Galler Konzept, 2., vollst. überarb. u. erw. Auflage, Hanser Verlag, München / Wien 2003.

Sieben, G. / Maltry, H. (2002): Der Substanzwert der Unternehmung, in: Peemöller, V. (Hrsg.): Praxishandbuch der Unternehmensbewertung, 2., aktual. u. erw. Auflage, Verlag Neue Wirtschafts-Briefe, Herne / Berlin 2002, S. 375-399.

Sieben, G. / Schildbach, T. (1994): Betriebswirtschaftliche Entscheidungstheorie, 4., durchges. Auflage, Werner-Verlag, Düsseldorf 1994.

Siegwart, H. (1990): Kennzahlen für die Unternehmensführung, 3. Auflage, Verlag Paul Haupt, Bern / Stuttgart 1990.

Siegwart, H. (1984): Controlling als Führungsaufgabe und Fachfunktion, in: Kresse, W. / Pernack, H. J. (Hrsg.): Jahrbuch für Betriebswirte – Aktuelle Informationen für Wirtschaftspraktiker, Taylorix Verlag, Stuttgart 1984, S. 274-279.

Siegwart, H. (1982): Worin unterscheiden sich amerikanisches und deutsches Controlling? In: Management-Zeitschrift io, 51. Jg., Nr. 2/1982, S. 97-100.

Simon, H. A. (1997): Administrative Behaviour – A Study of Decision-Making Processes in Administrative Organizations, 4. Auflage, The Free Press, New York 1997.

Simon, H. A. (1952): On the Application of Servomechanism Theory in the study of Production Control, in: Econometrica, 20. Jg., Nr. 2/1952, S. 247-268.

Singelnstein, T. / Stolle, P. (2008): Die Sicherheitsgesellschaft – Soziale Kontrolle im 21. Jahrhundert, 2., vollst. überarb. Auflage, VS Verlag für Sozialwissenschaften, Wiesbaden 2008.

Sjurts, I. (1995): Kontrolle, Controlling und Unternehmensführung – Theoretische Grundlagen und Problemlösungen für das operative und strategische Management, Gabler Verlag, Wiesbaden 1995.

Speidel, G. (1984): Forstliche Betriebswirtschaftslehre, 2. völlig neubearb. Auflage, Verlag Paul Parey, Hamburg / Berlin 1984.

Speidel, G. (1959): Wirtschaftliche Überlegungen bei der Gestaltung der Umtriebszeit, dargestellt am Beispiel der Buche, in: Allgemeine Forst- und Jagd-Zeitung (AFJZ), 130. Jg. 1959, S. 154.

Spellmann, H. (2003): Sicherung einer nachhaltigen Waldentwicklung auf überbetrieblichen Ebenen, in: Forstwissenschaftliches Centralblatt, 122. Jg., 2003, S. 250-257.

Spellmann, H. / Hillebrand, K. / Cornelius, P. (2001): Konzept zur Erfassung und Sicherung der Nachhaltigkeit in multifunktional genutzten Wäldern, in: Forst und Holz, 56. Jg., Nr. 15/2001, S. 469-473.

Spremann, K. (1992): Projekt-Denken versus Perioden-Denken, in: Spremann, K. / Zur, E. (Hrsg.): Controlling – Grundlagen, Informationssysteme, Anwendungen, Gabler Verlag, Wiesbaden 1992, S. 363-380.

Staehle, W. H. (1999): Management – Eine verhaltenswissenschaftliche Perspektive, 8. Auflage, überarb. von P. Conrad u. J. Sydow, Verlag Franz Vahlen, München 1999.

Staehle, W. H. (1967): Kennzahlen und Kennzahlensysteme – Ein Beitrag zur modernen Organisationstheorie, zugl. Diss. Universität München, Bamberger Fotodruck Rodenbusch, München 1967.

Stahlmann, V. (1994): Zur Bewertung von ökologischen Wirkungen, in: UmweltWirtschaftsForum (UWF), 2. Jg., Nr. 7/1994, S. 7-17.

Stahlmann, V. (1993): Ziel und Inhalt ökologischer Rechnungslegung – vom Teil zum Ganzen, in: Beck, M. (Hrsg.): Ökobilanzierung im betrieblichen Management, Vogel Buchverlag, Würzburg 1993, S. 89-145.

Statistisches Bundesamt (Hrsg.) (2008): Statistisches Jahrbuch 2008, Metzler-Poeschel Verlag, Stuttgart 2008.

Statistisches Bundesamt (Hrsg.) (2005): Statistisches Jahrbuch 2005, Metzler-Poeschel Verlag, Stuttgart 2005.

Statistisches Bundesamt (Hrsg.) (1997): Statistisches Jahrbuch 1997, Metzler-Poeschel Verlag, Stuttgart 1997.

Staudt, E. / Groeters, U. / Hafkesbrink, J. / Treichel, H.-R. (1985): Kennzahlen und Kennzahlensysteme – Grundlagen zur Entwicklung und Anwendung, Erich Schmidt Verlag, Berlin 1985.

Steger, U. (1993): Umweltmanagement – Erfahrungen und Instrumente einer umweltorientierten Unternehmensstrategie, 2., überarb. u. erw. Auflage, FAZ Verlag, Frankfurt am Main 1993.

Stein, J. H. v. (1993): Betriebswirtschaftslehre, Gegenstand der, in: Wittmann, W. / Kern, W. / Köhler, R. / Küpper, H.-U. / Wysocki, K. v. (Hrsg.): Handwörterbuch der Betriebswirtschaft, 5., völlig neu gest. Auflage, 1. Teilband, Schäffer-Poeschel Verlag, Stuttgart 1993, Sp. 470-482.

Steinberg, C. (1993): Lebensformen, in: Kuttler, W. (Hrsg.): Handbuch zur Ökologie – Mit Beiträgen zahlreicher Fachgelehrter, Analytica Verlag, Berlin 1993, S. 176-178.

Steinecke, K. (1993): Ernährungsformen, in: Kuttler, W. (Hrsg.): Handbuch zur Ökologie – Mit Beiträgen zahlreicher Fachgelehrter, Analytica Verlag, Berlin 1993, S. 111-116.

Steinfeldt, M. / Lang, C. (2004): Implementierungs- und Institutionalisierungskonzept von Instrumenten des Umweltcontrollings – Von der Schwierigkeit einer dauerhaften Integration, in: UmweltWirtschaftsForum (UWF), 12. Jg., Nr. 2/2004, S. 35-39.

Steinhübel, V. (2006): Strategisches Controlling in mittelständischen Unternehmen, in: Controlling, Nr. 4-5/2006, S. 205-213.

Steinle, C. / Bruch, H. / Michels, T. (1998): Controller-Rollen: Anforderungs-profile, Persönlichkeit und Selbstverständnis – Ein empirisches Schlaglicht, in: Steinle, C. / Eggers, B. / Lawa, D. (Hrsg.): Zukunftsgerichtetes Controlling, 3., verb. u. erw. Auflage, Gabler Verlag, Wiesbaden 1998, S. 443-468.

Steinlin, H. (1967): Möglichkeiten, Voraussetzungen und Grenzen der Mecha-nisierung in der Forstwirtschaft, in: Der Forst- und Holzwirt, 22. Jg., Nr. 22/1967, S. 465-470.

Steven, M. (2007): Handbuch Produktion – Theorie, Management, Logistik, Controlling, Kohlhammer Verlag, Stuttgart 2007.

Steven, M. (1998): Produktionstheorie, Gabler Verlag, Wiesbaden 1998.

Steven, M. (1991): Umwelt als Produktionsfaktor? In: Zeitschrift für Betriebs-wirtschaft (ZfB), 61. Jg., Nr. 4/1991, S. 509-523.

Steven, M. / Letmathe, P. (2000): Der Einsatz von Umweltkennzahlen in der Umweltberichterstattung, in: Zeitschrift für angewandte Umweltforschung (ZAU), 13. Jg., Nr. 1-2/2000, S. 31-49.

Steven, M. / Schwarz, E. J. / Letmathe, P. (1997): Umweltberichterstattung und Umwelterklärung nach EG-Öko-Audit-Verordnung – Grundlagen, Metho-den, Anwendung, Springer Verlag, Berlin u. a. 1997.

Stiegler, H. / Hofmeister, R. / Kreiser, H. (1985): Controlling, Teil I: Grund-lagen und Planung, Wirtschaftsförderungsinstitut der Bundeskammer der ge-werblichen Wirtschaft, Gruppe Technik und Betriebswirtschaft, Eigenverlag, Wien 1985.

Stockmann, R. (2006): Evaluation und Qualitätsentwicklung – Eine Grundlage für wirkungsorientiertes Qualitätsmanagement, Waxmann Verlag, Münster u. a. 2006.

Stockmann, R. (2004): Was ist eine gute Evaluation? – Einführung zu Funk-tionen und Methoden von Evaluationsverfahren, Centrum für Evaluation (CEval), Universität des Saarlandes, Eigenverlag, Saarbrücken 2004.

Stoffel, K. (1995): Controllership im internationalen Vergleich, zugl. Diss. WHU Vallendar, DUV, Wiesbaden 1995.

Stolzenburg, H.-U. / Morat, J. (2003): Workshop von KWF und REFA-Fach-ausschuss Forstwirtschaft: Prozessorientierung in der Forstwirtschaft, in: AFZ-DerWald, Nr.22/2003, S. 1136-1139.

Strebel, H. (1998): Braucht man Umwelt-Controlling bei defensiver Umwelt-politik – Zum Erfolgsdilemma defensiver Umweltpolitik, in: UmweltWirtschafts Forum (UWF), 6. Jg., Nr. 2/1998, S. 69-72.

Strebel, H. (1975): Forschungsplanung mit Scoring-Modellen, Nomos Verlags-gesellschaft, Baden-Baden 1975.

Streitpferdt, L. / Pfnür, A. (1998): Öko-Controlling, in: Hansmann, K.-W. (Hrsg): Umweltorientierte Betriebswirtschaftslehre – Eine Einführung, Gabler Verlag, Wiesbaden 1998, S. 367-414.

Strobl, J. (1992): Datenmanipulation und Datenanalyse, in: Kilchenmann, A. (Hrsg.): Technologie Geographischer Informationssysteme, Springer Verlag, Berlin u. a. 1992, S. 47-56.

Strobl, J. (1988): Digitale Forstkarte und Forsteinrichtung – Anwendung von GIS-Technologie (pc ARC/INFO) in der forstlichen Praxis, Institut für Geographie Universität Salzburg, Eigenverlag, Salzburg 1988.

Svirezhev, Y. (2000): Stability Concepts in Ecology, in: Jorgensen, S. E. / Müller, F. (Hrsg.): Handbook of Ecosystem Theories and Management, Lewis Publishers, Boca Raton u. a. 2000, S. 361-383.

Sydow, J. (1995): Strategische Netzwerke – Evolution und Organisation, dritter Nachdruck der ersten Auflage, Gabler Verlag, Wiesbaden 1992.

T

Tannenbaum, A. S. (1968): Control in organizations, McGraw/Hill, New York 1968.

Temme, L. (1997): Die Rolle von Controller und Controlling, in: AFZ-DerWald, Nr. 6/1997, S. 298-299.

Thieme, F. (2002): Forstwirtschaft benötigt Innovationen! In: AFZ-DerWald, Nr. 17/2002, S. 882-883.

Thomas, P. S. (1974): Environmental Analysis for Corporate Planning, in: Business Horizons, October 1974, S. 27-38.

Thomasius, H. (1973): Fragen der waldbaulich-ästhetischen Gestaltung von Erholungswäldern, in: Wissenschaftliche Zeitschrift der Universität Dresden, 22. Jg., 1973, S. 685-688.

Thomasius, H. / Schmidt, P. A. (1996): Wald, Forstwirtschaft und Umwelt, Economica Verlag, Bonn 1996.

Thoroe, C. / Dieter, M. / Elsasser, P. / Englert, H. / Küppers, J. G. / Roering, H.-W. (2003): Untersuchung zu den ökonomischen Implikationen einer Präzisierung der Vorschriften zur nachhaltigen, ordnungsgemäßen Forstwirtschaft bzw. von Vorschlägen zur Konkretisierung der guten fachlichen Praxis in der Forstwirtschaft – Untersuchung im Auftrag des BMVEL (Bundesministerium für Verbraucherschutz, Ernährung und Landwirtschaft), Arbeitsbericht des Instituts für Ökonomie Nr. 3/2003, hrsg. von Bundesforschungsanstalt für Holzwirtschaft, Eigenverlag, Hamburg 2003.

Tietz, B. (1960): Bildung und Verwendung von Typen in der Betriebswirtschaftslehre – dargelegt am Beispiel der Typologie der Messen und Ausstellungen, Westdeutscher Verlag, Köln / Opladen 1960.

Tisdell, C. A. (2005): Economics of environmental conservation, 2. Auflage, E. Elgar, Cheltenham / Northhampton MA 2005.

Tönnis, A. (2004) : Neue Nachhaltigkeit im Wald – Deutsche und kanadische Forstwirtschaft zwischen weltweiten Verhandlungen und Projekten vor Ort, Geographisches Institut der Ruhr-Universität Bochum, Eigenverlag, Bochum 2004.

Townsend, C. R. / Harper, J. L. / Begon, M. E. (2003): Ökologie, Springer Verlag, Berlin u. a. 2003.

Troßmann, E. (2006): Beschaffung und Logistik, in: Bea, F. X. / Dichtl, E. / Schweitzer, M. (Hrsg.): Allgemeine Betriebswirtschaftslehre, Band 3: Leistungsprozess, 9., neubearb. u. erw. Auflage, Lucius & Lucius Verlagsgesellschaft, Stuttgart 2006, S. 113-182.

Tschandl, M. (2003): Perspektiven der Integration im Umweltcontrolling, in: Tschandl, M. / Posch, A. (Hrsg.): Integriertes Umweltcontrolling – Von der Stoffstromanalyse zum integrierten Bewertungs- und Informationssystem, Gabler Verlag, Wiesbaden 2003.

Tzschupke, W. (1997): Controlling im Forstbetrieb, in: Allgemeine Forst- und Jagd-Zeitung (AFJZ), 168. Jg., Nr. 10/1997, S. 190-193.

U/V

Übele, H. (1982): Verbreitungsgrad und Entwicklungsstand des Controlling in deutschen Industrieunternehmen, in: DBW-Depot, 1982, S. 1-7.

Ueckermann, D. (2003): Umweltvorsorge in der mittelfristigen Betriebsplanung in Rheinland-Pfalz, in: Forst und Holz, 58. Jg., Nr. 23-24/2003, S. 731-735.

Ulrich, H. (1985): Controlling als Managementaufgabe, in: Probst, G. J. B. / Schmitz-Dräger, R. (Hrsg.): Controlling und Unternehmensführung, Verlag Paul Haupt, Bern / Stuttgart 1985, S. 15-27.

Ulrich, H. (1984a): Skizze eines allgemeinen Bezugsrahmens für die Managementlehre, in: Ulrich, H. / Malik, F. / Semmel, M. (Hrsg.): Grundlegung einer allgemeinen Theorie der Gestaltung, Lenkung und Entwicklung zweckorientierter sozialer Systeme, Diskussionsbeiträge des Instituts für Betriebswirtschaft an der Hochschule St. Gallen Nr. 4/1984, S. 1-30.

Ulrich, H. (1984b): Systemorientiertes Management, in: Dyllick, T. / Probst, G. J. B. (Hrsg.): Management, Verlag Paul Haupt, Bern u. a. 1984, S. 64-84.

Ulrich, P. (1993): Transformation der ökonomischen Vernunft – Fortschrittsperspektiven der modernen Industriegesellschaft, zugl. Habil. Universität Witten-Herdecke, 3., rev. Auflage, Verlag Paul Haupt, Bern u. a. 1993.

Urigshardt, T. (2008): Controlling für den kleinen bis mittelgroßen Privat- und Kommunalwald, in: AFZ-DerWald, Nr. 12/2008, S. 652-654.

Urigshardt, T. (2007): Controlling im kleinen bis mittelgroßen Privatwald – Befragung zur Betriebssteuerung im genossenschaftlichen Waldbesitz, in: AFZ-DerWald, Nr. 22/2007, S. 1220-1221.

Urigshardt, T. / Jacobs, J. / Letmathe, P. (2008): Externes Controlling als Ansatz für Kleinst- und Kleinunternehmen, in: Lingnau, V. (Hrsg.): Die Rolle des Controllers im Mittelstand – Funktionale, institutionale und instrumentelle Ausgestaltung, Eul-Verlag, Lohmar 2008, S. 1-23.

Usher, M. B. / Erz, W. (Hrsg.) (1994): Erfassen und Bewerten im Naturschutz – Probleme, Methoden, Beispiele, im Original: Usher, M. B.: Wildlife conservation evaluation, Verlag Quelle & Meyer, Heidelberg / Wiesbaden 1994.

Uthmann, K.-A. von / Gentner, A. / Gemmingen, B. v. (1995): Reengineering braucht Controlling und Controlling braucht Reengineering – Plädoyer für einen integralen Ansatz, in: Jahrbuch Controlling 1995, Handelsblatt Verlag, Düsseldorf 1995, S. 63-70.

Varian, H. R. (1993): Intermediate Microeconomics – A Modern Approach, 3. Auflage, W. W. Norton & Company, New York / London 1993.

Vester, F (1983): Der Wert eines Vogels , Kösel Verlag, München 1983.

Villa, W. (2000): Betriebswirtschaftliche und organisatorische Aspekte von Forstbetrieben, in: AFZ-DerWald, Nr. 17/2000, S. 915-918.

Vleugels, W. (1932): Ertragswert und Kostenwert, in: Zeitschrift für Nationalökonomie, Nr. 3/1932, S. 692-703.

W

Wagner, G. R. (2005): Umweltmanagement, in: Bitz, M. / Dellmann, K. / Domsch, M. / Wagner, F. W. (Hrsg.): Vahlens Kompendium der Betriebswirtschaftslehre, Band 2, 5., völlig überarb. Auflage, Verlag Franz Vahlen, München 2005, S. 353-405.

Wagner, G. R. (1997): Betriebswirtschaftliche Umweltökonomie, Lucius & Lucius Verlagsgesellschaft, Stuttgart 1997.

Wagner, G. R. / Janzen, H. (1991): Ökologisches Controlling – Mehr als ein Schlagwort, in: Controlling, Nr. 3/1991, S. 120-129.

Wagner, S. (2003): Wie lassen sich externe Nutzen durch Honorierungssysteme ausgleichen? In: AFZ-DerWald, Nr. 5/2003, S. 230-231.

Wall, F. (2000): Koordinationsfunktion des Controlling und Organisation – Überlegungen zur Eigenständigkeit eines koordinationsorientierten Controlling, in: Kostenrechnungspraxis (krp), 44 Jg., Nr. 5/2000, S. 295-304.

Wall, F. (1999): Planungs- und Kontrollsysteme – Informationstechnische Perspektiven für das Controlling – Grundlagen, Instrumente, Konzepte, Gabler Verlag, Wiesbaden 1999.

Weber, A. (1909): Über den Standort der Industrien, Teil 1: Reine Theorie des Standorts, Verlag J.C.B. Mohr, Tübingen 1909.

Weber, H. K. (1999): Industriebetriebslehre, 3., neubearb. Auflage, Springer Verlag, Berlin u. a. 1999.

Weber, J. (2004): Einführung in das Controlling, 10., überarb. u. aktual. Auflage, Schäffer-Poeschel Verlag, Stuttgart 2004.

Weber, J. (1999): Controlling – Entwicklungstendenzen und Zukunftsperspektiven, in: Die Unternehmung, 53. Jg., Nr. 6/1999, S. 465-482.

Weber, J. (1998): Einführung in das Controlling, 7., vollst. überarb. Auflage, Schäffer-Poeschel Verlag, Stuttgart 1998.

Weber, J. (1995a): Einführung in das Controlling, 6., durchges. u. erw. Auflage, Schäffer-Poeschel Verlag, Stuttgart 1995.

Weber, J. (1995b): Wachstumsschwellen als Rahmenbedingungen für ein effizientes Controlling im Klein- und Mittelbetrieb, in: Wagenhofer, A. / Gutschelhofer, A. (Hrsg.): Controlling und Unternehmensführung – Aktuelle Entwicklungen in Theorie und Praxis, Linde Verlag, Wien 1995, S. 3-22.

Weber, J. / Schäffer, U. (2006): Einführung in das Controlling, 11., vollst. überarb. Auflage, Schäffer-Poeschel Verlag, Stuttgart 2006.

Weber, J. / Schäffer, U. (1999a): Balanced Scorecard & Controlling – Implementierung, Nutzen für Manager und Controller, Erfahrungen in deutschen Unternehmen, Gabler Verlag, Wiesbaden 1999.

Weber, J. / Schäffer, U. (1999b): Sicherstellung der Rationalität von Führung als Aufgabe des Controlling? In: Die Betriebswirtschaft (DBW), 59. Jg., Nr. 6/1999, S. 731-747.

Weber, J. / Schäffer, U. (1998): Controlling-Entwicklung im Spiegel von Stellenanzeigen 1990-1994, in: Kostenrechnungspraxis (krp), 42. Jg., 1998, S. 227-233.

Weber, J. / Tylkowski, O. (Hrsg.) (1990): Konzepte und Instrumente von Controlling-Systemen in öffentlichen Institutionen, C.E. Poeschel Verlag, Stuttgart 1990.

Weber, M. (1972): Wirtschaft und Gesellschaft – Grundriß der verstehenden Soziologie, 5., rev. Auflage, Verlag Mohr, Tübingen 1972.

Weber, N. (2006): Wasser – ein Produkt des Waldes, in: Deutscher Forstverein e. V. (Hrsg.): Wald bewegt! – Kongressbericht der 62. Jahrestagung 15.-18. September 2005 in Weimar, Verlag Die Werkstatt, Göttingen 2006.

Weber, N. (2001): Die Rolle des öffentlichen Waldes in der modernen Gesellschaft, in: Forst und Holz, 56. Jg., Nr. 18/2001, S. 579-584.

Wegmann, J. (2006): Betriebswirtschaftslehre mittelständischer Unternehmen, Oldenbourg Verlag, München / Wien 2006.

Welge, M. K. (1988): Unternehmensführung – Band 3: Controlling, Verlag C.E. Poeschel, Stuttgart 1988.

Welge, M. K. / Al-Lahm, A. (2003): Strategisches Management, 4., aktual. Auflage, Gabler Verlag, Wiesbaden 2003.

Welge, M. K. / Amshoff, B. (1997): Neuorientierung der Kostenrechnung zur Unterstützung der strategischen Planung, in: Franz, K.-P. / Kajüter, P. (Hrsg.): Kostenmanagement – Wettbewerbsvorteile durch systematische Kostensteuerung, Schäffer-Poeschel Verlag, Stuttgart 1997, S. 59-80.

Welter, F. (2003): Strategien, KMU und Umfeld – Handlungsmuster und Strategiegenese in kleinen und mittleren Unternehmen, zugl. Habil. Universität Lüneburg, Verlag Duncker & Humblot, Berlin 2003.

Welter, F. / Lageman, B. (2005): Neue Informationstechnologien und Wandel betrieblicher Strukturen – Renaissance der KMU? In: Welter, F. (Hrsg.): Der Mittelstand an der Schwelle zur Informationsgesellschaft, Verlag Duncker & Humblot, Berlin 2005, S. 13-29.

Werder, U. von (1999): Aufbau eines fernerkundungsbasierten Landschaftsinformationssystems am Beispiel der Verbundgemeinschaft Dahn im Pfälzerwald, zugl. Diss. Universität Göttingen, Cuvillier Verlag, Göttingen 1999.

Wernerfelt, B. (1984): A Resource-based View of the Firm, in: Strategic Management Journal, Nr. 5/1984, S. 171-184.

Wiener, N. (1971): Ich und die Kybernetik, genehmigte Taschenbuchausgabe, Goldmann Verlag, München 1971.

Wiener, N. (1966): Mensch und Menschmaschine – Kybernetik und Gesellschaft, im Original: The human use of human beings – Cybernetics and society, übers. von G. Walther, 3. unveränd. Auflage der deutschen Ausgabe, Athenäum Verlag, Frankfurt am Main / Bonn 1966.

Wiener, N. (1948): Cybernetics, or the Control and Communication in the Animal and the Machine, Wiley, New York 1948.

Wiersum, K. F. / Elands, B. H. M. / Hoogstra, M. A. (2005): Small-Scale Forest Ownership across Europe: Characteristics and Future Potential, in: Small-scale Forest Economics, Management and Policy, 4. Jg., Nr. 1/2005, S. 1-19.

Wild, J. (1974): Betriebswirtschaftliche Führungslehre und Führungsmodelle, in: Wild, J. (Hrsg.): Unternehmensführung, Festschrift für Erich Kosiol zu seinem 75. Geburtstag, Verlag Duncker & Humblot, Berlin 1974, S. 141-179.

Wildemann, H. (2002): Produktionscontrolling – Controlling von Verbesserungsprozessen in Unternehmen, 4., neubearb. u. erg. Auflage, TCW Transfer-Centrum-Verlag, München 2002.

Williams, K. J. / Donovan, J. J. / Dodge, T. L. (2000): Self-Regulation of Performance – Goal Establishment and Goal Revision Processes in Athletes, in: Human Performance, 13. Jg., Nr. 2/2000, S. 159-180.

Williamson, O. E. (1998): Transaction cost economics – How it works, Where it is headed, in: De Economist, 146. Jg., Nr. 1/1998, S. 23-58.

Williamson, O. E. (1985): The Economics Institutions of Capitalism, The Free Press, New York 1985.

Williamson, O. E. (1975): Markets and hierarchies: Analysis and Antitrust Implications, The Free Press, New York 1975.

Windhorst, H.-W. (1978): Geographie der Wald- und Forstwirtschaft, Verlag B.G. Teubner, Stuttgart 1978.

Witt, F.-J. (2000): Controlling 1 – Ganzheitliches Controlling, 2., verb. u. erw. Auflage, Verlag C.H. Beck, München 2000.

Witt, F.-J. (1997): Controlling im Mittelstand, in: Bilanzbuchhalter und Controller (BC), Nr. 1/1997, S. 5-10.

Witt, F.-J. / Witt, K. (1996): Controlling für Mittel- und Kleinbetriebe – Bausteine und Handwerkszeug für Ihren Controllingleitstand, 2. völlig überarb. Auflage, dtv, München 1996.

Witt, F.-J. / Witt, K. (1990): Controllernutzen, in: Controller-Magazin, Nr. 5/1990, S. 250-254.

Wittig, R. (1993a): Biotop, in: Kuttler, W. (Hrsg.): Handbuch zur Ökologie – Mit Beiträgen zahlreicher Fachgelehrter, Analytica Verlag, Berlin 1993, S. 87-89.

Wittig, R. (1993b): Biozönose, in: Kuttler, W. (Hrsg.): Handbuch zur Ökologie – Mit Beiträgen zahlreicher Fachgelehrter, Analytica Verlag, Berlin 1993, S. 89-91.

Wöbse, H. H. (2002): Landschaftsästhetik – Über das Wesen, die Bedeutung und den Umgang mit landschaftlicher Schönheit, Verlag Eugen Ulmer, Stuttgart 2002.

Womack, J. P. / Jones, D. T. (2003): Lean Thinking – Banish Waste and Create Wealth in Your Corporation, revised and updated, Free Press, New York u. a. 2003.

Wossidlo, P. R. (1997): Finanzierung, in: Pfohl, H.-C. (Hrsg.): Betriebswirtschaftslehre der Mittel- und Kleinbetriebe, 3., neubearb. Auflage, Erich Schmidt Verlag, Berlin 1997, S. 287-333.

Wossidlo, P. R. (1993): Mittelständische Unternehmungen, in: Wittmann, W. / Kern, W. / Köhler, R. / Küpper, H.-U. / Wysocki, K. v. (Hrsg.): Handwörterbuch der Betriebswirtschaft, 5., völlig neu gest. Auflage, 2. Teilband, Schäffer-Poeschel Verlag, Stuttgart 1993, Sp. 2888-2898.

Wunderer, R. / Schlagenhaufer, P. (1994): Personal-Controlling – Funktionen, Instrumente, Praxisbeispiele, Schäffer-Poeschel Verlag, Stuttgart 1994.

X/Y/Z

Yin, R. / Newman, D. H. (1996): The Effect of Catastrophic Risk on Forest Investment Decisions, in: Journal of Environmental Economics and Management, 31. Jg., 1996, S. 186-197.

Zeitel, G. (1980): Mittelstand und Mittelstandspolitik, in: Mändle, E. / Winter, H.-W. (Hrsg.): Handwörterbuch des Genossenschaftswesens, Deutscher Genossenschafts-Verlag, Wiesbaden 1980, Sp. 1222-1248.

Zell, H. (2003): Grundbegriffe und Grundstrukturen von Projekten (incl. DIN Normen), in: Bernecker, M. / Eckrich, K. (Hrsg.): Handbuch Projektmanagement, Oldenbourg Verlag, München / Wien 2003, S. 53-68.

Zentes, J. / Swoboda, B. / Morschett, D. (2003): Kooperationen, Allianzen und Netzwerke – Grundlagen, „Metaanalyse" und Kurzabriss, in: Zentes, J. / Swoboda, B. / Morschett, D. (Hrsg.): Kooperationen, Allianzen und Netzwerke – Grundlagen, Ansätze, Perspektiven, Gabler Verlag, Wiesbaden 2003, S. 3-34.

Zenz, A. (1998): Controlling – Bestandsaufnahme und konstruktive Kritik theoretischer Ansätze, in: Dyckhoff, H. / Ahn, H. (Hrsg.): Produktentwicklung, Controlling und Umweltschutz, Physica Verlag, Heidelberg 1998, S. 27-60.

Zeplin, J. (1997): Erfahrungen bei der Entwicklung des betrieblichen Controllings, in: AFZ/Der Wald, Nr. 6/1997, S. 296-297.

Zettelmeyer, B. / Pfohl, H.-C. (1986): Anforderungen an den Controller in der Literatur und in Stellenanzeigen, in: Kostenrechnungspraxis (krp), Nr.4/1986, S. 125-132.

Ziegenbein, K. (2007): Controlling, 9., überarb. u. aktual. Auflage, Kiehl Verlag, Ludwigshafen 2007.

Zieseling, V. (1997): Standardkosten und Maßnahmenblocktypen, in: AFZ-DerWald Nr. 6/1997, S. 302-303.

Zöhrer, F. (1980): Forstinventur – Ein Leitfaden für Studium und Praxis, Verlag Paul Parey, Hamburg / Berlin 1980.

Zsifkovits, H. / Brunner, U. (2003): Konzeption und Planung von Umweltinformationssystemen, in: Tschandl, M. / Posch, A. (Hrsg.): Integriertes Umweltcontrolling – Von der Stoffstromanalyse zum integrierten Bewertungs- und Informationssystem, Gabler Verlag, Wiesbaden 2003, S. 157-177.

Zühlke, T. (1994): Privates Forstmanagement – Ein notwendiger Weg in die Zukunft des Waldes, in: AFZ Nr. 20/1994, S. 1096-1097.

Zünd, A. (1985): Der Controller-Bereich (Controllership) – Randbemerkungen zur Institutionalisierung der Controller-Funktion, in: Probst, G. J. B. / Schmitz-Dräger, R. (Hrsg.): Controlling und Unternehmensführung, Verlag Paul Haupt, Bern / Stuttgart 1985, S. 28-40.

Zünd, A. (1979): Zum Begriff des Controlling – Ein umweltbezogener Erklärungsversuch, in: Goetzke, W. / Sieben, G. (Hrsg.): Controlling – Integration von Planung und Kontrolle, GEBERA, Eigenverlag, Köln 1979, S. 15-26.

Zundel, R. (1990): Einführung in die Forstwissenschaft, Verlag Eugen Ulmer, Stuttgart 1990.

The manufacturer's authorised representative in the EU is Springer
Nature Customer Service Centre GmbH, Europaplatz 3, 69115 Heidelberg,
Germany. If you have any concerns regarding our products, please
contact ProductSafety@springernature.com

Printed and bound by CPI Group (UK) Ltd, Croydon, CR0 4YY
27/04/2026
02097619-0009